PARIS INSURGÉ

HISTOIRE ILLUSTRÉE
DES ÉVÉNEMENTS DE PARIS

du 18 mars au 31 mai 1871

1re série composée de 5 livraisons. Prix : 50 centimes

PARIS

AU BUREAU DU JOURNAL *LE VOLEUR*, RUE DU BAC, 66

Le général Vinoy, commandant en chef de l'armée de Paris.

INTRODUCTION

On nous saura gré de ne point faire précéder ce travail d'un long et inutile préambule. Ici les faits parlent eux-mêmes, et le drame n'a besoin ni d'explication ni de commentaire; c'est aux lecteurs à en tirer les déductions qu'ils jugeront opportunes, et les considérations qui naissent des événements accomplis.

Notre rôle, à nous, doit se borner à recueillir et à reproduire, le plus fidèlement et le plus complétement possible, l'ensemble et les détails de cette grande tragédie sociale.

C'est une tâche à laquelle nous nous sommes consacré, nous osons le dire, avec une sollicitude infatigable dans la recherche des grands et des menus détails de l'histoire. Nous avons voulu faire revivre jour par jour, heure par heure, minute par minute, la terrible crise révolutionnaire dans laquelle Paris s'est débattu pendant plus de deux mois... deux siècles ! Nous avons tenté de transporter le lecteur dans le milieu où nous avons vécu nous-même, en photographiant, jusque dans ses moindres particularités, la vie quotidienne de Paris sous le joug de l'émeute devenue gouvernement.

On retrouvera donc dans cette publication tout ce qui constitue le caractère particulier de cette page historique, unique dans les fastes de l'humanité :

Les portraits des hommes et des choses, les événements publics, les détails privés, les épisodes, les combats, les mémoires secrets, les séances des clubs, le mouvement de la rue, les actes officiels, les biographies curieuses, les conciliabules du Comité central et de la Commune, les pièces historiques, les affiches, les correspondances intéressantes, les papiers destinés ou soustraits à la publicité, les révélations, les comptes rendus judiciaires, bref tous les traits multiples et divers dont se compose la physionomie vivante, animée, pittoresque de Paris insurgé peint par lui-même.

Nous laissons aux historiens et aux publicistes le soin de coordonner, de contrôler, de commenter ces éléments épars, emmagasinés au jour le jour, et d'en extraire la philosophie et la synthèse de l'histoire.

Nous voulons nous borner, quant à nous, à fournir de précieux matériaux aux annalistes de l'avenir, et une lecture pleine d'intérêt et de variété aux innombrables curieux qui ne connaissent encore que par lambeaux la chronique de Paris aux mains de la commune.

Que ceux-là suivent avec attention le panorama historique qui va défiler sous leurs yeux, et ils pourront juger l'*Internationale* par ses œuvres, depuis le jour où, portée en triomphe à l'Hôtel de ville par l'émeute qu'elle avait fomentée, elle y entra en conquérante, jusqu'à la nuit où, vaincue, écrasée, elle s'en échappa fugitive, en se vengeant de sa défaite par l'incendie et la dévastation.

PARIS INSURGÉ

LE PROLOGUE DE L'INSURRECTION

Personne n'ignore que c'est des buttes Montmartre, surnommées plaisamment, au moment où l'agitation n'était encore qu'à son début, le mont Aventin de Paris, qu'est parti le signal de l'insurrection accomplie au nom de la Commune. Remontons donc aux premiers symptômes de cette terrible crise sociale, et empruntons à divers journaux le tableau des signes précurseurs de l'explosion.

Voici ce qu'on lisait dans le numéro de *Paris-Journal* publié le 6 mars dernier.

La veille du 1ᵉʳ mars, jour de l'entrée des Prussiens dans Paris, les gardes nationaux de Montmartre, craignant qu'on ne voulût leur enlever leur artillerie pour la livrer aux ennemis, se réunirent et traînèrent leurs pièces, au nombre de vingt à peu près, sur le plateau qui se trouve au milieu des buttes Montmartre.

Puis ils organisèrent un poste pour les garder.

Aujourd'hui que les Prussiens sont partis, ils pensent à l'utiliser pour défendre « la République contre les menées des réactionnaires. »

Les pièces sont braquées sur Paris et on veille sans relâche.

Il y a quatre postes principaux : deux sur les flancs de la colline, un troisième sur le plateau où se trouvent les canons, et le quatrième au pied, sur la place Saint-Pierre. C'est le plus important.

On bivouaque en plein air auprès des fusils rangés en faisceaux.

Il y a des sentinelles au coin de chaque rue. Une chose à noter, c'est qu'on ne voyait hier au soir comme sentinelles que des gamins de seize à dix-sept ans, qui prenaient leur rôle au sérieux et rudoyaient terriblement les passants.

Toutes les rues qui débouchent sur la place Saint-Pierre sont à demi fermées par des barricades composées de gros pavés.

Le plus sérieux de ces obstacles est celui qui se trouve au coin de la rue des Acacias. Il est formé d'une grosse charrette renversée, que l'on a remplie de moellons. Au-dessus, on a attaché, en guise de drapeau, un lambeau d'étoffe noire.

Malgré tout cela, ou peut-être à cause de tout cela, il règne autour des buttes Montmartre un silence de mort. Il y a peu de passants. On ne voit absolument que des gardes nationaux qui vont et viennent le fusil au bras.

La physionomie change complètement sur les boulevards de Clichy et Rochechouart. Les cafés regorgent de monde. Tous les concerts sont ouverts. Hommes et femmes se promènent tranquillement, sans s'inquiéter des bouches de cuivre qui sont braquées à cent pas de là.

En même temps, les manifestations se multiplient à la place de la Bastille depuis le 24 février, jour anniversaire de la révolution de 1848. Des bataillons de garde nationale viennent en armes et musique en tête défiler autour de la colonne et déposer sur le piédestal des couronnes et des drapeaux.

Nous détachons du *Journal des Débats* le récit d'une de ces promenades militaires.

Samedi 4, des compagnies du 28ᵉ et du 61ᵉ bataillon de la garde nationale, clairons en tête, sont venues faire une manifestation. On remarquait en tête du détachement de ce dernier bataillon un sous-officier portant un écriteau de forme triangulaire aux angles duquel on lisait : « Liberté, Égalité, Solidarité » ; au milieu se trouvait inscrit le numéro du 61ᵉ bataillon, enfin, au-dessous de ce triangle, sur un écriteau, on lisait, tracés en grosses lettres rouges, ces mots : « La République ou la mort. »

L'arrivée de cette bande a bientôt attiré un grand nombre de curieux autour de la colonne de Juillet. Des groupes n'ont pas tardé à se former ; des conversations très-animées se sont engagées.

— Décidément, dit un orateur, il faut se défier encore de ce gouvernement-ci. On a voulu désarmer des gardes nationaux ; c'est une infamie.

— Le gouvernement voudrait bien aussi, ajoute un autre orateur, s'emparer des canons gardés à Montmartre et sur la chaussée de Clignancourt ; mais qu'il y vienne !

Nos bataillons sont décidés à ne pas les rendre et à les défendre à coups de fusil contre tous les réactionnaires.

— La République, s'écrie un troisième, leur fait peur, à ces réactionnaires ; ils ne rêvent qu'au actuellement couvert de tranchées, comme si Montmartre devait subir un siége?...

Voilà ce que tout le monde se demande avec une certaine émotion, peu faite pour raffermir les esprits, hélas! si profondément ébranlés depuis sept mois, et pour donner aux affaires l'impulsion énergique qu'elles réclament si impérieusement.

Nous croyons que le public s'exagère la portée des faits en question, et nous avons l'intime conviction que les gardes nationaux de Montmartre et de la place des Vosges, comprenant que leur attitude peut créer de sérieux dangers, tout en mettant des atouts dans le jeu du rusé compère Bismark, reviendront à des sentiments plus en harmonie avec la gravité de la situation en s'empressant d'imiter la sage conduite de leurs frères de Passy.

Oui, ils comprendront que Paris a besoin plus que jamais de vivre dans une étroite et forte union, afin de ne pas donner prise aux ennemis de la République, l'oreille tendue et à l'affût de l'heure des dissensions intestines dont ils ne manqueraient pas de profiter.

Souvenons-nous de 1848, et cette heure fatale ne sonnera pas.

Nous sommes allé hier à Montmartre, et disons-le avec franchise, ce que nous y avons vu et entendu nous a péniblement surpris.

D'après un ordre, dont personne n'a pu nous indiquer la source, la butte est inaccessible au public.

Des factionnaires placés en avant de la rue Sainte-Marie et de la rue Chappe, ainsi que dans la rue des Rosiers, empêchent de circuler sur le plateau de cette dernière voie et sur le plateau qui domine la place Saint-Pierre, où 90 pièces d'artillerie, nous a-t-on assuré, sont, ici, mises en batterie, la gueule regardant Paris, et là, en réserve, au milieu de leurs caissons et fourgons.

Cette consigne arbitraire n'irrite pas seulement les curieux, elle indispose vivement les habitants de Montmartre et les gens affairés qui, dans ces parages, cherchent à raccourcir leur chemin.

En bonne conscience, que diraient les gardes nationaux du 169ᵉ bataillon (c'est le bataillon qui était de service hier aux buttes), si, lorsqu'ils sont appelés dans le quartier de la Bourse, les gardes du 11ᵉ bataillon, par exemple, formant un cordon sur les boulevards, leur disaient:

— On ne passe pas!
— Mais pourquoi?
— C'est la consigne.
— Quelle consigne?
— Je n'en sais rien, mais on ne passe pas!

En vérité, cela frise l'enfantillage. Sous le prétexte qu'ils ont des canons en sevrage, les gardes nationaux de Montmartre n'ont pas le droit d'arrêter la libre circulation sur les buttes.

C'est s'arroger des priviléges qui portent la plus grave atteinte à la liberté.

Et puis, ces messieurs manquent un peu de logique. Dans un groupe maintenu en arrêt par des factionnaires, sur la butte, en face la rue Sainte-Marie, et composé de citoyens, de femmes et de soldats, on discutait avec animation de l'absurdité de la consigne.

Un garde du 169ᵉ, questionné par un de nos confrères des *Débats* sur cette mesure inique, lui fit cette réponse:

— Monsieur, c'est tout simplement pour empêcher qu'on ne vienne enclouer les pièces de canon, qui ne sont ici que parce qu'elles nous appartiennent, les ayant payées de nos deniers. Mais ne croyez pas que ce soit dans un but hostile, comme on le dit, que nous agissons! On déteste la guerre civile à Montmartre.

— J'en suis convaincu, répliqua notre confrère; mais alors pourquoi faites-vous tous ces travaux de terrassement et pourquoi avez-vous ouvert là-haut une batterie dont les embrasures sont armées de pièces braquées sur la capitale?

Penaud fut notre factionnaire. Ne trouvant rien à riposter à ce coup droit, il porta arme bras, fit un demi-tour et nous brûla la politesse.

Étonné du grand nombre de pièces réunies sur les deux plateaux, quelqu'un nous fit observer que les canons des Batignolles et ceux du boulevard Ornano étaient venus grossir le contingent de Montmartre.

Autant que nous avons pu voir, le plateau qui domine la place Saint-Pierre, en dehors de la batterie non gabionnée indiquée plus haut, contient une batterie de mitrailleuses et deux batteries de pièces de 7.

L'autre plateau nous a paru plus garni. Impossible de compter tous les engins disséminés sur ce vaste emplacement.

Nous avons aperçu des pièces de 7, des mitrailleuses blindées, des obusiers et des mortiers.

Nous voulons avancer un peu; mais la sentinelle de la rue des Rosiers s'avance vivement et nous barre le chemin.

Bartholo n'a jamais entouré sa pupille de précautions et de soins plus actifs et plus vigilants. — Que diable! un canon ne se met pas sous le bras comme un rifflard!

La personne qui nous avait renseigné sur les pièces du boulevard Ornano s'était quelque peu trompée.

Il reste encore une batterie de pièces de 7 sur le terrain que, à l'instar des buttes, on essaye de transformer en petit fortin.

Les terrassiers ici sont plus rares qu'à Montmartre. Seul, un jeune clairon, sa trompette sur le dos et une pioche à la main, remue tous les quarts d'heure trois ou quatre mottes de terre dans une tranchée digne de Séraphin.

Un piquet du 213ᵉ bataillon entoure cette batterie qui doit aller rejoindre ses sœurs à Montmartre.

Sur le boulevard même, non loin de la place du

moyen de l'escamoter. Ils ont déjà imaginé d'envoyer dans Paris quarante mille hommes destinés à nous tirer des coups de fusil. Eh bien ! n'attendons pas que ces troupes soient arrivées. Hâtons-nous de faire nos affaires nous-mêmes, et promptement surtout.

— Soyez tranquilles, dit un quatrième, nous avons des comités qui s'occupent de cela, et d'ici à peu de jours vous entendrez parler d'eux.

— Oui, mais on rassemble depuis deux jours la garde nationale, reprend un autre, surtout les compagnies réactionnaires.

— Que nous importe ! dit un autre, nous savons où trouver des munitions, eux n'en auront pas.

Mais surtout hâtons-nous, sans quoi nous allons encore être sacrifiés et la République sera à tout jamais perdue, si cette fois, nous n'avons pas le courage de la maintenir par tous les moyens possibles !

précipite au secours de son chef. On le traite de lâche et de capitulard.

— Moi ! s'écrie avec indignation le vaillant soldat, moi capitulard ! J'ai reçu quatre blessures, dont deux à l'épaule gauche.

Par un odieux raffinement de cruauté, les misérables le frappent à l'endroit blessé. Il leur impose cependant par l'énergie menaçante de son attitude, et parvient à sortir sain et sauf de leurs mains.

Quant au chef de bataillon Mercier, il n'a pu s'échapper que dans la nuit, déguisé en garde national.

Simple question. Les gens qui se battent avec tant de courage contre les officiers français désarmés se sont-ils comportés aussi bravement en face des Prussiens ?

Un reporter de la *Petite Presse* qui avait cru devoir, accomplir comme ses confrères, le pèlerinage

Parc d'artillerie sur les buttes Montmartre, au pied de la tour de Solférino. (Voir page 7.)

Après le départ des détachements des 28° et 61° bataillons, les groupes se sont peu à peu dispersés, et la place a repris sa physionomie ordinaire.

Innocentes en elles-mêmes, ces manifestations donnent malheureusement lieu à de plus sérieux désordres. C'est ainsi qu'on a vu une bande de forcenés écharper et noyer dans la Seine un malheureux soupçonné d'avoir fait partie de la police, et se livrer sur d'autres personnes, notamment sur un officier de l'armée, à des violences injustifiables. Voici, d'après l'*Univers*, le récit de cet acte de sauvagerie :

Un chef de bataillon de zouaves passait à cheval devant la colonne. Quelques gardes nationaux lui sommèrent de saluer la statue de la Liberté.

— Je n'ai d'ordres à recevoir de personne, répondit-il d'une voix ferme, et je ne me découvrirai pas, puisque vous avez la prétention de m'y forcer.

Il est entouré, descendu de cheval, accablé de coups de poing et de coups de pied par la foule affolée jusqu'au délire. Il parvient cependant à se réfugier dans le café Pilon, où on le cache dans une retraite sûre.

Un officier du régiment, le capitaine Ducos, se

à la butte Montmartre, qu'il a complété par une visite au boulevard Ornano et à la place des Vosges transformée en parc d'artillerie, rapportait de cette tournée les impressions suivantes consignées dans le numéro du 7 mars :

A tort ou à raison, l'opinion publique se préoccupe beaucoup, depuis quelques jours, des mystères qui se passent dans plusieurs quartiers de Paris, et notamment à Montmartre et sur la place des Vosges.

Une fraction de la garde nationale transforme, de sa propre autorité, les buttes Montmartre en for-

teresse et la place des Vosges en parc d'artillerie.

Les Prussiens, — que Dieu les confonde ! — ont quitté Paris. Ils ne sont donc plus à craindre. Les canons qui sont restés entre nos mains ne courent donc, aujourd'hui, aucun risque d'orner les musées de l'Allemagne.

D'où vient donc que certains bataillons les détiennent sous une surveillance rigoureuse, qui n'a plus sa raison d'être ?

Et quel nouveau danger nous menace pour qu'on établisse des batteries au haut de Montmartre,

Château-Rouge et en avant d'une barricade, deux canons en bronze et une mitrailleuse reposent doucement sous la garde d'un autre piquet du 169ᵉ bataillon.

Les barricades de la place du Château-Rouge ont été démolies, ainsi que celles qui s'élevaient à la hauteur de la rue Myrrha.

Le boulevard, à cet endroit, est un peu désert. La vie et le mouvement se font sentir davantage plus bas, grâce au marché qui se tient en plein vent sur les contre-allées de gauche et au bataillon du 166ᵉ, dont les faisceaux s'alignent sur une étendue de plus de deux cents mètres, tandis que les gardes nationaux, groupés aux environs et sur le pas des boutiques des marchands de vin, causent, avouons-le en toute sincérité, de l'antipathie qu'ils professent pour le général d'Aurelles de Paladines.

Beaucoup s'occupent aussi de la question des trente sous. L'indemnité va-t-elle être définitivement retirée?... Cela est impossible!... Il y en a qui s'effrayent à l'idée de reprendre la scie ou le marteau... Pensez donc! cinq mois de *farniente* et pas de soucis du ménage... On a perdu l'habitude du travail...

Ce sont les mauvais citoyens qui raisonnent ainsi... Heureusement qu'ils sont rares.

La patrie saigne aux quatre membres. La Prusse, le poing sur la gorge, lui fait dégorger tous ses revenus.

Paris a nourri ses défenseurs pendant le siége. C'est le tour aujourd'hui des travailleurs de nourrir Paris par une dépense d'activité prodigieuse dans toutes les branches du commerce et de l'industrie.

Là est le salut!...

En quittant le boulevard Ornano, nous sommes allé tout d'une traite jusqu'à la place des Vosges.

Le spectacle qui nous y attendait n'était pas moins étrange que celui auquel nous venions d'assister.

Les passants eux-mêmes étaient en émoi.

De tous les côtés, même exclamation :

— Ah çà! en vertu de quoi les grilles de la place sont-elles fermées?...

Des gardes nationaux à mine farouche se promènent à l'intérieur du square, gardant avec un sérieux gros de mystères une cinquantaine de jolis petits canons de cuivre, dont la gueule est gracieusement tournée vers les curieux.

Derrière ces brillants joujoux s'allongent de grandes pièces de bronze du plus splendide aspect.

Dans le carré formé par toute cette artillerie, sont réunis des caissons que leurs gardiens surveillent avec amour, ayant au préalable éteint soigneusement leurs pipes : moyen ingénieux, me dit mon voisin, pour faire croire au public que canons, caissons et artilleurs sont plus dangereux qu'ils n'en ont l'air.

Pas déjà si bête, mon voisin!...

C'est égal, vous imaginez-vous la figure que feraient les raffinés de Louis XIII, avec leur flamberge, s'ils se trouvaient tout à coup en face de ces vaillants de leur antique place Royale!

Et Marion Delorme, donc!

Un instant on espère que le calme va renaître à Montmartre, ainsi que dans d'autres quartiers populaires. Il n'en est rien. Chaque jour l'agitation grandit et l'insurrection se fortifie sous la direction occulte, mais puissante, d'un ou de plusieurs comités. Le 8, un rédacteur du *Journal des Débats*, qui vient de visiter Montmartre, écrit à ce journal ce qui suit :

Il y a peu de jours, la foule avait adopté la place de la Bastille comme un but de promenade, mais la répétition monotone des manifestations patriotiques en l'honneur des victimes de la révolution du 24 février 1848 a fini à la longue par lasser la curiosité des badauds les moins blasés. Le public a pu, du reste, constater que si le système adopté par plusieurs compagnies de la garde nationale était imité dans tous les bataillons, il n'y aurait pas de raison pour que l'anniversaire du 24 février ne continuât à être célébré à la fin du mois d'avril.

En effet, ces compagnies ont une première fois apporté une couronne d'immortelles; un autre jour elles défilaient autour de la colonne de Juillet et déposaient un drapeau à titre de souvenir; enfin elles se présentaient, il y a deux jours, venant cette troisième fois orner le monument d'un drapeau noir. On les rencontrera peut-être une quatrième fois apportant un drapeau rouge (1). On comprend donc que les rares détachements qui se présentent actuellement sur la place de la Bastille n'excitent plus le moindre intérêt, et que l'on ne se préoccupe pas plus de leur arrivée que de leur départ.

C'est vers Montmartre que se dirigent maintenant les oisifs. Aujourd'hui, mercredi, on remarquait un certain nombre de promeneurs cherchant vainement à approcher des parcs d'artillerie installés sur le plateau de la butte, près de la tour Solferino. Mais les gardes nationaux du 142ᵉ bataillon, de service pour la garde du dépôt sacré, sont restés inflexibles. Des groupes assez compacts se sont alors formés en divers endroits, aux abords du plateau et sur la place Saint-Pierre.

Des réclamations nouvelles ont été formulées relativement à la consigne qui interdit de circuler le long de la butte et de chaque côté du plateau. Quelqu'un se hasarde à questionner un factionnaire, dans le but de savoir de qui émane cette consigne arbitraire.

— C'est, répond-il, le comité républicain qui désire que le terre-plein ne soit vu par personne.

— Ce n'est donc pas le chef de bataillon qui donne des ordres semblables?

— Oh! non. Nous ne relevons tous ici que du *comité*.

— Est-ce qu'il siége à Montmartre?

— Mais certainement; il est en permanence là-

---

(1) Cette prophétie se réalisa quelques jours plus tard.

haut, près du parc d'artillerie que vous avez vu entre la rue des Rosiers et l'église, de l'autre côté de la tour Solferino. C'est à lui que l'on soumet toutes les questions ou toutes les difficultés qui surgissent.

— Est-ce que vous garderez longtemps ces canons?

— Tant qu'il y aura des Prussiens en France. On est venu hier de la part du général de Paladines demander au comité s'il consentirait à les restituer de bonne volonté. On lui a fait répondre que si son intention était de se mettre à notre tête pour aller combattre les Prussiens, on se chargeait de conduire les canons à bras partout où cela serait utile. Nous n'avons pas besoin de chevaux, nous autres; ce sont des femmes de notre arrondissement qui ont traîné les trois premiers canons depuis le boulevard Ornano jusque sur la butte. Vous voyez bien que la besogne n'a rien d'effrayant pour des hommes.

— Mais presque tous ces canons sont hors de service?

— Oui, un certain nombre; mais nous avons là des mitrailleuses et des pièces de 7 se chargeant par la culasse qui sont entièrement neuves.

— Est-ce que vous ne craignez pas de causer de l'agitation, et, par suite, d'avoir à vous reprocher de voir la République mise en péril?

— Ce sont, voyez-vous, les journaux réactionnaires qui répètent que nous ne sommes pas de sincères républicains ou que nous sommes payés par les agents bonapartistes afin d'effrayer la population. Quant à moi, j'ai toujours été républicain avant, pendant et depuis la chute de l'homme du 2 Décembre. Je puis vous assurer que tous mes camarades sont aussi des républicains sincères. Si nous avions la preuve positive que les monarchistes de l'Assemblée de Bordeaux et du gouvernement ne veulent point faire un coup d'État pour renverser la République au profit de je ne sais quelle dynastie, nous lui rendrions ces canons après le départ des Prussiens. Mais nous avons de bonnes raisons pour douter qu'ils consentent à laisser s'établir la République.

A ce moment, plusieurs auditeurs prennent part à la conversation :

— Votre comité républicain, demande l'un d'eux, n'est pas le représentant de tous les républicains de l'arrondissement ?

— Il a été désigné, répond le factionnaire, dans une réunion des gardes nationaux. Dans deux jours, tous les bataillons de Paris doivent procéder à l'élection de nouveaux délégués républicains. Voici comment on agira : chaque compagnie élira quatre délégués. Comme il y a douze compagnies par bataillon, nous aurons quarante-huit délégués. Les quarante-huit délégués de chaque bataillon dans l'arrondissement nommeront plusieurs membres d'une commission d'initiative dite d'arrondissement, qui s'entendront avec les membres du comité central républicain. Cette organisation si simple permettra d'agir suivant les circonstances avec une promptitude, une énergie et une discipline qui défieront les tentatives que pourraient faire les réactionnaires pour renverser la République.

— Alors, dit un autre spectateur, c'est un pouvoir que vous voulez élever contre le pouvoir reconnu par la majorité des citoyens ?

— Non; seulement nous entendons contrôler et surveiller les gouvernants. D'ailleurs, les violences des députés que les campagnes ont envoyés, ne sont pas déjà si rassurantes.

— Vous avez bien raison, s'écrie un garde national, sur le képi duquel nous lisons le numéro 168, il faut veiller. On vient de m'affirmer que le général d'Aurelles de Paladines était à ce moment même en conférence avec les membres du gouvernement, afin d'aviser au moyen de s'emparer ce soir de la butte Montmartre. Ils auraient déjà, paraît-il, voulu enlever, dès hier soir, nos canons; mais la mèche a été éventée, et ils n'ont pas osé.

— Eh bien ! si c'est pour ce soir, reprend le factionnaire, nous les attendons de pied ferme.

— J'ai vu ce matin, ajoute le garde du 168° bataillon, arriver trois batteries d'artillerie au chemin de fer d'Orléans. Les artilleurs m'ont dit qu'ils venaient de l'armée de la Loire. Ils sont partis, il y a deux jours, de Châteauroux. On leur avait dit que Paris était à feu et à sang, et qu'il n'y avait presque plus de maisons restées debout dans les faubourgs, parce qu'il y avait eu partout des barricades. Voilà les infamies que l'on répand en province pour exciter les campagnes contre Paris. Tous les mensonges leur semblent bons, à ces réactionnaires, afin d'irriter les populations contre la forme républicaine.

— C'est toujours le même système de trahison, interrompt un garde national appartenant au 61° bataillon. Trochu a imité Palikao. Gambetta a fait comme Trochu ; il a prononcé de beaux discours, dans lesquels il ne disait pas un mot de vérité ; c'est un Gascon dangereux, qui a menti dans les dépêches qu'il adressait à Paris, comme il mentait lorsqu'il annonçait à la province les fausses sorties victorieuses de la garnison parisienne.

— Cependant, reprend le factionnaire, sans lui la province ne se serait pas levée.

— Oui, c'est possible ; mais il n'aurait pas dû alors se mêler de diriger les armées. Il est cause que Bourbaki s'est suicidé et que Faidherbe n'a pas battu les Prussiens.

— Bourbaki ! c'est un traître comme les autres, s'écrie un garde du 238°; il ne s'est pas plus suicidé que vous et moi. Il a tiré un coup de pistolet dans sa poche.

— Permettez, dit un jeune lieutenant de garde mobile ; il ne faut pas cependant nier la vérité. Il est incontestable que ce malheureux général a tenté de se tuer. Il porte encore les traces de l'horrible blessure qu'il s'est faite.

Nous entendons quelques clameurs sur la place Saint-Pierre. Au moment où nous arrivons, un groupe d'une centaine de gardes nationaux suivent deux bourgeois fort bien mis.

PROLOGUE DE L'INSURRECTION.

Le général Clément Thomas.

— Ah! ils disent que les gardes nationaux sont bons à manger de l'avoine, s'écrient plusieurs voix. Eh bien! qu'on les emmène sur la butte auprès du comité.

— Vous ferez connaître qui vous êtes, dit un garde appartenant au 168e bataillon, en s'adressant à l'un des civils.

— Certainement, répond celui-ci. Je vous ferai connaître mon nom et ma demeure.

On nous raconte que les deux bourgeois causaient tranquillement et se plaignaient amèrement de la consigne qui interdit de traverser la butte. L'un d'eux exprimait l'opinion que cette mesure était aussi vexatoire que ridicule, et qu'une telle consigne ne pouvait être ainsi prise arbitrairement. Il aurait ajouté, en désignant les factionnaires placés le long de la montagne et le piquet de garde sur le plateau, au milieu duquel on apercevait un individu revêtu d'une vareuse entièrement rouge : « Ces gardes nationaux-là, véritablement, sont bons à manger de l'avoine! »

Malheureusement, ces paroles avaient été entendues par un groupe de trois ou quatre gardes nationaux. Ceux-ci avaient interpellé l'auteur du propos. D'autres personnes étaient survenues, et bientôt un groupe d'une centaine de personnes s'était formé. Des gardes du 61e, du 168e et du 142e conduisirent les deux bourgeois par la rue des Trois-Frères jusqu'à la rue des Rosiers, au siége des membres du comité directeur de la butte Montmartre.

En descendant, nous nous croisons avec deux canons neufs se chargeant par la culasse, que des gardes nationaux viennent d'aller enlever dans les

LIVR.

ateliers de la rue des Poissonniers. Ils sont traînés péniblement par une vingtaine de gardes nationaux, qui les transportent dans le parc d'artillerie établi devant la rue des Rosiers. Près du caisson d'un de ces canons, nous apercevons un baril de poudre.

Toutefois, la faction de la garde des canons n'absorbe pas seule les loisirs des soldats citoyens, à en juger par ce tableau emprunté au *Petit Journal :*

Je m'arrêtai sur la place Saint-Pierre.

Ici, les trente sous quotidiens ne chôment pas.

Partout ces nationaux, ne sachant mieux utiliser leur temps, ont monté des jeux en place publique.

Voici un groupe, deux groupes, dix groupes qui jouent aux dés.

Voilà, plus loin, des parties de bouchon organisées.

Là, c'est à pile ou face que l'on perd son argent.

De ce côté, des joueurs assis par terre au centre d'un public attentif, jouant au noble jeu du loto, pendant que trois pas plus loin, on fait à pair ou impair.

L'heure sonne, un des partners se lève et va monter sa faction aussi sérieusement que si c'était arrivé.

Ou bien, sa femme, inquiète de ne pas le voir revenir au logis, le cherche dans les groupes, afin de lui demander un peu d'argent pour donner à manger à ses enfants.

Heureux encore si les trente sous ne sont pas passés dans la poche du croupier.

Car la place Saint-Pierre est devenue une succursale de Bade ou de Monaco. Il y a des joueurs, des banquiers, des croupiers et des pointeurs.

Seulement, l'or n'y brille jamais ; il est remplacé par des gros sous, et ces gros sous sont cependant plus utiles dans un ménage que les banknotes du riche Anglais qui a les moyens de perdre son argent.

Pauvre place Saint-Pierre, qui jadis était si gaie, si animée au temps où la fête de son patron s'y célébrait.

La voilà transformée en place de guerre par la volonté d'une fraction des hommes du quartier.

Mais qu'est-ce que ce mystérieux comité qui gouverne et arme la butte Montmartre, donne des consignes et a, pour ainsi dire, son armée à lui ? Longtemps anonyme, il se révèle enfin dans l'affiche suivante placardée sur les murs de Paris :

RÉPUBLIQUE FRANÇAISE.
Liberté, Égalité, Fraternité.

COMITÉ CENTRAL DE LA GARDE NATIONALE.

Le comité central de la garde nationale, nommé dans une assemblée générale de délégués représentant plus de 200 bataillons, a pour mission de constituer la fédération républicaine de la garde nationale, afin qu'elle soit organisée de manière à protéger le pays mieux que n'ont pu le faire jusqu'alors les armées permanentes, et à défendre, par tous les moyens possibles, la République menacée.

Le comité central n'est pas un comité anonyme, il est la réunion de mandataires d'hommes libres qui connaissent leurs devoirs, affirment leurs droits et veulent fonder la solidarité entre tous les membres de la garde nationale.

Il proteste donc contre toutes les imputations qui tendraient à dénaturer l'expression de son programme pour en entraver l'exécution. Ses actes ont toujours été signés ; ils n'ont eu qu'un mobile, la défense de Paris. Il repousse avec mépris les calomnies tendantes à l'accuser d'excitation au pillage d'armes et de munitions, et à la guerre civile.

L'expiration de l'armistice, sur la prolongation duquel le *Journal officiel* du 26 février était resté muet, avait excité l'émotion légitime de Paris tout entier. La reprise des hostilités, c'était en effet l'invasion, l'occupation et toutes les calamités que subissent les villes ennemies.

Aussi la fièvre patriotique qui, en une nuit, souleva et mit en armes toute la garde nationale ne fut pas l'influence d'une commission provisoire nommée pour l'élaboration des statuts : c'était l'expression réelle de l'émotion ressentie par la population.

Quand la convention relative à l'occupation fut officiellement connue, le comité central, par une déclaration affichée dans Paris, engagea les citoyens à assurer, par leur concours énergique, la stricte exécution de cette convention.

A la garde nationale revenait le droit et le devoir de protéger, de défendre ses foyers menacés. Levée tout entière spontanément, elle seule, par son attitude, a su faire de l'occupation prussienne une humiliation pour le vainqueur.

Vive la République !

Paris, le 4 mars 1871.

ARNOLD, JULES BERGERET, BOUIT, CASTIONI, CHAUVIÈRE, CHOUTEAU, COURTY, DUTIL, FLEURY, FRONTIER, GASTEAU, HENRY FORTUNÉ, LACORD, LAGARDE, LAVALETTE, MALJOURNAL, MATTÉ, MUTTIN, OSTYN, PICONEL, PINDY, PRUDHOMME, VARLIN, HENRY VERLET, VIARD.

Cependant, les jours se succèdent, la situation empire au lieu de se détendre. Des postes de police sont envahis et désarmés ; des dépôts d'armes et de munitions enlevés ; des prisons ouvertes de force, et des prisonniers politiques, Flourens entre autres, sont rendus à la liberté. La *Gazette des Tribunaux* résume en ces termes la situation :

L'agitation qui règne dans Paris depuis trop longtemps déjà, et qui ne semble avoir abandonné les quartiers du centre que pour se localiser dans Montmartre et dans Belleville, ne paraît pas se calmer. A Montmartre, on fortifie les positions déjà occupées et l'on amène des renforts d'artillerie. C'est ainsi qu'hier vingt nouvelles pièces de canon ont été ajoutées aux trente autres qui se trouvaient placées en batterie place Saint-Pierre. Ces canons, dont la bouche est tournée sur la ville, seraient, dit-on, tous chargés à boulets.

A la place de la Bastille, on remarque encore quelques manifestations. Le Génie de la Liberté, qui tient toujours un drapeau rouge, est ceint d'une immense écharpe de la même couleur, qui flotte à plus de deux ou trois mètres derrière lui.

Des cas d'indiscipline ont été signalés dans les rangs de la garde nationale et surtout de la garde mobile qui ont conduit plusieurs de leurs officiers rue de la Corderie-du-Temple, où siège le comité central, que ses adhérents paraissent considérer comme un véritable tribunal. Aucunes violences, d'ailleurs, n'ont été exercées.

Dans certains quartiers extrêmes, on signale plusieurs faits de pillage et de dévastations, notamment à Grenelle, où des baraquements ont été entièrement brûlés par une bande d'individus, parmi lesquels se trouvaient beaucoup de gardes nationaux.

Sur les autres points de Paris, tout est calme; mais le public se préoccupe sérieusement de cette sorte d'organisation nouvelle de la garde nationale en dehors de toute influence gouvernementale. On parle d'une fusion projetée, et qui serait déjà fort avancée, du comité fédéral républicain et du comité central de la fédération républicaine de la garde nationale.

A Belleville, tout est relativement fort calme. Mais Montmartre se fortifie de plus en plus; on y a transporté les quelques canons qui se trouvaient encore rue Legendre et boulevard d'Ornano. C'est à se demander comment, à l'occasion, on pourrait manœuvrer tant de pièces parquées dans des espaces relativement fort exigus.

Dans la journée, des gardes mobiles du 11e bataillon de la Seine se sont emparés de leur commandant pour lui demander des comptes et l'ont conduit au comité de la place de la Corderie-du-Temple, où semble siéger en permanence une sorte de jury populaire.

Les commerçants déplorent un pareil état de choses dont on ne prévoit pas l'issue et qui apporte à l'industrie et au négoce des entraves si fâcheuses.

Cependant, le gouvernement s'émeut, et, croyant couper court au désordre en étouffant les excitations de la presse ultra-démocratique, fait supprimer par le général Vinoy, en vertu de l'état de siège, les six journaux dont les noms suivent : le *Vengeur* (de Félix Pyat); le *Cri du Peuple* (de Jules Vallès); le *Mot d'ordre* (de Rochefort); la *Bouche de fer* (de Paschal Grousset); le *Père Duchêne*; la *Caricature*.

Malgré ces mesures menaçantes, ou peut-être à cause de ces mesures mêmes, la résistance prend une attitude de plus en plus hostile.

On lit dans le *Journal des Débats* du 17:

Pendant la matinée et une partie de l'après-midi d'hier, la place des Vosges a été très-agitée. Des gardes nationaux en armes appartenant à différents bataillons s'y succédaient, et s'informaient « si les canons étaient en lieu sûr. »

A notre arrivée, nous avions constaté la disparition des cinquante-six canons braqués avant-hier encore dans le jardin. Nous pensions, — comme d'ailleurs on le croyait également parmi les groupes stationnant aux abords de la place, — que l'autorité s'était décidée enfin à faire respecter la loi. Mais le récit suivant d'un garde national du 94e bataillon, de faction à la grille du jardin, nous a bientôt désabusé :

« Jeudi soir, des artilleurs sont venus place des Vosges avec des chevaux munis de prolonges, de façon à pouvoir être attelés immédiatement aux affûts et à emmener les pièces d'artillerie. La présence de ces cavaliers ne pouvant laisser de doute, on s'est empressé, dans le quartier, de donner l'éveil et d'appeler la garde nationale afin de s'opposer à l'enlèvement des canons.

« Un peu plus tard, un fort détachement de la garde républicaine paraissait à son tour sur la place des Vosges. L'officier parlementa avec les gardes nationaux et demanda qu'on lui ouvrît les grilles. Il éprouva un refus formel. L'officier de la garde nationale déclara qu'on n'enlèverait les canons que par la force, et alors, ajouta-t-il, il laissait à la troupe la responsabilité du sang qui serait versé.

« Le commandant du détachement de la garde républicaine ne crut pas devoir persister ; il se retira, suivi des artilleurs. »

Nous n'avons pas pu contrôler l'exactitude du récit fait par le factionnaire ; seulement, ce qui est incontestable, c'est que des détachements des 66e, 80e, 94e, 135e et 180e bataillons se sont attelés aux affûts et ont traîné les cinquante-six canons jusque dans le 20e arrondissement, à Belleville et sur les buttes Chaumont.

Nous avons vu revenir quelques-uns de ces détachements ; presque tous étaient en armes. Les officiers, dans le but de se donner un air plus farouche, laissaient leur sabre traîner à terre, et tenaient la main droite appuyée sur la crosse d'un revolver sortant d'une ceinture rouge. Parmi des gardes du 135e on remarquait un soldat de la légion garibaldienne.

Vers une heure, nous voyons arriver des compagnies du 150e bataillon commandées par un capitaine adjudant-major. Celui-ci s'entretient avec le capitaine qui commande le piquet du 94e bataillon installé dans le jardin, et lui exhibe son ordre de service.

Le factionnaire du 94e explique que le 150e est sans doute envoyé par la place. Il ajoute d'un ton narquois que, les canons étant partis, il n'y a plus de raison pour s'opposer à l'entrée de nouveaux arrivants. En effet, le 150e n'a pas tardé à pénétrer dans le jardin. Cette promenade de soldats en armes, traînant ou escortant les canons, avait occasionné de nombreux rassemblements rue de Birague, rue Saint-Antoine, place de la Bastille et sur les boulevards.

Dans un groupe formé à l'angle de la rue de Birague, des gardes du 135ᵉ bataillon racontaient « que la fédération de la garde nationale *marchait parfaitement ;* que mercredi, à une réunion tenue au Wauxhall, et à laquelle assistaient environ 3,000 gardes nationaux, on avait nommé une commission définitive en remplacement du comité provisoire qui siégeait rue de la Corderie ; que ce nouveau comité se composait de quarante membres ; que chaque arrondissement avait élu quatre délégués ; enfin, que le nombre des bataillons qui avaient accepté de faire partie de la fédération était de deux cent quinze. »

Il ne nous est pas démontré que ce chiffre soit authentique. Il peut se faire aussi que des gardes nationaux appartenant à deux cent quinze bataillons différents aient adhéré à la fédération, sans pour cela que l'on puisse en conclure que tous les hommes de chacun de ces bataillons reconnaissent l'autorité du comité fédéral, qui, lui aussi, a établi son quartier général rue de la Corderie-du-Temple.

L'incident de la place des Vosges est parvenu à la connaissance du comité directeur du mont Aventin ; aussi l'on redouble de surveillance, rue des Rosiers, devant le parc d'artillerie et à la porte de la maison d'artillerie occupée par le comité. En traversant les groupes des gardes nationaux des 129ᵉ et 138ᵉ bataillons, qui sont de service sur le plateau de la montagne, et qui stationnent au milieu de la rue des Rosiers, les promeneurs sont l'objet d'une plus grande attention que ces jours-ci.

Hâtons-nous cependant d'ajouter, afin de rendre hommage à la vérité, que l'on circule toujours avec la même facilité autour et aux abords des parcs d'artillerie. Par exemple, il est complétement interdit d'entrer dans le jardin de la tour Solferino, et surtout de monter sur la tour.

Cette après-midi, nous avons vu de paisibles promeneurs, ignorant la sévérité des consignes données sur le mont Aventin, assez malmenés pour s'être avancés près de la tour. Quatre hommes et un caporal du 129ᵉ bataillon, en armes, sont venus expulser les téméraires, que d'autres gardes qualifiaient à voix basse de « mouchards », de « réactionnaires. »

Dans un groupe, sur le premier plateau, on discutait assez vivement sur l'attitude du comité directeur de la butte. Plusieurs ouvriers n'hésitaient pas à dire tout haut que « cette comédie des canons durait depuis assez longtemps, et qu'elle était cause que le travail ne reprenait pas. » Ils ajoutaient que l'argent bonapartiste ne devait pas être étranger à l'affaire, car de sincères démocrates ne pouvaient pas être partisans de la prolongation d'un pareil état de choses, qui nuit surtout à la classe ouvrière.

Enfin, le 18 mars, l'autorité, décidée à agir, fait dès l'aube du jour afficher sur les murs de Paris la proclamation suivante :

RÉPUBLIQUE FRANÇAISE
—

Habitants de Paris,

Nous nous adressons encore à vous, à votre raison et à votre patriotisme, et nous espérons que nous serons écoutés.

Votre grande cité, qui ne peut vivre que par l'ordre, est profondément troublée dans quelques quartiers, et le trouble de ces quartiers, sans se propager dans les autres, suffit cependant pour y empêcher le retour du travail et de l'aisance.

Depuis quelque temps des hommes malintentionnés, sous prétexte de résister aux Prussiens, qui ne sont plus dans vos murs, se sont constitués les maîtres d'une partie de la ville, y ont élevé des retranchements, y montent la garde, vous forcent à la monter avec eux, par ordre d'un comité occulte qui prétend commander seul à une partie de la garde nationale, méconnaît ainsi l'autorité du général d'Aurelles, si digne d'être à votre tête, et veut former un gouvernement en opposition au gouvernement légal, institué par le suffrage universel.

Ces hommes qui vous ont causé déjà tant de mal, que vous avez dispersés vous-mêmes au 31 octobre, affichent la prétention de vous défendre contre les Prussiens, qui n'ont fait que paraître dans vos murs, et dont ces désordres retardent le départ définitif ; braquent des canons qui, s'ils faisaient feu, ne foudroieraient que vos maisons, vos enfants et vous-mêmes ; enfin, compromettent la République au lieu de la défendre, car, s'il s'établissait dans l'opinion de la France que la République est la compagne nécessaire du désordre, la République serait perdue. Ne les croyez pas et écoutez la vérité, que nous vous disons en toute sincérité.

Le gouvernement, institué par la nation tout entière, aurait déjà pu prendre ces canons, dérobés à l'État, et qui en ce moment ne menacent que vous, enlever ces retranchements ridicules, qui n'arrêtent que le commerce, et mettre sous la main de la justice les criminels qui ne craindraient pas de faire succéder la guerre civile à la guerre étrangère ; mais il a voulu donner aux hommes trompés le temps de se séparer de ceux qui les trompent.

Cependant, le temps qu'on a accordé aux hommes de bonne foi pour se séparer des hommes de mauvaise foi est pris sur votre repos, sur votre bien-être, sur le bien-être de la France tout entière. Il faut donc ne pas le prolonger indéfiniment. Tant que dure cet état de choses, le commerce est arrêté, vos boutiques sont désertes, les commandes, qui viendraient de toutes parts, sont suspendues, vos bras sont oisifs, le crédit ne renaît pas, les capitaux, dont le gouvernement a besoin pour délivrer le territoire de la présence de l'ennemi, hésitent à se présenter.

Dans votre intérêt même, dans celui de votre cité, comme dans celui de la France, le gouvernement est résolu à agir. Les coupables qui ont prétendu instituer un gouvernement à eux vont être

PROLOGUE DE L'INSURRECTION.

La place Pigale dans la matinée du 18 mars. (Voir page 15.)

livrés à la justice régulière. Les canons dérobés à l'État vont être rétablis dans les arsenaux, et, pour exécuter cet acte urgent de justice et de raison, le gouvernement compte sur votre concours.

Que les bons citoyens se séparent des mauvais; qu'ils aident à la force publique au lieu de lui résister. Ils hâteront ainsi le retour de l'aisance dans la cité et rendront service à la République elle-même, que le désordre ruinerait dans l'opinion de la France.

Parisiens, nous vous tenons ce langage parce que nous estimons votre bon sens, votre sagesse, votre patriotisme; mais, cet avertissement donné, vous nous approuverez de recourir à la force, car il faut à tout prix, et sans un jour de retard, que l'ordre, condition de votre bien-être, renaisse entier, immédiat, inaltérable.

Suivent les signatures de M. Thiers, chef du pouvoir exécutif, et des ministres.

LE COMITÉ CENTRAL

La journée du samedi 18 mars.

La relation de *Paris-Journal* est, en ce qui concerne Montmartre, foyer principal de l'insurrection, la plus vive, la plus mouvementée, la plus fidèle qui ait été donnée de cette première et mémorable journée. Nous la lui empruntons, en la complétant par des extraits de divers autres journaux.

MONTMARTRE

Trois heures du matin

..... Deux ou trois détonations sourdes trouent le silence de la nuit froide. Une rumeur confuse leur succède : portes et fenêtres qui s'ouvrent, voix effarées qui s'interrogent, cris d'appel, froissements d'armes, bourdonnements d'une ville réveillée en sursaut. On se lève, on sort, on se groupe, et voici ce que l'on apprend :

Un fort détachement d'infanterie, sous les ordres d'un général, — le général Vinoy, dit-on, mais j'ai peine à le croire, — vient de « surprendre », et d'occuper les buttes. Les sentinelles vigilantes qui battaient la semelle autour de « l'artillerie nationale » ont été priées d'aller se coucher. Le même mouvement a dû s'effectuer à la Villette et à Belleville. La troupe *attend le jour* pour emmener les pièces.

Les coups de fusil que l'on a entendus ont été tirés en l'air pour accélérer la retraite des Montmartrois.

D'anciens sergents de ville servaient d'éclaireurs à la ligne. Plusieurs d'entre eux portaient la tenue de la garde nationale. Les autres avaient l'uniforme de la légion qu'ils ont formée.

Quelques boutiques de marchands de vin s'entrebâillent sur la place de la mairie et dans les petites rues qui avoisinent la place Saint-Pierre. On cause avec fièvre autour des comptoirs : — C'est une indignité ! — C'est une trahison ! — C'est un vol ! — A bas d'Aurelles ! Paladines ! — A bas Vinoy ! — A bas Thiers !

Et les lignards continuent à *attendre le jour* pour déménager le plateau.

Cinq heures

L'animation devient plus grande. On entend des sonneries de clairons. Le rappel bat au lointain. Je vois un général monter la rue Lepic, suivi de *sept* ou *huit* attelages d'artillerie. Si c'est avec ce matériel que le gouvernement militaire de Paris compte enlever CENT SOIXANTE-DOUZE canons, mitrailleuses ou mortiers !...

Six heures

Le jour se lève, maussade et chlorotique. Un ancien *barricadier* de 1848 s'écrie avec enthousiasme :
— C'est le brouillard de février !

On se résout — enfin — à commencer l'opération de « sauvetage. » Quatre pièces sont descendues avec une lenteur qu'on croirait calculée. Les chevaux glissent dans la boue gluante et sur le pavé gras des voies à pic. Une fois sur le boulevard extérieur, il faut dételer et remonter chercher d'autres pièces en laissant les premières sous la garde de quelques artilleurs. La foule paraît plus curieuse qu'hostile. On *blague* les soldats :
— Restez avec nous ! crie-t-on à un brigadier. Celui-ci répond : — Me donnerez-vous à manger ?
— Oui ! oui ! à manger et à boire !
Le brigadier accepte un gâteau qu'on lui tend...
Puis on lui verse une goutte...
— A la santé de la République !

Sept heures

L'aspect de la place Saint-Pierre est fantastique. Dans la brume qui coiffe les buttes, des pelotons ressortent en noir, dont il est difficile de distinguer la couleur. Étincelles de baïonnettes, silhouettes démesurées, canons espacés le long des rampes et *négligés* par les troupiers qui sont chargés de les surveiller. Des colonnes d'infanterie se massent sur le boulevard Ornano. La chaussée Rochechouart se remue. On ne crie déjà plus : *A bas!* mais : *A mort!*

Les gardes nationaux affluent : les uns en armes et bruyants, les autres inquiets et indécis. Des femmes, dont l'exaspération est remarquable, — les tricoteuses de Montmartre, — éperonnent les hommes de leurs lazzis et de leurs jurons. D'aucunes, en bonnet blanc, se promènent parmi les pantalons rouges.

L'*impresario* du carrousel de chevaux de bois qui se trouve sous « la batterie » porte sa cavalerie *sous d'autres cieux*.

Huit heures

La charge, — clairons et tambours, — éclate dans la rue des Rosiers, sur le revers gauche des buttes.

Les fantassins se pelotonnent. Les spectateurs qui sont en touffes au coin des rues commencent à trembler.

Tout à coup, l'on voit la compagnie qui entoure la tour de Solferino mettre la crosse en l'air. Des gardes nationaux grimpent de toutes parts et couronnent les hauteurs. On clame : *Vive la ligne!* Les soldats agitent leurs képis, aident à l'escalade et font signe à ceux des leurs qu'on a éparpillés en sentinelles de venir les rejoindre. Ils s'empressent. On fraternise. Un tonnerre s'élève : *Vive la République!*

Un officier, — monté sur la tour de Solferino, — agite un drapeau *tricolore*. D'en bas, on applaudit.

Voilà qu'un tumulte se produit. Un individu dégringole du haut des buttes, la crosse aux reins. C'est un ancien sergent de ville. Ses camarades ont fui. On le ballotte de bourrade en bourrade ; il est grand, pâle et demande grâce ; les femmes piaulent, les hommes frappent ; des officiers se jettent devant ce malheureux, qui est traîné à la mairie, sanglant, défiguré, dépianté jusqu'à la chemise...

En ce moment, une colonne débouche par la rue du Théâtre. En tête, des tambours et des clairons de la garde nationale et de la ligne mêlés. Le tambour-maître, de la ligne, mâche sa moustache d'un air sombre. Derrière lui, tout se confondu : fantassins et citoyens. Les petits soldats appartiennent au 88ᵉ et au 138ᵉ régiment. Ils sont jeunes, pâles, affamés, disent-ils. Beaucoup, qui ont la capote gris de fer de l'armée de la Loire, s'éparpillent chez les boulangers et dans les cabarets...

Ils viennent du boulevard Ornano ; ils étaient au repos, les fusils en faisceaux, quand la garde nationale les a enveloppés, harangués, circonvenus. Les officiers n'ont pu les retenir. Le pain manquait ! Toujours suivant eux.

Sur le boulevard extérieur, on assiége une pièce, à laquelle on veut faire réintégrer les buttes. Les artilleurs se débattent dans la masse. Un capitaine d'artillerie, — imberbe, — s'efforce de dégager ses hommes. On lui crie : — Vous voulez nous assassiner !

L'officier déboutonne son caban avec calme, et, montrant qu'il n'a ni sabre ni revolver au ceinturon :
— A moins que vous ne vouliez me prêter un fusil.

Neuf heures

La colonne défile, entraînant la pièce. Des deux côtés de la chaussée, sur toutes les portes, à toutes les fenêtres : *Vive la ligne!* Des soldats, qui ont un bonnet de police en sautoir, portent au bout de leur baïonnette la proclamation du gouvernement.

On arrive à la place Pigalle. Là, se dresse une barricade vivante. Une cinquantaine de chasseurs à cheval et une compagnie de gendarmerie à pied. Chasseurs et gendarmes sont en avant de la fontaine : ceux-ci, l'arme au bras ; ceux-là, le sabre au fourreau.

On s'arrête... On parlemente... Pour réponse, le lieutenant des gendarmes met l'épée à la main, et le capitaine des chasseurs donne un ordre : les cavaliers dégaînent, l'acier bruit, les chevaux piaffent...

La foule, — épouvantée, — reflue en arrière. On verrouille les portes avec fracas. On s'écrase contre les murs. Le vide se fait... Mais un homme s'est avancé et a saisi au mors le cheval du capitaine. Celui-ci lève son sabre... Un coup de fusil part... Le capitaine, — frappé en pleine poitrine, — tombe.

La fusillade continue un instant. Le cheval du capitaine s'abat. Le lieutenant de gendarmerie et plusieurs de ses hommes s'abîment dans la fumée. Les autres se replient en tiraillant dans les rues de Laval, Frochot et Duperré. Les chasseurs s'éparpillent dans les voies adjacentes...

Un artilleur, — qui emboûchait sa trompette pour sonner la charge, — râle, traversé par une balle, au coin de la rue Houdon...

Dix heures

On circule sur le champ de bataille. Le cadavre du capitaine, traîné d'abord dans la baraque nº 30 du boulevard, a été transporté à l'école municipale de la rue des Martyrs.

Où sont les autres ? — On a jeté de la poussière sur les mares rouges du pavé. Une chose ignoble se passe :

L'écume de l'émeute s'est ruée sur les chevaux tombés... On s'acharne sur eux à coups de couteau, de sabre, de baïonnette... En un instant, les pauvres bêtes sont éventrées, dépecées, disséquées. Des gens leur arrachent les entrailles, qui ont les bras rouges jusqu'au coude. Des pioupious s'en disputent les morceaux.

Onze heures

La garde nationale se substitue aux gardiens de la paix dans le poste de la place Bréda. Des bataillons montent vers Montmartre. Les tambours battent la charge ; mais les crosses sont en l'air. Devant cette assurance pacifique, les boutiques se ferment.

Un détachement du génie descend la rue Blanche. Les hommes tiennent les rangs serrés et marchent au pas, — dignes, froids et silencieux... On les interpelle : — Vive la République !

Ils ripostent : — Nous ne l'entendons peut-être pas de la même manière que vous.

Midi

C'est un entr'acte. — Jusqu'à quand durera-t-il ? — Des sentinelles sont échelonnées à tous les coins de rue. Un cordon armé sépare Montmartre de Paris. Des fantassins, — qui ont oublié leur chassepot aux mains de la population, — titubent au seuil des *mastroquets*...

Sur les buttes, on se félicite... L'armée est conquise !... Or, comme l'on doit entretenir sa conquête, des gens accostent les passants et leur présentant une casquette-tirelire :
— Pour la ligne, s'il vous plaît !

Deux heures de l'après-midi

La foule est immense, houleuse, agitée, dans la rue Clignancourt, le haut de la rue des Martyrs et la place Saint-Pierre. De tous côtés on court aux armes. Les gardes nationaux se réunissent en plusieurs endroits, notamment aux abords de la mairie.

La place de la Mairie est occupée par dix mitrailleuses. Une mitrailleuse et un canon chargés sont braqués sur la rue des Abbesses et la rue Germain-Pilon. Des gamins, des femmes, des gardes nationaux ont envahi le bâtiment municipal et se posent aux portes et aux fenêtres. On parle d'installer un gouvernement dont le maire Clémenceau serait le chef, d'aller s'emparer de l'Hôtel de ville et du général d'Aurelles de Paladines.

Dans toutes les rues qui montent à la place Saint-Pierre, grouillent pêle-mêle les uniformes les plus variés. Du milieu des tuniques vertes et bleues de la garde nationale, se détachent les chemises rouges des garibaldiens. Ceux-ci disent qu'ils n'ont pas d'armes.

— Soyez tranquilles, leur répondent les gardes nationaux, nous vous en donnerons.

En effet, plusieurs des Montmartrois sortent de la rue Marie-Antoinette avec des faisceaux de chassepots et de fusils transformés. On en fait immédiatement la distribution. On force d'en prendre quelques hommes qui ne demanderaient pas mieux que de s'en aller.

A ce moment, une forte panique se produit. Les curieux se précipitent dans les maisons. La foule obstrue les rues. On dit que des troupes arrivent. On aperçoit effectivement un bataillon qui s'avance musique en tête ; mais, arrivé au bas de la rue Houdon, il lève la crosse en l'air, et est accueilli par les gardes nationaux aux cris mille fois répétés de : « Vive la République ! » C'était un bataillon de garde nationale du faubourg Saint-Denis.

A partir de deux heures et demie, on pioche ortement tout autour de la butte. On élève des barricades au-devant de toutes les issues qui peuvent conduire sur le coteau, derrière la rue Clignancourt.

Six heures

Une partie des bataillons insurgés se réunissent en armes sur les boulevards et se disposent à descendre dans Paris.

Ils entrent dans la rue Blanche, tambour en tête, passent par la place de la Trinité, la rue de la Chaussée-d'Antin, traversent la place de l'Opéra et s'arrêtent sur le boulevard en avant de la rue de la Paix.

La place Vendôme est occupée par les bataillons de la Bourse, et on dit qu'ils sont résolus à se défendre. Un commandant à cheval, le drapeau rouge à la main, passe une revue de ses hommes et les fait avancer vers la rue de la Paix, en leur recommandant de mettre la crosse en l'air. La troupe s'arrête à deux cents mètres à peu près de la place et se masse le long des trottoirs.

Des sentinelles sont aussitôt placées de chaque côté pour fermer les issues.

Tous les magasins de la rue sont fermés. Quelques grands cafés du boulevard, notamment le café-restaurant de l'Opéra, baissent leurs volets.

LES ÉTATS-MAJORS

La place Vendôme était défendue par un escadron de gendarmerie et quelques compagnies de gardes nationaux. Au moment où les insurgés s'y sont présentés, à dix heures du soir, gendarmes et gardes nationaux ont déposé les armes. L'état-major de la garde nationale et l'état-major de la place sont évacués et aussitôt occupés. Les bataillons de Montmartre ferment toutes les issues. Dès que quelqu'un se présente :

— On ne passe pas ! répondent-ils d'un air farouche.

— Mais je demeure par là.

— Nous allons vous faire accompagner par deux hommes.

Effectivement, chaque passant est escorté jusqu'à son domicile par deux gardes nationaux.

LE PALAIS DE L'INDUSTRIE

Le palais de l'Industrie est gardé à neuf heures du soir par un bataillon de ligne et un bataillon de chasseurs. Pendant qu'ils allaient prendre position, ils se croisent avec une compagnie de gardes nationaux. De part et d'autre on se salue au cri de : « Vive la République ! »

LES THÉATRES

Tous les théâtres sont fermés, à l'exception d'un seul.

Le Vaudeville avait illuminé sa façade comme à l'ordinaire ; mais ne voyant personne se présenter aux guichets, l'administration s'est décidée à fermer ses portes.

Seul, le théâtre du Palais-Royal a donné son spectacle ordinaire.

QUARTIER SAINT-ANTOINE

Une heure

A la place de la Bastille, peu de groupes. Nous nous engageons dans la rue de la Roquette, abandonnant le faubourg Saint-Antoine et la rue de Charenton, à l'entrée desquels s'ébauchent des barricades. A peine engagé dans la rue de la Roquette, nous rencontrons, au premier carrefour, trois barricades en pavés, mal construites, très-basses. Nous avançons. Foule de gardes nationaux de tout âge, mélangée de mobiles. On dépave. Les femmes piochent la terre. On renverse les voitures; on apporte des madriers, des tonneaux. Les rues transversales sont barricadées. Nous franchissons plus loin des retranchements armés de pièces d'un fort calibre, qui commandent les rues droites.

Animation extrême. Les gamins servent les barricades avec le zèle proverbial qu'ils apportent en ces sortes de travaux.

Nous montons toujours. On examine les mains de ceux qui passent. Quand la main n'est ni noire ni solide, on ne la prie pas de se mettre à la pâte.

Nous arrivons à la place où le vieux Voltaire, haut juché, semble affaissé dans son fauteuil. Des bataillons sont massés comme dans un camp retranché.

D'énormes barricades, solides, armées de haquets, d'omnibus, s'élèvent à l'entrée des grandes voies et des boulevards qui aboutissent à la place.

Les rues voisines, où l'on ne circule plus, sont pourvues d'ouvrages défensifs, gardés par des gardes nationaux, mêlés de zouaves, de chasseurs à pied.

Les deux prisons de la Roquette et la place elle-même sont occupées par les gardes nationaux. On entoure la place d'une série de barricades légères.

Comme on nous invite à ne pas pousser plus loin, nous redescendons par le boulevard Voltaire, où sont rangées, ainsi que sur toute la longueur du boulevard Richard-Lenoir, les compagnies d'un grand nombre de bataillons de la garde civique en armes.

A la place du Château-d'Eau nous apercevons aux fenêtres de la caserne les soldats désarmés, qui contemplent le va-et-vient de la multitude. Les chassepots ont été rendus ou pris sans violence, et ils sont conservés par la garde nationale.

A partir du Château-d'Eau, l'aspect des boulevards est celui qu'ils ont d'ordinaire.

Les groupes recommencent à la porte Saint-Martin.

LES BUTTES CHAUMONT

A quatre heures du matin, le poste de garde nationale des buttes Chaumont fut surpris, et seize pièces d'artillerie furent dirigées sur le Luxembourg, sous l'escorte des chasseurs d'Afrique et de la garde républicaine.

Les canons qui restaient ne purent être enlevés.

Une compagnie du 121ᵉ bataillon se jetant sur la batterie, en chassa les artilleurs de la ligne.

Pendant ce temps, un peloton de garde républicaine se présentait à la Marseillaise et sommait les gardes nationaux de livrer les pièces. Sur un refus énergique de la milice et des garibaldiens, les gardes républicains se retirèrent.

Au même moment le tocsin et la générale se faisaient entendre et les gardes nationaux en armes accouraient de tous côtés. Le cordon de troupes qui s'étendait des buttes Chaumont à Montmartre a voulu s'opposer au passage des premiers renforts.

Après une demi-heure de pourparlers, les soldats mirent la crosse en l'air, un petit nombre se mêla à la garde nationale et la majorité se débanda pour aller rejoindre ses casernes.

En un clin d'œil de formidables barricades furent élevées. La Marseillaise est défendue par une immense barricade armée de quatre canons et une mitrailleuse.

La rue d'Allemagne est coupée par un ouvrage de la hauteur d'un second étage.

Une série de fortifications de cette nature s'étend du boulevard Voltaire aux buttes Chaumont et aux buttes Montmartre.

BELLEVILLE

Dès quatre heures du matin, les principales rues menant à Belleville sont occupées militairement; les troupes sont venues lentement et sans bruit. Belleville dort encore, et ne semble nullement se douter de ce qui se passe.

Le général commandant les régiments a fait placer son artillerie sur les boulevards extérieurs; deux canons de 7 et trois mitrailleuses sont braquées dans la direction de l'église.

A cinq heures, Belleville est occupé; vers six heures, trois coups de canon (le signal convenu avec le comité) se font entendre. Quelque temps après, la générale est battue; presque tous les gardes nationaux courent à leur rendez-vous respectif.

En un instant, un nombre considérable de gardes sont sous les armes. La place de l'Église, occupée par un bataillon d'infanterie de la ligne, est cernée. Ce bataillon parlemente et finit par fraterniser avec le peuple. La mairie devient immédiatement le quartier général du comité de la garde nationale, sans effusion de sang. Les troupes sont refoulées jusqu'aux boulevards extérieurs. En moins d'une demi-heure, onze barricades sont élevées dans la rue de Paris. Les rues y aboutissant sont obstruées par des voitures renversées et gardées par des pelotons de gardes nationaux.

Une collision semble imminente vers onze heures. Troupiers et gardes nationaux de Belleville sont poitrine à poitrine; le général commande de charger; les soldats mettent la crosse en l'air. Deux pièces d'artillerie sont prises par la foule, les soldats livrent leurs armes et leurs cartouches.

Rue Puebla, un bataillon tout entier livre ses chassepots. La garde nationale bat aux champs. Des paniers de vin sont apportés: on trinque à la santé de la République.

Le général sauve la majeure partie de ses canons, en les faisant entourer par deux compagnies de sergents de ville mobilisés; la foule ricane; les agents sont hués, insultés, on leur jette des pierres, une rixe va s'ensuivre. Heureusement, deux bataillons de ligne, encore restés fidèles, protégent agents et canons et sauvent le tout.

La troupe se retire en laissant force traînards, qu'on entraîne dans les cabarets. Au pont du canal, un bataillon entier rebrousse chemin et met la crosse en l'air aux cris de: *Vive la République!*

Le faubourg du Temple est bientôt couvert de barricades, ainsi que les rues: Fontaine-au-Roi, Popincourt, Trois-Couronnes, Ménilmontant et Saint-Sébastien.

A une heure, le général Valentin, préfet de police, monte en voiture le faubourg du Temple; il est accompagné par deux aides de camp.

Mais comme il a eu la malencontreuse idée de faire monter sur le siége de sa voiture un ex-sergent de ville mobilisé, il est très-mal accueilli, quelques pierres lui sont jetées; enfin, il parvient à gagner la rue Saint-Maur et à s'échapper.

On a remarqué que tous les commandants de troupe étaient accompagnés d'ex-officiers de paix et de commissaires de police; les officiers de paix indiquaient aux officiers les chemins à prendre pour tourner les émeutiers; mais les rapports qu'ils avaient avec eux étaient très-froids; les indications qu'ils donnaient étaient peu écoutées.

De son côté, le *Gaulois* a recueilli les détails suivants:

LA VILLETTE

C'est à cinq heures du matin que de forts détachements de la ligne, soutenue par quatre escadrons de cavalerie, sont venus prendre possession des buttes Chaumont. Les pièces de canon étaient gardées seulement par une centaine de gardes nationaux de la Villette.

On dit que quelques hommes du 214ᵉ et du 230ᵉ ont été tués ainsi que deux soldats de la ligne.

Six heures

Douze avant-trains précédés et escortés d'un escadron de gendarmerie pénètrent dans le parc. Les gendarmes protégent les avenues pendant que les artilleurs attèlent les pièces.

En même temps un bataillon occupe les environs de la salle de la Marseillaise et empêche toute communication.

Des piquets du 35ᵉ de ligne sont établis dans les grandes rues du dix-neuvième arrondissement; les habitants ne peuvent sortir du quartier. Des sentinelles sont placées de dix mètres en dix mètres dans les rues.

Six heures et demie

Des barricades sont établies rue Rébeval, rue de Meaux, rue Secrétan, devant la maison d'un photographe, où se trouvent remisées deux mitrailleuses et une pièce de 7.

Une autre barricade est formée devant la rotonde du boulevard des Buttes-Chaumont.

Le rappel bat partout, les tambours et les clairons sont escortés par des hommes armés. Du reste les troupes de ligne sont impassibles. Elles n'empêchent rien.

Sept heures

Un escadron de hussards escortant cinq pièces de 7, descend par la rue d'Allemagne venant de l'ancien état-major du 3ᵉ secteur. Deux soldats de la ligne sont désarmés rue de Meaux.

De tous côtés, accourent des gardes nationaux des 166ᵉ, 147ᵉ, 114ᵉ, 25ᵉ et 230ᵉ bataillon. Ils se mettent en bataille derrière les piquets de la ligne. Aucun cri, aucune menace n'éclate des deux côtés.

Huit heures

On entend quelques coups de fusil du côté du marché de la rue de Meaux, et des artilleurs abandonnent un fourgon qu'ils ramenaient des buttes Chaumont.

Neuf heures

Les nombreux détachements de la ligne parcourent les rues et ramassent leurs sentinelles.

Onze heures

Quelques bataillons se massent derrière le marché de la Villette. Une compagnie du 164ᵉ bataillon suit pas à pas les patrouilles du 35ᵉ de ligne.

Midi

2,000 hommes environ des divers bataillons, parmi lesquels se trouvent des zouaves et des mobiles, débouchent par la rue d'Allemagne, et arrivent la crosse en l'air, en présence du bataillon massé à la rue de Crimée. Un adjudant de la garde nationale dit quelques mots au commandant de la ligne et les soldats du 35ᵉ abandonnent la rue de Crimée. Ils passent au milieu des gardes nationaux qui forment la haie sur leur passage.

Une heure

Le parc des buttes Chaumont est envahi par l'avenue Laumière, et le piquet de gendarmes qui y était campé depuis le matin est désarmé et emmené à la Marseillaise.

Le capitaine et les gendarmes sont à pied et ils conduisent leurs chevaux à la main. Des gamins portent les sabres, des gardes nationaux se sont emparés des chassepots.

Une heure et demie

La Villette est complètement évacuée par les troupes. Seuls, les gardes nationaux sont dans les rues.

On compte trente-deux barricades qui enferment les rues comprises depuis les buttes Chaumont jusqu'à la Chapelle. Toute circulation est interrompue. Le marché n'a pu ouvrir; il y a une telle panique que les boulangers ont été dévalisés en un rien de temps. Toutes les boutiques se ferment. Les dix-sept gendarmes emmenés prisonniers à la Marseillaise, sont relâchés, mais sans leurs armes. Seul, le capitaine commandant ce détachement a pu conserver son sabre.

L'HOTEL DE VILLE

Vers dix heures du matin, quelques groupes commencent à se former aux abords du palais municipal. Une cinquantaine de gardes nationaux venant de Ménilmontant, annoncent que Belleville et Montmartre descendent, que les vrais républicains sont vainqueurs sur toute la ligne, et que la Commune sera installée à l'Hôtel de ville avant la fin de la journée.

La nouvelle est accueillie de différentes manières. Un individu ose même crier: « A bas la République! Vive l'Empereur ! »

Aussitôt entouré, il est roué de coups, et sans l'intervention de quelques bourgeois du quartier, il ne se serait pas tiré de ce mauvais pas à si bon compte.

Peu à peu, le calme se rétablit. Dans les groupes, la question à l'ordre du jour est l'indemnité aux gardes nationaux.

A onze heures et demie, les curieux se portent vers la rue de Rivoli : les cris de « Vive la ligne ! vive la République ! » éclatent de toutes parts, et au même instant débouche sur la place, crosses en l'air, clairons et tambours en tête, un bataillon de soldats de la ligne, accompagnés d'une centaine de gardes nationaux.

Ils viennent protester contre la surprise de Montmartre.

Le premier moment d'effervescence passé, la tranquillité semble renaître, et les groupes plus clair-semés commencent à se disperser, lorsque retentit tout à coup une détonation.

C'est un citoyen habillé en bourgeois qui a déchargé en l'air son revolver.

— A bas le Prussien ! à l'eau ! à l'eau ! vocifère la foule, et en quelques secondes le coupable a la figure en sang, les vêtements en lambeaux.

Alors arrivent par les quais et l'avenue Victoria trois pièces d'artillerie avec deux mitrailleuses, suivies d'un régiment de ligne et d'un bataillon de chasseurs à pied. Ces troupes viennent se ranger sur la place, qui est aussitôt évacuée.

Tous les ponts, depuis la place de la Bastille jusqu'au quai Saint-Michel, sont également gardés par de forts détachements. Des patrouilles de garde républicaine à cheval parcourent les rues avoisinantes.

Trois régiments de ligne occupent l'Hôtel de ville, les bâtiments de l'Octroi et de l'Assistance publique. Les employés des divers services municipaux ont, dès le matin, reçu l'ordre de se retirer pour céder leurs bureaux aux soldats. Personne n'entre dans le palais municipal, et il est presque aussi difficile d'en sortir.

A midi, les troupes stationnant sur la place reçoivent du général commandant à l'Hôtel de ville l'ordre de se retirer. Le calme, en effet, semble rétabli et, cette fois encore, ni Montmartre, ni Belleville ne descendront.

Jusqu'à 3 heures et demie, rien de particulier à signaler. A ce moment, un groupe de deux cent cinquante à trois cents officiers de garibaldiens, de francs-tireurs et de la garde nationale, parmi lesquels nous avons aussi remarqué quelques rares lieutenants ou sous-lieutenants de la ligne, viennent se ranger en face de l'Hôtel de ville.

L'un d'eux, qui porte un drapeau aux couleurs nationales, harangue ses collègues, et, au bout d'un quart d'heure, on se donne l'accolade et l'on se disperse.

Nous n'avons pas bien saisi le sens ni la portée de cette manifestation, nous avons cependant lieu de penser qu'il s'agissait d'un appel à la concorde.

La journée n'était cependant pas encore finie ; pendant que tout paraissait calme et paisible d'un côté du palais municipal, des groupes nombreux de citoyens venant de la rue du Temple et du faubourg Saint-Antoine assiégeaient la caserne Napoléon, dont ils voulaient enfoncer la porte. Une fois entrés, ils comptaient trouver le chemin du souterrain qui communique à l'Hôtel de ville, et envahir le monument.

Encore un instant, et la porte allait céder sous leurs efforts : mais tout à coup les grilles de l'Hôtel de ville s'ouvrent, et un escadron de gendarmes à cheval charge à fond de train sur les émeutiers, qui sont dispersés en un clin d'œil.

A part quelques horions, deux ou trois bras et jambes cassés, aucune mort à regretter.

Nous quittons l'Hôtel de ville à six heures moins le quart, en même temps qu'un piquet de gendarmes à cheval.

L'un des cavaliers resté un peu en arrière, est entouré et insulté par la foule et surtout par les gamins: « A bas le mouchard! A l'eau le uhlan de Paris! » crient les femmes et les gavroches. Mais, sans perdre contenance, notre homme charge à lui seul ses insulteurs, qui trouvent prudent de prendre la fuite en tous sens.

— C'est indigne ! vouloir tuer des femmes et des enfants ! s'écrie alors un garde national du 93ᵉ en couchant en joue le cavalier.

— Ne tirez pas ! fait un monsieur en se précipitant sur l'arme toute prête à partir.

— C'est un sergent de ville ! il protège les mouchards ! vocifère alors la foule, et le monsieur, conduit jusque sur la berge de la Seine, n'échappe à la noyade que pour être enfermé au poste du quai de Grève.

Sept heures

Le bruit court qu'on se bat à l'Hôtel de ville. Un de nos collaborateurs s'y rend. Partout on bat la générale. Le tocsin sonne à Notre-Dame, à Saint-Merry et à diverses autres églises.

La place de l'Hôtel-de-Ville est complétement déserte. Toutes les portes sont fermées. Les grilles également. On a retiré les sentinelles.

Que s'est-il passé ?

Personne ne sait rien.

Notre collaborateur fait le tour de l'Hôtel de ville. Il entre par une petite porte après mille difficultés. Les cours regorgent de soldats de la ligne et de gardes municipaux.

— S'est-on battu ?

— Non ! Deux coups de feu ont été échangés à la caserne Napoléon.

Une estafette vient d'arriver, qui annonce que le général Lecomte et le général Clément Thomas viennent d'être fusillés.

Sept heures et demie

Notre reporter sort de l'Hôtel de ville plus difficilement encore qu'il n'y est entré.

Des coups de feu retentissent dans la rue Saint-Antoine.

Une compagnie de gardes nationaux s'élance en même temps dans la rue du Temple en criant: « Aux armes ! »

Deux bataillons s'avancent sans bruit comme pour cerner l'Hôtel de ville.

Il est près de huit heures. Les passants deviennent rares. Le brouillard s'épaissit et le tocsin sonne toujours.

Après l'occupation de l'Hôtel de ville et de la Préfecture, qui ont eu lieu dans la soirée, les lignes d'investissement ont été graduellement étendues. Le pont d'Arcole, ceux de la Cité, le pont Saint-Michel et le pont Neuf étaient gardés sur la place Saint-André-des-Arts et la rue Dauphine.

De ce côté, les gardes nationaux arrêtaient la circulation à la hauteur du pont de Lodi. Si on franchissait l'eau, un ou deux hommes accompagnaient jusqu'à quelques pas du pont des Arts.

Sur le quai de la Mégisserie, la surveillance était aussi rigoureuse.

Les curieux ou les passants qui s'étaient trouvés pris au milieu du mouvement d'occupation ont été reconduits au delà des lignes, accompagnés d'une sentinelle qui leur faisait franchir les différents postes.

Le ministère de la justice, l'hôtel de l'état-major de la place et celui de la garde nationale ont été également occupés.

FAUBOURG SAINT-GERMAIN

Dès quatre heures et demie du matin, le rappel a été battu dans le faubourg Saint-Germain. Jusqu'à dix heures on a entendu dans toutes les rues retentir le tambour et sonner le clairon.

Le 18ᵉ bataillon a été mis de piquet sur la place Saint-Sulpice ; le 20ᵉ occupait la rue de l'Odéon.

Tout le monde est dans les rues ; les bruits les plus étranges circulent: on parle de coups de canon tirés à Montmartre, de barricades élevées dans le faubourg Saint-Antoine.

Le jardin du Luxembourg, occupé par la ligne,

Une barricade à Belleville, le samedi 18 mars.

avait été fermé et la troupe consignée. Des gardes nationaux se sont présentés à la grille, et aidés des soldats, ont forcé les verrous et ouvert les portes.

Trois pièces de canon ont été posées sur le pont Neuf, mais elles ont été enlevées presque aussitôt. La place du pont Saint-Michel était occupée par des artilleurs, avec deux pièces de canon et une mitrailleuse.

Dans la matinée, des fantassins escortant un convoi de munitions descendaient la chaussée du Maine, des gardes nationaux ont causé avec eux et ont obtenu sans lutte la remise des munitions.

Au Gros-Caillou, un omnibus a été pris par des gardes nationaux, qui ont forcé les voyageurs de descendre.

Midi

Un régiment de ligne défile, la crosse en l'air, rue de Rivoli, se dirigeant du côté de l'Hôtel de ville.

Midi un quart

Une compagnie de municipaux à pied, sac sur le dos, descend le boulevard Saint-Michel, suivie d'une compagnie de gardes municipaux à cheval.

Midi et demi

Les abords de la place Saint-Sulpice sont gardés par la garde nationale.

Midi trois quarts

Les jardins du Luxembourg sont occupés par les 73ᵉ et 106ᵉ régiments de ligne, qui y campent et gardent les canons enlevés avec tant d'habileté aux artilleurs de la garde nationale.

Une heure

Une compagnie de gardes républicains à cheval sort du poste qui est devant la gare de Sceaux, et se dirige du côté du Luxembourg.

Une heure et quart

La place qui s'étend devant la mairie du quatorzième est solidement gardée par les bataillons de la garde nationale, qui campent tout le long de l'avenue d'Orléans.

Une heure et demie

Le boulevard d'Italie est occupé par de nombreuses compagnies de gardes nationaux du quartier, qui attendent les événements auprès de leurs fusils en faisceaux.

Sur ce boulevard, à côté de la maison portant le n° 51, se trouve une sorte de terre-plein gazonné élevé de trois ou quatre mètres. Des piquets de gardes nationaux y ont été placés en vedette.

Deux heures

La mairie du treizième est entourée d'une formidable ceinture de 12 canons (ancien modèle) se chargeant par la gueule.

En face est un petit parc composé de 12 autres pièces semblables.

Beaucoup de gardes nationaux; point d'artilleurs.
On bat le rappel de tous côtés.
La rue Monge est très-calme et presque déserte.

Deux heures vingt minutes

Le maire du cinquième arrondissement est dans des transes mortelles. Le Panthéon est rempli de poudres et l'on craint beaucoup pour les munitions.
Des sentinelles partout.

Deux heures et demie

Le faubourg Saint-Germain est aussi calme que de coutume.

Les grilles du Louvre et de la place du Carrousel sont fermées. Les 112ᵉ et 114ᵉ bataillons campent sur la place Saint-Germain-l'Auxerrois, et le 12ᵉ, rue de Marengo.

De midi à trois heures, l'infanterie et l'artillerie défilent le long des quais se dirigeant vers le Champ-de-Mars.

A trois heures, sept gendarmes désarmés traversent la place Saint-Germain-l'Auxerrois. On les fait crier : Vive la République ! et on les accompagne jusqu'à la caserne du Louvre.

L'omnibus qui fait le service de Saint-Sulpice à la Villette a interrompu son service. A cinq heures, les habitants qui viennent de la Villette au centre de Paris sont forcés d'aider à la construction des barricades. On les conduit à l'endroit où l'on arrache les pavés, ils doivent en porter quatre sur la barricade ; ensuite ils peuvent circuler.

Quatre heures

Les bataillons du Gros-Caillou passent sur le quai d'Orsay, devant le ministère des affaires étrangères, et crient : « Vive la République ! à bas les tyrans ! »

En voyant arriver ces bataillons, des compagnies du faubourg Saint-Germain, qui bivouaquaient aux environs du Corps législatif et du ministère, courent aux armes et s'apprêtent à résister à une attaque. Mais les gardes nationaux du Gros-Caillou traversent le pont de la Concorde en continuant leurs cris.

Arrivés devant la statue de Strasbourg, les gardes lèvent leurs fusils, acclament la République, puis descendent la rue de Rivoli pour se rendre à l'Hôtel de ville.

Tout le gouvernement et un grand nombre de députés sont réunis au ministère des affaires étrangères, d'où ils assistent au défilé des bataillons que nous venons de citer.

LUXEMBOURG

Dès six heures du matin, la générale et le rappel battaient dans tous les quartiers des cinquième et sixième arrondissements. Les gardes nationaux avaient essayé, sans y réussir, de forcer les grilles pour enlever les canons.

Le boulevard Saint-Michel était occupé militairement par les troupes. Des mitrailleuses étaient en position sur la place Saint-Michel. Des canons de campagne amenés du Champ-de-Mars étaient braqués sur le boulevard Saint-Michel, un peu au-dessus de l'école des Mines.

Vers onze heures, les troupes étaient rentrées en partie dans le jardin du Luxembourg.

Plusieurs compagnies de gardes nationaux se présentèrent aux portes. Après quelques pourparlers, la troupe en laissa forcer l'entrée avec la plus grande facilité. Bientôt après le Luxembourg fut envahi par les gardes nationaux, qui s'empressèrent d'aller renforcer la garde préposée à la surveillance de leurs canons.

Les soldats fraternisèrent alors avec la garde nationale, et sortirent sans armes du jardin, pour se répandre avec leurs nouveaux amis dans les cabarets voisins.

Dans la journée, presque tous les bataillons furent convoqués et se réunirent pour le maintien de l'ordre ; mais aucun n'eût voulu servir d'auxiliaire à l'autorité répressive.

Aux Gobelins, au Panthéon, les postes occupés par la ligne furent pris et occupés par les nationaux sans la moindre résistance. On fraternisa. Un certain nombre de soldats de ligne se mirent dans les rangs de la garde nationale.

Les cris de : Vive la ligne ! vive la République ! étaient proférés de toutes parts.

A sept heures du soir, un bataillon de chasseurs à pied sortit en armes du jardin du Luxembourg pour une destination inconnue.

Les compagnies de gardes nationaux qui étaient de piquet sur les trottoirs du boulevard Saint-Michel s'en émurent et vinrent se ranger devant les grilles du jardin.

A dix heures, un régiment de la ligne ayant voulu aussi sortir en armes, les gardes nationaux se massèrent devant les portes, s'opposant au passage de tout soldat armé.

Quelques officiers voulaient forcer le passage, coûte que coûte; d'autres chefs préférèrent attendre des dispositions plus conciliantes et firent attendre leurs troupes. A l'heure où nous écrivons, la situation est la même. Les troupes sont encore internées par la garde nationale dans le jardin. On ne s'oppose pas, d'ailleurs, à la libre circulation des militaires *sans armes*.

PLACE DU CHATEAU-D'EAU

Vers quatre heures de l'après-midi, un chef de bataillon de la garde mobile et un éclaireur Franchetti, tous deux décorés de la Légion d'honneur passaient à cheval devant la caserne du Château-d'Eau.

La caserne était occupée militairement, ainsi que la place du Château-d'Eau, par les bataillons de la garde nationale du faubourg du Temple et de Belleville.

Un gamin eut la malheureuse idée de crier : *A bas les Trochu, à l'eau!* Immédiatement une foule composée d'environ trois à quatre cents gardes nationaux, gardes mobiles et francs-tireurs se rua sur ces deux cavaliers, les fit descendre brutalement de cheval après avoir demandé au commandant de crier : Vive la République !

Il s'y était formellement refusé.

Ils furent bousculés, brutalisés, empoignés par cette foule tout le long du boulevard Voltaire.

Quelques officiers de la garde nationale s'efforçaient de les préserver des brutalités de la foule, mais n'y réussissaient pas toujours.

Arrivé à la hauteur de la mairie du onzième, sur le boulevard Voltaire, le commandant de la mobile fut injurié par un garde national, qui lui arracha son shako et le souffleta.

Il resta impassible devant ces injures et ces traitements. L'éclaireur tenu prisonnier derrière le commandant, ne soufflait mot que pour essayer de le protéger et de le préserver des brutalités de quelques forcenés.

On les conduisit au comité central, qui se tenait en *permanence*, d'après ce que l'on disait, du côté de la rue de la Roquette.

Après renseignements pris dans la soirée à l'état-major de la place et à l'escadron Franchetti, le commandant serait M. de Lareinty, et l'éclaireur, M. de Kergariou, tous les deux Bretons.

MINISTÈRE DES AFFAIRES ÉTRANGÈRES

Les estafettes ont commencé à arriver au ministère des affaires étrangères vers trois heures du matin, apportant au chef du pouvoir exécutif les premiers rapports des officiers chargés de faire prendre les armes aux troupes, cantonnées dans le palais de l'Industrie, pour se diriger sur les hauteurs de Montmartre.

A sept heures et demie, le général d'Aurelles de Paladines a été reçu par M. Thiers.

Le commandant supérieur des gardes nationales était accompagné de M. le comte Roger (du Nord).

Puis sont arrivés les généraux Vinoy, Le Flô, ministre de la guerre; Valentin, préfet de police ; l'amiral Pothuau, ministre de la marine; MM. Ernest Picard, Jules Simon, Dufaure, etc.

Vers midi, ce premier conseil est levé, et M. le ministre de l'intérieur se retire après avoir arrêté, avec les membres de la réunion, la seconde affiche placardée, dans l'après-midi, sur les murs de Paris, sous la signature Ernest Picard, et dont voici le texte :

A LA GARDE NATIONALE.

Le gouvernement vous appelle à défendre votre cité, vos foyers, vos familles, vos propriétés.

Quelques hommes égarés, se mettant au-dessus des lois, n'obéissant qu'à des chefs occultes, dirigent contre Paris les canons qui avaient été soustraits aux Prussiens.

Ils résistent par la force à la garde nationale et à l'armée.

Voulez-vous le souffrir?

Voulez-vous, sous les yeux de l'étranger, prêt à profiter de nos discordes, abandonner Paris à la sédition?

Si vous ne l'étouffez pas dans son germe, c'en est fait de la République et peut-être de la France !

Vous avez leur sort entre vos mains.

Le gouvernement a voulu que vos armes vous fussent laissées.

Saisissez-les avec résolution pour rétablir le régime des lois, sauver la République de l'anarchie, qui serait sa perte; groupez-vous autour de vos chefs : c'est le seul moyen d'échapper à la ruine et à la domination de l'étranger.

Le ministre de l'intérieur,
ERNEST PICARD.

Paris, 18 mars 1871.

Le matin, vers huit heures et demie, le chef du pouvoir exécutif avait parcouru, en voiture, les principaux quartiers de Paris.

Il y eut dans la journée une nouvelle délibération, pendant laquelle des dispositions ont été arrêtées pour rétablir l'ordre promptement, si les troubles se prolongeaient plusieurs jours.

A quatre heures, M. Thiers, accompagné de deux personnes, a quitté l'hôtel du quai d'Orsay par la rue de l'Université.

Le chef du pouvoir était dans une grande berline attelée de deux chevaux, qui ont pris la route de Versailles.

Le général Vinoy a quitté le ministère à sept heures moins un quart.

Dans la soirée, tous les membres du gouvernement se sont réunis de nouveau au ministère des affaires étrangères, qu'ils ont quitté pour aller s'installer à l'École militaire.

LES BOULEVARDS

Les groupes commencent à devenir compactes vers cinq heures. Deux bataillons de garde nationale de Vaugirard débouchent par la rue Laffitte, aux cris de : « A bas Vinoy ! à bas les traîtres ! vive la République sociale ! vive Garibaldi, général de la garde nationale ! »

Vers sept heures, le bruit de l'exécution du général Clément Thomas et Lecomte se propage et se confirme.

L'indignation est extrême. Un soldat, qui se fait l'apologiste du meurtre, est saisi au collet et va payer cher son incartade, lorsque quelques garibaldiens quittent le café de Suède, où ils sont assis avec un capitaine, pour venir dégager le malheureux.

Les groupes sont concentrés entre la rue Richelieu et le faubourg Montmartre. La partie du boulevard qui va de la rue Laffitte à l'Opéra est déserte. Pas une âme dans les rues Vivienne et Richelieu. Le Palais-Royal est vide. Rue de Rivoli, devant la caserne du Louvre, une foule considérable stationne pour voir partir la gendarmerie, qui s'en va avec armes et bagages, malles et chariots, dans la direction, nous assure-t-on, de la gare Montparnasse. Les officiers, d'ailleurs, sont fort discrets et répondent qu'ils ignorent leur destination. Les gendarmes crient avec la foule : « Vive la République ! » Un commandant ajoute : « Oui, mais la bonne ! » La place Saint-Germain-l'Auxerrois est occupée par des gardes nationaux en armes. Toutes les grilles du Louvre et du Carrousel sont fermées. De rares patrouilles de gardes nationaux parcourent silencieusement la rue et les boulevards. Aucune collision n'a eu lieu.

BOULEVARDS EXTÉRIEURS

Vers deux heures, l'aspect des boulevards extérieurs est complètement modifié. Canons, mitrailleuses, infanterie, cavalerie, tout a disparu. La chaussée gauche du boulevard, occupée militairement le matin, est devenue libre à la circulation. Des gardes nationaux en armes exercent une surveillance très-active.

Des orateurs pérorent à toutes les bornes et ne souffrent pas la discussion. Malheur à qui tente de relever une absurdité !

Le boulevard Rochechouart et le boulevard de la Chapelle sont presque déserts. La rue Château-Landon est occupée par un piquet de garde nationale, et le 77ᵉ bataillon est rangé à l'entrée du boulevard de la Villette.

De la rue de Flandre à l'ancienne barrière de la Villette, toutes les issues sont fermées par une barricade que des gamins et quelques gardes nationaux construisent à l'aide de pavés, de chariots et de sacs de plâtre que contenaient les chariots.

Le faubourg Saint-Martin est entièrement calme, les rues transversales de même. Au canal Saint-Martin, rue Saint-Maur, se dresse une barricade respectable. Là, comme de tradition, chaque passant est obligé de payer son obole, c'est-à-dire de déposer un pavé sur l'amas déjà préparé.

Au coin de la rue Saint-Sébastien et du boulevard Voltaire, la barricade a environ quatre mètres de hauteur et est faite avec des pavés et des tonneaux remplis de terre.

LES BARRICADES

Au coin de la rue des Folies-Méricourt et du boulevard, la construction de la barricade est dirigée par un jeune homme de vingt ans, qui est le fils d'un riche entrepreneur de Paris, très-bien connu dans le monde industriel.

Il a sous ses ordres une vingtaine de gardes mobiles et des gamins de tout âge. Elle est construite d'après un plan qu'il a fait.

Au coin de la rue Sedaine et du boulevard, la barricade a quatre mètres de hauteur et n'est faite qu'avec des pavés. Elle est défendue par des gardes nationaux seulement.

La barricade de la rue Popincourt est la plus grande de toutes ; elle atteint la hauteur d'un premier étage.

Elle est faite avec des pavés et des meubles. C'est un garde mobile du département de la Seine qui la commande ; elle est occupée par des gardes mobiles, des francs-tireurs et des gardes nationaux.

LA PLACE DE LA BASTILLE

A neuf heures du matin, un pompier, sur l'ordre de ses chefs, est monté sur la colonne de Juillet, et au moyen d'une gaule à laquelle il avait adapté un couteau, a coupé la hampe du drapeau rouge qui avait été attaché au bras de la statue du Génie.

A midi et demi, au moment où toute la troupe de ligne évacuait la place de la Bastille, un homme en blouse rouge est monté sur la statue, portant à la main une longue banderolle rouge attachée à une petite hampe.

Il a fait son ascension de la façon suivante : il a grimpé comme après un mât de cocagne, le long de la jambe droite du Génie, puis est allé s'asseoir sur le bras gauche de la statue ; il a coupé la banderolle en deux parties, l'une très-courte, qu'il a laissée après la hampe et qu'il a solidement attachée autour du bras droit du Génie, et avec l'autre partie très-longue il a entouré les reins de la statue.

Depuis six heures du matin jusqu'à midi, un bataillon du 64ᵉ de ligne et deux compagnies du 24ᵉ ont occupé avec cinq mitrailleuses d'artillerie de l'armée la place de la Bastille.

L'aspect de la place était des plus sinistres : toutes les boutiques des boulevards et des rues adjacentes se fermaient.

A midi, l'artillerie reçut l'ordre de quitter la place et de s'en retourner dans ses quartiers par la rue Saint-Antoine.

A midi et un quart, une avant-garde composée

Le général Lecomte : fusillé par les insurgés le 18 mars.

d'une vingtaine d'hommes du 66ᵉ bataillon de la garde nationale, commandée par un sergent, est venue jusqu'au coin de la rue de la Roquette sur la place de la Bastille.

Le sergent annonçait l'arrivée de bataillons de la garde nationale, qui descendaient de Belleville pour occuper militairement l'arrondissement au lieu de la troupe de ligne.

A ce moment, les chefs de bataillons du 64ᵉ et du 24ᵉ reçurent l'ordre de se retirer dans leurs campements du Luxembourg par la rue Saint-Antoine.

Ces troupes effectuèrent ce départ dans le plus grand ordre ; la dernière compagnie du 24ᵉ de ligne quittait la place et entrait dans la rue Saint-Antoine, lorsqu'un garde de Paris à cheval, poursuivi par une centaine de personnes qui le maltraitaient, vint se réfugier au milieu de la compagnie.

Un jeune chef de bataillon pénétra dans le groupe qui maltraitait le garde de Paris, et grâce à sa présence d'esprit, le fit descendre de cheval et le conduisit loin de la foule. (*La Patrie.*)

Épisodes de la journée du 18.

Le premier cadavre.

Tout au haut de la rue La Rochefoucauld, dans un atelier de menuiserie de mince apparence et qui n'a sur sa porte mal jointe aucun numéro, on apporte un artilleur tué, disent les uns, par la décharge des chasseurs à pied, mort, disent les autres, à la suite de graves blessures à la tête provenant d'une chute de cheval.

Le pauvre garçon est encore revêtu de son uniforme et couvert de son grand manteau à pèlerine

4 LIVR.

ses bras pendent le long du brancard, ses lèvres sont scellées pour ainsi dire par un caillot de sang.

Les personnes admises à voir cette infortunée victime se découvrent avec respect devant elle.

Un prêtre qui passe entre à son tour; il s'agenouille et récite à voix basse les dernières prières.

Une demi-heure après, le cadavre est provisoirement emporté dans l'école des frères de la rue des Martyrs, où avait été précédemment transporté M. de Saint-James, capitaine adjudant-major du 9ᵉ de chasseurs, frappé mortellement de trois balles à côté du général Susbielle, à l'angle de la place Pigalle et de la rue Frochot. *(Le Figaro.)*

Un imprudent.

Nous quittons l'Hôtel de ville vers une heure. En remontant l'avenue Victoria, à la hauteur du square Saint-Jacques, nous rencontrons un groupe assez compacte. Le groupe se rompt, et nous en voyons sortir un homme d'âge, que deux autres mènent par le bras, et qui suit la foule. On nous dit que cet homme, en voyant passer les troupes, les avait accueillies au cri de « Vive Bonaparte! » A peine avait-il proféré ce cri, qu'une dame, bien mise et en deuil, quitta le bras de son mari et se précipita sur lui, le poing levé. C'est alors que deux individus le prirent par le bras et l'emmenèrent.

Nous devons dire que les personnes qui suivaient le prisonnier ne semblaient pas animées d'intentions violentes. Le mépris et la pitié étaient dans tous les yeux. On a dû conduire le prisonnier dans un poste de gardes nationaux. *(Le Siècle.)*

Les massacres.

Il était cinq heures et demie; nous montions la rue des Martyrs. Arrivés sur le boulevard Rochechouart, nous jetons un regard autour de nous. A chaque encoignure de rue, des sentinelles, des gardes nationaux armés suivent le boulevard, causant avec des soldats désarmés. La rue du Théâtre, qui monte aux buttes, est très-animée. Un groupe nombreux stationne sur la place du Théâtre. Calme relatif. De temps en temps, un appel de clairon, puis tout retombe dans un morne silence, un silence de mort. Trois convois funèbres suivent le boulevard, se dirigeant vers le cimetière Montmartre et séparés à peine par un espace de cinq minutes. Nul ne s'en étonne. La mort est tellement chez elle ici depuis six mois.

Nous nous informons.

On vient d'arrêter, il y a une heure à peine, le général Clément Thomas. Il était en bourgeois.

Un homme s'approche de lui.

— Vous êtes le général Clément Thomas?
— Oui.
— Je vous arrête.
— En quel nom?
— Au nom de la République. Suivez-moi.
— C'est bien, reprend le général, je vous suivrai. Mais de grâce, pas de bruit, pas d'esclandre.

On l'entraîne devant une sorte de comité. Là, après un semblant de jugement, le général Clément Thomas et le général Lecomte sont condamnés à mort, conduits rue des Rosiers et fusillés dans la cour de la maison portant le n° 6.

Nous nous refusions à croire à un tel attentat, lorsque nous voyons descendre précipitamment un capitaine de la garde nationale, pâle comme la mort et les traits convulsifs.

Cet officier nous confirme l'horrible nouvelle, et s'écrie:

— Je pars!... Je m'en vais!... Je ne veux plus rester ici.

Nous nous regardons avec terreur, muets, éperdus, la sueur au front, lorsque plusieurs coups de fusil éclatent dans le haut de la rue des Martyrs. Un grand mouvement a lieu près de la barricade qu'on construit à l'angle du boulevard de Clichy. Les femmes, les enfants fuient. Ce sont, nous dit-on, deux gardiens de la paix qu'on vient de fusiller. *(Journal de Paris.)*

UNE PAGE D'HISTOIRE

Récit de la journée du 18 mars 1871 par un témoin oculaire, prisonnier des insurgés depuis le matin (M. le capitaine Beugnot, officier d'ordonnance du ministre de la guerre).

Je n'ai vu encore dans aucun journal un récit exact et véridique des événements de la journée du 18 mars, et surtout des circonstances affreuses qui précédèrent la mort du général Clément Thomas et du général Lecomte.

Voici ce qui s'est passé: nul ne peut raconter plus fidèlement que moi cette lugubre histoire, car j'ai assisté à toutes les péripéties de ce drame, qui remplira désormais une des plus sombres pages de notre histoire.

J'ai été fait prisonnier par les insurgés à neuf heures du matin au haut du boulevard Magenta; j'étais à cheval, accompagné d'une escorte de deux cavaliers, et chargé par le général Le Flô, ministre de la guerre, d'explorer les quartiers de Belleville et de Montmartre, pour lui rendre compte de l'opération projetée de l'enlèvement des canons.

Malgré les avis de nombreux passants qui, voyant un officier en uniforme s'avancer vers un quartier déjà fort agité, craignaient pour sa sécurité, je dépassai la gare du Nord, me dirigeant vers les hauteurs; mais, dès que j'arrivai à l'intersection du boulevard Magenta et de l'ancien boulevard extérieur, je fus entouré par un groupe de trente ou quarante gardes nationaux armés, qui s'élancèrent d'un poste, saisirent mon cheval par la bride, et renversèrent à moitié sur le trottoir. Au bout de quelques minutes, plus de quatre cents forcenés étaient réunis autour de moi, hurlant et gesticulant avec leurs fusils de la manière la moins rassurante: « On vient de tirer sur nous, me crient-ils, on vient de tuer nos frères! Vous allez sans doute porter des ordres à la troupe! A bas! A bas! » Mon cheval, affolé par leurs cris, se cabre; ils profitent de son mouvement pour me passer une jambe au-dessus de la selle, et ils me renversent. Mes deux cavaliers d'escorte, entourés comme moi par la foule, ne purent m'être d'aucun secours. Ils me menèrent alors au milieu d'une haie de cent à cent cinquante gardes nationaux armés au *Comité central*, disaient-ils, qui siége dans le Château-Rouge, établissement de bals publics situé rue de Clignancourt. Pendant le trajet, qui dura environ une demi-heure, ils s'excitaient entre eux, m'accablaient d'injures et de menaces. Une mise en scène, préparée d'avance, acheva d'irriter contre moi la population armée ; on porta une civière vide et recouverte d'une toile à matelas devant moi, comme si elle contenait une victime tombée sous nos coups de feu.

Enfin nous arrivâmes au Château-Rouge, et après avoir traversé le jardin, je fus amené au pavillon où je devais rendre compte de ma conduite au Comité annoncé. On me fit attendre plus d'une demi-heure devant la porte ; une foule de gardes nationaux m'entourait toujours, et devenait d'autant plus menaçante, que personne ne donnait d'ordres. Le plus forcené était un vieux capitaine de la garde nationale, à cheveux et barbe blanche, décoré de la médaille de Juillet, qui répétait avec délices qu'il faisait des révolutions depuis quarante ans. Il semblait furieux contre moi, et m'annonçait que mon affaire ne serait pas longue ; je commençais à voir clair dans la situation, et je ne me dissimulais plus le danger que je courais.

Il était alors dix heures à peu près ; les uns voulaient me laisser dans le jardin, probablement pour en finir avec moi plus vite ; les autres voulaient me faire monter dans la maison auprès du Comité ; ces derniers réussirent, et après une rixe violente avec leurs camarades, ils m'enlevèrent au premier étage de la maison. Là, je fus introduit dans une chambre, où je trouvai un capitaine du 79ᵉ bataillon de la garde nationale, qui me reçut, je dois le dire, de la manière la plus courtoise, sans vouloir cependant me dire au nom de qui il me faisait comparaître devant lui, et surtout de quel droit on m'avait arrêté. Il se contenta seulement d'une manière évasive, mais toujours très-polie, de me dire que son parti avait besoin de garanties pour la journée, et que nous étions des otages ; le grand mot était lâché, et toutes les représailles devenaient possibles contre moi.

Je demandai son nom à ce capitaine ; il me dit se nommer M. Mayer, être journaliste, avoir un fils au service et prisonnier des Prussiens, et être toujours, ajoutait-il, prêt à adoucir autant qu'il le pourrait les rigueurs de ma position. Il m'annonça aussi que le général Lecomte avait été fait prisonnier par une foule furieuse, qui s'était jetée sur lui, que ses troupes l'avaient abandonné ; et que, seul, un jeune capitaine du 18ᵉ bataillon de chasseurs à pied de marche, M. Franck, avait voulu l'accompagner, cherchant à le dégager jusqu'au dernier moment. Je m'aperçus, en effet, de la présence du capitaine Franck, que j'avais d'abord pris pour un officier de la garde nationale.

Nous étions gardés à vue par deux gardes nationaux armés, et nous ne pouvions avoir aucune communication avec le général Lecomte. Sur ces entrefaites, arrivèrent d'autres prisonniers faits par les insurgés ; c'était M. de Pousargues, chef du 18ᵉ bataillon de chasseurs à pied, qui était sous les ordres du général Lecomte, et qui, ayant appris que le général avait été fait prisonnier, avait voulu généreusement s'enquérir de son sort, et avait été arrêté ; puis un chef de bataillon du 89ᵉ de marche, je crois ; deux capitaines du 115ᵉ de ligne abandonnés par leurs hommes dans la gare du Nord, et un capitaine du 84ᵉ en bourgeois, qui revenait de captivité en Allemagne, et avait été arrêté à sa descente du chemin de fer comme *mouchard*, disait-il. Je restai dans la compagnie de ces messieurs jusqu'à trois heures et demie ; le capitaine Mayer, auquel nous demandions sans cesse de nous montrer enfin ce Comité dont tout le monde parlait autour de nous, était fort embarrassé de nous répondre, mais très-attentif pour nous et plein de prévenances.

A ce moment, je me mis à la fenêtre, et je vis se produire dans le jardin un mouvement de mauvais augure : des gardes nationaux formaient la haie, mettant la baïonnette au canon. Tout cela semblait annoncer un départ. Il était évident que nous allions être emmenés du Château-Rouge. Effectivement, le capitaine Mayer vint nous prévenir qu'il avait ordre de nous faire mener aux buttes Montmartre, où se tenait définitivement le Comité, qu'on cherchait, nous dit-il, depuis le matin. Je vis bien clairement alors que ce Comité n'existait pas, ou bien ne voulait pas s'occuper de nous ; et j'en conclus que nous étions bel et bien perdus, que nous allions ajouter un deuxième acte à la tragédie du général Bréa et de son aide de camp, lâchement assassinés le 24 juin 1848, à la barrière Fontainebleau.

Nous descendîmes ; c'est alors que je vis pour la première fois le général Lecomte, qui avait été gardé au secret dans une chambre séparée ; il avait l'air calme et résolu. Nous le saluâmes, et les officiers de la garde nationale en firent autant ; mais les hommes qui faisaient la haie nous injurièrent en nous menaçant d'une fin prochaine. Je n'y étais pour ma part que trop préparé !

Maintenant commence notre véritable supplice, notre chemin de la croix. Nous traversons, au milieu des huées et des imprécations de la foule, tout le quartier de Montmartre. Nous sommes assez énergiquement défendus par les officiers de la garde nationale, qui cependant devaient savoir que nous exposer ainsi à cette foule furieuse, à leur propre troupe affolée, c'était nous condamner à mort.

Nous gravissons le calvaire des buttes Montmartre, au milieu d'une brume épaisse, au son de la charge (amère dérision), que sonnait gauchement un clairon de la garde nationale. Des femmes, ou plutôt des chiennes enragées, nous montrent le poing, nous accablent d'injures et nous crient qu'on va nous tuer.

Nous arrivons dans ce cortége infernal au haut de la butte et l'on nous fait entrer dans une petite maison située rue des Rosiers; j'ai remarqué le nom de cette rue. Cette maison est composée d'une porte cochère, d'une cour découverte, d'un rez-de-chaussée et a deux étages. La foule veut s'engouffrer avec nous dans la cour, mais tous ne peuvent pas nous suivre, car ils sont près de deux mille, on nous tire un coup de fusil au moment où nous entrons dans la cour, mais personne n'est touché.

On nous bouscule dans une salle étroite et obscure au rez-de-chaussée, et le vieux décoré de juillet à la barbe blanche nous dit que le Comité va statuer sur notre sort. Le général Lecomte demande à voir immédiatement le Comité, répétant maintes fois que nous sommes arrêtés depuis le matin sans raison et sans jugement. On lui répond qu'on va le chercher. Le capitaine Mayer, qui nous avait protégés des brutalités des hommes armés du Château-Rouge, n'était pas monté avec nous à la rue des Rosiers. Mais nous eûmes à nous louer grandement en son absence, du lieutenant Meyer du 79ᵉ bataillon, qui nous fit bien des fois un rempart de son corps, et d'un jeune garde national, dont malheureusement le nom m'échappe et qui me défendit vingt fois contre les attaques de la foule.

Et le Comité n'arrivait toujours pas! La foule extérieure, lasse de l'attendre, lui et sa décision, avait brisé les carreaux de la fenêtre et, à chaque instant, nous voyions un canon de fusil s'abattre vers nous; mais les officiers de la garde nationale, comprenant toute la gravité de notre situation et revenant trop tard sur la légèreté avec laquelle ils nous avaient fait sortir du Château-Rouge et exposés à la fureur d'une populace qui croyait que chacun de nous avait au moins tué dix hommes de sa main dans la matinée, ces officiers relevaient les armes dirigées sur nos poitrines, parlaient à la foule qui hurlait: «A mort!» tâchaient de gagner du temps, nous promettaient qu'ils défendraient notre vie au péril de la leur.

Mais tout cela ne faisait qu'irriter davantage la foule, qui hurlait toujours notre mort.

Le châssis de la fenêtre se brise sous les efforts du dehors et livre passage aux plus furieux. Dois-je dire que les premiers qui mirent la main sur le général furent un caporal du 3ᵉ bataillon de chasseurs à pied, un soldat du 88ᵉ de marche et deux gardes mobiles? Un de ces derniers misérables, lui mettant le poing sur la figure, lui criait: « Tu m'as donné une fois trente jours de prison; c'est moi qui te tirerai le premier coup de fusil. » C'était une scène hideuse, à rendre fou, bien que nous eussions tous fait le sacrifice de notre vie. Il était cinq heures. Une clameur immense domine toutes les autres, une bousculade affreuse se passe dans la cour, et nous voyons tout à coup jeter au milieu de nous un vieillard à barbe blanche, vêtu d'habits bourgeois noirs et coiffé d'un chapeau haute forme. Nous ne savions pas quel était ce nouveau prisonnier et nous plaignions, sans le connaître, ce vieillard inconnu, qui n'avait évidemment plus que quelques instants à vivre. Le lieutenant Meyer me dit que c'était Clément Thomas, qu'il vient d'être arrêté rue Pigalle au moment où il se promenait en curieux, qu'il a été reconnu par des gardes nationaux et traîné aux buttes Montmartre pour partager notre sort.

Dès lors, la fureur des gardes nationaux ne connaît plus de bornes; c'est à peine s'ils n'assomment pas leurs courageux officiers qui nous défendent avec énergie et désespoir, car ils sentent qu'ils deviennent impuissants à nous protéger longtemps. En vain un individu vêtu d'une chemise rouge monte-t-il sur un mur d'où il adjure la foule de nommer une cour martiale qui statuera sur le sort des prisonniers; en vain leur dit-il qu'ils vont commettre un lâche assassinat et souiller la République qu'ils acclament si haut. Tout est inutile. L'arrivée imprévue du malheureux général Thomas, détesté dans ces bataillons de Montmartre et de Belleville, à cause de sa juste sévérité pendant le siège, est arrivée nous a tous perdus: la foule, bête furieuse et déchaînée, veut du sang. Celui de Clément Thomas coule le premier; on le saisit au collet, malgré la résistance du lieutenant Meyer, et de quelques autres citoyens courageux qui retombent épuisés, pendant que nous autres, toujours gardés à vue et couchés en joue à chaque instant, nous ne pouvons bouger.

Le vieux capitaine décoré de juillet est un des plus ardents à invectiver le malheureux général, qui disparaît à nos yeux, est entraîné à quelques pas de là et fusillé par dix à douze coups qui répondent lugubrement dans nos cœurs. Ce ne fut pas un feu de peloton, mais des coups isolés tirés l'un après l'autre comme dans un feu de tirailleurs.

Le malheureux général Lecomte subit quelques instants après le même sort, de la même manière. Il était cinq heures et demie.

Nous n'avons pas assisté à cette exécution infâme, et nous ne pouvons dire quelles furent les dernières paroles de ces deux nobles et généreuses victimes; mais tant que les deux généraux restèrent avec nous, ils furent silencieux, calmes, résignés. Ils sont morts comme des soldats (ceux de l'ancienne école) savent mourir.

Puis, c'était notre tour; nous étions préparés à la mort, et chacun de nous s'attendait à ouvrir la marche funèbre. Mais nos défenseurs de la garde nationale, après une demi-heure de suprême effort, parvinrent en partie à apaiser la foule, qui s'était éclaircie après le meurtre des deux généraux, et obtinrent d'elle de nous ramener à notre prison du Château-Rouge, où nous serions mis à la disposition du Comité encore une fois.

Il est six heures. Nous sortons de cette maison de sang où nous étions depuis deux mortelles heures et d'où chacun de nous ne croyait plus sortir vivant. La garde nationale qui nous escorte et forme la haie autour de nous semble revenue de ses affreux instincts du matin. Le crime odieux qui vient de se commettre pèse sur toutes les consciences et serre bien des gosiers. A peine avions-nous fait quelques pas pour redescendre des buttes que nous voyions accourir effaré et très-pâle un homme vêtu de noir et portant en sautoir une écharpe tricolore.

La tombe des généraux Lecomte et Clément Thomas au petit cimetière de Montmartre.

« Où menez-vous ces officiers? » s'écrie-t-il. Il croit qu'on nous mène au supplice, et le malentendu qui s'engage entre lui et notre escorte nous fait perdre du temps, ameute encore la foule et manque de nous devenir fatal. Nous demandons quel est cet homme. On nous répond que c'est M. Clémenceau, maire du dix-huitième arrondissement et député de Paris. Depuis, M. Clémenceau a expliqué à la tribune de l'Assemblée nationale sa conduite dans cette journée. Nous tenons seulement à constater qu'il n'a paru, au milieu de ces scènes honteuses et sanglantes qu'il aurait pu peut-être empêcher, qu'à six heures du soir, après l'assassinat des deux généraux.

Nous parvenons enfin au Château-Rouge. Au moment où nous allions y entrer, nous rencontrons le capitaine Mayer, porteur d'un papier qu'il dit être l'ordre d'élargissement de tous les prisonniers, y compris les malheureux généraux. Il dit que les nombreuses courses qu'il a eu à faire pour obtenir cet ordre du Comité lui ont fait perdre du temps et arriver après le crime accompli. On nous réintègre dans le pavillon du Château-Rouge, et on nous dit d'attendre, toujours gardés à vue par des gardes nationaux, la décision de ce Comité invisible. A sept heures, enfin, le lieutenant Meyer revient avec un ordre émanant du Comité : c'est un mandat d'amener lancé contre moi, avec ordre de comparution immédiate devant le Comité central. Était-ce un nouvel arrêt de mort ou une lueur d'espérance? Je l'ignorais parfaitement. Mais, après les émotions de cette terrible journée, je n'avais plus rien à apprendre, et je me laissai mener dans une maison située rue de Clignancourt, près du Château-Rouge, où mon sort définitif devait se régler.

A l'entresol de cette maison, je trouvai deux chambres converties en bureaux où deux hommes écrivaient, puis une dernière pièce fort étroite où je fus mis en présence d'un chef de bataillon de la garde nationale nommé Jaclard, qui me sembla embarrassé dans ses questions et peu ferré sur son mandat. Il se contenta de me demander le récit de la journée et parut attacher beaucoup d'importance à mes paroles, qu'il fit en partie consigner par écrit. A la suite de cet interrogatoire, il me fit mettre en liberté; mais c'était une mesure illusoire pour ma propre sûreté, car la rue était pleine de gardes nationaux et de gens encore très-surexcités. Néanmoins, grâce à la nuit, grâce surtout à la présence du lieutenant Meyer et du jeune garde national dont je parlais au début, je pus m'échapper sain et sauf et regagner ma maison. Une heure plus tard, M. le capitaine Franck pouvait également sortir du Château-Rouge; mais les autres prisonniers, dont le commandant de Pouzargues faisait encore partie, ne purent s'échapper que le lendemain matin, car les gardes nationaux qui les avaient séquestrés ne voulaient pas reconnaître les ordres émanés de ce bureau qui m'avait rendu la liberté.

Tel est le récit parfaitement exact de cette journée du 18 mars pour tout ce qui regarde l'assassinat des deux généraux, les faits de Montmartre et du Château-Rouge. Les officiers de la garde nationale qui étaient les chefs du mouvement insurrectionnel le matin virent, vers midi, quelles conséquences affreuses aurait leur conduite, et firent, je dois à la vérité de le dire, tous les efforts possibles pour sauver les deux victimes et les autres prisonniers dont la mort fut certaine pendant deux heures.

Ce qui est le plus triste à constater, c'est que les misérables soldats français ont été les premiers, dans un moment pareil, à tirer sur leur général, seul et désarmé, et que les autorités municipales de Montmartre, ainsi que ce fameux Comité dont on nous parlait à chaque instant ne parurent ni au Château-Rouge ni à la maison de la rue des Rosiers, et ne firent dans la journée aucun effort visible pour sauver les apparences.

Versailles, 23 mars 1871.

Signé : CAPITAINE BEUGNOT,
Officier d'ordonnance du ministre de la guerre.

D'après le procès-verbal de l'*exécution* des généraux Lecomte et Clément Thomas, dressé probablement par les acteurs de ce drame, il résulterait que sur 32 exécuteurs, il y a eu 16 soldats de la ligne, 10 chasseurs à pied, 2 zouaves, 5 mobiles de Paris et 1 franc-tireur. Le feu a été commandé par un capitaine de la garde nationale, ex-machiniste dans un théâtre.

Un détail révoltant :
Le lendemain dans la journée, d'ignobles trafiquants offraient au public, moyennant cinquante centimes, des boutons arrachés à la tunique du général Lecomte.

Ils trouvaient des acheteurs.

Groupons tout de suite, sans égard pour l'ordre chronologique, tous les détails qui se rattachent à cet épouvantable attentat, dont le retentissement glaça d'horreur Paris, la France et l'Europe entière.

Dès le lendemain, la presse se faisait l'écho des sentiments de colère et d'indignation de la population parisienne. Les assassins eux-mêmes, pénétrés d'épouvante, se dérobaient autant qu'ils le pouvaient à la responsabilité de ce double forfait.

A Montmartre, disait le *Moniteur*, personne ne veut avoir pris part à la scène tragique de la rue des Rosiers.

Le comité du dix-huitième arrondissement, siégeant rue des Rosiers, et que la voix publique accusait hautement d'avoir favorisé ou tout au moins toléré l'assassinat, communiquait aux journaux la note suivante :

Les récits les plus contradictoires se répètent sur l'exécution des généraux Clément Thomas et Lecomte. D'après ces bruits, le comité se serait constitué en cour martiale et aurait prononcé la condamnation des deux généraux.

Le comité du dix-huitième arrondissement proteste énergiquement contre ces allégations.

La foule seule, excitée par les provocations de

a matinée, a procédé à l'exécution sans aucun jugement.

Les membres du comité siégeaient à la mairie au moment où l'on vint les avertir du danger que couraient les prisonniers.

Ils se rendirent immédiatement sur les lieux pour empêcher un accident; leur énergie se brisa contre la fureur populaire, leur protestation n'eut pour effet que d'irriter cette fureur, et ils ne purent que rester spectateurs passifs de cette exécution.

Le procès-verbal suivant, signé de cinq personnes prisonnières pendant ces événements, qui ont assisté forcément à toutes les péripéties de ce drame, justifiera complétement le comité.

Procès-verbal attestant que les membres du comité ne sont pour rien dans le fait qui vient de s'accomplir dans la rue des Rosiers, 6.

Les deux personnes désignées ont été fusillées à quatre heures et demie, contre l'assentiment de tous les membres présents, qui ont fait ce qu'ils ont pu pour empêcher ces accidents, car les victimes de ce fait sont le général Lecomte et un individu en bourgeois, désigné par la foule comme étant Clément Thomas.

Les personnes qui attestent ce qui est ci-dessus désigné ont été amenées par cas d'arrestation.

Le fait a été accompli généralement par des soldats appartenant à la ligne, puis quelques mobiles et quelques gardes nationaux.

Les victimes étaient au Château-Rouge, et c'est en ramenant ces individus que la foule, en s'en emparant, a exécuté cet acte que nous répudions.

Montmartre, le 18 mars 1871.

Signé : LANNES DE MONTEBELLO (Napoléon-Camille), officier de marine démissionnaire, 31, rue de la Beaume.

DOUVILLE DE MAILLEFIN (Gaston), officier de marine démissionnaire, 32, rue Blanche.

LEDUC, serrurier, 17, rue Feudan.

MIDARAINE (Henri), 6, rue Charon.

LÉON MARIN, 92, rue Richelieu.

Déposition du citoyen Dufil.

Le citoyen *Dufil* (Alexandre), ayant exercé les fonctions de sous-lieutenant en second (deuxième escadron) dans le corps franc des *cavaliers de la République*, a assisté à l'exécution des deux accusés Clément Thomas et Lecomte, affirme que le comité de légion du dix-huitième arrondissement a fait tout son possible pour que l'exécution n'ait pas lieu; mais malgré nos efforts, il nous a été impossible d'y remédier, même aux dépens de notre vie.

Signé : DUFIL (Alexandre).

19 mars 1871.

Ont également signé les membres du comité du dix-huitième arrondissement.

Un capitaine de la garde nationale, ancien militaire, républicain éprouvé, envoyait en ces termes indignés sa démission de capitaine.

Devant Dieu et devant les hommes, comme citoyen et comme soldat, je proteste, de toute la force de ma conscience, contre le monstrueux assassinat, contre le crime horrible dont le général Clément Thomas vient d'être victime. Que les auteurs d'un pareil forfait soient à jamais maudits. Honte à leur mémoire ! Et dès ce jour, dès cette heure, je donne ma démission du grade de capitaine au 121ᵉ bataillon de la garde nationale, que je rougirais de conserver un instant de plus. — Après avoir servi mon pays pendant dix ans comme militaire, j'avais de nouveau repris l'uniforme du soldat citoyen pour repousser l'invasion. Depuis, j'ai toujours combattu pour la République. Aujourd'hui seulement, mon sabre vient de se briser dans ma main.

D'ASTING-D'ESTAMPES,
capitaine à la 2ᵉ compagnie de guerre du 121ᵉ bataillon.

Quant au *Journal officiel* du Comité central de la garde nationale, après un silence de trois jours, il se borne à publier dans son numéro du 21 la simple note que voici :

Tous les journaux réactionnaires publient des récits plus ou moins dramatiques sur ce qu'ils appellent « l'assassinat » des généraux Lecomte et Clément Thomas.

Sans doute ces actes sont regrettables.

Mais il importe, pour être impartial, de constater deux faits :

1° Que le général Lecomte avait commandé à quatre reprises, sur la place Pigalle, de charger une foule inoffensive de femmes et d'enfants ;

2° Que le général Thomas a été arrêté au moment où il levait, en vêtements civils, un plan des barricades de Montmartre.

Ces deux hommes ont donc subi la loi de la guerre, qui n'admet ni l'assassinat des femmes ni l'espionnage.

On nous raconte que l'exécution du général Lecomte a été opérée par des soldats de la ligne, celle du général Clément Thomas par des gardes nationaux.

Il est faux que ces exécutions aient eu lieu sous les yeux et par les ordres du Comité central de la garde nationale. Le Comité central siégeait avant-hier rue Onfroy, près de la Bastille, jusqu'à l'heure où il a pris possession de l'Hôtel de ville, et il a appris en même temps l'arrestation et la mort des deux victimes de la justice populaire.

Ajoutons qu'il a ordonné une enquête immédiate sur ces faits.

Le dimanche 19, devant l'Assemblée réunie à Versailles, le général Trochu prononçait en quelques phrases émues, l'oraison funèbre des deux nobles victimes.

« Le général Lecomte est sorti de l'École militaire.

Père de six enfants, accablé de charges de famille, il avait obtenu un emploi sédentaire, le commandement du prytanée militaire ; il quitta ce poste pour venir prendre part à la guerre ; c'est un martyr du devoir et une grande victime. (Applaudissements répétés.)

Quant au général Clément Thomas, il avait consacré sa vie à la République ; il avait supporté pour elle un long exil ; c'était une âme haute et fière. Et pendant le siége, alors que nous luttions tant contre les ennemis du dehors que contre ceux du dedans, il a été mon collaborateur le plus dévoué, le plus courageux, le plus généreux.

Je demande à l'Assemblée de déclarer par un vote solennel que le pays adopte la famille du général Lecomte (longs applaudissements) et que le meurtre du général Clément Thomas est un deuil public auquel elle appelle le pays à s'associer. (Applaudissements prolongés.)

M. Clémenceau. — Je suis maire de Montmartre. J'étais dans mon cabinet à la mairie quand on est venu me dire : « Si vous n'accourez pas, le général Clément Thomas et le général Lecomte vont être fusillés. » Je n'ai fait qu'un saut, j'ai gravi les buttes, mais je suis arrivé trop tard.

J'ai fait mon devoir (oui ! oui !) ; au péril de ma vie, j'ai fait tous les efforts que peut faire un honnête homme indigné. (Applaudissements.)

M. Langlois. — J'allais parler sur le projet de loi quand le général Trochu, obéissant à une très-heureuse inspiration, a pris la parole. Je dirai avec la même indignation que lui : Tous nous sommes les ennemis des assassins ; les assassins sont les ennemis de la civilisation et de l'ordre autant que personne. (Très-bien ! très-bien !)

Je tiens à ajouter que c'est au péril de sa vie que M. Clémenceau a fait les efforts dont il vient de parler, et que c'est un miracle qu'il soit en ce moment au milieu de nous. (Applaudissements.)

M. le président. — Il faut pour régulariser la proposition de M. le général Trochu, qui a été acceptée d'acclamation par l'Assemblée entière, qu'elle soit rédigée et déposée sur le bureau. La déclaration d'urgence l'affranchira des formalités ordinaires et elle pourra être votée très-rapidement.

A la séance du dimanche 26, l'Assemblée a adopté à l'unanimité le projet de loi présenté par le général Trochu, portant que « la famille du général Lecomte, assassiné à Paris, est adoptée par la nation ». Une pension nationale est accordée à sa veuve. De plus un monument funèbre sera élevé, aux frais de l'État, aux généraux Clément Thomas et Lecomte.

Voici, d'après *le Soir*, quelques détails sur les faits qui ont suivi l'assassinat des généraux Lecomte et Clément Thomas :

Tout le monde sait que, de samedi à dimanche soir, chacun des deux corps, effroyablement mutilés, a été exposé à Montmartre, rue des Rosiers.

En guise de lits de repos, on avait disposé à la hâte deux persiennes arrachées au mur. Un drap de lit emprunté à une ménagère des environs, a servi de linceul aux victimes. Pendant une journée entière, les curieux ont pu se porter à la maison où étaient exposés les cadavres. Chacun des généraux avait la tête découverte, mais tellement défigurée par des mutilations répétées, qu'il était presque impossible de les reconnaître.

Seize blessures apparentes ont été constatées, dit le *Bien Public*, à la poitrine, aux bras et à la tête du général Clément Thomas ; neuf sur le corps du général Lecomte. Les balles retrouvées et conservées, ont été lancées par des fusils chassepots. On a dû continuer à tirer sur les victimes après même qu'une première décharge les a eu renversées.

Les valeurs, bijoux, etc., dont un inventaire avait été dressé après l'exécution et confiés au conservateur du cimetière, ont été rendus aux familles.

Une balle a coupé en deux la chaîne de montre du général Clément Thomas.

Le général Clément Thomas avait soixante et un ans.

Par quelle fatalité s'est-il trouvé sur la place Pigalle, une demi-heure après avoir répondu à sa femme, qui lui recommandait de ne pas s'aventurer du côté de l'émeute :

— Eh ! mon Dieu ! qu'irais-je y faire ?

On présume qu'ayant appris l'arrestation du général Lecomte, il a cru pouvoir, par son intervention, obtenir sa mise en liberté. Comme toujours, obéissant à ses instincts généreux, c'est en voulant accomplir une mission de dévouement qu'il a trouvé cette affreuse mort dont les auteurs auront à répondre un jour devant la justice.

M. Édouard Lockroy, député de Paris, et M. Clémenceau, maire du dix-huitième arrondissement, ont été délégués pour reconnaître les corps des victimes. Ils les ont trouvés au rez-de-chaussée d'une maison de la rue des Rosiers, à Montmartre, étendus sur le parquet, la tête découverte, le corps enveloppé d'un drap.

Lundi, dans l'après-midi, des médecins ayant déclaré que la décomposition était sur le point de présenter des dangers, on s'est arrêté à la résolution d'une inhumation provisoire. Sur la butte Montmartre même, à très-peu de distance de la maison curiale, il existe un petit cimetière, fermé depuis plusieurs années. C'est dans ce champ de repos que les corps ont été ensevelis par les soins d'un vieux fossoyeur. Aucune cérémonie religieuse n'a été faite.

Le dernier acte de M. le maire Clémenceau, avant de quitter la mairie de Montmartre, a été de faire ensevelir les restes des malheureux généraux Lecomte et Clément Thomas.

Le lit de mort des généraux Clément Thomas et Lecomte.

LE GÉNÉRAL CLÉMENT THOMAS

Le général Clément Thomas était le compatriote de ces orateurs illustres que la Gironde envoya en 1789 aux derniers États généraux. Il naquit à Libourne le 31 décembre 1809.

A peine sorti du collége, il prenait du service dans un régiment de cuirassiers, et quelques mois après il obtenait le grade de maréchal des logis.

Doué d'une imagination ardente et généreuse, Clément Thomas ne pouvait manquer d'être imbu des idées républicaines. Aussi se jeta-t-il à corps perdu dans le parti libéral qui cherchait à renverser Louis-Philippe, le roi de la bourgeoisie.

Il trempa dans le complot de Lunéville et figura au procès d'avril 1835. Condamné à la détention, il fut enfermé à Sainte-Pélagie d'où, quelques mois plus tard, il parvint à s'évader en compagnie de M. Guinard et de quelques autres de ses compagnons de captivité.

Il se réfugia en Angleterre, où il vécut dans la pauvreté.

Le ministère Molé lui rouvrit les portes de sa patrie. Il prit part alors à la rédaction du *National*, et s'y fit remarquer par la vigueur de ses articles, qui contribuèrent à la chute de la monarchie de juillet presque autant que ceux de Montagut, de Charles Thomas et Godefroy Cavaignac, ses collaborateurs.

Le gouvernement provisoire ne pouvait manquer de s'attacher cet apôtre fervent de la liberté; aussi l'envoya-t-il dans le département de la Gironde en qualité de commissaire extraordinaire. Clément Thomas sut, dans ce poste difficile, se concilier l'estime et la sympathie de ses compatriotes, qui l'envoyèrent à l'Assemblée constituante.

Après le 15 mai, il remplaça M. de Courtais comme général en chef de la garde nationale de Paris; mais quelque temps après il vit diminuer sa popularité à la suite d'un de ses plus brillants discours, dans lequel il appelait la croix d'honneur: « le hochet de la vanité ».

Aussi, après les journées de Juin, il dut donner sa démission, et fut remplacé par le général Changarnier.

A l'Assemblée constituante, il vota jusqu'au 10 décembre, avec le parti modéré, mais depuis lors, il fit partie de l'extrême gauche, et ne fut pas réélu à l'Assemblée législative.

Rentré dans la vie privée, il ne cessa de combattre comme citoyen celui qui plus tard fit le 2 décembre. Sa noble conduite lui valut, à cette date à jamais funeste, les honneurs de l'exil.

Il se retira en Allemagne dans la ville de Bollendorff, où il demeura jusqu'à l'amnistie de 1859.

A son retour, il résida à Bordeaux, et vint rarement à Paris.

Après le 4 septembre, le général Clément Thomas reprit le commandement de la garde nationale, qu'il conserva jusqu'à l'armistice, époque à laquelle, après avoir fait vaillamment son devoir devant l'ennemi, il donna sa démission et rentra dans la vie privée. Il était donc, au moment où il fut assassiné, dégagé de tout lien avec le gouvernement.

Tout le monde est d'accord pour dire qu'on n'avait pu reprocher à Clément Thomas aucun acte d'hostilité, aucune provocation, aucune excitation ; que ce qui a été dit du plan qu'on l'avait vu tracer sur son carnet était de pure invention. « Mais, ont-ils ajouté, il n'a eu, après tout, que ce qu'il méritait. En 1848, après les journées de Juin, il fit fusiller par centaines et sans jugement des individus qu'on avait arrêtés en masse : ces dettes-là se payent tôt ou tard. »

En entendant une accusation aussi dénuée de tout fondement, nous avons cru rêver ; mais nous n'avons pas tardé à reconnaître que cette idée des gens de Montmartre est très-répandue dans le peuple de tous les quartiers, et qu'elle est entrée pour beaucoup dans l'atroce détermination prise à l'égard de l'infortuné Clément Thomas.

Est-il concevable que des faits appartenant à notre histoire d'hier soient défigurés et ignorés à ce point ? Nous n'hésitons pas, en effet, à défier la population de Paris tout entière de citer un seul individu que Clément Thomas ait fait fusiller. Nous pourrions dire que ce martyr, qu'on veut transformer en bourreau, fut l'homme le plus inoffensif, le plus humain, le plus bienveillant qu'on puisse imaginer, mais ce que nous devons surtout établir, c'est qu'il ne s'est jamais trouvé dans l'obligation, qui eût été bien pénible pour lui, d'ordonner une exécution.

Pour ne parler que de 1848, époque des faits qu'on lui impute, voici en peu de mots à quoi se borna son rôle comme chef militaire. Le 25 mai, le général de Courtais, qui commandait la garde nationale, n'ayant rien fait pour protéger l'Assemblée, celle-ci confia sa défense à Clément Thomas, qui était à la fois un de ses membres et l'un des colonels de la milice parisienne. Clément Thomas s'acquitta de cette mission avec autant de modération que d'énergie ; il n'y eut qu'un seul blessé, et ce blessé ce fut lui.

L'Assemblée, en rentrant en séance, le nomma par acclamation général en chef de la garde nationale, poste dont il se démit le mardi 20 juin, parce qu'il lui sembla que la majorité de l'Assemblée n'entrait point complétement dans ses vues. Pendant son commandement de trente-cinq jours, sa grande préoccupation avait été de prévenir toute émeute, afin de n'avoir pas à la réprimer. Il y en eut une pourtant le 13 juin ; c'était une émeute bonapartiste organisée dans les faubourgs, pour obliger l'Assemblée à approuver l'élection de Louis Bonaparte comme représentant. Dans cette circonstance, Clément Thomas se conduisit avec sa modération habituelle : un coup de feu ayant été tiré sur lui, il s'opposa à toute poursuite, assurant que le fait avait été purement accidentel.

Il put donc, lorsqu'il donna sa démission, dire à la tribune qu'il se retirait, sinon peut-être sans regret, du moins absolument sans reproche ! Voilà l'homme de bien, le sincère ami du peuple qu'on a lâchement mis à mort.

LE GÉNÉRAL LECOMTE

Le brave général Lecomte, exécuté par les émeutiers de Montmartre, avait pris, depuis la signature de l'armistice, le commandement du sixième secteur à la place de l'amiral Fleuriot de Langle. Il semblait aux officiers de ce secteur qu'il serait difficile de remplacer l'amiral dans ce délicat commandement.

Le général Lecomte se montra, s'il est possible, encore plus doux, plus réservé, plus modeste, plus accessible à tous, plus bienveillant et plus poli, que l'était l'amiral lui-même : de telle sorte qu'il réalisait, on peut le dire, le type idéal du chef.

Il se montra, dans le temps trop court qu'il passa au secteur, un père et un ami pour tous, et nous le voyons encore, assis à table au milieu de ses officiers, prenant avec une sorte de déférence, de timidité native, part à la conversation, et accepté de tous comme le digne chef d'une seule famille spontanément réunie sous son égide.

Son cœur de militaire saignait aux tristes nécessités de la capitulation. « Je suis chargé d'une liquidation malheureuse, nous disait-il, et je suis peiné d'être investi du commandement du secteur dans une si déplorable occurrence ; mais il faut faire son devoir, et nous le ferons tous jusqu'au bout. »

Tel est l'homme qu'une bande de forcenés a mis à mort sans jugement ; tel est le brave soldat, honneur des armes françaises, caractère antique, inconnu jusqu'ici du plus grand nombre, et qui vient de recueillir les palmes de la renommée avec celles du martyre.

LE JARDIN DE LA RUE DES ROSIERS

Dans ses *Lettres à un absent*, publiées par le *Soir*, M. Alphonse Daudet raconte sa visite au jardin de la rue des Rosiers ; rien de plus senti que cette description, qui serait charmante, s'il n'y avait deux cadavres au bout :

Fiez-vous donc au nom des rues et à leur physionomie doucereuse !... Lorsque, après avoir enjambé barricades et mitrailleuses, je suis arrivé là-haut, derrière les moulins de Montmartre, et que j'ai vu cette petite rue des Rosiers avec sa chaussée de cailloux, ses jardins, ses maisons basses, je me suis cru transporté en province dans un de ces faubourgs paisibles, où la ville s'espace et diminue pour venir mourir à la lisière des champs. Rien devant moi qu'une envolée de pigeons et deux bonnes sœurs en cornettes frôlant timidement la muraille. Dans le fond la tour Solferino, bastille vulgaire et lourde, rendez-vous des dimanches de banlieue, que le siège a rendu presque pittoresque en en faisant une ruine.

A mesure qu'on avance, la rue s'élargit, s'anime un peu. Ce sont des tentes alignées, des canons, des fusils en faisceaux ; puis, sur la gauche, un grand portail devant lequel des gardes nationaux fument leurs pipes. La maison est en arrière et ne se voit pas de la rue. Après quelques pourparlers, la sentinelle me laisse entrer... C'est une maison à deux étages, entre cour et jardin, et qui n'a rien de tragique. Elle appartient aux héritiers de M. Scribe. Ce coupe-gorge est né d'un vaudeville !...

Sur le couloir qui va de la petite cour pavée au jardin s'ouvrent les pièces du rez-de-chaussée, claires, aérées, tapissées de papier à fleurs. C'est là que l'ancien Comité central tenait ses séances ; c'est là que, dans l'après-midi du 18, les deux généraux furent conduits et qu'ils sentirent l'angoisse de la dernière heure, pendant que la foule s'entassait dans le jardin et que les lignards venaient coller leurs têtes hideuses aux carreaux, flairant le sang comme des loups ; là enfin qu'on rapporta les deux cadavres criblés de balles et qu'ils restèrent exposés pendant deux jours.

Je descends, — le cœur serré, — les trois marches qui mènent au jardin, vrai jardin de faubourg, où chaque locataire a son coin de groseilliers et de clématites, séparés par des treillages verts, avec des portes qui sonnent... La colère d'une foule a passé là. Les clôtures sont à bas, les bordures arrachées. Rien n'est resté debout qu'un quinconce de tilleuls, une vingtaine d'arbres fraîchement taillés, sans une feuille, dressant en l'air leurs branches dures et grises, comme des serres de vautour.

Une grille en fer court derrière en guise de muraille, et laisse voir au loin la vallée immense, mélancolique, où fument de longues cheminées d'usine.

Les choses s'apaisent comme les êtres. Me voilà sur la scène du drame, et cependant j'ai peine à en ressaisir l'impression. Le temps est doux, le ciel est clair. Ces soldats de Montmartre qui m'entourent ont l'air bon enfant. Ils chantent, ils jouent au bouchon. Les officiers se promènent de long en large en riant... Seul, un grand mur noir, troué par les balles, et dont la crête est tout émiettée, se lève comme un témoin, et raconte le crime. C'est contre ce mur qu'on les a fusillés.

Il paraît, qu'au dernier moment, le général Lecomte, digne et résolu jusqu'alors, sentit son courage défaillir. Il essaya de lutter, de s'enfuir, fit quelques pas en courant dans le jardin ; puis, ressaisi tout de suite, secoué, traîné, bousculé, il tomba sur les genoux et parla de ses enfants : « J'en ai cinq ! » disait-il en sanglotant. Le cœur du père avait crevé la tunique du soldat. Il y avait des pères aussi dans cette foule, et à son déchirant appel quelques voix émues répondirent ; mais les implacables lignards ne voulaient rien entendre : « Si nous ne le fusillons pas aujourd'hui, il nous fera fusiller demain. » On le poussa contre la muraille. Presque aussitôt, un sergent de la ligne s'avance auprès de lui : « Général, lui dit-il, voulez-vous nous promettre..? »

Et tout à coup changeant d'idée, il fit deux pas en arrière et lui déchargea son chassepot en pleine poitrine. Les autres n'eurent plus qu'à l'achever...

Clément Thomas, lui, ne faiblit pas une minute. Adossé au même mur que Lecomte, à deux pas de son cadavre, il fit tête à la mort jusqu'au bout et parla très durement. Quand les fusils s'abaissèrent, il mit par un geste instinctif son bras gauche devant sa figure, et ce vieux républicain mourut dans l'attitude de César.

A la place où ils sont tombés, contre ce mur triste et nu comme la plaque d'un jardin de tir, quelques branches de pêcher s'étalent encore en espalier, et dans le haut s'ouvre une fleur hâtive, toute blanche, que les balles ont épargnée, que la poudre n'a pas noircie.

En sortant de la rue des Rosiers, par ces routes silencieuses qui s'échelonnent au flanc de la butte pleine de jardins et de terrasses, je gagne l'ancien cimetière de Montmartre, qu'on a rouvert depuis quelques jours pour y mettre les corps des deux généraux. C'est un cimetière de campagne, nu, sans arbres, tout en tombeaux. Comme ces paysans rapaces qui, en labourant leurs champs, font disparaître chaque jour un peu du chemin de traverse, la mort a tout envahi, même les allées. Les tombes montent les unes sur les autres. Tout est comble ; on ne sait où poser le pied... Je ne connais rien de lugubre comme ces anciens cimetières. On y sent tant de monde, et on n'y voit personne. Ceux qui sont là ont l'air d'être deux fois morts...

« Qu'est-ce que vous cherchez ? » me demande une espèce de jardinier fossoyeur, en képi de garde national, qui raccommode un entourage. Ma réponse l'étonne. Il hésite un moment, regarde autour de lui, puis baissant la voix : « Là-bas, me dit-il, à côté de la capote. » Ce qu'il appelle la capote, c'est une guérite en tôle vernie abritant quelques verroteries fanées et de vieilles fleurs en filigrane. A côté, une large dalle, nouvellement descellée.

Pas de grille, pas d'inscription. Rien que deux bouquets de violette, enveloppés de papier blanc avec une pierre sur leurs tiges pour que le grand vent de la butte ne les emporte pas... C'est là qu'ils dorment côte à côte. C'est dans ce tombeau de passage, qu'en attendant de les rendre à leurs familles, on leur a donné un billet de logement, à ces deux soldats.

LES EXÉCUTIONS

A l'angle de la rue Lamartine, raconte un rédacteur du *National*, nous voyons la foule se précipiter en avant. Nous la suivons, et nous ne tardons pas à apercevoir un piquet de gardes nationaux conduisant un homme de haute taille, vêtu d'habits bourgeois, et dont la figure martiale dénote un ancien militaire.

De tous côtés retentissent les cris : « C'est un roussin à Badingue, il a f.... des coups de casse-tête en juin, nous le reconnaissons bien. Ce matin, il s'est vanté d'avoir tué des gardes nationaux, il faut le fusiller, il faut le pendre ! »

Le malheureux fait preuve du plus grand courage ; sa figure ne trahit aucune émotion : il envisage sans crainte le sort qui l'attend ; son attitude est admirable.

L'escorte s'arrête devant une maison dans laquelle se trouve une ambulance, et où siége un comité de gardes nationaux. Trois gardes nationaux se détachent et entraînent le prisonnier; d'autres restent en faction à la porte, pour empêcher la foule d'entrer.

La fureur de la populace augmente, les cris redoublent : « La maison a deux issues, s'écrient quelques forcenés, on va le lâcher, il va nous échapper ! »

Et tous de se précipiter, de parcourir la maison dans tous les sens.

Enfin ces tigres reviennent, ils se sont assurés que la maison n'a qu'une issue, que leur victime n'a aucune chance de salut.

Au bout de vingt minutes, les gardes nationaux ressortent avec celui que l'on accuse d'être un sergent de ville déguisé. Il est toujours calme, son visage est impassible.

On se précipite sur lui, on va l'écharper. Le chef de l'escorte, — un sergent, — qui porte sur sa poitrine la médaille de Crimée, parvient à élever la voix, et dit à la foule qu'on va conduire le prisonnier au Château-Rouge, où il sera JUGÉ par le comité central, qui saura bien faire justice. — « Il faut que tout s'accomplisse LÉGALEMENT, » ajoute l'orateur.

Le peuple paraît convaincu, le cortège reprend sa marche, et se dirige vers le Calvaire par la rue Maubeuge.

Nous n'avons pas le courage d'aller plus loin, et nous redescendons vers le boulevard, le cœur plein de tristesse.

Qu'est devenue la victime ? Nous l'ignorons.

UNE SANGLANTE MÉPRISE

Dans la nuit de samedi à dimanche, le 173º bataillon, chargé de faire une grande ronde, part de Ménilmontant pour se rendre dans le troisième arrondissement.

Au coin de la rue des Echaudés, le bataillon est reçu par une vive fusillade : une patrouille s'étant méprise sur les intentions du 173º avait tiré, et le bataillon avait riposté. Quelques morts et blessés tombent.

Le bataillon continue sa route. Au coin de la rue des Filles-du-Calvaire et du boulevard du Temple, il est accueilli par une fusillade pareille. La même méprise qu'à Ménilmontant venait de se produire.

La journée du dimanche 19 mars.

Le *Journal officiel* du gouvernement représenté par M. Thiers publie ce matin la note suivante relative aux événements accomplis la veille :

Le Gouvernement, voulant éviter une collision, a usé de patience et de temporisation envers des hommes qu'il espérait par là ramener au bon sens et au devoir. Ces hommes, se plaçant en révolte ouverte contre la loi, s'étaient constitués en comité insurrectionnel, ordonnant à la garde nationale de désobéir à ses chefs légitimes. C'est à leur action qu'a été due la résistance opposée à la reprise des canons que l'autorité militaire voulait replacer dans leurs arsenaux, sous la garde de la garde nationale et de l'armée. La ville entière s'était émue de l'établissement de redoutes sur les hauteurs de Montmartre et des buttes Chaumont, et tout homme d'un peu de bon sens comprenait combien il était à la fois ridicule et criminel de déployer contre Paris cet attirail menaçant.

Tant qu'un pareil état de choses se prolongeait, la reprise du travail était impossible, la province s'éloignait de la capitale, et toute espérance de crédit et de prospérité était indéfiniment ajournée. Après avoir épuisé toutes les voies de conciliation, le Gouvernement a senti qu'il était de son devoir de faire respecter la loi et de rendre à la garde nationale son autorité légale. Ce matin, à la pointe du jour, les hauteurs ont été enlevées, les canons allaient être reconduits aux arsenaux sous l'escorte de la troupe, lorsque des gardes nationaux armés et d'autres sans armes, excitant et entraînant la foule, se sont jetés sur nos soldats et leur ont arraché leurs armes. Plusieurs bataillons ont été cernés, d'autres forcés de se replier. A partir de ce moment, l'émeute a été maîtresse du terrain. Nous racontons plus bas comment ces criminels artisans ont mis en arrestation le général Lecomte et le général Clément Thomas qui se trouvaient dans la mêlée, et comment ces deux captifs ont été lâchement assassinés.

La journée s'est terminée dans le désordre sans que la garde nationale, convoquée, cependant, dès le matin par le rappel, parût en nombre suffisant pour le réprimer sur le théâtre où il se développait. Ce soir, l'insurrection a envahi l'état-major de la garde nationale et le ministère de la justice. On se demande avec une douloureuse stupeur quel peut être le but de ce coupable attentat ; des malveillants n'ont pas craint de répandre le bruit que le Gouvernement préparait un coup d'État, que plusieurs républicains étaient arrêtés. Ce sont d'odieuses calomnies.

Le Gouvernement, issu d'une Assemblée nommée par le suffrage universel, a plusieurs fois déclaré qu'il voulait fonder la République. Ceux qui veulent la renverser sont les hommes de désordre, les assassins qui ne craignent pas de semer l'épouvante et la mort dans une cité qui ne peut se sauver que par le calme, le travail, le respect des lois. Ces hommes ne peuvent être que les stipendiés de l'ennemi ou du despotisme. Leurs crimes, nous l'espérons, soulèveront la juste indignation de la population de Paris, qui sera debout pour leur infliger le châtiment qu'ils méritent.

Ce matin, vers midi, le général Lecomte, séparé de ses troupes, a été amené par une bande de forcenés rue des Rosiers, à Montmartre, devant quelques individus prenant le titre de Comité central. Des cris : « A mort ! » se faisaient entendre. Le général Clément Thomas, survenu peu de temps après, en habit de ville, a été reconnu. Un des assistants s'est écrié : « C'est le général Clément Thomas, son affaire est faite ! » Le général Lecomte et le général Clément Thomas ont été poussés dans un jardin, suivis par une centaine d'hommes. Ils ont été attachés et fusillés. Leurs cadavres ont été mutilés à coups de baïonnettes.

Ce crime épouvantable, accompli sous les yeux du Comité central, donne la mesure des horreurs dont Paris est menacé, si les sauvages agitateurs qui troublent la cité et déshonorent la France pouvaient triompher.

Les deux aides de camp du général Lecomte allaient subir le même sort que leur général, quand ils ont été sauvés par l'intervention d'un jeune homme de dix-sept ans, qui s'est écrié que ce qui se passait était horrible; qu'après tout on ne connaissait pas ceux qui prononçaient ces condamnations à mort. Il a réussi à faire épargner les deux jeunes officiers, menacés d'une mort affreuse.

Que la population de Paris, si indulgente jusqu'ici pour les fauteurs de désordres, comprenne enfin qu'elle doit se montrer énergique contre de pareils forfaits, sous peine d'en être complice !

En même temps, paraissent au *Journal officiel* et sur les murs de Paris les proclamations que voici :

RÉPUBLIQUE FRANÇAISE
Gardes nationaux de Paris,

On répand le bruit absurde que le Gouvernement prépare un coup d'État.

Le gouvernement de la République n'a et ne peut avoir d'autre but que le salut de la République.

Les mesures qu'il a prises étaient indispensables au maintien de l'ordre : il a voulu et il veut en finir avec un comité insurrectionnel dont les membres, presque tous inconnus à la population, ne représentent que les doctrines communistes, et mettraient Paris au pillage et la France au tombeau, si la garde nationale et l'armée ne se levaient pour défendre, d'un commun accord, la Patrie et la République.

Paris, 18 mars 1871.

A. THIERS, DUFAURE, E. PICARD, Jules FAVRE, Jules SIMON, POUYER-QUERTIER, général LE FLÔ, amiral POTHUAU, LAMBRECHT, DE LARCY.

Gardes nationaux de Paris,

Un comité prenant le nom de Comité central, après s'être emparé d'un certain nombre de canons, a couvert Paris de barricades et a pris possession pendant la nuit du ministère de la justice.

Il a tiré sur les défenseurs de l'ordre ; il a fait des prisonniers, il a assassiné de sang-froid le général Clément Thomas et un général de l'armée française, le général Lecomte.

Quels sont les membres de ce Comité?

Personne à Paris ne les connaît ; leurs noms sont nouveaux pour tout le monde. Nul ne saurait même dire à quel parti ils appartiennent. Sont-ils communistes, ou bonapartistes, ou Prussiens? Sont-ils les agents d'une triple coalition? Quels qu'ils soient, ce sont les ennemis de Paris qu'ils livrent au pillage, de la France qu'ils livrent aux Prussiens, de la République qu'ils livreront au despotisme. Les crimes abominables qu'ils ont commis ôtent toute excuse à ceux qui oseraient ou les suivre ou les subir.

Voulez-vous prendre la responsabilité de leurs assassinats et des ruines qu'ils vont accumuler? Alors, demeurez chez vous ! Mais si vous avez souci de l'honneur et de vos intérêts les plus sacrés, ralliez-vous au Gouvernement de la République et à l'Assemblée nationale.

Les ministres présents à Paris,
DUFAURE, J. FAVRE, E. PICARD, J. SIMON, amiral POTHUAU, général LE FLÔ.

Paris, le 19 mars 1871.

A la même heure, les murailles se couvrent d'affiches imprimées sur papier blanc, et conçues dans les termes suivants :

RÉPUBLIQUE FRANÇAISE
Liberté, Égalité, Fraternité.
AU PEUPLE

Citoyens,

Le peuple de Paris a secoué le joug qu'on essayait de lui imposer.

Calme, impassible dans sa force, il a attendu sans crainte comme sans provocation les fous éhontés qui voulaient toucher à la République.

Cette fois, nos frères de l'armée n'ont pas voulu porter la main sur l'arche sainte de nos libertés; merci à tous, et que Paris et la France jettent ensemble les bases d'une République acclamée avec toutes ses conséquences ; le seul Gouvernement qui fermera pour toujours l'ère des invasions et des guerres civiles.

L'état de siège est levé.

Le peuple de Paris est convoqué dans ses sections pour faire ses élections communales.

La sûreté de tous les citoyens est assurée par le concours de la garde nationale.

Hôtel de ville, Paris, le 19 mars 1871.

Le Comité central de la garde nationale,
ASSI, BILLIORAY, FERRAT, BABICK, ÉDOUARD MOREAU, C. DUPONT, VARLIN, BOURSIER, MORTIER, GOUHIER, LAVALETTE, Fr. JOURDE, ROUSSEAU, Ch. LULLIER, BLANCHET, J. GROLLARD, BARROUD, H. GÉRESME, FABRE, POUGEROT.

RÉPUBLIQUE FRANÇAISE
Liberté, Égalité, Fraternité.

AUX GARDES NATIONALES DE PARIS

Citoyens,

Vous nous aviez chargés d'organiser la défense de Paris et de vos droits.

Nous sommes convaincus d'avoir rempli cette mission. Aidés par votre généreux courage et votre admirable sang-froid, nous avons chassé le gouvernement qui nous trahissait.

A ce moment, notre mandat est expiré et nous vous le rapportons, car nous ne prétendons pas prendre la place de ceux que le souffle populaire vient de renverser.

Préparez-vous et faites de suite vos élections communales, et donnez-nous pour récompense la seule que nous ayons espérée : celle de vous voir établir la seule République.

En attendant, nous conservons, au nom du Peuple, l'Hôtel de ville.

Le Comité central de la garde nationale.

Suivent les signatures.

Le même jour, le général Henry, chef de la légion révolutionnaire des gardes nationaux du quatorzième arrondissement, dont le quartier général est chaussée du Maine, publie et fait afficher à Montrouge la proclamation suivante :

Aux bataillons de la garde nationale du 14ᵉ arrondissement.

Citoyens,

Pour affirmer la République, il fallait l'union de toutes les forces qui lui sont dévouées, vous l'avez compris :

1° En adhérant à la formation d'un Comité central de la garde nationale ;

2° En élisant dans vos compagnies respectives cinq délégués, qui constituent un Comité d'arrondissement ;

3° En envoyant au Comité central, *avec mandat définitif et impératif*, deux délégués élus en assemblée générale des délégués de l'arrondissement ;

4° En procédant à l'élection d'un chef de légion, pour faire exécuter les ordres du Comité central ;

5° En adjoignant au chef de la légion une commission consultative, choisie parmi vos délégués également élus en assemblée générale, et dont chaque membre appartient à un des bataillons de la garde nationale de l'arrondissement.

Le chef de légion, élu,
HENRY (Lucien).

Les membres du Comité central, élus,
BILLIORAY, AVOINE fils.

La commission consultative, élue,
SABOURT, HÉBERT, CHARBONNEAU, ROQUEOFFRE, LEDREUX, DIEU, VERRET, JULIEN.

Le bruit de l'arrestation de M. Thiers avait couru.

La pièce suivante, datée de Versailles, 19, infirme ce bruit.

DÉPÊCHE OFFICIELLE

Adressée à la mairie de Rouen.

Versailles, 19 mars 1871.

Le président du conseil du gouvernement, chef du pouvoir exécutif, aux préfets, sous-préfets, généraux commandant les divisions militaires, préfets maritimes, premiers présidents des cours d'appel, procureurs généraux, archevêques et évêques,

« Le gouvernement tout entier est réuni à Versailles. L'Assemblée s'y réunit également. L'armée, au nombre de 40,000 hommes, s'y est concentrée en bon ordre, sous le commandement du général Vinoy.

« Toutes les autorités, tous les chefs de l'armée y sont arrivés. Les autorités civiles et militaires n'exécuteront d'autres ordres que ceux du gouvernement régulier résidant à Versailles, sous peine d'être considérées comme en état de forfaiture.

« Les membres de l'Assemblée nationale sont invités à accélérer leur retour pour être tous présents à la séance du 20 mars.

« La présente circulaire sera livrée à la publicité.

« Signé : THIERS. »

Ce même jour, dimanche 19, on lit sur les murs de Paris l'affiche suivante, revêtue de la signature d'une partie des députés, des maires et des adjoints de la ville de Paris :

RÉPUBLIQUE FRANÇAISE.

Liberté, Égalité, Fraternité.

Citoyens,

Pénétrés de la nécessité absolue de sauver Paris et la République en écartant toute cause de collision, et convaincus que le meilleur moyen d'atteindre ce but est de donner satisfaction aux vœux légitimes du Peuple, nous avons résolu de demander aujourd'hui même à l'Assemblée nationale l'adoption de deux mesures qui, nous en avons l'espoir, contribueront, si elles sont adoptées, à ramener le calme dans les esprits.

Ces deux mesures sont : l'élection de tous les chefs de la garde nationale et l'établissement d'un conseil municipal élu par tous les citoyens.

Ce que nous voulons, ce que le bien public réclame en toute circonstance et ce que la situation présente rend plus indispensable que jamais, c'est l'ordre dans la liberté et par la liberté.

VIVE LA FRANCE ! VIVE LA RÉPUBLIQUE !

Représentants de la Seine :

LOUIS BLANC, V. SCHOELCHER, A. PEYRAT, ED. ADAM, FLOQUET, MARTIN BERNARD, LANGLOIS, ÉDOUARD LOCKROY, FARCY, H. BRISSON, GREPPO, MILLIÈRE.

Les maires et adjoints de Paris :

1ᵉʳ arr. Ad. Adam, maire ; Méline, adjoint.
2ᵉ — Tirard, maire, représentant de la Seine ; E. Brelay, Chéron, Loiseau-Pinson, adjoints.
3ᵉ — Bonvalet, maire ; Ch. Murat, adjoint.
4ᵉ — Vautrain, maire ; Loiseau et Callon, adjoints.
5ᵉ — Jourdan, adjoint.
6ᵉ — Hérisson, maire ; A. Leroy, adjoint.
7ᵉ — Arnauld (de l'Ariége), maire, représentant de la Seine.
8ᵉ — Carnot, maire, ancien représentant de la Seine.
9ᵉ — Desmarest, maire.
10ᵉ — Dubail, maire ; A. Murat, Degouves-Denunques, adjoints.
11ᵉ — Mottu, maire, représentant de la Seine ; Blanchon, Poirier, Tolain, adjoints.
12ᵉ — Denizot, Dumas, Turillon, adjoints.
13ᵉ — Léo Meillet, Combes, adjoints.
14ᵉ — Héligon, adjoint.
15ᵉ — Jobbé Duval, adjoint.
16ᵉ — Henri Martin, maire et représentant de la Seine.
17ᵉ — François Favre, maire ; Malon, Villeneuve, Cacheux, adjoints.
18ᵉ — Clémenceau, maire et représentant de la Seine ; J.-B. Lafont, Dereure, Jaclard, adjoints.

M. Vacherot, maire du cinquième arrondissement, a adressé la lettre suivante au ministre de l'intérieur :

Paris, le 19 mars 1871.

Monsieur le ministre,

Maire élu de Paris, j'aurais pu, dans un intérêt suprême d'ordre public, conserver mes fonctions si le gouvernement de la France, en abandonnant momentanément l'administration de la capitale, eût laissé la responsabilité tout entière aux municipalités élues par le suffrage universel. Mais du moment qu'à l'Hôtel de ville s'installe un pouvoir qui n'émane pas de l'Assemblée nationale, je ne puis continuer à administrer la mairie du cinquième arrondissement, sous une autorité qu'il me faudrait reconnaître.

En conséquence, je vous prie de recevoir ma démission des fonctions de maire.

Agréez, monsieur le ministre, l'expression de mes regrets et de mes vives sympathies.

Signé : E. Vacherot.

PROTESTATION DE M. RASPAIL

A monsieur le rédacteur du *Moniteur universel.*

Monsieur le rédacteur,

On vient de m'apporter une feuille volante ainsi intitulée :

LA RÉPUBLIQUE DE MARAT

Avec les articles de F. V. Raspail et Alphonse Esquiros.

Vente en gros ; librairie F. Roy, rue St-Antoine, 185, et rue du Croissant, 16.

Je suis complétement étranger à cette élucubration et bien éloigné de vouloir reproduire la République de 1792, qui, du reste, fut moins une république qu'une immense révolution.

L'histoire ne se répète jamais, et vouloir répéter cette époque aujourd'hui, ce ne serait pas un acte de progrès, mais une honteuse reculade. Ce qui fut beau alors ne ferait à présent qu'ajouter une honte de plus à toutes celles qui nous affligent.

Permettez-moi de vous dire que vous concevrez, monsieur le rédacteur, aussi bien que moi, l'origine de ce pamphlet ; on ne procédait pas autrement pour préparer les émeutes de 1848 et surtout celles de Louis-Philippe.

Je ne crois pas, monsieur le rédacteur, que vous me refusiez l'insertion de cette réclamation importante, et je vous prie de recevoir, avec mes remerciements, l'assurance de ma considération.

F.-V. Raspail.

OCCUPATION DU MINISTÈRE DES FINANCES

Pendant la nuit du samedi au dimanche, vers deux heures du matin, M. Dufrayer fit demander au ministre de l'intérieur, M. Ernest Picard, si des mesures avaient été prises pour mettre le ministère des finances à l'abri d'une tentative des émeutiers, et, dans le cas contraire, quelle était la conduite qu'il avait à tenir. M. Ernest Picard lui répondit en propres termes : « Convoquez immédiatement le bataillon du ministère des finances, je réponds de lui. » On se rappelle, en effet, quel précieux concours ce bataillon avait apporté, le 31 octobre dernier, à la cause de l'ordre et du ministère des finances.

M. Dufrayer ne se le fit pas dire deux fois. Sans perdre une seconde, il convoqua le fameux bataillon. Hélas ! depuis le 31 octobre, les temps avaient bien changé. Cinquante hommes tout au plus répondirent à l'appel. Encore vinrent-ils en rechignant, et lorsque hier, à une heure moins un quart de l'après-midi, une centaine de gardes nationaux se présentèrent aux portes du ministère des finances de la part du Comité central, ils ne trouvèrent aucune résistance ; ils purent à leur aise faire main-basse sur les caisses.

Dimanche matin on lisait dans le journal *le Gaulois :*

Les maires et les adjoints des vingt arrondissements de Paris, convoqués d'urgence par M. Bonvalet, et les députés de Paris, convoqués par M. Tolain, se sont réunis à deux heures de l'après-midi, hier samedi, à la mairie du deuxième arrondissement.

La situation a été jugée très-grave. Mais l'assemblée n'a pas voulu prendre de décision avant d'avoir pris de plus amples renseignements sur les événements de la nuit et de la journée, et de connaître l'avis du gouvernement.

Trois personnes furent députées chez M. Thiers. M. Bonvalet et M. Tirard, député de Paris et maire du deuxième arrondissement, se rendirent chez le général d'Aurelles de Paladines, qu'ils trouvèrent dans son cabinet, en proie à la plus grande agitation, et qui leur dit ces paroles :

« Je leur avais bien dit que cela se terminerait ainsi. Ils ont voulu compter sur l'armée et l'armée fraternise avec l'émeute. Réunissez-vous, messieurs, et décidez. Le sort de Paris, que dis-je, de la France, est entre vos mains. »

Pendant ce temps, les maires et les députés discutaient sur ces trois points : changement immédiat du ministre de l'intérieur, du préfet de police, du maire de Paris et du commandant en chef de la garde nationale.

Voici les noms divers qu'on mettait en avant :

Préfecture de police : Edmond Adam, Ranc et Tirard.

Mairie de Paris : Tirard ou Dorian.

Intérieur : Ranc, Delescluze, Gambetta.

Garde nationale : Langlois ou Schœlcher.

Rien, du reste, n'a été arrêté, et une nouvelle réunion a été fixée pour le soir six heures, à la mairie du deuxième arrondissement.

Trois heures du matin

Les membres du gouvernement ont quitté le ministère des affaires étrangères, vers dix heures, et se sont transportés à l'École militaire, ainsi que le général Vinoy et le général d'Aurelles de Paladines.

Nous apprenons que des ouvertures ont été faites par le comité de Montmartre au gouvernement.

M. Émile Labiche, secrétaire général du ministère de l'intérieur, mandé à minuit par dépêche du général Vinoy, s'est rendu immédiatement à l'École militaire où des pleins pouvoirs lui étaient donnés pour faire les concessions les plus larges en tant qu'elles seraient légitimes.

M. Labiche est allé d'abord à la mairie du deuxième arrondissement, où s'étaient réunis dans la soirée les membres du comité de Montmartre ; mais ces derniers avaient quitté la rue de la Banque.

M. Labiche, accompagné d'un adjoint, se rendit immédiatement à la mairie de Saint-Germain-l'Auxerrois.

Les concessions réclamées par le comité diffèrent peu de celles proposées dans la journée.

1° La nomination de M. Langlois comme général commandant en chef de la garde nationale.

2° M. Edmond Adam, à la préfecture de police.

3° M. Dorian, à la mairie de Paris.

4° Le général Billot, membre de l'Assemblée nationale, commandant l'armée de Paris.

Voici des détails sur la journée du dimanche empruntés au journal des *Débats*.

L'adjoint, faisant fonction de maire suppléant M. Vacherot, dans le cinquième arrondissement, a fait afficher l'avis suivant :

En l'absence du maire, retenu par son mandat de député, et du premier adjoint, le deuxième adjoint invite la population au calme et à la modération. Il promet de consacrer tous ses efforts à assurer le fonctionnement de tous les services municipaux.

L'adjoint faisant fonctions de maire,
COLLIN.

A la mairie du sixième arrondissement, M. Tony Moilin s'est présenté avec un ordre émanant du comité central qui le désignait pour remplir les fonctions de maire à la place de M. Hérisson. Sur la protestation de celui-ci, M. Tony Moilin a requis au poste de la place Saint-Sulpice une dizaine de gardes nationaux pour enlever, dans les bureaux de la mairie, certains papiers importants. Arrivés là, ces gardes ont été tout surpris de se voir commandés pour installer, par la force, M. Tony Moilin à la place de M. Hérisson.

Le septième et le quinzième arrondissement se bornent à fournir des troupes à la manifestation, mais restent calmes chez eux.

Dans le treizième et le quatorzième, les vainqueurs, tout entiers à l'ivresse du triomphe, commencent à déserter la garde des barricades.

Après avoir arrêté un commissaire de police et renvoyé l'administrateur du quatorzième arrondissement, le chef de légion Henry a fait apposer dès le matin, sur les murs, une affiche ainsi conçue :

• Citoyens,

Vu les circonstances, nous nous faisons un devoir d'être en communication constante avec les citoyens du quatorzième arrondissement et de les avertir que nous nous transportons à la mairie afin de sauvegarder les intérêts de tous. Nous avons, à cet effet, institué un comité provisoire. Aussitôt que les événements le permettront, vous serez appelés à élire vous-mêmes votre municipalité.

Vive la République!

Les délégués du comité central,
AVOINE fils et BILLIORAY.

Les membres de la commission provisoire,
J. MARTELET, J. AVOINE, BATOULE,
FLORENT, GARNIER-PEREVE.

Vers midi, nous assistons au désarmement d'une compagnie de soldats de la ligne. Cela se fait très-simplement. Ces hommes se plaignent qu'on les a oubliés aux Madelonnettes (rue de la Santé), et qu'ils sont sans vivres depuis la veille. La foule les entoure et une quête s'organise. En échange de

Le général Chanzy, arrêté par les insurgés le 18 mars.

pain, on leur demande leurs chassepots. Un lieutenant qui les conduit les fait ranger en cercle et leur demande s'ils veulent obtempérer aux désirs du peuple. Oui! oui! est la réponse. Et la remise des armes s'effectue.

Nous ne rencontrons plus dans Paris un seul soldat en armes; en revanche, nous trouvons beaucoup de gardes nationaux chargés de trois ou quatre chassepots.

A onze heures de la nuit, le citoyen Ranvier s'était installé à l'Hôtel de ville. Ce matin, pour compléter la défense du palais municipal, des barricades sont élevées dans la rue de Rivoli, sur l'avenue Victoria et sur le quai de Gesvres.

La foule des promeneurs, attirée par un magnifique soleil, se porte vers ce point central et considère les travaux avec un mélange de stupéfaction et d'indifférence.

A cinq heures et demie, au coin de la rue Saint-Martin, la foule est très-agitée. On vient encore d'arrêter un curieux qu'on dit ancien sergent de ville. Les cris : A l'eau le mouchard! se font entendre. Quelques gardes nationaux se détachent et emmènent cet homme.

A six heures, le 161ᵉ bataillon, aux cris de vive la République! vient relever le 127ᵉ qui gardait la barricade de l'avenue Victoria.

La même affluence s'est portée sur les boulevards, rue Montmartre, aux Champs-Élysées, sur tous les points où l'on savait ou croyait rencontrer le spectacle de la garde nationale triomphante.

Rue Oberkampf, près de la rue Saint-Maur, une

affiche à la main, portant le timbre du Comité central, porte ces mots : « Thiers est arrêté, justice sera faite. » Aucune de nos informations ne nous permet de croire à l'authenticité de cette nouvelle.

Dans la journée, un assez grand nombre de gardes nationaux ont passé par le faubourg Saint-Germain, se dirigeant, disaient-ils, sur Versailles.

Nous en voyons d'autres ce soir annonçant que 12,000 des leurs ont déjà pris cette route, et que demain il y en aura 15,000 aux portes de l'Assemblée.

Le *Siècle*, de son côté, résume ainsi qu'il suit ses observations et impressions.

La rue de Rivoli présente dans la journée une grande animation. Une barricade barre la rue, au débouché de la place de l'Hôtel-de-Ville. Cette place est gardée par plusieurs bataillons, l'arme au pied.

D'autres barricades obstruent le quai de la Mégisserie, l'avenue Victoria, le pont d'Arcole. On en a élevé d'autres à l'entrée des rues qui aboutissent sur le côté gauche de la rue de Rivoli: rue du Marché-Saint-Jean, rue des Écouffes, des Juifs, Vieille-du-Temple, Cloche-Perce, Pavée-au-Marais.

Beaucoup de monde dans la rue Saint-Antoine ; la rue des Vosges présente aussi deux barricades.

La place de la Bastille est calme. Une barricade est élevée sur le boulevard Beaumarchais.

Les rues adjacentes au canal en ont aussi. Rue du Faubourg-du-Temple, des garibaldiens entassent pavés sur pavés. La barricade est défendue par un canon rayé de 7.

L'aspect des quartiers de la rive gauche est le même que celui des quartiers de la rive droite. A toutes les issues de la place du Panthéon, on a élevé des barricades: rue Cujas, rue Soufflot, rue Saint-Jacques.

Le Luxembourg est occupé par la garde nationale. La circulation y est absolument libre.

La cour du Palais de justice est fermée ; les postes ordinairement occupés par la garde républicaine sont tenus par la garde nationale. De même à la Préfecture de police.

Le quartier des Halles conserve sa physionomie ordinaire ; dans la matinée, la circulation y est très-active. Aux pavillons des Halles, les acheteurs sont très-nombreux.

Dans plusieurs quartiers du centre et de la rive gauche, on paraît indigné des exécutions de Montmartre, mais une sorte de stupeur apathique domine. Le clairon sonne en vain : quelques gardes nationaux isolés répondent seuls à l'appel. « Que voulez-vous! dit-on, on nous a tant de fois battu le rappel, avec ou sans ordre régulier, *que nous ne savons que faire*. »

La place de l'Hôtel-de-Ville est barricadée : des tas de pavés à hauteur d'homme coupent la rue de Rivoli, l'avenue de Victoria et le quai de Gesvres ; on passe par des brèches de coin ou par le milieu, devant des factionnaires postés là. Le drapeau rouge flotte au-dessus du cadran de l'horloge de l'Hôtel de ville.

Hier matin, une soixantaine de gendarmes sont sortis de Mazas et ont été conduits, entre double colonne de gardes nationaux, à la porte de Vincennes.

Là, le commandant s'est arrêté et a dit aux gendarmes :

— Maintenant, messieurs, vous êtes libres d'aller où bon vous semble ; mais défense vous est faite de rentrer à Paris.

Là-dessus les gendarmes se sont éloignés, fort embarrassés de la direction qu'ils devaient prendre.

Vers cinq heures, la caserne de pompiers de la rue Sévigné, adjacente à la rue de Rivoli, a été forcée par une compagnie de francs-tireurs, qui avaient du Comité central un bon pour prendre les chassepots des pompiers.

A la même heure, des détachements de gardes nationaux se transportent par ordre du Comité central, aux bureaux du *Figaro*, rue Rossini, et aux bureaux du *Gaulois*, rue du Helder, mettent les scellés sur les portes de la composition, intiment aux rédacteurs l'ordre de ne pas publier ces journaux, et installent en permanence un poste avec sentinelle à la porte.

Plus tard, le Comité central ayant appris que le *Figaro*, prévoyant l'acte arbitraire dont il pouvait être victime, avait pris ses mesures pour faire composer le journal ailleurs, un quidam d'assez mauvaise mine s'est présenté par son ordre à l'imprimerie Dubuisson, rue Coq-Héron, et a fait défense à M. Dubuisson d'imprimer le *Figaro*. Cette défense a été faite au nom du préfet de police du nom de Duval, commandant en chef des bataillons insurrectionnels de Montmartre.

Injonction a été faite en même temps à M. Dubuisson d'avoir à imprimer la *Commune*, du citoyen Félix Pyat, qui, paraît-il, ne trouvait pas d'imprimeur.

Les gardes nationaux, au nom du Comité central, s'étaient emparés dès le matin de la Préfecture de police.

Un piquet a été établi sur la place Dauphine, et de nombreux détachements ont été disposés sur le quai des Lunettes et de l'Horloge, la rue de la Sainte-Chapelle, le boulevard Sébastopol et la rue de Jérusalem.

A l'intérieur, les plantons étaient postés devant chaque porte, et partout on voyait circuler des gardes nationaux armés de deux fusils, — tabatière et chassepot.

Dans la rue, on remarquait de nombreux groupes qui discutaient vivement.

Nous rencontrons une cantinière portant fièrement un fusil en bandoulière; un grand nombre de garibaldiens et de mobiles se sont joints aux gardes nationaux.

Ces jeunes gens sont presque tous armés des épées des anciens agents de police.

Nous voyons arrêter plusieurs femmes qui vont porter des vivres à leurs maris arrêtés pendant la lutte.

Mais il se trouve généralement un aimable patriote qui les met en liberté, en ayant soin de les faire reconduire jusqu'au pont Neuf ou au boulevard Sébastopol.

De temps à autre, on entendait des détonations. C'étaient les batteries des buttes Chaumont et de Montmartre qui tiraient le canon d'alarme. Ces détonations sont devenues plus fréquentes dans la matinée; on remarquait particulièrement le bruit sourd produit par une canonnade de marine.

LA SOIRÉE DE DIMANCHE

Huit heures

Partout des groupes sur le boulevard. On prétend que les corps de Clément Thomas et celui de Lecomte viennent d'être envoyés chez le conservateur du cimetière Montmartre, où on les tient à la disposition de leur famille. Les membres du Comité central désavouent hautement les assassins, et au dire de certaines personnes s'occupent activement de les rechercher.

Neuf heures

Devant le café de Madrid, des gamins chantent des chansons qui traitent des événements accomplis dans la dernière journée, et les vendent aux badauds. Quelques personnes veulent s'opposer à cette spéculation et sont huées par la foule. Tout à coup un grand mouvement s'opère du côté du faubourg Montmartre: c'est, paraît-il, un gardien de la paix que l'on poursuit, et que l'on veut assommer parce qu'il a dit que les membres du Comité étaient des canailles. Quelques citoyens courageux s'interposent, et parviennent à apaiser les plus acharnés. On finit par reconnaître que le prétendu gardien de la paix est un coiffeur du quartier.

Dix heures

Une foule de gardes nationaux en bon ordre se dirigent vers la Bastille. Ils sont huit ou neuf cents. Tous sont en armes. Plusieurs tiennent un pain de trois livres, enfourché dans leur baïonnette. D'autres portent des *refouloirs* et des *écouvillons*. Ces derniers appartiennent à l'artillerie de la garde nationale. On nous dit qu'ils vont à Vincennes, et qu'à la porte Saint-Martin, ils seront rejoints par les bataillons de la Villette.

La tenue de ces gardes nationaux est irréprochable; l'ordre est parfaitement observé.

Onze heures

Le bruit court que cent vingt mille hommes appartenant à la garde citoyenne marchent sur Versailles qu'ils occuperont pendant la nuit. On dit aussi que le gouvernement a massé dans cette ville un nombre de troupes assez considérable, et qu'une bataille est inévitable. M. Thiers compterait principalement sur des régiments du génie et de l'artillerie, ainsi que sur plusieurs bataillons d'infanterie qui viennent de l'armée de la Loire.

On vend une grande pancarte en vers, intitulée : la *Proclamation de Louis-Philippe II* au peuple français. Cette turpitude trouve pas mal d'acheteurs.

Minuit

Nous entendons dire qu'une délégation de gardes nationaux vient de se porter rue Coq-Héron, à l'imprimerie Dubuisson, et rue du Helder à l'imprimerie Kugelmann, pour empêcher l'impression du *Figaro* et du *Gaulois*. On affirme aussi que la même visite a été faite à M. Serrière, à l'occasion du journal *la Liberté*. Nous nous rendons chez ce dernier, rue Montmartre, 123, et nous constatons que ces bruits sont complétement faux, du moins en ce qui concerne la *Liberté*.

Une heure

La physionomie du boulevard est toujours la même. Nous remarquons cependant que la foule y est beaucoup moins compacte que la veille à la même heure. Nous apprenons que toutes les lignes télégraphiques qui relient Paris à la France ont été coupées dans la journée par ordre de M. Thiers, et que les chemins de fer vont avoir le même sort. Le sentiment qui domine en ce moment est un sentiment d'effroi.

On craint que les Prussiens n'entrent dans la matinée. Les ennemis du gouvernement vont jusqu'à dire que les ministres se sont entendus à cet égard avec le prince Frédéric-Charles ; que 55,000 hommes sont massés à Creteil, prêts à se ruer sur nous et à combiner leurs mouvements avec les troupes de l'armée de la Loire qui sont campées à Versailles. On nous dit que les postes des fortifications viennent d'être doublés, que les ponts sont levés, que les trains de nuit des différentes lignes ont été obligés de rester en gare. Tous les cafés sont fermés depuis une demi-heure. Nous rentrons par le faubourg Montmartre, il est désert.

En cet instant, nous entendons retentir un coup de canon à blanc qui paraît être tiré des buttes Montmartre.

Nous supposons que c'est un signal.

Tout rentre dans le silence.

Poussé par la curiosité, nous montons jusqu'au haut de la rue des Martyrs. Sur notre route, rien que des patrouilles et des passants attardés.

De l'autre côté du boulevard Rochechouart, toutes les rues sont gardées par des factionnaires qui sont relevés par le poste de la place des Abbesses.

Voici, d'après le *Bien public*, le tableau de ce qui se passait à l'Hôtel de ville dans la nuit du samedi et la journée du dimanche.

On s'est retranché toute la nuit devant l'Hôtel de ville et ce matin on travaille encore.

La place présente un singulier coup d'œil.

Toutes les issues qui y conduisent : la rue de Rivoli, la rue du Renard, l'avenue Victoria, le quai de Gèvres, le pont, etc., sont fermées par des barricades, les unes entièrement achevées, les autres auxquelles on travaille encore.

Ces barricades sont faites avec beaucoup de soin et de méthode. On voit qu'elles ont été construites par des mains exercées. En effet, les marins et les soldats y ont travaillé.

Derrière des charrettes renversées et des barriques remplies de terre, on a entassé symétriquement les pavés de la rue reliés entre eux par de la terre et du sable.

Il y a des créneaux et des meurtrières à hauteur d'homme.

La circulation n'est pas interdite.

On peut passer les barricades et se promener sur la place fort à son aise.

Un oriflamme rouge flotte au-dessus de l'Hôtel de ville.

L'intérieur est occupé par de la garde nationale.

Il y a là des bataillons de tous les quartiers; nous apercevons même à travers les fenêtres des uniformes de soldats de la ligne.

Par la porte du monument toute grande ouverte, nous voyons des gardes nationaux campés dans la cour. Ils ont passé la nuit là.

Il y a des bottes de paille déliées, des pains et des couvertures, des bouteilles vides et brisées pour la plupart.

— Ces *cochons-là* se sont soûlés comme des portefaix, crie un sergent qui sort de l'Hôtel.

Tout est calme et tranquille ; les soldats se promènent, leur pain sous le bras.

Tout à coup le clairon et le tambour se font entendre.

Le bruit vient de la rue de Rivoli, du côté de la Bastille.

Aussitôt l'aspect de la place change.

On voit les gardes nationaux aller et venir dans tous les sens. On se remue, on s'agite. L'acier des baïonnettes reluit au soleil au-dessus des uniformes clairs ou sombres.

Les officiers vont et viennent traînant leur sabre.

On entend une sorte de brouhaha et de tumulte du côté d'où vient le tambour.

Soudain tous les képis se lèvent, les fusils s'agitent et une immense clameur : « Vive la République ! » sort de toutes les poitrines.

On se porte de ce côté.

Nous suivons le courant.

Un bataillon de la garde nationale, le 130e, précédé par trente ou quarante soldats appartenant à tous les corps, s'avance, musique et drapeau rouge en tête.

Ils viennent faire leur pèlerinage à l'Hôtel de ville.

En tête du détachement est un caporal de chasseurs à pied qui agite son fusil et semble commander la troupe.

Derrière lui viennent des soldats de la ligne, des chasseurs, des zouaves. Nous remarquons même un spahis et un turco à figure bronzée.

Tout ce monde crie à s'époumonner : « Vive la République ! »

Le bataillon défile devant l'Hôtel de ville au milieu des hurras enthousiastes de la foule.

— A Versailles ! lui crie-t-on ; il faut aller à Versailles !

— Nous irons à Versailles, répondent les gardes nationaux.

Un moment après un autre bataillon se présente sur le même point, et les mêmes scènes se passent.

Tous les magasins sont fermés dans la rue de Rivoli et dans toutes les rues qui avoisinent l'Hôtel de ville, mais les fenêtres sont remplies de têtes d'hommes et de femmes qui veulent voir quand même ce qui se passe.

Auprès du pont, on a amené une canonnière destinée à le protéger.

Voici en quels termes le *Siècle* raconte l'invasion de la mairie du sixième arrondissement :

Ce matin, vers neuf heures, M. Hérisson, maire du sixième arrondissement, était à la mairie de la place Saint-Sulpice, lorsqu'un personnage se présenta pour lui intimer l'ordre de quitter la mairie. Au moment où ce personnage s'emparait du cachet du maire pour l'apposer sur une des feuilles de papier qu'il s'apprêtait à remplir, M. Hérisson l'arrêta et lui déclara qu'il ne lui reconnaissait aucun droit et qu'il ne se retirerait que devant la force.

— Qu'à cela ne tienne ! répondit le personnage.

Peu de temps après, M. Tony Moilin, — car c'était lui, — revint accompagné de gardes nationaux commandés par un officier. Les baïonnettes étaient au bout des fusils.

M. Colfavru, commandant du 85e bataillon, avait quitté depuis quelques minutes le maire, au moment où il venait de recevoir du comité des délégués de la garde nationale l'ordre de mettre sous les armes son bataillon. M. Colfavru était sorti en déclarant qu'il ne connaissait pas ce comité et ne pouvait obtempérer à un ordre émané d'inconnus.

Il n'y avait alors, dans le cabinet du maire, que deux de ses adjoints, MM. Massot et Delaby, M. Édouard Dupont, électeur du sixième arrondissement, et une ou deux autres personnes.

M. Tony Moilin, en capote de garde national, exhiba alors à M. Hérisson un ordre émané du comité des délégués.

M. Hérisson déclara qu'il ne reconnaissait ni l'authenticité d'un pareil titre ni l'autorité du prétendu comité ; il déclara qu'il protestait de toutes ses forces contre un pareil abus de pouvoir, et demanda à écrire, séance tenante, sa protestation. Il écrivit alors la déclaration suivante :

Paris, le 19 mars 1871.

« Au nom du suffrage universel, au nom du sixième arrondissement, dont je suis le maire républicain, je proteste avec énergie contre la violence qui m'est faite. Je ne cède qu'à la force et

Uniformes de fédérés. — Gardes nationaux. Garibaldiens. Marius.

laisse à ceux qui l'emploient la responsabilité de ce qui peut être la conséquence de leurs actes. »

Cette pièce fut signée, séance tenante, par le maire et par MM. Massot et Delaby, adjoints.

M. Édouard Dupont et un autre électeur du sixième sollicitèrent l'honneur de joindre leur signature, afin de s'associer à la protestation contre une violence dont ils avaient été les témoins.

Il se passa alors la scène suivante :

M. Hérisson à M. Tony Moilin : « J'exige, monsieur, que vous me donniez réception écrite de ma protestation. »

M. Tony Moilin, très-pâle et peu rassuré : « C'est inutile; je suis là pour l'affirmer. »

M. Édouard Dupont : « Permettez, monsieur, vous allez nous faire croire que vous avez peur d'accepter la responsabilité de vos actes. Nous signons bien, nous, à nos risques et périls. »

M. Hérisson : « J'exige que vous m'accusiez réception par écrit. »

Pendant que, toujours très-pâle et la main tremblante, M. Tony Moilin signe l'accusé de réception, M. Dupont s'est avancé vers les gardes nationaux qui gardent l'entrée :

« Vous vous associez là, messieurs, à une triste mission ; vous portez atteinte au suffrage universel en la personne de l'un de ses mandataires, qui, lui-même, est républicain : vous tuez la République. Comment se fait-il qu'un officier vous commande pour un pareil service ? »

L'officier : « Monsieur, la responsabilité ne nous regarde pas : un magistrat nous requiert, et nous venons. »

M. Dupont : « Quel magistrat ? L'homme qui vous a amenés n'a aucune qualité. Nous protestons contre vos violences. »

Les gardes nationaux s'écartent et laissent passer le maire, ses adjoints et les amis qui l'accompagnent.

Des groupes formés devant la mairie acclament M. Hérisson, qui les engage au calme, et se retire paisiblement au milieu des sympathies de la foule.

Enregistrons enfin, à titre de document historique, la relation publiée, le 25 mars, par un témoin oculaire, des odieux traitements exercés contre le général Chanzy et le général Langourian, comme lui au pouvoir des insurgés.

Le général de Langourian, actuellement détenu dans la prison de la Santé, avec le général Chanzy, commandait la 2ᵉ brigade de la 1ʳᵉ division du 25ᵉ corps. Cette brigade était venue à Bordeaux pour le service de l'Assemblée nationale, et avait reçu l'ordre de la suivre à Versailles. Après avoir présidé au départ, vers cinq heures du soir, du dernier convoi de sa brigade, il prit le train-poste de Paris pour arriver plus tôt et être à même, après l'avoir dépassée, de recevoir cette même brigade à Versailles. Les renseignements les plus officiels lui avaient présenté Paris comme agité à la surface, mais en réalité parfaitement calme. Des retards inexplicables ne lui permirent d'arriver aux fortifications de Paris que le dimanche 19, vers onze heures du matin. Tout à coup, le train s'arrête sur l'injonction d'un poste en uniforme français; ce sont des gardes nationaux qui veulent s'assurer que le train ne contient pas d'armes. Puis, apercevant un général en uniforme et quelques autres officiers inférieurs, un sergent donne l'ordre au général de Langourian de descendre, en lui disant qu'il a l'ordre de conduire au secteur les officiers supérieurs et les députés. Le général s'y refuse d'abord, en exhibant sa feuille de route pour Versailles et en attendant, en retour, la communication d'une consigne aussi étrange; mais il n'en existait pas d'écrite. Enfin, arrive l'officier chef du poste, qui exige immédiatement la sortie du train du général, en daignant lui apprendre que la veille le même sort avait atteint le général Chanzy.

Des gardes armés l'entourent et lui signifient que toute résistance est inutile, que Paris appartient à un nouveau gouvernement, que l'insurrection est victorieuse, etc.; qu'enfin, leur consigne est : *la nécessité insurrectionnelle.*

Déjà, sur un signe de l'officier, le train était reparti, emportant quelques députés qui avaient conseillé au général de ne pas résister, et, lui, était sur la voie se demandant s'il n'avait pas affaire à un poste de flibustiers déguisés sous l'uniforme de la garde nationale.

Accompagné de MM. de Vilaine, lieutenant, Miramon, capitaine, et un capitaine de lanciers, ils furent conduits entre les rangs d'une escorte armée, comme des brigands capturés; mais à la vue de la foule des curieux, puis des voyous que leur passage ameutait, ces messieurs reconnurent bientôt la nécessité de cette escorte armée. Au lieu du secteur, on les conduisit à la prison de la garde nationale, avenue d'Italie. Là, ils se trouvèrent en la compagnie du général Chanzy, qui y était, depuis la veille, avec M. Turquet, député. Mais avant de faire entrer le général de Langourian dans cette salle commune, un officier lui donna l'ordre de rendre son épée, en ajoutant :

— Citoyen, vous êtes mon prisonnier.

— Non, monsieur, lui répondit le général, il n'y a pas eu lutte entre nous; je ne suis pas votre vaincu, et je ne comprends pas encore comment nous nous trouvons adversaires.

— Rendez-moi votre épée, vous dis-je, reprit l'officier; il le faut; ne me poussez pas aux extrémités.

— Oh! je ne crains pas vos extrémités. Puisque vous êtes officier, vous devez savoir ce que veut dire rendre son épée. Je ne la rendrai jamais !

Un tiers aussi galonné et en même temps chef ou cambusier de la prison, d'un air de bienveillance, lui dit que le général Chanzy était sans armes, qu'il allait être jaloux; que d'ailleurs lui, général, devait se rappeler le bon conseil qu'il lui avait donné au chemin de fer de cacher son revolver. Mais l'officier le fait entourer de gardes et lui lance ce dernier mot :

— Votre épée définitivement et sans explication !

— Ne l'attendez pas de moi, répond le général sur le même ton; vous êtes la force; vous ne l'aurez que par la force; mais je ne vous la remettrai pas.

Aussitôt l'officier lui fait déboucler le ceinturon et décrocher son épée, qui lui est enlevée avec son revolver.

Enfin, il est remis avec le général Chanzy, et ils apprennent à l'heure même l'exécution sommaire des généraux Lecomte et Thomas.

Bientôt arrive l'ordre de les remettre aux mains d'un piquet de la garde nationale. Pour échapper aux insultes du matin, les prisonniers demandèrent à être conduits en voiture fermée; mais on ne leur donna qu'un cabriolet découvert, qu'il fallut bien accepter et où ils se placèrent à cinq, les uns sur les autres.

C'est en cet équipage, flanqués de deux haies de gardes nationaux, sous le commandement d'un capitaine, qu'on les mit en route vers le Comité central.

A peine avaient-ils fait quelques pas qu'une foule débraillée accourut, vociférant des outrages inénarrables, des cris : *A mort les traîtres !... pendez-les, les lâches !...* et le flot grossissait comme un torrent furieux. Des femmes glapissaient plus violemment encore sur la chaussée. Aux fenêtres, de rares bourgeois regardaient indifférents, comme dans une loge de théâtre. Mais l'assaut est donné. Un soldat veut assommer le cheval; on détèle la pauvre bête, et la voiture est envahie.

Dire tout ce qui a été fait et hurlé alors est impossible... « Traîtres !... vous nous avez vendus, après nous avoir fait manger de la paille !... Nous ne voulons plus manger de la paille !... A vous, à cette heure, de mordre la poussière !... Nous avons été bien doux à supporter la famine, mais aujourd'hui à ton tour: A mort!... à mort!... « Puis comme des loups enragés que leur nombre excite contre une proie, ils veulent les enlever. C'est à qui surpassera son voisin. On saisit les prisonniers par les bras, les jambes, les oreilles. Mais deux capitaines de la garde nationale les saisissent vigoureusement pour les retenir. A coups de poing ils les dégagent de l'étreinte par derrière. L'un d'eux leur crie : « Parlez au peuple!... »

Le général de Langourian essaye de se lever, mais il est bousculé et renversé.

Le général Chanzy s'était levé aussi et avait essayé quelques mots, mais il était retombé aussitôt entre les jambes de son collègue.

Un nouvel agresseur se jette par derrière sur le général de Langourian et lui arrache sa croix d'officier en lui criant : « C'est celle de Badinguet. »

D'autres leur enlèvent leurs képis, leur jettent de l'eau et de la boue à la figure, au cri de : « Vive la République !... »

Le général Chanzy répète : « Oui, vive la République ! Mais... »

On n'a pas entendu le reste.

« Moi, je refuse, s'écrie le général de Langourian. Oh ! cette République-là, non ! jamais ! »

Aussitôt un chasseur à pied le saisit par le bras, son bras blessé, en lui criant : « Tu vas me rendre compte de mes deux frères tués !... »

A lui et aux plus voisins le général répète : « Moi aussi, j'ai connu la famine à Metz. Si je n'ai pas été tué, ce n'est pas ma faute. Voyez mon bras droit... il a été cassé d'un éclat d'obus... »

Mais rien n'y fait. Si un agresseur est désarmé par le calme du général, un autre, dix autres furibonds le remplacent. Les habits des officiers et surtout des deux généraux sont déchirés et en lambeaux. On essaye de renverser la voiture, mais les rangs serrés autour les en empêchent. La foule en rage s'écrie : « A pied ! à pied ! les traîtres !... » les jeunes officiers sont enlevés et le général Chanzy, descendu, est entraîné et disparaît.

Le général Langourian, descendu le dernier, est entraîné d'un autre côté, malgré l'escorte de baïonnettes qui l'entoure, et dont les soldats cherchent eux-mêmes à se donner du large à coups de pied, de poing et de crosse de fusil. Des coups de pieds l'assaillent derrière et de tous côtés, des mains se pendent à sa barbe et lui arrachent les cheveux et les moustaches. Sa figure est tout ensanglantée. Les courroies de sa sacoche et de sa lorgnette résistèrent, et il en était littéralement étranglé.

— Fusillez-moi, leur criait-il, fusillez-moi tout de suite. Ne m'insultez plus ainsi. Ne me dégradez plus !...

— Oui ! oui ! à mort ! mais pendu !

— Eh bien ! en serez-vous plus avancés ? Ce sera un meurtre de plus et un Français de moins... Vous voyez bien que je n'ai pas peur !...

— Comment vous appelez-vous ?

— Langourian.

— A mort ! à mort !... ici, contre le premier mur !...

— Mais vous voyez bien qu'il y a méprise, criait un garde national ; ce n'est pas le général d'Aurelles de Paladines !

— A la Santé alors !... Oui, il sera jugé, s'il est coupable ; il ne nous échappera pas !...

A force de patience, le large se fit enfin sur cette voie. On leur fit hâter le pas et les grilles se fermèrent sur eux et sur leur escorte. Depuis lors, le général Chanzy et le général de Langourian sont à la prison de la Santé, ainsi que quelques officiers. On y est convenable pour eux, dit-on ; mais ils sont au secret et en otage.

C'est le matin du même jour qu'avait eu lieu l'arrestation du général Chanzy, opérée à la gare d'Orléans par la garde nationale insurgée, et dont on peut lire le récit véritablement révoltant dans le compte rendu de la séance du 20 avril de l'Assemblée de Versailles. Ce récit émane de la bouche de M. Turquet, député, qui fut un moment le compagnon de captivité du général.

M. TURQUET. — Je suis arrivé à Versailles depuis dix minutes à peine. J'avais été arrêté à mon arrivée à Paris, à la gare d'Orléans, samedi dernier ; voici dans quelles circonstances :

Le train arrivait, quand des hommes armés ordonnent au chef de train de stopper. J'occupais un wagon-salon avec ma famille, lorsque la porte du wagon est enfoncée. Des hommes me disent : « Où est le général Chanzy ? » Ils le cherchent en vain, puis suivent tous les wagons.

Le général Chanzy était en uniforme dans un compartiment de premières, à la queue du train.

« Au nom de la loi, dit un des gardes nationaux, nous vous arrêtons ! — Quelle loi ? demanda le général. — La loi du Comité central de la garde nationale. — Je cède devant la force, » reprend le général, en se laissant emmener.

Je cours après lui et je déclare que je veux le suivre. Sur notre passage, la foule criait : « A mort Ducrot ! à mort le traître ! — Ce n'est pas Ducrot ! m'écriai-je, c'est le général Chanzy. — Mais on me répondit par le cri : A mort le Prussien ! » J'avais malheureusement sur la tête une calotte d'officier bavarois.

Nous arrivons à la mairie du treizième arrondissement ; nous sommes reçus par M. Léo Meillet, maire, qui nous déclare qu'il répondait de nous sur sa tête. Nous nous étions déjà assis, lorsque intervint un nouveau personnage. « Citoyen général, dit le nouvel arrivant à Chanzy, au nom des lois de la guerre, je vous fais prisonnier. — Je suis à vos ordres, » répond le général Chanzy.

Je m'adressai alors au personnage, qui nous dit être le général Duval. « Je suis député de l'Aisne, lui dis-je, je tiens à être arrêté avec le général Chanzy. »

Nous fûmes alors conduits à la prison du neuvième secteur, et de là au domicile de M. Léo Meillet, qui nous installa dans un petit salon. La foule ne tarda pas à s'attrouper devant la porte. M. Léo Meillet déclara qu'on ne violerait pas son domicile ; mais cédant à la force, il dut accepter deux factionnaires pour garder la fenêtre. Ces concessions ne suffisaient point, on parlait de fusiller le général Chanzy. Alors M. Léo Meillet prit son pistolet, quelques lieutenants de la garde nationale, qui voulaient nous sauver, dégaînèrent. Mais Chanzy leur dit : « Si l'on veut ma vie, qu'on la prenne, il n'est point utile que vous exposiez la vôtre. » Et nous nous mîmes immédiatement à la disposition de la foule, qui nous porta à la prison.

Nous étions à peine arrivés et remis au geôlier, M. Léo Meillet obtint que Chanzy serait transféré avec un autre général à la Santé. Il monte en voiture. Mais des soldats de l'armée arrêtent la voiture, détèlent les chevaux et maltraitent le général. « Il faut le fusiller ! » crient quelques voix. M. Léo Meillet eut alors une de ces inspirations audacieuses qui sauvent les situations. « Eh bien ! s'écria-t-il, fusillez-le vous-mêmes ! »

La foule s'écarta et les généraux purent arriver à la Santé. Je ne voulais pas quitter le général Chanzy, mais je fus malgré moi mis en liberté. Tout cela se passait il n'y a pas trois heures.

Voici, d'autre part, les détails donnés par le journal *le Bien public* :

Nous recevons d'une source certaine des nouvelles du général Chanzy :

Le départ du général, du camp de Poitiers pour Paris, avait été signalé au Comité de la garde nationale. Saisi à la descente de wagon, comme les journaux l'ont raconté, il fut conduit non pas au Château-Rouge, mais à la barrière d'Italie.

Nous ne reviendrons pas sur ces tristes scènes.

Madame Thévenet, belle-sœur du général, parvint le soir même, à force d'instances, à pénétrer dans la maison où le général était détenu, et où se trouvaient déjà un autre général dont nous ignorons le nom, et plusieurs commissaires de police.

Après une nuit passée sans rien obtenir, madame Thévenet insista, réclama, en appela à un comité dont on s'obstinait à ne pas vouloir lui donner le nom. Enfin, de guerre lasse, un officier se transporta près du Comité, et revint peu après avec un ordre d'élargissement, signé : E. Duval, *généralissime des armées de terre et de mer du treizième arrondissement*.

Peu après, le général Chanzy, placé dans un cabriolet avec son compagnon de captivité, était dirigé sur la prison de la Santé. C'est alors qu'une multitude ameutée par des meneurs criant sans cesse : « Allons ! mes amis, à mort ! à mort ! » força le général à descendre de sa voiture.

En vain l'escorte essaye de le protéger ; on le frappait à coups de bâton, les femmes le tiraient, les enfants le poussaient, et probablement il ne serait pas parvenu vivant à la Santé si quelques gardes nationaux n'étaient intervenus.

Aujourd'hui, le général Chanzy a été transféré à Mazas, très-souffrant des mauvais traitements qu'il a subis.

On nous assure que la plupart de ceux qui se ruaient sur le général ignoraient même son nom. Il portait son habit militaire, c'était le principal grief.

LE GÉNÉRAL CHANZY

Au mois de novembre dernier, Mac-Mahon, prisonnier dans une ville de la Prusse rhénane, et encore retenu au lit par la blessure reçue à la bataille de Sedan, écrivit à la délégation de Tours une lettre confidentielle qu'un messager sûr et discret emporta, malgré la surveillance de la police prussienne. Cette lettre parvint à Tours peu de temps après la reprise d'Orléans par le général d'Aurelles de Paladines.

Le maréchal, tout en déplorant la situation cruelle qui l'empêchait de servir sa patrie, se faisait un devoir de signaler à l'attention du gouvernement, un jeune officier qui s'était fait remarquer en Afrique par son intelligence studieuse et par son caractère énergique. Cet officier qui, en ce moment, commandait une brigade sous les ordres du général d'Aurelles et qui, au besoin, affirmait le maréchal, saurait commander une armée, était M. Chanzy.

Après la malheureuse retraite du 2 décembre et l'évacuation d'Orléans, Gambetta retira le commandement en chef à M. d'Aurelles, et se rappelant fort à propos la recommandation de Mac-Mahon, le donna à M. Chanzy.

Et voilà comment il se fait qu'en dépit des vieilles règles de l'avancement, un simple général de brigade fut fait d'emblée généralissime d'une armée de cent mille hommes.

Le général Chanzy (Antoine-Eugène-Alfred), qui commanda si vaillamment une de nos armées de la Loire, est né en 1823 à Nouart, un assez gros village, presque un bourg, situé dans le département des Ardennes, à la limite du département de la Meuse.

Le père du général Chanzy, ancien militaire des guerres de la République et de l'Empire, était percepteur à Nouart. Une personne qui eut l'occasion de voir Chanzy, lorsqu'il était encore jeune garçon de treize à quatorze ans, nous disait que, dès cette époque, il montrait un caractère très-résolu, et annonçait une intelligence remarquable et surtout très-nette ; cette appréciation est, on le voit, d'accord avec les renseignements que la lettre donne sur le général.

Chanzy, après avoir fait de sérieuses études, entra à l'école Saint Cyr, d'où il sortit, en 1843, avec des notes excellentes, qui le classèrent au nombre des élèves désignés pour l'école d'état-major.

Un des anciens condisciples de Chanzy, à Saint-Cyr, exprime, dans une notice biographique que publie la *France*, l'opinion suivante sur le général : « A l'école, il était un modèle de tenue et de discipline. Travailleur opiniâtre, il dirigeait fort bien sa section à l'exercice ; tout, dans son attitude, sa patience à toute épreuve, son caractère froid et réservé, dénotait une nature énergique et une grande force de volonté. »

Le général Chanzy a passé, ainsi, du reste, que la plupart de nos officiers, la plus grande partie de son existence militaire en Afrique.

Uniformes de fédérés. — Cavalerie.

Dans une période de vingt-sept ans, il n'a quitté l'Afrique que pour faire l'expédition de Syrie en 1860 et prendre le commandement d'un régiment à Rome. Il se trouvait dans cette ville quand éclata la dernière grande insurrection arabe de 1864. Immédiatement, le ministre de la guerre donna l'ordre d'embarquer, non tel régiment, mais celui du colonel Chanzy, dont la capacité et l'énergie lui inspiraient toute confiance.

Le général Chanzy est de haute taille; sa physionomie est ouverte, avenante, et, à première vue, inspire une sympathie profonde qui augmente de jour en jour quand les rapports deviennent plus fréquents. Son regard a une singulière vivacité et un éclat extraordinaire qui brille dans les grandes circonstances.

La bouche est fine, ombragée d'une longue et soyeuse moustache blonde, comme les cheveux et les cils. L'ordre qu'elle donne, dans les temps réguliers, n'a rien d'impérieux et de violent. Mais on sent néanmoins qu'il faut obéir sans réplique à un je ne sais quoi qui ressort de l'intelligence et du discernement avec lesquels les ordres sont donnés, surtout quand, à cela, s'ajoute un renom d'énergie indomptable. Pour lui, comme pour quiconque a été placé sous son commandement, le général Chanzy n'a jamais eu qu'une devise, et il se l'était donnée sur les bancs de l'école : « Bien servir. »

On sait la part glorieuse que prit Chanzy à cette néfaste campagne de 1871, où il fut le seul général qui se montra digne de combattre le meilleur capitaine de l'armée prussienne. C'est pourtant ce héros, ce rude et digne défenseur de la France que des Français, plus infâmes cent fois que les Prussiens, ont eu l'ignominie d'accabler d'outrages et de vouer à une mort dont il ne fut sauvé que par miracle.

Plaçons ici, à propos de l'arrestation du général Chanzy, ce passage d'une correspondance adressée le 11 avril au journal anglais *le Times* :

« Le général Chanzy, dont je fis la connaissance au Mont-Liban, après le massacre des chrétiens en 1860-1861, jouit également d'une excellente santé. Il m'apprend que pendant sa captivité parmi les « troupes » dans Paris, il fut emmené deux fois par une escouade et placé contre un mur pour être fusillé. Jusqu'au dernier moment, les charmants messieurs de l'Hôtel de ville affirmaient que le général n'était autre que le duc de Chartres, et qu'il était du devoir des vrais républicains de le fusiller incontinent. »

Ces messieurs de l'Hôtel de ville n'étaient pas si loin de la vérité qu'ils le croyaient peut-être eux-mêmes. Qu'on en juge par cette révélation contenue dans une lettre anonyme adressée plus tard au journal *le Soir* :

« Avec le général Chanzy, on arrêta un jeune homme qu'il déclara être son aide de camp. Or, d'après mon correspondant, ce jeune homme n'était autre que M. Robert Lefort, officier attaché, en effet, pendant la campagne de la Loire, à l'armée de Chanzy, et qui s'appelle de son vrai nom, comme on sait : duc de Chartres. On peut croire que le général était bien plus inquiet pour son aide de camp que pour lui-même ; ce qui explique l'insistance qu'avant de savoir quel serait son propre sort, il déploya pour faire mettre ce dernier en liberté. Mais, ce qu'il y a de plus curieux, c'est que dans le wagon où ces messieurs furent arrêtés se trouvait une cinquième personne : le prince de Joinville, qui ne fut pas inquiété ; aucun des gardes nationaux ne reconnut les princes. Mais, on comprend aisément que sauvés, lui et ses compagnons, par Léo Meillet, le général Chanzy ait mis tout le zèle possible à lui témoigner sa reconnaissance. La Commune, si elle avait connu ces détails, ne se serait pas consolée d'avoir perdu l'occasion d'imiter Napoléon Ier, et de nous donner une édition nouvelle du crime de Vincennes. Raoul Rigault n'eût pas hésité à faire fusiller Léo Meillet. »

M. EDMOND TURQUET

Les journaux, en annonçant que, avec le général Chanzy, avait été arrêté M. Edmond Turquet, ajoutèrent, pour ce dernier, à la qualification de représentant de l'Aisne, celle d'ancien procureur impérial. M. Turquet était effectivement, il y a moins de quatre ans, procureur impérial auprès du tribunal de Vervins, et voici, sur la manière dont il cessa de l'être, quelques détails qui ne seront peut-être pas sans intérêt, tant ils sont exceptionnels.

Par sa capacité et aussi par son dévouement, qui faisait qu'indépendamment des soins extrêmes qu'il apportait aux devoirs de sa charge, il consacrait chaque jour plusieurs heures à l'instruction et à la moralisation des détenus, Edmond Turquet n'avait pas tardé, quoiqu'il fût le plus jeune de tous les procureurs impériaux, à se trouver entouré d'une considération, et à avoir sur les esprits une autorité que le gouvernement songea naturellement à utiliser pour l'objet de sa grande préoccupation : les élections. Il ne se doutait pas qu'il allait se trouver en présence d'une conscience trop droite our n'être pas révoltée par la pensée de manœuvres calculées dans le but de fausser le suffrage universel. En effet, à la première ouverture qui lui fut faite dans ce sens, Edmond Turquet répondit en envoyant sa démission, et il vint à Paris s'inscrire au tableau des avocats.

Lorsque les Prussiens s'approchèrent, il comprit que le moment était venu de prendre en sens inverse l'ancienne maxime : *cedant arma togæ*, et il s'enrôla dans les francs-tireurs de la Seine, où il se distingua en toute occasion par son courage et son sang-froid ; à l'affaire de la Malmaison, il fut atteint de trois balles, dont une lui fit une blessure d'une extrême gravité.

Dès qu'il se trouva en état, non pas de reprendre son service comme franc-tireur, mais de se tenir à cheval, il se présenta de nouveau, et on lui fit accepter le poste de capitaine d'état-major de la garde nationale.

Les élections étant venues bientôt après, le département de l'Aisne, où sa courte magistrature avait laissé de si honorables souvenirs, le choisit pour être un de ses représentants. Quant aux détails de son arrestation et de sa détention, il les a lui-même donnés à la tribune dans la séance du 20. Nous les avons reproduits plus haut.

PREMIÈRE SÉANCE DU COMITÉ CENTRAL
de l'Hôtel de ville.

Le *Paris-Journal* a pu se procurer le procès-verbal de la première séance, tenue dimanche à l'Hôtel de ville, par le Comité central. Le voici :

Séance du 19.

PRÉSIDENCE DU CITOYEN ASSI
(de l'Internationale).

Un membre ouvre la séance par un projet de décret sur les loyers.

Le citoyen Ferrat pense que ce projet de loi est au moins inopportun.

La discussion s'engage, et après quelques explications données par le citoyen Ferrat, le projet de loi est retiré.

Le citoyen président du conseil prend la parole :
— Citoyens, il est de toute utilité de faire cesser l'état anormal où Paris est plongé par l'état de siège prolongé indéfiniment.

Nous sommes ici au nom de la liberté ; c'est à nous de la faire large et entière.

A tous ceux qui nous accusent de vouloir abuser du pouvoir, il faut donner un exemple éclatant de modération et de justice.

L'état de siège n'est, même quand l'ennemi est aux portes d'une ville, qu'un moyen de domination despotique.

C'est au Comité central à mettre de côté les armes du despotisme militaire.

Citoyens délégués, je vais mettre aux voix, par assis et levé, la levée de l'état de siège de Paris.

La levée de l'état de siège est votée à l'unanimité. Un groupe de délégués des différents bataillons de Belleville et Montmartre est introduit. Ces citoyens viennent demander que l'on distribue des armes à tous ceux qui en manquent.

Le citoyen Gouhier appuie la proposition. Le Comité désigne alors la salle de la Marseillaise comme lieu de la distribution d'armes.

Un membre du Comité déclare que, rue de Grenelle, les citoyens pourront se procurer des armes.

Les citoyens Arnaud, Billioray, Fortuné et Fabre, émettent l'avis de décréter une amnistie pour les crimes et délits politiques. Après quelques paroles du citoyen Assi, le décret est voté à l'unanimité.

La séance est suspendue pour une heure. Pendant ce temps, le Comité reçoit les rapports et les communications des délégués des divers bataillons.

La séance est reprise à quatre heures. La question des loyers, agitée de nouveau et soutenue par divers délégués, est écartée comme inopportune.

Le citoyen Boursier annonce que dans toute la ville la mort des généraux Lecomte et Thomas est appréciée de façons très-diverses.

Le citoyen Assi propose de décliner dans une proclamation la responsabilité du fait, mais d'en accepter les conséquences.

Le citoyen Géresme est chargé de rédiger ce document.

Le président propose alors d'abolir les conseils de guerre de l'armée active et de soumettre les soldats au droit commun :

Des raisons importantes, citoyens, militent en faveur de cette proposition. — Les conseils de guerre sont et ne peuvent être autre chose que des tribunaux d'exception. — Devant eux, l'on est condamné d'avance, la justice en est illusoire. — Devant les faits qui viennent de s'accomplir, il est de notre devoir d'émanciper l'armée. C'est à sa solidarité avec la garde nationale que nous devons la victoire de la liberté.

Je viens donc vous proposer un décret ainsi conçu : « Les conseils de guerre de l'armée permanente sont abolis. »

Le citoyen Dupont appuie la motion du préopinant : Il est de notre devoir, de notre dignité de soustraire les soldats aux rigueurs de la loi militaire. Cette loi est une menace perpétuelle pour tous les soldats qui nous ont aidés si généreusement à fonder la liberté ; nous devons donc les y soustraire par tous les moyens possibles.

Le décret est voté à l'unanimité.

Le citoyen Géresme est prié de donner communication à l'assemblée de la proclamation qu'il a rédigée.

La proclamation est adoptée à l'unanimité.

Le président soumet à l'assemblée quelques propositions ayant pour but de régler l'administration de la ville.

Ces mesures sont : la nomination d'employés à la surveillance des rues ; la nomination aux divers emplois des ministères vacants.

Ces résolutions sont adoptées.

Le Comité s'ajourne au lendemain et la séance est levée au cri de : « Vive la République ! »

LES FAITS DIVERS

L'insurrection s'est emparée du *Journal officiel*, de l'imprimerie nationale, de la direction des télégraphes et du ministère des finances.

Un certain Combot, Combes ou Combats, a été nommé directeur général des télégraphes.

La préfecture de police a été envahie et pillée. Les patriotes qui ont accompli cet exploit s'en retournaient vers une heure, emportant chassepots, épées de sergents de ville, capotes et pantalons de ces sergents.

Mais avant de s'en retourner, ils avaient eu la prudente précaution de brûler tous les dossiers contenant les signalements et les actes de service des repris de justice et autres coquins en si grand nombre à Paris.

Sans parler des généraux Clément Thomas et Lecomte, onze anciens sergents de ville, huit gendarmes, deux soldats ont été fusillés sans l'ombre de jugement.

Le premier moment d'effervescence populaire passé, le Comité s'empressa de se constituer en conseil de guerre. Les sentences de mort furent assez nombreuses, mais c'était plus pour effrayer la réaction que pour faire couler le sang. Trois furent exécutées.

Indépendamment de ce tribunal, la justice populaire suivait son cours. A Ménilmontant trois civils furent fusillés sur l'effet produit par leur mise sur une patrouille de gardes nationaux ivres.

Le palais de justice compte deux victimes.

La Seine a servi de tombeau à deux sergents de ville et à un agent des mœurs.

(*Paris-Journal.*)

La journée du lundi 20 mars.

Nous reproduisons ci-après *in extenso* la partie officielle et non officielle du *Journal officiel* du Comité central, ayant trait aux événements du moment. Ce sont des documents qu'il faut lire en leur entier et conserver précieusement, car la collection de cette feuille deviendra, certainement, un jour, très-rare et peut-être introuvable.

PARTIE OFFICIELLE.

Paris, le 19 mars 1871.

FÉDÉRATION RÉPUBLICAINE DE LA GARDE NATIONALE
ORGANE DU COMITÉ CENTRAL.

Si le Comité central de la garde nationale était un gouvernement, il pourrait, pour la dignité de ses électeurs, dédaigner de se justifier. Mais comme sa première affirmation a été de déclarer « qu'il ne prétendait pas prendre la place de ceux que le souffle populaire avait renversés », tenant à simple honnêteté de rester exactement dans la limite expresse du mandat qui lui a été confié, il demeure un composé de personnalités qui ont le droit de se défendre.

Enfant de la République qui écrit sur sa devise le grand mot de : Fraternité, il pardonne à ses détracteurs ; mais il veut persuader les honnêtes gens qui ont accepté la calomnie par ignorance.

Il n'a pas été occulte : ses membres ont mis leurs noms à toutes ses affiches. Si ces noms étaient obscurs, ils n'ont pas fui la responsabilité, — et elle était grande.

Il n'a pas été inconnu, car il était issu de la libre expression des suffrages de deux cent quinze bataillons de la garde nationale.

Il n'a pas été fauteur de désordres, car la garde nationale, qui lui a fait l'honneur d'accepter sa direction, n'a commis ni excès ni représailles, et s'est montrée imposante et forte par la sagesse et la modération de sa conduite.

Et pourtant, les provocations n'ont pas manqué ; et pourtant le gouvernement n'a cessé, par les moyens les plus honteux, de tenter l'essai du plus épouvantable des crimes : la guerre civile.

Il a calomnié Paris et a ameuté contre lui la province.

Il a amené contre nous nos frères de l'armée qu'il a fait mourir de froid sur nos places, tandis que leurs foyers les attendaient.

Il a voulu vous imposer un général en chef.

Il a, par des tentatives nocturnes, tenté de nous désarmer de nos canons, après avoir été empêché par nous de les livrer aux Prussiens.

Il a enfin, avec le concours de ses complices effarés de Bordeaux, dit à Paris : « Tu viens de te montrer héroïque ; or, nous avons peur de toi, donc nous t'arrachons ta couronne de capitale. »

Qu'a fait le Comité central pour répondre à ces attaques ? Il a fondé la Fédération ; il a prêché la modération, — disons le mot, — la générosité : au moment où l'attaque armée commençait, il disait à tous : « Jamais d'agression, et ne ripostez qu'à la dernière extrémité ! »

Il a appelé à lui toutes les intelligences, toutes les capacités ; il a demandé le concours du corps d'officiers ; il a ouvert sa porte chaque fois que l'on y frappait au nom de la République.

De quel côté étaient donc le droit et la justice ? De quel côté était la mauvaise foi ?

Cette histoire est trop courte et trop près de nous, pour que chacun ne l'ait pas à la mémoire. Si nous l'écrivons à la veille du jour où nous allons nous retirer, c'est, nous le répétons, pour les honnêtes gens qui ont accepté légèrement ces calomnies dignes seulement de ceux qui les avaient lancées.

Un des plus grands sujets de colère de ces derniers contre nous est l'obscurité de nos noms. Hélas ! bien des noms étaient connus, et cette notoriété nous a été bien fatale !...

Voulez-vous connaître un des derniers moyens qu'ils ont employés contre nous ? Ils refusent du pain aux troupes qui ont mieux aimé se laisser désarmer que de tirer sur le peuple. Et ils nous appellent assassins, eux qui punissent le refus d'assassinat par la faim !

D'abord, nous le disons avec indignation : la boue sanglante dont on essaye de flétrir notre honneur est une ignoble infamie. Jamais un arrêt d'exécution n'a été signé par nous ; jamais la garde nationale n'a pris part à l'exécution d'un crime.

Quel intérêt y aurait-elle ? Quel intérêt y aurions-nous ?

C'est aussi absurde qu'infâme.

Au surplus, il est presque honteux de nous défendre. Notre conduite montre, en définitive, ce que nous sommes. Avons-nous brigué des traitements ou des honneurs ? Si nous sommes inconnus, ayant pu obtenir, comme nous l'avons fait, la confiance de 215 bataillons, n'est-ce pas parce que nous avons dédaigné de nous faire une propagande ? La notoriété s'obtient à bon marché : quelques phrases creuses ou un peu de lâcheté suffit ; un passé tout récent l'a prouvé.

Nous, chargés d'un mandat qui faisait peser sur nos têtes une terrible responsabilité, nous l'avons accompli sans hésitation, sans peur, et dès que nous voici arrivés au but, nous disons au peuple, qui nous a assez estimés pour écouter nos avis, qui ont souvent froissé son impatience « Voici le mandat que tu nous as confié : là où notre intérêt personnel commencerait, notre devoir finit : fais ta volonté. Mon maître, tu t'es fait libre. Obscurs il y a quelques jours, nous allons rentrer obscurs dans les rangs, et montrer aux gouvernants que l'on peut descendre, la tête haute, les marches de ton Hôtel de ville, avec la certitude de trouver au bas l'étreinte de ta loyale et robuste main. »

Les membres du Comité central :

ASSI, BILLIORAY, FERRAT, BABICK, ÉDOUARD MOREAU, C. DUPONT, VARLIN, BOURSIER, MORTIER, GOUHIER, LAVALETTE, FR. JOURDE, ROUSSEAU, CH. LULLIER, BLANCHET, J. GROLLARD, BARROUD, H. GÉRESME, FABRE, POUGERET.

AU PEUPLE

Citoyens,

Le peuple de Paris a secoué le joug qu'on essayait de lui imposer.

Calme, impassible dans sa force, il a attendu sans crainte comme sans provocation, les fous éhontés qui voulaient toucher à la République.

Cette fois, nos frères de l'armée n'ont pas voulu porter la main sur l'arche sainte de nos libertés. Merci à tous, et que Paris et la France jettent ensemble les bases d'une République acclamée avec toutes ses conséquences : le seul gouvernement qui fermera pour toujours l'ère des invasions et des guerres civiles.

L'état de siège est levé.

Le peuple de Paris est convoqué dans ses sections pour faire ses élections communales.

La sûreté de tous les citoyens est assurée par le concours de la garde nationale.

Hôtel de ville, Paris, le 19 mars 1871.

Le Comité central de la garde nationale :

ASSI, BILLIORAY, FERRAT, BABICK, ÉDOUARD MOREAU, C. DUPONT, VARLIN, BOURSIER, MORTIER, GOUHIER, LAVALETTE, FR. JOURDE, ROUSSEAU, CH. LULLIER, BLANCHET, J. GROLLARD, BARROUD, H. GÉRESME, FABRE, POUGERET.

Un délégué et son cortège, passant sur le boulevard des Italiens.

Le Comité central de la garde nationale,

Considérant :

Qu'il y a urgence de constituer immédiatement l'administration de la ville de Paris,

ARRÊTE :

1° Les élections du conseil communal de la ville de Paris auront lieu mercredi prochain, 22 mars.

2° Le vote se fera au scrutin de liste et par arrondissement.

Chaque arrondissement nommera un conseiller par chaque vingt mille habitants ou fraction excédante de plus de dix mille.

3° Le scrutin sera ouvert de 8 heures du matin à 6 heures du soir. Le dépouillement aura lieu immédiatement.

4° Les municipalités des vingt arrondissements sont chargées, chacune en ce qui la concerne, de l'exécution du présent arrêté.

Un avis ultérieur indiquera le nombre de conseillers à élire par arrondissement.

Le Comité central de la garde nationale :

ASSI, BILLIORAY, FERRAT, BABICK, EDOUARD MOREAU, C. DUPONT, VARLIN, BOURSIER, MORTIER, GOUHIER, LAVALETTE, FR. JOURDE, ROUSSEAU, CH. LULLIER, BLANCHET, J. GROLLARD, BARROUD, H. GÉRESME, FABRE, POUGERET, BOUIT, VIARD, ANT. ARNAUD.

Citoyens de Paris,

Dans trois jours vous serez appelés, en toute liberté, à nommer la municipalité parisienne. Alors, ceux qui, par nécessité urgente, occupent le pouvoir, déposeront leurs titres provisoires entre les mains des élus du peuple.

Il y a en outre une décision importante que nous devons prendre immédiatement : c'est celle relative au traité de paix.

Nous déclarons, dès à présent, être fermement décidés à faire respecter ces préliminaires, afin d'arriver à sauvegarder à la fois le salut de la France républicaine et de la paix générale.

Le délégué du gouvernement au ministère de l'Intérieur,

V. GRÉLIER.

AUX GARDES NATIONAUX DE PARIS

Citoyens,

Vous nous aviez chargés d'organiser la défense de Paris et de vos droits.

Nous sommes convaincus d'avoir rempli cette mission. Aidés par votre généreux courage et votre admirable sang-froid, nous avons chassé le gouvernement qui nous trahissait.

A ce moment, notre mandat est expiré et nous vous le rapportons, car nous ne prétendons pas prendre la place de ceux que le souffle populaire vient de renverser.

Préparez-vous et faites de suite vos élections communales, et donnez-nous pour récompense, la seule que nous ayons espérée : celle de vous voir établir la seule République.

En attendant, nous conservons, au nom du Peuple, l'Hôtel de ville.

Hôtel de ville de Paris, le 19 mars 1871.

Le Comité central de la garde nationale :

ASSI, BILLIORAY, FERRAT, BABICK, EDOUARD MOREAU, C. DUPONT, VARLIN, BOURSIER, MORTIER, GOUHIER, LAVALETTE, FR. JOURDE, ROUSSEAU, CH. LULLIER, BLANCHET, J. GROLLARD, BARROUD, H. GÉRESME, FABRE, POUGERET.

COMITÉ CENTRAL DE LA GARDE NATIONALE.

Les habitants limitrophes des grandes voies de communication servant au transport des vivres pour l'alimentation de Paris sont invités à disposer leurs barricades de manière à laisser la libre circulation des voitures.

Paris, 19 mars 1871.

Pour le Comité central :

CASTIONI, G. ARNOLD, A. BOUIT.

PARTIE NON OFFICIELLE.

Paris, le 19 mars 1871.

AUX DÉPARTEMENTS

Le peuple de Paris, après avoir donné, depuis le 4 septembre, une preuve incontestable et éclatante de son patriotisme et de son dévouement à la République ; après avoir supporté avec une résignation et un courage au-dessus de tout éloge les souffrances et les luttes d'un siège long et pénible, vient de se montrer de nouveau à la hauteur des circonstances présentes et des efforts indispensables que la patrie était en droit d'attendre de lui.

Par son attitude calme, imposante et forte, par son esprit d'ordre républicain, il a su rallier l'immense majorité de la garde nationale, s'attirer les sympathies et le concours actif de l'armée, maintenir la tranquillité publique, éviter l'effusion du sang, réorganiser les services publics, respecter les conventions internationales et les préliminaires de paix.

Il espère que toute la presse reconnaîtra et constatera son esprit d'ordre républicain, son courage et son dévouement, et que les calomnies ridicules et odieuses répandues depuis quelques jours en province cesseront.

Les départements, éclairés et désabusés, rendront justice au peuple de la capitale, et ils comprendront que l'union de toute la nation est indispensable au salut commun.

Les grandes villes ont prouvé, lors des élections de 1860 et du plébiscite, qu'elles étaient animées du même esprit républicain que Paris, les nouvelles autorités républicaines espèrent donc qu'elles lui apporteront leur concours sérieux et énergique dans les circonstances présentes et qu'elles les aideront à mener à bien l'œuvre de régénération et de salut qu'elles ont entreprise au milieu des plus grands périls.

Les campagnes seront jalouses d'imiter les villes, la France tout entière, après les désastres qu'elle vient d'éprouver n'aura qu'un but : assurer le salut commun.

C'est là une grande tâche, digne du peuple tout entier, et il n'y faillira pas.

La province, en s'unissant à la capitale, prouvera à l'Europe et au monde que la France tout entière veut éviter toute division intestine, toute effusion de sang.

Les pouvoirs actuels sont essentiellement provisoires, et ils seront remplacés par un conseil communal qui sera élu mercredi prochain, 22 courant.

Que la province se hâte donc d'imiter l'exemple de la capitale en s'organisant d'une façon républicaine, et qu'elle se mette au plus tôt en rapport avec elle au moyen de délégués.

Le même esprit de concorde, d'union, d'amour républicain, nous inspirera tous. N'ayons qu'un espoir, qu'un but : le salut de la Patrie et le triomphe définitif de la République démocratique, une et indivisible.

Les délégués au Journal officiel.

A LA PRESSE

Les autorités républicaines de la capitale veulent faire respecter la liberté de la presse, ainsi que toutes les autres ; elles espèrent que tous les journaux comprendront que le premier de leurs devoirs est le respect dû à la République, à la vérité, à la justice et au droit, qui sont placés sous la sauvegarde de tous.

Le *Journal officiel de la République française* donne le démenti le plus formel aux bruits alarmants et aux calomnies répandus à dessein, par une certaine presse depuis trois jours. Il met la capitale et la province en garde contre ces manœuvres coupables, qui doivent cesser sous la République et qui deviendraient bientôt un véritable danger.

L'état de siége est levé dans le département de la Seine.

Les conseils de guerre de l'armée permanente sont abolis.

Amnistie pleine et entière est accordée pour tous les crimes et délits politiques.

Il est enjoint à tous les directeurs de prison de mettre immédiatement en liberté tous les détenus politiques.

Le nouveau gouvernement de la République vient de prendre possession de tous les ministères et de toutes les administrations.

Cette occupation, opérée par la garde nationale, impose de grands devoirs aux citoyens qui ont accepté cette tâche difficile.

L'armée, comprenant enfin la position qui lui était faite et les devoirs qui lui incombaient, a fusionné avec les habitants de la cité : troupes de ligne, mobiles et marins se sont unis pour l'œuvre commune.

Sachons donc profiter de cette union pour resserrer nos rangs, et, une fois pour toutes, asseoir la République sur des bases sérieuses et impérissables !

Que la garde nationale, unie à la ligne et à la mobile, continue son service avec courage et dévouement ;

Que les bataillons de marche, dont les cadres sont encore presque au complet, occupent les forts et toutes les positions avancées afin d'assurer la défense de la capitale ;

Les municipalités des arrondissements, animées du même zèle, du même patriotisme que la garde nationale et l'armée, se sont unies à elles pour assurer le salut de la République et préparer les élections du conseil communal qui vont avoir lieu.

Point de division ! Unité parfaite et liberté pleine et entière !

Citoyens,

La journée du 18 mars, que l'on cherche par raison et intérêt à travestir d'une manière odieuse, sera appelée dans l'histoire : la journée de la justice du peuple !

Le gouvernement déchu, — toujours maladroit, — a voulu provoquer un conflit sans s'être rendu compte ni de son impopularité, ni de la confraternité des différentes armes. — L'armée entière, commandée pour être fratricide, a répondu à cet ordre par le cri de : « Vive la République ! Vive la garde nationale ! »

Seuls, deux hommes qui s'étaient rendus impopulaires par des actes que nous qualifions dès aujourd'hui d'iniques, ont été frappés dans un moment d'indignation populaire.

Le comité de la Fédération de la garde nationale, pour rendre hommage à la vérité, déclare qu'il est étranger à ces deux exécutions.

Aujourd'hui, les ministères sont constitués ; la préfecture de police fonctionne, les administrations reprennent leur activité, et nous invitons tous les citoyens à maintenir le calme et l'ordre le plus parfait.

Citoyens,

Vous avez vu à l'œuvre la garde nationale ; l'union, établie au milieu de tant de difficultés par le comité de la Fédération de la garde nationale, a montré ce que nous aurions pu faire et ce que nous ferons dans l'avenir.

Une réunion des maires et adjoints et députés de Paris, provoquée par le citoyen Tolain, a eu lieu à la mairie du deuxième arrondissement.

La gravité des événements donnait à cette réunion une importance extraordinaire. Après une discussion, une délégation fut envoyée à M. Picard pour s'entendre avec lui sur les modifications à apporter dans le système gouvernemental.

Plusieurs propositions ont été faites, mais sans résultat, M. Picard ne pouvant, a-t-il dit, prendre aucune décision sans l'assentiment de ses collègues.

La délégation se rendit ensuite chez le général d'Aurelles de Paladines, qui déclara ne pouvoir apporter de remède à la situation, que, du reste, il n'avait pas créée.

Le général ajouta que le sort de la France était entre les mains des municipalités, et qu'il abandonnait toute initiative.

C'est à la suite de cet incident que le Comité central de la garde nationale a pourvu aux besoins impérieux de la situation en organisant les services publics.

DÉCLARATION DE LA PRESSE

Ce matin, la plupart des journaux de Paris publient en tête de leurs colonnes la déclaration suivante :

Attendu que la convocation des électeurs est un acte de souveraineté nationale ;

Que l'exercice de cette souveraineté n'appartient qu'au pouvoir émané du suffrage universel ; que, par suite, le Comité qui s'est installé à l'Hôtel de ville n'a ni droit ni qualité pour faire cette convocation ;

Les représentants des journaux soussignés considèrent la convocation affichée pour le 22 courant comme nulle et non avenue et engagent les électeurs à n'en pas tenir compte,

Le Journal des Débats. — Le Constitutionnel. — Le Siècle. — L'Électeur libre. — Paris-Journal. — La Vérité. — Le Figaro. — Le Gaulois. — Le Petit Journal. — La Petite Presse. — Le Petit Moniteur. — Le Petit National. — Le Temps. — La Presse. — La Liberté. — Le Pays. — Le National. — L'Univers. — L'Opinion nationale. — La France. — La Cloche. — La Patrie. — Le Français. — Le Bien public. — L'Union. — Le Journal des Villes et Campagnes. — Le Journal de Paris. — Le Moniteur universel. — La France nouvelle. — La Gazette de France. — Le Monde.

Le *Gaulois*, frappé comme le *Figaro* par les décrets émanants du Comité de l'émeute, adresse la protestation suivante à son confrère *Paris-Journal* :

Lorsque le gouvernement de M. Thiers, gouvernement régulier cependant et nommé par l'Assemblée nationale, a supprimé six journaux d'opinion radicale, nous avons protesté hautement contre une mesure que nous considérions comme une attaque grave à la liberté de la pensée.

Aujourd'hui, Paris est la proie d'une insurrection que toute la France réprouve et dont les chefs ont présidé la soi-disant commission qui a laissé fusiller les généraux Clément Thomas et Lecomte.

Sommes-nous libres, — sous le régime criminel qui est à la tête de Paris, — de dire hautement notre indignation ?

A coup sûr, non !

Nous interrompons donc notre publication jusqu'au jour où la presse à Paris aura recouvré la dignité et la liberté de ses actes.

La rédaction du GAULOIS.

PLACE DE L'HOTEL-DE-VILLE

Six heures du matin

La place de l'Hôtel-de-Ville se réveille, un brouillard épais enveloppe le monument, la lueur des becs de gaz perce avec peine cette obscurité cotonneuse. — Les sentinelles se promènent farouches et inabordables.

Les cantinières débraillées et mal peignées se chauffent aux feux du bivouac en débitant leur trois-six. — Les gardes transis et à peine réveillés ne causent qu'à voix basse. — Pas un cri, pas une chanson.

De temps à autre une lueur plus vive jaillissant par instant des foyers éclaire d'une façon fantastique les pignons pointus du monument. Parfois la lueur devient assez forte pour éclairer le pavillon rouge, qui paraît noir. A entendre le sourd murmure de la foule qui grouille, en apercevant les hommes débraillés, couchés pêle-mêle devant les feux, on croit assister à quelque scène fantastique.

Sept heures

Le soleil dissipe le brouillard. Il est salué des cris de : « Vive la République ! »

Les gardes nationaux font leur toilette, les cantinières rajustent tranquillement, aussi tranquillement que si elles étaient chez elles, leur uniforme fripé.

Une entre autres se livre à de copieuses et passablement cyniques ablutions dans une gamelle de campement. — Un clairon verse l'eau avec un bidon au fur et à mesure des convenances de la dame.

Le citoyen Tolain entre à l'Hôtel de ville. Il est salué de vives acclamations.

On annonce à haute voix, de la grille, que le Comité entre en séance. (Applaudissements frénétiques.)

On demande la solde et les vivres : les vivres arrivent, mais la solde est en retard. De nombreuses réclamations se font entendre. Toutefois, l'ordre n'est pas troublé, et l'on paraît décidé à attendre midi.

UNIFORMES DE FÉDÉRÉS. — Estafette.

UNIFORMES DE FÉDÉRÉS. — Cantinières.

L'ÉCOLE MILITAIRE

Huit heures du matin

Du côté de l'École militaire, de nombreux soldats en état de vagabondage, ne sachant où aller, demandent aux passants où ils pourraient bien retrouver leurs bataillons.

Beaucoup de ces malheureux ont passé la nuit dans les postes de la garde nationale.

PLACE DE LA CONCORDE

Neuf heures

Une bande de gardes nationaux armés de fusils chassepot passe sur la place de la Concorde, en criant : « A Versailles ! »

Au milieu de la place, une autre troupe d'environ six cents hommes rejoint la première.

Le groupe d'environ mille hommes remonte les Champs-Élysées, se dirigeant vers la porte Maillot.

Aux Champs-Élysées, quelques faisceaux sont formés en face du palais de l'Industrie.

Au palais de l'Industrie, quelques lignards sont mêlés aux gardes nationaux.

MONTMARTRE

Dix heures

Calme complet. Les pièces des batteries et des barricades, astiquées soigneusement, brillent au soleil et allongent vers Paris leurs bouches menaçantes.

Dans les batteries, quelques marins fument leur pipe d'un air paterne ; ce sont les pointeurs et les chefs de pièce.

Rue des Rosiers, un garde national, assis sur la barricade, reçoit les offrandes en faveur de : *nos frères de l'armée.*

De tous les côtés, les barricades émaillent pittoresquement les places et les rues ; des gardes nationaux, le fusil au poing, se promènent en long et en large en fumant. — Pas de cris, pas même de groupes ; quelques gamins jouent entre les roues des pièces.

Chez les marchands de vin, le maire Clémenceau est violemment accusé de détournement de denrées alimentaires.

D'autres parlent de séduction de jeunes filles, dont l'administrateur don Juan se serait rendu coupable.

Huit heures

Quelques gardes nationaux parlent d'aller à Versailles. Les chefs modèrent leur ardeur, et leur font comprendre que Versailles étant solidement protégé, ils ne sont pas assez nombreux pour aller l'attaquer.

— Nous sommes cent mille ! crient quelques-uns.

— Nous ne pouvons pas laisser Paris sans défense, répondent les officiers ; d'ailleurs comment transporterions-nous là-bas nos munitions et notre artillerie ?

— Nous pourrions réquisitionner les chevaux de la compagnie des omnibus.

Ce projet ne prévaut pas, et on se borne à parler d'une imposante députation à envoyer à la Bastille avec le bonnet rouge en tête.

En descendant la rue Rochechouart, nous entendons le ronflement des machines de la maison Godillot. C'est d'un bon signe.

Quelques pas plus bas, nous apercevons un nombreux rassemblement qui se forme.

Deux gardes nationaux tiennent sous le bras un capitaine de mobiles, qui se débat, mais qui ne peut s'échapper de leur étreinte.

Voici pour quelle raison on l'a arrêté.

Il montait la rue Rochechouart lorsque les proclamations du Comité central que l'on venait d'afficher sur les murs frappent ses yeux.

Ne pouvant maîtriser son indignation, il les lacère avec sa canne, et deux gardes nationaux qui l'aperçoivent se précipitent sur lui pour l'arrêter et le punir de ce crime de « lèse-Comité. »

Neuf heures

La foule commence à affluer sur le boulevard Montmartre et le boulevard des Italiens. On se précipite sur les kiosques et on s'arrache les journaux.

Deux seulement sont en vente à cette heure : le *Paris-Journal* et le *Journal officiel*. Un instant après, on se met à crier le *Rappel* et le *Cri du Peuple*. Kiosques et crieurs sont dévalisés en un clin d'œil par les acheteurs.

Des groupes nombreux se forment au coin des rues Montmartre et Drouot. On lit tout haut et on commente les décrets de l'*Officiel*.

Dans la rue Montmartre on aperçoit quelques bandes de soldats sans armes qui errent à l'aventure. Des gardes nationaux vont « fraterniser » avec eux et leur demandent des cartouches.

Les *lignards*, qui en ont leurs poches pleines, en distribuent à la ronde.

Les abords de la mairie du neuvième arrondissement sont tellement encombrés qu'il est presque impossible d'y passer.

La cour est remplie de gardes nationaux appartenant à tous les bataillons. Il semble qu'il y a conflit ; les officiers pérorent et discutent longuement. Quelques secrétaires viennent de temps en temps donner des ordres que l'on fait mine de ne pas vouloir exécuter.

Dans la rue Lafayette passe un détachement d'artillerie conduisant des charrettes à claies remplies de foin, de selles, de pains, d'uniformes, de traits, de débris de caissons : le tout entassé pêle-mêle.

PLACE VENDOME
Deux heures

Plusieurs compagnies de gardes nationaux vont et viennent au milieu de leurs fusils rangés en faisceaux.

La façon dont le Comité central donne ses ordres militaires aux différents postes de Paris est assez curieuse pour mériter d'être décrite.

De minute en minute, on voit sortir des fenêtres du bâtiment qui servait jadis de résidence aux officiers de l'état-major, une main plus ou moins blanche terminée par une enveloppe jaunâtre que ferme un cachet de cire rouge.

Aussitôt un porte-képi quelconque se hisse le long du mur, va cueillir le pli cacheté, redescend et grimpe sur un cheval étique qui attend non loin de là.

L'ordre du Comité, porté par ce Mercure peu rapide, va s'abattre sur un point quelconque de la capitale, où il fait aussitôt jaillir quelques coups de tambour.

Cinq heures

La foule encombre les grands boulevards et se répand jusque sur la chaussée, qu'elle coupe en plusieurs endroits. On se dispute avec acharnement, et l'opinion de la majorité n'est point favorable au nouveau gouvernement.

On parle surtout des élections auxquelles les Parisiens sont convoqués.

Tout à coup on entend le bruit de plusieurs tambours.

Une compagnie de garde nationale défile le long des boulevards, venant du côté de la Bastille.

A la hauteur de la rue Montmartre, les gardes crient : « Vive la République ! » mais ils ne trouvent pas d'écho et se contentent de passer silencieux et raides.

Au-dessus des derniers rangs de la colonne se déploie le drapeau du Comité central, blanc et rouge.

Six heures

Grand rassemblement au coin de la rue de Lafayette et du boulevard Haussmann.

On échange quelques coups de canne.

L'origine de la dispute est celle-ci :

On venait de coller sur le mur une affiche rose signée d'un commandant de la garde nationale et invitant celle-ci à rétablir la tranquillité et à maintenir l'ordre, lorsqu'un garde se précipite sur le placard « réactionnaire » pour le déchirer.

Un monsieur qui passait lui administre une correction assez bien sentie et parfaitement méritée.

De là des plaintes, des cris et du tumulte.

Comme personne ne prenait le parti du décolleur d'affiches, celui-ci prit celui de s'esquiver au plus vite, et l'effervescence se calma. (*Paris-Journal*.)

LA VILLETTE-BELLEVILLE

A la Villette, barricades ici, barricades là, et des canons presque partout. Les pièces des buttes ont tonné ce matin, et Paris a dû croire à une collision de ce côté. Il n'en était rien : c'étaient des servants qui s'essayaient, et qui, pour ce fait, ont été vertement blâmés.

Dans quelques groupes, on discute sur l'attitude que pourront prendre les Prussiens qui sont aux environs de Paris. Il paraît y avoir quelque inquiétude.

A Belleville, il n'y a plus rien à faire; plus qu'à la Villette, le travail des barricades est achevé.

Il n'est pas une rue qui n'ait sa petite forteresse et qui ne soit gardée par les compagnies.

La rue de Paris, plus encore que les autres, est défendue par de véritables fortifications. Les barricades descendent ce matin jusque sur les bords du canal. La plus forte de toutes est celle de la rue de Tourtille. Construite à double face, elle est garnie de canons, tournés vers le bas et vers le haut. Quelques marins figurent parmi ses défenseurs.

Il est à remarquer que le drapeau tricolore est celui qui flotte partout; on paraît même l'avoir prodigué avec intention, malgré l'objection de quelques personnes des deux sexes qui préféraient le drapeau rouge.

A travers ce déploiement de forces et de résistances, les habitants du quartier vont et viennent sans paraître éprouver la moindre inquiétude sur une attaque quelconque.

De Belleville à Ménilmontant, quelques obstacles sans importance.

Mais les barricades sérieuses, avec canons, recommencent aux coins des boulevards Richard-Lenoir et Voltaire, et se continuent rue de la Roquette. Même aspect dans la rue du Faubourg-Saint-Antoine et place de la Bastille. Dans la rue Saint-Antoine, en face du temple protestant, autre forte barricade, mais non gardée.

Il n'est jusqu'à la paisible île Saint-Louis qui n'ait fait ses remparts de pavés.

Les officiers payeurs, après s'être rendus chez leur capitaine divisionnaire au Palais-Royal, étaient revenus sans argent.

Une note laissée entre les mains d'un des gardiens du palais était ainsi conçue:

« MM. les officiers payeurs sont prévenus que, le trésor étant occupé, le payement de la solde ne peut s'effectuer.

« C'est aux municipalités où ils devront s'adresser pour toutes réclamations.

« Paul... »

Chacun se rend donc dans sa municipalité respective; mais, là encore, rien.

Cependant les hommes attendent; ils ont faim! On va à l'Hôtel de ville. Renvoi au ministère des finances. Là, près de deux cents payeurs attendent impatiemment une solution. Tous sont d'ailleurs fort bien reçus par deux délégués du Comité, qui leur promettent qu'à six heures les bataillons recevront l'argent qui est alloué à chacun d'eux.

On leur explique que le ministère a été complétement abandonné, que les caisses ont été fermées et les scellés apposés sur toutes. — Seuls, deux huissiers, qu'une habitude de trente ans a ramenés dans leurs corridors, sont là. Grâce à eux, les délégués aux finances ont pu se procurer quelques renseignements nécessaires.

Dans la cour de l'Horloge et dans la galerie vitrée sont installés des postes de garde nationale, les armes en faisceaux.

Six heures sonnent, puis sept heures; on commence à s'impatienter.

Le retard tient à ce que MM. Varlin et Jourde, délégués aux finances, n'ont point voulu toucher aux scellés; ils ont eu peur de trouver les caisses vides. Et alors on ne manquerait pas de les accuser de vol, comme on les a accusés d'assassinat.

Ils ont envoyé demander de l'argent à la Banque.

A huit heures, l'argent arrive, et bientôt les trésoriers peuvent aller solder aux gardes leurs trente sous quotidiens.

(*Rappel.*)

LES CLUBS EN PLEIN AIR

Ils deviennent *réactionnaires*, les citoyens parleurs des boulevards et des carrefours. Les nouveaux actes arbitraires des vainqueurs de Montmartre ne sont pas flattés, et la proclamation du Comité central est, comme elle le mérite, jugée par une très-grande partie des orateurs.

— Ça, dit l'un, ils nous parlent de l'adhésion de 215 bataillons. Ils devraient bien nous faire connaître lesquels, et les noms des soi-disant mandataires de ces bataillons. Parce qu'un individu se sera présenté à eux, en se disant délégué d'un bataillon, ce n'est pas une preuve que les hommes de ce bataillon lui aient donné cette mission. Où, quand, sous quel ordre, sous quelle présidence a-t-il été fait des élections? Qu'est-ce que c'est que ces délégués sans déléguants, qui ont chargé en notre nom le Comité de faire pour nous une besogne dont nous n'avions pas idée?

— C'est la garde nationale, dit un autre, et la garde nationale, c'est la République armée.

— C'est cela, vous appelez à la guerre civile, vous voulez armer les citoyens contre leurs frères! dit en colère un partisan du Comité à un orateur qui parle de résistance.

— Non, avance un bourgeois; il n'est pas même besoin de sang. Il y a un malentendu, faisons-le cesser. Organisons une manifestation, au nom du suffrage universel, contre les assassins; et les gardes nationaux de Montmartre viendront eux-mêmes se joindre à nous.

— Il ne fallait pas leur prendre leurs canons, ils ne faisaient de mal à personne, on les a provoqués.

— Allons donc! Depuis trois semaines on les leur demande pacifiquement, et ils effrayent les étrangers et tout le monde, ils empêchent les affaires de reprendre.

— Toujours les affaires! vous autres bourgeois, vous ne voyez que ça.

— Faites un plébiscite, et vous verrez si la France n'est pas avec les partisans de l'ordre.

— Les plébiscites, dit un ouvrier, nous savons ce qu'en vaut l'aune après celui de Badinguet et celui de Trochu.

— Alors, vous ne voulez plus du suffrage universel?

— Instruisez le peuple avant de le faire voter.

— Ah !

Près de l'Hôtel de ville, un garde fidèle raconte que la réaction lève la tête.

— Soit, dit un autre, nous jouons notre va-tout, c'est la belle.

Tel est, sans doute, l'avis de la citoyenne qui, au coin du Faubourg-Montmartre et de la rue Lafayette, soutenait que depuis vingt ans on aurait dû fusiller Clément Thomas, qui avait assassiné dix mille pères de famille rue des Francs-Bourgeois. Ainsi pensait encore celle qui criait rue de Rivoli qu'il fallait mettre à mort vingt mille riches et prêtres. Une citoyenne ayant haussé les épaules :

— A l'eau! crient deux gamins, deux enfants ; mais leur voix n'a pas d'écho.

Sur les boulevards, le bruit court que Chanzy a été maltraité par les gardes nationaux.

— Allons-nous longtemps supporter toutes ces infamies? s'écrie avec indignation un orateur. Nous sommes la majorité, et nous tremblons comme des fo....... devant une minorité dont le plus grand nombre n'est là que parce qu'on ne lui donne pas l'occasion d'être ailleurs! Nous sommes des avachis. Sous l'empire, nous nous plaignions que la défense de l'ordre ne fût pas confiée à la garde nationale ; la République nous appelle à nous défendre, et nous nous croisons les bras !.....

Place de la Concorde, les gardes nationaux, armés de chassepots, portent les armes en défilant devant la statue de Strasbourg. D'autres reviennent de la manufacture des tabacs, où ils ont pillé les réserves d'armes.

— Cela ne nous donnera pas du pain, dit tout haut un ouvrier.

— Croiriez-vous, raconte place de la Madeleine une jeune bonne, qu'ils ont des mots d'ordre ? Hier soir j'allais place de la Bastille pour voir mon frère, j'ai dit : Garibaldi.

— Citoyenne, m'a répondu le garde national, ce n'est pas la barricade ici, ce n'est pas mon mot à moi ; cherche ta barricade.

Ailleurs un citoyen se plaint du gouvernement de la défense nationale :

— Pendant trois mois, dit-il, on m'a fait user mes souliers aux remparts, sans m'en donner d'autres, je n'ai eu que trente sous par jour. Est-ce assez pour vivre?

Devant l'Opéra on raconte qu'au ministère des finances, un petit détachement de gardes nationaux avait commencé par résister et mettre en joue. Aussitôt plusieurs dissidents avaient fui, les autres avaient crié :

— Ne tirez pas ! ne tirez pas !

Des pourparlers s'étant engagés cependant, et la lutte ayant été jugée inutile, la place avait été cédée aux bataillons du Comité.

— N'importe, c'est une preuve, dit un citoyen, que si nous voulons nous entendre, cette affreuse comédie ne durera pas longtemps. Il n'y a pas de peuple plus doux que le peuple de Paris, mais c'est un gobe-mouche, et il s'est laissé duper par quelques meneurs...

Devant le café Mazarin, un tout jeune homme défend le meurtre des généraux.

— Vous criez parce que ce sont des généraux, mais si c'étaient des gardes nationaux, vous ne diriez rien.

— Et Flourens, et Félix Pyat, les a-t-on fusillés ?

— Pourquoi Lecomte n'a-t-il pas crié : Vive la République ?

— C'était un soldat français, et il n'a pas voulu salir son uniforme, en cédant à l'émeute. Si je vous mettais un pistolet sur la gorge en vous disant de crier : Vive le roi ! le feriez-vous ?

— On ne doit pas refuser de crier : *Vive la République !* on voit bien que vous n'êtes pas républicain.

Le partisan de l'assassinat est hué et se dérobe à ces ovations.

Rue Drouot, un citoyen rapporte que l'Assemblée a déclaré que le meurtre de Clément Thomas était un deuil public.

— Cela, dit-on, ne suffit pas, il faut que Paris lui fasse des funérailles publiques. (Très-vive approbation.)

— Oui, ce sera une protestation contre le Comité.

— Mais ce n'est pas lui qui a commandé l'assassinat.

— C'est lui qui a fait signer à Lecomte la promesse de ne pas combattre contre lui, et qui, au lieu de le cacher, de le garder, l'a livré à la populace ameutée. C'était bien le condamner sciemment à la mort. La preuve qu'ils savent bien qu'ils sont complices, c'est qu'ils n'osent pas blâmer les assassins. Ils se contentent de dire que la vérité leur commande de déclarer qu'ils n'ont pas pris part à l'exécution. On dirait presque qu'ils en ont regret.

(*Paris-Journal.*)

L'HISTOIRE SUR LES MURS

Affiche placardée le 20 mars dans le premier arrondissement :

RÉPUBLIQUE FRANÇAISE

Liberté, *Égalité*, *Fraternité*.

Je viens faire appel au patriotisme et à la virilité de la population qui veut l'ordre, la tranquillité et le respect des lois.

Le temps presse pour former une digue à la révolution ; que tous les bons citoyens viennent me donner leur appui.

A. BONNE,
Capitaine commandant la 4e compagnie du 254e bataillon, 12, boulevard des Capucines.

8e ARRONDISSEMENT.

Sur les murs des principales rues du huitième arrondissement, on lit une affiche qui devait paraître

A L'HÔTEL DE VILLE. — Salle du Trône occupée par les bataillons fédérés.

le 14, et sur laquelle on a mis la date du jour en collant un 8 sur le 4. Elle contient la proclamation suivante :

« La garde nationale est convoquée. Le maire du huitième arrondissement fait appel à tous les hommes animés du véritable amour du pays. On paraît oublier que l'ennemi est encore sous nos murs et surveille nos divisions intestines.

« Il n'y a qu'une volonté, *celle de la France*. Il n'y a qu'un gouvernement, *celui de la République*, qui est le gouvernement de tous et que tous les bons citoyens veulent sincèrement garder.

« Il n'y a qu'une question, *l'ordre public*, que personne ne doit troubler, et le *respect de la loi*, à laquelle personne ne peut se soustraire.

« *Pour le maire*,
« Denormandie. »

Montmartre est érigé en place de guerre. Voici le texte d'une proclamation qui nous l'apprend :

RÉPUBLIQUE FRANÇAISE

Citoyens,

Officiers et gardes nationaux du dix-huitième arrondissement,

Le Comité central, siégeant à l'Hôtel de ville, m'a confié l'honneur de vous commander.

Je viens vous déclarer que je saurai me rendre digne de ce mandat.

Nous sommes tous républicains et nous voulons le maintien de la République démocratique et sociale.

Je viens donc, citoyens, vous demander votre bon concours et votre entière confiance pour m'aider dans la mission que j'ai acceptée.

Une bonne organisation ne peut être réellement solide qu'autant qu'elle est appuyée sur l'ordre et la discipline, et je compte sur vous pour me rendre facile la réussite de nos vœux les plus chers.

Unissons-nous donc et montrons que nous sommes dignes d'être les fils de 1789 !

Un peuple qui veut être libre doit avoir la force et la volonté de l'être, et se soumettre à ses devoirs pour obtenir infailliblement ses droits.

Citoyens,

Je suis heureux de vous transmettre, au nom du Comité central, les plus grands éloges pour le patriotisme et le courage que vous avez montrés dans la nuit du 18 et la journée du 19 mars ; moi-même je vous ai vus à l'œuvre, et je sais que vous méritez la plus chaleureuse sympathie.

Paris, 20 mars 1871.

Le général de brigade, commandant la place du dix-huitième arrondissement,

Signé : Ganier.

L'affiche suivante a été apposée dans le deuxième arrondissement :

RÉPUBLIQUE FRANÇAISE
Liberté, Égalité, Fraternité.

Les députés de Paris, unis aux maires et adjoints, ont résolu de défendre la République envers et contre tous, en maintenant tout d'abord la tranquillité dans la cité.

La municipalité du deuxième arrondissement et les chefs de bataillon, s'associant à cette résolution, ont organisé un service de protection et de surveillance dans l'arrondissement.

Tout citoyen dévoué à la République lui doit son concours. Toute abstention dans les circonstances actuelles est un crime civique ; nous faisons donc un appel énergique à tous nos camarades pour nous seconder dans l'œuvre de conciliation dont le principe est adopté.

Vive la République !

Signé :

Simon, commandant le 8e bataillon ; — Thorel, commandant le 10e bataillon ; — Potel, commandant le 11e bataillon ; — Collet, capitaine, commandant par intérim le 92e bataillon ; Poisson, commandant le 100e bataillon ; — Sebille, commandant le 148e bataillon ; — Quevauvillers, commandant le 149e bataillon ; — Noirot, commandant le 181e bataillon ; — Béchet, commandant le 227e bataillon.

DOCUMENTS HISTORIQUES

M. Degouve-Denuncques, maire-adjoint du dixième arrondissement, et dont le républicanisme éprouvé ne saurait faire doute pour personne, proteste, par une lettre adressée aux journaux, contre certains procédés de l'Hôtel de ville :

AU RÉDACTEUR.

Paris, 20 mars 1871.

Monsieur le rédacteur,

Je me trouvais seul, dans la matinée d'hier, à la mairie du dixième arrondissement, lorsqu'on y apporta de l'Hôtel de ville une notification ainsi conçue :

« Les citoyens maires sont priés de vouloir bien veiller à la subsistance des troupes qui sont dans leurs arrondissements respectifs, jusqu'à ce que l'organisation soit complète. »

Six noms figuraient au bas de cette invitation, estampillée d'un timbre portant ces mots : *Fédération de la garde nationale. Comité central.* L'envoyé qui l'avait apportée réclamait un reçu. Je refusai ce reçu, et je motivai mon refus dans les termes suivants :

« M. Degouve-Denuncques, maire-adjoint du dixième arrondissement en vertu d'une délégation du suffrage universel, et ne reconnaissant pas l'autorité du gouvernement qui paraît s'être installé à l'Hôtel de ville, refuse d'accuser réception de la dépêche qui vient d'être envoyée à la mairie. »

Bientôt après, un certain nombre de soldats de la ligne se présentèrent, demandant, les uns de la nourriture, les autres que j'intervinsse auprès de qui de droit pour leur faire rendre leurs effets personnels, afin qu'ils pussent quitter Paris et s'en retourner au plus tôt dans leur pays, comme s'ils étaient régulièrement et définitivement libérés de tout service militaire.

Je renvoyai les uns et les autres, après leur avoir dit ce que je pensais des soldats qui abandonnaient leurs armes lorsque les Prussiens étaient encore aux portes de Paris, et qui laissaient lâchement assassiner leurs généraux.

Quelques minutes après midi, on vint placarder à la porte de la mairie les deux affiches signées par les membres du gouvernement à qui l'Hôtel de ville a été livré sans avoir été défendu. Je descendis immédiatement, et je fis arracher en ma présence, par deux de mes garçons de bureau, ces deux affiches, que personne, depuis, n'a cherché à réappliquer.

J'ajouterai, monsieur, que, pas plus aujourd'hui qu'hier, je ne suis disposé à reconnaître le gouvernement d'individus qui ne paraissent pas se douter qu'ils ne sont que des instruments aux mains du pouvoir renversé le 4 septembre; que je n'ai eu et ne veux avoir aucun rapport avec ce gouvernement, et que si tous mes collègues des vingt mairies agissent de même, que si, d'un autre côté, les employés de nos différentes administrations refusent unanimement de mettre à leur service leur capacité et leur expérience des affaires, ces hommes d'État d'un jour ne tarderont pas à tomber dans la plus ridicule impuissance.

Veuillez, monsieur le rédacteur, publier cette déclaration, et agréer l'assurance de mes sentiments de dévouement à la cause de l'ordre et de la République.

DEGOUVE-DENUNCQUES.

Une lettre adressée par M. Barral, citoyen bien connu dans le monde savant, au rédacteur en chef de l'*Opinion nationale*, jette sur l'étrange organisation de la garde nationale parisienne une lumière fort instructive.

Mon cher Guéroult,

Vous avez courageusement protesté contre les actes du Comité occulte qui prétend avoir une mission que la garde nationale de Paris ne lui a pas donnée. Je demande à joindre ma protestation à la vôtre. Dans ce désarroi de tant de cœurs qu'il faudrait fermes, il est bon de trouver un homme à côté de qui l'on puisse venir se placer.

La France est pour un moment en complète dissolution. Mais je ne doute pas cependant de son avenir.

Pardonnez-moi ma comparaison de chimiste. Lorsque plusieurs corps sont en dissolution dans un liquide, les molécules finissent toujours par se rejoindre d'après leurs affinités électives et des cristallisations s'opèrent, souvent après des précipitations et des décantations.

Il en sera de même de notre corps social. Plus la dissolution est radicale, plus nécessaire est la reconstitution; mais elle sera d'autant plus prompte que la concentration des efforts sera plus énergique.

Si l'Assemblée nationale sait être républicaine, le salut viendra vite.

Mais surtout qu'une prochaine organisation se produise. Il n'était pas possible de tirer, du désordre présenté par la garde nationale, autre chose que la confusion de l'impuissance pour le bien. Bonne contre les Prussiens, elle était détestable dans la vie politique.

Qu'avait-on fait? On avait imaginé, dans chaque quartier, plusieurs bataillons formés de couches superposées : les boutiques et magasins contre les premiers étages, ceux-ci contre les mansardes, les patrons contre les ateliers, les domestiques contre les maîtres. Ainsi, dans ma maison, les gardes nationaux appartiennent à quatre ou cinq bataillons différents.

On avait cherché à créer des bataillons nouveaux plus démocratiques, plus républicains que les anciens; on a engendré l'anarchie, à tel point que, dans la même rue, sous les mêmes fenêtres, il faut battre jusqu'à huit rappels différents pour convoquer tout le monde. Selon l'opinion politique présumée, selon ce que l'on veut obtenir de la garde nationale, on fait battre un rappel ou un autre rappel, et alors un bataillon différent s'assemble.

Depuis huit mois une administration intelligente a constamment fait défaut. La France serait bientôt morte, si les gens de bon sens et de courage ne venaient se grouper pour lui rendre la vie. Autour de vous, tous ceux qui vous lisent doivent se serrer.

J.-A. BARRAL.

HOTEL DE VILLE

Séance du 20.

PRÉSIDENCE DU CITOYEN ASSI.

Le citoyen Varlin appelle l'attention du Comité sur la question de la prorogation des échéances.

La loi sur les échéances est une loi mal faite, et dont le commerce de Paris souffre énormément.

Les temps que nous sommes obligés de traverser nous font un devoir de suppléer au manque de prévoyance des législateurs de l'Assemblée nationale.

Le citoyen Billioray fait observer que, le Comité n'étant pas gouvernement, ne peut pas décréter la prorogation des effets de commerce.

Le citoyen Mortier appuie la motion du préopinant en développant cette idée que : la prorogation des effets de commerce ne peut appartenir qu'à la Commune, qui va être nommée.

Le citoyen Varlin invoque l'urgence.

Le projet est réservé.

Le délégué Grollard prend la parole. — Une difficulté, dit-il, s'est présentée : la solde de la garde nationale s'est faite difficilement. Il faut remédier sans retard à cette difficulté ; il faut avant tout que les citoyens vivent et fassent vivre leur famille.

Le citoyen Assi développe cette idée, que, bien que le gouvernement doive savoir la situation, il n'a rien laissé au Comité en fait de numéraire.

Il ajoute : Le Comité, tout en évitant les reproches de sybaritisme fait au gouvernement de 1848, doit lever la difficulté ; les fonds nécessaires à la solde de la garde nationale doivent forcément se trouver. Un impôt immédiat serait difficile à recouvrer et peut-être illégal. Le Comité enverra des délégués à la Banque et aux grandes administrations. Ces institutions de crédit fourniront dans la limite du strict nécessaire les fonds indispensables.

La proposition est votée à l'unanimité.

Le citoyen Pougeret appelle l'attention du Comité sur la situation des soldats errants dans Paris.

— Le Comité, dit-il, a le devoir de les protéger et de les nourrir.

L'assemblée vote pour que l'on prendra sur les fonds à percevoir la somme nécessaire pour empêcher les militaires de mourir de faim.

Le citoyen Rousseau appelle aussi l'attention sur l'opposition qui commence à se manifester dans Paris.

Le citoyen Assi déclare, au nom de la liberté, que toutes les mesures sont prises pour assurer la liberté des élections, mais que les opinions de chacun sont libres.

— C'est là notre force, ajoute-t-il ; la liberté doit être notre légalité.

La question des loyers, proposée par le citoyen Blanchet, est réservée. Toutefois, le projet assurant le payement des gros loyers seuls, paraît avoir le plus de partisans.

De nombreux délégués des bataillons de la garde nationale auraient assuré le comité de leur dévouement. Le citoyen Assi espère que les quelques dissidents se rallieront le lendemain.

Les généraux apportent leurs rapports, tous favorables.

La séance est levée aux cris de : « Vive la République ! »

(*Paris-Journal*.)

LES FAITS DIVERS

Le citoyen Flourens et le citoyen Ranvier occupent la mairie du vingtième arrondissement.

A la mairie du deuxième arrondissement, on s'est maintenu libre. On n'obéit pas au Comité central.

La rue de la Banque est gardée par deux bataillons complets, le 10° et le 37°, croyons-nous.

Un cordon de sentinelles posté à l'entrée de la rue en défend l'entrée. On ne peut passer que muni d'une carte délivrée par la mairie orthodoxe ou accompagné par deux gardes nationaux après avoir fait valoir que l'on est amené par un motif sérieux.

A la mairie, les adjoints et les maires se sont réunis et tiennent séance. Ils attendent les députés de Paris, venant de Versailles, pour se rendre avec eux à l'Hôtel de ville.

Les officiers de la garde nationale qui commandent les bataillons campés rue de la Banque sont fermement résolus à résister à tout coup de main ou à tout acte de violence qui serait tenté par le Comité central.

La circulation set libre sur la place Vendôme ; cependant quatre bataillons ont bivouaqué toute la journée sur la place.

Vers le soir des hommes de corvée sont allés acheter, — disons plutôt réquisitionner, — dans les rues avoisinantes, du pain, de la viande et une quantité considérable de fromage. Des tonneaux de vin placés sur de petits chariots circulaient dans les rangs.

Les cabarets d'alentour étaient combles et, à six heures, les officiers durent faire battre la générale pour en faire sortir les hommes qui, exténués de fatigue ou d'ivresse, dormaient sur les tables. Cependant la nuit arriva, il faisait froid et chacun chercha un gîte. L'état-major de la garde nationale, la place de Paris, le ministère de la justice, et même les maisons particulières furent envahies.

Le jardin des Tuileries est complétement évacué. Il n'y a plus qu'un petit poste de gardes nationaux derrière la grille de la place de la Concorde.

Les statues qui représentent les grandes villes de France ont toujours leur voile noir sur la figure.

Les forts de la rive gauche ont été occupés par la garde nationale, sauf le Mont-Valérien qui, hier encore, était gardé par la ligne. Les deux bataillons de chasseurs, 21° et 23°, qui y tenaient garnison avec le 137°, en sont partis précipitamment hier matin pour une destination inconnue, et ont été remplacés par le 119°.

Lundi, à minuit, trois mille gardes nationaux en armes se sont présentés au Mont-Valérien. Trois parlementaires ont été introduits et ont demandé qu'on leur livrât le fort.

Les troupes régulières étaient irritées; le colonel a éconduit les parlementaires. Devant cette énergique attitude, les trois mille gardes nationaux sont rentrés à Paris.

Les portes du Louvre fermées depuis deux jours, ont été ouvertes dans la journée d'hier.

Ensuite on a défilé sous l'arc de triomphe du Carrousel. M. Tibaldi était porté en triomphe, précédé d'un drapeau rouge.

On lit dans le *Droit* :

Les deux sections de la cour d'assises de la Seine

Arrivée d'un bataillon de Belleville pour s'emparer du quartier de la Bourse. (Voir page 74.)

ont remis à une prochaine session toutes les affaires qui leur restaient à juger.

Cette interruption du cours de la justice, regrettable à tous les points de vue, n'a pu être évitée par suite de l'absence de plusieurs de MM. les jurés ainsi que de la garde nécessaire au service de la justice.

Les défenseurs, M° de Sal, Marie et leurs confrères, étaient à leur poste.

Certains journaux supprimés par M. Vinoy ont reparu ce matin, entre autres le *Cri du Peuple*, de Jules Vallès.

Ce matin, toutes les caisses d'épargne ont été fermées.

Les maires de Paris ont envoyé, hier, une députation au gouvernement pour lui proposer de confier l'administration de Paris à trois d'entre eux. Parmi les trois désignés se trouvait M. Tirard. Celui-ci a déclaré qu'il n'accepterait que dans le cas où le gouvernement lui donnerait cette mission.

Tous les employés des télégraphes ont été requis par le délégué du Comité d'avoir à occuper immédiatement leur poste à Paris, sous peine d'être considérés comme démissionnaires. Presque aucun de ces employés n'a jugé à propos de répondre à l'appel du Comité; la plupart se sont rendus à Versailles.

Au ministère des finances, près d'un million a été enlevé; des gardes et même des officiers sortaient des bureaux leurs poches pleines d'or.

La manutention a été occupée, comme tous les autres établissements, et les dissidents se sont immédiatement fait distribuer 50,000 rations de vivres.

Nous apprenons que le corps diplomatique quitte Paris pour aller s'installer à Versailles. C'est là un des premiers effets de l'insurrection. Les représentants des puissances étrangères ne peuvent évidemment séjourner que dans la ville où siége le gouvernement auprès duquel ils sont accrédités.

On lit dans la *France :*

Nous sommes informés que des ordres ont été donnés en Allemagne pour interrompre immédiatement le retour des prisonniers français, et que tous les convois déjà en route vers la France ont été arrêtés en chemin.

Nous apprenons, enfin, que les Prussiens, à la nouvelle de l'émeute de Paris, se sont rapprochés de la capitale, et ont réoccupé en grandes forces Saint-Denis, qu'ils avaient évacué.

Leur mouvement de retraite serait aujourd'hui complétement arrêté.

M. Thiers a dans sa main tous les télégraphes et correspond avec la France.

Le gouvernement de l'Hôtel de ville est privé de toute communication avec la province.

On lit dans le *Journal des Débats :*

Aujourd'hui, vers deux heures de l'après-midi, des gardes nationaux du sixième arrondissement se rendaient à la mairie pour y réintégrer la municipalité élue. M. Tony Moilin fut obligé de se retirer devant cette manifestation pacifique (les gardes nationaux n'étaient point en armes). Il se rendit immédiatement auprès du Comité central, qui lui donna, pour le reconduire à la mairie du sixième arrondissement le 135° bataillon, étranger à cet arrondissement. Ce bataillon arriva vers les cinq heures, fanfare en tête, sous la conduite de M. Charles Lullier, et fit rentrer M. Tony Moilin dans la mairie, qu'il occupe illégalement depuis dimanche matin. Le Comité a décidé qu'il désarmerait les bataillons du quartier Saint-Germain coupables de cette rébellion à son autorité. Il a déjà destitué leurs commandants, et le bruit court que deux d'entre eux, M. de Crisenoy et M. Ibos, seraient condamnés à mort par contumace.

LE PERE DUCHENE

Dès le lendemain du triomphe de l'insurrection, le 20 mars, reparaît, sous la date révolutionnaire du 30 ventôse an 79, le *Père Duchêne*, supprimé dix jours auparavant par arrêté du général Vinoy.

Voici, à titre de curiosité historique, un extrait de cet ignoble pamphlet, où le jeune Vermersch, auteur de plusieurs polissonneries galantes publiées au temps de l'empire, s'efforce de singer l'argot poissard de l'infâme Hébert.

LA TERREUR !!! 93 !!!

Folies ! bêtises ! mannequins avec lesquels on effraie le petit commerce et la bourgeoisie qui lui doivent ce qu'ils sont !

O boutiquiers ! ô bourgeois ! savez-vous bien pourquoi en 93 les patriotes de la Commune, d'accord avec le Salut public et la Convention prirent les mesures que la Réaction appela plus tard la Terreur ?

Le Père Duchêne va vous le dire :

La France venait de proclamer la République : les aristocrates s'étaient presque tous sauvés, emportant tout le numéraire pour faire tomber le crédit de la Nation et ruiner son commerce.

Les jean-foutres de nobles qui, de père en fils, depuis des siècles, étaient habitués à ne rien faire, étaient furieux de voir qu'on supprimait leurs priviléges et qu'on ne voulait plus nourrir les fainéants.

Alors ils s'entendirent avec le roi, sur lequel la Nation veillait, parce qu'elle savait qu'il faut toujours se méfier de ceux qui veulent la gouverner et parce qu'on l'avait foutue dedans depuis assez longtemps !

Et tous ces gredins, pour rattraper leurs titres, pour conserver leurs bénéfices, pour vivre enfi sans rien faire et tripoter dans l'argent du peuple, sans jamais rendre des comptes, s'imaginèrent d'appeler à leur aide tous les autres jean-foutres de rois qui opprimaient nos frères des Nations voisines, et de les lancer sur la France, sous prétexte que la Révolution, en touchant au Capet, avait insulté tous les rois, et que le « Droit Divin » était compromis.

Et ils se mirent à inventer de petits trucs pour favoriser tous les ennemis de la Nation qui voudraient bien entrer en armes sur le territoire de la République et renverser le gouvernement établi qui, heureusement, ouvrait l'œil, et n'avait garde, lui, de vouloir capituler!

En voyant ces manœuvres, que fit Paris et la Commune, et le Comité de Salut Public, et l'Assemblée!

« Ah! ah! mes gaillards, dirent ces bons bougres, vous voulez renverser la République, vous voulez foutre encore une fois le peuple dans l'esclavage; vous voulez encore vivre à ne rien faire, et vous conspirez, vous espionnez, et vous avez chez nous un tas de mouchards, de nobles et de calotins qui nous trahissent et vous envoient des rapports, attendez, attendez!...... Ah! vous trahissez! très-bien!.. Alors on va vous traiter comme on traite les espions en temps de guerre!... Le docteur Guillotin vient justement d'inventer un petit instrument à votre usage, et nous allons nous en servir, attendu que c'est la loi, attendu que c'est la morale de tous les temps et de tous les pays! »

Qu'est-ce que vous dites de ça, mes braves bougres de prolétaires, mes braves bougres de boutiquiers!

Oui, sachez-le bien, si en 93 on a guillotiné les nobles et les prêtres, ce n'est pas parce qu'ils étaient nobles ou prêtres, mais simplement parce que, comme des jean-foutres, de vrais Judas qu'ils étaient, ils trahissaient la patrie et voulaient introduire l'étranger en France, sur le territoire de la Nation, pour rétablir leurs priviléges et tuer la Révolution.

Eh bien! mes bons! voilà ce que c'est que la Terreur!

Et voilà ce qu'a fait la Commune!

Et je dis, moi, qu'en faisant ainsi la Terreur, la Commune a fait une œuvre bougrement patriotique, qu'elle a bien mérité de la Nation, et que si les jean-foutres de la Défaite nationale avaient exécuté de même tous les mouchards prussiens, veillé au salut du Peuple et chassé, comme la Commune, nos sacripans d'ennemis du territoire, — ils auraient comme la Commune de 93, bougrement droit à notre estime et à notre amour, au lieu de se voir méprisés et haïs comme à présent par tout ce qui a dans la poitrine un cœur d'honnête homme et de Français!

NOMMONS LA COMMUNE, CITOYENS!

La journée du mardi 21 mars.

Bien que nous circonscrivions soigneusement ce récit dans le cercle des événements qui se sont passés à l'intérieur de Paris, nous ne croyons pas pouvoir nous dispenser d'enregistrer les documents suivants, publiés par le *Journal officiel* de Versailles.

PROCLAMATION DU GOUVERNEMENT
A VERSAILLES

Versailles, 20 mars 1871.

Le gouvernement n'a pas voulu engager une action sanglante alors qu'il y était provoqué par la résistance inattendue du Comité central de la garde nationale. Cette résistance, habilement organisée, dirigée par des conspirateurs audacieux autant que perfides, s'est traduite par l'invasion d'un flot de gardes nationaux sans armes et de population se jetant sur les soldats, rompant leurs rangs et leur arrachant leurs armes. Entraînés par ces coupables excitations, beaucoup de militaires ont oublié leur devoir. Vainement aussi la garde nationale avait-elle été convoquée; pendant toute la journée elle n'a paru sur le terrain qu'en nombre insignifiant.

C'est dans ces conjonctures graves que, ne voulant pas livrer une bataille sanglante dans les rues de Paris, alors surtout qu'il semblait n'être pas assez fortement soutenu par la garde nationale, le gouvernement a pris le parti de se retirer à Versailles, près de l'Assemblée nationale, la seule représentation légale du pays.

En quittant Paris, M. le ministre de l'intérieur a, sur la demande des maires, délégué à la commission qui serait nommée par eux le pouvoir d'administrer provisoirement la ville.

Les maires se sont réunis plusieurs fois sans pouvoir arriver à une entente commune.

Pendant ce temps, le Comité insurrectionnel s'installait à l'Hôtel de ville et faisait paraître deux proclamations: l'une pour annoncer sa prise de possession du pouvoir, l'autre pour convoquer les électeurs de Paris dans le but de nommer une assemblée communale.

Pendant que ces faits s'accomplissaient, le Comité de la rue des Rosiers, à Montmartre, était le théâtre du criminel attentat commis sur la personne du général Lecomte et du général Clément Thomas, lâchement assassinés par une bande de sicaires. Le général de Chanzy, qui arrivait de Bordeaux, était arrêté à la gare d'Orléans, ainsi que M. Turquet, représentant de l'Aisne.

Les ministères étaient successivement occupés; les gares des chemins de fer envahies par des hommes armés se livrant sur les voyageurs à des perquisitions arbitraires, mettant en état d'arrestation ceux qui leur paraissaient suspects, désarmant les soldats isolés ou en corps qui voulaient entrer à Paris. En même temps plusieurs quartiers se couvraient de barricades armées de pièces de canon, et partout les citoyens étaient exposés à toutes les exigences d'une inquisition militaire dont il est impossible de deviner le but.

Ce honteux état d'anarchie commence cependant à émouvoir les bons citoyens, qui s'aperçoivent trop tard de la faute qu'ils ont commise en ne prêtant pas de suite leur concours actif au gouvernement nommé par l'Assemblée. Qui peut, en effet, sans frémir, accepter les conséquences de cette déplorable sédition, s'abattant sur la ville comme une tempête soudaine, irrésistible, inexplicable? Les Prussiens sont à nos portes, nous avons traité avec eux. Mais si le gouvernement qui a signé les conventions de préliminaires est renversé, tout est rompu. L'état de guerre recommence et Paris est fatalement voué à l'occupation.

Ainsi sont frappés de stérilité les longs et douloureux efforts à la suite desquels le gouvernement est parvenu à éviter ce malheur irréparable; mais ce n'est pas tout, avec cette lamentable émeute, il n'y a plus ni crédit, ni travail. La France, ne pouvant pas satisfaire à ses engagements, est livrée à l'ennemi qui lui imposera sa dure servitude. Voilà les fruits amers de la folie criminelle de quelques-uns, de l'abandon déplorable des autres.

Il est temps encore de revenir à la raison et de reprendre courage. Le gouvernement et l'Assemblée ne désespèrent pas. Ils font appel au pays, ils s'appuient sur lui, décidés à le suivre résolûment et à lutter sans faiblesse contre la sédition. Des mesures énergiques vont être prises; que les départements les secondent en se groupant autour de l'autorité qui émane de leurs libres suffrages. Ils ont pour eux le droit, le patriotisme, la décision: ils sauveront la France des horribles malheurs qui l'accablent.

Déjà, comme nous l'avons dit, la garde nationale de Paris se reconstitue pour avoir raison de la surprise qui lui a été faite. L'amiral Saisset, acclamé sur les boulevards, a été nommé pour la commander. Le gouvernement est prêt à la seconder. Grâce à leur accord, les factieux qui ont porté à la République une si grave atteinte, seront forcés de rentrer dans l'ombre; mais ce ne sera pas sans laisser derrière eux, avec les ruines qu'ils ont faites, avec le sang généreux versé par leurs assassins, la preuve certaine de leur affiliation avec les plus détestables agents de l'empire et les intrigues ennemies. Le jour de la justice est prochain. Il dépend de la fermeté de tous les bons citoyens qu'il soit exemplaire.

Intérieur aux Préfets et Sous-Préfets.

20 mars 1871, 9 h. 40 du matin.

Faites saisir de suite le *Journal officiel* du 20 mars, daté de Paris; il est l'œuvre de l'insurrection qui s'est emparée des presses de l'*Officiel* à Paris: prévenez les populations:

ERNEST PICARD.

De son côté, le *Journal officiel* publié à Paris par l'ordre et sous la surveillance du Comité central, dans l'imprimerie Witthersheim occupée militairement, publiait les documents qu'on va lire.

PARTIE OFFICIELLE.

FÉDÉRATION RÉPUBLICAINE DE LA GARDE NATIONALE

Hôtel de ville de Paris, le 20 mars 1871.

De nombreux repris de justice, rentrés à Paris, ont été envoyés pour commettre quelques attentats à la propriété, afin que nos ennemis puissent nous accuser encore.

Nous engageons la garde nationale à la plus grande vigilance dans ses patrouilles.

Chaque caporal devra veiller à ce qu'aucun étranger ne se glisse, caché sous l'uniforme, dans les rangs de son escouade.

C'est l'honneur du peuple qui est en jeu; c'est au peuple à le garder.

ANT. ARNAUD, G. ARNOLD, ASSI, ANDIGNOUX, BOUIT, JULES BERGERET, BABICK, BOURSIER, BARON, BILLIORAY, BLANCHET, CASTIONI, CHOUTEAU, C. DUPONT, FERRAT, HENRI FORTUNÉ, FABRE, FOUGERET (sic), C. GAUDIER, GOUHIER, GÉRESME, GROLLARD, JOSSELIN, FR. JOURDE, MAXIME LISBONNE, LAVALETTE, CH. LULLIER, MALJOURNAL, MOREAU, MORTIER, PRUDHOMME, ROUSSEAU, RANVIER, VARLIN, VIARD.

AVIS.

A partir de demain 21, la solde de la garde nationale sera faite régulièrement, et les distributions de secours seront reprises sans interruption.

Le Comité central de la garde nationale:

ANT. ARNAUD, G. ARNOLD, ASSI, ANDIGNOUX, BOUIT, JULES BERGERET, BABICK, BOURSIER, BARON, BILLIORAY, BLANCHET, CASTIONI, CHOUTEAU, C. DUPONT, FERRAT, FORTUNÉ, FABRE, FOUGERET (sic), C. GAUDIER, GÉRESME, GROLARD, JOSSELIN, F.-R. JOURDE, MAXIME LISBONNE, LAVALETTE, CH. LULLIER, MALJOURNAL, MOREAU, MORTIER, PRUDHOMME, ROUSSEAU, RANVIER, VARLIN, VIARD, GOUHIER.

COMITÉ CENTRAL DE LA GARDE NATIONALE.

Citoyens,

En quittant Paris, le pouvoir qui vient de crouler sous le mépris populaire, a paralysé, désorganisé tous les services publics.

Une circulaire a enjoint à tous ses employés de se rendre à Versailles.

La télégraphie, ce service utile entre tous dans ces moments de crise suprême, de rénovation, n'a pas été oubliée dans ce complot monarchique.

Tous les services, toutes les communications avec la province sont interrompus. On veut nous tromper. Les employés sont à Versailles — avec le roi.

Nous signalons au peuple de Paris ce procédé criminel. C'est une nouvelle pièce à charge dans ce grand procès entre Peuples et rois.

En attendant, et pour consacrer tout entières à l'œuvre du moment les forces qui nous restent, nous suspendons, à partir d'aujourd'hui, le service de la télégraphie dans Paris.

Le directeur général,
J. LUCIEN COMBATZ.

Le directeur général des télégraphes est autorisé à supprimer jusqu'à nouvel ordre la télégraphie privée dans Paris.

Paris, 20 mars 1871.

Pour le Comité central,
L. BOURSIER, GOUHIER, MOREAU.

Paris, depuis le 18 mars, n'a d'autre gouvernement que celui du peuple : c'est le meilleur.

Jamais révolution ne s'est accomplie dans des conditions pareilles à celles où nous sommes.

Paris est devenu ville libre.

Sa puissante centralisation n'existe plus.

La monarchie est morte de cette constatation d'impuissance.

Dans cette ville libre, chacun a le droit de parler sans prétendre influer en quoi que ce soit sur les destinées de la France.

Or, Paris demande :

1° L'élection de la mairie de Paris ;

2° L'élection des maires, adjoints et conseillers municipaux des vingt arrondissements de la ville de Paris ;

3° L'élection de tous les chefs de la garde nationale, depuis le premier jusqu'au dernier ;

4° Paris n'a nullement l'intention de se séparer de la France, loin de là : il a souffert pour elle l'empire, le gouvernement de la défense nationale, toutes ses trahisons et toutes ses lâchetés. Ce n'est pas, à coup sûr, pour l'abandonner aujourd'hui, mais seulement pour lui dire, en qualité de sœur aînée : Soutiens-toi toi-même comme je me suis soutenu ; oppose-toi à l'oppression comme je m'y suis opposé !

Le commandant délégué à l'ex-préfecture de police,
E. DUVAL.

Les délégués adjoints :
E. TEUILLIÈRE, ÉDOUARD ROUILLER, L. DUVIVIER, CHARDON, VERGNAUD, MOUTON.

MANIFESTE DES DÉPUTÉS DE PARIS.

A nos mandants, électeurs de la Seine.

Chers concitoyens,

Le compte rendu de la séance du 10 mars vous a dit avec quelle énergie nous avons insisté pour la translation de l'Assemblée nationale à Paris. Nous avions hâte d'être au milieu de vous.

Nous avons du moins contribué à déjouer le projet de donner pour résidence à l'Assemblée la ville de Fontainebleau.

Inutile d'ajouter que si, plus tard, on venait proposer de changer la résidence provisoire à Versailles en résidence définitive, cette atteinte au droit de Paris, seule capitale possible de la France, rencontrerait de notre part une résistance inflexible.

En attendant, et vu l'état déplorable où l'empire a jeté notre pays, nous croyons nécessaire d'éviter tout ce qui pourrait donner lieu à des agitations, dont ne manqueraient pas de profiter nos adversaires politiques et les envahisseurs de la France, encore campés sur son territoire.

Nous estimons, en outre, que notre présence au poste que vos suffrages nous ont assigné ne saurait être inutile, soit qu'il s'agisse de consolider la République, soit qu'il y ait à la défendre.

Sauvegarder la République, hâter la délivrance du sol français, voilà les deux grands intérêts du moment.

La République ! nous la servirons en restant sur la brèche, jusqu'à ce que l'Assemblée actuelle, nommée pour trancher la question de paix ou de guerre et pourvoir aux nécessités résultant de sa décision, fasse place à une Assemblée constituante.

La France ! nous la servirons, en nous gardant de tout ce qui serait de nature à amener des conflits dont, nous le répétons, nos ennemis du dedans et du dehors n'auraient que trop sujet de se réjouir.

Telle est, chers concitoyens, la ligne de conduite que nous nous sommes tracée. Nous avons l'espoir que vous l'approuverez.

PEYRAT, EDMOND ADAM, EDGAR QUINET, SCHŒLCHER, LANGLOIS, HENRI BRISSON, GREPPO, TOLAIN, GAMBON, LOCKROY, JEAN BRUNET, FLOQUET, TIRARD, CLÉMENCEAU, MARTIN BERNARD, FARCY, LOUIS BLANC.

L'arrêté relatif à la vente des objets engagés au mont-de-piété est rapporté.

Prorogation d'un mois des échéances des effets de commerce.

Jusqu'à nouvel ordre, et dans le seul but de maintenir la tranquillité, les propriétaires et les maîtres d'hôtel ne pourront congédier leurs locataires.

Le Comité central de la garde nationale est décidé à respecter les conditions de la paix.

Seulement, il lui paraît de toute justice que les auteurs de la guerre maudite dont nous souffrons subissent la plus grande partie de l'indemnité imposée par nos impitoyables vainqueurs.

GRÉLIER,
Délégué à l'intérieur.

Le Comité de la Fédération républicaine et le Comité central de la garde nationale ont opéré leur fusion et adopté les statuts suivants :

FÉDÉRATION DE LA GARDE NATIONALE.

STATUTS. — DÉCLARATION PRÉALABLE

La République est le seul gouvernement possible; elle ne peut être mise en discussion.

La garde nationale a le droit absolu de nommer tous ses chefs et de les révoquer dès qu'ils ont perdu la confiance de ceux qui les ont élus, toutefois après une enquête préalablement destinée à sauvegarder les droits de la justice.

Art. 1ᵉʳ. La Fédération républicaine de la garde nationale est organisée, ainsi qu'il suit :

1° L'assemblée générale des délégués ;
2° Le cercle de bataillon ;
3° Le conseil de guerre ;
4° Le Comité central.

Art. 2. L'assemblée générale est formée :

1° D'un délégué élu à cet effet dans chaque compagnie, sans distinction de grade ;
2° D'un officier par bataillon élu par le corps des officiers ;
3° Du chef de chaque bataillon.

Ces délégués, quels qu'ils soient, sont toujours révocables par ceux qui les ont nommés.

Art. 3. Le cercle de bataillon est formé :

1° De trois délégués par compagnie, élus sans distinction de grade ;
2° De l'officier délégué à l'assemblée générale ;
3° Du chef de bataillon.

Art. 4. Le conseil de légion est formé :

1° De deux délégués par cercle de bataillon élus sans distinction de grade ;
2° Des chefs de bataillon de l'arrondissement.

Art. 5. Le Comité central est formé :

1° De deux délégués par arrondissement, élus sans distinction de grade par le conseil de légion ;
2° D'un chef de bataillon par légion, élu par ses collègues.

Art. 6. Les délégués aux cercles de bataillon, conseil de légion et Comité central sont les défenseurs naturels de tous les intérêts de la garde nationale. Ils devront veiller au maintien de l'armement de tous les corps spéciaux et autres de ladite garde, et prévenir toute tentative qui aurait pour but le renversement de la République.

Ils ont également pour mission d'élaborer un projet de réorganisation complète des forces nationales.

Art. 7. Les réunions de l'assemblée générale auront lieu les premiers dimanches du mois, sauf 'urgence.

Les diverses fractions constituées de la Fédération fixeront par un règlement intérieur les modes, lieux et heures de leurs délibérations.

Art. 8. Pour subvenir aux frais généraux d'administration, de publicité et autres du Comité central, il sera établi dans chaque campagnie une cotisation, qui devra produire au minimum un versement mensuel de cinq francs, lequel sera effectué du 1ᵉʳ au 5 du mois, entre les mains du trésorier, par les soins des délégués membres de l'assemblée générale.

Art. 9. Chaque délégué recevra une carte personnelle qui lui servira d'entrée à ses réunions.

Art. 10. Tous les gardes nationaux sont solidaires, et les délégués de la Fédération sont placés sous la sauvegarde immédiate et directe de la garde nationale tout entière.

PARTIE NON OFFICIELLE.

Paris, le 20 mars 1871.

LA RÉVOLUTION DU 18 MARS

Les journaux réactionnaires continuent à tromper l'opinion publique en dénaturant avec préméditation et mauvaise foi les événements politiques dont la capitale est le théâtre depuis trois jours. Les calomnies les plus grossières, les inculpations les plus fausses et les plus outrageantes sont publiées contre les hommes courageux et désintéressés qui, au milieu des plus grands périls, ont assumé la lourde responsabilité du salut de la République.

L'histoire impartiale leur rendra certainement la justice qu'ils méritent, et constatera que la Révolution du 18 mars est une nouvelle étape importante dans la marche du progrès.

D'obscurs prolétaires, hier encore inconnus, et dont les noms retentiront bientôt dans le monde entier, inspirés par un amour profond de la justice et du droit, par un dévouement sans borne à la France et à la République, s'inspirant de ces généreux sentiments et de leur courage à toute épreuve, ont résolu de sauver à la fois la patrie envahie et la liberté menacée. Ce sera là leur mérite devant leurs contemporains et devant la postérité.

Les prolétaires de la capitale, au milieu des défaillances et des trahisons des classes gouvernantes, ont compris que l'heure était arrivée pour eux de sauver la situation en prenant en mains la direction des affaires publiques.

Ils ont usé du pouvoir que le peuple a remis entre leurs mains, avec une modération et une sagesse qu'on ne saurait trop louer.

Ils sont restés calmes devant les provocations des ennemis de la République, et prudents en présence de l'étranger.

Ils ont fait preuve du plus grand désintéressement et de l'abnégation la plus absolue. A peine arrivés au pouvoir, ils ont eu hâte de convoquer dans ses comices le peuple de Paris, afin qu'il nomme immédiatement une municipalité communale dans les mains de laquelle ils abdiqueront leur autorité d'un jour.

Il n'est pas d'exemple dans l'histoire d'un gouvernement provisoire qui se soit plus empressé de déposer son mandat dans les mains des élus du suffrage universel.

En présence de cette conduite si désintéressée,

si honnête et si démocratique, on se demande avec étonnement comment il peut se trouver une presse assez injuste, malhonnête et éhontée pour déverser la calomnie, l'injure et l'outrage sur des citoyens respectables, dont les actes ne méritent jusqu'à ce jour qu'éloge et admiration.

Les amis de l'humanité, les défenseurs du droit, victorieux ou vaincus, seront donc toujours les victimes du mensonge et de la calomnie?

Les travailleurs, ceux qui produisent tout et qui ne jouissent de rien, ceux qui souffrent de la misère au milieu des produits accumulés, fruit de leur labeur et de leurs sueurs, devront-ils donc sans cesse être en butte à l'outrage?

Ne leur sera-t-il jamais permis de travailler à leur émancipation sans soulever contre eux un concert de malédictions?

La bourgeoisie, leur aînée, qui a accompli son émancipation il y a plus de trois quarts de siècle, qui les a précédés dans la voie de la révolution, ne comprend-elle pas aujourd'hui que le tour de l'émancipation du prolétariat est arrivé?

Les désastres et les calamités publiques dans lesquels son incapacité politique et sa décrépitude morale et intellectuelle ont plongé la France devraient pourtant lui prouver qu'elle a fini son temps, qu'elle a accompli la tâche qui lui avait été imposée en 89, et qu'elle doit sinon céder la place aux travailleurs, au moins les laisser arriver à leur tour à l'émancipation sociale.

En présence des catastrophes actuelles, il n'est pas trop du concours de tous pour nous sauver.

Pourquoi donc persiste-t-elle avec un aveuglement fatal et une persistance inouïe à refuser au prolétariat sa part légitime d'émancipation?

Pourquoi lui conteste-t-elle sans cesse le droit commun; pourquoi s'oppose-t-elle de toutes ses forces et par tous les moyens au libre développement des travailleurs?

Pourquoi met-elle sans cesse en péril toutes les conquêtes de l'esprit humain accomplies par la grande révolution française?

Si, depuis le 4 septembre dernier, la classe gouvernante avait laissé un libre cours aux aspirations et aux besoins du peuple; si elle avait accordé franchement aux travailleurs le droit commun, l'exercice de toutes les libertés, si elle leur avait permis de développer toutes leurs facultés, d'exercer tous leurs droits, et de satisfaire leurs besoins; si elle n'avait pas préféré la ruine de la patrie au triomphe certain de la République en Europe, nous n'en serions pas où nous en sommes et nos désastres eussent été évités.

Le prolétariat, en face de la menace permanente de ses droits, de la négation absolue de toutes ses légitimes aspirations, de la ruine de la patrie et de toutes ses espérances, a compris qu'il était de son devoir impérieux et de son droit absolu de prendre en main ses destinées et d'en assurer le triomphe en s'emparant du pouvoir.

C'est pourquoi il a répondu par la révolution aux provocations insensées et criminelles d'un gouvernement aveugle et coupable, qui n'a pas craint de déchaîner la guerre civile, en présence de l'invasion et de l'occupation étrangère.

L'armée, que le pouvoir espérait faire marcher contre le peuple, a refusé de tourner ses armes contre lui, elle lui a tendu une main fraternelle et s'est jointe à ses frères.

Que les quelques gouttes de sang versé, toujours regrettables, retombent sur la tête des provocateurs de la guerre civile et des ennemis du peuple, qui, depuis près d'un demi-siècle, ont été les auteurs de toutes nos luttes intestines et de toutes nos ruines nationales.

Le cours du progrès, un instant interrompu, reprendra sa marche, et le prolétariat accomplira, malgré tout, son émancipation!

Le délégué au JOURNAL OFFICIEL.

LES ÉLECTIONS COMMUNALES

Le Comité central de la garde nationale a convoqué pour mercredi prochain, 22 du courant, les électeurs des vingt arrondissements dans leurs comices, afin de nommer le conseil communal de Paris.

Tous les citoyens comprendront l'utilité et l'importance de ces élections, qui assureront d'une manière régulière tous les services publics et l'administration de la capitale, dont le besoin est si urgent dans les graves circonstances présentes.

En votant pour des républicains socialistes connus, dévoués, intelligents, probes et courageux, les électeurs parisiens assureront non-seulement le salut de la capitale et de la République, mais encore celui de la France.

Jamais occasion aussi solennelle et aussi décisive ne s'est présentée pour le peuple de Paris; il tient son salut dans ses mains; du vote de mercredi prochain dépend son avenir.

S'il suit le conseil que nous lui donnons, il est sauvé; s'il vote pour des réactionnaires, il est perdu.

Il ne peut donc hésiter; il donnera une nouvelle preuve d'intelligence et de dévouement en consolidant à jamais par son vote la République démocratique.

Les mesures sages et prévoyantes prises par le Comité central de la garde nationale ont complètement calmé l'effervescence de la population parisienne.

Sur les boulevards et dans les rues, la circulation est aussi active que d'habitude. Bien que les événements accomplis ces derniers jours soient commentés avec animation, les citoyens acceptent franchement le nouvel état de choses, garanti du reste par l'aide et le concours de la garde nationale tout entière.

La troupe régulière a, de son côté, compris que ses chefs ne pouvaient plus lui commander le feu sur les Français après les avoir fait fuir devant les Prussiens.

Les auteurs de tous nos maux ont quitté Paris sans emporter le moindre regret.

Et, maintenant, soldats, mobiles et gardes nationaux sont unis par la même pensée, le même désir, le même but : nous voulons tous l'union et la paix.

Plus d'émeutes dans les rues ! Assez de sang versé pour les tyrans !

Que les ambitieux ou les traîtres se le tiennent pour dit.

Vous, commerçants qui voulez la stabilité dans les affaires; vous, boutiquiers qui demandez le va-et-vient favorable à la consommation; vous, ouvriers qui avez besoin d'utiliser vos bras pour assurer l'existence de vos familles ; vous tous enfin qui, après tant de calamités, aspirez à jouir de la sécurité indispensable au bonheur d'un grand peuple, rejetez les conseils funestes qui tendent à nous mettre de nouveau entre des mains royales ou impériales.

Pour renverser notre République sacro-sainte, cimentée hier encore par l'œuvre commune, il faudrait supporter l'horreur d'une nouvelle lutte fratricide, et passer sur nombre de cadavres républicains.

Sacrifions toutes nos jalousies, toutes nos rancunes sur l'autel de la Patrie, et que de toutes les poitrines françaises parte ce cri grand et sublime :

Vive à jamais la République !

PROCLAMATION BLANQUI

Citoyens,

Le 4 septembre, un groupe d'individus qui, sous l'empire, s'étaient créé une popularité facile, s'était emparé du pouvoir. A la faveur de l'indignation générale, ils s'étaient substitués au gouvernement pourri qui venait de tomber à Sedan. Ces hommes étaient pour la plupart les bourreaux de la République de 1848. Cependant, à la faveur du premier moment de surprise, ils se sacrèrent arbitres de la destinée de la France. Les vrais républicains, ceux qui sous tous les gouvernements avaient souffert pour leurs croyances, virent avec douleur cette usurpation des droits de la nation.

Pourtant, le temps pressait, l'ennemi approchait; pour ne pas diviser la nation, chacun se mit de toutes ses forces à l'œuvre de salut. Espérant que l'expérience avait appris quelque chose à ceux qui avaient été pour ainsi dire les créateurs de l'empire, les républicains les plus purs acceptèrent sans murmurer de servir sous eux, au nom de la République.

Qu'arriva-t-il ? Après avoir distribué à leurs amis toutes les places où ils ne conservaient pas les bonapartistes, ces hommes se croisèrent les bras et crurent avoir sauvé la France. En même temps, l'ennemi enserrait Paris d'une façon de plus en plus inexorable, et c'était par de fausses dépêches, par de fallacieuses promesses que le gouvernement répondait à toutes les demandes d'éclaircissements.

L'ennemi continuait à élever ses batteries et ses travaux de toute sorte, et à Paris, 300,000 citoyens restaient sans armes et sans ouvrage, et bientôt sans pain, sur le pavé de la capitale.

Le péril était imminent, il fallait le conjurer. Or, au gouvernement issu d'une surprise, il fallait substituer la Commune, issue du suffrage universel. De là le mouvement du 31 octobre. Plus honnêtes que ceux qui ont eu l'audace de se faire appeler le gouvernement des honnêtes gens, les républicains n'avaient pas ce jour-là l'intention d'usurper le pouvoir. C'est au peuple, réuni librement devant les urnes électorales, qu'ils en appelaient du gouvernement incapable, lâche et traître. Au gouvernement issu de la surprise et de l'émotion populaire, ils voulaient substituer le gouvernement issu du suffrage universel.

Citoyens,

C'est là notre crime. Et ceux qui n'ont pas craint de livrer Paris à l'ennemi avec sa garnison intacte, ses forts debout, ses murailles sans brèche, ont trouvé des hommes pour nous condamner à la peine capitale.

On ne meurt pas toujours de pareilles sentences. Souvent on sort de ces épreuves plus grand et plus pur. Si l'on meurt, l'histoire impartiale vous met tôt ou tard au-dessus des bourreaux qui, en atteignant l'homme, n'ont cherché qu'à tuer le principe.

Citoyens,

Les hommes ne sont rien, les principes seuls sont immortels. Confiant dans la grandeur et dans la justice de notre cause, nous en appelons du jugement qui nous frappe au jugement du monde entier et de la postérité. C'est lui qui, si nous succombons, fera, comme toujours, un piédestal glorieux aux martyrs de l'échafaud infamant élevé par le despotisme ou la réaction.

Vive la République !

BLANQUI.

ASPECT DE PARIS

La *France*, dans son numéro du 22, résume d'une façon précise et saisissante ses impressions du jour sur la physionomie de Paris dans la journée du 21.

La physionomie de Paris n'est pas sensiblement modifiée depuis hier ; cependant il est visible que la situation devient de plus en plus tendue, et que les deux éléments de l'ordre et de l'anarchie commencent à se regarder en face.

Il se manifeste, d'une part, au sein de la population, un mouvement de résistance morale à l'émeute triomphante ; l'émeute, de son côté, fait des préparatifs de résistance matérielle contre l'explosion de l'indignation publique.

Mais espérons encore qu'elle en sera quitte pour ses dispositions militaires, et que le patriotisme de

Le citoyen Lullier, à la tête de deux bataillons fédérés, s'empare de la mairie du 6e arrondissement. (Voir page 75.)

ous, — partisans de l'Hôtel de ville et habitants paisibles de Paris, — dispersera prochainement cet orage intérieur.

En attendant, il ne faut pas se le dissimuler, la capitale de la France est complétement entre les mains du Comité central, qui l'occupe militairement par ses bataillons.

Depuis hier, les bataillons qui protégent le Comité établi à l'état-major ont pris des précautions d'un caractère important. Deux pièces de canon menacent la rue de la Paix, et deux autres la rue Castiglione. La place Vendôme n'est plus livrée à la circulation, et au coin des rues qui y conduisent des piquets sont formés.

Un canon a été braqué, ce matin, au coin de la rue Drouot et du boulevard.

La plupart des barricades qui avaient été partiellement démolies pour laisser un libre passage à la circulation des voitures, ont été reformées pendant la nuit et munies de leurs canons.

Les portes de Paris, qui devaient ne plus se fermer qu'à dix heures du soir seulement, sont closes maintenant à huit heures. Grâce à cette mesure, des milliers de personnes ont dû passer hier la nuit sur le talus des fortifications.

Au Point-du-Jour, le 127e bataillon garde la rive droite de la Seine et les deux portes de la route de Versailles. Il ne laisse sortir de Paris aucun militaire, fait subir des interrogatoires à tous les civils qui se présentent et fouille soigneusement les voitures.

D'autres bataillons occupent le palais de l'Industrie et le bâtiment de la Manutention militaire à Chaillot.

A Montmartre, un nommé Ganier s'intitule général de brigade, *commandant la place du dix-huitième arrondissement.*

Le Comité central a investi, dit-on, le général Cremer des fonctions de commandant des forts de la rive gauche.

Ces mesures militaires n'inquiéteraient que médiocrement la population, parce qu'elles sont prises contre un ennemi imaginaire et que l'émeute du 18 mars n'est destinée à être vaincue que par le bon sens, si la liberté individuelle des citoyens n'était point menacée par des arrestations arbitraires.

Il n'est malheureusement question, partout, que d'attentats de ce genre.

Un mot dit contre le Comité central, les soupçons d'un garde national, le cri d'un gamin suffisent pour faire arrêter les citoyens.

Après le général Chanzy, on arrêtait M. de Lareinty; hier, M. Ulbach était conduit à pied d'Auteuil à l'Hôtel de ville entre quatre gardes nationaux, uniquement parce qu'il voulait aller à Versailles.

Les gares de chemins de fer sont particulièrement surveillées par les agents du Comité. Celle d'Orléans, surtout. Dans la journée d'hier, vers deux heures, un train a encore été arrêté. Le général Allard, président de section au conseil d'État, s'y trouvait. Il a été immédiatement reconnu et saisi. Un commissaire de police, M. Martinet, qui était avec le général, a également été reconnu; mais plus heureux, il a pu s'échapper.

Le *Siècle* parle de l'arrestation de M. Glais-Bizoin, qui aurait été remis entre les mains du commandant de l'Hôtel de ville.

Le *Droit* a recueilli au palais le bruit de l'arrestation de M. Pauffin, juge d'instruction.

On signale aussi l'arrestation de M. Bonjean.

Cet ancien sénateur, président de chambre actuellement à la cour de cassation, avait, dit-on, envoyé un de ses domestiques au Palais de Justice avec un mot pour le procureur général, annonçant à ce magistrat que le signataire l'attendait chez lui jusqu'à cinq heures et demie du soir, dans son domicile. La lettre et le domestique ont été saisis et, peu après, M. Bonjean lui-même aurait été arrêté et transféré à la Conciergerie.

Nous avons parlé tout à l'heure du général Chanzy. Il n'est que trop vrai que l'ordre d'élargissement de ce général, signé par M. Tirard, au nom des municipalités de Paris, n'a point été pris en considération.

Revenant de Versailles, MM. Schœlcher et Clémenceau s'étaient présentés à l'Hôtel de ville pour demander, au nom des députés de Paris, l'élargissement du général Chanzy, arrêté sans aucune espèce de motif.

Après une attente de plus d'une heure, les deux députés ont dû se retirer, sur l'avis que le Comité avait décidé le maintien de l'arrestation.

Ce qu'il y a de particulièrement inquiétant dans cette situation cruelle, c'est que l'argent venant à manquer au Comité central, on ne peut calculer l'étendue des malheurs qui en seront la conséquence.

On dit qu'il n'y a point un centime à la Banque de France, que tout le numéraire a été transporté à Versailles et que les billets ont été détruits.

Qu'arrivera-t-il lorsque le Comité central n'aura plus de quoi défrayer l'émeute?

Les réquisitions d'argent d'abord, le pillage en ensuite.

Les réquisitions en nature s'accomplissent déjà sur une large échelle.

On cite dans différents quartiers, dans celui de la Bourse notamment, des boutiques de boulangers et de charcutiers qui auraient été littéralement dévalisées.

Ici se place un détail que nous empruntons à la *Vérité* :

Hier au soir, dit ce journal, jusqu'à onze heures, la Banque de France était gardée par le bataillon de la Banque. Deux bataillons, recevant le mot d'ordre du Comité, ont fait évacuer notre grande institution de crédit et ont exigé du gouverneur un bon de un million de francs, déclarant que, sans cette somme, ils ne répondaient pas de l'ordre. La somme leur a été livrée sur reçu.

On assure d'autre part, — ajoute la *Vérité*, — que les délégués du Comité, auxquels cette somme d'un million a été remise, étaient porteurs d'un ordre de payement régulier, délivré par le Trésor.

Comment Paris sortira-t-il de cette crise? Tous les vœux des esprits sensés sont pour une conciliation.

Il se produit, du reste, comme nous l'avons dit hier, un mouvement de réaction très-prononcé en faveur du retour à la légalité et à l'ordre.

Nous avons signalé déjà l'attitude énergique prise par la garde nationale de Passy.

Le deuxième arrondissement paraît ne pas s'être résigné le moins du monde à subir la loi de l'émeute. Une affiche des commandants des bataillons appartenant à ce quartier a invité les gardes nationaux à se réunir sur le territoire de leur arrondissement pour y maintenir la paix publique.

L'agitation contre-anarchiste, commencée avant-hier aux environs de la Bourse, a pris hier de grands développements.

De nombreux groupes se sont formés, où l'on s'encourage à une résistance passive au Comité central.

Vers quatre heures, une compagnie de Belleville étant venue relever les gardes du quartier postés autour de la Bourse, ceux-ci ont refusé de céder la place et de subir les ordres du Comité. Après une heure de conversations très-animées, les gardes de Belleville se sont retirés.

Dans le même temps, le 188ᵉ bataillon, faisant partie du dixième arrondissement, s'est présenté à cette mairie pour en expulser les autorités municipales. En l'absence de M. Dubail, maire, M. Murat, adjoint, a résisté énergiquement aux demandes des délégués et a refusé de leur livrer les listes électorales.

Devant cette résistance, les délégués du 188ᵉ bataillon se sont retirés, ne conservant qu'une salle de la mairie où ils ont ouvert la discussion sur l'incident.

Mais les deux grandes affaires de la journée d'hier ont été la réintégration forcée de M. Tony Moilin à la mairie du sixième arrondissement, et la manifestation faite en faveur de l'ordre par un nombre considérable d'habitants de la rive droite.

On en trouvera les détails ci-après.

EXPULSION DU MAIRE ÉLU DU 6ᵉ ARRONDISSEMENT.

On se rappelle que le Comité qui prétend gouverner Paris a délégué M. Tony Moilin pour remplacer, au sixième arrondissement, MM. Hérisson, maire, et Albert Leroy, adjoint, quoique ceux-ci eussent été élus par le suffrage universel. Par un coup de surprise, M. Tony Moilin avait pris possession de la mairie de la place Saint-Sulpice et expulsé les seuls titulaires légaux. Hier, 24 mars, vers deux heures de l'après-midi, M. Albert Leroy fut réintégré dans ses fonctions par les gardes nationaux du quartier, de la manière la plus paisible ; cela fait, il ne demanda, pour appuyer son droit, et faire respecter moralement tout au moins le suffrage universel, qu'un poste de cent gardes, qui ne tardèrent pas à être réunis à la mairie.

Cependant, des bruits de la menace d'une descente de bataillons étrangers à l'arrondissement ne tardèrent pas à se répandre. Avec des républicains dévoués à l'ordre en même temps qu'à la liberté, je courus à la mairie me placer près du seul représentant réel de l'autorité, et je crois remplir un devoir civique en disant ce qui s'est passé.

Après le passage de la manifestation en faveur de l'ordre, vers quatre heures et demie, le 185° bataillon qui est, dit-on, de Belleville, vint occuper la rue de Rennes à la hauteur de la rue du Vieux-Colombier, en vue de la place Saint-Sulpice.

Prévenu, M. Albert Leroy signa l'ordre de convoquer les neuf bataillons de l'arrondissement.

A peine un commencement d'exécution de cet ordre avait-il pu avoir lieu, que l'on entendit le tambour et le clairon, et que l'on vit déboucher par la rue Saint-Sulpice et marcher contre le poste de la mairie, M. Lullier, à cheval, accompagné de quelques officiers, également à cheval, et conduisant deux bataillons, dont l'un, le 120°, marchait en tête. Le 186°, à ce signal, déboucha à son tour par la rue du Vieux-Colombier et joignit son action aux deux autres. M. Lullier, se trouvant ainsi à la tête de plus de deux mille hommes, marcha contre les cent hommes du poste.

Les portes de la mairie furent fermées. Je restai devant mes camarades de la garde nationale. M. Lullier poussa son cheval jusque sur moi, et, alors que ses hommes nous entouraient, brandissant son sabre :

— Que le chef de la mairie descende et vienne ici ! s'écria-t-il.

— De quel droit intimez-vous cet ordre ? répondis-je avec plusieurs autres.

— Je suis Lullier, général en chef de la garde nationale.

— Ce ne serait pas une raison pour donner des ordres à un maire. Mais qui vous a nommé général ?

— Le Comité central de la garde nationale de Paris, reconnu par deux cent cinquante et un bataillons de la garde nationale.

— Non, cela n'est pas ; nous ne reconnaissons pas ce Comité, et il n'y a eu d'ailleurs aucune convocation régulière des gardes nationaux pour le nommer.

— Mille tonnerres de Dieu ! cria de nouveau M. Lullier en brandissant son sabre au-dessus de ma tête, ouvrez vite cette mairie, ou je l'enfonce à coups de canon.

Pendant ce temps, les gardes qui suivaient M. Lullier s'approchaient la baïonnette en avant ; d'autres, qui avaient entouré le petit poste, frappaient à coups de crosse contre les portes ; quelques-uns entreprenaient l'escalade et commençaient la prise d'assaut.

— De grâce, évitez l'effusion du sang ! m'écriai-je. Respectez aussi le suffrage universel, qui a élu les républicains que vous voulez chasser de la mairie où ils sont légalement.

— Que m'importe ? vociféra M. Lullier avec les plus gros jurements. Je massacrerai cent mille hommes, s'il le faut ; je ne laisserai pas pierre sur pierre dans cet arrondissement réactionnaire ; je ferai un exemple nécessaire.

Quelques-uns de ses hommes ajoutèrent :

— Nous désarmerons les bataillons de ce quartier. S'ils résistent, gare à eux !

A ce moment, deux officiers du 120° me mirent en état d'arrestation au milieu d'un peloton. Mais une minute à peine s'était écoulée que les portes de la mairie ayant cédé, le flot des envahisseurs se précipita en avant, et j'eus la chance d'être lâché. Je me retirai sur les derrières, et j'assistai à la violation du suffrage universel par ceux-là mêmes qui le convoquent pour demain.

Je dois ajouter que M. Albert Leroy put échapper à la colère des envahisseurs qui, ayant installé un piquet à la mairie, montèrent vers le Luxembourg, dont ils chassèrent aussi les gardes nationaux du sixième arrondissement, après que M. Lullier eut commandé d'armer aux hommes de sa troupe, dont il avait déployé une partie en tirailleurs.

Entretemps, un bataillon du quartier, le 193°, avait pu réunir environ 400 hommes qui, bravement, vinrent s'établir sur la place Saint-Sulpice, en face du piquet de Belleville. Sa bonne tenue, ou peut-être un ordre provenant d'un remords de l'attentat, finirent par engager les hommes de M. Lullier à s'en aller dans la soirée.

Le sixième arrondissement est maintenant rentré en possession de sa mairie.

J'affirme les exécrables paroles prononcées par M. Lullier, à la tête de ceux dont il se dit le général ; j'ai certainement adouci son horrible langage ; je n'ai rien exagéré. Les menaces d'exécution sommaire dont je suis l'objet ne sauraient peser le poids d'une faute sur ma volonté et m'empêcher de faire mon devoir. Absolument dévoué à la République, je ne reconnais de pouvoir que celui émané du suffrage universel ; à ce titre, l'Assemblée nationale a seule aujourd'hui le droit de commander au pays ; à elle seule, tout citoyen digne de ce nom doit obéir.

(*Opinion nationale.*)   J.-A. BARRAL.

LA MANIFESTATION DES AMIS DE L'ORDRE

Elle a commencé à se former sur les boulevards à la hauteur de la rue Drouot, vers deux heures de l'après-midi.

Plusieurs groupes étaient réunis là et discutaient lorsqu'un monsieur, coiffé d'une casquette de franc-tireur, portant un lorgnon, s'écria : « Pourquoi tous les hommes d'ordre ne s'assembleraient-ils pas pour protester contre les actes du Comité et lui montrer qu'on ne le reconnaît pas ? »

Et levant sa casquette en l'air : « Vive l'ordre ! » ajouta-t-il, que tous les partisans de l'ordre me suivent ! »

Aussitôt les chapeaux se lèvent ; on bat des mains aux cris de : « Vive l'Assemblée ! à bas le Comité !

Cinq cents personnes se mettent en marche immédiatement, en habits bourgeois, sans armes, et entrent dans la rue Vivienne.

A ce moment on apporte un large drapeau tricolore sur lequel est écrit : « Réunion des hommes d'ordre. »

La manifestation est partout saluée sur son passage des cris : « Vive l'ordre ! A bas le Comité ! Vive l'Assemblée ! » On l'applaudit des portes et des fenêtres.

C'est à la place de la Bourse principalement qu'elle est accueillie par de frénétiques applaudissements.

On voit des milliers de chapeaux noirs s'agiter au-dessus des têtes échelonnées sur les gradins.

Le bataillon de garde nationale campé au dedans des grilles porte les armes au drapeau, et le salue de plusieurs roulements de tambour.

Cinq ou six individus en blouse qui veulent jeter quelques gouttes d'eau sur cet enthousiasme, sont fortement malmenés par la majorité des manifestants.

Après avoir recruté de nombreux partisans autour du « temple de la finance, » la colonne continue de marcher par la rue Montmartre, du côté du boulevard.

Les nombreux commerçants qui se trouvent dans cette rue se mettent aux fenêtres avec leurs femmes et leurs commis, et tous battent des mains à tout rompre.

Sur le boulevard, devant le café de Madrid, la manifestation se heurte à quelques dissidents.

La tête de la colonne débouche dans la rue Drouot. La mairie est gardée par les compagnies dissidentes du 117ᵉ bataillon et la cour de l'Opéra par le 144ᵉ.

Quelques hommes se détachent et vont parlementer avec les gardes nationaux.

Après de brefs pourparlers, les portes de la mairie s'ouvrent : nous en voyons sortir un officier, qui agite son épée au-dessus de la foule pour réclamer le silence. Il prononce quelques paroles, que nous ne pouvons pas entendre.

On bat des mains, on agite les chapeaux, et les premiers gardes nationaux lèvent la crosse en l'air.

On parle d'envoyer des délégués à M. Desmarest, qui demeure rue Scribe, pour lui demander de reprendre son poste à la mairie.

De nombreuses discussions s'engagent avec les hommes du 144ᵉ, qui paraissent plus farouches que ceux du 117ᵉ.

Néanmoins ils déclarent qu'ils abandonneront leur poste dès qu'un bataillon sera venu régulièrement les relever.

La manifestation reprend sa marche, mais une foule nombreuse continue à stationner devant la mairie, jusqu'à ce que les gardes nationaux viennent barrer la rue des deux côtés.

A la place Vendôme, incident :

On sait que là les gardes nationaux de Montmartre se sont solidement retranchés.

La manifestation arrivant par la rue de la Paix entre en pourparlers avec eux, mais on ne s'entend pas.

On injurie même un des orateurs, que l'on soupçonne être M. Lermina. On le traite de « canaille » et de « mouchard. »

Les gardiens de la place se mettent à leurs pièces et les braquent sur la foule.

Aussitôt quelques fuyards se dispersent et les boutiques se ferment violemment.

Le gros de la manifestation a continué sa marche à travers les rues et les boulevards.

On passe l'eau ; un accueil très-sympathique est fait partout aux manifestants.

Rue de Vaugirard, ils s'arrêtent devant la maison de l'amiral Challié, qui descend et se met à la tête de cette expression pacifique des volontés de la vraie population parisienne et la suit jusqu'au pont Saint-Michel.

A six heures du soir, nous en retrouvons un tronçon au coin de la Chaussée-d'Antin, sur le boulevard des Capucines, aux prises avec quelques partisans du Comité.

La discussion est violente, car les cris sont bruyants ; à chaque instant nous voyons la foule qui s'écarte comme pour faire place à deux champions.

Parmi les plus chauds partisans de l'ordre, nous distinguons MM. Georges de Heeckeren, Gaston Jollivet et un de leurs amis qui donnent bien du fil à retordre à leurs adversaires.

On se sépare aux cris mille fois répétés de : « Vive l'Assemblée ! » et en se donnant rendez-vous pour le lendemain, à une heure, sur la place de l'Opéra.

Sans armes ! sans armes !   (*Paris-Journal*).

PLACE DE LA BASTILLE

Les manifestations continuent sans grand entrain. Le drapeau du Comité flotte à côté du drapeau rouge. — Une immense couronne blanche orne un des angles du piédestal de la colonne. — Une affiche placardée sur le socle avertit les gardes nationaux de se défier des voleurs et d'arrêter sans pitié tous les individus suspects.

PLACE DES VOSGES

Calme absolu ; quelques gamins jouent entre les faisceaux, tandis que les gardes nationaux fument leurs pipes d'un air des plus placides. Sur les bancs, les mamans et les bonnes d'enfants tricotent et commèrent en suivant de l'œil les ébats de la troupe enfantine. La rue des Vosges est débarrassée de sa barricade. Dans tout le quartier du Marais, les obstacles apportés à la circulation disparaissent peu à peu. Les habitants mettent un grand entrain à fermer leurs boutiques dès qu'ils voient apparaître une troupe armée.

L'HÔTEL DE VILLE

Une foule immense et des plus pacifiques.— La circulation n'est plus interdite. — Les voitures mêmes peuvent passer par l'avenue Victoria.— Des discours fort réactionnaires se font entendre.— Les passants pestent et jurent contre les factionnaires. — Cent dix-sept pièces de canon sont braquées devant l'Hôtel de ville.

Le Comité central a l'Hôtel de Ville : Cour latérale servant d'écurie et de magasin.

Une corde passée sur des affûts sans canon entoure les pièces et les protège contre le public.

Des gardes nationaux perchés sur les caissons, déjeunent tranquillement. Une vivandière fort jolie, juchée sur le caisson d'une pièce de sept, dévore un morceau de jambon, en montrant aux lignards assemblés devant l'affût des dents blanches et d'autres magnifiques détails. Quelques zouaves arrivent et échangent des quolibets avec la dame, qui les traite d'imbéciles et d'ignorants.

Dans l'Hôtel de ville le Comité est en séance. — La question du payement de l'indemnité prussienne est sur le tapis, et la discussion est, paraît-il, fort rude.

Derrière le monument, les marchandes de fleurs et les débitants de coco offrent leur marchandise à la foule.

Une foule de lignards, chasseurs, zouaves dorment au soleil. Un détachement de mobiles, clairon en tête, arrive sur la place et parlemente pour obtenir du pain et des vivres.

Des bons sont délivrés, l'argent étant rare dans les caisses.

A une heure, le bruit se répand que quatre délégués se sont rendus à la Banque pour y réquisitionner un million. — Le Comité garde un silence acharné à ce sujet. Tout à coup un brouhaha s'élève dans les couloirs.

Trois cent quarante mille francs viennent, dit-on, d'arriver à l'Hôtel de ville. Le reste du million doit être versé à six heures du soir. D'autres délégués viennent d'être envoyés aux administrations des chemins de fer, porteurs de bons en blanc. Le montant de la somme doit être inscrit à l'administration même.

LE LUXEMBOURG

Quelques soldats errent comme des âmes en peine autour des baraques. — Les vivres sont rares, mais ces malheureux ne savent comment s'y prendre pour rejoindre leurs corps.

La dissolution des conseils de guerre ne paraît calmer leurs inquiétudes que fort médiocrement. — Quelques artilleurs amènent leurs chevaux et les rendent aux gardes nationaux, déclarant qu'ils ne savent comment les nourrir. Quelques blessés sont là qui regardent par les ouvertures des ambulances sans avoir l'air de rien comprendre à ce qui se passe.

LES INVALIDES

Beaucoup de bonnes d'enfants et de marmaille. Pas mal de chasseurs à pied, sales et débraillés, mangent en plein air les vivres donnés par la charité du public. Ils déclarent à haute et intelligible voix qu'ils en ont assez et qu'ils vont se rendre à Versailles.

Le drapeau tricolore flotte sur les Invalides.

LES BOULEVARDS LE SOIR

Vers neuf heures, une foule immense encombre les environs de la rue Drouot. Le public discute bruyamment et se montre peu sympathique aux gardes nationaux du Comité qui sont là de service.

Les gardes essayent vainement de résister au flot toujours grossissant qui les déborde. La foule ne tient aucun compte de leurs avertissements et de leurs menaces.

Quelques-uns d'entre eux se reculent et tirent en l'air deux ou trois coups de fusil. Il en résulte une certaine panique. Les devantures des cafés et des magasins se baissent avec fracas.

Tous les cafés situés entre la rue de la Chaussée-d'Antin et la rue Drouot, sont restés fermés pendant le reste de la soirée, néanmoins la foule n'a pas cessé d'affluer sur les boulevards.

Vers dix heures, un coup de feu est tiré également dans la direction de la place Vendôme et produit les mêmes effets qu'à la rue Drouot.

Le premier moment de frayeur passé, les curieux reviennent assiéger la mairie du neuvième arrondissement. On envoie du renfort de Montmartre. Les gardes nationaux veulent s'avancer sur la chaussée. Le public tente de leur résister et ne tient aucun compte des coups de crosse qu'ils ne se font pas faute de leur distribuer. Ils tirent alors en l'air un nouveau coup de feu, qui leur fait livrer passage. Ils occupent le milieu du boulevard et empêchent la circulation. *(Paris-Journal.)*

SUR LA RIVE GAUCHE

Les dépôts d'armes de l'état-major (rue de Grenelle-Saint-Germain) et celui des Invalides (avenue de Latour-Maubourg) ont été envahis par une foule immense, qui, sans ordre, sans contrôle, s'est attribué toutes les armes tombées sous sa main. Il n'y a pas eu pillage, à proprement parler; mais il y a eu du moins absence presque complète de direction et de surveillance le : premier venu pouvait s'emparer de l'arme qui lui plaisait, la vendre ou la donner à sa guise, et revenir ensuite puiser au magasin.

Quelques officiers de la garde nationale ont essayé de régulariser cette appropriation par des particuliers d'objets appartenant à l'Etat, mais leurs efforts ont été à peu près inutiles.

A un moment, la grille d'entrée de l'état-major, secouée, tordue par des centaines de bras, a cédé, et la foule s'est élancée dans le manège où étaient déposés de nombreux fusils de tout modèle, ainsi que des caisses pleines de munitions.

Un sérieux danger menaçait tout ce monde : beaucoup de fumeurs n'avaient pas pris le soin d'éteindre leurs cigares ou leurs pipes; les caisses à cartouches étaient ouvertes sans la moindre précaution ; c'est merveille qu'on n'ait pas eu une catastrophe à déplorer. Il y a eu du moins une bousculade telle qu'un garde national a eu la jambe cassée et qu'un autre a été presque étouffé.

Des enfants de quatorze à quinze ans, que leur âge ne permettrait pas d'admettre dans la garde nationale, s'en allèrent avec des fusils, des mousquetons ou des pistolets.

Avenue de Latour-Maubourg, dans le bâtiment des Invalides qui renfermait avant la guerre l'arsenal de la garde mobile, on a pris tous les chassepots laissés par un régiment de ligne ; — les chassepots se vendent ce soir depuis vingt sous jusqu'à 10 francs.

Aux Invalides, ceux qui, arrivés trop tard, ne pouvaient trouver des armes de leur choix, se consolaient en prenant des objets de menu équipement : gibernes, ceinturons, etc.

Sur l'esplanade des Invalides, nous avons eu sous les yeux un spectacle profondément pénible : Une parodie de Bade ou de Monaco est établie là aux dépens de la bourse des passants. Des jeux de dés, de loto, sont entourés de gardes nationaux, de lignards, d'ouvriers qui risquent à qui mieux mieux leur argent ; des enfants mêmes jouent leurs gros sous.

L'INTÉRIEUR DE L'HOTEL DE VILLE

Les abords de l'Hôtel de ville sont gardés par un double cordon de sentinelles.

A l'intérieur les membres du Comité siègent en permanence.

Ils sont toujours là au nombre de vingt à trente, autour d'une longue table couverte d'un tapis vert ; étendus nonchalamment dans des fauteuils rembourrés, ils fument la pipe et le cigare.

De minute en minute arrivent des délégués de tous les points de la capitale qui viennent raconter ce qui se passe et prendre des instructions et des ordres.

De demi-heure en demi-heure, un des membres se lève au bout de la table et prend la parole pour entretenir ses collègues des difficultés de la situation et des mesures à prendre pour y parer.

N. B. On ne peut entrer dans la salle des délibérations qu'accompagné d'un fusil. Il est inutile qu'il soit chargé.

Depuis trois jours que le Comité central siège à l'Hôtel de ville on a déjà changé trois fois le modèle des cartes indispensables pour circuler librement dans l'Hôtel. La consigne est exécutée très-rigoureusement par les gardes nationaux qui sont en faction.

Tout le personnel servant est resté, sauf les huissiers de M. Haussmann, qui avaient continué leur service auprès de M. Jules Ferry et qui ont quitté l'Hôtel au moment du départ du maire de Paris.

MM. Boyer, chef du matériel, Paris, employé, et Guénin, capitaine de la garde nationale, chargé du service des magasins d'habillement et d'équipement de la garde nationale, continuent à remplir avec zèle leurs fonctions difficiles.

Dans ces magasins, installés dans la salle des Fêtes, il y a pour plusieurs millions de francs de marchandises, rien n'a disparu.

On remarque du reste sur les murs ces mots tracés au charbon : *Mort aux voleurs ! Vive la République !*

Il n'en a pas été de même dans les caves, les cuisines, les offices, les souterrains et tous les endroits dans lesquels se trouvaient des vivres.

Toutes les viandes fraîches et conservées ont été mangées, tous les vins ont été bus.

La cave particulière du concierge de la porte du préfet et celle du chef de cuisine ont été complétement vidées.

Cette dernière renfermait du vin de Bordeaux, du cognac et du madère pour une somme d'environ 2,000 francs.

Depuis lundi matin, le mode de distribution des vivres a été modifié et les cuisiniers ont l'ordre exprès de ne délivrer des vivres qu'en échange de bons.

Les soldats de la ligne restés à Paris, les mobiles et les gardes nationaux de service sont venus dans les cuisines et ont reçu, jusqu'à présent, tout ce dont ils avaient besoin pour satisfaire leur faim et leur soif.

Depuis lundi matin, ces distributions ne se font qu'avec ordre et sur la présentation de *Bons* signés par le citoyen Assi ou l'un des membres délégués du Comité central.

Les dépenses pour les vivres se sont élevées jusqu'à présent à une somme d'argent très-considérable.

Tout est livré à crédit par les bouchers, boulangers, charcutiers, épiciers, marchands de vin, tous fournisseurs du gouvernement.

Les appartements particuliers du préfet de la Seine sont habités par des membres du Comité central.

Les réunions du Comité, des maires, des adjoints ont lieu dans la grande salle du bord de l'eau, où siégeait le gouvernement de la défense nationale depuis le 4 septembre jusqu'au 31 octobre.

La partie de l'Hôtel de ville affectée au service des bureaux du secrétariat général de la mairie de Paris n'est pas occupée.

Les bureaux sont fermés à clef.

(*Le Bien public*).

Les séances solennelles du Comité central, dit le *Soir*, se tiennent tantôt dans la salle de la République, autrefois salle du Trône, tantôt dans la salle des délibérations du conseil municipal.

Les réunions intimes ont lieu dans le cabinet des préfets de la Seine.

Ce que le *Soir* a négligé de dire, sans doute parce qu'il l'ignorait, c'est que, en ce qui concerne les « réunions intimes, » elles ont lieu parfois de l'autre côté de l'eau, dans une brasserie borgne de la rue Saint-Séverin.

Les dames de ces messieurs ne dédaignent pas d'y assister, et même, le cas échéant, de prendre part aux délibérations. (*L'Electeur libre.*)

COMITÉ CENTRAL DE L'HOTEL DE VILLE
Séance du 21 mars

Le citoyen Varlin, délégué aux finances, demande à ce que des fonds soient mis à sa disposition pour solder et faire vivre les soldats errants dans Paris. Beaucoup de francs-tireurs qui ont offert leur concours au Comité, se trouvent dans le même cas et ont besoin de secours.

Le citoyen Maljournal est d'avis que la Banque de France doit fournir, de concert avec les établissements de crédit, les fonds nécessaires au Comité.

Le citoyen Rousseau propose d'envoyer des délégués à toutes les gares de chemins de fer. Ces délégués seront chargés de vérifier les recettes et de les frapper d'un impôt proportionnel.

La mesure est adoptée.

On agite ensuite la question du payement de l'indemnité prussienne. Le citoyen Grollard est d'avis que l'on doit confisquer et faire vendre au profit de la Commune les biens de tous les députés, sénateurs et ministres, qui ont voté la guerre contre la Prusse.

Le citoyen Blanchet appuie la proposition ; mais il est d'avis que l'on doit ajouter à cette mesure de salut public un impôt sur le montant des loyers payés ou non.

La proposition est adoptée ; il sera statué ultérieurement sur la quotité de l'impôt à payer.

Le citoyen Fabre est d'avis que les objets déposés au Mont-de-Piété pendant le siége soient rendus à leurs dépositaires contre un tiers de la valeur en numéraire.

Les objets au-dessous de 20 fr. seraient rendus gratis.

La motion, mise aux voix, est adoptée à l'unanimité.

Le citoyen Lullier propose de former à l'Hôtel de ville un ou deux bataillons solides et dévoués, pour les porter où le besoin s'en ferait sentir.

La proposition est adoptée.

Le commandement de cette troupe est remis à monsieur Lullier (sic).

Le citoyen délégué Geresme est d'avis de recommander aux chefs de patrouilles la plus grande vigilance, et de bien se défier des agents de police qui pourraient se faufiler dans les hommes.

La proposition est adoptée.

Le citoyen Geresme est chargé de la rédaction.

Pour ne pas grever trop les finances du Comité, le citoyen Varlin propose de mettre à la disposition des chefs de postes des bons de réquisition suivant le nombre de chaque poste. Ces bons seront réglés ultérieurement. La mesure est adoptée.

Le citoyen Lisbonne est d'avis de remplacer par des vivres requis les provisions de l'Hôtel de ville, qui diminuent d'une façon inquiétante.

On peut, dit l'orateur, se trouver cerné par une insurrection, et quelques jours de vivres sont indispensables.

La motion est adoptée.

Le citoyen Viard est d'avis qu'il est grand temps de faire cesser les manifestations contre le Comité.

Les réactionnaires, dit-il, veulent profiter des manifestations en faveur de l'ordre pour troubler la paix publique.

Le citoyen Lullier est chargé du maintien de l'ordre. (*Paris-Journal*.)

De la mairie du dixième arrondissement, la lettre suivante est adressée aux journaux :

Paris, 20 mars 1871.

Monsieur le rédacteur,

Je me trouvais seul, dans la matinée d'hier, à la mairie du dixième arrondissement lorsqu'on y apporta de l'Hôtel de ville une notification ainsi conçue :

« Les citoyens maires sont priés de vouloir bien veiller à la subsistance des troupes qui sont dans leurs arrondissements respectifs jusqu'à ce que l'organisation soit complète. »

Six noms figuraient au bas de cette invitation, estampillée d'un timbre portant ces mots : *Fédération de la garde nationale. Comité central.* L'envoyé qui l'avait apporté réclamait un reçu. Je refusai ce reçu et je motivai mon refus dans les termes suivants :

« M. Degouve-Denuncques, maire adjoint du dixième arrondissement, en vertu d'une délégation du suffrage universel, et ne reconnaissant pas l'autorité du gouvernement qui paraît s'être installé à l'Hôtel de ville, refuse d'accuser réception de la dépêche qui vient d'être envoyée à la mairie. »

Bientôt après, un certain nombre de soldats de la ligne se présentèrent, demandant, les uns de la nourriture, les autres que j'intervinsse auprès de qui de droit pour leur faire rendre leurs effets personnels, afin qu'ils pussent quitter Paris et s'en retourner au plus tôt dans leur pays comme s'ils étaient régulièrement et définitivement libérés de tout service militaire.

Je renvoyai les uns et les autres, après leur avoir dit ce que je pensais des soldats qui abandonnaient leurs armes lorsque les Prussiens étaient encore aux portes de Paris et qui laissaient assassiner lâchement leurs généraux.

Quelques minutes après midi, on vint placarder à la porte de la mairie les deux affiches signées par les membres du gouvernement à qui l'Hôtel de ville a été livré sans avoir été défendu. Je descendis immédiatement et je fis arracher en ma présence, par deux de nos garçons de bureau, ces deux affiches, que personne, depuis, n'a cherché à réappliquer.

J'ajouterai, monsieur, que, pas plus aujourd'hui qu'hier, je ne suis disposé à reconnaître le gouvernement d'individus qui ne paraissent pas se douter qu'ils ne sont que des instruments aux mains du pouvoir renversé le 4 septembre ; que je n'ai eu et ne veux avoir aucun rapport avec ce gouvernement ; et que si tous mes collègues des vingt mairies de Paris agissaient de même, que si, d'un autre côté, les employés de vos différentes administrations refusent unanimement de mettre à leur

Un rendez-vous de communards.

service leur capacité et leur expérience des affaires, ces hommes d'État d'un jour ne tarderont pas à tomber dans la plus ridicule impuissance.

Veuillez, monsieur le rédacteur, publier cette déclaration et agréer l'assurance de mes sentiments de dévouement à la cause de l'ordre et de la République.

DEGOUVE-DENUNCQUES.

LES MENUS DÉTAILS DE L'HISTOIRE

Le *Moniteur* possède et reproduit dans ses colonnes un « bon de réquisitions » du Comité central. Il est ainsi libellé :

RÉPUBLIQUE FRANÇAISE
Liberté, Égalité, Fraternité.

Au nom de la République :

Réquisitions.

Argent.
Denrées alimentaires.
En cas de refus, le citoyen X..., chargé du réquisitionnement, peut se faire assister par les gardes nationaux du quartier.

Le membre de la Fédération,
Signé...

Deux timbres sont apposés sur ce curieux papier, l'un porte les mots : *République française*, l'autre : *Fédération républicaine*.

Nous avons entre les mains un laisser-passer dont voici le contenu exact :

Lesser sortire de l'hôtel de ville, le citoyen X...,

Paris, 20 mars 1871.
J. GUIRAL.

Au bas un cachet portant :
Fédération de la garde nationale.

Comité central
République française
Liberté, Égalité, Fraternité.

Voici dans sa terrible naïveté, dit le *Paris-Journal*, le rapport fait avant-hier par le général commandant à Montmartre. On le nomme Ganier. On le dit ancien quincaillier :

Rapport du 20 au 21 mars

Rien de nouveau.
J'ai reçu les rapports des différents chefs de poste. La nuit a été calme et sans incidents.
A dix heures cinq minutes, deux sergents de ville déguisés en bourgeois sont amenés par des francs-tireurs et fusillés immédiatement.
A midi vingt minutes, un gardien de la paix, accusé d'avoir tiré un coup de revolver, est fusillé.

A sept heures, un gendarme amené par des gardes du 28° est fusillé.

Nous lisons dans le *Gaulois*, édition de Versailles :

Un de nos confrères qui arrive de Paris nous affirme que sur les listes de proscription dressées par l'insurrection figurent en tête, comme condamnés à mort, les noms suivants des rédacteurs en chef de journaux :

MM.
Guéroult, de l'*Opinion nationale*,
Émile de Girardin,
Detroyat, de la *Liberté*,
Vrignault, du *Bien public*,
Hector Pessard, du *Soir*,
Arthur Picard, de l'*Électeur libre*,

et enfin notre directeur M. Edmond Tarbé.

Le renseignement du *Gaulois* est, du reste, confirmé par le *Soir*, qui n'est pas moins affirmatif.

Nous trouvons dans le *Paris-Journal* la protestation suivante :

Paris, le 22 mars 1871.

Monsieur le rédacteur du *Paris Journal*,

Le numéro de la *Cloche* du 20, en annonçant la nomination de M. Combatz au grade de directeur général des télégraphes, ajoute que le sieur Combatz a été reçu par le personnel de la façon la plus sympathique et la plus cordiale. Nous protestons de la façon la plus énergique contre cet article, payé sans doute par le sieur Combatz, qui n'a été reçu par personne. A son arrivée, les bureaux de télégraphie ont été fermés, les employés se sont rendus spontanément à Versailles, où siège le gouvernement légal, le vrai gouvernement de la République.

Nous vous prions, monsieur le rédacteur, d'insérer cette rectification dans votre prochain numéro.

Pour les employés de Paris,
J. F.

N. B. — Le sieur Combatz est un ancien employé révoqué pour vol de la caisse télégraphique du bureau de l'Hôtel de ville.

Fou de douleur, le fils aîné du malheureux général Clément Thomas demandait hier en pleurant à une femme du quartier le lieu où reposait le corps de son père.

Une heure après on l'a vu au cimetière de la rue Saint-Vincent, agenouillé près du cercueil où ont été déposés les restes de l'infortuné général.

L'HISTOIRE SUR LES MURS

L'affiche suivante a été apposée dans le dix-septième arrondissement (Batignolles).

Mairie du 17ᵉ arrondissement.

Le maire et les adjoints du dix-septième arrondissement, dépossédés par la force, déclarent, en vertu des pouvoirs qui leur ont été régulièrement conférés, qu'à partir de ce jour tout acte municipal est suspendu dans le dix-septième arrondissement.

L'usage du cachet de la municipalité, les réquisitions, l'emploi des fonds par les envahisseurs, seront considérés comme autant d'actes criminels.

La municipalité conserve les pouvoirs qui lui ont été délégués par le suffrage universel pour en user suivant son droit incontestable, aussitôt que l'usurpation éphémère aura pris fin.

Le Maire,
F. FAVRE.

Les Adjoints,
VILLENEUVE, CACHEUX, MALON.

Presque toutes les mairies sont maintenant occupées par les bataillons dont dispose le Comité central. Cependant, la mairie du deuxième arrondissement, rue de la Banque, grâce à la ferme attitude du maire et des adjoints, grâce au concours énergique et dévoué des bataillons de l'arrondissement, reste entre les mains de la municipalité régulière, de la municipalité élue par le suffrage universel.

Voilà donc un premier point de ralliement trouvé pour les bons citoyens.

Les commandants des bataillons du deuxième arrondissement restés fidèles à la municipalité élue viennent de faire afficher, en la signant courageusement de leurs noms, la proclamation suivante :

Concitoyens,

Les députés de Paris unis aux maires et adjoints ont résolu de défendre la République envers et contre tous, en maintenant tout d'abord la tranquillité dans la cité.

La municipalité du deuxième arrondissement et les chefs de bataillon, s'associant à cette résolution, ont organisé un service de protection et de surveillance dans l'arrondissement. Tout citoyen dévoué à la République leur doit son concours.

Toute abstention dans les circonstances actuelles est un crime civique ; nous faisons donc un appel énergique à tous nos camarades, pour nous seconder dans l'œuvre de conciliation dont le principe est accepté.

Vive la République !

Simon, commandant le 8ᵉ bataillon. — Thorel, commandant le 10ᵉ bataillon. — Poyet, commandant par intérim le 11ᵉ bataillon. — Collet, capitaine, commandant par intérim le 92ᵉ bataillon. — Poisson, commandant le 100ᵉ bataillon. — Sébille, commandant le 148ᵉ bataillon. — Quevauvilliers, commandant le 149ᵉ bataillon. — Béchet, capitaine, commandant par intérim le 227ᵉ bataillon.

LES FAITS DIVERS

Henri Rochefort, député démissionnaire de l'Assemblée nationale, vient d'arriver à Paris, à peine rétabli d'une grave maladie qui l'a retenu longtemps à Bordeaux entre la vie et la mort. Le célèbre pamphlétaire, sollicité d'accepter une candidature comme membre de la Commune, a formellement refusé ; toute son ambition se borne à rédiger le *Mot d'ordre*, supprimé par le général Vinoy, et dont la résurrection est prochaine.

Les gardes nationaux de service au Palais de Justice ont croisé la baïonnette pour empêcher les conseillers à la cour de cassation de se rendre à leur service ordinaire.

On continue la solde de 1 fr. 50 donnée aux gardes nationaux ; et cependant cette rétribution coûte des sommes énormes.

Un jour, la solde s'est élevée à 1,230,000 francs ; elle est actuellement de 450,000 francs par jour, après avoir été un moment de 390,000 francs, chiffre rond.

Le bruit court, à la dernière heure, que M. Glais-Bizoin est arrivé aujourd'hui de Versailles pour s'aboucher avec le Comité qui siège à l'Hôtel de ville.

L'amiral Saisset a réuni les chefs de bataillon qui sont à Versailles. Pour la plupart ceux qui ont rejoint le gouvernement sont des commandants condamnés à mort par le Comité central.

Ils sont environ une centaine.

Les officiers des bataillons de la garde nationale du huitième arrondissement viennent de choisir des délégués chargés d'aller demander au gouvernement l'envoi à Paris d'un chef autour duquel ils puissent se réunir pour le maintien de l'ordre.

Cette députation doit partir ce soir même pour Versailles. (*Soir.*)

Nous croyons savoir que le Comité central a donné trois fois l'ordre de mettre en liberté le général Chanzy.

Les gardes nationaux du Comité central qui gardent Mazas, ont trois fois refusé d'exécuter les décisions de l'Hôtel de ville.

Le général serait décidément retenu comme otage.

Dans la journée de lundi, le Comité central a envoyé ordre au 155ᵉ bataillon de la garde nationale (quartier des Ternes) d'aller occuper le fort du Mont-Valérien, évacué par la troupe.

Ce bataillon s'est mis en marche à cinq heures du soir et est arrivé à huit heures. Quelle ne fut pas sa surprise à la vue des factionnaires gardant les portes et barrant le passage aux gardes nationaux ! Le commandant du fort s'est informé du but de l'expédition et, comme bien on pense, a déclaré que, le fort étant occupé militairement, il n'y laisserait entrer d'autre force armée. Devant cette déclaration, confirmée d'ailleurs par les mitrailleuses et les fusils chargés de la garnison, — comme le rappelait le commandant, — les gardes nationaux se sont retirés et sont rentrés dans Paris.

La journée du mercredi 22 mars.

PARTIE OFFICIELLE.

FÉDÉRATION RÉPUBLICAINE DE LA GARDE NATIONALE

Paris, 21 mars 1871.

Le Comité central, n'ayant pu établir une entente parfaite avec les maires, se voit forcé de procéder aux élections sans leur concours.

En conséquence, le Comité arrête :

1° Les élections se feront dans chaque arrondissement par les soins d'une commission électorale nommée à cet effet par le Comité central;

2° Les électeurs de la ville de Paris sont convoqués jeudi 23 mars 1871, dans leurs colléges électoraux, à l'effet d'élire le conseil communal de Paris;

3° Le vote se fera au scrutin de liste et par arrondissement;

4° Le nombre de conseillers est fixé à 90, soit 1 pour 20,000 habitants et par fraction de plus de 10,000;

5° Ils sont répartis d'après la population. (Suit le tableau de la population de chaque arrondissement et du nombre des conseillers à nommer.)

6° Les électeurs voteront sur la présentation de la carte qui leur a été délivrée pour l'élection des députés à l'Assemblée nationale, le 8 février 1871, et dans les mêmes locaux;

7° Ceux des électeurs qui n'auraient pas retiré leur carte à cette époque ou l'auraient égarée depuis, prendront part au vote, après vérification de leur inscription sur la liste électorale. Ils devront faire constater leur identité par deux électeurs inscrits dans leur section;

8° Le scrutin ouvrira à 8 heures du matin et sera clos à 6 heures du soir; le dépouillement commencera immédiatement après la clôture du scrutin.

Citoyens,

Le Comité central remet aux mains du peuple de Paris le pouvoir tombé de mains indignes. Les élections communales se feront d'après le mode ordinaire; mais le Comité central exprime le vœu qu'à l'avenir le vote nominal soit considéré comme le seul vraiment moral et digne des principes démocratiques.

Le Comité central de la garde nationale :

AVOINE fils, ANT. ARNAUD, G. ARNOLD, ASSI, ANDIGNOUX, BOUIT, JULES BERGERET, BABICK, BOURSIER, BAROU, BILLIORAY, BLANCHET, CASTIONI, CHOUTEAU, C. DUPONT, FERRAT, HENRI FORTUNÉ, FABRE, FLEURY, FOUGERET, C. GAUDIER, GOUHIER, GUIRAL, GERESME, GROLLARD, JOSSELIN, FR. JOURDE, MAXIME LISBONNE, LAVALETTE, CH. LULLIER, MALJOURNAL, MOREAU, MORTIER, PRUDHOMME, ROUSSEAU, RANVIER, VARLIN, VIARD.

Voici la proclamation des députés et maires de Paris :

Citoyens,

Pénétrés de la nécessité absolue de sauver Paris et la République en écartant toute cause de collision et convaincus que le meilleur moyen d'atteindre ce but suprême est de donner satisfaction aux vœux légitimes du peuple, nous avons résolu de demander aujourd'hui même à l'Assemblée nationale l'adoption de deux mesures qui, nous en avons l'espoir, contribueront, si elles sont adoptées, à ramener le calme dans les esprits.

Ces deux mesures sont : l'élection de tous les chefs de la garde nationale et l'établissement d'un conseil municipal élu par tous les citoyens.

Ce que nous voulons, ce que le bien public réclame en toute circonstance et ce que la situation présente rend plus indispensable que jamais, c'est l'ordre dans la liberté et par la liberté.

Vive la France ! Vive la République !

Suivent les signatures.

Le général commandant en chef des gardes nationales de la Seine a nommé, en date de ce jour, le général Raoul du Bisson aux fonctions de chef d'état-major général;

Le colonel Valigranne aux fonctions de sous-chef d'état-major général et commandant de l'Hôtel de ville.

Le commandement du palais des Tuileries a été confié au colonel Dardelles, commandant des cavaliers de la République.

Pour le général en chef des gardes nationales de la Seine,
Le sous-chef d'état-major général,
DU BISSON.

PARTIE NON OFFICIELLE.

Paris, le 21 mars 1871.

PARIS EST DANS LE DROIT

Le droit, la souveraineté du peuple sont-ils à Versailles ou à Paris ?

Poser cette question, c'est la résoudre.

L'Assemblée, siégeant d'abord à Bordeaux et actuellement à Versailles, a été nommée dans des circonstances particulières et chargée d'une mission déterminée à l'avance, d'une sorte de mandat impératif restreint.

Élue à la veille d'une capitulation, pendant l'occupation du territoire par l'ennemi, les élections de ses membres ont nécessairement et forcément subi la pression de l'étranger et des baïonnettes prussiennes; une partie au moins des députés, ceux des départements envahis, n'ont pu être nommés librement.

Aujourd'hui que les préliminaires de paix, cédant deux provinces à la Prusse, sont signés, les représentants de l'Alsace et de la Lorraine ne pouvaient plus siéger à l'Assemblée : ils l'ont compris eux-mêmes, c'est pourquoi ils ont donné leur démission.

Un grand nombre d'autres représentants, pour des motifs divers, ont imité cet exemple.

L'Assemblée est donc incomplète, et l'élection d'une partie de ses membres a été entachée et viciée par l'occupation et la pression étrangères.

Cette Assemblée ne représente donc pas d'une manière complète, incontestable, la libre souveraineté populaire.

D'un autre côté, par son vote de défiance et de haine contre Paris, où elle a refusé de venir siéger, l'Assemblée de Bordeaux et de Versailles a méconnu les services rendus par Paris et l'esprit si généreux et si dévoué de sa population. Elle n'est plus digne de siéger dans la capitale.

Par l'esprit profondément réactionnaire dont elle a fait preuve, par son étroitesse de vues, son caractère exclusif et rural, par l'intolérance dont elle s'est rendue coupable envers les plus illustres et les plus dévoués citoyens, cette assemblée provinciale a prouvé qu'elle n'était pas à la hauteur des événements actuels, et qu'elle était incapable de prendre et de faire exécuter les résolutions énergiques indispensables au salut de la patrie.

Il n'y a qu'une assemblée librement élue, en dehors de toute pression étrangère et de toute influence officielle réactionnaire et siégeant à Paris, à qui la France entière puisse reconnaître le caractère de souveraineté nationale et déléguer le pouvoir législatif ou constituant.

Hors de l'indépendance et de la liberté des élections, et en dehors de Paris, il ne peut exister que des faux-semblants de représentation nationale et d'assemblée souveraine.

Que l'Assemblée actuelle se hâte donc d'achever la triste besogne qui lui a été confiée : celle de résoudre la question de la paix ou de la guerre, et qu'elle disparaisse au plus vite. Elle n'a reçu qu'un mandat limité et ne peut, sans violer la souveraineté du peuple, s'octroyer le pouvoir constituant et le droit d'élaborer les lois organiques.

C'est à Paris qu'incombe le devoir de faire respecter la souveraineté du peuple et d'exiger qu'il ne soit point porté atteinte à ses droits.

Paris ne peut se séparer de la province, ni souffrir qu'on la détache de lui.

Paris a été, est encore et doit rester définitivement la capitale de la France, la tête et le cœur de la République démocratique, une et indivisible.

Il a donc le droit incontestable de procéder aux élections d'un conseil communal, de s'administrer lui-même, ainsi que cela convient à toute cité démocratique, et de veiller à la liberté et au repos publics à l'aide de la garde nationale, composée de tous les citoyens élisant directement leurs chefs par le suffrage universel.

Le Comité central de la garde nationale, en prenant les mesures nécessaires pour assurer l'établissement du conseil communal de Paris et l'élection de tous les chefs de la garde nationale, a donc pris des mesures très-sages, indispensables et de première nécessité.

C'est aux électeurs et aux gardes nationaux qu'il appartient maintenant de soutenir les décisions du gouvernement, et d'assurer par leurs votes, en nommant des républicains convaincus et dévoués, le salut de la France et l'avenir de la République.

Demain ils tiendront leurs destinées dans leurs mains, et nous sommes persuadés à l'avance qu'ils feront bon usage de leurs droits.

Que Paris délivre la France et sauve la République!

Le délégué au JOURNAL OFFICIEL.

LES GROUPES DES BOULEVARDS.

De distance en distance, du boulevard Montmartre à la Madeleine, notamment sur le boulevard des Italiens, quelques groupes de vingt-cinq, cinquante et même cent personnes, sont là, en permanence, discutant, gesticulant et gênant la circulation.

Chaque groupe possède quatre ou cinq orateurs en plein vent qui tiennent l'attention des auditeurs. Ces orateurs, presque toujours réactionnaires, s'appuient sur ce thème que ce qu'il faut maintenant, c'est du travail, et que le nouveau gouvernement sera incapable d'en procurer.

Oui, certes, il faut du travail et de l'ordre; mais pour avoir ces deux choses dans Paris, il y faut aussi la République en toute sécurité.

Il faut que les fonctions militaires ou administratives, d'ordre supérieur surtout, soient confiées à des républicains énergiques.

C'est à ces conditions-là que la République peut et doit exister. Or, la garantie pour l'ordre et la reprise du travail est dans la nomination d'un conseil communal, ayant pouvoir sur toutes les autorités municipales.

AVERTISSEMENT.

Après les excitations à la guerre civile, les injures grossières et les calomnies odieuses, devait nécessairement venir la provocation ouverte à la désobéissance aux décrets du gouvernement siégeant à l'Hôtel de ville, régulièrement élu par l'immense majorité des bataillons de la garde nationale de Paris (215 sur 266 environ).

Plusieurs journaux publient en effet aujourd'hui une provocation à la désobéissance à l'arrêté du Comité central de la garde nationale, convoquant les électeurs pour le 22 courant, pour la nomination de la commission communale de la ville de Paris.

Voici cette pièce, véritable attentat contre la souveraineté du peuple de Paris, commis par les rédacteurs de la presse réactionnaire :

AUX ÉLECTEURS DE PARIS.

DÉCLARATION DE LA PRESSE.

Attendu que la convocation des électeurs est un acte de la souveraineté nationale ;

Que l'exercice de cette souveraineté n'appartient qu'aux pouvoirs émanés du suffrage universel ;

Que, par suite, le Comité qui s'est installé à l'Hôtel de ville n'a ni droit ni qualité pour faire cette convocation ;

Les représentants des journaux soussignés regardent la convocation affichée pour le 22 courant, comme nulle et non avenue, et engagent les électeurs à n'en pas tenir compte.

Le Journal des Débats, le Constitutionnel, le Moniteur universel, le Figaro, le Gaulois, la Vérité, Paris-Journal, la Presse, la France, la Liberté, le Pays, le National, l'Univers, le Temps, la Cloche, la Patrie, le Bien public, l'Union, l'Avenir libéral, Journal des Villes et des Campagnes, le Charivari, le Monde, la France nouvelle, la Gazette de France, le Petit National, l'Electeur libre, la Petite Presse.

Comme il l'a déjà déclaré, le Comité central de la garde nationale, siégeant à l'Hôtel de ville, respecte la liberté de la presse, c'est-à-dire le droit qu'ont tous les citoyens de contrôler, de discuter et de critiquer ses actes à l'aide de tous les moyens de publicité, mais il entend faire respecter les décisions des représentants de la souveraineté du peuple de Paris, et il ne permettra pas impunément que l'on y porte atteinte plus longtemps en continuant à exciter à la désobéissance à ses décisions et à ses ordres.

Une répression sévère sera la conséquence de tels attentats, s'ils continuent à se produire.

PHYSIONOMIE DE PARIS

Huit heures du matin

La place de l'Hôtel-de-Ville est calme. Tous les canons sont retirés des embrasures, on les nettoie et on les polit comme pour une parade. Des artilleurs viennent amener leurs chevaux, dont ils ne savent que faire. Le Comité décide de les confier aux pupilles de la République.

Neuf heures

La place de la Bastille offre l'éternel spectacle de l'éternelle manifestation. — Des militaires se rendant à la gare de Lyon sont l'objet d'une ovation. Quelques-uns restent froids ; la foule les hue. Sur la place de l'Hôtel-de-Ville, la physionomie de la foule se rembrunit rapidement. Les canons sont remis à leur place, une barricade désarmée hier est armée aujourd'hui. Dans les couloirs, le bruit se répand que le Comité a condamné à mort les commandants Ibos, Poisson, Grandjon.

Dix heures

Au Panthéon, la batterie est presque abandonnée. Deux gardes nationaux montent la faction en jouant aux cartes et en fumant leur pipe.

Onze heures

L'Hôtel de ville devient presque inabordable. Les francs-tireurs de la garde ne laissent pénétrer dans les couloirs qu'avec une extrême circonspection. — On parle beaucoup d'aller piller et brûler les journaux, quelques-uns se promettent de pendre les journalistes.

Un grand rassemblement se forme à l'entrée de la rue de la Chaussée-d'Antin. On parle de la manifestation qui doit avoir lieu à une heure, place de l'Opéra.

Tout le monde promet de s'y trouver, sauf un garde national immense, gros, gras et replet, qui se plaint d'avoir mangé du pain noir pendant le siège et qui en accuse tous les gouvernements monarchiques.

— Cela ne vous a pas fait maigrir, cependant ! lui crient quelques personnes.

Tout le monde rit, et le malheureux s'enfuit au milieu des huées.

Midi

Le général Cremer et le colonel Valigrane, commandant de l'Hôtel de ville, passent sur la place de Grève.

La foule s'amasse sur leur passage.

Des détachements du 120e, du 123e, du 171e et du 221e, qui occupent ce point, proposent de les porter en triomphe ; mais ce beau projet n'est pas mis à exécution.

Beaucoup de litres pour les soldats, beaucoup de bouteilles pour les officiers. On demande vivement le pillage de quelques maisons bonapartistes bien connues.

— La réaction relève la tête, hurle un capitaine juché sur un canon, il faut l'écraser. Si les soi-disant amis de l'ordre ne veulent pas se rallier à nous, il faut les anéantir.

Une heure et demie

La circulation est interdite, les canons et les mitrailleuses sont braqués sur la place, du côté de la

Bastille et vers les Tuileries. Le général Cremer monte à cheval et se rend aux Tuileries.

Deux heures

Les postes du Louvre sont sous les armes, les canons sont braqués et chargés. Le général Cremer est sur la place du Carrousel. On vient d'apprendre le résultat de la manifestation de la place Vendôme. Cremer a l'air véritablement navré ; le commandant des Tuileries rit en parlant à ses officiers.

Trois heures

A l'Hôtel de ville, on exprime hautement le regret de n'avoir pu assommer la réaction d'un seul coup. Le Comité adresse des remercîments à l'état-major de la place Vendôme. Un cavalier de la République part à franc-étrier pour les porter. Au Comité on a l'air radieux.

Le Comptoir d'escompte et la rue Rougemont sont gardés par des bataillons de l'ordre, ainsi que la gare Saint-Lazare, autour de laquelle veillent le 253e bataillon et d'autres bataillons du quartier de la Chaussée-d'Antin.

La mairie du premier arrondissement est toujours au pouvoir des amis de l'ordre ; quatre bataillons en défendent l'approche : le 1er, le 12e et le 13e.

Les grilles du Louvre sont fermées, ainsi que les guichets du pont des Arts et de la rue de Rivoli.

L'entrée de la rue du Louvre est interdite au public.

Des détachements du 12e et du 13e y sont installés. Pour aller rue de Rivoli, il faut traverser la rue de l'Arbre-Sec.

La rue Saint-Germain-l'Auxerrois est également occupée, et la Halle aux blés est fermée et bourrée de sentinelles.

Autour de le mairie du deuxième arrondissement montent la garde trois bataillons complets, le 11e, le 8e, le 149e et des élèves de l'École polytechnique. Ils ont des vivres et beaucoup de canons.

La gare de l'Ouest est surveillée par le 2e et le 3e.

Vers quatre heures.

Aussitôt après la manifestation, qui s'est si funestement terminée (voir plus loin) des gardes nationaux dissidents passent sur le boulevard, musique en tête. Un commandant très-brun, portant toute sa barbe, parade au milieu d'eux sur son cheval, le sabre nu.

La foule, rassemblée des deux côtés sur les trottoirs, les regarde passer silencieusement.

Devant la rue Drouot, les gardes sont salués par leurs « frères » qui occupent la mairie.

On crie : « Vive la République ! »

A ce moment, un incident se produit.

Un jeune homme a refusé de saluer le bataillon. Quelques hommes le trouvent mauvais et veulent le contraindre à lever son chapeau.

Il ne fait pas attention à leurs menaces.

Plusieurs personnes, réunies autour de lui, lui demandent pourquoi il ne veut pas crier : « Vive la République ! » comme les autres.

— Mais ne savez-vous pas, leur crie-t-il énergiquement, que c'est le bataillon de ces misérables qui vient de tirer à la place Vendôme ?

Aussitôt un mouvement de réaction se produit. Au lieu d'acclamer les gardes qui passent, on les hue et on les siffle.

— A bas les assassins ! crie la foule.

Un rassemblement se forme aussitôt autour des hommes de la rue Drouot. Les premières sentinelles sont bousculées. Quelques coups de feu partent des derniers rangs.

Cinq heures

Quelques instants après, un garde national bien mis est maltraité et bousculé par la foule.

Un monsieur qui passe veut prendre sa défense.

— Comment, lui crie-t-on, vous venez protéger ce misérable ! Tout à l'heure il approuvait le meurtre de Clément Thomas.

Le défenseur inconscient se récrie aussitôt, et, écartant la foule avec la main, il dit :

— Laissez passer ce malheureux ; il n'est pas digne de vous toucher ; il vous donnerait la peste !

Les rangs s'ouvrent dès lors, et l'avocat des assassins de Montmartre disparaît piteusement.

Le Comité central a enrôlé dans ses compagnies de marche la plupart des hommes auxquels il a ouvert les portes de la prison militaire.

Parmi ces soldats condamnés se trouvait un artilleur, détenu au Cherche-Midi, sous l'inculpation de désertion. Sera-t-il plus fidèle à ses nouveaux chefs qu'il ne l'a été aux anciens ?

Par ordre du Comité, les gardes nationaux ont fait dans Paris de nombreuses réquisitions. Chez un boulanger de la rue Favart, cinquante pains, chez un épicier, 50 francs de marchandises ont dû être livrées sur un simple bon d'un caporal.

Les pauvres boutiquiers ont couru toute la journée pour se faire payer, mais en vain.

Au ministère des finances, M. Varlin, le préposé du Comité, réclame énergiquement à un employé les clefs des caisses. Celui-ci met imperturbablement les scellés sur les serrures, et les clefs à la main, se retire devant le *ministre* stupéfait :

— Vous voyez, monsieur, dit-il, que je m'en vais les mains et les poches vides. Je vous souhaite de pouvoir en dire autant.

LA SOIRÉE

Six heures

La préfecture de police est inabordable.

Les quais de l'Horloge et des Orfèvres sont rigoureusement barrés par des gardes nationaux du 134e bataillon.

Il en est de même pour la place Dauphine, où arrivent, de quart d'heure en quart d'heure, entre deux files de gardes, des citoyens arrêtés pour avoir déchiré des affiches du Comité ou provoqué la résistance à ses ordres.

Sept heures et demie

Un bataillon de la rue du Sentier passe sur le boulevard.

On le salue des cris de : « Vive l'Assemblée nationale ! » auxquels il répond énergiquement, au grand déplaisir des dissidents de la rue Drouot.

Huit heures

C'est maintenant un bataillon de Charonne qui descend le boulevard avec bidons, couvertures et tentes de campement.

Au milieu de leurs rangs nous apercevons une petite pièce que traînent deux maigres chevaux.

Nous demandons à un des hommes où ils vont.

— Nous n'en savons rien, disent-ils ; nous marchons sans ordre.

Neuf heures

Le 229° bataillon se présente en armes à la mairie de la rue Drouot pour l'occuper.

Les dissidents se retirent sans opposer aucune résistance.

On leur laisse emporter une pièce de canon qu'ils avaient là.

Les colonels Langlois, Schœlcher et l'amiral Saisset ont été condamnés à mort par contumace dans la journée par les membres du Comité central.

Au coin de la rue Vivienne, dans le 149° bataillon, nous apercevons un colonel de la ligne, en uniforme, qui monte la garde, le chassepot au bras.

Le Grand-Hôtel est occupé militairement par des détachements du 8° bataillon.

(*Paris-Journal.*)

LES MASSACRES DE LA PLACE VENDOME

Nous complétons l'un par l'autre les différents récits publiés par les journaux sur cette épouvantable tragédie.

Le journal *le Soir :*

La place Vendôme est occupée ce matin par trois bataillons de gardes nationaux dévoués au Comité central, les 80°, 215° et 176°.

Deux canons de 12 de siége sont braqués sur la rue Castiglione, et deux autres sur la rue de la Paix. Leurs gardiens ne sont rien moins que rassurés, ils ne quittent pas leurs fusils et ont dû faire replier leurs sentinelles avancées.

L'une d'elles a même été enlevée par les commerçants de la rue de la Paix ; il a fallu l'intervention de deux compagnies pour la dégager.

Dans le quartier, toutes les boutiques sont fermées, dans la crainte des coups de canon et des coups de fusil.

Le Comité central affirme d'ailleurs que son administration est seule capable d'assurer la reprise du travail et le maintien de l'ordre.

Vers une heure et demie, une panique générale s'est emparée de toutes les personnes qui circulaient sur les boulevards, aux abords du grand Opéra. Les voitures de place, les omnibus, les piétons remontaient le boulevard Montmartre avec une grande précipitation.

A deux heures, une panique encore plus accentuée que la précédente se manifeste.

Magasins, boutiques et cafés se ferment. On fuit de toutes parts par les rues adjacentes.

Nous remontons le courant et nous sommes témoin des causes de la panique.

Au n° 14 de la rue de la Paix, devant la pharmacie Béral, sur le trottoir, un vieillard à longs cheveux blancs, décoré de la Légion d'honneur, gît dans une immense mare de sang. La balle qui l'a foudroyé l'a atteint par derrière. Elle a traversé le crâne et est sortie auprès du menton à gauche. Les papiers trouvés sur cette malheureuse victime n'ont donné aucun renseignement sur son identité.

Cinquante pas plus loin, sur le trottoir à gauche, deuxième cadavre. Sur un espace de vingt-cinq mètres, la chaussée est jonchée, sur les deux côtés, de chapeaux, de képis et de casquettes. Les chapeaux à haute forme sont en plus grand nombre. Beaucoup sont défoncés ou portent les traces d'un piétinement précipité. Nous remarquons une casquette des ponts et chaussées et plusieurs képis appartenant à des soldats de la mobile.

Toujours rue de la Paix, en face de la rue Neuve-des-Petits-Champs, quatre cadavres sont étendus non loin des deux pièces de 12 braquées dans la direction du nouvel Opéra.

Rue Neuve-des-Petits-Champs, encore deux cadavres. Tous ces corps gisent dans des mares de sang, ce qui indique que la mort, pour beaucoup de ces individus, a été instantanée.

Un autre cadavre est porté auprès de nous, sur un brancard, par des gardes nationaux des bataillons réunis place Vendôme.

Nous traversons la ligne des gardes nationaux appartenant aux 88°, 122°, 176° et 215°. On nous dit alors que l'ambulance du ministère de la justice, place Vendôme, contient une dizaine de blessés, dont l'un vient d'expirer. Deux chirurgiens, appelés en toute hâte, donnent leurs soins aux survivants.

Voilà ce que nous avons vu de nos propres yeux, non sans une émotion profonde.

A part peut-être une ou deux exceptions, morts et blessés appartiennent à la bourgeoisie.

Maintenant, quelle a été la cause de cette horrible fusillade, dirigée sur des citoyens inoffensifs et sans armes ?

Voici, à ce sujet, les détails que nous avons pu recueillir :

Henri Rochefort, rédacteur en chef du *Mot d'ordre*. (Voir page 8°.)

A une heure de l'après-midi, une foule énorme précédée d'un drapeau, quitte la place du Grand-Opéra et s'engage dans la rue de la Paix. Arrivée à quelques pas des gardes nationaux, elle échange avec ceux-ci des paroles de conciliation. Elle est repoussée par ces derniers, qui, une fois au milieu de la rue de la Paix, procèdent tout à coup à un mouvement de recul très-précipité.

La manifestation fait mine de se rapprocher. A ce moment, deux coups de feu tirés en l'air partent des abords de la colonne et sont immédiatement suivis d'une fusillade très-nourrie, due aux gardes nationaux plus rapprochés de la manifestation.

Voici quelques détails sur cette triste affaire:

L'amiral Saisset, commandant en chef de la garde nationale de la Seine, marchait en tête de la manifestation pacifique.

A la place Vendôme, il essaya de prononcer un discours pour rappeler dans le devoir les hommes des bataillons dissidents; mais il avait à peine prononcé quelques paroles que des coups de feu éclatèrent.

Il ne dut la vie qu'au courage de la personne qui portait le drapeau toicolore. Ce brave citoyen se précipita devant l'amiral, qu'il couvrit de son corps en criant : « Si vous voulez tuer quelqu'un, tuez-moi. »

Plusieurs coups de feu partirent, mais le porte-drapeau, dont nous regrettons de ne pas savoir le nom, ne fut pas atteint et put gagner la place de la Bourse, où se réunissent les bataillons du parti de l'Assemblée.

Quatre heures

On bat la générale dans tous les quartiers du centre.

Les gardes nationaux se rendent en foule à la place de la Bourse, où l'amiral Saisset, nommé commandant de la garde nationale, a établi son quartier général.

Le *Soir* fait suivre ce lugubre récit de la lettre ci-après, qui lui est adressée :

Paris, le 22 mars 1871.

Monsieur le rédacteur,

J'ai recours à votre estimable journal pour porter à la connaissance du public le fait inouï qui s'est passé sous mes yeux, au coin des rues Neuves-des-Petits-Champs et de la Paix, en cette triste journée.

Témoin de la manifestation pacifique et sans armes en faveur de l'ordre qui se rendait à la place Vendôme aujourd'hui, vers une heure et demie, par la rue de la Paix, et de la fusillade dirigée contre elle par les gardes nationaux, après que la rue de la Paix était complétement évacuée, j'ai vu un garde national mettre un genou à terre et tirer froidement, après avoir bien visé, sur deux citoyens costume de ville relevant un mort ou blessé au milieu des victimes de ce triste événement.

Je laisse, monsieur le rédacteur, à l'indignation et au mépris des honnêtes gens de tous les partis le soin de flétrir un acte aussi lâche et aussi barbare.

Agréez, monsieur le rédacteur, mes civilités empressées,

G. LIEPPE,
90, rue Lafayette,

Garde mobile au 3ᵉ bataillon, 6ᵉ comp. de la Seine.

Le *Journal des Débats* :

A une heure après-midi, une foule assez considérable de citoyens *sans armes* s'était réunie place du Nouvel-Opéra, disposée à parcourir les boulevards aux cris de : *Vive la République ! Vive l'ordre ! Vive l'Assemblée nationale !* Entre une heure et deux heures, un piquet de gardes nationaux de l'insurrection s'avança par la rue de la Paix, avec ordre de disperser la foule paisible. A la vue de ces hommes en armes et à l'attitude menaçante, quelques personnes se mirent à crier : *Vive l'ordre ! Vive l'Assemblée nationale !* et parvinrent, par leur langage, à faire reculer les gardes nationaux, qui allèrent, les uns vers leur quartier général (place Vendôme), les autres vers la foule qui occupait les boulevards. Lorsque l'on vit ces hommes céder ainsi devant les paroles de conciliation, on entra en masse dans la rue de la Paix, et l'on eut l'espoir de parvenir ainsi jusqu'à la place Vendôme.

Dans la foule on n'entend d'autres cris que ceux de : *Vive l'ordre ! Vive l'Assemblée nationale ! Vive la République !* Quelques personnes font entendre les mots de : « La crosse en l'air ! » Tout allait bien jusqu'à l'entrée de la place Vendôme, où l'on fut arrêté par plusieurs pelotons de ces gardes nationaux, qui croisèrent la baïonnette. Les tambours battaient la charge, mais leur bruit était presque couvert par les cris continus de : *Vive l'ordre ! Vive l'Assemblée nationale !* Un groupe de citoyens qui avait débouché par la rue Neuve-des-Capucines, portant un drapeau tricolore, s'avança jusqu'au front de ces gardes armés qui barraient le passage. Les cris de : *Vive l'ordre ! Vive l'Assemblée nationale !* redoublent pendant que ceux qui portaient le drapeau le déploient. Alors les applaudissements se font entendre de nouveau, les mouchoirs s'agitent, et l'on espère un dénoûment heureux.

Vaincus par cette manifestation pacifique et patriotique, quelques gardes armés lèvent la crosse en l'air. D'autres croisent mollement la baïonnette ; on sentait, on voyait que quelques secondes de plus l'insurrection fléchissait devant le droit, la légalité et la conciliation. Mais, hélas ! du coin de la place Vendôme un coup de feu partit. La foule resta impassible. Ce premier coup fut immédiatement suivi de cinq autres qui firent fléchir la foule. Sur les exhortations de quelques hommes décidés, la foule se rapprocha néanmoins et tint ferme jusqu'au moment où une décharge épouvantable obligea tous ces honnêtes Parisiens pacifiques à reculer et à se soustraire à la mort. Le point de mire des assassins était le groupe porteur du drapeau.

En un clin d'œil, la rue de la Paix fut couverte de corps blessés, morts ou renversés par terre par la foule en désordre. La fuite de cette foule n'arrêta pas le feu des gardes nationaux de l'insurrection, qui continuaient à tirer de tous côtés. Nous avons été frappé de l'attitude d'un marin, grand garçon, qui se tenait droit et criait en se frappant sur la poitrine : « *Vive la République !* Tirez donc, tas d'assassins ! » C'est alors que nous avons dû nous retirer nous-même, n'ayant pu compter le nombre des morts et des blessés, qui est, hélas ! considérable.

Vers cinq heures, une douzaine de cadavres recouverts de couvertures, et dont on n'avait pu constater l'identité, ont été conduits à la Morgue. Partout, sur le passage de ces victimes innocentes, on se découvrait, chacun ayant les larmes aux yeux et l'indignation au cœur.

L'amiral Saisset, nous rapporte un témoin oculaire, assistait à la manifestation organisée par les amis de l'ordre et de la liberté. Il allait parler à la foule et rappeler au devoir ceux qui y manquaient, lorsque la fusillade se fit entendre. C'est alors qu'un jeune homme se retourna vers l'amiral et le couvrit de son corps, en lui disant : « Amiral, ne craignez rien, la balle me traversera le corps avant qu'elle ne vous touche. » Ce brave citoyen demeura ainsi quelques instants, tenant un drapeau qui fut traversé de deux balles, et ne se retira que sur les instantes prières de ceux qui l'entouraient.

Voici quelques noms des victimes de la fusillade de la rue de la Paix :

Tiby, officier de la Légion d'honneur, demeurant rue Louis-le-Grand, 1.

Georges Hannah-Tinnel, Américain, âgé de vingt-neuf ans.

Elphège Baude, ingénieur.

Vicomte de Molinet.

Edouard Collin.

A. Lemaire, 36, rue de Trévise.

Un inconnu tué, déposé à la pharmacie Béral, a été transporté à la Morgue.

On nous cite un officier mortellement blessé et une vingtaine de personnes plus ou moins grièvement blessées.

Parmi les gardes nationaux de l'insurrection, plusieurs se seraient entre eux tiré des coups de fusil dans leur précipitation et leur émotion; plusieurs se seraient blessés.

Le rédacteur en chef de *Paris-Journal*, Henri de Pène, a reçu une balle dans l'aine.

Baudry, libraire, 12, rue Bonaparte, compte parmi les blessés; son fils, dit-on, est resté entre les mains des insurgés.

Sassary, ancien officier de marine et ex-commandant du 221e bataillon de la garde nationale, aurait été tué.

M. Rodolphe Hottinguer, administrateur de la Banque, a été frappé d'une balle qui a percé le bas du poumon et traversé le bras gauche. M. Hottinguer sortait du conseil de la Banque de France et traversait la rue de la Paix quand la manifestation y parvenait. Il a été frappé au moment où, revenant sur ses pas, il cherchait à relever un blessé frappé à ses côtés.

Ce récit est confirmé dans tous ses détails et complété par la lettre suivante adressée deux jours après la catastrophe au *Journal des Débats* :

De tous les comptes rendus du malheureux événement qui s'est passé place Vendôme le 22 mars, le seul fidèle est celui qui a été publié par le *Journal des Débats*. Votre correspondant devait évidemment être bien placé, et du côté de la manifestation.

J'ai vu, moi, l'autre côté de cet affreux drame; j'étais sur le terrain occupé par les gardes nationaux qui tenaient pour le Comité.

A l'heure annoncée pour la manifestation, voici quelle était la disposition des forces qui gardaient la place Vendôme.

Depuis la rue des Capucines jusqu'à l'angle de la place Vendôme, cinq pelotons barraient la voie, derrière, deux pièces de 12 de siège, derrière encore, deux autres lignes de gardes nationaux, d'autres encore en réserve sur la place, sans compter ce qui gardait le côté de la rue Castiglione.

A une heure, un peloton d'environ quatre-vingts hommes fut envoyé au bout de la rue de la Paix, pour disperser le rassemblement formé sur la place de l'Opéra. Devant nous, les rangs se resserrèrent et les gardes nationaux chargèrent leurs fusils, malgré les injonctions de leurs officiers, dont l'un même les traitait de *poltrons*. Le piquet envoyé, loin de dissiper le rassemblement, battit lentement en retraite d'abord, repoussé doucement par la foule. Peu à peu sa retraite se changea en déroute, et aux deux tiers du chemin ce fut à toutes jambes qu'ils se replièrent sur leurs soutiens. La manifestation arriva, calme et résolue, sur la première ligne.

Là, en quelques minutes, furent accomplis des actes d'héroïsme qu'il serait trop long de rapporter en détail. Les gardes auraient certainement cédé sans les efforts de trois officiers d'état-major, qui les excitaient de toutes leurs forces, et qui, en dernier ressort, firent battre la charge. Au son du tambour, la garde nationale, au lieu d'avancer, fléchit; la foule au contraire avança. Pressés par leurs chefs d'état-major, les gardes essayèrent de repousser de nouveau la foule. C'est à cet instant qu'un coup de fusil tiré en l'air partit du second rang; deux autres à côté partirent aussitôt, également en l'air; la foule ne bougea pas; mais d'autres coups de fusil retentirent alors de l'extrémité, puis de tous les rangs indistinctement, et frappèrent au hasard ceux qui étaient devant, amis ou ennemis. C'est alors seulement que la manifestation battit en retraite.

Les gardes s'étaient presque tous repliés en tirant; les officiers, quelques hommes de sang-froid, seuls restés au milieu de la chaussée, essayèrent de faire cesser le feu.

Un jeune homme revint, tenant le drapeau de la manifestation, la flèche brisée. Deux ou trois gardes seulement accueillirent par des vivats ce triste trophée. La rue était jonchée de corps tués ou blessés. Le dernier coup tiré le fut par un homme qui, froidement, se masquant derrière deux camarades, épaulait son fusil lentement comme à la cible, mais sur des blessés ou sur ceux qui cherchaient à les relever.

De tout ce que j'ai vu ou entendu, il résulte que personne n'a ordonné le feu, que les coups ont été tirés de tous les rangs ensemble par des gardes nationaux, et que, sans ce triste événement, la manifestation aurait traversé la place.

On a su le lendemain de la catastrophe le nom du citoyen qui s'est jeté au-devant de l'amiral Saisset quand est partie la fusillade de la place Vendôme; c'est M. Albert Dreyfus, infirmier de visite à l'hôpital du Gros-Caillou.

Blessé grièvement à la main, il avait été transporté provisoirement à l'hôtel des États-Unis, rue d'Antin. Ce matin, il a été conduit à l'hôpital Beaujon.

On craint que l'amputation ne soit nécessaire.

Il faut ajouter au nombre des victimes de la fusillade de la place Vendôme, M. Guillard, employé de commerce, demeurant rue Bergère, 21, frappé d'une balle en pleine poitrine, transporté au n° 7 de la rue de la Paix, où il est mort au bout de quel-

La Catastrophe du 22 mars : Aspect de la place Vendôme après la fusillade.

ques minutes; un cocher de maison, assez légèrement blessé et soigné dans la même maison.

Nous sommes heureux de pouvoir annoncer que M. Hottinguer n'est pas mort. Sa blessure est grave, mais on espère le sauver.

Une lettre adressée au journal *le Bien public* signale parmi les victimes de la place Vendôme, le lieutenant de la 4ᵉ compagnie du 18ᵉ bataillon, M. Jean Bald, ouvrier stéréotypeur. Ce pauvre jeune homme, âgé de trente-six ans, fut frappé dans les reins, et la balle lui laboura les intestins; il expirait le lendemain matin à trois heures à son domicile.

Il laisse une veuve et une jeune enfant infirme.

ÉPISODES DE LA FUSILLADE DE LA PLACE VENDOME

Voici, d'après le *Paris-Journal*, comment fut frappé son rédacteur en chef, le sympathique écrivain, Henri de Pène :

Un galant homme, toujours respecté de tous, aimé de tous ceux qui le connaissent, — autant dire de Paris tout entier, — se trouvait en tête de la colonne. C'était M. Henri de Pène, notre rédacteur en chef. Il est reconnu par un de ces hommes qui montent la faction. Alors c'est à lui surtout que s'adressent les injures. On l'interpelle directement; il répond avec le sang-froid qu'on lui connaît; il se déclare ami de l'ordre, comme tous ceux qui le suivent, et il insiste encore une fois pour qu'on laisse passer la manifestation.

Deux baïonnettes se croisent sur lui. De la main droite il écarte la première, de la main gauche il relève la seconde. Et les injures de pleuvoir de nouveau. La foule s'impatiente. Elle crie : *Vive l'ordre!* *Vive la République!* De pareils cris sont séditieux aujourd'hui. Les factionnaires somment la manifestation de se retirer. La première fois, on n'obéit pas; la seconde non plus. Une troisième sommation est faite. Personne ne bouge. Alors les fusils s'abaissent; la panique s'empare de la foule et la met en fuite. Mais trop tard : la fusillade éclate et jonche le pavé de victimes.

M. de Pène s'en va aussi, mais lentement, au pas. Quand il a fait environ dix mètres dans la rue des Capucines, il se retourne, et voit un jeune homme, presque un gamin, auquel on passait des fusils chargés, et qui, sans interruption, fusillait tout devant lui. — L'assassinat organisé !

Au même instant il est frappé. Il fait encore quelques pas, mais le sang l'inonde. Par bonheur, il aperçoit un de ses amis, M. Guy de Charnacé; il l'appelle et lui prend le bras. Tout ce qu'il peut faire est d'arriver jusqu'aux magasins de M. Giroux, où l'on s'empresse autour de lui.

Hâtons-nous de dire que la blessure est profonde, mais non mortelle, comme le bruit en a couru. Le docteur Cabanellas, accouru en hâte, nous a donné l'assurance que les bandits avaient manqué leur coup ! Car ils le visaient, lui surtout, de Pène le *réactionnaire*, qu'un d'entre eux avait désigné à leur haine !

Deux ou trois jours après ce funèbre drame, le journal *le Soir* en racontait deux scènes aussi touchantes que tragiques :

Les coups de fusil retentissaient dans tout le quartier, les gens s'enfuyaient de toutes parts. J'étais à travailler; je mets mon chapeau, je descends à la hâte; j'accours sur le boulevard, aux abords de la rue Neuve-Saint-Augustin. A ce moment, quatre hommes s'avancent, portant un homme inanimé. Son front est traversé d'une balle, le sang rouge et noir couvre une partie de son visage. Le pauvre homme, dont les bras pendent inertes, est habillé d'un velours olive et jauni par le travail; l'un de ses gros souliers ferrés est plein de sang.

— Pauvre Pierre! dit l'un de ceux qui le portaient; et je reconnais Pierre, le commissionnaire du coin de la rue Neuve-Saint-Augustin, un simple et honnête brave homme, qui faisait merveilleusement les commissions, portait les malles avec bonheur, et ne savait même pas de nom ce que c'était que la politique.

Pauvre Pierre! bien sûr il n'était pas parmi les *émeutiers!*

Le matin même, je rencontrais sur le boulevard de la Madeleine un bon et excellent homme que je n'avais pas vu à Paris depuis le mois d'août; — il me serrait affectueusement la main.

— J'ai soixante-dix ans, me disait-il, je ne pouvais être utile ici; j'ai ma femme, de petits enfants, j'ai dû me consacrer à ma famille, ne pouvant rien de plus pour mon pays que de donner de l'argent, ce que j'ai fait.

Vous le savez, je suis quelque peu timoré; je n'ai jamais été un politique, je ne me suis jamais mêlé que de mon travail et de mes affaires.

Nous avons passé tout ce temps affreux et douloureux d'épreuve à Dunkerque, pensant avec angoisse à tous nos amis et nos parents enfermés ici.

Je suis revenu le 10 mars pour quelques affaires urgentes, je les ai terminées à peu près; ma malle est faite, et je repars ce soir au plus tôt pour retourner auprès de mes petits enfants et de ma femme.

Il me quitta, en me disant au revoir.

Je l'ai revu ce matin, couché sur son lit, la tête fracassée d'une balle. Cet homme, bon, sage, inoffensif, généreux, aimé de tous ceux avec qui il avait des relations, c'est ce vieillard de soixante-dix ans qui a été frappé dans le parcours de la rue de la Paix; il n'avait sur lui aucun papier qui pût faire savoir qui il était. Il fut porté à la Morgue, où son fils aîné, qui le cherchait partout, l'a reconnu le lendemain.

— Il s'appelle M. Niel, il demeure, 7, boulevard de la Madeleine, et on doit lui rendre les derniers devoirs aujourd'hui.

Voilà donc les deux victimes malheureuses et innocentes que j'ai pu voir moi-même.

J'en ai le cœur encore tout bouleversé; et que pourrais-je ajouter de plus à titre de commentaire !

Ce n'est pas sans quelque étonnement qu'on remarqua que le *Journal officiel* du Comité central s'abstint pendant deux jours de la moindre allusion aux événements du 22. Ce fut le 25 seulement qu'il rompit le silence et publia sur cette affreuse boucherie les explications qu'on va lire :

Le Comité central a ordonné une enquête sur les événements qui se sont passés place Vendôme dans la journée du 22. Le Comité n'a pas voulu publier un récit immédiat, qui aurait pu être accusé de parti pris. Voici les faits, tels qu'ils résultent des témoignages produits dans l'enquête.

A une heure et demie, la manifestation, qui se massait depuis midi sur la place du Nouvel-Opéra, s'est engagée dans la rue de la Paix. Dans les premiers rangs, un groupe très-exalté, parmi lesquels les gardes nationaux affirment avoir reconnu MM. de Heeckeren, de Coetlogon et H. de Pène, anciens familiers de l'empire, agitait violemment un drapeau sans inscription. Arrivée à la hauteur de la rue Neuve-Saint-Augustin, la manifestation a entouré, désarmé et maltraité deux gardes nationaux détachés en sentinelles avancées.

Ces citoyens n'ont dû leur salut qu'à la retraite, et sans fusil, les vêtements déchirés, ils se sont réfugiés sur la place Vendôme. Aussitôt les gardes nationaux, saisissant leurs armes, se sont portés immédiatement, en ordre de bataille, jusqu'à la hauteur de la rue Neuve-des-Petits-Champs.

La première ligne avait reçu l'ordre de lever la crosse en l'air si elle était rompue, et de se replier derrière la troisième; de même pour la seconde ; la troisième devait croiser la baïonnette; mais recommandation expresse était faite de ne pas tirer.

Le premier rang de la foule, qui comptait environ huit cents à mille personnes, se trouve bientôt face à face avec les gardes nationaux. Le caractère de la manifestation se dessine dès lors nettement. On crie : *A bas les assassins! A bas le Comité!* Les gardes nationaux sont l'objet des plus grossières insultes. On les appelle : *Assassins! lâches! brigands!* Des furieux saisissent les fusils des gardes nationaux. On arrache le sabre d'un officier.

Les cris redoublent, on a affaire non à une manifestation, mais à une véritable émeute. En effet, un coup de revolver vient atteindre à la cuisse le citoyen Maljournal, lieutenant d'état-major de la place, membre du Comité central. Le général Bergeret, commandant la place, accouru au premier rang dès le début, fait sommer les émeutiers de se retirer.

Pendant près de cinq minutes, on entend le roulement du tambour. Dix sommations sont faites. On n'y répond que par des cris et des injures. Deux gardes nationaux tombent grièvement blessés. Cependant leurs camarades hésitent et tirent en l'air. Les émeutiers s'efforcent de rompre les lignes et de les désarmer. Des coups de feu retentissent, et l'émeute est subitement dispersée. Le général Bergeret fait immédiatement cesser le feu. Les officiers se précipitent, joignant leurs efforts à ceux du général.

Cependant quelques coups de fusil se font entendre encore dans l'intérieur de la place ; il n'est que trop vrai que des maisons on a tiré sur les gardes nationaux. Deux d'entre eux ont été tués : les citoyens Wahlin et François, appartenant au 7e et au 216e bataillon; huit ont été blessés : ce sont les citoyens Maljournal, Cochet, Miche, Ancelot, Legat, Reyer, Train, Laborde.

Le premier des morts, porté à l'ambulance du Crédit mobilier, est le vicomte de Molinet, atteint à la tête et par derrière, au premier rang de l'émeute. Il est tombé au coin de la rue de la Paix et de la rue Neuve-des-Petits-Champs, la face contre terre, du côté de la place Vendôme. Il est de toute évidence que le vicomte de Molinet a été frappé par les émeutiers : car s'il eût été atteint en fuyant, le corps serait tombé dans la direction du nouvel Opéra. On a trouvé sur le corps un poignard fixé à la ceinture par une chaînette.

Un grand nombre de revolvers et de cannes à épée ont été ramassés dans la rue de la Paix et portés à l'état-major de la place.

Le docteur Ramlow, ancien chirurgien-major du camp de Toulouse, domicilié, 32, rue de la Victoire, et un certain nombre de médecins accourus ont donné leurs soins aux blessés et signé les procès-verbaux.

Les valeurs trouvées sur les émeutiers ont été placées sous enveloppes scellées, et déposées à l'état-major de la place.

C'est grâce au sang-froid et à la fermeté du général Bergeret, qui a su contenir la juste indignation des gardes nationaux, que de plus grands accidents ont pu être évités.

Le général américain Sheridan, qui d'une croisée de la rue de la Paix a suivi les événements, a attesté que des coups de feu ont été tirées par les hommes de la manifestation.

LES DÉSERTEURS

Les portes sont fermées par l'ordre du Comité. On ne les ouvre que pour laisser passer les chariots de ravitaillement. Toutes les gares (sauf la gare du Nord) sont occupées militairement. Les ordres les plus sévères ont été donnés à l'Hôtel de ville, pour qu'aucun soldat ne puisse sortir de Paris.

Ceux qui se présentent aux différents chemins de fer sont saisis, interrogés, puis renvoyés ou maintenus en état d'arrestation, suivant que leurs réponses ont été plus ou moins satisfaisantes. Les casernes sont gardées par les *fédérés*.

Des quêtes sont faites dans tous les quartiers, afin de pourvoir à la nourriture de la troupe.

Sur la rive gauche, près des Invalides et de l'École militaire, on rencontre à chaque pas des soldats qui ne savent où aller coucher.

Beaucoup ne connaissent pas le régiment de marche auquel ils appartiennent et la ville dans laquelle ils doivent aller rejoindre leur dépôt.

Depuis trois jours, ces malheureux ne vivent que d'aumônes, car le service de l'intendance ne fonc tionne plus, et on ne leur distribue ni vivres ni solde.

Ceux qui, dans la journée du 18, ont fraternisé avec le peuple, à Montmartre, sont complétement à la charge des citoyens. Certaines familles en abritent trois ou quatre.

A Montmartre, quelques marins sont mêlés aux insurgés. Ils se distinguent par leur calme ; ils fument beaucoup et parlent peu.

Dans les quartiers de Montmartre, la Chapelle et Belleville on fait des souscriptions en faveur des soldats. Ces souscriptions produisent des résultats excellents. Espérons qu'elles seront distribuées d'une manière intelligente, et ne contribueront pas à augmenter la recette déjà trop considérable du marchand de vins. (*Le Bien public.*)

COMITÉ CENTRAL DE L'HOTEL DE VILLE

Séance du 22 mars.

PRÉSIDENCE DU CITOYEN ASSI.

La question des loyers, soulevée par le citoyen Grollard, est à l'unanimité réservée à la Commune élue. Sur la proposition du citoyen Avoine fils, le Comité déclare que, par mesure d'ordre, aucun propriétaire ne pourra congédier ses locataires, jusqu'à nouvel ordre.

Les commandants des divers points occupés font leurs rapports. Il en résulte que la réaction, plus puissante que ces jours derniers, relève la tête. Une manifestation doit avoir lieu. Le citoyen délégué Lullier et le citoyen Moreau sont chargés de prendre des mesures énergiques pour empêcher, sans effusion de sang, si faire se peut, cette manifestation.

Le citoyen Babick propose de suspendre la solde des bataillons dissidents. Le citoyen Assi lui répond que les dissidents ne peuvent toucher leur solde du Comité central, mais que rien ne les empêche de la recevoir de Versailles. Le citoyen Blanchet propose, conjointement avec le citoyen Chouteau, de nommer le général Menotti Garibaldi, dont l'arrivée est annoncée, gouverneur des forces de Paris. La résolution est adoptée à l'unanimité.

Un délégué du poste central de la place Vendôme annonce qu'une manifestation importante se promène sur les boulevards ayant en tête le drapeau de la nation. Le chef d'état-major général du Bisson est chargé, conjointement avec le général Cremer, de faire respecter les volontés du peuple.

Le citoyen Billioray est d'avis de régulariser immédiatement la position des soldats errants en les incorporant dans la garde nationale.

Le citoyen Rousseau objecte que l'on ne doit pas avoir grande confiance dans des hommes qui ont pris l'habitude de rendre leurs armes au premier venu.

Le citoyen Lullier prend chaudement la défense de l'armée. La discussion s'engage à ce sujet.

Après une lutte oratoire d'une demi-heure, à laquelle prennent part les citoyens Assi, Lullier pour, Rousseau, Grollard contre, la proposition mise aux voix est adoptée.

Le citoyen Maljournal prend la parole et développe la proposition de retarder les élections de quelques jours. En présence de l'attitude de la presse, les élections seront faites sous une pression plus ou moins grande. Donc on doit retarder les élections et préparer les candidatures démocratiques. Mais pour cela il faut supprimer les journaux anti-démocratiques.

Le citoyen Assi prend la parole. Il s'oppose à la suppression des journaux.

Le citoyen Billioray propose de ne pas supprimer les journaux avant de s'assurer provisoirement des rédacteurs hostiles. A cet instant, un officier d'état-major vient annoncer le résultat de la manifestation de la place Vendôme.

Le citoyen président donne lecture du rapport du général du Bisson. Le citoyen Avoine propose de voter des remerciements au général et à tout l'état-major, qui a bien mérité de la patrie.

La proposition est votée à l'unanimité. Le citoyen Viard est d'avis de ne pas permettre à l'avenir de semblables manifestations. Pour cela, il faut de la cavalerie. Le citoyen Rousseau demande où on la prendra. Le citoyen Viard répond qu'on la réquisitionnera. La proposition est adoptée.

La discussion est reprise sur les élections et les journaux. Après quelques mots du citoyen Assi, le Comité vote à l'unanimité la prorogation des élections au dimanche, maintient la liberté de la presse, sous réserve de poursuivre les journalistes coupables d'excitation à la résistance ; le journal étant une propriété, ne peut être confisqué. — Le Comité ratifie les condamnations à mort prononcées la veille sur la proposition des généraux Henry et du Bisson.

Le citoyen Viard demande à ce que l'on envoie à Versailles des émissaires secrets, chargés d'instruire la troupe de ligne de ses véritables devoirs. Le citoyen Assi déclare que les émissaires sont partis depuis plusieurs jours. Place Vendôme, un garde national a été tué par imprudence. Le Comité vote à l'unanimité l'adoption de ses enfants par la Commune de Paris.

(*Paris-Journal.*)

OCCUPATION DU FORT DE VINCENNES

PAR LES TROUPES DU COMITÉ CENTRAL

Depuis la capitulation, les soldats de la garnison du fort de Vincennes étaient travaillés plus particulièrement encore que l'armée par les menées de l'insurrection qui se préparait.

Les artilleurs surtout et les ouvriers d'artillerie étaient affiliés en grand nombre au parti qui achevait de démoraliser l'armée.

Dès le 18 mars, une vive agitation se manifestait dans les régiments casernés au fort Neuf et dans les ouvriers d'administration logés au vieux fort. Les gardes nationales de la ville avaient de

Le général Cremer.

fréquentes entrevues avec quelques sous-officiers, qui ne se gênaient pas pour annoncer que le régime de *la boule de son* était bien près de finir. Le maréchal des logis Brunet, menacé d'une punition par un officier, lui répondit: « Ah! dans quelques jours, vous ne ferez pas tant votre malin ! »

Pour obvier aux allées et venues trop fréquentes des gens qui paraissaient être les chefs du mouvement, le commandant du fort consigna sévèrement le quartier. Cette mesure ne fut exécutée que fort incomplétement par les sous-officiers chefs du poste, qui laissèrent leurs camarades libres de leurs mouvements.

Dans la nuit du 21, Brunet, qui avait pris la direction du complot, fit enclouer toutes les pièces qui défendaient encore les deux forts.

Comme la citadelle était en état de siége, les ponts étaient levés chaque soir. — Le 22 au matin, des gardes nationaux de Vincennes se présentaient devant la porte principale du fort Neuf, tandis qu'une autre troupe pénétrait dans le fort Vieux, dont les grilles lui furent ouvertes sans résistance.

Au fort Neuf, Brunet faisait baisser le pont-levis et ouvrir d'abord la poterne, puis les grandes portes. — Le pont jeté sur le fossé qui sépare les deux forts fut également abaissé et le fort fut envahi presque sans résistance.

Les chasseurs à pied, les artilleurs, les commis aux écritures, les ouvriers d'administration, se laissèrent désarmer sans opposition et fraternisèrent avec la garde nationale.

Les officiers furent laissés à peu près libres et se

hâtèrent d'évacuer le fort. Quelques-uns furent retenus prisonniers.

Les archives du génie et de la place furent respectées. L'arsenal, bien dégarni déjà, fut pillé complétement, ainsi que la manutention, dont les vivres furent littéralement saccagés.

Les gardes nationaux furent installés à la défense de la forteresse. Aujourd'hui, une compagnie, indépendamment de celles qui sont à l'intérieur, campe sur les glacis.

Les défenseurs de la vieille citadelle usent largement des approvisionnements de l'administration. Chaque homme a double ration, le vin est à discrétion. Les soldats participent à cette bombance, et semblent heureux de se ravitailler. Tous paraissent ne regretter nullement leurs armes. Le sous-officier Brunet est en fuite.

(*Paris-Journal.*)

L'HISTOIRE SUR LES MURS

APPEL A LA CONCORDE.

RÉPUBLIQUE FRANÇAISE

Liberté, Égalité, Fraternité.

Paris, 22 mars 1871.

Citoyens,

Nous ne doutons pas que vous n'éprouviez, à la lecture de la séance d'hier, le sentiment dont notre âme est saisie. Il n'a pas dépendu de nous que cette séance n'ait eu un autre caractère et de meilleurs résultats.

Toutefois, nous avons obtenu la reconnaissance formelle du droit de Paris, qui, en conséquence, sera appelé dans le plus bref délai à élire son conseil municipal.

Dans cette situation, vous comprendrez comme nous la nécessité d'éviter les désastres qui naîtraient en ce moment de tout conflit entre les citoyens.

Vive la France! Vive la République!

Les représentants de la Seine :

LOUIS BLANC, EDGAR QUINET, V. SCHŒLCHER, A. PEYRAT, EDMOND ADAM, CH. FLOQUET, MARTIN BERNARD, LANGLOIS, ED. LOCKROY, FARCY, HENRY BRISSON, GREPPO, MILLIÈRE, CLÉMENCEAU, TIRARD, TOLAIN.

RÉPUBLIQUE FRANÇAISE

Liberté, Égalité, Fraternité.

L'assemblée des maires et adjoints de Paris,
En vertu des pouvoirs qui lui ont été conférés,
Au nom du suffrage universel dont elle est issue dont elle entend faire respecter le principe,
En attendant la promulgation de la loi qui conférera à la garde nationale de Paris son plein droit d'élection,
Vu l'urgence,
Nomme provisoirement :

L'amiral SAISSET, représentant de la Seine, commandant supérieur de la garde nationale de Paris;
Le colonel LANGLOIS, représentant de la Seine, chef d'état-major général;
Le colonel SCHŒLCHER, représentant de la Seine, commandant en chef de l'artillerie de la garde nationale.

(*Suivent les signatures des maires et adjoints de la ville de Paris.*)

A la garde nationale et à tous les citoyens, les maires et adjoints de Paris et les députés de la Seine.

La patrie sanglante et mutilée est près d'expirer, et nous, ses enfants, nous lui portons le dernier coup! L'étranger est à nos portes, épiant le moment d'y rentrer en maître, et nous tournerions les uns contre les autres nos armes fratricides!

Au nom de tous les grands souvenirs de notre malheureuse France; au nom de nos enfants, dont nous détruirions à jamais l'avenir, nos cœurs brisés font appel aux vôtres, — que nos mains s'unissent encore comme elles s'unissaient durant les heures douloureuses et glorieuses du siège. — Ne perdons pas en un jour cet honneur qu'avaient gardé intact cinq mois de courage sans exemple.

Cherchons, citoyens, ce qui nous unit et non ce qui nous divise.

Nous voulions le maintien, l'affermissement de la grande institution de la garde nationale, dont l'existence est inséparable de celle de la République.

Nous l'aurons.

Nous voulions que Paris retrouvât sa liberté municipale, si longtemps confisquée par un arrogant despotisme.

Nous l'aurons.

Vos vœux ont été portés à l'Assemblée nationale par vos députés; l'Assemblée y a satisfait par un vote unanime qui garantit les élections municipales, sous bref délai, à Paris et dans toutes les communes de France.

En attendant ces élections, seules légales et régulières, seules conformes aux vrais principes des institutions républicaines, le devoir des bons citoyens est de ne pas répondre à un appel qui leur est adressé sans titre et sans droit.

Nous, vos représentants municipaux, — nous, vos députés, déclarons donc rester entièrement étrangers aux élections annoncées pour demain, et protestons contre leur illégalité.

Citoyens, unissons-nous dans le respect de la loi, et la patrie et la République seront sauvées.

Vive la France! vive la République!

Paris, le 22 mars 1871.

(*Suivent les signatures des maires, des adjoints et des représentants de la Seine.*)

Concitoyens,

La municipalité du premier arrondissement, unie à toutes les municipalités et aux députés de Paris, dans son profond dévouement à la République, qu'elle veut défendre à tout prix, fait appel à votre patriotisme.

Nous devons l'appuyer et la servir, pour écarter les dangers qui seraient la ruine de la liberté. Nous avons élu librement nos mandataires, et nous déclarons, au nom du suffrage universel, qui est la base de tout, que leur personne est inviolable et leur autorité indiscutable.

Nous sommes prêts à soutenir ces principes qui peuvent seuls prévenir un conflit déplorable pour nos institutions républicaines. Les bons citoyens doivent être avec nous. Toute abstention dans les circonstances actuelles est un crime civique. Nous faisons un appel énergique à tous nos camarades pour nous seconder dans l'œuvre de conciliation que nous avons entreprise.

Il est indispensable que chacun prenne des résolutions viriles pour assurer la concorde et consolider la République.

(*Suivent les signatures des officiers des* 1er, 5e, 12e, 13e, 14e, 70e, 112e, 113e, 171e, 196e *bataillons.*)

Le 111e bataillon et des compagnies d'autres bataillons n'ont pu adhérer à ce manifeste, par le seul fait qu'ils étaient de service ce jour-là.

MAIRIE DU 2e ARRONDISSEMENT.

Les députés de Paris, unis aux maires et adjoints ont résolu de défendre la République envers et contre tous, en maintenant tout d'abord la tranquillité dans la cité.

La municipalité du deuxième arrondissement et les chefs de bataillon, s'associant à cette résolution, ont organisé un service de protection et de surveillance dans l'arrondissement.

Tout citoyen dévoué à la République lui doit son concours. Toute abstention dans les circonstances actuelles est un crime civique ; nous faisons donc un appel énergique à tous nos camarades pour nous seconder dans l'œuvre de conciliation dont le principe est adopté.

Vive la République !

Signé :

Simon, commandant le 8e bataillon. — Thorel, commandant le 10e bataillon. — Potel, commandant le 11e bataillon. — Collet, capitaine, commandant par intérim le 92e bataillon. — Poisson, commandant le 100e bataillon. — Sebille, commandant le 148e bataillon. — Quevauvillers, commandant le 149e bataillon. — Noirot, commandant le 181e bataillon. — Béchet, commandant le 227e bataillon.

MAIRIE DU 10e ARRONDISSEMENT.

Les maires et adjoints du dixième arrondissement, en vertu de la décision prise à l'unanimité par l'assemblée des municipalités de Paris, déclarent publiquement qu'ils ne rentreront dans leur mairie qu'après la retraite complète des citoyens qui, se disant délégués du Comité central de l'Hôtel de ville, ont de force envahi la mairie et y procèdent, au mépris de l'autorité des maires et des représentants à la préparation d'élections illégales, en se couvrant faussement, aux yeux du public, de la tolérance forcée de la municipalité du dixième arrondissement.

Si donc ces citoyens ne veulent pas rester la cause de l'interruption de tous les services municipaux et des souffrances qui en résulteront dans l'arrondissement, qu'ils se retirent.

Le maire, R. DUBAIL.

L'adjoint, DEGOUVE-DENUNCQUES.

Pour notre collègue, A. Murat, retenu prisonnier par le Comité des délégués et adhérent à la présente déclaration :

Le maire, R. DUBAIL.

L'adjoint, DEGOUVE-DENUNCQUES.

Aux citoyens du 12e arrondissement.

Citoyens,

Le maire et les adjoints de votre arrondissement portent à votre connaissance que la mairie ayant été envahie et occupée par une délégation du Comité central, siégeant en ce moment à l'Hôtel de ville, ils ont dû céder à la force et quitter la mairie, en protestant énergiquement contre la violence qui leur était faite et l'atteinte portée au suffrage universel, dont ils étaient légalement issus.

Le maire, ALFRED GRIVOL.

Les adjoints, DENIZOT, DUMAS, TURILLON.

A messieurs les officiers de la garde mobile présents à Paris.

Chers camarades,

En présence des désordres qui affligent Paris, tout officier, ami de l'ordre et aimant son pays, doit son appui au gouvernement régulier élu par la France.

Unissons-nous donc pour défendre la société menacée, et n'oublions pas que l'ennemi ne demande qu'un prétexte pour rentrer dans nos murs.

A vous tous, mes chers camarades qui, ainsi que tout bon Français, avez pour devise : Honneur et Patrie, de répondre à mon appel. Réunissons-nous, formons un bataillon, et allons offrir notre loyal concours à l'amiral Saisset.

Lieu de rendez-vous, vendredi 24, de midi à

deux heures, et samedi 25, de dix heures à midi, au coin des rues et place de la Bourse.

LÉOPOLD NIVOLEY,
Capitaine au 17e bataillon de la Garde
mobile de la Seine.

LES FAITS DIVERS

La chronique de cette journée lamentable est écrite au bruit des salves d'artillerie que tirent à quelques pas de nous les Prussiens, pour célébrer la fête de l'empire germanique.

Cette nuit, le Grand-Hôtel, devenu une véritable caserne, a servi de quartier général aux 6e, 253e, 116e bataillons et à une partie du 7e.

L'hôtel nous rappelait ces hôtelleries espagnoles où l'on ne mange que ce que les voyageurs apportent eux-mêmes; car il était curieux, de 9 heures à minuit, de voir les citoyens arriver à l'hôtel les bras chargés de pains et autres provisions que chacun rapportait de chez lui-même, sans réquisitionner.

Le drapeau rouge est arboré à l'Hôtel de ville, qui est occupé par la garde nationale.

Il paraît que l'avenue de *Friedland* qui, le 4 septembre dernier, avait été débaptisée et s'appelait avenue *Jules-Favre*, a reçu, le 18 mars, un nouveau nom. Une inscription, située au coin de la rue des Écuries-d'Artois, porte : avenue Garibaldi.

Les gardes nationaux insurgés occupent en force les portes de Paris et arrêtent tous les trains.

Hier au soir, à cinq heures vingt minutes, le train de la rive gauche a été arrêté à Ouest-Ceinture par un bataillon tout entier.

Les voitures ont été fouillées très-minutieusement pendant plus d'un quart d'heure.

Nous avons vu ouvrir des paniers remplis de provisions que portaient des femmes.

Les coussins des banquettes ont été soulevés pour examiner s'ils ne cachaient pas des armes.

Un habitant de Meudon, portant un képi du 41e bataillon, a été obligé de descendre du train sur l'ordre d'un officier de service.

Les officiers des bataillons du sixième arrondissement se sont réunis aujourd'hui à l'école des frères de la rue des Prêtres-Saint-Germain-l'Auxerrois, sous la présidence de M. Albert Leroy, adjoint élu. Cette réunion avait pour objet de grouper les éléments épars des divers bataillons de l'arrondissement, désorganisés par suite du départ de leurs commandants, afin d'en former une légion sous le commandement d'un colonel pris soit parmi les anciens chefs de bataillons, soit parmi les officiers supérieurs de l'armée ou de la marine présents à Paris.

Après une remarquable allocution de M. Albert Leroy, plusieurs officiers ont pris la parole et ont affirmé de la façon la plus énergique leur résolution de rétablir l'ordre par tous les moyens possibles et de ne pas obéir aux ordres du Comité central; puis, sur la proposition de l'un d'eux, la défense de l'arrondissement a été confiée à M. le capitaine de frégate Tresse, qui prendra provisoirement le titre de colonel. M. Demay, chef du 19e bataillon, lui a été adjoint comme aide de camp, avec le grade de lieutenant-colonel.

Le nombre des gardes nationaux qui protègent la place Saint-Germain-l'Auxerrois, s'élève à près de 6,000. Ce sont presque tous des gardes du premier et du deuxième arrondissement.

Le stock de vêtements militaires amassés dans le salon des fêtes à l'Hôtel de ville, va, dit-on, être distribué par les soins du comité de l'Hôtel de ville, parmi les nouveaux enrôlés de la milice parisienne.

On remarque dans les rangs des bataillons du Comité un certain nombre de soldats qui semblent embarrassés de leur uniforme. Cet uniforme ne revêt en effet, la plupart du temps, que de simples gardes nationaux qui ne se distinguent pas par l'allure militaire. Le Comité aurait trouvé dans les casernes et dans les magasins de M. Godillot des effets d'équipement dont il a pu habiller ses hommes.

Il aurait aussi, paraît-il, à sa disposition des costumes de marins, mais en plus petit nombre.

L'ancien hôtel Trochu, la caserne du Louvre, sont occupés depuis hier par les fédérés; leur tenue militaire indique tout de suite des indigènes de Belleville.

Le nouveau *général-gouverneur* du Louvre a fait ouvrir toutes les grilles, et a fait lui-même une sérieuse inspection des immenses caves des pavillons du Louvre. Des factionnaires, toujours fédérés, sont placés à toutes les portes extérieures et intérieures.

La cour de la caserne du Louvre est remplie de boîtes rouges, vides de leurs conserves.

On lit dans le *Soir :*

Il est arrivé à Versailles un courageux citoyen auquel le gouvernement doit une marque publique d'estime et de reconnaissance.

Il était resté 253,000 francs dans une des caisses de l'Hôtel de ville, et le caissier, ayant une jambe de bois, craignant justement d'être reconnu, ne savait comment reprendre cette somme.

Un des employés de l'Hôtel de ville s'offrit. « Je suis orphelin, dit-il; je puis m'exposer pour accomplir un devoir. »

Et aujourd'hui, il apportait au gouvernement cette somme de 253,000 francs, qu'il avait été chercher au milieu du Comité central.

L'*Électeur libre* nous renseigne sur ce qui s'est passé au ministère des finances. Au moment de l'arrivée des détachements de fédérés, sous les ordres du général Eudes, le citoyen Varlin, délégué du Comité central, se fit remettre l'état de la situation du Trésor, qu'il parapha.

Ce document constatait le vide absolu des caisses; l'argent, montant à 2,500,000 francs qui formait l'actif des caisses du ministère, était parti dès le matin.

Cependant on nous assure que les envahisseurs auraient pu mettre la main sur une somme de 32,000 francs, déposée dans une caisse spéciale.

Aujourd'hui le *Comité central* a fait apposer les scellés sur les bureaux et les caisses du ministère des finances.

Les billets de la Banque de France ont été brûlés à temps, — on le sait, — pour échapper aux recherches du fameux Comité central; mais cette opération radicale est une extrémité qui se soldera encore par un gros chiffre en dépense pour cet établissement. La confection d'un billet de banque de 1,000 francs coûte à la Banque soixante-quinze centimes, et c'est autant de fois sept cent cinquante francs qu'il y a eu de millions annulés qu'il a fallu sacrifier aux procédés des usurpateurs du pouvoir dans Paris.   (*Gaulois*.)

Les étrangers qui, depuis quelques jours, arrivaient à Paris, l'ont quitté hier précipitamment. Beaucoup de Parisiens les ont imités.

Hier au soir, les hôtels étaient vides et les gares de chemins de fer envahies par une foule qui prenait d'assaut les wagons.

Les hommes qui ont fait feu sur la manifestation appartenaient au 80ᵉ bataillon.

On assure que le capitaine qui a commandé le feu aurait été enlevé par un fort de la halle et conduit à la mairie du deuxième arrondissement.

Nous apprenons que les insurgés de Montmartre ont fait de minutieuses perquisitions dans l'église Saint-Pierre et qu'ils ont forcé le curé à assister à ces inqualifiables investigations.

Ils ont poussé leur curiosité soupçonneuse jusqu'à visiter les orgues et les tiroirs de la sacristie pour s'assurer si des armes n'avaient pas été cachées.

Une fouille faite au 3ᵉ secteur, à l'ancien marché de la Villette, a fait découvrir des caisses de cartouches dont les gardes nationaux se sont emparés.

Au camp de la Villette, le matin, à cinq heures, on est gratifié de la *diane;* c'est pour réveiller les artilleurs. Beaucoup de ces *fédérés artilleurs* ont des chevaux magnifiques.

A chaque barricade du quartier Montmartre se trouve un tronc portant l'inscription suivante :

N'oubliez pas nos frères de l'armée sans solde.

Un charcutier de la rue de Rennes a dû livrer, hier, à des gardes nationaux en armes, environ cent vingt francs de marchandises *pour le compte de la République.*

On lit dans le *Moniteur :*

Nous avons tenu entre nos mains un bon de réquisition. Il est ainsi libellé :

RÉPUBLIQUE FRANÇAISE

Liberté , Égalité , Fraternité .

Au nom de la République :

Réquisitions.

Argent.

Denrées alimentaires.

En cas de refus, le citoyen X..., chargé du réquisitionnement, peut se faire assister par les gardes nationaux du quartier.

Le membre de la Fédération,
Signé...

Deux timbres sont apposés sur ce curieux papier, l'un porte les mots : République française ; l'autre : Fédération républicaine.

On a arrêté un garibaldien porteur de la dépêche suivante :

RÉPUBLIQUE FRANÇAISE

MAIRIE DE PARIS

Commandant Dardelles.

Veillez sur les 181ᵉ et 100ᵉ bataillons que je vous envoie : qu'ils soient prisonniers au premier cas d'insubordination.

Si tu ne peux pas les employer utilement, sonde les hommes; ils sont du deuxième arrondissement, c'est tout te dire.

A toi,   GOSSELIN.

Cette nuit, sept ou huit bataillons sont descendus, comme d'habitude, faire des *reconnaissances* dans Paris.

Par suite de l'avis du Comité, des lignards, des artilleurs, des mobiles et des zouaves, à qui l'on donne la solde et les vivres, sont entrés dans les rangs des fédérés.

Il se fait là-bas un épouvantable trafic d'armes, on en vend, on en donne ; des gamins de douze ans sont armés. — Une cible est ouverte au parc des buttes Chaumont, et toute la journée des hommes ivres se blessent ou blessent les *camarades.* Un individu a eu la cuisse traversée par une balle de Sniders; un autre a le bras broyé par un *coup lancé* de baïonnette-chassepot.

A minuit, a eu lieu une tentative du 142ᵉ bataillon pour s'emparer de la mairie de la rue de la Banque. Les fédérés arrivent au pas gymnastique, clairons et tambours sonnant la charge. Trois coups de feu partent de leurs rangs, dirigés contre le 11ᵉ bataillon, qui garde toujours la Bourse, et qui se met aussitôt sur la défensive.

Le commandant fédéré ordonne à ses hommes de ne pas faire feu et proteste que les coups de feu, qui, du reste, n'ont blessé personne, ont été tirés par imprudence.

Le 142ᵉ continue sa marche, en suivant la rue Vivienne, sans insister pour traverser la place de la Bourse. Trois cavaliers marchaient à sa tête, et parmi eux, dit-on, Lullier, le général improvisé.

La journée du jeudi 23 mars.

JOURNAL OFFICIEL.

PARTIE OFFICIELLE.

Paris, 22 mars 1871.

COMITÉ CENTRAL

Citoyens,

Le Comité central a reçu du quartier général prussien la dépêche suivante :

COMMANDEMENT EN CHEF DU 3ᵉ CORPS D'ARMÉE

Quartier-général de Compiègne, le 21 mars.

Au commandant actuel de Paris.

Le soussigné, commandant en chef, prend la liberté de vous informer que les troupes allemandes qui occupent les forts du nord et de l'est de Paris, ainsi que les environs de la rive droite de la Seine, ont reçu l'ordre de garder une attitude amicale (1) et passive tant que les événements dont l'intérieur de Paris est le théâtre ne prendront point, à l'égard des armées allemandes, un caractère hostile et de nature à les mettre en danger, mais se maintiendront dans les termes arrêtés par les préliminaires de la paix.

Mais dans le cas où ces événements auraient un caractère d'hostilité, la ville de Paris serait traitée en ennemie.

Pour le commandant en chef du 3ᵉ corps des armées impériales,

Le chef du quartier général,

Signé : VON SCHOLTHEIM,

Major général.

Le délégué du Comité central aux relations extérieures a répondu :

Paris, le 22 mars 1871.

Au commandant en chef du 3ᵉ corps des armées impériales prussiennes.

Le soussigné, délégué du Comité central aux affaires extérieures, en réponse à votre dépêche en date de Compiègne, 21 mars courant, vous informe que la révolution accomplie à Paris par le Comité central, ayant un caractère essentiellement municipal, n'est en aucune façon agressive contre les armées allemandes.

Nous n'avons pas qualité pour discuter les préliminaires de la paix votés par l'Assemblée de Bordeaux.

Le Comité central et son délégué aux affaires extérieures.

La presse réactionnaire a recours au mensonge et à la calomnie pour jeter la déconsidération sur les patriotes qui ont fait triompher les droits du peuple.

Nous ne pouvons pas attenter à la liberté de la presse : seulement, le gouvernement de Versailles ayant suspendu le cours ordinaire des tribunaux, nous prévenons les écrivains de mauvaise foi auxquels seraient applicables en temps ordinaire les lois de droit commun sur la calomnie et l'outrage, qu'ils seront immédiatement déférés au Comité central de la garde nationale.

Par suite de la désertion générale des employés du gouvernement, les services publics sont complétement désorganisés.

Tous les employés des administrations publiques qui, à partir du 23 de ce mois, n'auront pas repris leurs occupations habituelles, seront irrémissiblement destitués.

Vu les mesures prises par le gouvernement de Versailles pour empêcher le retour dans leurs foyers des soldats licenciés par le fait des derniers événements ;

Le Comité central décide que, jusqu'à ce qu'une loi ait fixé la réorganisation des forces nationales, les soldats actuellement à Paris seront incorporés dans la garde nationale et en toucheront l'indemnité.

Le Comité central de la garde nationale :

ANT. ARNAUD, ASSI, BILLIORAY, FERRAT, BABICK, ED. MOREAU, C. DUPONT, VARLIN, BOURSIER, MARTIN, GOUHIER, LAVALETTE, FR. JOURDE, ROUSSEAU, CH. LULLIER, G. ARNOLD, VIARD, BLANCHET, J. GROLLARD, BAROU, H. GERESME, FABRE, FOUGERET, BOUIT, CHOUTEAU, ANDIGNOUX, C. GAUDIER, CASTIONI, PRUDHOMME, JOSSELIN, MAXIME LISBONNE, JULES BERGERET, MALJOURNAL, RANVIER, FLEURY, AVOINE fils, EUDES, GUILLER.

En prenant possession de la préfecture de police et des casernes, des gardes nationaux ont trouvé

---

(1) Une communication adressée postérieurement, par l'état-major prussien, au chef du pouvoir exécutif, rectifie cette expression, inexactement traduite du texte allemand de la dépêche. Le mot employé signifie *pacifique* et non *amical*.

des armes qu'on leur dérobait depuis longtemps.

A cette heure, certains d'entre eux sont possesseurs de plusieurs fusils.

Le Comité central les engage vivement à ne garder par devers eux qu'une arme, et à venir déposer les autres au ministère des finances ou à l'Hôtel de ville. On ne peut laisser inutile un fusil qui peut armer un bon citoyen.

Pour le Comité central de la garde nationale,
BOURSIER, EUDES, MOREAU.

Par arrêté du délégué près le ministère de l'intérieur, en date du 22 mars 1871, le citoyen Hauréau, directeur de l'Imprimerie nationale ;

Le citoyen de Picamilh, sous-directeur ;

Le citoyen Derenemesnil, chef des travaux, sont relevés de leurs fonctions.

Le citoyen Huyard, sous-prote, est, sur sa demande, relevé de ses fonctions.

Le délégué de l'intérieur, pour le Comité central,
GRELIER.

PHYSIONOMIE DE PARIS

La résistance, centralisée la veille sur la place de la Bourse, est maintenant organisée dans un grand nombre de quartiers.

Les bataillons demeurés fidèles occupent en ce moment la partie de la ville comprise entre le boulevard, le marché Saint-Honoré, le Palais-Royal, la Banque et la rue Montmartre.

LA PLACE DE LA BOURSE

est occupée militairement. A toutes les issues, est établi un cordon de gardes nationaux. Les rues sont fermées aux passants, à l'exception des personnes qui les habitent ou qui y sont appelées pour leurs affaires.

M. Moreau, syndic de la compagnie des agents de change, s'est présenté à la Bourse à une heure.

Les gardes nationaux de service lui ont déclaré que, par ordre de l'amiral Saisset, commandant en chef les gardes nationales de la Seine, et pour des motifs stratégiques, la Bourse resterait fermée.

LA PLACE VENDOME

théâtre du déplorable conflit d'hier, est toujours très-fortement occupée par des bataillons du comité. Leurs grand'gardes sont postées, d'un côté, au débouché du boulevard des Capucines, et de l'autre, sur la rue de Rivoli. Elles ne laissent passer personne.

Deux barricades ont été construites ce matin : l'une, rue de la Paix, à la hauteur de la rue Neuve-des-Capucines ; l'autre, rue Castiglione, sur l'alignement de la rue Saint-Honoré.

Ces deux barricades sont armées de canons.

Une pièce de 12 de siége est braquée sur la rue de Castiglione, et un canon de 7 prend en écharpe la rue Saint-Honoré, dans la direction du faubourg. L'épaulement qui protége cette artillerie est composé de quelques pavés, de balustrades de bois et de quatre guérites prises à l'état-major de la garde nationale.

LES MAIRIES

Les mairies des premier, deuxième et neuvième arrondissements étaient occupées, dans la matinée, par les gardes nationaux du quartier, qui sont également campés au Grand-Hôtel.

Toutefois, vers midi, une compagnie du 117º bataillon, venant de Montmartre, a repris possession du poste de la mairie Drouot après quelques pourparlers.

En ce moment, les gardes nationaux du parti de l'ordre occupent la cour de l'Opéra, ainsi que le coin de la rue Drouot et du boulevard ; ceux de Montmartre sont à la mairie.

La place du Louvre est toujours occupée ; seulement, on n'y a laissé que quelques compagnies, reconnues suffisantes pour protéger la mairie contre toute surprise.

LA BANQUE

a été fermée pendant toute la journée. On a commencé à la créneler. Elle est gardée par les 10º et 228º bataillons.

Vers deux heures de l'après-midi, quelques gardes nationaux du 122º bataillon, amenés prisonniers à la Banque, ont tenté de s'échapper. Dans sa fuite, l'un d'eux, par accident, nous voulons le croire, a fait partir son fusil, et la balle est allée frapper sept gardes de la 1re compagnie du 148º bataillon, de piquet à l'angle de la rue Paul-Lelong. Les gardes nationaux Hanzé et Myffredi sont assez gravement blessés.

L'ÉCOLE POLYTECHNIQUE

L'École n'a pas été envahie, comme plusieurs journaux l'ont dit hier, par les délégués du Comité central ; c'est spontanément que les élèves ont prié le général commandant de suspendre les cours pendant dix jours.

Après avoir déclaré qu'ils ne comptaient pas pactiser avec l'émeute, les élèves ont informé la réunion des maires et les députés de Paris qu'ils se mettaient à leur disposition pour tous les services qui leur seraient demandés.

Depuis deux jours, leur concours est accepté.

En outre, l'École polytechnique a été occupée hier au soir par le 21º bataillon de la garde nationale. Confiée au colonel Salicis, nommé chef de la légion de l'ordre dans l'arrondissement, l'École est devenue un point de ralliement pour tous les bataillons de la rive gauche. Plusieurs s'y sont déjà présentés dans la nuit, demandant à être employés.. Les fortifications intérieures de l'École permettraient, en cas d'attaque, de résister avec avantage. On n'en sortira pas, mais on s'y maintiendra.

LES GARES DE CHEMIN DE FER

Tous les jours, à l'arrivée du train de Lyon, en gare de Paris, les gardes nationaux du Comité central entrent dans les wagons et demandent aux voyageurs leur nom et leur profession, retournent les coussins et fouillent sous les banquettes, pour voir s'ils ne trouvent pas d'armes cachées.

Plusieurs compagnies des bataillons du huitième arrondissement ont pris, au nom de la légalité républicaine, possession de la gare Saint-Lazare, où ils se sont retranchés en fermant les grilles et en établissant une barrière qu'on laisse ouverte pour faciliter le va-et-vient des voitures et des piétons.

Les gardes nationaux du quartier ont fait prisonniers quelques mauvais garnements qui, paraît-il, avaient, sous l'uniforme, commis des déprédations.

Dans la matinée, le train, parti de la gare Saint-Lazare à huit heures trente, à destination de Versailles, a été arrêté, par les gardes nationaux de Montmartre, à la station de Levallois et inspecté minutieusement.

Un certain nombre de soldats en armes, qui se trouvaient dans le train, ont été arrêtés.

FAUBOURG SAINT-GERMAIN

Les 16e et 17e bataillons de la garde nationale ont passé la nuit dans le quartier Saint-Germain et ont opéré un certain nombre d'arrestations. Ce matin, ces deux bataillons continuent à remplir leur mission de vigilance.

Le Palais Bourbon est occupé par la garde nationale du Comité ; la Cour des Comptes, au contraire, est occupée par des gardes nationaux du quartier ; la caserne du quai d'Orsay par le 159e, du Comité.

LA PLACE DE LA BASTILLE

est tranquille ; celle du Château-d'Eau est également calme. Toute l'agitation se concentre dans l'intérieur. Des groupes nombreux stationnent à la porte Saint-Denis.

SUR LES BOULEVARDS

Les promeneurs s'arrêtent devant le magasin de M. Jules Dusautoy, placé sur le prolongement de la rue de la Paix.

Sur la façade du magasin, on remarque plusieurs traces de balles. L'un des projectiles, après avoir traversé la plaque en fer d'un centimètre d'épaisseur formant fermeture, est allé briser trois glaces dans l'intérieur de la boutique.

On a retrouvé plusieurs éclats de ce dernier engin, qui, de l'avis des gens compétents, est une balle explosible ; elle paraît être de la même fabrication que celles retrouvées à l'Hôtel de ville après la triste journée du 22 janvier.

A partir de la porte Saint-Denis jusqu'au boulevard des Filles-du-Calvaire, sauf quelques groupes animés et quelques discussions un peu vives, il règne une tranquillité relative.

Ces groupes se retirent devant les bataillons de Belleville, qui parcourent, commandant et cantinière en tête, la ligne des boulevards.

A sept heures, nous voyons sur la place du Château-d'Eau un malheureux, les vêtements en lambeaux, traîné, bousculé par des hommes à figure sinistre.

— Tu payeras pour les autres !

Tels sont les mots que nous entendons. Informations prises, nous apprenons que cet homme, rue Saint-Martin, s'était écrié :

— Avec un peu d'énergie et un bon chef, nous serions débarrassés de toute cette canaille.

LES TUILERIES

Le château et le jardin des Tuileries sont occupés par les gardes nationaux du Comité. Portes et grilles sont hermétiquement fermées à tout le monde.

LES PRISONS

Le Comité central de la fédération a ouvert les portes de la prison de la rue du Cherche-Midi à tous les condamnés militaires qui y étaient enfermés, quel que fût le délit ou le crime qui avait motivé leur condamnation, et il les a ensuite enrôlés pour la plupart dans ses compagnies de marche.

L'HOTEL DE VILLE

L'aspect de la place de l'Hôtel-de-Ville a changé depuis hier. La barricade élevée au coin de la rue de Rivoli a été exhaussée. Six pièces au lieu de trois sont braquées vers le Louvre. Les entrées des autres rues donnant sur la place sont également défendues par un plus grand nombre de pièces. Le reste des canons est rangé près de la façade de l'Hôtel de ville, qui est de plus complétement entouré de faisceaux de fusils.

Minuit

On dit que le Comité de l'Hôtel de ville vient de prendre les résolutions suivantes :

Arrestation et mise en accusation des journalistes coupables d'avoir poussé à la révolte et au mépris de la souveraineté populaire.

Arrestation et mise en jugement du citoyen Clémenceau, maire du dix-huitième arrondissement.

LE COMITÉ CENTRAL

Mise en jugement des membres du gouvernement. Occupation énergique et par tous les moyens des arrondissements dissidents.

Nomination du général Cluseret au commandement supérieur de toutes les gardes nationales de la Seine.

On parle de perquisitions opérées dans plusieurs journaux.

M. DESMAREST A LA MAIRIE DU 9ᵉ ARRONDISSEMENT

Nous lisons dans le *Paris-Journal* :

Dans l'après-midi, vers quatre heures, un mouvement s'est produit dans la foule des gardes nationaux massés rue Drouot, dans la mairie et dans la cour de l'Opéra.

Tous les képis étaient levés et l'on criait :
— Vive M. Desmarest !

C'était, en effet, M. Desmarest, le maire du neuvième arrondissement, qui venait réoccuper sa mairie.

Arrivé presque à la porte de ce bâtiment, il s'est arrêté ; on a fait cercle autour de lui, et il a prononcé quelques paroles où la conciliation et la liberté étaient énergiquement et sincèrement invoquées.

Il y avait là le 7ᵉ bataillon, le 117ᵉ et le 116ᵉ, des hommes du 253ᵉ et du 229ᵉ.

M. Desmarest a dit :

« Je viens de Versailles, et j'ai en poche une lettre de M. Thiers.

« Cette lettre dit que le gouvernement de l'Assemblée nationale convoque les électeurs pour le 3 avril, à l'effet d'élire toutes les municipalités de Paris.

« Cette lettre dit aussi que le gouvernement ne cherchera pas dans des poursuites judiciaires les gardes nationaux égarés. »

A la suite de cela, M. Desmarest a fait demander le chef du poste de la mairie (117ᵉ), et est entré dans les bureaux où l'a porté la libre élection du suffrage universel.

Il a été acclamé, et son nom est demeuré synonyme de : République, liberté, conciliation.

LES FÉDÉRÉS DE CLICHY

Ce matin, un fait grave s'est produit sur le parcours du chemin de fer de la gare de Saint-Lazare à Versailles. A huit heures et demie, lorsque le train est parti, la gare de Paris avait conservé son aspect habituel ; les voyageurs étaient nombreux, et nous avons remarqué un wagon contenant une dizaine de gardes nationaux en armes.

Le train part et arrive à Clichy-Batignolles, sans encombre. Il avait repris, après quelques instants d'arrêt, sa course, lorsque trois hommes échelonnés sur la voie déploient le drapeau rouge.

Le mécanicien arrête le train, craignant un dan-

Paris. — Départ du 69ᵉ de marche quittant le Luxembourg pour se rendre à Versailles (voir page 107).

ger; aussitôt une vingtaine de gardes nationaux, cachés dans la campagne, font irruption sur la voie et vont, le fusil chargé, droit au wagon qui contenait des gardes nationaux, et ouvrant la portière, mettent en joue les voyageurs et s'emparent d'un capitaine de la garde nationale, d'un lieutenant de mobile et de tous les fusils, puis font descendre trois hommes, qui s'empressent, grâce à l'aide des envahisseurs, de se sauver à travers les champs.

Le train restait toujours en arrêt, et les voyageurs des autres wagons ne comprenaient pas exactement la cause de ces arrestations.

Enfin, le train reprend sa marche. Les gardes nationaux quittent la voie des chemins de fer, et près d'Asnières nous apercevons le bataillon de la garde nationale de ce village, qui, prévenu de l'événement de Clichy, occupe la gare d'Asnières, et une forte patrouille se dirige, le fusil à la main, vers Clichy, pour réprimer toute nouvelle tentative. Le bataillon d'Asnières, comme celui de Levallois, est très-décidé à maintenir l'ordre et à combattre l'insurrection. (*Pays.*)

RAZZIA D'ARMES A FEU

Vers quatre heures, raconte le *Siècle*, la rue de Valois a été mise en grand émoi; voici pourquoi :

Un détachement du 122ᵉ bataillon (douzième arrondissement) escortait un convoi de carabines provenant de l'état-major de l'artillerie de la garde nationale, rue de Valois, 3.

Arrivé au bas de l'escalier de la rue Baillif, un détachement du 10ᵉ bataillon lui barra le passage, tandis qu'un deuxième lui coupait la retraite. L'officier qui commandait le convoi se rendit auprès d'un capitaine du 1ᵉʳ bataillon et parlementa. Ils parlèrent quelques instants d'une façon amicale, s'assurant réciproquement que leur intention n'était pas d'en venir aux voies de fait.

Pendant ce temps, l'alarme avait été donnée à la mairie de la Banque, et une partie du 10ᵉ bataillon arriva sur les lieux par la rue de Valois et la rue Baillif.

L'officier commandant le convoi d'armes avait été mené à la mairie du deuxième arrondissement.

Les gardes nationaux du 10ᵉ bataillon arrivèrent au cri de : Vive l'ordre! Vive la République! auxquels ceux du 122ᵉ répondirent par : Vive la République!

On craignit un moment, leur chef étant absent, que ces derniers ne cherchassent à résister : de là la fermeture des boutiques et des fenêtres de la rue de Valois. Mais ils eurent la sagesse de ne point faire usage de leurs armes.

Les deux chariots remplis d'armes retournèrent à l'état-major de l'artillerie de la garde nationale. Un adjoint du deuxième arrondissement, ceint de son écharpe tricolore, arriva avec le commandant du 10ᵉ, rue de Valois. Il fut suivi, peu d'instants après, par l'officier du 122ᵉ, qui revenait de la mairie. Ce dernier ayant manifesté au commandant du 10ᵉ et au magistrat municipal son aversion pour la guerre civile, on se sépara amicalement, après force poignées de main, aux cris de : Vive l'ordre et vive la République!

Le détachement qui accompagnait le convoi se reforma et fut, croyons-nous, laissé en liberté.

C'est de cette heureuse façon que se termina cet incident, qui mit pendant plus d'une heure le quartier de la Banque en émoi.

LE CITOYEN LULLIER ET LE 69ᵉ DE LIGNE

Le 69ᵉ de ligne, qui fait partie de la brigade du général Wolf, avait été, lors des derniers événements, posté dans le jardin du Luxembourg.

Quand M. Thiers eut émis l'avis de se retirer à Versailles, d'y transporter le siège du gouvernement et de conserver intacte la représentation nationale, seul pouvoir légal, l'ordre ne parvint point à temps au 69ᵉ, qui resta enfermé dans le jardin avec une section d'artillerie.

Pendant trois jours, sollicités par les émeutiers, sommés à tout moment de se rendre, les soldats, fidèles à leur devoir, résistèrent à l'intimidation, aux menaces, aux attaques et aux mauvais conseils. Les vivres manquaient, déjà l'horreur des crimes commis à Montmartre avait donné la mesure exacte du mouvement, et la foule du quartier, nourrissant les soldats en leur passant des vivres à travers les grilles, semblait vouloir se grouper autour de ce noyau de résistance.

L'insurrection gagnait, le Comité central comprit le danger et envoya un de ses membres, Lullier, l'officier de marine, pour parlementer avec le 69ᵉ.

Voici, d'après le récit d'un officier de ce régiment, publié par l'*Univers*, comment les choses se sont passées :

Le « citoyen général Lullier » arrive à la grille et demande à parler au colonel. Le commandant Périer se présente.

— Vous allez, dit Lullier, rendre vos armes.

Le commandant Périer s'appuyait sur une canne. A ce moment, il la relève jusqu'au pied du citoyen général et lui répond simplement :

— Venez les prendre.

Ceci déconcerta un peu l'Achille en bottes molles.

— Citoyen commandant, j'ai 300,000 hommes et 300 canons. Nous vous écraserons.

— C'est probable; mais tant qu'il me restera un homme, vous n'aurez pas un fusil. Et tenez, je vous préviens que demain à midi, je pars avec mon régiment pour Versailles.

— Vous me trouverez sur la route avec...

— Oui, avec vos 300,000 hommes et vos 300 canons, c'est entendu.

Pendant ce colloque, dont nous ne garantissons que le fond, la canne du commandant s'était peu à peu relevée jusqu'à la tête du cheval de Lullier, et commençait à devenir nerveuse; d'un autre côté, les hommes du régiment, qui s'étaient petit à petit rapprochés, témoignaient de sentiments si franchement hostiles au citoyen général, que celui-ci, privé pour le moment de ses 300,000 hommes et de ses 300 canons, crut prudent de faire demi-tour.

Le commandant Perrier ne tenait pas à faire massacrer ses 1200 hommes, mais il était résolu à partir. Aller parlementer en personne à l'Hôtel de ville n'était pas sûr. Un de ses amis, sous-préfet de Péronne, se chargea de cette mission délicate.

Il trouva le Comité en train de déjeuner : le Comité déjeune souvent, paraît-il, et soupe surtout fort bien. Ces messieurs accueillirent le citoyen délégué du commandant avec une certaine courtoisie, mais on ne lui offrit pas de participer à l'agape.

Le parlementaire, s'adressant à Lullier, chercha à le dissuader de mettre en branle les 300,000 hommes et les 300 canons.

— Le commandant Perrier veut aller à Versailles : soyez sûr qu'il le fera. Il ne doute point que vous ne le mettiez en capilotade, lui et ses hommes; mais il aura toujours le temps de coucher 3,000 des vôtres sur le carreau, soit 4,200 hommes tués sans profit pour la République.

— Je n'ai qu'une parole, et elle est d'acier (sic).

— Elle est donc élastique; allons, ne faites pas le méchant : laissez filer ce brave officier.

— J'ai 300,000 hommes...

— Oui, je sais, et 300 canons; c'est justement pour cela que votre gloire sera mince.

Lullier ne voulut rien promettre. Mais le lendemain le commandant se mit en route avec trois canons, qui, par parenthèse, appartiennent à la garde nationale, et ne rencontra pas d'obstacles.

Une compagnie cependant gardait la porte Maillot. Le capitaine fit mine de s'opposer au passage. Le commandant Perrier lui frappa doucement sur l'épaule, et le regardant fixement entre les deux yeux, lui dit :

— Vous savez, capitaine, je passerai.

L'autre ne se le fit pas répéter.

Le régiment, arrivé à Versailles, fut reçu par une députation de l'Assemblée et par M. Thiers, qui serra la main du commandant et lui dit:

— *Lieutenant-colonel*, je vous remercie.

On a dit que ce régiment était le 43e; la plus grande partie des hommes était en effet de ce dernier corps, les autres viennent un peu de partout; le vrai numéro de ce régiment est 69e.

COMITÉ CENTRAL DE L'HOTEL DE VILLE

Séance du jeudi 23 mars 1871.

PRÉSIDENCE DU CITOYEN ASSI.

Le Comité, sur le rapport du citoyen Billioray, convient de laisser aux journaux l'attitude qu'ils voudront conserver, pourvu que cette attitude ne soit pas une provocation permanente à la révolte.

Le citoyen Lullier est d'avis que la liberté de la presse doit être pleine et entière, et que les condamnations de la presse ont fait plus de mal à tous les pouvoirs qui se sont succédé depuis cent ans que la liberté la plus complète.

L'orateur est d'avis de rapporter le projet voté la veille. Sa proposition, mise aux voix, n'est pas adoptée. Le citoyen Henry propose au Comité de vouloir bien faire occuper par les bataillons fidèles les mairies dissidentes. Sur la proposition du citoyen Assi, il est convenu que l'on tentera d'abord de faire occuper les mairies par les bataillons ralliés au comité de chaque arrondissement.

Les bataillons de l'Hôtel de ville occuperont les quartiers où les bataillons du Comité ne seront pas en force. Le citoyen Bergeret est d'avis que les gardes nationaux de garde touchent une haute paie, la solde de 1 fr. 50 étant regardée comme un secours indispensable dans les moments que nous traversons.

Le citoyen Varlin fait observer que l'état des finances ne permet pas d'appliquer cette mesure à tous les gardes nationaux, et que l'on peut à peine le faire pour les plus nécessiteux.

La question des élections est mise à l'ordre et débattue. Le citoyen Babick est d'avis que le mandat de conseiller municipal doit être, comme celui de député, un titre à l'inviolabilité.

Une commission tirée au sort est chargée de désigner les candidats à la municipalité.

Tous les membres du Comité sont portés sur la liste à côté des membres influents et connus de chaque quartier.

Le citoyen Grollard lit un rapport où il constate que les troupes de Versailles sont animées du meilleur esprit.

Le citoyen Assi est immédiatement prié de faire savoir cette nouvelle aux gardes nationaux présents.

Le citoyen Arnaud pense que l'on doit songer à la question des loyers, si importante pour le petit commerce et les ouvriers.

Le citoyen Gastioni pense que les loyers au-dessus de 500 francs doivent ne pas être payés du tout. — Le motif en est simple, puisque l'ouvrier qui est réduit à ce loyer ne pourra payer et restera écrasé sous sa dette.

Les loyers de 500 francs à 1,000 francs devront être réduits de moitié, et encore un délai de deux ans sera accordé au locataire. — Les loyers de 1,000 à 2,000 francs seront diminués d'un tiers et un délai de payement sera accordé. Le citoyen Jourde est d'avis que les loyers au-dessous de 1,500 francs soient réduits de moitié.

Le citoyen Assi, tout en se ralliant aux propositions du premier orateur, est d'avis que la proposition soit renvoyée devant le conseil municipal élu. Son avis est adopté. Un délégué demande que les percepteurs et receveurs particuliers soient requis de verser le montant des contributions aux mains du Comité. La motion, mise aux voix, est adoptée.

Revenant sur l'attitude menaçante et injurieuse de certains journaux à l'égard des élus du peuple de Paris, le citoyen Viard propose de punir sévèrement les journalistes les plus contraires aux droits du peuple et à l'exercice de sa souveraineté.

Dans les circonstances actuelles, dit-il, la souveraineté du peuple ne saurait être mise en doute; c'est un principe que l'on ne discute pas et qu'on ne doit pas laisser discuter. Des mesures énergiques doivent donc être prises. La proposition, mise aux voix, est adoptée. La séance est levée aux cris de : Vive la République ! *(Paris-Journal.)*

L'HISTOIRE SUR LES MURS

L'affiche suivante a été collée dans l'après-midi sur les murs du quartier de la Bourse :

Chers concitoyens,

Je m'empresse de porter à votre connaissance que, d'accord avec les députés de la Seine et les maires élus de Paris, nous avons obtenu du gouvernement de l'Assemblée nationale :

1° La reconnaissance complète de vos *franchises municipales*;
2° L'élection de *tous les officiers* de la garde nationale, y compris le *général en chef*;
3° Des modifications à la loi sur les échéances;
4° Un projet de loi sur les loyers, favorable aux locataires, jusques et y compris les loyers de 1,200 francs.

En attendant que vous confirmiez ma nomination, ou que vous m'ayez remplacé, je resterai à mon poste d'honneur pour veiller à l'exécution des lois de conciliation que nous avons réussi à obtenir, et contribuerai ainsi à l'affermissement de la république.

Paris, 23 mars 1871.

Le vice-amiral, commandant en chef provisoire,
SAISSET.

L'affiche que voici a été placardée à Montmartre :

RÉPUBLIQUE FRANÇAISE

Citoyens,

Officiers et gardes nationaux du 18° arrond.
Le Comité central, siégeant à l'Hôtel de ville, m'a confié l'honneur de vous commander. Je viens vous déclarer que je saurai me rendre digne de mon mandat.

Nous sommes tous républicains et nous voulons la

Général _____ et ses escortes.

maintien de la République démocratique et sociale.

Je viens donc, citoyens, vous demander votre bon concours et votre entière confiance pour m'aider dans la mission que j'ai acceptée.

Une bonne organisation ne peut être réellement solide qu'autant qu'elle est appuyée sur l'ordre et la discipline, et je compte sur vous pour me rendre facile la réussite de nos vœux les plus chers.

Unissons-nous donc et montrons que nous sommes dignes d'être les fils de 1789 !

Un peuple qui veut être libre doit avoir la force et la volonté de l'être, et se soumettre à ses devoirs pour obtenir infailliblement ses droits.

Citoyens,

Je suis heureux de vous transmettre, au nom du Comité central, les plus grands éloges pour le patriotisme et le courage que vous avez montrés dans la nuit du 18 et la journée du 19 mars; moi-même je vous ai vus à l'œuvre, et je sais que vous méritez la plus chaleureuse sympathie.

Paris, le 22 mars 1871.

Le général de brigade, commandant la place du dix-huitième arrondissement.

Signé : GARNIER.

LES FAITS DIVERS

On avait annoncé que le citoyen Blanqui avait suivi le citoyen Ranvier à l'Hôtel de ville de Paris, et y avait fixé le centre de son administration. Il paraît qu'il n'en est rien. Blanqui serait depuis longtemps en province, caché chez un de ses parents à Castelnau de Bretenoux, arrondissement de Figeac (Lot). Le *Journal de Lot-et-Garonne* dit tenir de source certaine que M. Blanqui vient d'être arrêté dans sa retraite.

Hier, dit le *Bien public*, des gardes nationaux fédérés se rendaient chez les marchands de comestibles et de denrées diverses du quartier de la place Vendôme et du quartier Saint-Honoré, et se faisaient servir des quantités de viande, de pain, de fromage, etc., qu'ils payaient en bons de réquisitions.

Les boutiques fermées ont dû ouvrir leur porte à la sommation faite au nom de la République, et à l'observation faite par le commerçant sur le mode de payement adopté pour ces bons, il était répondu qu'on aviserait plus tard.

Les mêmes faits, nous assure-t-on, se sont passés dans le quartier de Montmartre.

Dans le neuvième arrondissement, les fédérés ont mis hier en réquisition le quartier. M. Bonnet, boulanger, place Cadet, a livré pour 25 francs de pain. M. Baudit, boulanger, rue Montmartre, a fourni 80 francs de marchandises. M. Fourché, rue Drouot, 75 francs. Deux autres boulangers de l'arrondissement ont été mis en réquisition. M. Champion, rue Lafayette, s'est vu forcé de donner pour

100 francs de fromage et de vin. Ce dernier résistait, il a cédé devant la menace de pillage, qui lui a été intimée par le commandant du détachement de fédérés. Dans le faubourg Saint-Denis, dans une boutique de charcuterie, la menace a enfin été suivie d'exécution.
(*France*.)

Les boulangers du huitième arrondissement, dont les boutiques sont aujourd'hui peu garnies, ont déclaré à leurs clients qu'un certain nombre de voitures chargées de farine leur ont été prises pour contribuer à la construction des barricades.

Le citoyen Varlin, délégué du Comité au ministère des finances, est installé dans les appartements du ministre. Comme il n'y a plus de maison montée, et que les citoyens cuisiniers et gens d'office sont partis, le citoyen délégué fait apporter ses repas de chez le citoyen Belanger, propriétaire du café voisin.

On dit que, par ordre du Comité central, les voleurs doivent être immédiatement fusillés.

Comment se fait-il alors qu'hier dix hommes du 78e bataillon, escortant quelques voleurs pris en flagrant délit dans le quartier de la Bourse, aient été désarmés et faits prisonniers aux environs de la place Vendôme?

On a délivré les voleurs et maintenu en état d'arrestation ceux qui les conduisaient en lieu sûr!
(*Le Soir*.)

Tous les habitants de la place Vendôme avaient quitté leurs domiciles, laissant des domestiques pour garder les appartements.

Sur l'invitation des gardes nationaux, les domestiques ont dû déménager dans l'espace de deux heures.

Les appartements sont transformés en casernes.
(*Le Soir*.)

Les portes du ministère de la justice et de l'état-major de la place, sur la rue de Luxembourg, sont soigneusement barricadées.

On a placé derrière les vitres des draps de lit qui empêchent les passants de voir à l'intérieur.

Dès hier un grand nombre de mobiles de Paris, qui s'étaient mis à la disposition de l'amiral Saisset, faisaient des patrouilles sur le boulevard.

L'armement des mobiles a continué aujourd'hui à la mairie du deuxième arrondissement.

Depuis ce matin le Comité central fait exercer une rigoureuse surveillance à toutes les gares de chemin de fer et notamment à la gare de l'ouest.

Les wagons de plusieurs des trains de Versailles ont été visités par des officiers de la garde nationale.

On assure que le gouvernement qui s'est installé à l'Hôtel de ville serait dans l'intention de faire arrêter, à titre d'otages, quelques-uns des membres de l'Assemblée nationale.

LA FUSILLADE DU 22 MARS

La *Nouvelle République*, organe du citoyen Paschal Grousset, accompagne le récit du drame sanglant accompli la veille à la place Vendôme, des considérations qui suivent.

Ainsi, ce n'était pas assez d'avoir une première fois, le 18 mars, tenté d'égorger la République et fait couler par des mains françaises le sang français; ce n'était pas assez de *s'être mis ouvertement en révolte, à Versailles, contre la souveraineté victorieuse du peuple*, il a fallu que la réaction, dans une suprême convulsion de son agonie, *vînt encore casser ses dents sur l'acier de l'opinion populaire.*

Hier encore le sang a coulé.

Une troupe de ces malheureux qui prennent leur mot d'ordre de l'homme de Décembre et de Sedan, a voulu tenter d'arracher au peuple les fruits de sa victoire, en *attaquant* le poste de la place Vendôme.

Triste équipée d'une poignée de factieux contre une population entière.

Cette attaque *insensée et criminelle* a été immédiatement écrasée. Il y a eu des morts, des blessés.

Nous le demandons aux hommes impartiaux, aux citoyens qui n'ont rien à gagner au désordre, aux gens de paix, de fraternité et de concorde :

Sur qui retombe ce sang versé?

Sur qui, sinon sur *ces journaux*, dernier débris de la pourriture impériale, *qui ont osé, par une affiche fratricide, convier le peuple à l'abstention, ce suicide, et ce qu'il y a de véreux dans Paris à l'insurrection, cet assassinat*

Sur qui, sinon sur ce faussaire, sur ce jésuite infâme, sur ce traître à sa patrie, sur ce marchand d'hommes, sur ce Jules Favre, puisqu'il faut l'appeler par son nom, qui est monté avant-hier à la tribune de l'Assemblée de Versailles pour insulter ce peuple qui l'a tiré du néant, et soulever contre Paris ces départements qui nous ont séparés d'eux et à qui nous ne demandons que d'ouvrir nos bras?

Certes, si jamais provocation fut vaine, c'est bien celle-là.

L'échauffourée de la place Vendôme en témoigne, comme en témoignera aussi, nous en sommes certains, la froideur impassible de la province, en face de ces appels à la guerre civile.

Mais, pour être impuissants, les provocateurs n'en sont pas moins coupables, et la Révolution manquerait à son devoir si elle ne faisait pas immédiatement justice de ceux qu'elle a sous la main, en attendant qu'elle atteigne ceux qui se sont mis, pour l'heure présente, hors de sa portée.

PASCHAL GROUSSET.

Voici, d'autre part, dans quel cynique langage le digne confrère de la *Nouvelle République*, l'ignoble *Père Duchêne*, exprime l'infâme joie que lui causent ces assassinats fratricides :

Eh bien! mes amours, on a donc voulu tâter à son

tour de la manifestation, du désordre et de l'émeute !

On s'est promené sur le boulevard avec des drapeaux ; on a lancé toutes sortes d'imprécations contre la République ; on a dansé son petit rigodon autour de la Bourse ; on a gueulé tant qu'on a pu : Vive l'ordre et vive l'Assemblée !

On a voulu faire le malin, quoi !

Seulement, voilà le malheur, on s'est fait un peu foutre des torgnioles par les bons bougres et on est allé terminer à Mazas et autre lieu de plaisance la grrrrande manifestation des amis de l'ordre.

Oh ! là là ! c'est le Père Duchêne qui s'est fait une bosse !

Voilà les emprisonneurs en prison, maintenant ; voilà les monteurs de coups foutus dedans.

Entre nous, il n'était pas trop tôt.

Voyons, bons patriotes, est-ce que vous ne trouviez pas ça un peu fort, que les jean-foutres qui se sont gobergés pendant vingt ans sous le Bonaparte, avec l'argent du peuple, qui ont amené l'invasion, préparé la défaite, assuré la ruine, eussent toujours l'impunité assurée, et le droit par-dessus le marché de jeter la pierre aux autres et de se proclamer honnêtes gens ?

Des honnêtes gens, ces bougres là !

Alors pourquoi a-t-on guillotiné Troppmann, si les assassins sont honnêtes gens !

Car enfin, il faut bien voir les choses comme elles sont et rendre à chacun son dû.

Les bons comptes font les bons amis, n'est-ce pas ?

Qui est-ce qui a toujours excité la guerre civile, organisé en masse l'assassinat du peuple et ouvert la route à l'infâme Bonaparte ?

Les honnêtes gens de la République blanche.

Qui est-ce qui a conspiré contre la République de Février et filouté au peuple le droit qu'il avait conquis au prix de son sang ?

Les honnêtes gens de la rue de Poitiers.

Qui est-ce qui a massacré les républicains dans les rues de Paris ; qui est-ce qui a assassiné Baudin au pied d'une barricade et des milliers de patriotes inconnus au coin de toutes les bornes ?

Les honnêtes gens du 2 décembre.

Qui est-ce qui a été le complice de tous les vols, de toutes les infamies de tous les crimes du galérien de l'Elysée, des proxénètes des Tuileries !

Les honnêtes gens de la presse contre-révolutionnaire.

Qui est-ce qui a édicté les lois liberticides contre la Presse, contre le droit de réunion, contre le droit d'association, contre tout ce qui est de droit éternel ?

Les honnêtes gens de la légalité.

Qui est-ce qui a inventé les commissions militaires, la transportation sans jugement, la guillotine sèche, Cayenne et Lambessa ?

Les honnêtes gens de la « liberté sans la licence. »

Qui est-ce qui a volé d'abord et fusillé ensuite les mineurs d'Aubin, de la Ricamarie et du Creuzot ?

Les honnêtes gens de la sainte bancocratie.

Qui est-ce qui a flibusté le pouvoir au 4 septembre ?

Qui est-ce qui a tripoté pendant six mois à la Bourse et avec les fabricants de fausses nouvelles et les accapareurs de grains sous prétexte de défense nationale ?

Qui est-ce qui a trahi la patrie et livré Paris au roi de Prusse sous prétexte d'armistice ?

Qui est-ce qui a mitraillé les patriotes qui voulaient se battre et lâchement assassiné Sapia sous prétexte d'union devant le danger commun ?

Les honnêtes gens du parti de l'ordre.

Toujours les honnêtes gens !

Vrai, ça durait depuis trop longtemps !

Il faut que les honnêtes gens se décident à rester tranquilles et à respecter l'ordre véritable, l'ordre républicain, ou se résignent au sort qui les attend.

Les bons bougres du Comité sont des gars solides qui n'ont pas froid au yeux et se foutent du qu'en dira-t-on.

Ils sont résolus, comme disait Vinoy, à assurer par tous les moyens, le repos et la tranquillité de la cité.

Au besoin, comme dirait Picard, ils sévieraient avec énergie et ne reculeraient devant aucune mesure.

Donc, que chacun se tiennent pour bien prévenu et sache à quoi s'en tenir.

Le gouvernement est résolu à maintenir l'ordre avec énergie.

L'ordre, mille millions de tonnerres ! Le Père Duchêne en répond.

La journée du vendredi 24 mars.

JOURNAL OFFICIEL.

PARTIE OFFICIELLE.

Paris, le 23 mars 1871.

De nombreux agents bonapartistes et orléanistes ont été surpris faisant des distributions d'argent pour détourner les habitants de leurs devoirs civiques.

Tout individu convaincu de corruption ou de tentative de corruption sera immédiatement déféré au Comité central de la garde nationale.

Pour le Comité central, E. LEBEAU,
Délégué au *Journal officiel*.

A partir du 24 de ce mois, tous les services militaires concernant l'exécution sont confiés au général Bergeret.

Le service militaire est commandé par le bureau de la place.

Tous les bataillons devront y envoyer leur fourrier d'ordre, le matin à neuf heures.

On voit placardée sur une des portes de l'Hôtel de ville l'affiche suivante :

RÉPUBLIQUE FRANÇAISE.

Liberté — Égalité — Fraternité — Justice.

MORT AUX VOLEURS.

Tout individu pris en flagrant délit de vol sera immédiatement fusillé.

MINISTÈRE DES FINANCES.

La perception des octrois sera effectuée comme par le passé. Les mesures les plus énergiques seront prises contre les employés de ce service qui n'accompliraient pas leurs versements, par voie administrative, à la délégation des finances du Comité central.

Les délégués au ministère des finances, membres du Comité central,

VARLIN, FR. JOURDE.

COMITÉ CENTRAL.

Citoyens,

Votre légitime colère nous a placés le 18 mars au poste que nous ne devions occuper que le temps strictement nécessaire pour procéder aux élections communales.

Vos maires, vos députés, répudiant les engagements pris à l'heure où ils étaient des candidats, ont tout mis en œuvre pour entraver ces élections, que nous voulions faire à bref délai.

La réaction, soulevée par eux, nous déclare la guerre.

Nous devons accepter la lutte et briser la résistance, afin que vous puissiez y procéder dans le calme de votre volonté et de votre force.

En conséquence, les élections sont remises au dimanche prochain, 26 mars.

Jusque-là, les mesures les plus énergiques seront prises pour faire respecter les droits que vous avez revendiqués.

Le Comité central de la garde nationale,

AVOINE fils, ANT. ARNAUD, G. ARNOLD, ASSI, ANDIGNOUX, BOUIT, JULES BERGERET, BABICK, BOURSIER, BAROU, BILLIORAY, BLANCHET, CASTIONI, CHOUTEAU, C. DUPONT, FERRAT, HENRI FORTUNÉ, FABRE, FLEURY, FOUGERET, C. GAUDIER, GOUHIER, GUIRAL, GÉRESME, GROLLARD, JOSSELIN, FR. JOURDE, MAXIME LISBONNE, LAVALETTE, CH. LULLIER, MALJOURNAL, MOREAU, MORTIER, PRUDHOMME, ROUSSEAU, RANVIER, VARLIN, VIARD.

PARTIE NON OFFICIELLE

Dès son arrivée au pouvoir, M. Jules Favre s'est empressé de faire mettre en liberté Pic et Taillefer, condamnés pour vol et faux en écriture dans l'affaire de *l'Étendard*. Ledit Taillefer, rencontré hier par une de ses anciennes connaissances, a été de suite mené devant un commissaire de police récemment nommé, qui a ordonné sa réincarcération immédiate.

Une altercation très-vive a eu lieu entre les deux Picard, de l'intérieur et de *l'Électeur libre*.

Il s'agissait de partager les énormes bénéfices qu'ils avaient faits en jetant la perturbation dans le monde de la Bourse, pendant l'investissement de Paris.

Quelles gens !

PHYSIONOMIE DE PARIS

MAIRIE DU 2ᵉ ARRONDISSEMENT

Le bruit avait couru dans la soirée qu'une attaque devait être dirigée contre la mairie du deuxième arrondissement vers deux heures du matin.

Les bataillons désignés pour cette opération étaient le 220ᵉ et le 68ᵉ, quartier de Belleville.

Voici comment on devait procéder :

Le 220ᵉ enlevait le zéro de son numéro et se présentait à titre d'ami, comme étant le 22ᵉ bataillon. Le 68ᵉ supprimait son 8 et devenait le 6ᵉ, bataillon du quartier Montmartre.

Mais l'amiral Saisset avait été prévenu de ce beau projet. Il avertit la mairie, et aussitôt toutes les maisons des rues conduisant à la mairie et à la Bourse sont occupées.

De leur côté, les Bellevillois, soit qu'ils aient eu connaissance de cette énergique attitude, soit qu'ils voulussent savoir à quoi s'en tenir, envoient en éclaireur un bataillon qui se replie à la première sommation, fort satisfait de ce qu'il avait vu.

Les bataillons de Belleville trouvèrent sage de rester chez eux.

Il y avait dans la matinée 14,000 hommes autour de la Bourse, tant gardes nationaux que mobiles et soldats de la ligne.

Les artilleurs de la garde nationale, qui étaient à Montmartre, sont descendus dans la matinée et sont venus se rallier aux défenseurs de l'ordre.

L'ÉCOLE POLYTECHNIQUE

est toujours au pouvoir du 21ᵉ bataillon, bataillon ami de l'ordre.

Toutefois, en face de la barricade qui barre le haut de la rue Saint-Étienne-du-Mont, le Comité avait placé des hommes à lui.

Hier matin, le capitaine commandant le 21ᵉ bataillon va les trouver en *voisin* :

— Eh bien ! mes enfants, leur dit-il, comment ça va-t-il ?

Les bataillons du Comité central quittant la mairie de Saint-Germain l'Auxerrois. (Voir page 118.)

— Nous commençons, lui est-il répondu, à en avoir assez. Ce gouvernement-là nous ennuie. Il n'a que des ordres à nous donner et pas d'argent.

PLACE VENDOME

Place Vendôme, les bataillons dévoués au gouvernement de Montmartre ne sont guère plus zélés. Ils trouvent que les factions sont trop longues.

GARE SAINT-LAZARE

A midi, des groupes nombreux et compacts, d'où s'échappe comme un bourdonnement de rumeurs, encombrent les abords de la gare, du côté de la rue d'Amsterdam.

Ce qui cause cette émotion, inaccoutumée en cet endroit, c'est la présence dans la foule d'un garde du 188e bataillon, que le poste de la gare a désarmé au moment où il passait devant le corps de garde.

Le dissident se plaint, avec une grande vivacité, de l'enlèvement de son arme. Il est surtout préoccupé des reproches qui lui seront faits à sa rentrée au bercail du Comité. Mais, après quelques tiraillements, il obtient qu'on lui donne un reçu du chassepot enlevé, afin qu'il ne puisse pas être accusé de l'avoir vendu, et il va se consoler de sa déconvenue chez le marchand de vin.

RUE DROUOT

Hier, le poste de la mairie Drouot a été occupé par des gardes nationaux appartenant au dix-neuvième arrondissement, mais obéissant aux ordres du Comité central.

En face de la mairie, dans la cour de l'Opéra, se trouvaient des gardes du parti de l'ordre, faisant partie du même bataillon.

Pas plus que sur la place du nouvel Opéra, où les avant-postes ennemis se regardent ainsi face à face, cette situation anormale n'a donné lieu hier à un conflit.

A trois heures, on a amené à la mairie du neuvième deux élèves de l'École polytechnique. Quatre de leurs camarades sont venus les faire mettre en liberté.

RÉQUISITIONS

Les gardes nationaux de Belleville ont fait main basse hier sur les provisions accumulées dans les magasins des secteurs de Charonne, Montreuil, Ménilmontant et Romainville. Les vins trouvés étaient en quantités considérables : aussi la colère fut grande dans le quartier.

— Voyez, disaient les indigènes, comme on nous a vendus! On a capitulé, et on avait encore des vivres.

Tout compte fait, il y avait bien de quoi nourrir

dix mille hommes pour une journée. Les gardes nationaux avaient réquisitionné des omnibus pour transporter ces victuailles à Belleville.

BARRICADE ET PHOTOGRAPHIE

Grand émoi rue de Paris, à Belleville. Les passants semblent terrifiés et s'arrêtent brusquement en face d'une barricade.

En effet, le spectacle que l'on a devant les yeux n'a rien de rassurant. Sur le faîte de la barricade, un officier garibaldien brandit un drapeau rouge d'une main et de l'autre son sabre nu. A ses côtés, des gardes nationaux, échelonnés avec art, dirigent leurs fusils sur la foule. Des pelotons rangés sur la droite et sur la gauche croisent la baïonnette.

L'effet est imposant et terrible. Bientôt cependant on s'aperçoit que la chose n'est pas aussi effrayante qu'elle en a l'air. Le garibaldien et ses amis se font tout bonnement photographier ! Ils posent en fusilleurs du peuple. Tous les goûts sont dans la nature.

LES PROCÉDÉS DU COMITÉ

A Montmartre, tout garde national qui refuse d'obéir aux injonctions du Comité central est immédiatement appréhendé et traduit devant son tribunal.

La condamnation est très-sévère : emprisonnement immédiat des délinquants et occupation de leur domicile.

Hier on a arrêté de cette façon un jeune père de famille qui aimait mieux travailler que monter la garde derrière les canons de l'Hôtel de ville ou devant les buttes.

On lit sur les murs du dix-huitième arrondissement une affiche signée du citoyen Dereure, dans laquelle il est dit que, par ordre du « délégué civil » à la préfecture de police, quatre commissaires ont été nommés pour « recevoir les déclarations relatives aux personnes suspectées de conspirer ou d'a-conspiré en faveur du gouvernement de l'Assemblée nationale. »

Le 195ᵉ bataillon (du Comité) garde le ministère des finances. Hier on a brisé la porte d'une armoire contenant les effets de l'un des garçons de bureau ; on y a volé ses uniformes et tous ses effets. Aucune enquête n'a été faite par les officiers, qui ont constaté le vol, mais n'ont pas voulu rechercher les auteurs. (*Paris-Journal.*)

LE BOULEVARD LE SOIR

Le boulevard avait presque repris ce soir sa physionomie accoutumée.

Les magasins sont toujours fermés, il est vrai, mais tous les cafés sont ouverts, et leur brillant éclairage illumine le trottoir. Les tables sont occupées ; les consommateurs sont fort nombreux.

Toujours des postes au coin des rues, beaucoup de gardes nationaux en armes : tels étaient sur le boulevard Montmartre, les seuls signes visibles d'une situation anormale. Une foule énorme circulait entre le Château-d'Eau et le Nouvel-Opéra. Les groupes étaient fréquents, mais rarement tumultueux. Il circule peu de bruits et peu de nouvelles.

Le quartier de la Bourse et de la Banque présente un aspect particulier.

La place de la Bourse est pleine d'ombre et de silence. Des bataillons entiers campent pourtant autour de la place. Pas de bruit, pas de cris ; chacun a conscience de la mission civique qu'il remplit.

Un certain nombre de maisons de la rue Montmartre, qui ont une issue sur la place de la Bourse, sont gardées militairement. Aucun homme armé ne peut franchir la ligne de sentinelles établie à la hauteur de la rue Notre-Dame-des-Victoires ; ceux qui essayent de forcer la consigne sont immédiatement désarmés et conduits au poste.

(*Le National.*)

L'HOTEL DE VILLE

Midi

La place de l'Hôtel-de-Ville présente un aspect encore plus formidable ; le nombre des canons qui garnissent les barricades autour de la place a été doublé. A l'angle du quai, deux pièces ont été disposées de manière à balayer le Pont-au-Change ; plus de cinquante pièces de sept, tout étincelantes, sont rangées devant le palais avec leurs caissons remplis de munitions. Sur la place, nous remarquons quelques cavaliers tout vêtus de rouge, et le bonnet orné d'une queue de cheval formant panache. Ce sont des guides de Garibaldi, qui remplissent auprès du Comité les fonctions d'ordonnances. Un officier à cheval, également vêtu de rouge, sort de la grande cour du palais municipal et donne des ordres en italien. Il nous apprend que Menotti Garibaldi est arrivé ce matin, et qu'il se trouve à Montmartre.

Dix heures du soir

Les bruits de conciliation, si bien accueillis sur le boulevard, trouvent, parmi les enragés de Belleville et les purs de Montmartre, beaucoup moins d'enthousiasme. On murmure hautement. Les uns disent que c'est à recommencer. D'autres, les Machiavel de la place de Grève, affirment que c'est un moyen habile, trouvé par le Comité, pour désarmer les réactionnaires. Dans les couloirs, on affirme que rien n'est pas fini, et que, tant que Paris ne sera pas ville libre, on ne pourra se fier à aucun gouvernement.

Le Comité délibère ; on raconte que les membres les plus influents se sont réunis en dehors de leurs collègues et délibèrent à part. Quelques enragés demandent à entrer dans la salle du conseil pour exciter le Comité à la résistance. Les gardes qui encombrent le couloir ont grand'peine à les arrêter.

— Si on cède à la réaction, crie un des plus acharnés, ils nous mettront Frédéric-Charles sur le trône !

Dans un coin, un sceptique explique à mi-voix que le Comité ne s'est montré si bonne personne que parce qu'il n'avait plus d'argent, la Banque de France ayant carrément refusé son concours et les traites venues de Londres étant restées impayées.

— Pas d'argent, pas de soldats, dit le sceptique. De là la facilité du Comité.

L'ACCALMIE

On lit dans la *France* :

Ce matin, Paris s'est réveillé presque heureux ! Et cependant le dernier mot de la crise n'est pas dit. Une inconnue cruelle pèse encore sur la situation. Mais on espère, et si ce n'est pas tout, c'est beaucoup. Et puis, l'on se sentait si à la veille de luttes sanglantes ! Hier, à l'heure même de la réconciliation, on était si préparé de part et d'autre, à s'entre-tuer !

Sur tous les points de Paris la résistance s'organisait. Nous ne parlons pas des anciens boulevards extérieurs, du boulevard de Batignolles, par exemple, qui était fermé par des barricades du haut desquelles des canons ouvraient leur gueule béante sur les longues rues descendant au centre ; mais l'île Saint-Louis elle-même, la tranquille île Saint-Louis, était barricadée à l'entrée des ponts Saint-Louis, Louis-Philippe, Marie et des Tournelles.

Les douze mille chassepots que le gouvernement de Versailles avait livrés aux Prussiens en excédant du chiffre connu, et qu'on avait retrouvés au fort de Vincennes, avaient été distribués à ceux des gardes nationaux du Comité qui n'étaient point encore armés.

L'armée de la résistance au Comité s'était, de son côté, puissamment renforcée.

Les bataillons du deuxième arrondissement, faisant le service à la mairie, à la Banque et à la Bourse, avaient vu se rallier à eux plusieurs détachements de bonne volonté venus de différents quartiers, appuyés de pelotons des 2e, 7e, 8e, 9e et 17e bataillons des mobiles de la Seine.

Ces derniers avaient répondu à l'appel des capitaines Panseron et Nivoley qui, dès mercredi soir, s'étaient mis à la disposition du quartier de la Bourse.

Toute la journée, on avait pu remarquer au coin de la rue du Quatre-Septembre et rue Vivienne des officiers, et notamment un capitaine de frégate, montant la garde, l'arme au bras : les officiers du 109e bataillon (quartier du chemin de fer du Nord) s'étaient également mis aux ordres des commandants de l'arrondissement.

Hier matin, à onze heures, le 117e bataillon comptait 700 hommes à la place de la Bourse.

L'amiral Saisset avait établi son état-major au Grand-Hôtel.

Au nombre des déceptions qui n'ont pas dû échapper à l'esprit du Comité central, il ne faut pas omettre de ranger la protestation de la jeunesse des écoles.

Ce mouvement d'une grande portée, au point de vue de l'avenir, est parti de l'Ecole de médecine, a fait le tour de toutes les Facultés des écoles spéciales, et s'est traduit en une organisation militaire ayant son siège à l'Ecole polytechnique.

Voici dans quels termes les jeunes gens de nos Ecoles ont protesté contre les actes du Comité de l'Hôtel de ville.

« La jeunesse des écoles, assemblée dans l'amphithéâtre de l'Ecole de médecine, considérant que le Comité central a porté atteinte au suffrage universel,

« Déclare qu'elle fait cause commune avec les représentants et les maires de Paris, et qu'elle est prête à lutter avec eux par tous les moyens possibles contre ce Comité, sans mandat populaire.

« Elle affirme en outre qu'elle répudie toute espèce de complicité avec la réaction, qu'elle entend repousser toute tentative de coup d'Etat venant du pouvoir, et veut maintenir pleine et entière la République une et indivisible.

« Paris, le 24 mars 1871. »

Les bataillons du Comité étaient disposés, disait-on, à cerner et à mitrailler l'Ecole polytechnique, au moment où la bonne nouvelle de l'apaisement est arrivée dans le quartier Latin.

Il est douteux, cependant, que l'exécution eût suivi la menace ; car, sauf la fusillade de la place Vendôme, il est visible — pour les observateurs impartiaux, — que les bataillons du Comité ont partout soigneusement évité tout commencement d'engagement.

LES ÉVÉNEMENTS
Du 1er et du 2e arrondissement

Un peu avant quatre heures, la foule devient compacte rue de Rivoli, à l'entrée des rues de l'Arbre-Sec, Perrault, du Louvre, de l'Oratoire du Louvre et de Marengo.

Dix versions différentes se répandent au milieu de toute cette population attirée en ces endroits par l'arrivée à la mairie du premier arrondissement des 17e, 179e, 209e et 213e bataillons, qui viennent, en compagnie de plusieurs pièces d'artillerie, parlementer avec les gardes des 1er et 14e bataillons, de piquet à la mairie.

Rue de Rivoli, à l'entrée des rues Perrault et de l'Arbre-Sec, des gardes nationaux du 1er bataillon interceptent la circulation. Le colonel ou tout au moins l'officier supérieur, nous dit-on, qui vient de se rendre à la mairie, en tête des bataillons désignés plus haut, est passé en criant : *Vive l'ordre ! Vive la République !* Dans tous les groupes, cette déclaration produit le meilleur effet.

En arrivant à la mairie, une pièce d'artillerie est chargée et braquée sur le monument. A cet instant, M. Arnaud de Vressé, officier au 1er bataillon, fait avancer et placer de chaque côté de la pièce ses hommes qui, par leur ferme attitude, en imposent tout de suite aux arrivants, dont le premier mou-

Aspect intérieur de la cour dite de Louis XIV à l'hôtel de ville, pendant l'occupation du comité central.

vement est de lever la crosse en l'air, protestant contre toute effusion du sang.

— Peut-on parlementer ? demande le colonel.

— Certainement, répond M. de Vresse, mais seulement quand vous aurez tourné contre vous la pièce que vous venez de charger.

Et la pièce fut tournée.

C'est alors que M. Brunel, ex-commandant du 107e, depuis général du Comité, entre à la mairie et entame les négociations.

Le général et son entourage avaient, d'un coup d'œil, constaté les dispositions prises par le 1er et le 14e. Toutes les fenêtres étaient garnis d'hommes armés visant les officiers supérieurs, les pointeurs, et prêts à opposer une vive résistance.

Les bataillons, qu'on dit agir en vertu d'ordres émanés du Comité, forment la haie, sur les deux côtés de la chaussée, depuis la rue du Louvre jusqu'à la rue de Marengo.

On attend toujours le résultat des négociations entamées par un colonel, disent les uns, par un général, ajoutent les autres.

A cinq heures, une détonation partie d'un groupe de gardes nationaux postés près de la rue du Louvre jette l'alarme. Chacun fuit de son côté. Le souvenir récent du sanglant épisode de la rue de la Paix donne des jambes. Mais ce coup de fusil, dû à l'imprudence ou à la maladresse, n'étant suivi d'aucun autre, la panique cesse aussitôt.

Enfin, à cinq heures dix minutes, un chef de bataillon, entouré d'officiers, sort de la mairie. Il paraît qu'on s'est entendu à l'endroit des négociations. Tout le monde crie : « Vive la République ! »

Deux élèves de l'Ecole polytechnique, épée au côté et chapeau à claque sous le bras, échangent avec les gardes nationaux de nombreuses poignées de main.

Cette fraternité, dont nous aurons tout à l'heure la solution, cause un certain étonnement. Artillerie, garibaldiens et gardes nationaux se mettent en mouvement et se dirigent sur la mairie du deuxième arrondissement.

MM. Brunel et Protot, qui commandaient la colonne, arrivèrent à 6 heures à la mairie de la rue de la Banque, où se tenait la réunion des maires.

Après une heure de délibération, les conditions suivantes furent arrêtées :

« Le Comité central demandait les élections municipales pour jeudi.

« Il s'engageait à rendre immédiatement l'Hôtel de ville, les mairies, les Tuileries, l'Elysée.

« Il conservait, jusqu'à jeudi à midi, la place Vendôme, les ministères, les forts occupés par les dissidents, les canons et les barricades.

« Il promettait, dès que les élections seront commencées, de restituer les canons et de détruire les barricades. »

Puis les délégués se retirèrent, enchantés, et fraternisèrent avec les gardes nationaux du deuxième arrondissement.

La nouvelle de la pacification complète se répandit bientôt dans Paris, et y causa une grande agitation.

Vers minuit seulement, des bruits de rupture commencèrent à circuler dans les groupes.

Ces bruits n'étaient que trop fondés : le Comité central n'acceptait rien des conditions précédemment énumérées ; MM. Brunel et Protot avaient agi sans mandat.

Ce n'est qu'à trois heures du matin que M. Ranvier se présenta, au nom du Comité, déclarant avant toutes choses que les élections municipales devaient avoir lieu demain.

Les délibérations n'ont été terminées que ce matin à onze heures. (*Journal des Débats*, du 25.)

LE MILLION DE LA BANQUE DE FRANCE

Le journal *le Temps* raconte ainsi l'affaire du fameux million délivré par la Banque de France au Comité central.

Voici ce qui s'était passé, d'après M. de Rothschild. Les délégués du Comité central avaient été le trouver et avaient réclamé de lui un prêt de CINQ CENT MILLE FRANCS. M. de Rothschild avait décliné l'autorité du prétendu gouvernement nouveau et avait déclaré en outre que ses caisses étaient vides, et qu'il lui était absolument impossible de livrer le premier franc de la somme réclamée. Il ajoutait qu'il était bien plus logique de s'adresser à la Banque, créditaire accoutumée du gouvernement.

Sur ces explications, les délégués se rendirent à la Banque. Là, la même demande se trouva encore déclinée. On proposa néanmoins aux délégués de leur verser l'argent dont ils avaient besoin, s'ils se présentaient munis d'un ordre régulier, émanant du ministère des finances.

Nouveau voyage des délégués au ministère des finances, où, soit par suite d'une pression quelconque, d'un accord ou même d'un ordre secret de Versailles, satisfaction a été accordée à nos délégués qui, fort empressés et fort joyeux, sont retournés à la Banque où UN MILLION leur a été remis sur UN ORDRE DE PAYEMENT RÉGULIER DÉLIVRÉ PAR LE TRÉSOR.

On assure que l'autorisation occulte qui a fait délivrer le susdit million portait au double, c'est-à-dire à deux millions le crédit accordé.

Quoi qu'il en soit, le million accordé par la Banque a été aussitôt réparti, et la solde a été remise à chaque garde national, ainsi qu'aux femmes, comme pendant le siége. Il était temps.

Déjà des bons circulaient chez les marchands de comestibles, et voici ce qui se passait presque partout : d'abord les fournisseurs se montraient complaisants, mais en remettant leur marchandise et en prenant à tout hasard le bon, ils ne manquaient pas de dire : « Voilà la ... rchandise, mais si demain vous n'apportez p   t d'argent, je ferme la boutique. »

LA FUSILLADE DE LA PLACE DU CARROUSEL

Encore une fusillade; hier soir à dix heures, plusieurs détonations d'armes à feu se faisaient entendre sur la place du Carrousel, et un jeune homme de vingt-deux ans, M. Trémelot, tombait mortellement frappé d'un coup de feu dans le côté gauche. Onze personnes se trouvaient à quelques pas de la victime et n'ont pas été touchées, grâce à la présence d'esprit de l'une d'elles, M. Paul Ray, employé du tir du Point-du-Jour, qui avait entendu le cliquetis des chiens de fusil qu'on armait. Il cria : *Couchez-vous!* Les assistants se jetèrent à terre; seul M. Trémelot n'entendit pas ou ne comprit pas l'avertissement de M. Ray.

Cinq coups de feu ont été tirés sur la victime, un seul l'a atteinte, la balle a frappé la poitrine à un centimètre au-dessous du cœur et est sortie par le dos.

M. Trémelot est mort dans la matinée, à l'hospice de la Charité, où il avait été transporté.

D'après la version de ceux qui ont fait feu, un individu inconnu aurait tiré deux coups de revolver. Immédiatement le poste situé près de la grille des Tuileries fit cette décharge.

Personne parmi les assistants n'a entendu les coups de revolver.

LE GENDARME AMPUTÉ

L'histoire véridique de ces dernières journées, si on parvient jamais à l'écrire, présentera de curieux épisodes. On nous raconte, entre autres, l'aventure tragique d'un ex-gendarme qui peut se vanter de « l'avoir échappé belle. »

Ce pauvre soldat, récemment amputé d'une jambe, « se trouvait avant-hier dans une des voitures qui transportaient les convalescents de l'ambulance des Récollets à celle de Courcelles, dans le but de leur faire changer d'air; les voitures étaient escortées par des employés du chemin de fer du Nord, en uniforme. — Arrivé à Clichy, la garde nationale fait arrêter l'équipage, ouvre les portières et aperçoit notre gendarme qui portait encore sa capote d'uniforme.

Immédiatement on le force à descendre, sans lui laisser le temps de prendre ses béquilles; on le place contre un mur, et, sans autre forme de procès, les fédérés lui déclarent qu'on va le fusiller. Les employés du chemin de fer et les cochers s'interposent de leur mieux et à grand'peine obtiennent de ces gardes, non pas la libre passage, mais le départ d'un de leurs délégués, qui se rend à l'Hôtel de ville prendre les ordres du Comité. De la Ville, le délégué est envoyé à Montmartre, d'où un aide de camp vient à Clichy vérifier les papiers du blessé et lui délivrer un *laissez-passer*.

Nous devons ajouter que, pendant les trois heures qu'avaient duré ces démarches, les gardes nationaux s'étaient considérablement adoucis. Ceux qui, tout à l'heure, ne trouvaient pas que le gendarme eût été coupé en assez de morceaux, firent spontanément une quête en sa faveur, laquelle produisit 24 francs. (*Le Soir*.)

LA PLACE DE L'HOTEL-DE-VILLE

Nous arrivons sur la place de l'Hôtel-de-Ville, raconte le reporter de la *Vérité* ; l'aspect extérieur n'a pas beaucoup changé depuis la veille. Seulement les canons qui, hier, étaient disposés « en parc, » sont placés en batterie ; nous en faisons le compte exact : il y a cinquante-quatre pièces. Il faut y ajouter quatre canons derrière la barricade de l'avenue Victoria, deux à la barricade de la rue de Rivoli et deux sur le quai.

On fait une distribution de vivres : les fourriers reçoivent, pour leurs escouades, une livre de pain par homme, une boîte de mouton bouilli conservé, du fromage et une grande quantité de vin en bidon, où chacun boit à même. Le contenu de ces boîtes, qui auraient dû être distribuées à la population durant le siége et qui alimentent aujourd'hui l'armée de la révolution, est versé dans des casseroles en étain ; chaque homme en prend sa part et paraît la dévorer avec un appétit féroce.

Les officiers payeurs des bataillons font queue aux guichets ; mais on ne peut leur donner satisfaction à tous. Les délégués sont allés aux finances; telle est la réponse qu'ils reçoivent ; les hommes ne paraissent que médiocrement rassurés par cet ajournement.

Les guides garibaldiens caracolent toujours sur la place, la plume au vent et l'œil farouche.

Un citoyen vêtu d'une capote grise galonnée, et coiffé d'un képi orné de trois étoiles d'argent, la moustache en croc, se tient à cheval au milieu de la place. Deux aides de camp, qui ont toutes les peines du monde à gouverner les chevaux de gendarmes sur lesquels ils sont montés, l'appellent « mon général. » Les uns affirment que ce général est M. Eudes ; d'autres que c'est M. Cremer.

A trois heures environ, dit *l'Avenir national*, 3,000 gardes nationaux du Comité quittent la place de l'Hôtel-de-Ville par la rue de Rivoli, du côté du Louvre. Cette colonne était commandée par M. Brunel. Quelques *cavaliers de la république* lui servaient d'avant-garde ou d'éclaireurs. Ces cavaliers portaient des chemises rouges à demi cachées par des dolmans gris à brandebourgs rouges, et des toques rouges ornées de longues plumes de coqs. Dans les rangs des gardes nationaux, on remarquait un certain nombre de zouaves, de marins, de soldats de la ligne, de garibaldiens, de zouaves du pape et de citoyens en tenue complètement bourgeoise. Ils s'avançaient sur deux files, de deux rangs chacune, des deux côtés de la chaussée. Entre ces deux files marchaient trois pièces rayées de 4, conduites par des artilleurs, des soldats de la ligne et des marins.

La tête de la colonne s'avança jusqu'à l'entrée de la place du Palais-Royal ; la queue était arrêtée vis-à-vis la rue de l'Arbre-Sec. Toutes les extrémités des rues aboutissant à la place du Louvre étaient barrées par des haies très-compactes des bataillons du premier arrondissement.

C'était l'expédition armée qui se rendait aux mairies du premier et du deuxième arrondissement. Nous en avons donné plus haut les résultats.

LE COMITÉ CENTRAL A L'HOTEL DE VILLE

Séance du 24 mars.

PRÉSIDENCE DU CITOYEN ASSI

Le citoyen Assi prend la parole et annonce que les nouvelles que le Comité vient de recevoir de Versailles sont excellentes.

Le pouvoir exécutif, fatigué de lutter contre la droite et contre la gauche, fait d'importantes concessions. Toutefois, il ne faut pas s'abuser, la parole d'un ministre ne saurait avoir une grande importance, surtout au point de vue de la sécurité individuelle des membres du Comité.

Le citoyen Moreau est d'avis que l'on doit essayer de faire une tentative de conciliation.

Le citoyen Avoine est d'avis que l'on doit surtout essayer de ramener les quelques arrondissements dissidents par la persuasion.

Sur la proposition du citoyen général Bergeret, le Comité convient d'envoyer à la mairie du premier arrondissement une députation assez nombreuse pour se mettre en rapport avec la municipalité. Le citoyen président est d'avis de faire accompagner la députation par une troupe assez nombreuse pour la faire respecter.

Le général Brunel est chargé de commander les bataillons chargés d'escorter les citoyens délégués.

Le citoyen Maljournal est d'avis que l'on fasse tout ce qui sera possible de faire pour occuper le plus rapidement possible les positions qui sont encore au pouvoir des insurgés. La proposition mise aux voix est adoptée.

Les citoyens Fabre et Ferrat pensent que les négociations doivent être reprises au plus vite si l'on veut arriver à quelque chose.

Le citoyen Fortuné (Henri) appuie la proposition.

Le citoyen Assi répond qu'il est prêt à se rendre à l'avis émis par les préopinants, mais que cela ne dépend pas de lui seul. Les maires et les députés de Paris ne méritent aucune confiance, les ministres sont des canailles, les députés des imbéciles féroces : il est donc bien difficile de pouvoir mettre une ombre de confiance dans des gens pareils.

Une députation de la mairie du deuxième arrondissement est introduite. Elle vient discuter les conditions ou plutôt confirmer les paroles de l'amiral Saisset.

On convient de déléguer deux membres auprès de l'amiral pour qu'il puisse leur confirmer ce qu'il a annoncé dans la matinée.

Le citoyen Grollard pense que les délégués doivent être envoyés à la mairie du deuxième arrondissement.

Le Comité se forme en séance secrète.

Le citoyen Assi prend la parole.

— Citoyens, dans les circonstances actuelles la guerre civile peut être un crime civique ; elle est certainement une nécessité que nous pouvons dire fatale. Voici les conditions que nous offre le gouvernement. (*Suit la lecture des propositions.*) Certes, je suis prêt à vous proposer de les accepter ; mais en présence du retard demandé pour les élections et de l'attitude douteuse de l'Assemblée, je crois qu'il est sage de les rejeter.

Si nous retardons les élections, le pouvoir, qui est le synonyme de la réaction, viendra peser de tout son poids sur les électeurs. Il dirigera le vote de telle façon que nous, les vainqueurs d'aujourd'hui, nous serons non-seulement les vaincus, mais les proscrits de demain.

Nous sommes les maîtres de la situation ; nos adversaires, bien que décidés en apparence à la lutte, n'ont ni organisation ni communauté d'idées. Un seul jour de retard peut tout perdre. Si les maires et le gouvernement ne veulent pas accepter la date de dimanche pour les élections, nous devons rompre les négociations.

Le citoyen Bergeret est d'avis de rompre les négociations et de se préparer à la lutte à outrance.

Après quelques mots du citoyen Billioray, l'assemblée nomme deux membres qui doivent se rendre à la mairie du deuxième arrondissement.

Ces délégués doivent accepter au nom du Comité toutes les conditions proposées par l'amiral Saisset, mais les élections devront être faites au jour fixé par les représentants de la garde nationale.

La séance est suspendue.

A minuit, les délégués reviennent annoncer que le gouvernement repousse les élections à bref délai.

Le Comité, à l'unanimité, déclare les négociations entamées nulles et non avenues.

La séance est levée aux cris de : *Vive la République* ! *Vive la Commune* !

L'HISTOIRE SUR LES MURS

PROCLAMATION DE L'AMIRAL SAISSET

RÉPUBLIQUE FRANÇAISE

Investi du commandement en chef des gardes nationales de la Seine, et d'accord avec MM. les maires de Paris élus par le suffrage universel, j'entre en fonctions à partir de ce jour.

Je n'ai d'autre titre à l'honneur de vous commander, mes chers concitoyens, que celui de m'être associé à votre héroïque résistance en défendant de mon mieux contre l'ennemi jusqu'à la dernière heure vos forts et vos positions placés sous mon commandement.

M'appuyant sur les chefs élus de nos municipalités, j'espère arriver par la persuasion et de sages avis à opérer la conciliation de tous sur le terrain

La flottille des canonnières de la Seine, au terre-plain du Pont-Neuf. (Voir page 124.)

de la République, mais je suis fermement résolu à donner ma vie, s'il le faut, pour la défense de l'ordre, le respect des personnes et de la propriété, comme mon fils unique a donné la sienne pour la défense de la patrie. Groupez-vous autour de moi. Accordez-moi votre confiance et la République sera sauvée.

Ma devise reste celle des marins : *Honneur et Patrie !*

Le vice-amiral commandant les gardes nationales,

SAISSET.

L'adresse suivante, aux mobiles de la Seine, a été placardée sur les murs de Paris :

AUX MOBILES.

Mon cher camarade,

Notre bataillon s'est réuni aujourd'hui place de la Bourse pour se mettre à la disposition de l'amiral Saisset. Si vos occupations vous le permettent, nous serions très-heureux de vous voir vous joindre à nous.

Venez en costume, avec ou sans armes, suivant ce que vous possédez.

Nos officiers nous commandent.

LES MOBILES DE LA SEINE.

3ᵉ BATAILLON DES MOBILES DE LA SEINE.

Les citoyens de Barruel, sergent du 3ᵉ bataillon ; Hulot, garde mobile ; Lévy, sergent-major ; Lévy, caporal ; Minvielle, sergent-fourrier, prient leurs collègues du même bataillon des gardes mobiles de la Seine de vouloir bien se rendre demain samedi à une heure de l'après-midi, au coin de la place de la Bourse et de la rue du Quatre-Septembre.

Cette convocation s'adresse, bien entendu, à ceux qui, comme nous, sont disposés à se rallier à l'amiral Saisset pour le rétablissement de la tranquillité publique.

Ils voudront bien venir en uniforme et non en civils.

Notre pensée de ralliement est celle-ci : Vive la République, mais par l'ordre, l'Assemblée nationale et le gouvernement qui en est issu.

Signé : DE BARRUEL, HULOT, MINVIELLE ET LÉVY.

BATAILLON DES AMIS DE LA FRANCE.

Camarades, prouvons à la France que nous lui sommes toujours dévoués.

Groupons-nous autour de l'amiral Saisset aux cris de : « Vive la République ! Vive l'ordre ! »

Pour plusieurs légionnaires :

L'adjudant sous-officier :

LÉON ZADUNAYSKI.

Paris, le 23 mars 1871.

COMITÉ DE CONCILIATION.

Citoyens,

En face des effroyables périls qui menacent la patrie et la République, qu'importe une question de forme et de vaine légalité ?

Le scrutin seul peut mettre terme à une crise qui serait autrement sans issue. Le scrutin seul peut calmer les esprits, pacifier la rue, raffermir la confiance, assurer l'ordre, créer une administration régulière, conjurer enfin une lutte détestable où, dans des flots de sang, sombrerait la République.

Nous adjurons les maires d'appeler eux-mêmes Paris au scrutin et de convoquer, au nom du salut public, les électeurs pour dimanche.

Nous adjurons les représentants de Paris d'appuyer et de soutenir cette initiative des maires.

Nous adjurons tous les républicains de s'unir à nous dans notre œuvre d'apaisement et de conciliation.

Vive la République !

A. RANC, *ancien maire du 9e arrondissement, ancien représentant de la Seine.*

L'avis suivant a été affiché à la mairie du deuxième arrondissement, occupée par les bataillons fidèles à l'Assemblée :

SOLDE DE LA GARDE NATIONALE.

Avis.

La solde de la garde nationale et les services d'assistance seront régulièrement continués par les soins des officiers payeurs de chaque bataillon.

Les fonds publics nécessaires à cet effet sont à a disposition exclusive des maires issus du suffrage universel.

Le service sera provisoirement établi dès demain au palais de la Bourse pour les bataillons dépendant des mairies envahies.

Il sera repris dans ces dernières aussitôt que les maires et adjoints y seront réinstallés.

Pour les maires et adjoints de Paris,

Les délégués,

TIRARD, DUBAIL, HÉLIGON.

La proclamation suivante vient d'être affichée dans le quartier Montmartre :

A la 1re compagnie du 7e bataillon.

Mes enfants,

Votre ancien capitaine vous donne rendez-vous au palais de la Bourse pour servir autour des municipalités la cause de la France et de la République, comme vous l'avez déjà vaillamment défendue sur le champ de bataille.

Votre capitaine,

DENIS DE RIVOIRE.

Le maire du dixième arrondissement adresse à ses administrés la déclaration suivante :

RÉPUBLIQUE FRANÇAISE.

Paris, le 24 mars.

VILLE DE PARIS.

Monsieur le Rédacteur,

J'ai donné, le 2 décembre 1851, ma démission d'adjoint au maire devant un coup d'État qui tuait la République ; je donne aujourd'hui ma démission de maire devant la pression illégale exercée sur les magistrats municipaux élus par le libre suffrage du peuple.

J'ai refusé de me soumettre à cette contrainte.

En me retirant, je tiens à témoigner à mes administrés, par votre honorable organe, tout mon regret de cesser de les servir ; et ma reconnaissance pour l'appui cordial que j'ai trouvé chez eux pendant l'exercice de mes fonctions.

Recevez, monsieur le rédacteur, l'assurance de ma considération la plus distinguée et de mes affectueux sentiments.

Le maire du 10e arrondissement,

R. DUBAIL.

LE CHEF DU 152e BATAILLON

Nous empruntons à la *Liberté* l'ordre du jour suivant qui aurait été affiché à Montmartre :

ORDRE DU JOUR

21 mars 1871.

Citoyens,

Nous sommes tous d'accord pour reconnaître les torts du gouvernement actuel ; mais, quels que que soient les griefs que nous ayons à formuler, l'assassinat des généraux Clément Thomas et Lecomte, les assommades des gendarmes et des officiers de paix sont sans excuses.

Le Comité central et le comité d'arrondissement seront, quoi qu'ils disent, responsables de ces faits devant l'histoire, s'ils n'en ont pas rendu compte plus tôt à la justice.

S'il ne dépendait pas d'eux d'empêcher ces crimes, leurs corps devaient servir de rempart aux victimes et au besoin de linceul.

Ils n'en ont pas recherché les auteurs, et de plus ils en acceptent la responsabilité ; votre devoir est tout tracé. Faites le vide autour d'eux.

Qu'eussions-nous dit au lendemain du 31 octobre si nos amis politiques avaient été fusillés aussi sommairement ?

Qu'avons-nous dit sous l'empire des arrestations et des séquestrations arbitraires chaque jour commises ?

Que nos revendications soient basées sur le droit et la vérité, et non sur les représailles !

Vos députés, vos maires ont obtenu en partie les réformes que vous demandiez ; ils sauront obtenir le reste.

Rallions-nous franchement à eux pour sauver la République.

Souvenez-vous des sanglantes journées de Juin, souvenez-vous des déportations qui les ont suivies.

L'ennemi est à la porte de Paris et la guerre civile est au cœur.

Que ceux qui veulent l'éviter à tout prix restent chez eux.

Obéir aux ordres du Comité central serait une complicité tacite : officiers, sous-officiers et gardes, l'exécution de ses ordres serait une dangereuse compromission, qu'il est de mon devoir de vous signaler.

N'acceptez pas la responsabilité des malheurs qui nous attendent.

L'isolement que vous ferez autour de ceux qui persisteront dans leur coupable entêtement fera d'eux les partisans de l'anarchie, et ils seront bientôt frappés d'impuissance.

Le commandant du 132ᵉ bataillon,
BOURGEOIS.

GARDE NATIONALE DE LA SEINE

L'officier payeur et les agents comptables du 243ᵉ bataillon, appartenant au quatorzième arrondissement, publient la lettre suivante :

En présence de la révocation du commandant et de la dissolution des cadres des officiers du 243ᵉ bataillon et pour ne pas toucher de fonds pour un bataillon se mettant en dehors de la loi,

Nous soussignés, officier payeur et agents comptables du 243ᵉ bataillon, déclarons ne reconnaître en aucune façon le prétendu gouvernement siégeant à l'Hôtel de ville sous le nom de *Comité central*, et nous retirons dudit bataillon pour nous mettre immédiatement à la disposition de l'amiral Saisset, notre seul chef légal.

J. COSSAS, *officier payeur,*
E. PACHE, *agent comptable,*
PELLETIER, *agent comptable,*
BOURGEOIS, *agent comptable,*
AUBRY, *agent comptable.*

La *Liberté* publie la protestation suivante des gardes nationaux du quatorzième arrondissement :

Aux citoyens électeurs du 14ᵉ arrondissement.

Citoyens,

Le Comité des gardes nationaux dissidents du quatorzième arrondissement vient déclarer, sans qu'on puisse lui donner un démenti, qu'aucun des membres du Comité central de la garde nationale qui siége à l'Hôtel de ville n'a été présenté, à sa connaissance, comme délégué, au suffrage des bataillons de la garde nationale de l'arrondissement, et qu'il ne les considère que comme des intrus.

En conséquence, le comité engage tous les citoyens électeurs, gardes nationaux ou non, à s'abstenir de voter dans les assemblées électorales fixées pour le mercredi 22 mars ; c'est la meilleure réponse qu'on puisse faire à des inconnus qui ont usurpé le pouvoir sans mandat légal.

Le comité des dissidents de la garde nationale du quatorzième arrondissement.

(*Suivent les noms des membres.*)

L'affiche suivante a été placardée hier dans tous les quartiers de Paris et insérée à l'*Officiel* :

CHAMBRE SYNDICALE

DES OUVRIERS TAILLEURS ET SCIEURS DE PIERRES

Citoyens,

A l'appel de la patrie en danger, nous avons pris les armes, là était notre devoir ; aujourd'hui, la misère et la lèpre nous ont atteints. Ce n'est que par un sublime effort que nous pourrons améliorer notre avenir.

L'époque difficile que nous traversons doit nous avoir amenés à des réflexions sérieuses au sujet de notre position sociale comme travailleurs. Nous devons nous demander si nous, producteurs, nous devons continuer à faire vivre grassement ceux qui ne produisent rien ; si le système que l'on a suivi jusqu'ici est destiné à exister toujours, alors même qu'il nous est complétement opposé. Prouvons par notre attachement à la sainte cause de la démocratie que nous sommes dignes de tous les égards qui nous sont dus.

Donc, travailleurs, à l'ouvrage ! car nos patrons ne songent en ce moment qu'à profiter de notre misère pour nous exploiter davantage, si cela est possible ; et, si nous savons nous entendre, nous mettrons un frein à leurs basses rapacités.

A cet effet, nous convoquons les ouvriers tailleurs et scieurs de pierres à une réunion qui aura lieu jeudi, 23 mars 1871, à midi, place de la Corderie-du-Temple, 6 (salle Monticr).

Le but que se propose la chambre syndicale est de veiller et de soutenir les intérêts généraux de ses membres, et de leur venir en aide en cas de blessure ou victimes d'accident, étant à leurs travaux ; de rechercher et de réaliser pour la prospérité de la profession toutes les améliorations qu'elle doit obtenir.

Pour la chambre syndicale des tailleurs et scieurs de pierres,

ALLAIN, LOUIS BAILLIÈRE, ÉMILE BANDIER, BONNEFEMPE, BRÈS, CHANTELOUP, LOUIS FAGES, GÉRAULT, GITTON, IBOS, JOUSSELIN, LACROIX, LAVERNIAT, LEROUGET, RIBERON, VALLET.

PROCLAMATION DU CITOYEN RÉGÈRE

Le citoyen Régère, nommé provisoirement maire du cinquième arrondissement, adresse à ses administrés la proclamation suivante :

Dans la situation faite au cinquième arrondissement par la démission du maire et la retraite des adjoints, au moment où leur concours semblait le plus nécessaire, nous avons cru devoir, dans un but de conciliation et d'ordre, accepter des fonctions qui ne sauraient rester vacantes sans péril pour tous.

Notre mission principale consiste à faire procéder aux élections du conseil communal, qui doivent mettre fin à un interrègne gouvernemental et rendre à la population de Paris des droits dont il est honteux qu'on l'ait si longtemps privée, surtout depuis le 4 septembre.

Nous consacrerons tous nos efforts à assurer aux autres services le plus de régularité possible ; et, avec le concours de tous nos concitoyens du cinquième, nous montrerons que l'avènement de la démocratie aux affaires implique à un égal degré la conciliation et l'énergie, l'ordre et le progrès social.

Paris, 24 mars 1871.

Le maire provisoire du 5ᵉ arrondissement,

D. TH. RÉGÈRE.

Les adjoints provisoires,

ACONIN, MURAT.

PROCLAMATION DU CITOYEN DEREURE

Le citoyen Dereure, dont le nom a figuré par surprise parmi ceux des adjoints adhérant à la politique de Versailles, proteste par l'affiche suivante de son dévouement à la cause révolutionnaire :

Citoyens,

La République vient d'échapper à un nouveau péril.

Les représentants de Paris, sauf quelques exceptions, que nous avions élus pour la défendre, viennent de pactiser avec le gouvernement Thiers-Jules-Favre-Trochu : gouvernement qui, hier, a refusé de mettre au bas d'une proclamation le mot République.

Il n'y a plus de doute possible !...

L'Assemblée est monarchiste et veut le renversement de la République. Les députés et maires de Paris, en reconnaissant son autorité, sont aussi coupables qu'elle.

Dans une telle situation, que reste-t-il à faire au peuple de Paris ?

A lui de conserver la République par tous les moyens ;

A lui, de rester calme et digne devant les excitations monarchiques ;

A lui, de faire respecter l'ordre ;

A lui, d'empêcher le renouvellement d'émeutes composées de journalistes de la Préfecture de police de l'ex-gouvernement et d'une poignée de misérables soudoyés par l'or impérial ou royal ;

A lui enfin, le grand calomnié, de montrer, par son abnégation, son courage et son patriotisme, de quel côté sont les voleurs et les pillards.

S'il sait rester ferme et énergique dans cette attitude, la République est à jamais fondée.

Les élections du conseil municipal, qui ne peuvent avoir lieu aujourd'hui, empêchées par les événements d'hier, seront faites dans le plus bref délai.

Elles rendront Paris à lui-même et rétabliront l'ordre dans la cité.

Vive à jamais la République !

Paris, 23 mars 1871.

L'adjoint du 18ᵉ arrondissement,

S. DEREURE.

LES FAITS DIVERS

La flottille des canonnières de la Seine, aujourd'hui au pouvoir de la Commune, dont elle constitue l'unique force navale, est embossée au pied du terre-plain du Pont-Neuf, où elle attend les ordres du délégué de la marine pour embarquer ses équipages et entamer ses opérations contre les positions occupées aux abords de la Seine par les troupes de l'armée de Versailles.

Hier matin, quinze cents gardes nationaux de l'ordre ont pris leur quartier au Grand-Hôtel.

Dans les alentours de cet établissement et du nouvel Opéra, une grande panique s'est produite vers quatre ou cinq heures de l'après-midi. Plusieurs bataillons de gardes nationaux fédérés traversaient les rues de ce quartier, se rendant à leur état-major de la place Vendôme et escortant des canons et des fourgons de munitions, qu'ils y transportaient.

Les habitants et les passants prirent peur, et en un instant les rues devinrent désertes et les boutiques se fermèrent. Des ordres furent alors portés à divers bataillons du centre, et, le soir, mille hommes campaient au Grand-Hôtel, où ils étaient sévèrement consignés et où ils ont passé la nuit.

La mairie du douzième arrondissement ayant été envahie et occupée par une délégation du Comité central, MM. Alfred Grivol, maire, Denizot, Dumas, Turillon, adjoints, déclarent n'avoir cédé qu'à la force et protestent contre la violence qui leur a été faite et l'atteinte portée au suffrage universel.

Dans le courant de la journée, une section de fédérés a tenté d'embaucher les ouvriers de M. Godillot, rue Rochechouart. Ceux-ci ont repoussé avec énergie les envahisseurs et les embaucheurs, qui n'ont pas osé revenir à la charge.

On remarque, parmi les gardes nationaux réunis sur la place de la Bourse, un certain nombre de zouaves qui sont venus spontanément se ranger sous la bannière de l'ordre.

Les élèves de l'École polytechnique sont venus également se joindre aux défenseurs du deuxième arrondissement.

Les divers postes occupés sur la rive gauche par l'émeute et par la résistance offrent l'aspect singulier d'un échiquier où les bataillons fidèles sont en quelque sorte enchevêtrés dans les bataillons fédérés.

Ainsi le Conseil d'État est occupé par les 6e et 5e bataillons. A côté, la caserne du quai d'Orsay est aux mains de bataillons de Montrouge. Plus loin, la Caisse des dépôts et consignations est gardée par le 106e, qui n'a pas reconnu le Comité central.

Hier, dans l'après-midi, les 63e et 118e bataillons du Comité ont renforcé les positions occupées déjà par le 119e. Ces bataillons, qui étaient suivis de six pièces d'artillerie, ont été répartis au ministère de la guerre, à la télégraphie, à l'intendance et à la mairie du septième.

Le soir, ces précautions n'ont pas paru suffisantes, et une compagnie est venue prendre possession du pont des Tuileries avec un obusier, qu'elle a braqué sur la rue du Bac.

Le 31e bataillon, de Montmartre, commandé hier pour prendre du service, a refusé d'obéir aux ordres du Comité.

Les gardes nationaux des arrondissements du centre occupent la ligne de la Bourse à la gare Saint-Lazare, afin d'assurer les communications avec Versailles.

Voici ce qu'est Paris en ce moment. Plus de vie commerciale, plus d'affaires, plus rien. Hier, on n'aurait pu trouver un restaurant ouvert sur le boulevard. A chaque instant retentit le cri : aux armes ! Les voitures étaient rares par suite de la disparition des chevaux pendant le siège, mais il restait les omnibus. Les omnibus, ne pouvant franchir les barricades, ont, sur un grand nombre de lignes, suspendu leur service. D'une rue à une autre rue, les citoyens ne peuvent plus passer, des sentinelles barrant la route.

Voilà où nous en sommes venus depuis le 18 mars. Je demande si c'est là l'idéal de gouvernement que se proposent d'établir les triomphateurs de l'Hôtel de ville ? (*Le National*.)

Les dégâts qui ont été commis à la préfecture sont impossibles à décrire.

Depuis dimanche, les employés et chefs de service ne peuvent plus rentrer dans leurs bureaux.

L'un d'eux nous écrit :

« Quel désastre ! tout est pillé ! tout est brisé ! mon argent m'a été volé ! tout est saccagé jusqu'au moindre meuble. J'ai rapporté comme souvenir un morceau de ma porte de bureau, qui avait été forcée à la pince ! »

On lit dans l'*Électeur libre*.

Six hommes embrigadés se sont présentés hier, à sept heures du matin, chez M. Arthur Picard, et ont demandé si MM. Picard étaient là.

Sur la réponse négative du domestique, une perquisition a été faite, et les visiteurs ont pu constater la sincérité de la déclaration du domestique présent.

Les hommes, qui avaient tout examiné en parcourant les diverses pièces de l'appartement, se sont retirés sans toucher à rien.

Tous les bureaux des contributions directes sont fermés, afin de ne point les exposer aux réquisitions du Comité central.

On nous affirme, dit le *Soir*, qu'une seconde somme d'un million a été payée par la Banque de France au Comité central.

Ce versement, comme le précédent, aurait été effectué sur un bon signé de M. Pouyer-Quertier.

Le fait est facile à expliquer :

Le ministère des finances ayant un compte courant à la Banque, le ministre signe d'avance les mandats ou bons qui doivent servir au retrait des sommes.

Un certain nombre de ces mandats sont restés aux finances, et le citoyen Varlin n'a eu qu'à remplir les blancs des imprimés.

Vu la très-grande abondance de la marchandise sur la place, les chassepots sont très-offerts. Le cours le plus élevé ne dépasse pas généralement cinq francs.

On nous assure avoir vu un lignard vendre le sien treize sous, et nous pouvons affirmer qu'un marchand de vins de la rue du Bac en a acheté un, moyennant un simple petit verre de mêlé.

On vient d'incorporer dans la nouvelle légion des cavaliers de la République un détachement d'éclaireurs du corps de Bosak-Hanke. Ces éclaireurs, arrivés depuis quelques jours à Paris, attirent tous les regards par leur costume. Leur uniforme est analogue à celui des zouaves ; les couleurs seules différent. Le pantalon est rouge et la veste bleue; un turban blanc orné d'un long flot de crins de cheval et des bottes molles complètent la pittoresque singularité de leur habillement.

Les nombreux ouvriers occupés à la raffinerie de M. Constant Say ont été obligés d'abandonner leurs travaux, sur l'invitation formelle et menaçante des délégués du Comité central.

Il en a été de même de ceux d'une fonderie importante du quartier des Gobelins.

La *Cloche* raconte que le citoyen Blanchet, du Comité central, s'est blessé grièvement hier à la cuisse. Il est tombé en descendant un escalier à l'intérieur de l'Hôtel de ville, et sa chute a provoqué l'explosion d'une bombe Orsini qu'il avait dans sa poche.

On lit dans le *Charivari :*

Au milieu de ces actes de violence morale et matérielle, il n'y a ni dignité, ni sécurité pour les libres discussions de la presse.

Le *Charivari* déclare qu'il préfère suspendre momentanément sa publication pour la reprendre bientôt dans les conditions normales dont la République assurera le retour.

L'*Union*, la *Presse*, l'*Avenir national*, le *Monde*, ont déjà pris les devants.

La rédaction du *Figaro*, condamnée *à mort*, paraît-il, en la personne de M. de Villemessant, par le gouvernement insurrectionnel de Paris, vient, dit le *Courrier du Pas-de-Calais*, d'émigrer en Belgique. Elle est passée hier à la gare d'Arras; M. de Villemessant a conversé, sur le quai, avec plusieurs de nos concitoyens.   (*La France*.)

M. Victor Hugo, qui était descendu depuis son retour de Bordeaux au Grand-Hôtel du Louvre, est parti avant-hier pour Bruxelles.

On lit dans le journal *la Commune :*

Nous sommes heureux de renseigner la presse *désagréable* sur le nom du délégué aux affaires extérieures qui a fait réponse à la dépêche prussienne. Il s'appelle Boursier.

Extrait du même journal :

M. Bonvalet n'a pas encore pu rentrer à sa mairie. Il a vainement tenté un coup de main le 23, en faisant arrêter un délégué. Les gardes nationaux de son arrondissement l'ont immédiatement délivré et ont gardé la mairie pour parer à semblable entreprise.

L'artillerie de la garde nationale, presque toute, a suivi son commandant, M. Schœlcher, et s'est mise à la disposition du vice-amiral Saisset.

Parmi les miliciens de cette arme se trouvent grand nombre d'hommes influents appartenant au parti républicain avancé.

La journée du vendredi 25 mars.

JOURNAL OFFICIEL.

PARTIE OFFICIELLE.

Paris, le 25 mars 1871.

Considérant que la situation réclame des mesures rapides;

Que de tous côtés des commandants supérieurs, continuant les errements du passé, ont, par leur inaction, amené l'état de choses actuel; que la réaction monarchique a empêché jusqu'ici, par l'émeute et le mensonge, les élections qui auraient constitué le seul pouvoir légal de Paris;

En conséquence, le Comité arrête :

Les pouvoirs militaires de Paris sont remis aux délégués :

BRUNEL,
EUDES,
DUVAL.

Ils ont le titre de généraux et agiront de concert, en attendant l'arrivée du général Garibaldi, acclamé comme général en chef.

Du courage encore et toujours, et les traîtres seront déjoués.

Vive la République !

Paris, le 25 mars 1871.

Le Comité central de la garde nationale :

AVOINE fils, ANT. ARNAUD, G. ARNOLD, ASSI, ANDIGNOUX, BOUIT, J. BERGERET, BABICK, BAROU, BILLIORAY, BLANCHET, CASTIONI, CHOUTEAU, C. DUPONT, FERRAT, FABRE, FLEURY, FOUGERET, C. GAUDIER, GOUHIER, H. GERESME, GROLARD, JOSSELIN, FR. JOURDE, LAVALETTE, MALJOURNAL, ED. MOREAU, PRUDHOMME, ROUSSEAU, RANVIER, VARLIN, VIARD.

Citoyens,

Appelés par le Comité central au poste grand et périlleux de commander provisoirement la garde nationale républicaine, nous jurons de remplir énergiquement cette mission, afin d'assurer le rétablissement de l'entente sociale entre tous les citoyens.

Nous voulons l'ordre... mais non celui que patronnent les régimes déchus, en assassinant les factionnaires paisibles et en autorisant tous les abus.

Ceux qui provoquent à l'émeute n'hésitent pas, pour arriver à leur but de restaurations monarchiques, à se servir de moyens infâmes; ils n'hésitent pas à affamer la garde nationale en séquestrant la Banque et la Manutention.

Le temps n'est plus au parlementarisme; il faut

agir, et punir sévèrement les ennemis de la République.

Tout ce qui n'est pas avec nous est contre nous.

Paris veut être libre. La contre-révolution ne l'effraye pas ; mais la grande cité ne permet pas qu'on trouble impunément l'ordre public.

Vive la République!

Les généraux commandants,
BRUNEL, E. DUVAL, E. EUDES.

Citoyens gardes nationaux,

Brutalement provoqués, vous vous êtes levés spontanément pour assurer par votre attitude la mission que vous nous avez confiée.

La tâche est ardue pour tous : elle comporte beaucoup de fatigues, beaucoup de résolution, et chacun a fait preuve du sentiment de ses devoirs.

Quelques bataillons cependant, égarés par des chefs réactionnaires, ont cru devoir entraver notre mouvement par une opposition incompréhensible, puisqu'elle apporte un obstacle aux volontés de la garde nationale.

Des maires, des députés, oublieux de leurs mandats, ont encouragé cette résistance.

Une partie de la presse, qui ne voit pas sans dépit l'avènement du monde des travailleurs, a répandu sur nous les calomnies les plus absurdes, rééditant les épithètes de communistes, de partageux, de pillards, de buveurs de sang, etc.; et des citoyens craintifs ont ajouté foi à ces mensonges. Mais nous avons laissé passer cet orage ; nous apportions les libertés soustraites; et, bien qu'on s'en servît contre nous, nous avons dédaigné l'abus.

On a agité le fantôme prussien, menacé du bombardement, de l'occupation, etc., et les Prussiens, qui nous ont jugés à notre valeur, ont répondu en reconnaissant notre droit.

La cause de la démocratie, la cause du peuple, la sainte cause de la justice et de la liberté doit triompher de tous les obstacles, et elle en triomphera.

Quant à nous, sûrs du succès de l'œuvre commune, nous vous remercions avec effusion de votre dévouement en face des fatigues d'un service extraordinaire ; nous comptons sur votre courage pour aller avec nous jusqu'au bout. Nos adversaires, mieux éclairés, quand ils auront compris la légitimité de nos revendications, viendront à nous, ils y viennent déjà chaque jour, et dimanche au scrutin, il n'y aura définitivement au chiffre des abstentions que ceux qui caressaient traîtreusement l'espérance d'un retour à la monarchie et à tous les privilèges et aux institutions plus ou moins féodales qui en sont le cortège obligé.

Citoyens gardes nationaux,

Nous comptons sur votre courage, sur vos efforts persévérants, sur votre abnégation et votre bon vouloir en présence des charges du service, des croisements d'ordre qui peuvent se produire et de vos fatigues de tous les jours.

Marchons franchement au but sauveur : l'établissement définitif de la République par le contrôle permanent de la Commune, appuyé par cette seule force : la garde nationale élective dans tous les grades.

Quand nous pourrons avoir les yeux partout où se traitent nos affaires, partout où se préparent nos destinées, alors, mais seulement alors, on ne pourra plus étrangler la République.

Hôtel de Ville, 24 mars 1871.

(Suivent les signatures.)

Citoyens,

La cause de nos divisions repose sur un malentendu. En adversaires loyaux, voulant le dissiper, nous exprimerons encore nos légitimes griefs.

Le gouvernement, suspect à la démocratie par sa composition même, avait néanmoins été accepté par nous, en nous réservant de veiller à ce qu'il ne trahît pas la République, après avoir trahi Paris.

Nous avons fait, sans coup férir, une révolution : c'était un devoir sacré; en voici les preuves :

Que demandions-nous ?

Le maintien de la République comme gouvernement seul possible et indiscutable.

Le droit commun pour Paris, c'est-à-dire un conseil communal élu.

La suppression de l'armée permanente et le droit pour vous, garde nationale, d'être seule à assurer l'ordre dans Paris.

Le droit de nommer tous ses chefs.

Enfin, la réorganisation de la garde nationale sur des bases qui donneraient des garanties au peuple.

Comment le gouvernement a-t-il répondu à cette revendication légitime ?

Il a rétabli l'état de siège tombé en désuétude, et donné le commandement à Vinoy, qui s'est installé la menace à la bouche.

Il a porté la main sur la liberté de la presse en supprimant six journaux.

Il a nommé au commandement de la garde nationale un général impopulaire, qui avait mission de l'assujettir à une discipline de fer et de la réorganiser sur les vieilles bases anti-démocratiques.

Il nous a mis la gendarmerie à la préfecture dans la personne du général Valentin, ex-colonel de gendarmes.

L'Assemblée même n'a pas craint de souffleter Paris, qui venait de prouver son héroïsme.

Nous gardions, jusqu'à notre réorganisation, des canons payés par nous et que nous avions soustraits aux Prussiens. On a tenté de s'en emparer par des entreprises nocturnes et les armes à la main.

On ne voulait rien accorder ; il fallait obtenir, et nous nous sommes levés pacifiquement, mais en masse.

On nous objecte aujourd'hui que l'Assemblée,

saisie de peur, nous promet, pour un temps (non déterminé), l'élection communale et celle de nos chefs, et que, dès lors, notre résistance au pouvoir n'a plus à se prolonger.

La raison est mauvaise. Nous avons été trompés trop de fois pour ne l'être pas encore ; la main gauche, tout au moins, reprendrait ce qu'aurait donné la droite, et le peuple, encore une fois évincé, serait une fois de plus la victime du mensonge et de la trahison.

Voyez, en effet, ce que le gouvernement fait déjà !

Il vient de jeter à la Chambre, par la voix de Jules Favre, le plus épouvantable appel à la guerre civile, à la destruction de Paris par la province, et déverse sur nous les calomnies les plus odieuses.

Citoyens,

Notre cause est juste, notre cause est la vôtre ; joignez-vous donc à nous pour son triomphe. Ne prêtez pas l'oreille aux conseils de quelques hommes soldés qui cherchent à semer la division dans nos rangs ; et, enfin, si vos convictions sont autres, venez donc protester par des bulletins blancs, comme c'est le devoir de tout bon citoyen.

Déserter les urnes n'est pas prouver qu'on a raison ; c'est, au contraire, user de subterfuge pour s'assimiler, comme voix d'abstentions, les défaillances des indifférents, des paresseux ou des citoyens sans foi politique.

Les hommes honnêtes répudient d'habitude de semblables compromissions.

Avant l'accomplissement de l'acte après lequel nous devons disparaître, nous avons voulu tenter cet appel à la raison et à la vérité.

Notre devoir est accompli.

Paris, 24 mars 1871.
Suivent les signatures.

Citoyens,

Le gouvernement, fugitif à Versailles, a cherché à faire le vide autour de vous ; la province s'est trouvée tout à coup privée de toutes nouvelles de Paris.

Mais l'isolement dans lequel on a voulu vous mettre n'a pas réussi à empêcher le souffle révolutionnaire de se frayer un passage à travers toutes ces précautions.

Le Comité central a reçu hier et aujourd'hui plusieurs délégations des villes de Lyon, Bordeaux, Marseille, Rouen, etc., qui sont venues savoir quelle était la nature de notre révolution, et qui sont reparties au plus vite pour aller donner le signal d'un mouvement analogue, qui est préparé partout.

Vive la France ! Vive la République !

Hôtel de ville, 24 mars 1871.
Suivent les signatures.

Le Comité central, n'ayant pu établir une entente parfaite avec les maires, se voit forcé de procéder aux élections sans leur concours ;

En conséquence, le Comité arrête (en date du 23 mars 1871).

1° Les élections se feront dans chaque arrondissement par les soins d'une commission électorale nommée à cet effet par le Comité central ;

2° Les électeurs de la ville de Paris sont convoqués le DIMANCHE 26 mars 1871, dans leurs collèges électoraux, à l'effet d'élire le conseil communal de Paris.....

(Le reste comme à l'arrêté en date du 21 mars précédent, voir page 84.)

Citoyens,

Demain aura lieu l'élection de l'assemblée communale, demain la population de Paris viendra confirmer de son vote l'expression de sa volonté, si ouvertement manifestée le 18 mars par l'expulsion d'un pouvoir provocateur qui semblait n'avoir d'autre but que d'achever l'œuvre de ses prédécesseurs et de consommer ainsi par la destruction de la République la ruine du pays.

Par cette révolution sans précédents dans l'histoire et dont la grandeur apparaît chaque jour davantage, Paris a fait un éclatant effort de justice. Il a affirmé l'union indissoluble dans son esprit des idées d'ordre et de liberté, seuls fondements de la République.

A ceux que nos désastres avaient rendus maîtres de nos destinées et qui s'étaient donné pour tâche d'annuler sa vie politique et sociale, Paris a répondu par l'affirmation du droit imprescriptible de toute cité, comme de tout pays, de s'administrer soi-même, de diriger les faits de sa vie intérieure, municipale, laissant au gouvernement central l'administration générale, la direction politique du pays.

Il n'y a pas de pays libre là où l'individu et la cité ne sont pas libres, il n'y aurait pas de République en France si la capitale du pays n'avait pas le droit de s'administrer elle-même.

C'est ce droit qu'on n'oserait contester aux plus modestes bourgades que l'on ne veut pas reconnaître à Paris, parce que l'on craint son amour de la liberté, sa volonté inébranlable de maintenir la République que la révolution communale du 18 mars a affirmée et que vous confirmerez par votre vote de demain.

Huit jours se sont écoulés depuis que Paris s'est délivré, depuis que la grande cité est maîtresse d'elle-même, et huit jours de liberté sans contrainte ont montré à tout juge impartial de quel côté était l'amour de l'ordre, la conscience du droit.

Né de la revendication de justice qui a produit la révolution du 18 mars, le Comité central a été installé à l'Hôtel de ville, non comme gouvernement, mais comme la sentinelle du peuple, comme le comité de vigilance et d'organisation, tenu de veiller à ce qu'on n'enlevât pas au peuple par sur-

Groupe de candidats à la Commune.

prise ou intrigue le fruit de sa victoire, chargé d'organiser la manifestation définitive de la volonté populaire, c'est-à-dire l'élection libre d'une assemblée qui représente, non pas seulement les idées, mais aussi les intérêts de la population parisienne.

Le jour même où l'assemblée communale sera installée, le jour où les résultats du scrutin seront proclamés, le Comité central déposera ses pouvoirs, et il pourra se retirer, fier d'avoir rempli son devoir, heureux d'avoir terminé sa mission.

Quant à Paris, il sera vraiment l'arbitre de ses destinées ; il aura trouvé dans son assemblée communale l'organe nécessaire pour représenter ses intérêts et les défendre en face des intérêts des autres parties du pays, et devant le pouvoir national central.

Il pourra résoudre lui-même, après enquêtes et débats contradictoires sans immixtions injustes et violentes, où les notions de droit et de justice sont impudemment violées au profit des factions monarchiques, ces questions si complexes d'intérêts communaux et privés, devenues plus complexes et plus délicates encore après la longue épreuve qu'il vient de subir si courageusement pour sauver le pays.

Il pourra enfin décider lui-même quelles sont les mesures qui permettront au plus tôt, sans froissements et sans secousses, d'amener la reprise des affaires et du travail.

Une République ne vit ni de fantaisies administratives coûteuses, ni de spéculations ruineuses, mais de liberté, d'économie, de travail et d'ordre. La République doit établir l'harmonie des intérêts, et non les sacrifier les uns aux autres. Les questions d'échéances, de loyers, ne peuvent être réglées que par les représentants de la ville, soutenus par leurs concitoyens, toujours appelés, toujours entendus. Pas plus que tout ce qui regarde les intérêts de la cité, elles ne peuvent être abandonnées aux caprices d'un pouvoir qui n'obéit le plus souvent qu'à l'esprit de parti.

Il en est de même de la question du travail, du travail, seule base de la vie publique, seule assise des affaires honnêtes et loyales; les citoyens qu'une guerre engagée et soutenue par des gouvernements sans contrôle a arrachés au travail ne peuvent être plongés par une brusque suppression de solde dans la misère et le chômage.

Il y a une période de transition dont on doit tenir compte, une solution qui doit être cherchée de bonne foi, un devoir de crédit au travail qui arrachera le travailleur à une misère immédiate et lui permettra d'arriver rapidement à son émancipation définitive.

Ces questions et bien d'autres devront être résolues par votre conseil communal, et pour chacune d'elles il ne pourra se décider que suivant les droits de tous, car il sera sous la surveillance continuelle des citoyens.

Enfin, il aura à traiter des rapports de la cité avec le gouvernement central, de façon à assurer et garantir l'indépendance et l'autonomie de la Commune.

Au vote donc, citoyens, que chacun de vous comprenne la grandeur du devoir qui lui incombe, de l'acte qu'il va accomplir, et qu'il sache qu'en jetant dans l'urne son bulletin de vote, il fonde à jamais la liberté, la grandeur de Paris, il conserve à la France la République, et fait pour la République ce que naguère il faisait si vaillamment devant l'ennemi : son devoir.

25 mars 1871.

Les délégués à l'intérieur,
ANT. ARNAUD, ED. VAILLANT.

Nous publions la proclamation suivante qui, affichée il y a plusieurs jours, n'avait pu encore être insérée à l'*Officiel :*

Citoyens,

Vous êtes appelés à élire votre assemblée communale (le conseil municipal de la ville de Paris).

Pour la première fois depuis le 4 septembre, la République est affranchie du gouvernement de ses ennemis.

Conformément au droit républicain, vous vous convoquez vous-mêmes, par l'organe de votre Comité, pour donner aux hommes que vous-mêmes aurez élus un mandat que vous-mêmes aurez défini.

Votre souveraineté vous est rendue tout entière, vous vous appartenez complétement; profitez de cette heure précieuse, unique peut-être, pour ressaisir les libertés communales dont jouissent ailleurs les plus humbles villages, et dont vous êtes depuis si longtemps privés.

En donnant à votre ville une forte organisation communale, vous y jetterez les premières assises de votre droit, indestructible base de vos institutions républicaines.

Le droit de la cité est aussi imprescriptible que celui de la nation ; la cité doit avoir, comme la nation, son assemblée, qui s'appelle indistinctement assemblée municipale ou communale, ou commune.

C'est cette assemblée qui, récemment, aurait pu faire la force et le succès de la défense nationale, et, aujourd'hui, peut faire la force et le salut de la République.

Cette assemblée fonde l'ordre véritable, le seul durable, en l'appuyant sur le consentement souvent renouvelé d'une majorité souvent consultée, et supprime toute cause de conflit, de guerre civile et de révolution, en supprimant tout antagonisme entre l'opinion politique de Paris et le pouvoir exécutif central.

Elle sauvegarde à la fois le droit de la cité et le droit de la nation, celui de la capitale et celui de la province, fait leur juste part aux deux influences, et réconcilie les deux esprits.

Enfin, elle donne à la cité une milice nationale qui défend les citoyens contre le pouvoir, au lieu d'une armée permanente qui défend le pouvoir contre les citoyens, et une police municipale qui poursuit les malfaiteurs, au lieu d'une police politique qui poursuit les honnêtes gens.

Cette assemblée nomme dans son sein des comités spéciaux qui se partagent ses attributions diverses (instruction, travail, finances, assistance, garde nationale, police, etc.).

Les membres de l'assemblée municipale, sans cesse contrôlés, surveillés, discutés par l'opinion sont révocables, comptables et responsables ; c'est une telle assemblée, la ville libre dans le pays libre, que vous allez fonder. Citoyens, vous tiendrez à honneur de contribuer par votre vote à cette fondation. Vous voudrez conquérir à Paris la gloire d'avoir posé la première pierre du nouvel édifice social, d'avoir élu le premier sa commune républicaine.

Citoyens,

Paris ne veut pas régner, mais il veut être libre ; il n'ambitionne pas d'autre dictature que celle de l'exemple ; il ne prétend ni imposer ni abdiquer sa volonté ; il ne se soucie pas plus de lancer des décrets que de subir des plébiscites ; il démontre le mouvement en marchant lui-même, et prépare la liberté des autres en fondant la sienne. Il ne pousse personne violemment dans les voies de la République ; il est content d'y entrer le premier.

Hôtel de ville, 22 mars 1871.

Suivent les signatures.

La note suivante a été placardée aux principales stations télégraphiques :

Aux employés du télégraphe.

J'ai l'honneur de vous annoncer que je viens d'être nommé directeur du télégraphe, en remplacement du citoyen Combatz, relevé de ses fonctions sur sa demande.

Je vous invite à vous rendre demain, 25 courant, à dix heures du matin, à la direction générale, pour nous entendre sur l'organisation du service.

Le directeur général délégué,

PAUVERT,

Officier de l'intendance militaire.

Le Comité central apprend que des hommes vêtus d'uniformes de gardes nationaux, et reconnus pour d'anciens gendarmes et sergents de ville, ont tiré sur les lignes prussiennes.

Le Comité prévient que si un cas semblable se présentait, il prendrait lui-même les mesures nécessaires pour s'assurer des coupables, et les ferait immédiatement passer par les armes.

La sécurité de la ville entière exige ces mesures de rigueur.

LES ÉLECTIONS

Quelques affiches électorales apparaissent çà et là sur les murailles. On y lit généralement les noms de Félix Pyat et de Delescluze, les organisateurs à venir de l'anéantissement de Paris. Plusieurs journaux démocratiques publient des listes de candidats où commencent à poindre Raoul Rigault, encore peu connu du public, mais qui devait conquérir plus tard une si odieuse et si sanglante célébrité; Cluseret, le général à double face, et Courbet, le futur Érostrate de la Colonne.

PHYSIONOMIE DE PARIS

LA BANQUE

Le Comité avait décidé de réclamer hier deux millions à la Banque de France.

A quatre heures, cette demande n'était pas encore faite.

L'aspect du quartier n'est pas très-rassurant pour les partisans de MM. Avoine et Assi.

ARRESTATIONS

Le citoyen Sanglier, un des membres influents du Comité central, a été arrêté dans la journée à Passy par les gardes nationaux de cet arrondissement.

Il est retenu prisonnier dans un cachot de Paris que nous ne pouvons pas indiquer.

Dans la matinée, on a arrêté, sur la place de la Bourse, trois garibaldiens et un soldat de fantaisie affublé d'un uniforme pris à plusieurs corps d'armes différents.

Ces messieurs étaient venus se promener là pour voir ce qui se passait et en informer sans doute leurs frères du Comité.

Ils sont retenus au poste de la rue de la Banque.

Parmi les prisonniers arrêtés avant-hier matin aux Batignolles, dans le train allant à Versailles, se trouvait un capitaine d'artillerie qui y conduisait un détachement et qui était porteur de la solde de ses hommes.

Un témoin oculaire nous affirme avoir vu les quatre officiers de la garde nationale chargés d'interroger les prisonniers, se partageant l'argent que portait ce capitaine.

Qu'est devenu cet officier? Il serait urgent de le savoir.

Trois *Amis de la France*, le capitaine Knox, le lieutenant Flor O'Squarr, et le sergent-major Pourtois, se rendaient à Versailles pour chercher la solde des hommes de leur corps, licenciés depuis le 28 janvier, mais nourris et payés jusqu'au 1ᵉʳ avril.

Ces trois officiers ont subi un interrogatoire en règle, et n'ont été relâchés qu'au bout de deux heures, avec ordre de rentrer à Paris, et menacés d'être emprisonnés s'ils étaient repris sur la route de Versailles.

Des mesures ne pourraient-elles pas être prises pour que les trains partant de Paris ne s'arrêtassent pas aux gares intermédiaires?

AU GRAND-HOTEL

Ce matin, à dix heures, les maires et adjoints se sont réunis au Grand-Hôtel. L'amiral Saisset assistait à ce conseil, et il a particulièrement insisté pour qu'une nouvelle démarche de conciliation soit tentée près du Comité. « Ces messieurs, aurait-il dit, ne demandent qu'une *petite planche* pour franchir le pont qui les sépare, et ils seraient heureux qu'elle leur fût offerte. »

L'amiral, qui avait envoyé hier son chef d'état-major à Versailles, a transmis à M. Tirard en particulier les remerciements que M. Thiers envoyait aux bataillons réunis à la Bourse.

LE 7ᵉ ARRONDISSEMENT

Voici quelle est la situation du septième arrondissement :

Les 15ᵉ, 16ᵉ, 17ᵉ bataillons, et les deux tiers du 106ᵉ sont unis au parti de l'ordre.

Le 105ᵉ, le 187ᵉ et un tiers du 106ᵉ appartiennent au Comité central.

Les bataillons fidèles à l'Assemblée constituent donc la majorité, et, n'était le désir d'éviter toute collision les gardes fédérés seraient promptement expulsés de tous les postes qu'ils occupent.

Les bataillons de l'ordre se bornent à occuper fortement la Caisse des dépôts et consignations et le Conseil d'Etat.

La mairie septième arrondissement a été installée dans les bâtiments annexes du palais du

Conseil d'Etat, les fédérés ayant refusé à la municipalité élue l'accès de la mairie de la rue de Grenelle.

Le septième arrondissement peut donc être regardé comme tout à fait en dehors des lois du Comité, grâce à l'énergie des 15°, 16° et 17° bataillons.

UNE RETRAITE AUX FLAMBEAUX

Avant-hier soir, au moment où couraient les bruits de dénonciation qui ont un instant ému le boulevard, les gardes nationaux des Batignolles ont organisé une retraite aux flambeaux, qui a parcouru toutes les principales rues de ce quartier.

Derrière la colonne armée de torches marchaient des quêteurs, qui demandaient de l'argent à la foule au profit de la ligne et des *malheureux assassins de Montmartre* (textuel).

L'ÉCOLE POLYTECHNIQUE

Samedi, dans l'après-midi, le général Riffault, commandant l'École polytechnique, a prévenu les élèves qu'il leur donnait un congé de huit jours. On ne rentrera que le dimanche 2 avril. — Il est question de transférer l'École dans une localité des environs de Paris.

LES MOBILES

Dans la journée, beaucoup de mobiles de la Seine ont répondu à l'appel qui leur a été fait au nom de l'ordre, et sont venus se faire armer à la mairie du deuxième arrondissement.

Place de la Bourse, on en comptait 800 à quatre heures de l'après-midi.

LE FAUX MENOTTI GARIBALDI

On a annoncé depuis plusieurs jours déjà l'arrivée à Paris d'un des fils de Garibaldi, le général Menotti. Nous apprenons que le Menotti en question n'est pas du tout le fils de Garibaldi. C'est un Italien quelconque qui porte ce nom, et qui jouit des profits que lui rapporte sa notoriété.

A TRAVERS LES BARRICADES

Le calme le plus complet a régné hier dans tous les postes occupés soit par les gardes nationaux fédérés soit par les bataillons amis de l'ordre.

A Montmartre et à Belleville, c'est à peine si l'on apercevait l'ombre d'une sentinelle derrière les barricades de pavés et de tonneaux dont sont émaillés ces quartiers excentriques de la capitale.

A la Bastille, toujours le même va-et-vient de manifestants, mais moins de couronnes d'immortelles que par le passé; l'enthousiasme des citoyens paraît se refroidir sensiblement.

Le boulevard Beaumarchais est coupé dans toute sa longueur par une barricade de deux mètres de haut, auprès de laquelle veillent deux gardes nationaux farouches. Il est aussi difficile aux piétons qu'aux voitures de la franchir. Pour un peu, on demanderait à chaque passant des laisser-passer.

Devant l'Hôtel de ville, le coup d'œil est des plus pittoresques. Les pièces de bronze, bien fourbies, bien nettoyées, flamboient derrière les monceaux de pavés. La place est devenue un vaste champ de baïonnettes. Il y a peut-être là 5,000 fusils dressés en faisceaux. Au-dessus de chacun d'eux est fixé un pain plus ou moins long. A travers cette forêt d'acier grouille sans interruption une bourdonnante fourmilière d'uniformes de toutes couleurs.

Les fenêtres du monument qui sert de siége au Comité central sont grandes ouvertes et remplies de têtes échelonnées les unes derrière les autres. Cinq ou six drapeaux tricolores, tout battant neufs, flottent au milieu des groupes. De temps en temps des fanfares de clairons et des roulements de tambours viennent dominer le tumulte. Les barricades sont vigilamment gardées, et on charge les pièces qui les arment.

Les fenêtres du Louvre et des Tuileries sont bordées de gardes nationaux qui semblent très-fiers d'être là, et qui se montrent orgueilleusement à la foule.

Devant le palais de l'Industrie, veille un poste de francs-tireurs à long et large manteau gris.

Les Champs-Élysées sont déserts. A peine deux ou trois voitures traînées par de maigres haridelles.

Les barricades de la place Vendôme ont été fortifiées encore depuis deux jours. Le nombre de pièces a augmenté, mais celui des gardes nationaux est bien diminué. Leur zèle se refroidirait-il?

La haie des gardes nationaux qui fermait la rue Drouot a disparu.

Dans la soirée il n'y avait que deux sentinelles à chaque coin du boulevard.

JARDIN DES PLANTES

Entièrement rempli de soldats désœuvrés, qu regardent les bêtes; nombreux exemplaires de francs-tireurs garibaldiens, étrangers la plupart. Ces condottieri, qui, de loin, avec leur costume rouge et leur bonnet à plumes de coq, rappellent vaguement Méphistophélès, sont particulièrement intéressés par la vue des singes qui se démènent dans leur Comité central en fil de fer.

RUE MOUFFETARD

On lit les affiches récentes. On les commente sans passion. Les boutiques sont ouvertes, les trottoirs couverts de marchandises qu'on examine, et dont on débat les prix.

La proclamation de M. Collin, l'adjoint à l'ex-maire du quartier du Panthéon, qui demande aux femmes d'engager leurs maris à sortir de la voie illégale, est lue, mais sans enthousiasme apparent, par les commères de l'endroit. Quelques-unes disent qu'on leur rappelle les soins donnés « à leurs chers petits enfants » comme un bienfait particulier et non comme le résultat naturel que tout maire devait se proposer d'atteindre en demandant les suffrages de ses administrés.

CAMP DU LUXEMBOURG

Le camp du Luxembourg est vide; mais le jardin est, comme d'habitude, une succursale des Tuileries. Les femmes, les enfants et les bonnes y sont en nombre. Profitant de la douceur des gardiens, les gazons, et c'est dommage, sont piétinés par la foule. Les gamins écrasent les plantes qui sortent de terre, et jouent *à la manifestation* dans les massifs.

Le nombre des bancs étant considérable, pourquoi les gardes nationaux du 115° ne prieraient-ils pas la population d'aller s'asseoir autre part que sur les parterres et de respecter, surtout sous la République, les jardins faits à souhait pour le plaisir des yeux?

LES TENTES VIDES

Si, la nuit, personne ne loge dans les cent cinquante ou deux cents tentes qui émaillent le Luxembourg, le Comité central, avant de se dissoudre, devrait bien songer à les faire enlever par ses hommes.

Il devrait, avant tout, faire effacer immédiatement les obscénités et les ignobles traits d'esprit inscrits au charbon sur la toile des tentes et qui souillent la vue des femmes et des jeunes filles.

AU PALAIS-ROYAL

L'aile de Valois, au Palais-Royal, a servi, jusqu'à l'armistice, d'état-major à l'artillerie de la garde nationale.

Depuis ce temps, elle contient un dépôt d'armes, mousquetons, carabines, sabres de cavalerie appartenant à la légion.

Des détachements de fédérés ont fait déjà deux tentatives pour s'emparer de ces armes; mais jusqu'ici les gardes nationaux de l'arrondissement, qui occupent cette partie du Palais-Royal, se sont opposés à l'envahissement du magasin, et ont pu, sans qu'un coup de fusil ait été tiré, obtenir des fédérés l'abandon de leurs prétentions sur le dépôt.

Dix heures du soir

Le parti de l'ordre a évacué le Grand-Hôtel, la mairie de la rue Drouot, la gare de l'Ouest et un instant le deuxième arrondissement.

En effet, des mobiles sont venus le réoccuper une demi-heure après le départ des gardes nationaux.

Nous avons entre les mains un laisser-passer, dont voici le contenu exact :

Lesser sortir de l'hôtel de ville le citoyen X...

Hôtel de ville, Paris, le 21 mars 1871.

J. GUIRAL.

Au bas un cachet portant :

Fédération de la garde nationale,
COMITÉ CENTRAL.
République française
Liberté, Egalité, Fraternité.

(*Paris Journal.*)

L'INTÉRIEUR DE L'HOTEL DE VILLE

Le *Siècle* donne de curieux détails sur l'intérieur du palais :

La place de l'Hôtel-de-Ville a toujours sa ceinture de barricades et de canons.

Rien de curieux et de pittoresque surtout comme l'intérieur du palais municipal depuis son occupation par le Comité.

D'abord on n'y dort pas : nuit et jour les bureaux sont ouverts, et nuit et jour les intendances fonctionnent, le Comité y est en permanence.

Quand on a et en dépassé la grande porte du nord-ouest, on passe à travers une foule de gardes nationaux, les uns couchés par terre, les autres assis sur les trottoirs, leurs fusils en faisceaux.

Dans la cour qui fait suite au vestibule, des cavaliers sont en train de panser leurs chevaux. Au moment où nous arrivions sur le premier plan, deux garibaldiens à cheval tiennent par la bride une troisième monture toute sellée. Un cliquetis d'armes se fait entendre, tous les gardes s'empressent, et bientôt arrive un homme maigre qui, après avoir donné force poignées de main à droite et à gauche, monte sur le cheval en question, salue les factionnaires, qui lui présentent les armes, et sort au milieu des cris de : « Vive la République ! »

Dans tous les couloirs de l'hôtel, dans les escaliers, sous les vestibules, même animation, même activité fébrile. A chaque étage des factionnaires : factionnaires dans les couloirs, factionnaires dans les escaliers, factionnaires aux portes des bureaux; et cela du rez-de-chaussée jusqu'aux mansardes. Mais que de salles ont été distraites de leur destination primitive !

Dans celle des coupons, par exemple, l'on fait la cuisine et l'on distribue des vivres; aussi quel tohu-bohu ! Chaque homme a un kilogramme de pain, 150 grammes de viande conservée et un demi-litre de vin pour ses deux repas. Lorsqu'ils partent pour un service quelconque, les gardes doivent porter leurs vivres.

Malgré les préparatifs formidables de l'Hôtel de ville, on va et vient partout comme à l'ordinaire, et comme à l'ordinaire le marché aux fleurs du samedi se tient sur le quai; à deux pas des canons, on vend des pervenches et de la violette.

DISPARITION DU CITOYEN LULLIER

On lit dans le *Journal des Débats* :

On a sans doute remarqué que le nom de M. Lullier ne figure plus au bas des affiches du Comité central, et certains journaux ont raconté que M. Lullier avait été arrêté par ses collègues. Voici à cet égard, des renseignements qui nous viennent de bonne source :

M. Lullier était un modéré. Il voulait que le Comité central s'entendît avec les maires et les députés de Paris pour obtenir de l'Assemblée nationale des franchises communales. Il aurait fait remarquer que, s'il obtenait ces concessions, le Comité central n'aurait pas à regretter d'avoir pris le pouvoir. M. Lullier demandait aussi, à chaque réunion, l'élargissement du général Chanzy. Les choses en étaient là mercredi à midi, lorsque arriva la fusillade de la place Vendôme, que condamna M. Lullier.

Le soir de cette lamentable journée, nouvelle réunion au Comité central, et nouveaux efforts de M. Lullier pour ramener ses collègues à la conciliation. Ses paroles furent mal accueillies et valurent à leur auteur l'accusation de réactionnaire, de dictateur, de partisan de Chanzy. Ces qualifications irritèrent M. Lullier, et l'amenèrent à répondre au Comité sur le même ton. « Que seriez-vous ici sans moi, leur dit-il ; je vous ai menés ici, et celui qui vous a établis au pouvoir peut vous en renvoyer. » Cette menace effraya les collègues de M. Lullier, qui, pour en prévenir l'effet, appelèrent des gardes nationaux à eux et le firent arrêter. Cette garde, au dire du Comité central, aurait été mise aux côtés de M. Lullier pour empêcher M. Lullier de se jeter par les fenêtres, parce que (toujours d'après la version du Comité central) il serait atteint de folie.

ENLEVEMENT DE LA MAIRIE DU 7e ARRONDISSEMENT

Le septième arrondissement a été occupé hier par des bataillons de Montmartre (voir plus loin le procès-verbal relatant tous les détails de cet acte de violence) : la mairie, la rue du Bac, les rues qui y aboutissent et le quai regorgeaient de gardes nationaux qui étaient venus prêter main-forte à la délégation de l'Hôtel de ville.

Le soir, ces précautions n'ont pas paru suffisantes, et une compagnie est venue prendre possession du pont des Tuileries avec un obusier qu'elle a braqué sur la rue du Bac.

En traversant le pont, vers neuf heures, nous nous sommes trouvé subitement devant la gueule de ce canon, derrière lequel était son caisson, attelé de deux chevaux.

Le pont était gardé par de nombreux factionnaires qui, d'ailleurs, laissaient toute liberté à la circulation.

Les fusils étaient en faisceaux sur le trottoir d'amont, et, derrière les faisceaux, les gardes nationaux qui n'étaient pas de faction étaient étendus à terre le long du parapet.

Et sur ce lit de camp d'asphalte, sur ce sommeil armé, sur ces factionnaires en veille, sur ces fusils dont les baïonnettes faisaient une blancheur dans la nuit, sur cet obusier prêt à cracher sa mitraille, rayonnait doucement un beau ciel étoilé que chacun, selon sa disposition d'esprit, pouvait croire ironique ou rassurant.

PROCÈS-VERBAL

Dressé à la mairie du 7e arrondissement.

Le 24 mars 1871, à neuf heures et demie du matin, à la mairie du septième arrondissement, se sont présentés : MM. Parisel, Mariani, Urbain et Andrès, lesquels nous ont demandé à prendre possession d'une des salles de la mairie pour préparer les élections au nom du Comité central dont ils étaient les délégués.

MM. Hortus et Bellaigue, adjoints, présents à la mairie, ont déclaré qu'ils ne reconnaissaient pas l'autorité du Comité central, que la mairie était indivisible; qu'ils ne pouvaient partager les pouvoirs qui leur avaient été conférés par le suffrage universel, et qu'ils ne céderaient la place que devant une manifestation de la force.

MM. les délégués ont exprimé leurs regrets de ne pouvoir arriver à une entente, leur volonté formelle étant de ne remplir qu'une mission purement électorale. C'est alors que MM. les délégués du Comité central ont introduit le chef du poste. MM. les adjoints lui ont demandé s'il entendait faire respecter les instructions du Comité central ou celles de la mairie, et ils lui ont démontré qu'il était nécessaire d'opter entre les deux pouvoirs. Le chef du poste ayant déclaré qu'il reconnaissait les ordres du Comité, à l'exclusion de ceux de la mairie, MM. les adjoints se sont retirés et ont abandonné à MM. les délégués une place dont ils n'étaient plus les maîtres.

Et ont signé :

MM. Hortus et Bellaigue, adjoints, et
M. Urbain, délégué du Comité central.

En présence de :

MM. de Nougarède, de Fayé, Solvet, secrétaires de la mairie; Coudron, Midoz et Bahoit, lesquels ont également signé.

NÉGOCIATION DES MAIRES AVEC LE COMITÉ

Nous lisons dans le *Rappel* :

On nous donne les renseignements qui suivent sur les pourparlers qui ont eu lieu entre les représentants, les maires de Paris et le Comité central siégeant à l'Hôtel de ville. Ces pourparlers auraient duré de neuf heures du soir à quatre heures du matin.

A quatre heures du matin, on semblait s'être entendu de la façon la plus formelle. L'arrangement conclu était celui-ci :

L'administration municipale devait être remise, à neuf heures du matin, aux officiers municipaux élus, représentés par une délégation.

Les citoyens Bonvalet, maire du troisième arrondissement; Murat, adjoint du dixième, et quelques autres adjoints, devaient s'installer, à ladite heure, à l'Hôtel de ville.

Le Comité central, délégation de la garde nationale, devait quitter l'Hôtel de ville et se transporter place Vendôme, à l'état-major, où il aurait continué à gouverner la garde nationale.

Enfin, les députés et les maires, ne pouvant accorder les élections municipales que l'Assemblée seule peut établir législativement, devaient publier une affiche où ils promettraient de s'interposer auprès de l'Assemblée pour obtenir ces élections, et aussi, — par la même raison, — celles des officiers de la garde nationale, pour tous les grades.

Le gouvernement de l'Hôtel de ville devait, quelques heures après cette affiche apposée, en publier une où il aurait, de son côté, annoncé les résolutions qui précèdent.

L'affiche des représentants et des maires a été publiée.

A neuf heures du matin, quand les citoyens Bonvalet et Muraït se sont présentés pour prendre possession de l'Hôtel de ville, on leur a dit que l'accord était rompu.

LE COMITÉ CENTRAL A L'HÔTEL DE VILLE

Séance du 25 mars.

PRÉSIDENCE DU CITOYEN ASSI

Le citoyen président annonce que, depuis le matin, il reçoit des adhésions de plus en plus nombreuses de tous les points de la capitale, et surtout des divers corps de l'armée campée à Versailles.

Le général Bergeret vient annoncer que les 92e et 100e bataillons de la garde nationale viennent d'envoyer leur adhésion formelle au Comité. Les maires, suivant le citoyen Billioray, viennent de se rallier au Comité. La situation est donc excellente.

Le citoyen Gaudier demande au président s'il a reçu une communication quelconque des maires ou des députés de Paris.

Le citoyen Assi déclare qu'il ne sait rien d'officiel à ce sujet, mais qu'il peut affirmer que, moyennant quelques concessions personnelles, les représentants de Paris seront prêts à faire cause commune avec le peuple.

Le citoyen Fabre pense que l'on doit se défier des maires et des adjoints de Paris. — Le citoyen Assi prend la parole, et réplique que les négociations entamées par les maires ont toujours été loyales et sincères; il ne peut en dire autant de celles entamées par le gouvernement.

D'après ce que les envoyés ont rapporté de Versailles, il sera toujours impossible de s'entendre avec l'Assemblée.

Le citoyen Mortier établit qu'il est impossible de se fier au gouvernement de M. Thiers, qui a été l'un des créateurs de l'empire. Toutefois, il n'a aucun motif de défiance contre les maires et les députés de Paris.

La séance est suspendue.

Le citoyen Assi, à la reprise de la discussion, déclare que les maires viennent d'adhérer aux résolutions du Comité. Les envoyés des municipalités sont introduits.

L'adhésion des autorités municipales est acceptée à l'unanimité, aux conditions suivantes :

Les bataillons séparatistes abandonneront leurs postes, qui seront occupés par les bataillons de la fédération.

Aucune poursuite ne pourra être dirigée contre les séparatistes.

Les prisonniers seront relâchés.

Les maires seront libres de faire afficher les candidatures aux élections, qui auront lieu dimanche 26 mars.

Les officiers municipaux devront veiller à la liberté des élections et faire maintenir l'ordre ; ils seront responsables des troubles.

Les délégués des mairies acceptent au nom des officiers municipaux et des députés de Paris.

Le citoyen Guiral propose de voter des remerciements aux maires et aux députés de Paris, qui ont su se séparer de l'Assemblée réactionnaire, et se joindre au peuple de Paris, pour éviter l'effusion du sang français. La proposition est adoptée.

Le citoyen Varlin, délégué aux finances, demande des fonds pour les besoins les plus pressants.

Le Comité décide qu'on ira les demander à la Banque de France.

Le citoyen Jourde demande quelle devra être l'attitude de l'assemblée municipale, si l'Assemblée de Versailles ne veut pas la reconnaître.

Le citoyen Assi prend la parole, et explique que le conseil municipal de Paris doit se renfermer dans ses fonctions d'assemblée communale.

Toutefois si l'Assemblée voulait mettre Paris au ban de la France, ce serait alors au conseil municipal de régler la Constitution qui devrait régir Paris. — Toutefois on ne doit pas penser que l'Assemblée ose désapprouver les élections de Paris ; ce serait un acte trop grave, surtout devant l'attitude des grandes villes de province, prêtes à s'unir à la capitale.

Le Comité s'ajourne au lendemain de bonne heure pour sa dernière séance, après avoir réglé les détails et fixé l'heure des élections.

L'HISTOIRE SUR LES MURS

LA JOURNÉE DES DUPES

La simple lecture des affiches apposées sur les murs de Paris dans la journée du 25, à la suite des négociations où les maires et les adjoints se laissèrent amuser et finalement acculer dans une impasse par les membres du Comité central, cette lecture ne suffirait pas pour initier les profanes aux détails très-compliqués de cette intrigue politique, si nous n'y joignions des explications et commentaires empruntés à divers journaux et qui leur serviront de fil conducteur.

L'affiche suivante a été apposée samedi matin sur les murs :

RÉPUBLIQUE FRANÇAISE.
Liberté, Égalité, Fraternité

COMITÉ CENTRAL

Le Comité central de la garde nationale, auquel se sont ralliés les députés de Paris, les maires et adjoints, convaincu que le seul moyen d'éviter la guerre civile, l'effusion du sang à Paris, et, en même temps, d'affermir la République, est de procéder à des élections immédiates, convoque, pour demain dimanche, tous les citoyens dans les colléges électoraux.

Les habitants de Paris comprendront que, dans les circonstances actuelles, le patriotisme les oblige à venir tous au vote, afin que les élections aient le caractère sérieux qui, seul, peut assurer la paix dans la cité.

Les bureaux seront ouverts à huit heures du matin et fermés à minuit.

Vive la République!

Les maires et adjoints de Paris :

1ᵉʳ arr. : AD. ADAM, MÉLINE, adjoints. — 2ᵉ arr.: ÉMILE BRELAY, LOISEAU-PINSON, adjoints. — 3ᵉ arr. : BONVALET, maire; CH. MURAT, adjoint. — 4ᵉ arr. : VAUTRAIN, maire; DE CHATILLON, LOISEAU, adjoints. — 5ᵉ arr.: JOURDAN, COLLIN, adjoints. — 6ᵉ arr. : A. LEROY, adjoint. — 9ᵉ arr.: DESMAREST, maire; E. FERRY, ANDRÉ, NAST, adjoints. — 10ᵉ arr. : A. MURAT. adjoint. — 11ᵉ arr. : MOTTU, maire; BLANCHON, POIRIER, TOLAIN, adjoints. — 12ᵉ arr. : GRIVOT, maire, DENIZOT, DUMAS, TURILLON, adjoints. — 13ᵉ arr. : COMBES, LÉO MEILLET, adjoints. 15ᵉ arr. : JOBBÉ DUVAL, SEXTUS-MICHEL, adjoints. — 16ᵉ arr. : CHAUDET, SEVESTRE, adjoints. — 17ᵉ arr. : FR. FAVRE, maire ; MALON, VILLENEUVE, CACHEUX, adjoints. — 18ᵉ arr. : CLÉMENCEAU, maire ; J.-A. LAFOND, DEREURE, JACLARD, adjoints. — 19ᵉ arr. : DEVEAUX, SATORY, adjoints.

Les représentants de la Seine présents à Paris :

LOCKROY, FLOQUET, TOLAIN, CLÉMENCEAU, V. SCHŒLCHER, GREPPO.

Les membres du Comité central :

AVOINE fils, ANT. ARNAUD, ASSI, ANDIGNOUX, BOUIT, JULES BERGERET, BABICK, BAROUD, BILLIORAY, BLANCHET, CASTIONI, CHOUTEAU, C. DUPONT, FABRE, FERRAT, HENRI FORTUNÉ, FLEURY, FOUGERET, C. GAUDIER, GOUHIER, H. GÉRESME, GROLARD, FR. JOURDE, JOSSELIN, LAVALETTE, MALJOURNAL, ED. MOREAU, MORTIER, PRUDHOMME, ROUSSEAU, RANVIER, VARLIN.

Ainsi, c'est le Comité central qui convoque les électeurs : c'est d'après ses ordres, d'après la loi qu'il a faite, sous son étiquette, que les élections vont se faire. Quant aux maires et aux députés, on constate seulement qu'ils se sont RALLIÉS au Comité central. Ce n'est pas une transaction, c'est une capitulation.

Hier soir, dit le *Rappel*, les maires et quelques députés de Paris avaient arrêté, d'accord avec deux délégués du Comité central, reçus à la mairie du deuxième arrondissement, la déclaration suivante, qui ne sauvegarde pas davantage leur honneur, mais qui ménage un peu plus leur amour-propre :

Les députés de Paris, les maires et adjoints élus réintégrés dans les mairies de leurs arrondissements, et les membres du Comité central fédéral de la garde nationale,

Convaincus que le seul moyen d'éviter la guerre civile, l'effusion du sang à Paris, et en même temps d'affermir la République, est de procéder à des élections immédiates,

Convoquent, pour demain dimanche, tous les citoyens dans les colléges électoraux.

Le scrutin sera ouvert à huit heures du matin et fermé à minuit.

Les habitants de Paris comprendront que, dans les circonstances actuelles, le patriotisme les oblige à venir tous au vote, afin que les élections aient un caractère sérieux qui, seul, peut assurer la paix dans la cité.

Les représentants de la Seine présents à Paris.
Les maires et adjoints.
Les membres du Comité central.

La rédaction a-t-elle été changée par le Comité central, de l'aveu des maires ? Remarquons que, dans l'affiche placardée la dernière, il n'est plus question de la réintégration des maires.

Le *Journal officiel* du Comité, en date du 26, nous apprend que la déclaration publiée en premier, avait été précédée et résulte des proclamations qu'il reproduit à titre de documents. Ces documents sont : 1° la déclaration que nous venons de publier d'après le *Rappel;* 2° la proclamation suivante affichée dans la journée du 25 sur les murailles de Paris :

COMITÉ CENTRAL

Citoyens,

Entraînés par notre ardent désir de conciliation, heureux de réaliser cette fusion, but incessant de tous nos efforts, nous avons loyalement ouvert à ceux qui nous combattaient une main fraternelle. Mais la continuité de certaines manœuvres, et notamment le transfert nocturne de mitrailleuses à la mairie du deuxième arrondissement, nous obligent à maintenir notre résolution première.

Gustave Flourens, candidat aux élections de la Commune.

Le vote aura lieu dimanche 26 mars.

Si nous nous sommes mépris sur la pensée de nos adversaires, nous les invitons à nous le témoigner en s'unissant à nous dans le vote commun de dimanche.

Hôtel de ville, 25 mars 1871.

Les membres du Comité central.

Suivent les signatures.

La *Vérité* donne sur cet incident, qui serait comique si les événements n'étaient pas si tristes, les renseignements suivants :

Les députés et les maires de Paris éprouvèrent, en lisant cette affiche, un douloureux étonnement.

Il paraît en effet, que c'est le Comité central qui s'est réuni aux représentants et aux maires, et non les représentants et les maires au Comité central.

En outre, il avait été convenu que, seuls, les deux délégués du Comité, présents à la réunion, devaient figurer comme signataires au bas de cette affiche. Après avoir hautement manifesté leur mécontentement contre un tel procédé, les représentants et les maires de Paris résolurent de rédiger une nouvelle affiche dont voici le texte :

Paris, le 25 mars 1871.

RÉPUBLIQUE FRANÇAISE

Liberté, Égalité, Fraternité.

Seul texte authentique de la convention signée par les maires et adjoints, les représentants de la Seine présents à la séance et MM. Ranvier et G. Arnold, délégués du Comité central de la garde nationale.

(*Suit le texte de la seconde proclamation, publiée par le* Rappel.)

Cette affiche a été, en effet, placardée dans l'après-midi.

L'affiche suivante a été également apposée sur les murs :

RÉPUBLIQUE FRANÇAISE
Liberté, Égalité, Fraternité.

Paris, le 25 mars 1871.

Dans la séance d'aujourd'hui, M. Louis Blanc a lu à la tribune de l'Assemblée nationale la proposition suivante :

Messieurs,

Nous apprenons qu'une affiche, signée par la majorité des maires et adjoints de Paris, appelle les citoyens de Paris à prendre part demain aux élections d'un conseil municipal.

Vous vous rappelez, messieurs, que ces maires et adjoints sont venus, il y a deux jours, vous demander l'autorisation de prendre les mesures que leur paraîtraient réclamer l'urgence et l'extrême gravité des circonstances.

Dans la séance d'hier, pour des motifs que le gouvernement a déclarés d'une importance suprême, mais qu'il n'a pas cru pouvoir vous faire connaître, la discussion de la proposition des maires a été écartée.

Or, la crise devenant de plus en plus pressante, les maires, de plus en plus convaincus de la nécessité d'y pourvoir sans retard et sous leur responsabilité, ont pensé qu'il n'était pas possible, sans un danger imminent pour la paix publique, de laisser plus longtemps Paris privé du conseil municipal, que toute la population a réclamé pendant tant d'années et qu'elle demande aujourd'hui avec une incontestable unanimité.

Je viens donc, messieurs, au nom de ceux de mes collègues de la représentation de Paris, qui, depuis huit jours, ont fait tant d'efforts pour amener la pacification de la capitale, vous conjurer de reconnaître qu'en prenant, en toute connaissance de cause, le parti que leur imposait la plus alarmante des situations, les maires et adjoints de Paris ont agi en bons citoyens.

LOUIS BLANC, EDGAR QUINET, A. PEYRAT, HENRY BRISSON, LANGLOIS, GREPPO, EDMOND ADAM, MARTIN BERNARD, BRUNET, MILLIÈRE, TIRARD, *représentants de la Seine.*

M. Tirard, le maire du deuxième arrondissement, a fait afficher la déclaration que voici :

Versailles, 25 mars 1871.

AUX HABITANTS DU 2º ARRONDISSEMENT.

Chers concitoyens,

De grands efforts ont été tentés par les municipalités de Paris, pour placer sur le terrain légal les légitimes revendications de leurs administrés.

Je me suis opposé, pour ma part, autant que je l'ai pu, à tous actes de violence, et je remercie la garde nationale du patriotique concours qu'elle a bien voulu me donner en cette circonstance.

Aujourd'hui, j'apprends à Versailles, où j'ai dû me rendre en toute hâte, que, vu la gravité des circonstances, et pour éviter toute effusion de sang, mes collègues, maires et adjoints de Paris, invitent les électeurs à procéder demain à l'élection des membres du conseil municipal.

Convaincu de l'imminente nécessité de cette mesure, et voulant à tout prix conjurer la guerre civile, je viens de signer avec plusieurs députés de Paris une demande déposée par mon collègue Louis Blanc, tendant à obtenir une déclaration par laquelle l'Assemblée nationale reconnaît « qu'en prenant en toute connaissance de cause le parti que leur imposait la plus alarmante des situations, les maires et adjoints de Paris ont agi en bons citoyens. »

Cette proposition a été renvoyée à la commission d'initiative parlementaire, et, en attendant qu'il ait été statué sur son sort, je déclare m'associer à la convocation par laquelle les maires et adjoints invitent les électeurs de Paris à procéder demain à l'élection du conseil municipal.

Le maire du deuxième arrondissement, représentant de la Seine,

E. TIRARD.

Recueillons encore cette curieuse proclamation adressée par les citoyens Ranvier et Flourens, maire et adjoint du vingtième arrondissement, à leurs administrés.

MAIRIE DU XXº ARRONDISSEMENT

Citoyens du vingtième arrondissement,

Nous venons prendre à votre mairie le poste auquel votre confiance nous avait appelés, et qui, jusqu'ici, avait été occupé par une commission provisoire.

L'admirable victoire qui a remis le peuple parisien en possession de son indépendance communale n'est encore qu'incomplète.

Il nous faut soutenir énergiquement notre droit à l'autonomie municipale, contre tous les empiétements arbitraires, illégaux, des pouvoirs politiques.

La majorité de nos collègues aux mairies de Paris et quelques députés de Paris prétendent que nous ne pouvons élire nos conseillers municipaux, sans que l'Assemblée de Versailles ait statué sur notre droit à faire les élections.

Cette prétention, insoutenable en bonne justice, est le fruit d'une erreur complète de principes et d'une confusion flagrante de pouvoirs.

Le droit que possède chaque commune d'élire sa municipalité est imprescriptible et inaliénable. Ce droit, toutes les communes de France, excepté Paris, l'exercent, et il n'a pu vous être ravi que par l'abominable despotisme de l'empire.

Paris a reconquis son droit de municipalité libre par sa dernière révolution ; malheur à qui essayerait de le lui reprendre !

Cette entreprise insensée, criminelle, serait le signal de la guerre civile.

Nous ne voulons plus que notre sang coule dans des luttes fratricides entre Français.

C'est pourquoi, nous ne voulons plus dans Paris d'autre armée que la garde nationale; d'autre municipalité que celle librement élue par le peuple.

Nous vous convoquons donc pour demain dimanche, 26 mars, à l'effet d'élire, dans le vingtième arrondissement, quatre représentants au conseil communal de Paris.

En même temps que cette affiche, en paraît une autre où nous vous indiquons le mode de votation et le lieu de vote pour chaque section de l'arrondissement.

Citoyens, les hommes que vous avez chargés de défendre provisoirement vos intérêts, et qui siégent en ce moment à l'Hôtel de ville, vivent de leur trente sous de gardes nationaux, eux et leurs familles.

C'est la première fois qu'un tel exemple de désintéressement se produit dans l'histoire.

Faites en sorte de nommer des hommes aussi dévoués, aussi honnêtes, et vous aurez sauvé la France.

Vive la République démocratique et sociale, universelle !

Paris, le 25 mars.

Le maire : RANVIER.

L'adjoint : GUSTAVE FLOURENS.

Enfin, on lit aussi sur les murs l'affiche suivante :

RÉPUBLIQUE FRANÇAISE

Liberté, Égalité, Fraternité.

Paris, le 25 mars 1871.

Citoyens,

Dans Paris, où le Pouvoir législatif a refusé de siéger, d'où le Pouvoir exécutif est absent, il s'agit de savoir si le conflit qui s'est élevé entre des citoyens également dévoués à la République doit être vidé par la force matérielle ou par la force morale.

Nous avons la conscience d'avoir fait tout ce que nous pouvions pour que la loi ordinaire fût appliquée à la crise exceptionnelle que nous traversons.

Nous avons proposé à l'Assemblée nationale, toutes les mesures de conciliation propres à apaiser les esprits et à éviter la guerre civile.

Vos maires élus se sont transportés à Versailles et se sont faits l'écho des réclamations légitimes de ceux qui veulent que Paris ne soit pas tout à la fois déchu de sa situation de capitale et privée des droits municipaux qui appartiennent à toutes les villes, à toutes les communes de la République.

Ni vos maires élus, ni vos représentants à l'Assemblée nationale n'ont pu réussir à obtenir une conciliation.

Aujourd'hui, placés entre la guerre civile pour nos concitoyens et une grave responsabilité pour nous-mêmes, décidés à tout plutôt qu'à laisser couler une goutte de ce sang parisien que naguère vous offriez tout entier pour la défense et l'honneur de la France, nous venons vous dire : terminons le conflit par le vote, non par les armes.

Votons, puisqu'en votant nous nous donnons le conseil municipal élu que nous devrions avoir depuis plusieurs mois.

Votons, puisqu'en votant nous investirons du pouvoir municipal des républicains honnêtes et énergiques qui, en sauvegardant l'ordre dans Paris, épargneront à la France le terrible danger des retours offensifs de la Prusse et les tentatives téméraires des prétentions dynastiques.

Nous avons dit hier à l'Assemblée nationale que nous prendrions sous notre responsabilité toutes les mesures qui pourraient éviter l'effusion du sang.

Nous avons fait notre devoir en vous disant notre pensée.

Vive la France ! Vive la République !

Les représentants de la Seine présents à Paris,

V. SCHŒLCHER, CH. FLOQUET, ED. LOCKROY, G. CLÉMENCEAU, TOLAIN, GREPPO.

Reproduisons encore, à titre de document historique, l'affiche suivante, devenue extrêmement rare :

RÉPUBLIQUE FRANÇAISE.

A NOS CONCITOYENS.

Nous, députés de Paris, adressons la communication suivante :

Un appel à la conciliation a-t-il encore quelques chances d'être écouté ?

Malgré les passions aveugles mises en jeu, il nous a semblé que le moment était précisément venu où les esprits pouvaient et devaient entendre le langage de la raison.

Quelle que fût l'attitude de la majorité de l'Assemblée nationale, personne ne pouvait supposer que, résistant aux impérieuses nécessités de la situation, nos législateurs allassent jusqu'à rejeter les légitimes réclamations de Paris, et cependant, en n'indiquant les élections municipales que pour le 10 avril, n'est-ce pas comme s'ils voulaient ouvrir la porte à deux battants à la guerre civile ?

Que demande, en effet, le peuple de Paris? Son droit, rien que son droit.

Les points sur lesquels porte le désaccord en apparence, les voici : c'est l'institution d'un conseil municipal à Paris et l'élection des chefs de la garde nationale. En réalité, c'est une lutte entre la monarchie et la république. A quel titre sans cela Paris pourrait-il être mis hors la loi commune et moins bien traité que le dernier village de France? C'est ce que personne ne comprend dans les faubourgs et dans les quartiers du centre, le scrutin de liste par arrondissement assurant à chaque quartier l'équitable représentation de ses intérêts particuliers.

Quant à l'élection de l'état-major de la garde nationale, elle répond à des habitudes, à des traditions, à des principes qui datent de 1789; et si l'on considère les déplorables choix faits, depuis le 4 septembre, par le pouvoir exécutif, on se demande comment l'adoption du système électif pourrait donner jamais d'aussi tristes résultats. Ensuite renaît la question des échéances si malencontreusement résolue par l'Assemblée, ainsi que celle des loyers, que la main paternelle d'un conseil municipale pourra seule liquider à la satisfaction commune.

Ces demandes sont tellement fondées qu'on aurait peine à concevoir la résistance qu'elles rencontrent dans l'Assemblée de Versailles, si, comme nous l'avons dit, ce n'était pas un prétexte choisi par les amis de la monarchie pour combattre la République.

Si l'Assemblée avait adhéré dans le principe et sans réserve à l'institution républicaine, l'entente eût été bien facile. Loin de là, nous voyons la majorité refuser avec éclat d'insérer le mot de République dans ses proclamations, et manquer à toutes les convenances quand il arrive à la gauche de le prononcer.

C'est là qu'est le véritable nœud de la difficulté, et tout ce que le pouvoir a fait pour envenimer les dissentiments et pousser à la guerre civile n'a d'autre but que de préparer une restauration monarchique. La réaction n'en veut, dit-elle, qu'aux faubourgs; cela n'est pas vrai : elle en veut à toute la population parisienne, parce que la population parisienne est, dans son immense majorité, décidée à conserver la République envers et contre tous. Est-ce que nous calomnions le grand parti de l'ordre? Il suffit de remarquer l'accueil injurieux que la droite vient de faire aux représentants des municipalités parisiennes, qui, frappés de suspicion, pour la plupart, dans le parti populaire, n'en sont pas moins bafoués par les intraitables de la réaction.

Les journaux de la conspiration monarchique ne se gênent pas, d'ailleurs, pour annoncer la chute prochaine de M. Thiers et son remplacement par le duc d'Aumale, en attendant l'intronisation du comte de Paris.

Oui, voilà pourquoi, depuis trois semaines, on a tout fait pour semer la discorde dans Paris ; voilà pourquoi on a repoussé toutes les transactions; pourquoi on veut armer les citoyens les uns contre les autres ; car, il ne faut pas l'oublier, si du sang a été versé, c'est la réaction qui a armé le bras et porté les premiers coups à Montmartre comme à la place Vendôme.

Puisque l'Assemblée de Versailles n'a pas su se résigner à accepter pour dimanche l'élection du conseil municipal de Paris, non pas sur les bases dérisoires présentées par le ministre Picard, mais dans des conditions d'autonomie régulière et complète, en ce qui touche les intérêts municipaux de Paris, nous ne saurions trop engager nos concitoyens à ne pas perdre un moment pour choisir leurs candidats et créer les listes d'arrondissements. S'ils veulent écouter nos conseils, ils se garderont d'être exclusifs ; ils comprendront que, pour diriger une administration municipale aussi compliquée que celle de Paris, il ne suffit pas d'afficher des opinions démocratiques, il faut encore posséder l'esprit d'ordre et la connaissance des affaires.

Il faut surtout que les noms placés sur les listes républicaines soient irréprochables ; car, pendant que la réaction a des trésors d'indulgence pour les plus grands misérables, voleurs publics, faussaires ou traîtres, du moment qu'ils servent à leurs passions, elle est merveilleusement habile à exploiter contre les républicains les calomnies les plus infâmes.

Ceux qui se rattachent à l'action du Comité central, comme ceux qui ne l'acceptent pas, ont un intérêt égal à chercher dans la libre expression du suffrage universel une solution légale et pacifique.

Devant les nouveaux élus, le Comité de l'Hôtel de ville s'efface aussitôt, et Paris, représenté par ses mandataires, n'obéit plus qu'à lui-même.

Alors, tout devient facile, tout est sauvé; autrement, c'est le chaos, c'est l'abîme et la guerre civile.

Donc, au nom de la patrie, au nom de la République, au nom des femmes et des enfants qui ont souffert mille morts pendant le siége, nous supplions nos concitoyens de voter pour des candidats républicains.

Pas d'autre moyen d'arrêter l'incendie qui, sans cela, peut s'allumer d'un instant à l'autre; pas d'autre moyen de sauver la République et la liberté, de nous épargner les effroyables malheurs d'une bataille fratricide dans nos rues.

Courons aux urnes, et que la manifestation qui en sortira soit assez éclatante en faveur de la République pour que s'évanouissent du même coup les projets de restauration monarchique et les projets de guerre civile qui en sont les préliminaires habituels.

Un dernier mot : Les hommes du 4 septembre, les traîtres qui, au 28 janvier, ont livré Paris et la France aux Prussiens, sont encore au pouvoir. Cela seul dit aux électeurs de Paris, qui les ont vus à l'œuvre, qui ont supporté le poids de leurs crimes, que leur premier devoir est de voter comme un seul homme pour un conseil municipal républicain.

Vive la République une et indivisible !

Paris, 24 mars 1871.

FR. COURNET, CH. DELESCLUZE, E. RAZOUA, représentants de la Seine.

Démission de l'amiral Saisset pour mettre le comble au désarroi et compléter le triomphe du Comité. L'amiral Saisset, sur les instances des maires ralliés à l'Hôtel de ville, donne sa démission de commandant de la garde nationale de Paris, et abandonne son poste pour se retirer à Versailles. Son départ achève de jeter la désorganisation dans le parti de la résistance. Voici la lettre publiée dimanche matin 26 dans *le Siècle*.

Au moment de mettre sous presse, on nous communique les documents suivants :

Monsieur le directeur,

Je me fais un devoir de vous communiquer la pièce suivante, qui est entre mes mains, et que je n'ai pu remettre qu'il y a quelques instants à M. le capitaine de vaisseau Trève, que son service avait éloigné de chez lui.

C'est un ordre écrit du vice-amiral Saisset avant son départ pour Versailles. Dans ces circonstances, je remercie tous les républicains sincères qui m'avaient en foule apporté leur adhésion, et je leur demande de persévérer dans les sentiments qui nous guidaient dans notre lutte pacifique en faveur du suffrage universel.

Quant à moi, je resterai comme eux républicain, et l'ennemi déclaré de la violence ou de la réaction.

Recevez, monsieur le directeur, l'assurance de ma considération très-distinguée.

ÉDOUARD DUPONT.

Copie d'un ordre du vice-amiral Saisset adressé au colonel de Trève, de la garde nationale, et remis à M. Dupont par son aide de camp.

« J'ai l'honneur d'informer MM. les chefs de corps, « officiers, sous-officiers et gardes nationaux de la « Seine, que je les autorise à rentrer dans leurs « foyers, à dater du samedi 25, 7 heures du soir.

« *Le vice-amiral, commandant en chef de*
« *la garde nationale de la Seine,*

« *Signé :* SAISSET.

« Pour copie conforme :

« *L'aide de camp de l'amiral,*
« A. CLÉMENT. »

« Je vous ai cherché partout, mon cher commandant, et j'ai dû, ne vous trouvant pas, donner à M. Edouard Dupont copie de l'invitation ci-dessus.

L'amiral est parti pour Versailles, où il va donner sa démission de commandant en chef, les maires de Paris l'y ayant invité.

Je suis, etc.

« *Signé :* A. CLÉMENT. »

LES VIOLENCES DU COMITÉ

Au besoin, le Comité central ne recule pas même devant la violence pour faire triompher ses volontés, témoin l'incident suivant rapporté par l'*Avenir national* du 26, et dans lequel on voit figurer pour la première fois, comme organe et agent de l'autorité révolutionnaire, le citoyen Raoul Rigault :

Hier matin, à dix heures, au moment où les maires et adjoints réunis à la mairie du deuxième arrondissement se concertaient avec les membres du Comité central pour arriver à une entente commune, en vue d'éviter l'effusion du sang, des gardes nationaux cernaient la maison habitée par M. J.-A. Lafont, adjoint au maire du dix-huitième arrondissement.

Deux agents, ceints d'écharpes, ont opéré une visite domiciliaire minutieuse, saisi les armes et munitions qui se trouvaient chez M. J.-A. Lafont, et mis ce dernier en état d'arrestation après lui avoir exhibé un mandat d'amener qui l'accusait d'excitation à la guerre civile.

M. J.-A. Lafont, amené en voiture à la mairie, a ensuite été écroué, jusqu'à quatre heures à la Conciergerie, après quoi il a été remis en liberté.

On nous assure également que M. Clémenceau, maire du dix-huitième arrondissement, était, comme son premier adjoint, sous le coup d'un mandat d'amener, qu'il a pu échapper à temps aux hommes qui venaient l'arrêter, mais qu'une perquisition domiciliaire minutieuse a été opérée chez lui.

Enfin, il paraît également notoire que M. Jaclard, adjoint au maire de Montmartre, a été gardé à vue pendant plusieurs heures.

Tous ces faits se passaient au moment même où les municipalités se trouvaient réunies à la mairie du deuxième arrondissement avec quatre délégués du Comité central.

D'après des renseignements que nous avons lieu de croire exacts, nous devons faire connaître cette particularité que M. J.-A. Lafont et quelques uns de ses collègues faisaient, depuis trois jours, des efforts énergiques pour arriver à une conciliation ; que la veille même de l'arrestation, M. Lafont avait été envoyé à l'Hôtel de ville pour obtenir ce résultat, qui semblait enfin acquis, quand il a été l'objet de la menace arbitraire dont il a été un instant la victime.

Voici la teneur du mandat d'amener délivré par la préfecture contre M. J.-A. Lafont :

RÉPUBLIQUE FRANÇAISE.

De par la loi.

Nous, délégué civil près la préfecture de police,

En vertu de l'article 10 du Code d'instruction criminelle;

Mandons et ordonnons à tous agents de la force publique d'amener à la Conciergerie, en se conformant à la loi, le nommé J.-A. Lafont, inculpé d'excitation à la guerre civile, pour être entendu sur les inculpations dont il est l'objet;

Requérons le commissaire de police d
ou autres, en cas d'empêchement, de faire exacte perquisition chez l
à l'effet d'y rechercher et saisir tous papiers, écrits, imprimés, correspondance, d'une nature suspecte, armes, munitions de guerre, et généralement tous objets susceptibles d'examen; lesquels seront saisis et déposés à la préfecture, avec le procès-verbal qu'il en aura dressé et le présent mandat;

Requérons tous dépositaires de la force publique de prêter main forte à son exécution.

Fait à Paris, le 24 mars 1871.

Le délégué civil près la préfecture de police,

RAOUL RIGAULT.

MANIFESTE DU CITOYEN FÉLIX PYAT

AUX ÉLECTEURS DE PARIS

Citoyens,

Vous avez fait une révolution sans exemple dans l'histoire.

Votre révolution du 18 mars a un caractère spécial qui la distingue des autres.

Sa grandeur originale, c'est d'être toute populaire, toute collective, *communale*... une révolution en commandite, anonyme, unanime et pour la première fois sans gérants.

Rien de personnel, d'individuel! Ni surprise, ni coup de main, ni attentat, ni coup d'État!... Une œuvre massive et forte comme l'auteur, le Peuple.

Un pouvoir naturel, spontané, ni forcé, ni faussé, né de la conscience publique, de la *vile multitude* provoquée, attaquée et mise à l'état de légitime défense; un pouvoir qui ne doit rien à l'influence des noms, à l'autorité des gloires, au prestige des chefs, à l'artifice des partis, qui doit tout au droit.

Le gouvernement du peuple par le peuple et pour le peuple, votre gouvernement.

Tous ses membres sont inconnus : ce défaut est son mérite.

Quel nom connu aurait groupé dans son halo 220 bataillons de la garde nationale?

Quel chef de parti aurait attiré tout Paris dans son orbite?

Les rayons d'astres s'entre-nuisent; les passions des chefs de parti se repoussent.

Les obscurs seuls peuvent agir par pur amour du devoir, sans prétention ni exclusion; s'entendre et s'associer pour l'action commune: les œuvres immortelles comme la loi des Douze-Tables sont de pères inconnus.

Cette révolution neuve, ce pouvoir jeune, ce pouvoir barbare et rénovateur de notre vieille France, devant lequel tout orgueil tombe, qui rend tout nom modeste et tout génie mineur, ce gouvernement m'inspire une telle foi par la force de ses actes, que je me sens devenir ministériel... Mais à quoi bon? Il n'a que faire de mes louanges, et j'y serais gauche; j'aime mieux lui dire qu'il a manqué faire une faute en écoutant les noms.

Il a hésité un moment devant l'autorité des gloires, qui l'eût mené à l'autorité des ducs.

Heureusement, il est revenu de son erreur; et, sans plus tarder, il vous appelle au scrutin aujourd'hui.

Allez-y! Mieux vaut voter que tuer!

Aujourd'hui le vote! Sinon, demain le fusil! Et quand l'outil?

Les royalistes, incapables de sauver la France, sont capables de perdre Paris pour tuer la République. Ils ont démembré la France; ils l'ont décapitée. Amis de l'ennemi contre les patriotes, alliés des Prussiens contre les Parisiens. C'est la tradition. Mêmes hommes, mêmes haines! Petits-pères ou petits-crevés, la Banque contre la Commune, la réaction contre la Révolution.

Le vote unanime, imposant, écrasant, peut seul empêcher la lutte et assurer le travail.

Pas d'abstention!

Contre cette jeunesse dorée de 71, fils des sans-culottes de 92, je vous dirai donc comme Desmoulins :

« Électeurs, à vos urnes! »

Ou comme Henriot :

« Canonniers, à vos pièces. »

FÉLIX PYAT.

LA MISE EN LIBERTÉ DU GÉNÉRAL CHANZY

Voici ce qu'on lisait dans les faits divers de l'*Officiel* du 21 mars :

« Un huissier annonce au conseil du Comité central réuni à l'Hôtel de ville le général Cremer.

« Tous les regards se tournent vers la porte, et nous voyons entrer un jeune militaire, d'une figure charmante, ma foi, à l'air intelligent et vif, la moustache noire coquettement relevée; l'ensemble de la personne est martial et gracieux à la fois.

« M. Cremer est en petite tenue de général. Il tient son képi à la main.

« Le citoyen Johannard se lève et va au-devant de lui avec deux ou trois membres du Comité, qui tous tendent la main à celui qui commandait dans la journée victorieuse de Nuits.

« Une acclamation de bienvenue unanime salue le général. On lui fait entendre qu'on lui confierait volontiers le commandement des forces militaires de Paris; et, avant que M. Cremer ait répondu à cette proposition, les membres du Comité se rapprochent pour en délibérer eux-mêmes dans un coin, tandis que le général se tient respectueusement debout en attendant le résultat de ce ballottage de famille.

« On revient à lui, et cette fois le commandement lui est offert.

« Il demande vingt-quatre heures pour réfléchir avant d'accepter.

« — C'est trop long, dit une voix.

« Cremer se retire, et nous sortons derrière lui.

« Il est accompagné de deux officiers d'état-major de très-petite taille.

« La foule, qui ne connaît pas son visage et qui éprouve le besoin de crier : Vive quelqu'un ! avait crié sur son passage, tandis qu'il se rendait à l'Hôtel de ville : Vive Bordone !

« D'autres criaient : Vive Garibaldi !

« Quelques-uns : Vive Chanzy !

« A sa sortie, le général commence à être acclamé sous son véritable nom.

« Il entre avec ses deux compagnons au café Legendre, qui fait le coin de la rue de Rivoli et de la deuxième rue à main droite en venant de l'Hôtel de ville. Une foule compacte l'y suit. Vainement une cinquantaine de gardes nationaux cherchent à le protéger contre une curiosité qui, pour être sympathique, n'en est pas moins écrasante. Les gardes nationaux disent :

« — Laissez respirer le général Cremer.

« Le café envahi fait des affaires d'or.

« La moindre consommation y atteint le prix de trois francs.

« Malheureusement pour cette petite spéculation, le général se retire au bout de quatre minutes, emportant la vogue et la hausse avec lui. »

Or, le but du général Cremer n'était point, ainsi que semble l'insinuer le rédacteur du *Journal officiel* du Comité central, de se mettre au service de l'insurrection, mais bien de poursuivre et d'obtenir l'élargissement, vainement sollicité et même ordonné par plusieurs maires, de son frère d'armes, le général Chanzy. Ce ne fut pas sans de longues démarches et sans de pénibles tiraillements qu'il parvint à accomplir la mission qu'il s'était donnée. Le 25 mars seulement le brave général Chanzy fut mis en liberté, après avoir signé la déclaration qu'on va lire, et partit pour Versailles en compagnie du général Cremer. Observons, avant de reproduire la pièce en question, que le général Chanzy jouissait d'une grande popularité dans les provinces violemment séparées de la France et que l'intervention des citoyens soussignés n'a pas été étrangère à sa délivrance.

Citons maintenant le curieux document adressé au Comité central de la garde nationale avant les élections communales sous ce titre : *Société fraternelle de protection des Alsaciens et Lorrains : siége, 106, rue Saint-Denis*, et reproduit plus tard par le *Journal officiel* de la Commune.

« Citoyens,

« Au nom des Alsaciens et Lorrains en si grand nombre dans l'armée et dans les rangs de la démocratie, au nom du droit imprescriptible de la liberté individuelle, et au nom de notre amour sacré pour la République, qui seule peut sauver le pays et reconstituer la France de 89 dans toute son intégrité territoriale, nous, soussignés délégués, avec pleins pouvoirs, demandons au Comité central de la fédération républicaine de la garde nationale la mise en liberté immédiate du général Chanzy.

« Nous déclarons formellement et sous notre pleine et entière responsabilité :

« 1° Que le général Chanzy était, lors de son arrestation, en situation de disponibilité ;

« 2° Que le général Chanzy prend l'engagement de n'accepter aucun commandement avant six mois, à moins que ce soit contre l'étranger. Nous prenons la liberté de rappeler au Comité que le général, qui s'est si fortement affirmé en faveur de l'Alsace et de la Lorraine, est notre chef militaire désigné pour le jour de la revendication. Le général a exprimé d'une manière solennelle son adhésion à la République, et 63,000 voix recueillies à Paris, sans candidature posée, attestent que le peuple l'a compris. Il ne faut donc pas que sa popularité, qu'il s'engage loyalement à ne mettre qu'au service de la République, le rende victime d'une suspicion odieuse.

« Encore une fois, nous affirmons sur l'honneur que le général restera éloigné de toute intervention directe ou indirecte dans les événements actuels, et qu'en conséquence la continuation de sa détention prendrait un caractère arbitraire susceptible d'alarmer les amis et les défenseurs de la République.

« Vive à jamais la République pour le salut de la France !

« *Les délégués membres de la société,*

« *Le lieutenant-colonel chef d'état-major,*

« JULES ARONSOHN.

« Approuvé :

« Général CHANZY. »

EXTRAITS DES JOURNAUX ROUGES

A mesure que la situation se tend davantage, les journaux du parti triomphant redoublent de violence et, à l'occasion, de perfidie et de mauvaise foi. On en jugera par les extraits suivants que nous découpons dans les feuilles les plus en crédit.

Le Père Duchêne.

Pendant toute la journée d'hier, le Père Duchêne a beaucoup circulé dans les groupes pour se rendre compte de l'opinion de la majorité :

Et foutre ! cette fois encore il a vu, avec une grande satisfaction, que tous ceux qui aiment vraiment l'ordre, et qui ne se contentent pas de l'acclamer seulement par des paroles ou des émeutes, sont bien d'accord avec le brave Comité de l'Hôtel de ville qui, — ce n'est pas pour le vanter, — a fait crânement bien son devoir !

Hein ! mes bons bougres, qu'est-ce que vous en dites ?

Ah ! c'est hier soir que le Père Duchêne s'est payé une grande ribote avec quelques bons bougres de patriotes qui étaient venus se renseigner auprès de lui !

Sacré tonnerre ! les affaires de la nation vont rudement bien !

Et les jean-foutres n'auront pas le dessus.

Aujourd'hui, le peuple de Paris, dans les vingt arrondissements, va de nouveau affirmer ses droits, sa vie communale, sa foi dans l'avenir, sa capacité politique, et la force progressive de la Révolution.

Tout va bien.

Ah ! les quelques jean-foutres de bonapartistes et d'orléanistes qui conspiraient contre la patrie ont eu le nez bougrement refait hier quand ils ont vu que toutes leurs manœuvres s'en allaient en eau de boudin !

A la chienlit la réaction !
Le carnaval est fini, ma vieille !
Et tâche de ne pas repasser une autre fois !
On a déjà trop donné à ta sœur !...
A la chienlit ! ! !

Le Cri du Peuple.

On nous confirme la nouvelle, qui circulait déjà ce matin, dans Paris que le général Ducrot, dit *mort ou victorieux*, aurait été jugé, condamné et fusillé, à Satory, près Versailles, par les troupes placées sous ses ordres.

On vient d'arrêter trois jeunes gens porteurs chacun d'un million. Ces trois jeunes gens allaient à Versailles.

Les réactionnaires ont assassiné, hier, à trois heures, boulevard Haussmann, un garde soupçonné d'adhérer au Comité central. Cet infortuné, poursuivi par une cinquantaine d'individus, a été frappé par de nombreux coups de revolver et percé finalement de coups de canne à épée. *Sa poitrine disparaissait sous les trous.*

Il nous arrive, sur la collision du 22, à la place Vendôme, un renseignement dont nous garantissons l'authenticité, et dont il est inutile de faire ressortir l'importance.

Le fils du général Martin de Mollinet ayant voulu forcer la consigne qui empêchait de franchir la rue de la Paix, une sentinelle a croisé la baïonnette pour la faire respecter.

A ce moment, M. le vicomte Mollinet a sorti un revolver, et a brûlé la cervelle à la sentinelle.

Il est d'ailleurs absolument certain maintenant que la collision est née d'une provocation et que la provocation, comme toujours, est venue des *amis de l'ordre.*

Les *amis de l'ordre*, comme l'a avoué le *Bien public* et comme l'a raconté l'*Avenir national*, ont, malgré la consigne formelle donnée à la garde nationale, pénétré de vive force dans la place Vendôme. Ils ont fait évacuer la rue de la Paix, et désarmé un capitaine et bon nombre de gardes nationaux du Comité central. Et c'est au milieu de ce tumulte, qu'un coup de revolver, parti des rangs de la manifestation, est allé frapper un garde national.

Au surplus, il est bon de rappeler qu'après cette provocation, les gardes nationaux placés au premier rang n'ont pas tiré et que, derrière eux, un grand nombre de coups ont été tirés en l'air.

C'est alors que s'est engagée cette lutte, que les manifestants, — toujours sans armes, naturellement, — ont soutenue à coups de revolver, et assez vivement pour tuer *six* hommes, rien que dans une seule compagnie du bataillon.

(Une colonne plus loin on lit, comme preuve de la bonne foi du citoyen Vallès, rédacteur en chef du *Cri du Peuple*, cette variante du même incident quelque peu différente de la version qui précède.)

Parmi les individus arrêtés à la manifestation de la place Vendôme, quelques-uns, interrogés, ont avoué avoir été engagés et payés par des *messieurs bien mis* pour crier : *Vive l'ordre*, et s'emparer du poste de la place Vendôme.

Un certain nombre de manifestants, en ce moment au dépôt de la préfecture, appartiennent à l'ancienne société des Gourdins-Réunis. Ils étaient également porteurs de revolvers.

La provocation, du reste, est venue d'eux. Quelques-uns ont cherché à s'emparer des armes des gardes nationaux du 176ᵉ placés à l'entrée de la rue de la Paix ; ceux-ci se sont dégagés vivement et ont essayé de repousser les agresseurs, sans cependant exercer sur eux aucune violence.

A ce moment, des coups de revolver sont partis du rang des assaillants et ont tué *trois* gardes nationaux.

C'est alors qu'on a répondu par une décharge qui a tué ou blessé au plus douze personnes.

Hier, à quatre heures, M. Bonvalet, maire du troisième, a essayé de faire dans son arrondissement un petit coup d'État, mais sa tentative a été sans succès.

Le conseil de légion de la garde nationale a une permanence. M. Bonvalet, sous le prétexte de son attachement à l'ordre, fit arrêter un délégué. Immédiatement les gardes nationaux de l'arrondissement accoururent délivrer leur délégué et garder la mairie, de façon à ce que de pareils actes ne se renouvellassent plus.

(Ne pas perdre de vue que M. Bonvalet avait été et est redevenu aujourd'hui l'enfant gâté des électeurs démocrates.)

LES MENUS DÉTAILS DE L'HISTOIRE

Nous avons sous les yeux un bon de réquisition autorisant le citoyen Virly, 58ᵉ de marche, 21ᵉ corps, 4ᵉ compagnie, 2ᵉ bataillon, à toucher, chez un cor-

Éclaireur garibaldien en faction devant l'Hôtel de ville.

donnier quelconque de la ville de Paris, une paire de souliers.

Le billet, servant d'ordre au fournisseur pour se faire payer à la caisse municipale, est signé : *Le membre du Comité central, Assi*, et timbré en rouge du timbre de l'Hôtel de ville.

M. B..., auquel M. Virly a donné la préférence, nous déclare qu'au lieu d'une paire de souliers, le citoyen Virly s'est contenté d'une paire de bottes. Avis aux fournisseurs.   (*La Patrie*.)

Voici dans quels termes le *Rappel* annonce la destitution violente des doyens de l'École de médecine et de l'École de droit :

Les doyens de l'École de médecine et de l'École de droit travaillant à en faire de véritables foyers de réaction, deux délégués du Comité central se sont rendus hier matin à l'École de médecine, ont demandé au doyen, M. Wurtz, sa démission, et lui ont annoncé qu'il était remplacé par le citoyen Alfred Naquet, professeur agrégé de la Faculté. A l'École de droit, deux autres délégués ont procédé de même à l'égard de M. Colmet d'Aage, le doyen nommé par l'empire, et ont installé son remplaçant, le citoyen Émile Accolas.

On lit dans l'*Avenir national* :

Le *Journal officiel* contient aujourd'hui un arrêté du Comité central, en vertu duquel MM. Brunel, Eudes et Duval sont investis, avec le titre de généraux, des pouvoirs militaires de Paris. Cet arrêté semble invalider les précédents arrêtés qui conféraient les pouvoirs militaires à d'autres citoyens, et entre autres celui qui appelait M. Raoul du Bisson aux fonctions de général en chef d'état-major général.

M. Raoul du Bisson, ayant toutefois, pendant quelques jours, exercé des fonctions qui, en lui conférant une autorité exceptionnelle, lui permettaient de sévir, au besoin, contre les plus vieux républicains, nous désirerions que le *Journal officiel* du Comité voulût bien nous informer si, conformément à ce qu'on nous rapporte, M. Raoul du Bisson, chef d'état-major, est le même personnage que M. le comte Raoul du Bisson, qui a été officier d'ordonnance du général de Bourmont, aide de camp de Ferdinand de Naples, le roi Bomba, père de François II, et qui, depuis, a été mêlé, avec M. Aurélien Scholl, à des affaires de police correctionnelle qui ont été le scandale de tout Paris.

M. le comte Raoul du Bisson, qui est, sans doute, un autre individu que le général choisi par le Comité, a toujours résolument témoigné, par ses actes et par ses paroles, de son dévouement à la cause légitimiste.

LES FAITS DIVERS

Le bruit a couru, dit un journal, que le général Cluseret avait pris possession du ministère de la guerre. C'est une erreur. Il paraît que le délégué à ce ministère n'est autre que M. Eudes, jeune homme condamné à mort à la suite de l'affaire de la Villette. Sans la révolution du 4 septembre, qu'il ne pouvait prévoir, M. Eudes serait, à l'heure qu'il est, fusillé. C'est une nature très-chevaleresque, très-enthousiaste, malheureusement susceptible d'être exploitée par les scélérats de bas étage. M. Eudes peut être considéré comme le type des entraînés, qu'il est juste de séparer des véritables coupables.

M. Gustave Flourens a été nommé commandant du 178ᵉ bataillon de la garde nationale.

L'*Électeur libre* annonce qu'une visite domiciliaire a été faite chez son rédacteur en chef.

Six hommes embrigadés se sont présentés, à sept heures du matin, chez M. Arthur Picard, et ont demandé si MM. Picard étaient là.

Il y avait quelque innocence à croire que M. Ernest Picard pouvait être à Paris en ce moment.

Le domestique auquel ils parlaient a répondu que non. Ils ont fait cependant une perquisition, qui a nécessairement prouvé que le domestique avait dit vrai.

L'*Électeur libre* déclare que les six hommes se sont retirés sans toucher à rien.

M. Goret, directeur du dépôt à la Conciergerie, a été arrêté et mis au secret le plus absolu.

Il vient de se former à Montmartre un club intitulé : *Club de la Raison*.

Les membres de ce club sont en complète dissidence avec le Comité central.

Montmartre a maintenant son organe, un petit journal qui s'appelle le *Mont-Aventin*.

On nous annonce, dit la *Liberté*, qu'on vient d'afficher à Montmartre la loi des *suspects*. La dénonciation est recommandée. Le général Ganier, puisque Ganier il y a, devrait faire donner double solde *aux délateurs*. Ce serait un procédé imité des grands démocrates qui se nomment Néron, Caligula et Tibère.

On est très-content, selon la Commune, de la nomination de quatre commissaires pour le 18ᵉ ; les citoyens Lemoussu (quartier des Grandes-Carrières) ; Burlot (Clignancourt) ; Diancourt (La Chapelle), et Scheider (Goutte-d'Or). Ils ont fait partie du Comité de vigilance, grâce auquel Montmartre n'a jamais eu à supporter les gardiens de la paix.

M. Bellanger, propriétaire du café de la Porte-Saint-Martin, blessé sur la place Vendôme, a succombé dans la journée.

Les employés du Comptoir d'escompte ont été invités par leurs chefs respectifs à se rendre armés au bureau.

Ceux qui n'auraient pas de fusils en trouveront au Comptoir.

Le Comptoir avait, dès les premières nouvelles

de l'insurrection, chargé dans des voitures de déménagement tout ce qu'il avait d'or et d'argent dans les caisses, et l'a dirigé sur une destination restée inconnue.

Malgré les bruits de conciliation, les travaux de fortification se poursuivaient ce matin sur la place Vendôme.

De chaque côté de la colonne, on construisait, au moyen de pavés, des blockhaus ; mais l'ardeur des travailleurs avait considérablement diminué. Les gardes nationaux du Comité paraissaient harassés de fatigue.

Ce matin, à neuf heures, des gardes nationaux appartenant au 108e bataillon ont arrêté et désarmé, rue Mazagran, leur capitaine adjudant-major. Cet officier était, paraît-il, au point de vue politique, en complet désaccord avec les gardes du 108e.

Hier, vers six heures, un bataillon de Vaugirard a fusionné avec les gardes nationaux du deuxième arrondissement aux cris de : Vive le travail !

A la même heure, un bataillon de Grenelle venait faire sa soumission à la mairie du seizième arrondissement (Passy), aux cris de : Vivent nos femmes ! vivent nos enfants !

Passy a pour adjoint M. Chaudey, membre de la municipalité de Paris sous le gouvernement du 4 septembre.

On lit dans le *Messager de Paris :*

Deux gendarmes ont été surpris et assassinés aujourd'hui par deux gardes nationaux dans les environs de Sèvres.

Ce haut fait accompli, les deux gardes nationaux se sont mis en selle et se disposaient à rentrer dans Paris, lorsqu'une patrouille, attirée par les coups de feu, est tombée sur eux et les a faits prisonniers.

Les deux misérables ont été amenés ce soir à Versailles.

Dans la nuit du vendredi au samedi 25, a eu lieu la première rencontre entre les fédérés et les soldats de l'Assemblée. On lit en effet dans le *Temps :*

La garde nationale qui obéit au Comité central et qui occupe les forts du sud, lesquels lui ont été livrés sans combat par les soldats qui y tenaient garnison, et qui se sont laissé gagner par le mauvais exemple, a fait une sortie. Depuis plusieurs jours, les bataillons s'étaient portés du côté de Clamart, de Bagneux et de Châtillon. Ils s'y étaient établis militairement, y avaient mis des tentes, des cantines. On opérait chaque nuit des reconnaissances.

Dans la nuit d'hier, à la barrière de Fontainebleau et sur le versant de Châtillon, les vedettes ont signalé une reconnaissance offensive, dirigée par le général Ducrot, qu'on disait fusillé et dont l'apparition inattendue a fort surpris les fédérés.

La collision s'est terminée promptement et quelques prisonniers ont été ramenés à Versailles.

Le général Galliffet a pris part à cette escarmouche.

Dans la soirée d'hier, les gardes nationaux des Batignolles ont construit une nouvelle barricade double, à l'extrémité de la rue de Turin, près du boulevard extérieur.

Cet ouvrage, défendu au moyen de deux pièces de douze, est gardé par des miliciens du 91e.

Des sentinelles avancées du même bataillon occupent depuis ce matin la rue d'Amsterdam jusqu'à la hauteur de la rue de Parme.

Sur la place Clichy, les canons sont toujours rangés en batterie autour de la statue du maréchal Moncey.

Le service des pièces est fait par une quarantaine d'artilleurs de l'armée ralliés au Comité.

La journée du dimanche 26 mars.

JOURNAL OFFICIEL

PARTIE OFFICIELLE

Paris, le 25 mars 1871.

COMITÉ CENTRAL

Le Comité central s'empresse de transmettre à la population de Paris la dépêche suivante d'un de ses délégués à Lyon :

Lyon, 24 mars 1871.

Aux citoyens membres du Comité central, à Paris.

Nous sommes arrivés à Lyon et immédiatement introduits à l'Hôtel de ville ; nous avons dû paraître au balcon, aux acclamations de plus de vingt mille citoyens.

Dix-huit bataillons sur vingt-quatre sont heureux de se fédéraliser avec les deux cent quinze bataillons de Paris.

Pas une goutte de sang versée, grâce aux mesures préservatrices prises par la commission provisoire.

Le gouvernement de Versailles n'est pas reconnu.

En somme, la cause du peuple triomphe, et Paris seul est reconnu comme capitale.

Pour la délégation,
AMOUROUX (1).

A l'appui de cette lettre, Lyon envoyait un exemplaire de l'affiche suivante :

(1) Il n'est pas hors de propos de faire remarquer qu'au moment de la publication de cette dépêche à l'*Officiel*, l'insurrection de Lyon s'éteignait d'elle-même dans l'impuissance et le ridicule.

RÉPUBLIQUE FRANÇAISE

COMMUNE DE LYON

Le Comité démocratique de la garde nationale du Rhône,
Le Comité central démocratique de l'alliance républicaine du Rhône aux Lyonnais.

Citoyens,

La Commune vient d'être proclamée du haut du balcon de l'Hôtel de ville, aux applaudissements frénétiques de la population entière.

Notre ville qui, la première au 4 septembre, a proclamé la République, ne pouvait tarder d'imiter Paris.

Honneur à cette courageuse et vaillante population lyonnaise !

Elle vient de concourir au rétablissement de la liberté et de la vraie République.

Elle vient de reprendre la direction de ses intérêts trop longtemps absorbés par le pouvoir central.

Avec la Commune, citoyens, nous aurons un pouvoir unique, qui concentrera dans ses mains la force armée et la police municipale.

Avec la Commune, les impôts s'allégeront, les deniers publics ne seront plus gaspillés, les institutions sociales attendues, avec une légitime impatience par les travailleurs, seront fondées et mises en pratique. Une ère nouvelle, citoyens, commence pour notre cité.

Bien des souffrances et des misères seront soulagées, en attendant que disparaisse la hideuse plaie sociale appelée paupérisme.

Que les habitants restent calmes et dignes dans leur victoire !

Qu'ils aient confiance, et bientôt l'ordre et la prospérité ne seront plus de vains mots.

Par notre attitude prouvons aux ennemis de la vraie liberté que le peuple ne confond jamais cette sublime institution appelée Commune, avec les débordements dont ils se plaisent à l'accuser.

Bientôt nos détracteurs eux-mêmes seront contraints de reconnaître que le peuple est digne d'être régi par des institutions républicaines. Soyons unis et restons armés pour soutenir la République une et indivisible.

Vive la Commune ! Vive la République !

Pour le Comité de la garde nationale,

LACONDAMINE, MALARD, JERRICARD, A. DELMAS, FRANQUET.

Pour le Comité démocratique de l'alliance républicaine,

BRUN, ROLAND, présidents; GOUTORBE, CHAPITET.

Le Comité a voté d'urgence, à l'unanimité, la mise en liberté non-seulement du général Chanzy, mais également du général de Langourian.

(Ici se trouvent :
1° La déclaration d'une partie des maires et adjoints, contresignée par plusieurs députés de Paris, et par les membres du Comité central ;
2° La proclamation du Comité central ;
3° L'appel au scrutin des maires, adjoints et députés signataires de la déclaration.
Ces trois pièces sont citées plus haut, à la page 136 et 137, sous le titre : LA JOURNÉE DES DUPES.)

MINISTÈRE DE L'INTÉRIEUR.

Considérant que la population du dix-neuvième arrondissement avait été, par erreur, évaluée à 88,930 habitants, tandis qu'elle est réellement de 113,000 ;

En vertu de l'arrêté du Comité central réglant le vote du 26 mars et déterminant le nombre des conseillers relativement à celui des habitants de l'arrondissement, à raison de 1 conseiller pour 20,000 habitants et par fraction de plus de 10,000,
Les délégués soussignés à l'intérieur arrêtent :
Le nombre des conseillers à élire pour le dix-neuvième arrondissement sera de six.

Paris, le 25 mars 1871.

Les délégués de l'intérieur,

ANT. ARNAUD, ED. VAILLANT.

(Ici se trouve la proclamation des citoyens Ranvier et Flourens, maire et adjoint du vingtième arrondissement, adressée à leurs administrés et publiée à la journée du 25. Voir page 138.)

PARTIE NON OFFICIELLE

Paris, le 25 mars 1871.

Certains gardes du 61° bataillon ont prétendu qu'ils avaient reçu, le 23 mars, un supplément de solde d'un franc par garde ; après explications fournies par le citoyen délégué aux finances, il a été reconnu que cette assertion était fausse et de nature à tromper l'opinion publique sur l'honorabilité des officiers payeurs des autres bataillons, attendu que le ministère des finances n'a fourni que la solde individuelle et journalière de 1 fr. 50.

En conséquence, le Comité invite les gardes nationaux à rechercher d'où peut provenir ce supplément de solde, et à se tenir en garde contre les meneurs qui voudraient les détourner de leurs devoirs.

Paris, 24 mars 1871.

Le caissier principal,

G. DURAND.

Copie de la note ci-dessus a été délivrée aux officiers payeurs des 169°, 64°, 168°, 77°, 129°, 124°, 123°, 142°, 220°, 245° et 74° bataillons.

Le caissier principal invite les payeurs des bataillons qui ont à faire des remboursements au

Trésor, à les effectuer sans retard entre les mains du payeur général du ministère des finances.

Le secrétaire général,   *Le caissier principal,*
E. MERLIEUX.   CH. DURAND.

Tous les délégués, tous les chefs d'administration sont invités à envoyer au *Journal officiel* les communications qu'ils jugent convenable de livrer à la publicité.

LES ÉLECTIONS

On lit dans la *France* du 27 :

Curieux spectacle que celui de Paris, un jour de dimanche, par un beau soleil de printemps, le lendemain d'une semaine de barricades, et à la veille peut-être d'une terrible guerre civile !

Il faut avoir vu Paris aujourd'hui s'épanouissant sous les rayons de plomb d'un soleil de mars, et s'abandonnant à un voluptueux *far niente*, sous les plis flottants du drapeau rouge, et à côté des urnes électorales d'où surgira aujourd'hui la Commune révolutionnaire, pour se faire une idée exacte de l'épicuréisme collectif.

A voir ces omnibus surchargés de voyageurs, ces bateaux à vapeur s'enfonçant au delà de la ligne de flottaison dans l'eau, sous le poids d'une foule endimanchée, ces gares de chemins de fer encombrées de Parisiens avides de quelques heures de villégiature, ces boulevards, ces jardins publics, ces squares inondés de promeneurs, qui donc croirait à la présence de l'ennemi à nos portes, à l'existence de la révolution dans nos murs et aux dangers courus par l'unité de la France?

Eh bien, tous ces périls sont suspendus sur la grande ville, toutes ces causes d'alarmes la font palpiter, et cependant Paris s'est livré hier, avec insouciance, à la joie.

Est-ce folie? Est-ce philosophie?

C'est peut-être l'une et l'autre.

Les élections pour la formation de la municipalité parisienne ont eu lieu sans provoquer aucun trouble de la rue.

L'armée du Comité et celle de la résistance à l'Hôtel de ville avaient, du reste, complétement désarmé; celle-ci s'étant retirée devant celle-là, qui, par conséquent, est restée maîtresse de la ville et de la situation.

Hâtons-nous de dire que l'accès des barricades, au fond des faubourgs, était devenu plus praticable; que la volée des canons avait été partout baissée en signe de paix; que ni le tambour, ni la trompette ne se sont fait entendre, pendant toute la journée, et que rien de menaçant n'est venu troubler la quiétude des Parisiens.

Les gardes nationaux de la place Vendôme avaient retiré des embrasures les pièces d'artillerie braquées rues de la Paix, Castiglione et Saint-Honoré.

Plusieurs barricades avaient été abaissées et ouvertes aux abords des rues qui conduisent à la rue de Rivoli.

La circulation était possible dans la rue Pavée-au-Marais, rue Sévigné, rue de Turenne.

Dans ces quartiers on n'apercevait pas une seule sentinelle.

Quelle a été la température électorale de Paris pendant cette journée du 26 mars?

Fort élevée dans certains quartiers : ceux d'où est parti le mouvement qui triomphe aujourd'hui ;

Modérée, ordinaire dans les autres.

A Belleville, à Montmartre, à la Villette, les votants ont été très-nombreux, et les salles du scrutin ont été envahies dès le matin.

Comme les sections de vote n'avaient pu être fixées qu'hier très-tard dans la soirée, il en était résulté une certaine confusion, beaucoup d'électeurs ne sachant où se présenter.

Les affiches apposées sur les murs et dans les salles des votes émanaient exclusivement de l'Association internationale ou des adhérents du Comité central.

A Grenelle, les salles des sections ont reçu beaucoup de monde.

Grande affluence aussi à celle du Panthéon.

A la mairie du premier arrondissement, la foule était si compacte, dit le *Rappel*, que les factionnaires chargés de maintenir l'ordre étaient obligés de s'échelonner sur un espace de cent mètres environ.

A l'Hôtel de ville, la foule était une fourmilière. Malgré les précautions prises par les gardes nationaux de piquet, l'encombrement était arrivé à un tel point qu'il a fallu faire évacuer les abords de la barricade qui protège l'entrée.

La rue du Faubourg-du-Temple était remplie d'une foule bruyante et agitée. — Plusieurs barricades avaient été détruites et la circulation était presque rétablie.

Là, on votait comme un seul homme. On faisait queue pour entrer à la mairie, et on se disputait les bulletins.

Discussions vives et animées.

Dans les quartiers du centre, l'empressement autour des urnes a été moins grand, surtout dans certaines sections des Champs-Élysées et du quartier Saint-Germain.

On cite telles sections qui ont été presque complétement veuves d'électeurs.

L'ordre ne paraît avoir été troublé que dans une section de Montmartre, où une rixe, menaçant de prendre une tournure assez grave, a éclaté le matin, lors de la désignation des assesseurs.

Un de ces derniers avait été signalé comme réactionnaire, hué et battu. Néanmoins, il a pu être réintégré dans ses fonctions, avec l'appui d'un poste de gardes nationaux, qui ont momentanément fait évacuer la salle.

On cite aussi un épisode un peu trop bachique, qui se serait produit à l'Institut... dans une section de vote, hâtons-nous de le dire.

Plusieurs électeurs, s'étant présentés pour voter, auraient trouvé le président dans un état d'ivresse complet. Sur l'observation de l'un d'eux, demandant que ces fonctions importantes fussent confiées à une personne plus sûre, un des assesseurs aurait remplacé le président; mais le poste des gardes nationaux qui était intervenu, se serait pris de querelle. La dispute étant devenue presque générale, quelques citoyens auraient demandé le sergent; mais ce chef de poste aurait été tellement ivre, qu'on aurait été obligé de réquisitionner un matelas chez le concierge pour le coucher.

Devant un tel désordre, tant au bureau que dans la salle, et craignant que la sincérité du vote ne fût pas respectée, les citoyens qui s'étaient présentés pour voter se seraient retirés découragés et attristés.

On a voté jusqu'à minuit : mesure indispensable pour donner aux électeurs le temps de se reconnaître, de chercher à s'entendre, de se faire inscrire et de préparer leur bulletin de vote; mais la soirée n'a pas du tout été troublée, et, sauf une très-légère alerte à l'Hôtel de ville, la nuit s'est passée dans un calme absolu.

Ajoutons les renseignements donnés par le *Gaulois* sur une section du huitième arrondissement :

Il est curieux de connaître comment ces élections se font dans les quartiers franchement hostiles au vote, où les maires et adjoints élus ne se sont pas présentés, et où les scrutateurs sont aussi rares que dans le désert. Nous ferons, pour en donner une idée, le tableau d'une section de la rue d'Anjou où nous avons pénétré. Nous y accompagnions un ami qui n'avait pas sa carte d'électeur et qui désirait faire constater son identité. La salle est complétement vide d'électeurs. Au milieu, une table à laquelle sont assis quatre scrutateurs entourant un président tremblant, tout timide, et pour qui cette besogne est absolument nouvelle. « Je n'ai pas ma carte, dit notre ami. — Ça ne fait rien, général, riposte le président, votez tout de même. Nous vous croyons sur parole. » Le brave président avait trouvé une allure militaire à notre pacifique compagnon, et lui donnait du général aussi généreusement que le Comité en donne à ses membres.

Nous nous approchons d'un des scrutateurs.
— Combien avez-vous recueilli de votes?
— Quatre-vingt-huit.
— Et combien aviez-vous d'électeurs inscrits?
— Quatre-vingt-huit.
— Vous ne comprenez pas.

Et on lui explique ce que c'est que les électeurs inscrits.
— Ah! je n'en sais rien.

Et, de fait, jamais de la vie ces gens-là n'ont connu ce que c'était qu'une section de vote. Jamais ils n'ont assisté à un dépouillement de scrutin ; je crois même qu'ils n'appartiennent pas au quartier. Ils n'ont point l'air féroce ; loin de là. Mais comment vont-ils se tirer d'affaire? Il est à craindre que de moins naïfs ne les aident à s'en tirer. — Et dans tous les arrondissements abstentionnistes, c'est un personnel taillé sur ce patron qui fonctionne.

PROTESTATIONS CONTRE LE SCRUTIN DU 26 MARS

Paris, le 26 mars 1871.

Monsieur le rédacteur,

Je n'ai pas signé, je ne signerai pas l'acte de soumission des maires et adjoints de Paris aux volontés du Comité central.

Dès dimanche dernier, j'ai pris position vis-à-vis de ce Comité, en faisant arracher les premières affiches qu'il venait de faire placarder sur les murs de la mairie du dixième arrondissement.

Le lendemain, dans une lettre qui a été rendue publique, je déclarais que je ne le reconnaissais pas, et que rien ne me ferait changer d'attitude à son égard.

Je suis demeuré fidèle à l'engagement que j'avais pris avec moi-même. Dans toutes les réunions des municipalités auxquelles j'ai assisté, j'ai témoigné que je ne voyais de garantie et de salut pour la dignité du pouvoir que nous représentions que dans une très-grande réserve en présence de prétentions qu'il me semblait impossible d'admettre.

Si j'avais eu besoin de raisons autres que celles que je pouvais tirer de ma conscience et du respect que j'ai de moi-même pour me confirmer dans ces dispositions, je les aurais trouvées dans ce sentiment qui ne permet pas aux hommes de cœur de se séparer de ceux qui se sont exposés pour eux. Je regrette que, dans la journée d'hier, nous ne nous soyons pas trouvés plus nombreux pour proclamer, par notre conduite, que le plus intime esprit de solidarité devait nous unir aux braves gardes nationaux qui n'avaient pas craint, malgré toutes les menaces dont ils étaient l'objet, de se dévouer, au péril de leur vie, à la défense de la mairie du deuxième arrondissement, dont on avait fait un centre de résistance aux violences de l'Hôtel de ville.

Je me borne pour aujourd'hui à ces explications. Je ne les donne, d'ailleurs, que pour bien convaincre les citoyens qui ne me connaissent pas, que je n'ai pas capitulé, que je ne capitulerai pas avec un parti qui perdra la République s'il reste le maître de faire gouverner la capitale par la nouvelle Commune, aux élections de laquelle il fait procéder en ce moment, avec le concours d'un trop grand nombre d'électeurs qui se persuadent qu'il ne s'agit que de la nomination d'un conseil municipal.

Veuillez, monsieur le rédacteur, publier cette lettre et agréer l'assurance de mes sentiments dévoués.

DEGOUVE-DENUNCQUES,
Maire-adjoint du dixième arrondissement.

M. Hippolyte Bazire, avocat, a déposé au bureau de vote de la rue d'Enghien la protestation suivante:

Un grand nombre d'électeurs du dixième arrondissement ont, sur la proposition du citoyen Bazire, adopté la résolution suivante :

Attendu que les affiches qui convoquent les électeurs, et émanant du Comité central de la garde nationale, ont pour but de faire procéder aujourd'hui, sous la direction dudit Comité, à l'élection des membres de la Commune de Paris ;

Attendu que le *Journal officiel de la République* publié sous l'autorité dudit Comité, indique dans le numéro de ce jour que les élections se font d'accord avec les municipalités réintégrées dans leurs mairies et avec le concours des députés de la Seine ;

Attendu que ces déclarations, *dites officielles* et présentées comme certaines, ne sont que des allégations inexactes, dont ce journal se charge lui-même de fournir la preuve ;

Qu'en effet, sur vingt maires il ne s'en trouve que sept, et sur soixante adjoints, que trente-et-un, qui aient accepté la transaction annoncée par le Comité ; que sur quarante-trois députés de la Seine, une dizaine au plus figurent parmi les adhérents ;

Attendu, d'ailleurs, que les élections ne sont pas faites par la mairie de chaque arrondissement, mais par et sous les ordres exclusifs du Comité, lequel fait garder les lieux du vote par des bataillons de gardes nationaux qui lui ont donné leur adhésion et qui sont en majeure partie étrangers à l'arrondissement, ou tout au moins au quartier où s'opère le vote ;

Attendu que les élections faites dans ces conditions ne présentent aucunes garanties de liberté et de légitimité,

Il y a donc lieu de protester : les soussignés protestent en effet contre lesdites élections.

Paris, le 26 mars 1871.

Au nom d'un grand nombre d'électeurs du dixième arrondissement,

HIPPOLYTE BAZIRE,
25, rue des Petites-Écuries.

M. Bazire a exigé un reçu de sa protestation. Voici la teneur de ce reçu, auquel nous conservons son orthographe :

Je *reconnait* avoir *reçu* du *citoyent* Bazire la *protestaton* contre les élections. Je m'engage à la remettre au *comité*.

Paris, le 26 mars 1871.

Le président de la section, rue d'Henghien.
BARBE.

Boulevard de la Villette, 163.

PHYSIONOMIE DE PARIS

ARRESTATIONS

Les arrestations se multiplient au sein du Comité central.

Non contents d'arrêter les autres, les membres s'arrêtent entre eux.

Nous avons raconté l'arrestation de Lullier, qui se trouve fortement compromis pour avoir envoyé à Lyon et à Marseille des correspondances *réactionnaires*.

Le lendemain, à quatre heures du matin, des émissaires se présentaient au domicile du citoyen Chouteau, membre du Comité, et l'emmenaient à la préfecture de police avant qu'il eût pu fournir les moindres explications.

Il était inculpé d'avoir servi et de servir encore d'agent bonapartiste.

On l'a fait passer un jour et même une nuit en prison, puis on l'a relâché.

Hier, le Comité a lancé un mandat d'amener contre le citoyen Mottu, maire du onzième arrondissement.

Le motif, c'est que l'on avait découvert dans sa mairie une lettre de l'amiral Saisset, dans laquelle celui-ci lui proposait de se joindre à lui pour amener la fin des troubles.

M. Mottu se trouvant absent, on s'empara de son adjoint, M. Poirier, qui fut conduit à la préfecture de police, et mis en liberté après quelques explications.

Le citoyen Assi avait été déjà nommé maire provisoire du onzième arrondissement, en remplacement de M. Mottu.

Ont été également écroués dans la journée le commandant Valligrane, du 129ᵉ, nommé récemment commandant en chef de l'Hôtel de ville, et le lieutenant-colonel Mayer, du 229ᵉ.

Le citoyen Valligrane est accusé d'entretenir une correspondance avec le gouvernement de Versailles.

Quant au commandant Mayer, il a eu le tort, fort grave aux yeux du Comité, de s'emparer de la mairie de la rue Drouot, et de raconter, dans une affiche, les divers incidents de cette prise de possession.

UN SINGULIER LAISSER-PASSER

On a parlé des rigueurs, à nulles autres pareilles, que le Comité central avait, sinon exécutées, du moins méditées contre les journalistes.

Le Comité a cependant quelquefois des douceurs. Exemple :

Un journaliste appartenant à une feuille proscrite proteste de son innocuité personnelle, et réclame un sauf-conduit, à seule fin de ne pas être arrêté trois fois en quatre jours, comme cela lui était arrivé.

Le Comité s'attendrit, et dans sa magnanimité, accorde au journaliste.... devinez quoi? Une carte de mouchard,—je vous demande pardon,— d'agent de police fédératif !

Espérons que le porteur n'a pas pris sa mission au sérieux !

PLACE VENDOME

Le point de Paris qui attire le plus de curieux, est assurément la place Vendôme.

Les barricades sont complétement terminées, mais les canons ont été reculés des embrasures, fermées maintenant par des plaques de tôle. L'accès de la place est formellement interdit.

Nous entendons un garde un peu aviné s'écrier :
— Nous aimerions mieux tout de suite que l'on se donne un *coup de torchon*, et que cela finisse ; ça commence à nous emb.....

GARE DES BATIGNOLLES

Hier, le 207e bataillon (du Comité) occupait la gare des Batignolles et faisait avec une minutieuse attention la visite des trains partant pour Versailles. Quelques zélés s'imaginèrent même, au train de dix heures et demie, de saisir les journaux dont étaient porteurs les voyageurs. Déjà un bon nombre de feuilles de toutes couleurs, même l'*Officiel de Paris*, étaient aux mains des fédérés investigateurs, quand un monsieur refusa de donner les siens et appela un officier. Aussitôt celui-ci désavoua ses hommes et fit rendre les journaux, en s'excusant de cet attentat incroyable à la liberté.

Sans cet homme d'énergie, la saisie des journaux devenait habituelle dans les trains.

UNE BONNE INSPIRATION

Hier, rue de Turenne, passait l'enterrement d'un garde national tué par accident à la mairie du quatrième. Le convoi se croise avec une cavalcade de garibaldiens allant à la Bastille, à la tête de laquelle s'avance un homme tout de rouge habillé, portant une énorme couronne d'immortelles.

A la vue du cercueil, les cavaliers se rangent, et la colonne de Juillet se voit privée de sa couronne, qui est déposée sur le char funèbre, aux grands applaudissements des passants.

NOUVEAUX DRAPEAUX ROUGES

« Aimez-vous la muscade, etc.? »

Dans quelques jours, tous nos monuments publics seront ornés de l'oriflamme rouge, qui se balance depuis le 18 mars, au-dessus des corniches de l'Hôtel de ville.

Hier, on l'a arboré sur la Monnaie, le Palais de justice et le dôme du Tribunal de commerce.

La Préfecture de police en possède trois à elle seule.

Attendons-nous à le voir bientôt flotter à l'extrémité de la colonne Vendôme.

L'HÔTEL DE VILLE

Jamais, aux jours les plus animés de la tourmente que nous venons de traverser, la place de l'Hôtel-de-Ville ne fut gardée d'une façon aussi formidable.

Les barricades de la rue de la Verrerie et des rues adjacentes sont gardées par de nombreux piquets dont les sentinelles chargent ostensiblement leurs armes en prenant la faction.

Le milieu de la place est complétement interdit aux profanes, qui ne peuvent circuler que de chaque côté.

Encore l'espèce de couloir formé par une haie de gardes nationaux est-il souvent encombré de décombres de toute sorte. — Les barricades des rues adjacentes, que l'on avait en partie défaites ces jours derniers, sont rétablies dans leur intégrité. Les portes cochères et quelques fenêtres de la rue de Rivoli sont garnies de gardes nationaux, qui ne laissent entrer personne sans motifs sérieux. Les habitants sont à peu près bloqués chez eux. Chez les suspects, des garnisaires sont installés et surveillent les fenêtres.

Pour pénétrer dans l'intérieur de l'hôtel, il faut de puissantes recommandations ou des motifs bien pressants. — Une affiche de la Commune de Lyon attire une foule de gardes nationaux ; un passant, qui se permet de dire que cette affiche retarde de vingt-quatre heures, est aussitôt saisi et entraîné devant les membres du Comité.

Il n'arrive à l'Hôtel de ville que littéralement haché de coups de crosse.

Dans les couloirs, les réflexions ne sont pas toutes à l'avantage du Comité.

Un cavalier de la République affirme que si le conseil municipal de Paris ne décrète pas d'accusation les membres du gouvernement et ne casse pas l'Assemblée constituante, tout sera à recommencer.

Le Comité délibère sur les moyens de trouver la solde nécessaire à la journée, et convient d'envoyer demander des fonds à la Banque.

Si cet établissement ne veut ou ne peut pas fournir la somme demandée, on devra s'adresser d'urgence à tous les établissements de crédit.

A deux heures, les clairons et les tambours sonnent et battent aux champs, les troupes se rangent en bataille avec plus de bonne volonté et de précipitation que d'ensemble. Les généraux Bergeret et Duval arrivent, suivis de leur état-major, où l'on distingue les bottes de Flourens.

Les cris fanatiques de Vive la République ! Vive la Commune ! se font entendre. Le Comité paraît aux fenêtres, il est accueilli par les cris de : Vive le Comité ! Vive la Commune ! A bas l'Assemblée !

Le général Bergeret prononce quelques paroles que l'on ne peut entendre. Le général Duval commence un discours dont on n'entend que ces mots : République, Comité, Assemblée, Vive la République ! Après une demi-heure de parade, l'état-major empanaché, éperonné et brodé comme sous l'empire, va rejoindre le Comité, escorté des cris de Vive la Commune !

LES PRISONNIERS DU COMITÉ

Plusieurs personnes arrêtées à la suite de la fusillade de mercredi ont été relâchées aujourd'hui.

Elles sont restées d'abord trente-six heures sans manger à la place Vendôme, et c'est à la charité d'un garde national du 203e bataillon qu'elles ont dû un biscuit, qu'elles se sont partagé entre huit.

Le général Ducrot, commandant provisoire de l'armée de Versailles.

Ces huit hommes étaient parqués dans une chambre, sans lit, sans matelas; un petit cabinet de toilette a servi à tous les usages, à tous sans exception.

Parmi les prisonniers se trouvait, nous dit-on, un médecin arrêté au coin du marché Saint-Honoré, au moment où il accourait pour panser les blessés.

De l'aveu des gardes nationaux eux-mêmes, le nombre des tués et blessés serait de cent dix-sept.

Les prisonniers étaient soigneusement gardés à vue. Un soir, un petit colonel d'une vingtaine d'années dit au garde geôlier : « Sentinelle, la nuit on ne tire pas; si les prisonniers bougent, on les larde. »

La garde de ces malheureux fut confiée un jour à un gamin de *treize* ans, armé d'un mousqueton de dragon, et portant à la ceinture un sabre-baïonnette.

— Tu oserais donc tuer un homme, toi? lui dit un prisonnier.

— Oui, répondit l'enfant, mais il ne faudrait pas que je le voie.

Les gardiens de la place Vendôme ne sont pas non plus privilégiés, et leur existence n'a rien des douceurs de celles que coulent leurs camarades de l'Hôtel de ville. Le matin à cinq heures on sonne la diane, et le soir, à six heures, personne ne passe plus les barricades.

Les bataillons qui se sont emparés de la place, samedi dernier, n'ont pas été relevés avant-la fin de la semaine. Aussi la lassitude était grande, et d'autant plus que les approvisionnements étaient rendus difficiles par l'hostilité des habitants et des gardes nationaux du quartier.

Les gros bonnets de l'endroit s'efforcent d'être aimables dans leurs rapports avec le public. Cependant, lorsque deux amis du général Mellinet, deux anciens soldats, vinrent offrir des otages pour le général, ils ne purent même obtenir qu'il fût accordé au malheureux vieillard deux heures de liberté, pour assister aux funérailles de son fils, tué le jour de la manifestation.

(*Paris-Journal.*)

MANIFESTATION DE LA PLACE VENDÔME

On sait que le *Journal officiel* de l'Hôtel de ville avait prétendu que M. Maljournal avait été blessé à la manifestation de la place Vendôme par l'un des manifestants. Le *Temps* publie à ce propos la lettre suivante :

« M. Maljournal, membre du Comité et lieutenant d'état-major de la garde nationale, a reçu une balle de chassepot dans la jambe droite, à bout portant, et non une balle de revolver dans la cuisse.

Les autres gardes nationaux des bataillons qui ont tiré place Vendôme ont été tués ou blessés par la maladresse de leurs camarades.

J'étais au premier rang de la manifestation, dont je ne connais aucun des organisateurs, et je protestais contre l'envahissement de nos mairies.

Agréez, etc.

Docteur J. GUYOT,
Médecin de l'hôpital Saint-Antoine.

Paris, le 26 mars 1871. »

VISITE AUX COMPAGNIES D'ASSURANCE

Dans la matinée, un citoyen coiffé d'un chapeau tyrolien à larges bords et revêtu d'une redingote boutonnée jusqu'au col, se présentait chez un huissier qui habite le quartier de l'Hôtel-de-Ville :

— J'aurais à vous parler, — à vous seul, — monsieur l'huissier, dit le visiteur en entrant dans le cabinet de l'officier civil. Puis, il déboutonna sa redingote et montra une large ceinture de commissaire de police qui lui ceignait les reins.

— Je suis commissaire de police, et je viens vous réquisitionner (style *Commune*) pour que vous veniez à l'ex-préfecture de police, où nous avons besoin de votre ministère.

Si vous ne vous rendez pas aux ordres du Comité, il y va de votre vie.

L'huissier ne se le fit pas dire deux fois, et se transporta au plus vite au lieu de rendez-vous convenu.

Il s'agissait de faire mettre opposition, par ministère d'huissier, à des sommes d'argent que l'on supposait être dues par des compagnies d'assurance à l'ex-empereur.

Or, il se trouve au contraire que c'est l'ex-empereur qui doit encore des primes d'assurance aux compagnies.

LE GÉNÉRAL EUDES

Le *Gaulois* nous donne sur le sieur Eudes des détails assez curieux.

On lisait, il y a un mois à peine, dans les journaux de tribunaux :

« Nomination de conseil judiciaire au sieur Joseph Émile EUDES, domicilié à Sainte-Pélagie. »

Renseignements pris, il s'agissait bien de l'un des trois généraux de Chaillot ou de Montmartre qui vont très-provisoirement administrer les affaires de la guerre, faute de pouvoir gérer les leurs propres, du moins quant au sieur Eudes.

Ce jeune homme, vingt-sept ans à peine, se distingue par une longue et épaisse chevelure. Son père fit une petite fortune comme bimbelotier dans la boutique placée sous le pavillon de Hanovre, au boulevard des Italiens : puis il donna des signes d'aliénation mentale, et dut quitter les affaires. Il mourut peu de temps après, laissant trois enfants.

L'aîné, le général de Chaillot, devint commis de magasin à la *Grande Maison de blanc*, puis s'établit chemisier en chambre, rue Saint-Marc, et s'arrêta, ayant mangé presque tout son avoir.

Le sieur Eudes prenait, en dernier lieu, la qualité d'étudiant ; mais il s'agissait seulement d'une légère usurpation, ce général n'ayant jamais conquis le moindre diplôme universitaire.

Le général Eudes, — et c'est son principal titre au grade qu'il occupe, — a figuré dans l'affaire de l'insurrection de la Villette, comme un des principaux accusés.

LA REVANCHE DES REPRIS DE JUSTICE

Nous devons, dit le *Figaro*, être justes surtout pour nos adversaires, bien qu'ils nous traitent assez mal.

Empressons-nous donc de démentir le bruit de la destruction, par ordre du Comité central, des dossiers du parquet. Il ne s'est rien passé de semblable au Palais de justice.

Ce qui seulement est exact, c'est l'auto-da-fé qui a été fait avec les dossiers trouvés à la préfecture de police. Le Comité central y est-il pour quelque chose ? c'est ce que nous ignorons.

Ce qu'il y a de certain c'est que tous les papiers découverts rue de Jérusalem ont été brûlés pêle-mêle, sans ordre, en tas, ce qui a pu faire un peu les affaires de quelques personnages compromis dans des procès politiques, mais ce qui a été avantageux surtout pour les repris de justice, dont le Comité central n'est certainement pas plus l'ami que nous.

Il y avait là bien plus que des documents politiques, des signalements de forçats libérés, des notes sur des malfaiteurs dangereux, un casier judiciaire précieux à conserver, en partie du moins, car aucun gouvernement n'est intéressé à voir Paris en proie à ces échappés de prison qui peuvent maintenant s'y promener à l'aise, grâce à la disparition de leurs titres à la surveillance de leurs concitoyens.

C'est dans le même ordre d'idées encore qu'il faut regretter sincèrement, au point de vue de l'ordre public, l'arrestation et l'incarcération de M. Claude, le chef de la police de sûreté.

Nous nous rappelons bien le rôle qu'a joué M. Claude dans les affaires La Pommeraie, Avinain, Troppmann et autres célébrités judiciaires ; mais nous avouons sincèrement que nous ne pensions pas qu'il eût jamais rempli quelque fonction politique que ce soit.

LE COMITÉ DE L'HOTEL DE VILLE

Séance du 26 mars.

PRÉSIDENCE DU CITOYEN ASSI.

Le citoyen président prend la parole.

Il annonce que les délibérations du Comité vont

prendre fin. Malgré l'opposition systématique des journaux, malgré les efforts de la réaction, la République est à jamais fondée.

Il remercie les membres du Comité de l'appui qu'ils ont prêté à la République. Il pense que les républicains sauront gré à tous ses collègues des efforts surhumains qu'ils ont faits pour maintenir l'ordre.

Les citoyens Geresme et Chouteau sont priés de rédiger une proclamation à la garde nationale et au peuple de Paris.

Le Comité se déclare en permanence jusqu'à ce que le résultat des votes soit connu.

Les citoyens délégués aux services publics viennent prendre part à la séance.

Le citoyen Varlin déclare que les nécessités financières deviennent de jour en jour plus graves.

Le Comité décide que jusqu'à ce que le conseil municipal soit élu, il ne peut ni ne veut prendre une décision. Le conseil de la Commune avisera.

Les rapports reçus de tous les arrondissements, sauf le deuxième, sont excellents ; encore, vu le grand nombre d'abstentions, la liste du Comité passera-t-elle probablement. Partout ailleurs le Comité aura la majorité.

La séance est suspendue jusqu'à six heures.

Le citoyen Assi rouvre la séance en déclarant qu'avant de se séparer, le Comité doit nommer un sous-comité qui, jusqu'aux élections, veillera à l'organisation de la garde nationale.

Le citoyen Billioray est d'avis de tirer au sort les noms des membres de cette commission.

La proposition est rejetée.

Le Comité décide de nommer le citoyen Assi au sous-comité en qualité de président. Le citoyen Assi s'adjoindra les hommes les plus capables pour l'administration et la réforme de la garde nationale.

Le citoyen Varlin pense qu'il doit rendre compte au Comité de ce qui a été fait pour la garde nationale. Trente mille paires de souliers ont été distribuées, trente mille autres paires ont été commandées et seront livrées dans quelques jours. Les bons de réquisition sont enregistrés régulièrement, et le contrôle sera facile le jour où les fournisseurs voudront en toucher le montant.

Le Comité déclare que c'est au conseil municipal de régler avec les fournisseurs, sur la proposition du citoyen Avoine.

Sur la proposition du citoyen Assi, le Comité se déclare dissous et prêt à remettre ses pouvoirs aux mains du conseil municipal.

Il s'ajourne au lendemain pour proclamer le résultat des votes.

La séance est levée aux cris de: Vive la Commune ! Vive la République ! Vive la Fédération !

(*Paris-Journal*.)

LETTRES AUX JOURNAUX

Paris, 26 mars 1871.

Plusieurs journaux publient ce matin un avis signé : « Le maire du deuxième arrondissement, *Loiseau*, » et faisant connaître que « les fonctions de maires et adjoints ne sont pas incompatibles avec celles de conseillers municipaux. » Nous vous prions, monsieur le rédacteur, d'annoncer que, en ce qui nous concerne, nous sommes complètement étrangers à cette communication, qui a le tort de paraître avoir un caractère officiel.

Veuillez agréer, etc.

G. CLÉMENCEAU,
Représentant de la Seine, maire
du 18e arrondissement.

J.-A. LAFONT, V. JACLARD,
Adjoints au maire du 18e arrondissement.

Paris, le 26 mars 1871.

Monsieur le rédacteur,

Il faut, au moment de l'ouverture du scrutin, et en présence du fait inqualifiable de la falsification du texte de la convention signée par les maires, adjoints, représentants du peuple présents à Paris, et MM. Ranvier et G. Arnold, membres du Comité central, que la vérité soit connue sur les rapports entre la réunion des maires et le Comité central.

Dimanche, 19, une délégation de maires et de députés se rendit à l'Hôtel de ville pour inviter le Comité central à laisser aux municipalités élues l'administration générale de la ville de Paris en même temps que celle de leurs arrondissements respectifs; après une longue discussion, le Comité voulut en délibérer, la délégation se retira à la mairie du deuxième, où quatre délégués du Comité vinrent peu après ; et là, d'un commun accord, il fut convenu que l'Hôtel de ville serait rendu le lendemain à neuf heures, à une commission des maires ; *cette promesse n'a pas été tenue*.

Après ce refus, et comme il était impossible aux municipalités de reconnaître l'autorité civile du Comité, elles protestèrent, et se virent expulsées l'une après l'autre de leur mairie.

Vendredi, alors que la situation était des plus tendues, que les municipalités faisaient des efforts inouïs pour faire accepter du gouvernement et de l'Assemblée les élections réclamées avec raison, le général Brunel, du Comité, vint investir la mairie du premier arrondissement avec plusieurs bataillons et des canons. Là, et pour éviter l'effusion du sang, une transaction intervint. La municipalité s'engagea à faire des élections le 30. Le général se rendit ensuite à la mairie du deuxième, où les maires réunis donnèrent leur approbation à cette nouvelle convention. Le Comité central, protestant la signature de son général, *refusa de la ratifier*.

De nouvelles négociations dans le but de la conciliation furent tentées officieusement d'abord et officiellement ensuite, et samedi à midi une affiche fut faite par les maires et acceptée par le Comité central.

L'on pouvait croire que tout était terminé, et, pour ma part, je me rendis à ma mairie vers deux heures et demie pour reprendre mes fonctions et prendre les mesures nécessaires pour que les élections pussent avoir lieu dimanche, ce qui me fut refusé, le Comité central se refusant à accomplir la convocation. Le soir une affiche apposée par ledit Comité annonce que les maires se sont ralliés au Comité, ce qui est *faux*, et pour mieux tromper l'opinion publique, la signe de nos noms.

Ces violations de conventions faites, et l'apposition de nos signatures sur une affiche n'émanant pas de nous, constatent la moralité et nous indiquent la confiance qu'il est possible d'avoir dans la bonne foi et l'honorabilité de pareilles gens.

Recevez, etc.

A. MURAT,
Adjoint au 10° arrondissement.

Bruxelles, 25 mars 1871.

Voici la lettre qu'adresse à un journal de Paris, un républicain éprouvé par de longues luttes et par plus d'une condamnation.

Monsieur,

J'apprends très-indirectement que, dans *Paris-Journal*, vous m'avez nommé comme ayant harangué le peuple du haut d'un balcon, l'ayant excité, je crois, et cette affirmation est suivie d'expressions que l'on me dit brutales et insultantes, mais que je suppose seulement empreintes d'un esprit de blâme. Quoi qu'il en soit, il est de ma dignité de protester contre le fait en lui-même. Je suis en Belgique ou en Hollande depuis deux semaines. Des devoirs impérieux m'y retiennent, sans quoi je me serais rendu à Paris, non pour fomenter la guerre civile, mais pour prêter mon concours aux généreux citoyens tels que MM. Langlois et Saisset, qui, au péril de leur vie, s'opposent à ce que la République continue à se déshonorer par des actes de violence sur des hommes désarmés.

Ce que j'ai réprouvé chez l'homme de Décembre, je le réprouve chez les hommes du Comité central, qui n'ont pas compris dans quel péril ils précipitaient la France et la République, qu'ils prétendent défendre.

Je compte sur votre obligeance pour publier cette lettre, et vous prie d'agréer mes salutations.

JULES LERMINA.

LES FAITS DIVERS

Le résultat le plus évident de l'état de choses, c'est qu'il est parti de Paris 150,000 Parisiens, et que 200,000 étrangers, qui se faisaient une fête de venir visiter l'*Assiégée*, se sont bien gardés d'en approcher.

Total, 350,000 personnes, à 1,000 francs chacune, 350 millions. Et admis le bénéfice de 75 pour 100 que les hôteliers, les cafetiers et les marchands du boulevard ont la bonne habitude de faire, de 260 millions de perte pour les Parisiens.

On continue à signaler quelques échanges de coups de fusil entre les avant-postes des gardes nationaux fédérés occupant les forts du sud, et les éclaireurs du corps d'armée aux ordres du général Ducrot qui, quoi qu'en ait dit le *Cri du peuple*, n'a nullement été fusillé par ses soldats.

Le général Chanzy, mis en liberté hier soir par le Comité de Paris, est arrivé ce matin à Versailles. Le général est venu à pied à travers les bois; il n'a pas cru prudent de prendre le chemin de fer, où il aurait pu être arrêté de nouveau par les gardes nationaux qui stationnaient aux diverses gares des chemins de fer rives gauche et droite.

C'est dans la salle Saint-Jean que doit siéger le conseil communal. Depuis hier soir les ouvriers travaillent activement à la mettre en état; on a réparé les derniers vestiges des dégâts du 22 janvier, et on a placé les chaises qui servaient aux grandes réceptions de M. Haussmann. Les chaises seront placées sur deux rangées; le bureau se compose simplement d'une table sur une petite estrade d'une seule marche.

Le quai d'Austerlitz est devenu depuis quelque temps un dépôt d'immondices qu'apportent chaque jour une partie des tombereaux qui parcourent nos rues dès le matin.

Au fur et à mesure de leur arrivée, ces immondices sont chargés dans de gros bateaux qui vont les décharger hors Paris.

Dans une de ses nombreuses affiches, le Comité central reproche à la municipalité du deuxième arrondissement d'avoir introduit dans la cour du timbre, pendant l'avant-dernière nuit, trois mitrailleuses; ce qui portait à neuf le nombre de ces engins réunis aux environs de la rue de la Banque.

On s'est demandé d'où provenaient ces pièces d'artillerie, ainsi que celles réunies au Grand-Hôtel.

On nous assure que ces mitrailleuses ont été vendues aux organisateurs de la résistance, moyennant la modique somme de soixante-quinze francs, par les quelques gardes nationaux du Comité central chargés de les garder. (*Soir*.)

La *Vérité* raconte que la nuit dernière le Comité a réquisitionné une vingtaine de chevaux pour les besoins du service chez un loueur de la rue Basse-du-Rempart. Un bon, timbré et signé de deux membres du Comité, a été remis au propriétaire. En même temps, les gardes nationaux du Comité se présentaient à la caserne Lobau. Ils ont exigé que les chevaux des chasseurs qui s'y trouvaient leur fussent livrés. Un officier qui se trouvait là ayant voulu s'opposer à l'enlèvement des chevaux aurait, nous assure-t-on, été tué. Un autre officier s'est caché dans un coin de la caserne, où il a passé la nuit. Le lendemain, il a pu sortir déguisé en simple soldat ; les gardes nationaux l'ont emmené en lui offrant de l'embaucher; il s'est esquivé en leur promettant de ramener des camarades qu'il connaissait.

Le Mont-Valérien le seul des forts occupés par l'armée française resté fidèle au gouvernement.

Des gardes nationaux centralistes se sont présentés deux fois à l'Entrepôt des vins pour enlever la caisse. Le bataillon du quartier s'est opposé à l'enlèvement. Les fédérés ont annoncé qu'ils reviendraient en forces. On sait qu'ils ont déjà mis les scellés à l'Entrepôt.

Vers six heures et demie, deux compagnies de gardes nationaux, venant de l'état-major de la place Vendôme, se sont arrêtées devant le n° 39 du boulevard des Capucines, où se trouve la salle des conférences.

Un piquet de gardes se présenta pour demander à la concierge les noms des personnes formant le comité des Amis de l'ordre qui avaient convoqué une réunion pour dimanche. Sur le refus de les faire connaître, l'officier commandant menaça de livrer la maison au pillage.

Devant une telle menace, la concierge donna les noms, et les gardes se retirèrent.

(*Débats.*)

Un bataillon de garde nationale occupe encore la gare Saint Lazare : c'est le 206°.

La visite des trains à Batignolles est maintenue, c'est un bataillon de la localité, le 91°, qui est préposé à cette opération. Les gardes de ce bataillon font impitoyablement descendre de wagon tout citoyen se rendant à Versailles portant un képi ou un pantalon à bandes. C'est, disent-ils, la consigne expresse du Comité.

Un vaste parc d'artillerie a été organisé au Champ de Mars; on y compte plus de cent pièces de canon, obusiers et mitrailleuses de différents modèles; tous ces engins de guerre sont méthodiquement rangés en rectangle. Un peu plus loin, il a été accumulé des quantités de caissons, forges, voitures d'ambulance, prolonges, etc.

Ce parc est placé sous la surveillance de quatre sentinelles de la garde nationale.

Depuis quelques jours, les quartiers extrêmes de la ville sont parcourus par des bandes de cinquante à soixante individus, composés de gardes nationaux, de femmes et même d'enfants, qui terminent, sur un grand nombre de points, l'œuvre de dévastation commencée pendant le siège et dont on a signalé les tristes effets.

Il est peu de clôtures de terrains, peu de plantations qui n'aient été ravagées; mais c'est principalement sur les baraquements des boulevards extérieurs que se porte l'avidité des pillards.

C'est surtout dans les treizième, dix-huitième et vingtième arrondissements qu'on peut remarquer ces déprédations, dont les produits sont vendus à bas prix, sous forme de fagots, aux nécessiteux.

LES MYSTÈRES DU 18 MARS

L'interrogatoire du citoyen Lullier, un des accusés du procès de Versailles, a éclairé d'un jour inattendu les événements du 18 mars et les ténébreux agissements du Comité central et de sa rivale la Fédération de la garde nationale. Nous reproduisons ici, à titre de curieux document historique, ces explications, qui fournissent à l'histoire de précieux enseignements.

LULLIER. — La révolution était déjà faite moralement le 15 mars; il y a eu ce jour réunion de 25,000 délégués de la garde nationale au Vauxhall; cette réunion est le serment du Jeu de Paume de la révolution du 18 mars. C'est là que le Comité central a pris une autorité qu'il n'avait jamais eue.

Lorsque j'arrivai à Paris, je reçus une lettre de convocation pour cette réunion. Le comte du Bisson était président; il se leva à mon arrivée et rappela mon action et ma disparition au commencement du siège; il proposa de me placer sous la protection de la garde nationale de Paris.

Les délégués de la 6° et de la 11° légion me demandèrent d'être leur chef, d'autres me proposèrent de prendre le commandement de la garde nationale.

Le président demanda quelles étaient les causes qui avaient amené les désastres de la France, et je les lui expliquai.

Mon rôle jusqu'au 18 mars est un rôle politique. Craignant, si j'acceptais le commandement en chef, de créer une cause de conflits, je proposai le général Garibaldi, dont la chemise pouvait être un drapeau, s'il ne pouvait venir.

Je proposai ce programme : 1° levée de l'état de siége ; 2° élection du général de la garde nationale; 3° revendication des franchises municipales.

Si l'attaque des canons avait eu lieu le 14, il n'y aurait pas eu de révolution, tout au plus une fusillade insignifiante. Ce n'est que depuis cette réunion du 15 que le Comité central a véritablement existé. Je n'ai jamais fait partie auparavant du Comité central.

Le Comité central se composait, le 15 mars, de vingt membres, tandis qu'il devait se composer de quatre-vingts membres, c'est-à-dire de trois délégués par arrondissement et d'un chef de bataillon. Or, il n'a jamais compté plus de trente membres.

Au mois de février, il y avait à côté du Comité central une réunion rivale, la Fédération républicaine de la garde nationale.

L'une et l'autre réunion n'avaient dans les arrondissements et sur l'ensemble de la garde nationale qu'une faible influence. Tout ce qui avait quelque valeur avait d'abord occupé les grades dans chaque légion ou bataillon. Les comités de vigilance d'arrondissement ne voulurent pas reconnaître le Comité central.

Le 15 mars, tout cela changea; les comités de

vigilance consentirent à accepter la direction du Comité, et prirent le nom de sous-comités.

La Fédération républicaine refusa de se soumettre au Comité central, et les bataillons du Comité et de la Fédération tirèrent plus tard les uns sur les autres. Ce n'est que le 20 mars qu'eut lieu la fusion complète.

Dans la réunion du 15, je fis adopter un programme, et pendant trois jours je courus voir la physionomie de Paris.

Le 18 mars, je fus averti le matin du commencement de la lutte, et on me demanda de prendre le commandement en chef de la garde nationale. J'arrivai à Montmartre en voiture avec le capitaine Ganier. On voulut dételer mon cheval, probablement pour le manger.

La population m'ayant reconnu, me somma d'accepter les fonctions de général en chef. On me dit que deux généraux avaient été arrêtés, et j'allais les trouver, quand on me dit en chemin qu'ils venaient d'être fusillés.

M. Clémenceau vint à moi, pâle, déconcerté, me disant : « Je n'ai pu empêcher cet assassinat. »

Si j'avais été là, je leur aurais fait un rempart de mon corps, le revolver au poing.

Je me rendis au comité de Montmartre, où je rencontrai Bergeret, à qui je dis qu'il était responsable de cet acte abominable, et qu'il devait faire arrêter les assassins.

A Belleville, je reçus le même accueil qu'à Montmartre. C'est sur la place de la Bastille, à sept heures du soir, que je pris le commandement de la garde nationale. J'arrivai au Comité rue Basfroi, où il tenait pour la première fois ses séances. On me remit officiellement les pouvoirs.

Je montai à cheval et je gagnai le boulevard ; les boutiques étaient fermées, tout était désert. J'envoyai à Bergeret l'ordre de descendre sur la place Vendôme, et aux gardes nationaux de Belleville celui de descendre sur l'Hôtel de ville.

Je pris avec moi quelques bataillons, et je descendis par la rue Vieille-du-Temple. Arrivés place de la Bastille, nous fûmes hêlés par des factionnaires appartenant à des bataillons réactionnaires, qui tirèrent sur nous. J'accourus, je haranguai ce bataillon, qui avait reçu le mot d'ordre de la Fédération républicaine, et ils se rangèrent sous mon drapeau.

Lullier explique comment il a pris possession militairement des principaux points de Paris :

Je refoulai, dit il, l'armée sur la rive gauche, dans une zone neutre, où elle ne fût pas inquiétée.

Je m'emparai de l'Hôtel de ville, où je nommai Brunel gouverneur. J'occupai ensuite la Préfecture avec Duval, les Tuileries, où je nommai Dardelles, et la place Vendôme, où je laissai Bergeret comme commandant.

En arrivant à l'Hôtel de ville, j'envoyai chercher le Comité central, qui ne croyait pas à la réussite du mouvement.

Le Comité central s'installa à l'Hôtel de ville ; je croyais avoir en lui un instrument : je me suis trompé du tout au tout sur son compte.

C'est avec quarante-cinq bataillons que j'occupai le lendemain les sept points stratégiques de la rive droite, les quatre de la rive gauche et les ministères.

Le 20, j'avais transformé toutes les personnes qui venaient me demander un emploi en espions.

J'appris que les forts n'avaient point une garnison suffisante, excepté le Mont-Valérien. Je fis sommer le fort de se rendre. Le commandant refusa, mais dit qu'il ne ferait pas tirer sur les gardes nationaux. Je n'attachai pas grande importance à cette promesse.

Le 20, à minuit et demi, je fis cerner les forts, qui se rendirent ; le fort de Montrouge opposa seul quelque résistance.

Mais à ce moment il m'arriva un événement imprévu. Je tombai dans un guet-apens et je fus arrêté par ordre de ce Comité que j'ai installé à l'Hôtel de ville, ce que j'aurais mieux fait de ne pas faire.

Nous étions en dissentiment avec ce Comité ; je voulais avoir le commandement absolu ; or, dès le 20, il vint un jeune homme me dire que le général Chanzy avait été arrêté. Je demandai au Comité pourquoi il était arrêté ; on me dit ne pas le savoir et je donnai l'ordre de le faire remettre en liberté. A la Santé, cet ordre fut remis au directeur.

Le Comité central envoya contre-ordre ; le lendemain je m'en plaignis. On me répondit qu'on voulait le garder comme otage et je m'y opposai.

Le lendemain j'écrivis à Ferrat de le faire mettre en liberté, ce qu'on ne fit pas sur-le champ.

J'envoyai chercher Bergeret et Ganier avec l'intention de balayer le Comité.

J'ai été arrêté le 22 mars par des gardes du 9ᵉ bataillon, à l'Hôtel de ville.

Transporté dans une voiture cellulaire au dépôt de la Préfecture, j'y suis resté sept ou huit jours ; je m'en suis évadé le 2 avril.

Le lendemain de mon arrestation, le chef de la sûreté nommé par la Commune m'avait proposé de me faire sauver ; je refusai à ce moment.

Je suis sorti du dépôt grâce à mes intelligences avec des hommes de la Préfecture.

L'interrogatoire du citoyen Ferrat, sus-nommé, également impliqué dans le procès de Versailles, confirme tous les détails qu'on vient de lire sur les éléments dont se composait ce fameux Comité central, et y ajoute sur son avénement au pouvoir quelques révélations très-précieuses pour l'histoire.

L'accusé Ferrat. — Il y avait dans chaque arrondissement de Paris, ou plutôt dans chaque légion de la garde nationale, quatre ou cinq comités qui prenaient le titre de Comité central, mais celui qui a siégé à l'Hôtel de ville était le produit de trois élections successives, par compagnie, par bataillon et par légion.

Il y avait deux membres à nommer par légion. Nommés le 15 mars, nous nous sommes réunis pour la première fois sans même nous connaître. Les élections n'étaient même pas terminées, car il y avait des légions qui n'avaient pas adhéré et qui n'ont envoyé leurs délégués que le 16. Le 15 mars nous nous sommes réunis au Wauxhall. La séance a duré jusqu'à six heures du soir. Il fut convenu ce jour-là que les membres du Comité central se rendraient au siége de l'ancienne commission d'initiative.

Cette commission s'appelait aussi Comité central, mais pas un seul des membres qui la composaient n'a été nommé dans le Comité central définitif, et même son président, un nommé Courty, a été expulsé parce qu'il avait des relations avec le ministère de l'intérieur.

M. le président. — Quel était le but de ce Comité?

R. La recherche des moyens les plus propres à sauvegarder les intérêts de la garde nationale. Au commencement du mois de septembre 1870, on avait créé dans la garde nationale des conseils de famille, dont la mission était de s'occuper des misères de la compagnie, des moyens de venir en aide aux nécessiteux. Malheureusement, ces conseils de famille, qui avaient été très-utiles, ont été supprimés.

On a cru d'abord qu'il s'agissait de rétablir ou de remplacer ces conseils de famille. C'est dans cette idée-là qu'on a procédé à des élections et j'ai été nommé délégué.

D. Comment s'est propagée l'action du Comité central? Était-il reconnu par les sous-comités?

R. Au contraire, nous étions en division avec tous. Il y a même un détail assez curieux: Nous étions établis à l'Hôtel de ville depuis le 19 mars au matin, quand, dans l'après-midi, on vint nous dire que, dans le même Hôtel de ville, il y avait un autre comité central qui siégeait en permanence. Je fus délégué pour aller à la recherche de ce comité concurrent, et, dans une salle de l'Hôtel de ville, je finis par découvrir un comité central d'artillerie, qui n'avait été nommé par personne.

L'accusé Lullier, vivement: — Je vous demande pardon. Il avait été nommé par moi.

Ferrat. — Nous avions décidé de demander à la commission d'initiative des renseignements sur ce qu'elle avait fait avant nous, mais ces messieurs étaient froissés de n'avoir pas été nommés au Comité central, et ils ne sont pas venus.

Nous avons attendu ainsi depuis le 15 mars jusqu'au 16 au soir. Cela durait trop longtemps, d'autant plus que nous étions logés dans le local d'une société avec laquelle nous étions en hostilité.

D. Quelle était cette société?

R. L'Internationale. Il nous fallait chercher un autre logement. Chacun de nous s'en est occupé de son côté, et nous avions pris rendez-vous pour le 17 mars à deux heures, pour savoir si on avait trouvé un local. Ce fut Mortier qui trouva rue Basfroi un local où tout était agencé pour nos réunions, de sorte que cela ne coûtait rien.

Rendez-vous fut pris pour le soir à huit heures, rue Basfroi, mais comme on n'avait eu le temps de prévenir personne, il ne vint que huit ou dix membres environ.

M. le président. Quelle différence y avait-il entre le Comité central et la Fédération de la garde nationale?

R. C'était une Fédération en dehors, composée de délégués des vingt arrondissements. Ce sont eux qui ont fait le 22 janvier.

D. Cela faisait deux pouvoirs?

R. Pardon. Une fois la Commune proclamée, le Comité central n'a plus été rien du tout. J'étais maire de mon arrondissement; quand je me suis installé, j'en ai chassé les délégués du Comité central.

M. le président. C'était de l'anarchie.

L'accusé. Oh! je vous le promets. De l'anarchie au grand complet. Il y avait encore à côté de cela les conseils de légion, qui faisaient des perquisitions et des arrestations sans mesure. Figurez-vous que moi, maire, pour avoir fait une observation sur une perquisition pratiquée par le conseil de légion de mon arrondissement, on a donné l'ordre de m'arrêter. Heureusement que le service de ma mairie était fait par des gardes de mon ancienne compagnie. On n'aurait pas trouvé un homme pour m'arrêter?

D. Quel a été votre rôle le 18 mars?

R. Je suis arrivé au Comité central vers midi. Nous avons beaucoup causé jusqu'à trois ou quatre heures. Nous avions été convoqués pour neuf heures du matin; mais, vous savez, quand on disait neuf heures, cela voulait dire onze heures. On n'était pas payé, donc on n'était pas exact.

M. le président. C'est vous qui avez arrêté le général en chef de la garde nationale?

R. Je vous dirai d'abord que lorsqu'on a arrêté le général Chanzy, j'ai fait venir Léo Meillet qui l'avait arrêté, et je lui ai dit: « Trouvez-vous que notre situation soit déjà si bonne, qu'il faille l'aggraver encore en arrêtant des généraux qui ont rendu de si grands services? »

Léo Meillet me répondit que l'ordre d'arrêter le général Chanzy était venu de la Préfecture de police, et avait été donné par des hommes placés là par Lullier, comme le général Duval. Quant au général Lullier, nous l'avons fait arrêter parce qu'il avait placé à l'Hôtel de ville cette Fédération qui voulait se substituer à la garde nationale. Il voulait, comme il l'a dit, se débarrasser du Comité central. Mais le Comité central le voyait arriver et s'est débarrassé de lui. C'était un matin, après déjeuner. Lullier était *très-ému*, il parlait de se mettre à la tête de 300,000 hommes et nous menaçait. Nous l'avons consigné dans une salle voisine sous la garde de factionnaires.

FIN DU COMITÉ CENTRAL.

PARIS INSURGÉ

LA COMMUNE DE PARIS

Le Grand-Hôtel, quartier-général de l'amiral Saisset, évacué par les défenseurs de l'ordre, dans la journée du 26.

La journée du lundi 27 mars.

JOURNAL OFFICIEL.

PARTIE OFFICIELLE.

Paris, le 26 mars 1871.

La proclamation suivante a été affichée hier sur les murs de Paris :

Citoyens,

Notre mission est terminée ; nous allons céder la place dans votre Hôtel de ville à vos nouveaux élus, à vos mandataires réguliers.

Aidés par votre patriotisme et votre dévouement, nous avons pu mener à bonne fin l'œuvre difficile entreprise en votre nom. Merci de votre concours persévérant ; la solidarité n'est plus un vain mot : le salut de la République est assuré.

Si nos conseils peuvent avoir quelque poids dans vos résolutions, permettez à vos plus zélés serviteurs de vous faire connaître, avant le scrutin, ce qu'ils attendent du vote aujourd'hui.

Citoyens,

Ne perdez pas de vue que les hommes qui vous serviront le mieux sont ceux que vous choisirez parmi vous, vivant de votre propre vie, souffrant des mêmes maux.

Défiez-vous autant des ambitieux que des parvenus ; les uns comme les autres ne consultent que leur propre intérêt, et finissent toujours par se considérer comme indispensables.

Défiez-vous également des parleurs, incapables de passer à l'action ; ils sacrifieront tout à un discours, à un effet oratoire ou à un mot spirituel. — Évitez également ceux que la fortune a trop favorisés, car trop rarement celui qui possède la fortune est disposé à regarder le travailleur comme un frère.

Enfin, cherchez des hommes aux convictions sincères, des hommes du peuple, résolus, actifs, ayant un sens droit et une honnêteté reconnue. — Portez vos préférences sur ceux qui ne brigueront pas vos suffrages ; le véritable mérite est modeste, et c'est aux électeurs à connaître leurs hommes, et non à ceux-ci de se présenter.

Nous sommes convaincus que, si vous tenez compte de ces observations, vous aurez enfin inauguré la véritable représentation populaire, vous aurez trouvé des mandataires qui ne se considéreront jamais comme vos maîtres.

Hôtel de ville, 25 mars 1871.

Le Comité central de la garde nationale,
AVOINE fils, ANT. ARNAUD, G. ARNOLD, ASSI, ANDIGNOUX, BOUIT, JULES BERGERET, BABICK, BAROUD, BILLIORAY, L. BOURSIER, BLANCHET, CASTIONI, CHOUTEAU, C. DUPONT, FABRE, FERRAT, FLEURY, FOUGERET, C. GAUDIER, GOUHIER, H. GÉRESME, GRELIER, GROLARD, JOSSELIN, FR. JOURDE, LAVALETTE, HENRI (FORTUNÉ), MALJOURNAL, EDOUARD MOREAU, MORTIER, PRUDHOMME, ROUSSEAU, RANVIER, VARLIN.

L'avis suivant, réglant le mode de votation, a été publié par le Comité dans la journée du 26 :

AVIS AUX ÉLECTEURS

Le Comité central rappelle aux électeurs que le scrutin ne doit être clos qu'à minuit.

Les électeurs qui seront de service hors de leur arrondissement, devront se réunir, soit par compagnie, soit par bataillon, constituer un bureau électoral, procéder au vote, et en envoyer le résultat à la mairie de leur arrondissement.

Les électeurs de service dans leur arrondissement, devront voter dans leurs sections respectives.

Les chefs de poste sont chargés de délivrer les permissions nécessaires à cet effet, de manière à ne pas entraver le service.

Hôtel de ville, le 25 mars 1871.

Pour les membres du Comité,
CHOUTEAU, BOUIT, MOREAU.

D'après la loi électorale de 1849, un huitième des électeurs inscrits donne une majorité suffisante pour être élu. Le Comité central, conserve l'esprit et la lettre de la loi précitée.

Paris, 26 mars minuit.

Les citoyens qui désirent communiquer avec les personnes retenues soit à la Conciergerie, soit dans les maisons centrales, peuvent s'adresser pour les autorisations à l'ex-préfecture de police (secrétariat général), tous les jours, de dix heures à midi.

Le délégué civil,   *Le général commandant,*
RAOUL RIGAULT.   E. DUVAL.

Deux individus qu'on accuse d'avoir tiré, il y a quelques nuits, sur une patrouille prussienne, ont été arrêtés par ordre du Comité de l'Hôtel de ville.

Ils sont détenus à Ménilmontant, et ils seront prochainement jugés par un conseil de guerre.

5e ARRONDISSEMENT DE PARIS
(Mairie du Panthéon.)

Citoyens,

Il y a peu de jours, votre municipalité était déserte ; — les hommes que vous aviez élus au 4 novembre, quand triomphaient les idées de réaction, sentant le courage revenir au peuple, se sont enfuis tour à tour.

Sur le désir de nos amis du Comité central, nous avons remplacé cette municipalité défaillante.

Nous l'avons fait au moment où de tristes compétitions, des menées qui se couvrent d'un prétendu amour de l'ordre et de la légalité préparaient peut-être une lutte armée et allaient, involontairement sans doute, ramener ces tristes journées, non oubliées de vous, où le sang du peuple inondait nos rues.

Malgré ces démonstrations hostiles, malgré les calomnies que nous dédaignons, nous sommes restés inébranlables dans nos sentiments de rapprochement et d'entente.

Nous avons réussi. La paix est faite, les malentendus expliqués, et toute chance de danger, nous l'espérons, éloignée à jamais.

Mais la paix dans la rue sera insuffisante si elle ne s'accompagne pas de l'accord dans les esprits, de l'homogénéité dans le conseil qui va gérer tous vos intérêts.

Les hommes du 4 septembre ont laissé consommer la défaite, ruiné ou compromis les destinées de la France.

Défiez-vous, citoyens, de ceux qui ont été leurs complices, leurs collaborateurs ou même leurs adhérents, — de ceux qui, sous couleur de respecter *l'ordre*, de défendre *la légalité*, prennent parti pour une assemblée monarchique, née sous cette double influence : la peur et la pression prussienne.

Écartez de vous ceux qui regardent comme une *voie fatale* l'œuvre de salut que vous accomplissez dans un admirable accord.

Déjà vous avez les grands centres, bientôt le pays entier sera avec vous.

Électeurs du cinquième arrondissement, vous prouverez par votre vote que vous vous associez à cette force immense, récemment révélée, qui résulte de l'union, de la fédération de la garde nationale ; — que vous ne blâmez pas ces jeunes citoyens dont l'énergie, le talent, la probité et l'audace heureuse ont subitement transformé une situation et vaincu la vieille politique.

Les autres classes, en réduisant le pays aux plus tristes extrémités, ont désormais donné la mesure de leur caducité ; — elles ont perdu le droit de se dire les seules classes gouvernementales.

Laissez arriver l'honnêteté, le travail, la justice ; — ouvrez les portes au prolétariat instruit, au vrapeuple, à la seule classe pure encore de nos fautes et de nos déchéances, à la seule, enfin, capable de sauver le pays.

Les adjoints provisoires,   *Le maire provisoire,*
    AGONIN, MURAT.   D.-TH. RÉGÈRE.

La lettre suivante a été adressée au Comité central de la garde nationale :

Citoyens,

Élu le 7 novembre dernier comme adjoint à la mairie du vingtième arrondissement, je n'ai pu prendre possession de mon poste jusqu'au 18 mars.

Depuis ce jour, et ne voulant point entraver par la moindre hésitation l'action qui venait de s'engager, par le fait même de ceux qui vous taxaient d'être un gouvernement anarchique, je me suis abstenu de me rendre à la mairie du vingtième arrondissement, ce qui me constitue par le fait à l'état de démissionnaire.

Aujourd'hui que la Révolution du 18 mars est un fait accompli et reconnu, j'ai l'honneur de vous adresser, à vous, citoyens, seuls représentants du pouvoir communal à cette heure, ma démission d'adjoint à la mairie du vingtième arrondissement, démission que je n'eusse jamais consentie, par respect pour les électeurs qui m'avaient honoré de leurs suffrages, à donner à M. Picard.

Salut et fraternité.

                G. LEFRANÇAIS,
            adjoint démissionnaire
      à la mairie du XX° arrondissement.

D'après l'arrêté du Comité central en date du 24 mars, il y a trois commandants militaires pour la ville de Paris ; aucun d'eux n'a de prépondérance sur ses collègues. Ces trois généraux forment le conseil militaire et sont subordonnés au Comité central.

La place de Paris seule commande le roulement des bataillons pour le service de la ville et des forts.

En conséquence, les chefs de légion sont avertis qu'ils n'auront désormais d'ordres à recevoir que de l'état-major de la place Vendôme.

L'administration des forts reste confiée au ministère de la guerre.

Toute convocation de bataillons en dehors de ces dispositions sera considérée comme nulle et non avenue ; quiconque enfreindra cet arrêté sera poursuivi pour usurpation de pouvoirs.

26 mars 1871.

        Suivent les signatures.

LA COMMUNE A MARSEILLE

Le 24 mars au matin, la proclamation suivante a été affichée :

RÉPUBLIQUE FRANÇAISE
Liberté, Égalité, Fraternité.

PRÉFECTURE DES BOUCHES-DU-RHONE
La commission départementale provisoire aux habitants de Marseille et du département des Bouches-du-Rhône.

Citoyens,

Une collision sanglante allait éclater parmi nous. La guerre civile était prête à sortir des circulaires et des provocations irritantes qu'un pouvoir aveugle lançait comme un défi aux grandes cités françaises. Nous sommes intervenus.

Grâce à l'union de tous les groupes républicains, nous avons vu se dissiper le malentendu qui menaçait d'armer les uns contre les autres, dans une lutte fratricide ajoutée à tant d'autres désastres, les citoyens d'une même ville, les soldats d'une même cause.

Nous avons parlé d'apaisement, de conciliation. Marseille a répondu à notre appel par une manifestation imposante. Il n'a pas été versé une seule goutte de sang. On espérait nous diviser en deux camps : Marseille a été unanime à déclarer qu'elle soutiendrait le gouvernement républicain régulièrement constitué, qui siégerait dans la capitale.

Et par là, nous avons tout ensemble affirmé du même coup notre amour pour la République, notre sympathie pour l'héroïque capitale martyre qui, à elle seule, aurait sauvé notre patrie, si notre patrie avait dû être sauvée.

Après avoir échappé au danger, à force de patriotisme et de sagesse, Marseille ne pouvait plus avoir confiance dans l'administration préfectorale.

L'opinion publique exigeait une satisfaction.

Le conseil municipal, avec le concours de tous les groupes républicains de la cité, a dû instituer une commission départementale, chargée d'administrer provisoirement le département des Bouches-du-Rhône et la ville de Marseille.

Les membres de cette commission provisoire se sont mis immédiatement à l'œuvre. Ils comptent sur votre concours et sur votre confiance.

Maintenez avec nous l'ordre dans la cité, retournez paisiblement à vos travaux ; que le commerce et que l'industrie reprennent promptement l'essor pacifique qui doit contribuer au relèvement de notre patrie.

Nous veillons nuit et jour sur la République, jusqu'à ce qu'une autorité nouvelle, émanant d'un gouvernement régulier, siégeant à Paris, vienne nous relever de nos fonctions.

Vive Paris !
Vive la République !

    Marseille, 23 mars 1871.

Les membres de la commission départementale provisoire du département des Bouches-du-Rhône,

    GASTON CRÉMIEUX, ÉTIENNE père, JOB, BOSC, DAVID, DESSERVY, SIDORE, conseillers municipaux ; MAVIEL, ALLERINI, GUILLARD, BARTHELET, ÉMILE BOUCHET, CARTOUX.

Proclamation de la Commune de Paris sur la p^{ce} de l'Hôtel-de-Ville, le 27 mars 1871 (voir page 106).

Le Comité républicain a publié l'adresse suivante :

Aux Marseillais.

Citoyens,

Le Comité républicain, réuni spontanément en présence de la manifestation de la garde nationale, déclare se rallier sans réserve à la proclamation du conseil municipal.

Le Comité républicain honore Paris comme la capitale de la République, et demande qu'une Assemblée constituante y établisse son siége.

Le Comité veut le maintien de la République et la nomination à toutes les fonctions d'hommes connus par leur dévouement aux principes de la démocratie.

Il demande que tous les complices de l'empire, qui ont livré la France démoralisée et désarmée à l'invasion prussienne, soient à tout jamais exclus des fonctions publiques.

Le Comité a pleine confiance dans l'énergie et l'initiative du conseil municipal, pour maintenir haut et ferme le drapeau de la République, et pour assurer à Marseille le respect des personnes et des propriétés publiques ou privées.

Pour le Comité républicain :

Les membres du bureau,

Léart, président ; Soiron et Joseph Martin, vice-présidents ; Jules Rigaut et Gay, secrétaires.

CONSEIL MUNICIPAL.

Extrait de la séance du 23 mars, dix heures du soir.

Sur la demande du club républicain de la garde nationale, le conseil municipal, animé d'un esprit de conciliation et de concorde, désigne trois de ses membres : les citoyens Bosc, Desservy et Sidore, comme délégués à la préfecture pour faire partie de la commission provisoirement chargée de l'administration du département des Bouches-du-Rhône.

Pour extrait : *Le secrétaire,*
PIERRE GAY.

PARTIE NON OFFICIELLE

Paris, le 26 mars 1871.

A l'heure où nous écrivons, le Comité central aura de droit, sinon de fait, cédé la place à la Commune. Ayant rempli le mandat extraordinaire dont la nécessité l'avait investi, il se réduira de lui-même à la fonction spéciale qui fut sa raison d'être, et qui, contestée violemment par le pouvoir, l'obligeait à lutter, à vaincre, ou mourir avec la cité dont il était la représentation armée.

Expression de la liberté municipale légitimement, juridiquement insurgée contre l'arbitraire gouvernemental, le Comité n'avait d'autre mission que d'empêcher à tout prix qu'on arrachât à Paris le droit primordial qu'il avait triomphalement conquis. Au lendemain du vote, on peut dire que le Comité a fait son devoir.

Quant à la Commune élue, son rôle sera tout autre et ses moyens pourront être différents. Avant tout, il lui faudra définir son mandat, délimiter ses attributions. Ce pouvoir constituant qu'on accorde si large, si indéfini, si confus pour la France à une Assemblée nationale, elle devra l'exercer pour elle-même, c'est-à-dire pour la cité, dont elle n'est que l'expression.

Aussi l'œuvre première de nos élus devra être la discussion et la rédaction de leur charte, de cet acte que nos aïeux du moyen âge appelaient leur commune. Ceci fait, il lui faudra aviser aux moyens de faire reconnaître et garantir par le pouvoir central, quel qu'il puisse être, ce statut de l'autonomie municipale. Cette partie de leur tâche ne sera pas la moins ardue si le mouvement, localisé à Paris et dans une ou deux grandes villes, permet à l'Assemblée nationale actuelle d'éterniser un mandat que le bon sens et la force des choses limitaient à la conclusion de la paix, et qui, déjà, se trouve depuis quelque temps accompli.

A une usurpation de pouvoirs, la Commune de Paris n'aura pas à répondre en usurpant elle-même. Fédérée avec les communes de France déjà affranchies, elle devra, en son nom et au nom de Lyon, de Marseille et bientôt peut-être de dix grandes villes, étudier les clauses du contrat qui devra les relier à la nation, poser l'ultimatum du traité qu'elles entendent signer.

Quel sera cet ultimatum ? D'abord il est bien entendu qu'il devra contenir la garantie de l'autonomie, de la souveraineté municipale reconquises. En second lieu, il devra assurer le libre jeu des rapports de la Commune avec les représentants de l'unité nationale.

Enfin, il devra imposer à l'Assemblée, si elle accepte de traiter, la promulgation d'une loi électorale telle que la représentation des villes ne soit plus à l'avenir absorbée et comme noyée dans la représentation des campagnes. Tant qu'une loi électorale conçue dans cet esprit n'aura pas été appliquée, l'unité nationale brisée, l'équilibre social rompu ne pourraient pas se rétablir.

A ces conditions, et à ces conditions seulement, la ville insurgée redeviendra la ville capitale. Circulant plus libre à travers la France, son esprit sera bientôt l'esprit même de la nation, esprit d'ordre, de progrès, de justice, c'est-à-dire de révolution.

ASSOCIATION INTERNATIONALE
DES TRAVAILLEURS

Conseil fédéral des sections parisiennes

CHAMBRE FÉDÉRALE DES SOCIÉTÉS OUVRIÈRES

Travailleurs,

Une longue suite de revers, une catastrophe qui semble devoir entraîner la ruine complète de notre pays, tel est le bilan de la situation créée à la France par les gouvernements qui l'ont dominée.

Avons-nous perdu les qualités nécessaires pour nous relever de cet abaissement? Sommes-nous dégénérés au point de subir avec résignation le despotisme hypocrite de ceux qui nous ont livrés à l'étranger, et de ne retrouver d'énergie que pour rendre notre ruine irrémédiable par la guerre civile?

Les derniers événements ont démontré la force du peuple de Paris, nous sommes convaincus qu'une entente fraternelle démontrera bientôt sa sagesse.

Le principe d'autorité est désormais impuissant pour rétablir l'ordre dans la rue, pour faire renaître le travail dans l'atelier, et cette impuissance est sa négation.

L'insolidarité des intérêts a créé la ruine générale, engendré la guerre sociale ; *c'est à la liberté, à l'égalité, à la solidarité qu'il faut demander d'assurer l'ordre sur de nouvelles bases, de réorganiser le travail qui est sa condition première.*

Travailleurs,

La révolution communale affirme ces principes; elle écarte toute cause de conflit dans l'avenir. Hésiterez-vous à lui donner votre sanction définitive?

L'indépendance de la Commune est le gage d'un contrat dont les clauses librement débattues feront cesser l'antagonisme des classes et assureront l'égalité sociale.

Nous avons revendiqué l'émancipation des travailleurs et la délégation communale en est la garantie; car elle doit fournir à chaque citoyen les moyens de défendre ses droits, de contrôler d'une manière efficace les actes de ses mandataires chargés de la gestion de ses intérêts, et de déterminer l'application progressive des réformes sociales.

L'autonomie de chaque commune enlève tout caractère oppressif à ses revendications et affirme la République dans sa plus haute expression.

Travailleurs,

Nous avons combattu, nous avons appris à souffrir pour notre principe égalitaire, nous ne saurions reculer alors que nous pouvons aider à mettre la première pierre de l'édifice social.

Qu'avons-nous demandé?

L'organisation du crédit, de l'échange, de l'association, afin d'assurer au travailleur la valeur intégrale de son travail ;

L'instruction gratuite, laïque et intégrale (sic);

Le droit de réunion et d'association, la liberté absolue de la presse, celle du citoyen ;

L'organisation au point de vue municipal des services de police, de force armée, d'hygiène, de statistique, etc.

Nous avons été dupes de nos gouvernants, nous nous sommes laissé prendre à leur jeu, alors qu'ils caressaient et réprimaient tour à tour les factions dont l'antagonisme assurait leur existence.

Aujourd'hui le peuple de Paris est clairvoyant : il se refuse à ce rôle d'enfant dirigé par le précepteur, et dans les élections municipales, produit d'un mouvement dont il est lui-même l'auteur, il se rappellera que le principe qui préside à l'organisation d'un groupe, d'une association, est le même qui doit gouverner la société entière, et comme il rejetterait tout administrateur-président imposé par un pouvoir en dehors de son sein, il repoussera tout maire, tout préfet imposé par un gouvernement étranger à ses aspirations.

Il affirmera son droit supérieur au vote d'une assemblée de rester maître dans sa ville, et de constituer comme il lui convient sa présentation municipale, sans prétendre l'imposer aux autres.

Dimanche, 26 mars, nous en sommes convaincus, le peuple de Paris tiendra à honneur de voter pour la Commune.

Les délégués présents à la séance de nuit du 23 mars 1871 :

Conseil fédéral des sections parisiennes de l'Association internationale,

AUBRY (fédération rouennaise), BOUDET, CHAUDESAIGUES, COIFÉ, V. DEMAY, A. DUCHÊNE, DUPUIS, LÉO FRANKEL, H. GOULLÉ, LAUREAU, LIMOUSIN, MARTIN LÉON, NOSTAG, CH. ROCHAT.

Chambre fédérale des sociétés ouvrières,

CAMELINAT, DESCAMPS, EVETTE, GALAND, HAAN, HAMET, JANCE, J. LALLEMAND, LAZARE LÉVY, PINDY, EUGÈNE POTTIER, ROUVEYROLES, SPOETLER, A. THEISZ, VERY.

PHYSIONOMIE DE PARIS

LA BOURSE

Aujourd'hui la Bourse a ouvert, mais pour la forme seulement.

On était venu pour causer et pour serrer la main à ses amis ; mais de transactions financières, point.

L'argent ne se montre pas, et ne se montrera pas de sitôt, probablement.

Le Comité central s'y prend si bien !

L'ASSEMBLÉE A FONTAINEBLEAU

M. Thiers a fait donner l'ordre à l'administration de la guerre de faire transporter immédiatement à Fontainebleau le service de l'intendance, et a désigné pour présider à cette organisation M. l'intendant général Perrier.

On suppose, d'après cette mesure, que le chef du pouvoir exécutif est tout prêt à céder aux désirs de l'Assemblée, qui doit lui proposer de se transporter à Fontainebleau.

C'est là d'ailleurs le lieu de réunion indiqué aux gardes nationales venues de province pour se rallier au gouvernement de Versailles.

Puisque nous parlons des gardes nationaux fidèles, signalons les bataillons de l'arrondissement de Saint-Denis, qui, sous la conduite des deux frères Arthur et Ulrich de Fonvielle, se sont mis, dès les premiers jours d'émeute à la disposition de M. Thiers.

Le maire de Rouen est arrivé dimanche à Versailles, à la tête de toute la garde nationale de la Seine-Inférieure.

SIMPLE QUESTION

Une question que les Polonais résidant à Paris s'adressent entre eux :

Est-ce que le citoyen Babick, qui vient de se porter candidat dans le dix-huitième arrondissement et qui vient d'obtenir 10,738 voix, ne serait pas un certain gentilhomme du nom de Babicki, qui, pour arriver plus vite, aurait consenti à sacrifier la terminaison nobiliaire de son nom et à se jeter dans les bras des bons patriotes du quartier Bonne-Nouvelle ?

ENTRE ARTILLEURS ET GARDES NATIONAUX

Une certaine émotion a été causée cette après-midi dans le huitième arrondissement par un conflit qui commençait à s'élever entre les gardes nationaux comitéens de l'Élysée et les artilleurs cantonnés dans la rue des Saussaies et dans la rue d'Aguesseau.

Ces derniers, qui, avec leurs chevaux et leurs fourgons, étaient depuis assez longtemps logés dans les écuries de quelques hôtels particuliers, ont été sommés de rendre leurs bêtes et leur matériel.

Force leur a bien été d'obéir à la sommation, car ils n'avaient avec eux aucune arme.

AUTOUR DES BARRICADES

Les gardes du Comité vont avoir un peu de loisir. Les bataillons préposés à la garde de l'Hôtel de ville s'éclaircissent. En revanche, les canons sont chargés, et les sentinelles avancées se voient jusqu'au coin de la rue Saint-Martin.

Ce qui nous a le plus intrigué aujourd'hui en contournant le *palais comitorial*, c'est le nombre prodigieux de voitures de déménagement qui entraient dans la cour intérieure du côté de la place Lobau.

A la place Vendôme, même symptôme d'évacuation et même consigne pour les sentinelles qu'à l'Hôtel de ville, car des vedettes sont placées au coin des rues Louis-le-Grand et d'Antin, chose inusitée ces derniers jours.

Les barricades y sont formidablement construites, et armées de pièces de canon.

A propos de la place Vendôme, on nous raconte un mot bien typique échappé à un garde national venu du fin fond de la Villette.

Il venait relever de faction ses camarades, et contemplait avec une certaine admiration les bâtiments si régulièrement alignés qui entourent la colonne qui sert de piédestal au vainqueur d'Iéna :

— C'est bien beau, la place Vendôme, dit-il, mais ça manque de marchands de vins.

La barricade de la rue d'Amsterdam avait hier ses avant-gardes rue de Parme.

La consigne était très-sévère.

Sur la place Clichy, il y a encore vingt-deux pièces : mitrailleuses, obusiers de montagnes et mortiers, et deux énormes pièces de 12.

Des artilleurs veillent toujours à côté de cette artillerie, comme si l'on redoutait que quelqu'un voulût s'en emparer.

PROCLAMATION DE LA COMMUNE

Le *Bien public*, journal dit réactionnaire, dépeint en ces termes la cérémonie de la proclamation de la Commune :

Quelqu'un qui serait tombé lundi à l'improviste, entre deux et trois heures, sur la place de l'Hôtel-de-Ville, aurait couru bien des chances pour en revenir halluciné.

Jamais ne s'était vu peut-être pareil ménage d'appareils de guerre, d'engins de mort et de préparatifs de fête. On dansait littéralement sur un volcan, au milieu des canons et des caissons remplis de poudre.

On avait fait la toilette même aux barricades, à ces sinistres barricades dont le Parisien ne prononce pas le nom sans frissonner.

La foule était nombreuse, pressée, agitée, étouffée. La circulation de toutes les rues conduisant à l'Hôtel de ville devenait impossible.

Sur le milieu de la place, on n'apercevait que des képis, se touchant, surmontés des baïonnettes blanches qui étincelaient.

De loin, cela ressemblait à un immense tapis bariolé, semé de diamants et de perles.

D'instants en instants, une trombe de vent, débouchant par la rue de Rivoli, couvrait toute cette foule d'un tourbillon de poussière qui l'enveloppait comme d'un nuage.

Et les drapeaux rouges, que le soleil rendait liquides et transparents ainsi que des taches de sang, claquaient le long de leurs hampes au milieu de la nuée jaunâtre.

On croyait être le jouet d'un rêve !

Tout à coup les tambours battent, les clairons sonnent.

La foule s'ouvre et divers courants la coupent dans tous les sens.

Ce sont les bataillons du Comité qui arrivent, précédés de leur délégués sur le bras desquels s'étale un superbe ruban rouge.

Ces différentes colonnes ont bien de la peine à arriver sur la place. Il leur faut faire des efforts inouïs pour percer la masse compacte qui les en sépare. Plusieurs des gardes dont elles se composent auraient été blessés dans la bagarre, nous dit-on.

Les gardes prétoriennes sont vêtues de neuf des

(Les barricades de la place Vendôme (voir page 186.

pieds à la tête. Des galons de pourpre serpentent sur leurs tuniques et autour de leurs képis.

Elles se rangent au pied des *trônes* des membres du Comité, car il y a, au milieu de la place, des trônes pour les chevaliers de la Commune.

Au bas d'une statue de la République, entourée de drapeaux rouges, est une rangée de fauteuils en velours rouge pourpre que domine un siége plus large et plus élevé que les autres. C'est celui du président. C'est de là que le citoyen Assi va haranguer la foule et la remercier « de la sagesse dont elle a fait preuve dans ses votes. »

Devant l'estrade sont rangées en bataille des pièces de 7, chargées à blanc. dont la voix forte et grave va bientôt dominer le sourd grondement du peuple et les fanfares retentissantes des clairons.

La foule ne fait qu'augmenter. Elle arrive par tous les côtés à la fois, par la rue de Rivoli, le boulevard Sébastopol et la rue Turbigo. La place ne peut la contenir. Elle déborde dans toutes les rues.

Vers quatre heures à peu près, les membres du Comité, Assi en tête, Assi pâle et ému, descendent les marches de l'Hôtel de ville et viennent prendre place sur l'estrade qui leur a été préparée.

A ce moment l'enthousiasme des citoyens est indescriptible.

Tout s'agite, képis et baïonnettes, les mains se lèvent en l'air et mille cris formidables de : *Vive la République! Vive la Commune!* vont faire mugir les échos d'alentour.

Au-dessus de tout ce fracas, de tout ce tumulte à déchirer le tympan d'un sourd, le bruit du canon se fait entendre. Tous les tambours battent, toutes les musiques jouent.

On saisit par intervalles quelques bribes de l'air de la *Marseillaise*.

Le président du Comité veut parler. Il s'épuise en gestes et en paroles inutiles. On le voit de loin se démener et ouvrir la bouche, mais on n'entend rien. Un immense officier garibaldien élève vainement son sabre au-dessus de la foule pour imposer silence. Des citoyens aussi émus que ceux qui se pressent en avant de l'estrade ne se calment pas.

Après le discours, applaudi par plusieurs battements de mains, a lieu la proclamation des votes. Chaque nom des membres de la municipalité est vivement acclamé.

Quelques discours sont ensuite prononcés sans plus de succès que celui du citoyen Assi ; puis la foule s'écoule, lentement, lentement, par les quais et par les rues pendant que le canon tonne toujours et va jeter l'épouvante dans les quartiers où l'on ignore ce qui se passe.

La fête extérieure terminée, la fête intime a commencé. Elle s'est prolongée fort tard dans la nuit.

A deux heures du matin, on voyait encore des ombres aller et venir derrière les fenêtres éclairées, pendant que les sentinelles ronflaient au pied des barricades.

Voici, d'autre part, d'après le journal *la Commune*, feuille ultrademocratique, le compte rendu de la même cérémonie :

Cette après-midi, vers trois heures, plus de soixante mille gardes étaient sous les armes, défilant, fiers et dignes, en un ordre admirable, dans les rues et sur les boulevards, et se dirigeant vers l'Hôtel de ville, au son éclatant des fanfares, et tambour battant.

Les bataillons de Belleville, Montmartre et la Villette avaient un aspect martial, austère. On eût dit que les pavés tressaillaient sous leur pas cadencé.

Leurs drapeaux étaient surmontés d'un bonnet phrygien, symbole d'indépendance et de la liberté, et leurs baïonnettes avaient une frange rouge en souvenir du sang versé par le peuple pour son émancipation.

Dans les rangs, marchaient, l'œil rayonnant et la lèvre joyeuse, les soldats de toutes armes, ligne, zouaves et artilleurs.

Que ce premier défilé était imposant!

Place de l'Hôtel-de-Ville, le Comité central et les membres de la Commune sont réunis.

Une estrade est dressée devant la porte centrale. Au-dessus, au milieu d'un faisceau de drapeaux, le buste de la République décoré d'une écharpe rouge. Au fronton, flotte au vent le drapeau de la Commune, et devant l'estrade sont groupés ceux de tous les bataillons.

C'est là, à une grande table, que le Comité central est assis. Derrière lui, ceints d'une écharpe rouge, se tiennent les élus du peuple.

La place étincelle de baïonnettes. Plus de 20,000 hommes s'y pressent en rangs serrés. Dans les rues adjacentes, se développent en longues files des bataillons. Toute la garde nationale est là; celle qui est de service est représentée par une compagnie.

Soudain, un profond silence se fait dans ces masses humaines : le Comité central déclare son mandat expiré et remet ses pouvoirs à la Commune de Paris. Le citoyen Assi proclame le nom des membres, qui sont ensuite présentés au peuple.

A ce moment, l'âme des citoyens s'élève et s'emplit d'une indicible émotion; puis une immense acclamation sort de toutes les poitrines : Vive la Commune! Vive la République! Les musiques, les clairons et les tambours battent aux champs, les képis s'agitent au bout des baïonnettes, les fenêtres de l'Hôtel de ville regorgent de spectateurs, et sur les corniches extérieures sont assises des filles de gardes nationaux et de citoyens, qui mêlent leurs acclamations à celles du peuple qui est sur la place. Et le soleil répand ses chauds rayons sur ces vagues d'hommes, et éclaire de sa lumière dorée cette solennité grandiose.

Tout à coup éclatent sur le quai les détonations de l'artillerie, qui ébranlent le sol et font vibrer longuement les vitres des fenêtres.

Les acclamations redoublent.

Le moment est saisissant. Chacun se reporte aux grandes journées héroïques de la première Révolution, dont la cérémonie de ce jour est la vivante image; on dirait que le souffle de nos pères anime et transporte tous ces hommes, subitement transformés.

La joie, l'espoir, le patriotisme se lisent sur tous les visages; çà et là on verse des larmes.

Le citoyen Ranvier s'avance. Il va prononcer une allocution, dire au peuple, comme suspendu à ses lèvres, le grand acte qui vient de s'accomplir. L'enthousiasme est indescriptible : jamais, depuis le commencement de ce siècle, on ne vit pareille exaltation patriotique, pareille ivresse dans le cœur du peuple.

Après le citoyen Ranvier, les citoyens Assi et Lavalette, dont les allocutions alternent avec les hymnes de la *Marseillaise* et du *Chant du Départ*, que le peuple répète en chœur.

A cinq heures commence le défilé. En passant devant l'estrade qui masque le bas-relief d'Henri IV, les chefs de bataillon serrent la main des membres de la Commune. Cela dure plus de deux heures, sans que l'animation se ralentisse un seul instant.

C'est en de semblables jours, — trop rares, hélas! — qu'on peut mesurer, ô peuple! et ta grandeur et ta force. Reste sur ton piédestal, souverain magnanime, antique sacrifié d'une inique organisation sociale! Voici ton jour venu; tes destinées vont changer, tu vas avoir ta place au soleil de la vie, et désormais il n'y aura plus rien au-dessus du citoyen qui demandera à son travail de chaque jour le pain de sa femme et de ses enfants.

Vive la Commune! Vive la République!

LE SERVICE DE LA POSTE

Le service des postes à Versailles a été organisé de façon qu'aucune des dépêches venant des départements de la France, autres que ceux de l'est, ne soit obligée de suivre la voie de Paris-transit. D'autre part, le service des postes à Paris, transformé par la surveillance, on pourrait dire par la perquisition du Comité central, comme maintenant de la police spéciale de la Commune, s'organise de façon à détourner de Versailles et de son gouvernement les correspondances qu'il ne supprime pas; d'où il résulte que Paris ne peut plus correspondre qu'avec Paris, et encore cela est-il bien sûr?

Le plus grand nombre des employés ont fui à Versailles, où on ne les paye pas. Le service, déjà très-entravé, est donc devenu déplorable, et le personnel qui est demeuré à Paris, étant devenu suspect au gouvernement de Versailles, au Comité central et à la Commune, nous sommes menacés d'être prochainement obligés de porter nos lettres nous-mêmes. Dans chaque municipalité on dresse des coureurs, des *volante*, comme disent les Espagnols, et ils réclament un reçu qui garantisse la non-interception de la missive. Privées de chevaux, les mairies ont recours aux vélocipèdes, et comme chaque gouvernement a sa police et veut échapper au coup de main de ses rivaux, on en est venu à faire du métier de courrier un service qui engage la responsabilité et qui obéit à la plus sévère discipline.

Les garibaldiens ont seuls jusqu'ici mérité la confiance du Comité central, devenu très-farouche depuis les élections. Ces superbes guerriers enfourchent donc le vélocipède et font l'étonnement des douairières qui, les croyant moins empressés aux élégances de la civilisation, oublient que le vélocipède eût manqué à ses destinées si, en cette occasion, il eût été réfractaire au mouvement. La nuit, les garibaldiens messagers portent un falot, et ils passent rapides comme l'éclair sur leur vélocipède velouté de caoutchouc, laissant une traînée de lueur rouge, qui laisse tout effarées les vieilles femmes attardées. Plus d'une se signe en frémissant et croit voir passer le diable. C'est la poste nocturne du Comité central qui, nuit et jour, veille sur nos jours, et nous préserve des méchants.

LE COMITÉ CENTRAL DE L'HOTEL DE VILLE

Séance du 27 mars.

PRÉSIDENCE DU CITOYEN ASSI.

Le Comité se déclare en permanence jusqu'à ce que le résultat des votes soit connu.

Le citoyen Andignoux demande à ce que la proclamation des votes soit accompagnée d'une solennité imposante. Le citoyen président déclare que tout sera digne de l'admirable peuple de Paris. — Le citoyen Gouhier pense que l'on doit prendre modèle sur la fête de la Fédération de l'immortelle Révolution de 89.

La proposition est adoptée. Le citoyen Geresme est chargé de l'organisation de la manifestation et de se mettre en rapport avec les délégués des divers bataillons.

Le citoyen Varlin déclare que les fonds nécessaires ne pourront être fournis par le trésor. Sur la proposition du citoyen Henry, le Comité déclare que le Conseil municipal réglera la question.

Le citoyen Billioray déclare que l'on devrait s'occuper de régler quelles seraient exactement les attributions du conseil municipal.

Le citoyen Assi fait observer que l'assemblée communale étant souveraine, puisqu'elle prend son autorité du peuple, qui est le seul souverain légitime, réglera la question avec de pleins pouvoirs. Suivant le citoyen, le Comité ne peut s'occuper de cette question, où il est incompétent.

La proposition, mise aux voix, est rejetée.

Le citoyen Assi, après avoir fait connaître les excellentes dispositions de la population parisienne, propose au Comité de s'ajourner au lendemain pour la proclamation du résultat des élections.

La proposition est adoptée; mais avant de se séparer, le Comité vote d'urgence la mise en liberté de vingt-deux prisonniers.

LE SOUS-COMITÉ CENTRAL

Prudence est mère de sûreté, ces messieurs de l'Hôtel de ville le savent bien; aussi n'ont-ils pas perdu leur temps, pendant la nuit qui a précédé les élections. On ne savait pas ce qui pourrait arriver; les élections pouvaient donner un résultat tout autre que celui sur lequel on comptait; il fallait se tenir prêts à toute éventualité, et s'assurer une poire pour la soif de pouvoir dont on se sentait dévoré.

C'est dans ces dispositions, sans doute, que M. Assi a formé un sous-comité central composé de douze membres : MM. Assi, Cluseret, Bergeret, Henry, Ganier, Babick, Avoine fils, Avrial, Maljournal, Duval, Geresme.

Le président honoraire est le général Garibaldi.

Le sous-comité s'est attribué le commandement de la garde nationale, dont il doit préparer les élections, et il s'est chargé de veiller à la sûreté du conseil municipal. Il s'occupera en outre d'organiser la police de la ville et de distribuer la solde à la garde nationale.

Enfin, c'est au sous-comité que devront être déférés tous les crimes de trahison envers la République.

Le siége du sous-comité est à l'Hôtel de ville. Il est entré immédiatement en séance, et pour débuter, il a jugé et condamné sur l'heure les citoyens Billioray et Chouteau, accusés de menées bonapartistes.

On voit que le sous-comité est en bonnes dispositions. Il n'hésite pas à immoler des collègues sur l'autel de la Commune. Il est vrai que les deux condamnés ont été, après mûres délibérations, renvoyés des fins de la plainte.

Nous sommes heureux de pouvoir mettre sous les yeux de nos lecteurs la première séance du sous-comité, tenue à l'Hôtel de ville, comme les séances de son grand frère le Comité central.

Le Comité, vu l'urgence, décrète la formation de 25 bataillons de marche, de 20 batteries de pièces de 7, de 15 batteries de mitrailleuses de marche. Les gardes nationaux de marche seront payés à raison de 2 fr. 50 par jour, plus les vivres. Le général Duval est chargé de l'organisation de l'artillerie. Le général Henry organisera l'infanterie. Le général Bergeret est chargé d'organiser la cavalerie de la République.

Ces officiers sont autorisés à requérir, contre des bons réguliers, tout ce dont ils auront besoin.

Le général Cluseret est chargé de l'administration générale, il sera remplacé momentanément par le citoyen Avoine fils.

Le général Du Bisson est suspendu, pour correspondances douteuses avec Versailles.

Les membres du Comité Chouteau, Billioray et Ganier déclarés suspects sont mis en jugement.

Les deux premiers sont acquittés à l'unanimité. Le troisième, convaincu d'être un agent bonapartiste, est déclaré indigne et condamné à mort par contumace.

Le citoyen Valligrane est suspendu de ses fonctions. Le général Flourens envoie sa démission, qui est acceptée.

Le membre du Comité Gouhier est nommé au commandement des canonniers de la Seine.
(*Paris-Journal.*)

L'HISTOIRE SUR LES MURS

Les protestations suivantes ont été affichées à Paris sur les murs du neuvième arrondissement :

AUX ÉLECTEURS DU 9ᵉ ARRONDISSEMENT.

Au jour où les municipalités de Paris ont été appelées pour la première fois, sous le régime républicain, à se constituer par le suffrage universel, vous nous avez confié l'administration de notre arrondissement.

Nous avons accompli dans des temps difficiles un mandat défini, dont nous pouvions mesurer l'importance et la charge. Nous y avons consacré tout notre temps et nos efforts.

Un ordre de choses nouveau se prépare, et notre mandat ne subsiste plus dans son intégrité première. Nous venons donc résigner nos fonctions entre les mains de nos électeurs.

Nous emportons dans notre retraite le souvenir reconnaissant de la confiance dont nos concitoyens nous avaient honorés.

E. Desmarest, *maire ;*
E. Ferry, A. André,
G. Nast, *adjoints.*

RÉPUBLIQUE FRANÇAISE.

Aux électeurs du 9ᵉ arrondissement.

A l'heure dernière où la nécessité du scrutin s'est imposée à tous comme conséquence d'un accord inspiré par le besoin de conciliation et le désir d'éviter l'effusion du sang, nos concitoyens, appelés brusquement autour des urnes dans des conditions qui rendaient impossibles toutes réunions préparatoires sérieuses, ont bien voulu porter sur nous leurs suffrages pour affirmer la République, l'ordre et la liberté.

Sans avoir été candidats, nous avons été élus. Nous venons remercier les électeurs de cette preuve de sympathie, mais leur déclarer en même temps que nous ne croyons pas pouvoir remplir des fonctions dont les termes ne sont pas encore définis, ni l'indépendance assurée.

Paris, le 27 mars 1871.

E. DESMAREST, E. FERRY, G. NAST.

La déclaration suivante, dont il est parlé ci-dessus (voir page 146), est affichée sur les murs du boulevard Clichy.

Le délégué du Comité central, chargé de l'administration du dix-huitième arrondissement (Montmartre), informe le public que quatre commissaires (les nommés Schneider, Burlot, Dioncourt et Lemoussu), sont institués pour recevoir les dénonciations contre les citoyens suspects de complicité avec le gouvernement de guet-apens et de trahison qui est venu échouer aux buttes de Montmartre. »

LETTRES AUX JOURNAUX

LE GÉNÉRAL DU BISSON

Paris-Journal publie la lettre suivante :

Paris, 27 mars 1871.

Monsieur le rédacteur,

Il y a dans votre article me concernant deux erreurs que je vous prie de rectifier.

D'abord je n'ai pas été nommé général de division par le Comité, vu que j'ai gagné ce grade dans les guerres d'Italie, il y a plus de douze ans. Il n'a fait que le confirmer.

Ensuite, je n'ai pas commandé le feu sur la place Vendôme. Depuis cinq jours je suis au secret, c'est vrai, sans être interrogé ni jugé, mais le Comité central est étranger à cette affaire ; donc, pas de reproches à lui adresser.

Pour se débarrasser d'un concurrent présumé au généralat, mon général en chef, qui a des prétentions à cette dignité, n'a trouvé rien de plus spirituel que de me faire enlever arbitrairement. C'est peu légal et peu républicain, mais c'est ainsi.

Je vous prie, monsieur le rédacteur, de vouloir bien insérer cette rectification dans votre plus prochain numéro.

J'ai l'honneur de vous saluer sincèrement.

R. DU BISSON.
Chef d'état major général, président de Confédération républicaine.

Paris-Journal fait à cette occasion les réflexions suivantes :

Un mot à propos de la réclamation du citoyen chef d'état-major général, président de la Confédération républicaine.

Premier point. Le citoyen Raoul Du Bisson prétend n'avoir pas été nommé d'emblée par le Comité général de division, « vu qu'il a gagné ce grade dans *les guerres d'Italie*, il y a près de douze ans. » Mais dans quelles *guerres d'Italie* ? Voilà ce qu'il eût peut-être été opportun de dire. C'était au moment où Garibaldi chassait les Bourbons de Naples ; et le citoyen Raoul Du Bisson tirait l'épée, non avec le général révolutionnaire, mais tout au contraire, en faveur du roi François II. On nous raconte même qu'après le siège de Gaëte, ce prince, reconnaissant les services de l'officier, lui avait conféré et la croix de commandeur et le titre de comte. Ces faits sont relatés, au surplus, dans la *Gazette des Tribunaux* d'il y a dix-huit mois, au sujet d'un procès entre le journal *le Derby* et le citoyen Raoul Du Bisson.

Maître Léon Duval n'y allait pas de main morte en parlant du royalisme du nouveau comte.

Deuxième point. Puisque nous en sommes à ce chapitre, il appartient à *Paris-Journal* de rappeler au citoyen chef d'état-major général une lettre à nous adressée, il y a un an, à propos d'un démêlé entre M. Aurélien Scholl et le futur président de la Confédération républicaine. A l'occasion de ce procès, le citoyen Raoul Du Bisson rappelait que son grand-père, magistrat normand, avait été guillotiné sur la place de Caen par ordre de Robespierre, et il ajoutait qu'il conservait néanmoins les sentiments politiques de son grand-père. Tout passe vite. En ce moment, le petit-fils a un zèle de nouveau converti, ce qui ne l'empêche pas d'être en prison. Ira-t-il plus loin? Cela dépend de ses nouveaux amis.

LE GÉNÉRAL CREMER

Un officier, dont il a été beaucoup parlé pendant quelques jours comme ayant offert ses services au Comité central et même accepté de lui un commandement, adresse à un journal la lettre suivante :

Paris, 27 mars 1871.

Monsieur le rédacteur,

Je ne veux pas répondre à tous les journaux qui m'ont attaqué, insulté, vilipendé sans me connaître, sans daigner me demander rien, et sans même publier les rectifications premières que les circonstances me permettaient de leur envoyer.

Aujourd'hui la tâche que mon brave colonel Aronssohn et nous nous sommes imposée est terminée, et je demanderai au *Gaulois* de publier ces quelques mots :

1° Il est vrai que j'ai été plusieurs fois reconnu et acclamé par la garde nationale, et c'est cette popularité qui m'a permis de faire quelque bien, du moins, je le crois.

2° Je n'ai jamais eu aucun commandement, à Paris, sous les ordres du Comité central.

3° Je n'ai jamais prononcé aucun discours, quoiqu'en dise la *Liberté*, ni conduit aucune troupe armée ou non armée.

4° Et enfin, la délivrance du général Chanzy et du général de Langourian ont été le résultat de nos efforts; et le lendemain même du jour où nous allâmes chercher le général, je quittais Paris pour me retirer à Saint-Germain, content du résultat, quoique honni par les uns et mis en suspicion par les autres.

Voilà les résultats obtenus, non sans quelques dangers peut-être dans ces moments d'effervescence. Que les gens qui m'ont insulté gratuitement en fassent autant.

Veuillez, etc.

Général CREMER.

—

Le *Cri du peuple* publie un peu tardivement ces deux lettres du citoyen Malon, député de Paris et adjoint au dix-septième arrondissement, qui s'appliquent à des faits déjà vieux de trois jours, — trois siècles !

Paris-Batignolles, le 24 mars 1871.

Citoyen rédacteur,

En présence des événements actuels, les municipalités élues de Paris ont tenté et poursuivi jusqu'ici un but de conciliation.

L'inqualifiable discours de M. Jules Favre, dans lequel il est dit : « *qu'il faut combattre résolûment l'émeute de cette tourbe impure qui contient tant d'éléments détestables,* » et ces paroles prononcées par l'amiral Saisset : « *Oui, appelons la province et marchons, s'il le faut, sur Paris ; il faut que l'on en finisse,* » ont gravement compromis tant de laborieux efforts.

Dans cette situation, et étant mis hors de cause le Comité central, que sa victoire sur l'agression gouvernementale a porté à l'Hôtel de ville, le seul moyen de rentrer dans l'ordre sans qu'une goutte de plus de sang français soit versée par des mains françaises ; pour que la révolution municipale de Paris ait son cours, et soit circonscrite dans son objet, un seul moyen reste : les élections d'un conseil municipal de Paris.

C'est pourquoi, dans un but de concorde et de conservation de notre chère République, je crois de mon devoir de me rallier aux élections qui doivent avoir lieu le 26 mars.

B. MALON,
Adjoint au dix-septième arrondissement.

Paris, le 25 mars 1871.

Citoyen rédacteur,

Pour rendre hommage à la vérité, il est de mon devoir de déclarer que c'est en mon absence que mon nom a été mis sur la troisième affiche des maires et adjoints de Paris.

Salut fraternel,

B. MALON,
Adjoint au dix-septième arrondissement.

L'ORTHOGRAPHE DU COMITÉ

Voici l'ordre du jour affiché aujourd'hui au ministère du commerce :

COMITÉ CENTRAL.

10 h. 35. — Ce 27 mars 1871.

Les employés du MINISTÈRES du commerce SONTS invités à signer CETTE ordre pour reprendre leurs travaux dans leurs bureaux.

Quiconque ne *nadhérait* pas, il sera pourvu à son remplacement immédiat.

Les MEMBRE *du Comité central :*

GOUHIER. GRELIER.

Autre pièce curieuse : elle est l'œuvre d'un membre du Comité, « délégué » à une municipalité, et le *Soir* assure qu'elle a été recueillie à l'Hôtel de ville :

Ce 18 mars 1871.

Nous, Benoît Gremaud, maire de la ville de Paris, *a arrêté* ce qu'*il suit :*

Art. 1ᵉʳ. Le plan de Trochu est déclaré *nul et horrible de dégoût*, et le susdit général sera pendu.

Nos agents sont chargés, chacun en ce qui le concerne, à mettre ledit arrêté à exécution.

Fait à l'Hôtel de ville le jour et an susdit.

Signé : B. Gremaud. »

EXTRAITS DES JOURNAUX ROUGES

LE CRI DU PEUPLE.

Paris, le 27 mars 1871.

Quelle journée !

Ce soleil tiède et clair qui dore la gueule des canons, cette odeur de bouquets, le frisson des drapeaux, le murmure de cette Révolution qui passe tranquille et belle comme une rivière bleue, ces tressaillements, ces lueurs, ces fanfares de cuivre, ces reflets de bronze, ces flambées d'espoirs, ce parfum d'honneur, il y a là de quoi griser d'orgueil et de joie l'armée victorieuse des Républicains !

O grand Paris !

Lâches que nous étions, nous parlions déjà de te quitter et de nous éloigner de tes faubourgs qu'on croyait morts !

Pardon, patrie de l'honneur, cité du salut, bivac de la Révolution !

Quoi qu'il arrive, dussions-nous être de nouveau vaincus et mourir demain, notre génération est consolée ! — Nous sommes payés de vingt ans de défaites et d'angoisses.

Clairons, sonnez dans le vent ; tambours, battez aux champs !

Embrasse-moi, camarade, qui as, comme moi, les cheveux gris ! Et toi, marmot, qui joues aux billes derrière la barricade, viens, que je t'embrasse aussi !

Le 18 mars te l'a sauvé belle, gamin ! tu pouvais, comme nous, grandir dans le brouillard, patauger dans la boue, rouler dans le sang, crever de faim et crever de honte, avoir l'indicible douleur des déshonorés !

C'est fini !

Nous avons saigné et pleuré pour toi. Tu recueilleras notre héritage. Fils des désespérés, tu seras un homme libre. - Jules Vallès.

AU COMITÉ CENTRAL.

ARRESTATION DE BLANQUI.

On est en train d'assassiner à Figeac le citoyen Blanqui.

Il est vrai qu'on l'assassine à froid, par les procédés *honnêtes et modérés.*

Blanqui a été arrêté dans la soirée du 17 mars, à Breteneux, département du Lot, chez son neveu par alliance, le citoyen Lacambre.

Arrivé malade chez le citoyen Lacambre, dans les premiers jours de mars, Blanqui s'était immédiatement alité, et sa maladie n'avait fait que s'aggraver de plus en plus.

Il était au lit depuis quinze jours, lorsque les gendarmes l'ont enlevé et traîné à la prison de Figeac, dans un état déplorable, par un froid de deux degrés.

Depuis on n'en a pas eu de nouvelles.

Certes, on se débarrasse vite et sûrement d'un adversaire par de pareils procédés. Ces raffinements de haine ne peuvent nous surprendre, sachant à qui ils s'adressent.

Mais cette haine ne suffit pas à justifier cette lâcheté dans la vengeance, et nous ne pouvons, par notre silence et notre inertie, nous rendre complices de ces assassinats à huis clos.

Au nom de la République, au nom du peuple, auxquels le condamné à mort du 31 octobre a sacrifié toute une existence, — au nom des quarante années de prisons, de luttes, de douleurs, d'exil et de proscriptions, que le condamné de Belle-Isle, de Doullens et du Mont-Saint-Michel a mises au service de la démocratie, nous invitons le Comité central à aviser dès aujourd'hui et à prendre immédiatement toutes les mesures, pour mettre un terme à cette lâche vengeance exercée contre un vieillard. Casimir Bouis.

LE PÈRE DUCHÊNE

Bien curieux à lire le chant de triomphe entonné par la feuille du citoyen Vermersch, le lendemain de l'élection de ses amis de la Commune.

8 germinal an 79.

VICTOIRE ! FOUTRE !

OU

LA GRANDE RIBOTE DU PÈRE DUCHÊNE

En apprenant que ses bons amis les patriotes sont nommés à la Commune de Paris ;
Ses grands remerciements aux bons bougres du Comité central qui ont su déjouer les intrigues de tous les jean-foutres de réactionnaires.

Patriotes,

Le Père Duchêne vous remercie !

Voilà plus de huit jours qu'il est en liesse et qu'il boit chopine sur chopine, parce que les bons patriotes se conduisent bien ; ce qui fait qu'il n'a plus de motif de se mettre en colère !

Il y a bien encore quelques jean-foutres à Versailles ; mais le Père Duchêne sait bien que tous nos bons bougres du Comité sauront mettre ordre à cela, et que la Révolution peut vivre tranquille à l'ombre du drapeau rouge !

Victoire ! la Commune est nommée !

Et une bonne, foutre !

Ah! comme les avocats de Versailles vont faire une sacrée gueule, quand ils vont voir que tous ces *factieux* ont été voter purement et simplement, aussi tranquillement que le Père Duchêne lorsqu'il va boire sa chopine le soir, après avoir fait son journal et causé un peu des affaires de la nation !

On l'a nommée, cette Commune!

La Commune du 31 octobre, qui, au lieu de foutre nos canons et nos fusils à ces satanés Prussiens, leur eût foutu une de ces trempes dont ils se seraient souvenus longtemps.

Ah ! c'est que la Commune ne blague pas!

Foutre! quand le Père Duchêne y pense, et qu'il se rappelle qu'en 93... ! Ah! sacrés jean-foutres! faut-il que les bons patriotes se soient laissés foutre dedans !

Mais vous ne vous en souveniez donc pas, de notre Commune, la grande, vous savez, patriotes, qui foutre! n'a eu qu'à se montrer pour chasser l'étranger qui, en violant le sol national, insultait à la Révolution et à la patrie !

Eh bien! aujourd'hui, malgré tout, le Père Duchêne croit que nous voilà un peu remontés dans l'estime des bons bougres de révolutionnaires de tous les pays, maintenant que nous avons nommé la Commune!

La Commune! c'est-à-dire vous tous, patriotes, bourgeois, boutiquiers, travailleurs — la Liberté, le Travail, l'Ordre, la Justice !

Allons! plus d'émeutes, mes pauvres amis, de l'ordre!

Qu'on ne vienne plus nous reparler des « mauvais jours de notre histoire ! » Qu'on ne nous rappelle plus ces affreux jours de guerre civile !

Le Père Duchêne ne veut plus se mettre en colère; il veut être heureux comme un bourgeois, fumer sa bouffarde, boire sa chopine avec les amis; avoir, lui aussi, le vieux grincheux, un petit coin de jardin, où il plantera des fleurs qu'il fera grimper autour d'une belle statue de la République, qu'il se posera là au beau milieu pour rigoler un peu!

Ah! foutre! quelle joie!

Le voyez-vous, le Père Duchêne, assis avec une dizaine de vieux patriotes, sachant sa France, à lui, libre après la trahison, fière après la défaite; n'ayant qu'un but, le travail; qu'une règle, la justice; qu'un amour, la Révolution !

Et c'est cela que nous aurons, citoyens!

Grâce à nos bons bougres du Comité central, que le Père Duchêne remercie de tout son cœur, parce qu'ils ont sauvé la patrie, assis sur des bases inébranlables la grande Révolution que ces jean-foutres avaient trahie et livrée!

Ah! laissez, laissez aujourd'hui le Père Duchêne se mettre en grande liesse!

Lui qui connaît le passé, et qui l'a vu si sombre; lui qui a entendu sonner toutes ces heures fatales où la Révolution, morte, gisait clouée dans son cercueil, lui qui la voyait foutre dedans encore une fois par les mêmes sacripants !

Eh bien! ma foi! il en demande pardon aux bons patriotes, mais il ne la pressentait pas si belle, si forte encore après toutes ces trahisons !

C'est pour cela qu'aujourd'hui, n'en déplaise aux jean-foutres de réactionnaires et de calotins, qui, en ce moment, doivent faire, ma foi, une sacrée gueule.

Le Père Duchêne va se mettre en ribote !

Et foutre! ce n'est pas son habitude. Faut que ça soit quelque chose de sérieux qui le décide à cela !

Il ne s'y était pas mis au 4 septembre, parce que, malgré tout, il n'y croyait pas! ça sentait trop la moutarde !...

Oui, le Père Duchêne va se mettre en ribote avec ses bons amis les patriotes !

Et il boira, foutre ! à la santé de la Commune !

De la Commune, entendez-vous, qui va rouvrir les ateliers ; donner du travail aux bons bougres de gardes nationaux, qui n'auront plus besoin de garder les canons, puisque ce seront alors les canons de la Commune ;

Réorganiser le crédit, que cette sacrée loi des échéances allait tuer tout à fait, en ruinant tous nos braves boutiquiers ;

Refaire une bonne loi sur les loyers qui puisse satisfaire à la fois les locataires et les propriétaires : de telle façon qu'un propriétaire ne pourra pas foutre à la porte un bon bougre de patriote qui n'aura pas le sou à cause du siège ; de telle façon aussi qu'un jean-foutre qui se sera sauvé pendant le siège, et qui a de quoi, soit forcé de payer, foutre! pour les boulettes des jean-foutres qui ne voulaient pas de la Commune !

Le Père Duchêne n'est point un *partageux*, il n'en veut pas aux bons propriétaires qui sauront reconnaître la position des pauvres bougres !

Mais il faut de la justice, foutre ! et n'être pas un sacré chien parce qu'on a le bonheur d'être riche !

La Commune fera tout cela, patriotes !

Elle réorganisera l'instruction publique, que le Père Duchêne regarde comme la première des choses, parce qu'on ne saurait trop élever les jeunes sans-culottes dans l'habitude du Travail, le respect de l'Égalité, et l'amour de la Révolution !

Elle ne nous foutra plus de ces sacrées armées permanentes qui sont la plaie des nations ; et, vous le savez, foutre, bien, patriotes ! à vos dépens : ce sont ces foutues armées permanentes qui nous ont amené tous nos désastres. Si les bons patriotes n'y avaient mis ordre le 18 mars, et hier, en nommant leur Commune, où en serions-nous ? Dites, citoyens?

Et puis, avec la Commune, les bons bougres de prolétaires pourront enfin réclamer leurs droits, recueillir le fruit intégral de leur travail, ce qu'ils n'ont jamais pu faire jusqu'ici, parce que les sacrés jean-foutres qui nous gouvernaient depuis vingt ans, et qui, à un instant donné, étaient bien heureux d'avoir une petite guerre civile, entretenaient toujours la haine entre nos braves prolétaires et nos bons bourgeois, ce qui est un crime et une sottise, vu que les intérêts des uns et des autres sont inséparables !

Et la Commune vous le montrera bien, ô mes braves bourgeois et boutiquiers! que les jean-foutres trompaient et excitaient contre le Peuple, parce qu'ils en avaient besoin.

Et puis, le Père Duchêne espère bien qu'il aura autour de lui une dizaine de bons patriotes, et que, après avoir bu à la santé de la Commune, on ribotera tous ensemble à la santé de chaque bon bougre qui en fait partie.

Ah ! il était temps qu'on la nommât, cette vieille Commune !

Un ami, un vieux patriote, est venu voir le Père Duchêne, et lui a parlé de ceux qui sont nommés, et qui foutre ! tiendront ferme le drapeau rouge !

Pourquoi ne sont-ils pas tous à Paris ?
Où sont-ils ?
Où est Blanqui ?
Où est Gambon !

BLANQUI ! Pour celui-là, c'est le meilleur ami du Père Duchêne. Et les jean-foutres l'ont arrêté.

Ah ! il faudra bien qu'ils nous le rendent, ou le Père Duchêne ira à Versailles, à la tête des faubourgs, le réclamer lui-même, et, foutre ! nous verrons un peu !

Et Gambon ?
Où est Gambon ?

— Les jean-foutres bonapartistes l'ont arrêté en Corse !

Il nous le faut !

LEFRANÇAIS, TRIDON, VARLIN, FÉLIX PYAT, VAILLANT, et un tas de bons patriotes, la fleur des républicains, le salut de la Révolution !

A la santé des membres de la Commune !
A la santé du Comité central !

De tous ceux qui ont sauvé la Patrie ! C'est par leur conduite si grande, si ferme, si loyale, que Paris, la ville trahie, hier en deuil, reprend son air de fête et se pare pour la grande fête de la Révolution !

A l'œuvre, patriotes !

Commune, que les bons bougres appelaient depuis si longtemps, à l'œuvre, pour nous sauver des jean-foutres qui oseraient encore conspirer ! A l'œuvre, pour reconstruire le présent, pour édifier l'avenir !

A l'œuvre, pour que la génération qui vient aime et vénère les patriotes de 1871, comme les bons bougres d'aujourd'hui honorent et respectent les sans-culottes de la vieille Commune !

A l'œuvre, et dès demain !

Et ce soir, le Père Duchêne ribotera avec tous les bons bougres,

A la santé de ses amis du Comité,
A la santé de ses amis de la Commune et de la Révolution !

VIVE LA COMMUNE ! FOUTRE !

LES FAITS DIVERS

Hier, vers sept heures du soir, l'imprimerie du *Figaro*, qui avait tenté de reprendre le cours de sa publication dans la croyance qu'avec l'élection de la Commune la légalité reprenait son cours, a été envahie par une centaine de gardes nationaux, commandés par un capitaine.

Ils ne se sont retirés qu'après avoir obtenu la promesse que le journal ne paraîtrait pas ce matin.

Cette exécution n'est pas le fait de la Commune, mais bien de quelques gardes nationaux, qui ont profité de l'absence de toute police pour faire cette visite à l'imprimerie Dubuisson.

Le *Bien public* raconte que le Comité central, qui siège encore à l'Hôtel de ville, a exigé samedi soir de l'économe l'ouverture des caisses de la ville.

Devant la force. M. Paris a dû céder, tout en faisant constater le fait par un procès-verbal qu'il a porté à Versailles, au siège du gouvernement.

Les réquisitions qui ont commencé à Paris s'étendent déjà à la banlieue.

Hier, des boulangers et des bouchers de Boulogne se sont vus forcés de délivrer leur marchandise à des gardes nationaux *adhérents* au Comité central, et ont été payés avec des *bons* signés d'un nom parfaitement inconnu.

Le bouillon Duval, de Frascati, boulevard Montmartre, a été envahi par cent gardes nationaux de service à la mairie de la rue Drouot, munis d'un bon de paiement de la municipalité Ils ont naturellement assouvi un appétit de première catégorie. Les clients ont-ils trouvé des restes, seulement ?

Nous remarquons que depuis l'affichage de l'arrêté défendant les jeux de hasard, ils pullulent dans Paris, notamment sur nos grandes places : entre autres, celle du Château-d'Eau, où l'on voit journellement des soldats de la ligne et des gardes nationaux risquant des enjeux assez forts, dont cependant l'arrêté précité ordonne la saisie.

Paris-Journal parle de l'arrestation du citoyen Sanglier, un des membres influents du Comité central. Ce citoyen aurait été arrêté dans la journée, à Passy, par les gardes nationaux de cet arrondissement.

Il est retenu prisonnier, dit *Paris-Journal*, dans un cachot de Paris qu'on ne peut indiquer.

Les employés du ministère de la guerre non compris dans la délégation de Versailles sont dit-on, prisonniers rue Saint-Dominique. Ils travaillent sur l'ordre de chefs improvisés, et défense leur est faite de sortir, sous aucun prétexte.

Quant au personnel du ministère du commerce restant à Paris, il s'est réuni dans les bureaux et a déclaré qu'à partir du 25 courant il cessait son service.

Protot, Verdure, Bergeret, membres de la Commune;
Tony Moilin, délégué à la mairie du 6ᵉ arrondissement (Saint-Sulpice); Vermesch, fondateur et rédacteur du *Père Duchêne*.

Le cours de la justice est suspendu par les événements qui viennent d'avoir lieu. Les chambres de la cour d'appel et du tribunal civil n'ont pas tenu audience hier; nous croyons savoir qu'aujourd'hui non plus nos magistrats ne se réuniront pas. (*Cri du peuple.*)

Le citoyen Gambon, représentant de la Seine, avait quitté Paris, chargé d'une mission auprès de Garibaldi. Il a été arrêté à Bonifacio, en Corse, au moment où il allait s'embarquer pour Caprera.

Le bruit court que le gouvernement de Versailles n'a qu'une confiance assez limitée dans les troupes de Satory.
Tandis que les policiers et les gendarmes sont choyés et dorlotés chez l'habitant, la « vile multitude » armée campe en plein air sur le plateau.
Du reste, loin de se plaindre de cette distinction, les soldats ne demandent qu'à n'être associés en rien aux agents de l'exécutif. (*La Commune.*)

Il est plus difficile que jamais d'entrer à l'Hôtel de ville en ce moment; il faut un *laissez-passer*, dont on vient de changer le format et de modifier la rédaction pour la huitième fois depuis l'établissement du Comité.
A l'intérieur, l'aspect devient de plus en plus *campement;* dans les appartements de M. Haussmann les citoyens Assi, Eudes, Maljournal, etc., etc., *campent.*
Dans la jolie chambre bleue de madame Haussmann, est installé un ami d'un membre du Comité.
Dans la baignoire de madame Haussmann une cantinière d'un bataillon des plus dévoués au Comité s'est fait servir un bain avant-hier matin.
(*Le Gaulois.*)

La journée du mardi 28 mars.

JOURNAL OFFICIEL.
PARTIE OFFICIELLE.

Paris, 27 mars 1871.

COMMUNE DE PARIS.
RÉSULTAT DES ÉLECTIONS.

Premier arrondissement. (Louvre.)

Adam	7,272
Méline	7,251
Rochart	6,629
Barré	6,294

Deuxième arrondissement. (Bourse.)

Brélay	7,025
Tirard	6,391
Chéron	6,066
Loiseau-Pinson	6,962

Troisième arrondissement. (Temple.)

Demay	8,730
Arnaud	8,679
Pindy	7,816
Cléray	6,115
Dupont	5,661

Quatrième arrondissement. (Hôtel-de-Ville.)

Lefrançais	8,619
Arthur Arnould	8,608
Clémence	8,163
Amouroux	8,150
Gérardin	8,154

Cinquième arrondissement. (Panthéon.)

Jourde	3,949
Régère	4,026
Tridon	3,948
Blanchet	3,271
Ledroit	3,236

Sixième arrondissement. (Luxembourg.)

Leroy	5,800
Goupil	5,111
Robinet	3,904
Beslay	3,714
Varlin	3,602

Septième arrondissement. (Palais-Bourbon.)

Parizel	3,367
Lefèvre	2,859
Urbain	2,803
Brunel	1,947

Huitième arrondissement. (Élysée.)

Raoul Rigault	2,175
Vaillant	2,145
Arthur Arnould	2,114
Alix	2,028

Neuvième arrondissement. (Opéra.)

Ranc	8,950
U. Parent	4,770
Desmarest	4,232
Ferry	3,732
Nast	9,691

Dixième arrondissement. (Enclos Saint-Laurent.)

Félix Pyat	11,813
Henri Fortuné	11,354
Gambon	10,734
Champy	11,042
Babick	10,738

Onzième arrondissement. (Popincourt.)

Assi	18,041
Avrial	18,193
Delescluze	18,379
Mortier	19,397
Eudes	17,392
Protot	18,062
Verdure	15,657

Douzième arrondissement. (Reuilly.)

Varlin	2,312
Fruneau	2,173
Geresme	2,194
Theisz	2,150

Treizième arrondissement. (Gobelins.)

Léo Meillet	6,664
Durand	6,630
Chardon	4,761
Frankel	4,520

Quatorzième arrondissement. (Observatoire.)

Billioray	6,100
Martelet	5,927
Descamps	5,830

Quinzième arrondissement. (Vaugirard.)

Clément	5,025
J. Valès (*sic*)	4,403
Langevin	2,417

Seizième arrondissement. (Passy.)

Docteur Marmottan	2,675
Bouteiller	1,959

Dix-septième arrondissement. (Batignolles-Monceaux.)

Varlin	9,356
Clément	7,121
Gérardin	6,142
Chalain	4,545
Malon	4,199

Dix-huitième arrondissement. (Butte-Montmartre.)

Blanqui	14,950
Theisz	14,950
Dereure	14,661
Clément	14,188
Ferré	13,784
Vermorel	13,784
P. Grousset	13,359

Dix-neuvième arrondissement. (Buttes-Chaumont.)

Oudet	10,065
Puget	9,547
Cournet	5,540
Delescluze	5,846
Ostyn	5,065
J. Miot	5,520

Vingtième arrondissement. (Ménilmontant.)

Ranvier	14,127
Bergeret	14,003
Flourens	13,498
Blanqui	13,338

Demain, le *Journal officiel* donnera la publication officielle du scrutin, en indiquant ceux des candidats qui, ayant obtenu au moins le huitième des voix des électeurs inscrits, doivent être dès maintenant considérés comme élus.

COMITÉ CENTRAL

Le général en chef, sur la proposition du commandant par intérim du 107ᵉ bataillon, casse de son grade le citoyen Chaffin, officier civil, payeur au 107ᵉ bataillon.

Le général en chef, BRUNEL.

COMMUNE DE TOULOUSE

Un de nos amis, qui nous est envoyé de Toulouse, nous apporte le document suivant :

La garde nationale de Toulouse, réunie à l'occasion de la création de bataillons de garde constitutionnelle et de l'installation de M. de Kératry en qualité de préfet de la Haute-Garonne, a proclamé aujourd'hui à deux heures l'organisation de la Commune, aux cris de : Vive Paris !

Le corps d'officiers de la garde nationale sédentaire constitue la Commune de Toulouse.

La Commune déclare M. de Kératry déchu de son titre de préfet, et maintient le citoyen Duportal en qualité de délégué du pouvoir central.

La Commune déclare vouloir la République une et indivisible, et elle adjure les députés de Paris d'être les intermédiaires d'une transaction désirable entre le gouvernement de la République et le peuple de Paris.

Dans ce but, elle somme le gouvernement d'avoir à dissoudre l'Assemblée nationale comme ayant accompli le mandat pour lequel elle a été élue, comme étant la cause de toutes les difficultés présentes et le fruit de la peur et de la corruption cléricale.

Elle adhère aux préliminaires de la paix et demande que, pour délivrer le plus tôt possible le sol de la patrie de la souillure de l'étranger, des mesures énergiques soient prises pour faire payer, sans délai, les frais de la guerre à ceux qui ont déchaîné ce fléau sur le pays et conclu une paix ruineuse et humiliante.

La Commune de Toulouse fera respecter toutes les opinions et assurera la conservation de tous les intérêts publics et privés; mais elle sévira avec vigueur contre toute tentative de perturbation.

Son but est de mettre la République à l'abri des conspirations monarchiques de toute sorte, et d'arriver, par le concours qu'elle entend donner à la représentation radicale de l'Assemblée, à la disparition de tous les malentendus qui prolongent nos déchirements.

Vive la République une et indivisible !

Suivent les signatures des officiers de l'état-major et celles des officiers du 1ᵉʳ bataillon (ouest), du 2ᵉ bataillon (sud), du 3ᵉ bataillon (centre) et du 4ᵉ bataillon (nord).

PARTIE NON OFFICIELLE
Paris, le 27 mars 1871.

Nous reproduisons l'article suivant du citoyen Ed. Vaillant, article qui nous paraît répondre d'une façon satisfaisante à une des difficultés du moment.

Le délégué rédacteur en chef du *Journal officiel,*

CH. LONGUET.

On nous assure, mais la nouvelle n'a rien d'officiel, que le duc d'Aumale serait à Versailles. Si cela était vrai, c'est que de Bordeaux à Versailles le duc d'Aumale n'aurait pas rencontré un citoyen.

C'est par des faits semblables que l'on voit combien le sens moral et civique s'est affaissé. Dans les républiques antiques, le tyrannicide était la loi. Ici, une prétendue morale nomme assassinat cet acte de justice et de nécessité.

Aux corrompus qui se plaisent dans la pourriture monarchique, aux intrigants qui en vivent s'unit le groupe des niais sentimentaux.

Ceux-ci déclarent que ces pauvres diables de princes ne sont pas responsables des crimes de leurs pères, de leur nom, de leur famille, pas plus que ne le serait le fils de Troppmann.

Ils oublient que le fils du forçat n'est pas condamné par l'opinion publique s'il n'est forçat lui-même; mais, à juste titre, la défiance s'attache à celui dont la jeunesse a dû subir l'influence de si mauvais exemples et dont l'éducation première a eu un tel directeur.

De même un prince, fils de prince, qui continue à s'appeler prince, et qui, comme le d'Aumale en question, ou venir poser dans la France républicaine la question monarchique et la candidature de sa famille, excite notre colère et appelle notre justice.

Et quand même ces princes qui rêvent de nous rejeter dans l'oppression auraient été éclairés par le génie de la Révolution, ils devraient alors comprendre qu'ils ne doivent pas devenir les agents de discordes et de guerres civiles, et ils devraient se condamner eux-mêmes à aller expier dans une contrée lointaine le malheur et la honte de leur naissance.

Car il ne suffit pas qu'ils se prétendent sans ambition, — nous nous rappelons les serments et les protestations de Bonaparte, — fussent-ils sincères, leur nom, leur présence, seraient exploités par ceux qui pourraient, l'intérêt, l'intrigue attacheront à leur fortune, et, quelle que fût la volonté du prince, son influence néfaste serait la même.

De même que, dans le cours inaltérable des choses, tout élément discordant est diminué et rien de ce qui est contre l'équilibre ne pourrait prévaloir, de même, dans la société, tout objet de trouble dans l'ordre moral, tout obstacle à la réalisation de l'idéal de justice que poursuit la Révolution doit être brisé.

La société n'a qu'un devoir envers les princes : la mort. Elle n'est tenue qu'à une formalité. La constatation d'identité. Les d'Orléans sont en France, les Bonaparte voulant revenir : que les bons citoyens avisent !

PHYSIONOMIE DE PARIS.

MAIRIE DU 15e

Le Comité central a eu la gracieuse idée, avant-hier, d'offrir aux habitants de Vaugirard un divertissement d'un goût assez piquant.

La mairie du quinzième a été cernée, dans l'après-midi, par des citoyens qui n'ont confié à personne le but de leur visite, mais dont la main semblait désireuse de caresser pour le bon motif les papiers, caisses et cartons de cet établissement municipal.

Pour mieux surveiller l'opération, et empêcher les employés de s'en aller avec une précipitation bien excusable en pareil cas, les citoyens en question s'étaient postés sur les toits d'alentour et couchés dans les terrains vagues des environs.

La perquisition terminée, les braves gens, qui n'avaient rien trouvé, à ce qu'il paraît, dans l'asile de M. Carbon, sont descendus de leurs toits et ont rejoint leurs camarades.

La justice n'informe pas, et pour cause. Mais on se perd en conjectures.

QUAI D'ORSAY

Le « torchon radieux » (V. H.), qui fait les délices de la Commune, a été arboré sur la caserne du quai d'Orsay. Le vieux faubourg n'a pas semblé s'émouvoir outre mesure de l'arrivée du chiffon rouge.

RUE DE CLIGNANCOURT

Hier, à trois heures, le n° 63 de la rue de Clignancourt était armé d'un aimable piquet de gardes nationaux fort calmés, en apparence, du moins.

Ils venaient chercher, nous a-t-on dit, le citoyen Barberet, commandant du 79e, lequel, depuis l'affaire de Montmartre, paraît tiède sur « bons bougres » du Comité central.

Comme le citoyen Barberet, jadis la joie et l'honneur de la Marseillaise, n'était pas chez lui (et il avait bien raison !) les citoyens bon-teint témoignaient par leur attitude d'un mécontentement sans égal.

La bise qui soufflait les a calmés insensiblement, et ils se sont repliés en mauvais ordre au bout d'un quart d'heure.

Barberet nous semble avoir eu du nez.

RÉORGANISATION DE LA GARDE NATIONALE

Plusieurs commandants de bataillons, initiés au Comité central, ont donné l'ordre à leurs sergents-majors de réunir dans les vingt-quatre heures les hommes de leur compagnie, pour prendre les noms de tous ceux qui veulent décidément se mettre au service de l'Hôtel de ville.

Les adhérents seuls auront droit à la paye de 1 fr. 50, et seront admis à la garde de la cité.

RÉORGANISATION DE L'OCTROI

Après avoir mis sous séquestre les caisses de l'administration de l'octroi, le Comité a, sous prétexte de réorganisation, licencié les préposés à la perception des droits, de sorte que la plupart des portes de Paris, surtout du côté de Pantin et de Vincennes, restent fermées. Qui en souffre ? L'approvisionnement, car les cultivateurs aiment mieux garder leurs denrées que d'être forcés, pour entrer dans Paris, de faire un détour de plusieurs lieues.

UN NOUVEAU DRAPEAU ROUGE

Le drapeau rouge a été hissé hier matin sur le pavillon de l'horloge aux Tuileries. Comme les autres, il est tout petit, tout petit.

BATAILLON D'OFFICIERS

400 officiers de l'armée, de la garde mobile et de la garde nationale mobilisée, ont sollicité du gouvernement la faveur de former un bataillon spécial, qui revendique l'honneur d'être le premier à défendre l'Assemblée, ou à combattre l'émeute, partout où elle se présentera.

Cette demande sera vraisemblablement acceptée.

A VINCENNES

Les gardes nationaux du fort de Vincennes commencent à s'ennuyer de la vie claustrale de la citadelle.

Boire, manger et monter la garde ne constituent pas le bonheur.

La forteresse ne manque pas de garnison féminine, mais les femmes des trop galants factionnaires ont imaginé de venir monter la garde aux portes.

Chaque personne de mœurs peu douteuses est arrêtée par ces amazones de la fidélité conjugale, qui ne veulent pas que leurs maris jettent leurs képis par-dessus les donjons.

LIBERTÉ... DES MŒURS

Voulant à tout prix sauvegarder la *liberté de la femme*, le Comité a décidé que le bureau dit *des mœurs*, établi à la préfecture de police, serait dorénavant supprimé.

Ces dames seront donc les premières à profiter du régime de la liberté.

DANGER DE LA SOLITUDE

Hier, dans le train de six heures allant de Paris à Versailles, un voyageur se trouvait seul dans un compartiment de 1re classe. Arrivé à Batignolles, les inévitables fouilleurs de la garde nationale se mettent à fureter dans les wagons. Sous une banquette, dans le compartiment du voyageur solitaire, ils découvrent un paquet de journaux.

En vain le voyageur proteste de son innocence d'un si grand forfait; en vain il jure qu'il est honnête homme, point malfaiteur, bon citoyen et bon garde national du 1er bataillon.

C'en fut assez, il fallut descendre et, entre deux gardes nationaux, aller s'expliquer à Batignolles devant un capitaine délégué aux interrogatoires.

C'était heureusement un homme intelligent, qui renvoya le prévenu des fins de la plainte.

TETES DE RÉACTIONNAIRES

Le sous-comité, qui a des légions, comme César, exige d'elles une bonne tenue.

Ainsi, hier matin, comme les gardes nationaux se préparaient pour le grand défilé de l'Hôtel de ville, on voyait à Montmartre, voire à Belleville, les sergents-majors parcourir les compagnies en criant à tous leurs hommes, dont le menton, — on doit le savoir, — était remarquablement inculte : —Allez donc vous faire raser ! Qui est-ce qui m'a... donné ces têtes de réactionnaires !

(*Paris-Journal.*)

L'HOTEL DE VILLE

Dans la journée, raconte le *Siècle*, beaucoup de bataillons, qui n'avaient pu assister la veille à la proclamation du vote des élections communales, sont venus sur la place de l'Hôtel-de-Ville, musique en tête, saluer la Commune nouvelle.

La plupart avaient remplacé leur drapeau tricolore par un drapeau rouge à franges d'or, et les baïonnettes portaient à leur pointe un petit morceau d'étoffe rouge.

L'estrade, qui avait été élevée hier, a été enlevée, ainsi que le voile rouge qui couvrait la statue d'Henri IV.

On a laissé le buste de la République, et aussi la panoplie de drapeaux rouges qui l'encadre.

Les bataillons ont été passés en revue par les membres du Comité.

La circulation est rétablie sur la place de l'Hôtel-de-Ville, occupée encore par des gardes nationaux, mais en moins grand nombre que les jours précédents. Les canons ont été replacés sur une même ligne devant la façade.

La municipalité a donné l'ordre de réparer les rues obstruées par des barricades. Des paveurs sont occupés à niveler la voie au coin des rues Geoffroy-l'Angevin et du Temple. Le même travail s'exécute sur d'autres points.

LES PERQUISITIONS

Hier soir, à huit heures, une troupe de gardes nationaux est venue se poster dans la rue de Grammont, en interceptant la circulation dans toutes les rues avoisinantes.

Défense expresse, même de rentrer chez so., au grand mécontentement des habitants du quartier.

Il était question, dit *Paris-Journal*, d'arrêter un député venant de Versailles. D'autres personnes prétendaient qu'on venait s'emparer de deux chevaux qui auraient été volés aux Prussiens, et faire des réquisitions à la *Nationale*.

Voici quel était le motif de cette occupation :

Le Comité s'était rappelé que l'impératrice était assurée pour la somme de deux millions dans une des grandes compagnies parisiennes d'assurance. La veille, on avait fait des perquisitions à l'*Urbaine*. Hier soir, on fouillait les bureaux et les caisses de la *Nationale*.

Fort heureusement, la compagnie, à qui on avait donné l'éveil, avait fait partir le matin même pour Versailles tous les capitaux qui se trouvaient dans ses caisses.

LES POSTES

Le bruit avait couru que les employés des postes avaient été mis depuis avant-hier sous la direction et la surveillance de l'Hôtel de ville.

Voici quelques renseignements explicatifs qui nous sont fournis à ce sujet :

Il était parfaitement connu à l'Hôtel de ville que M. Theisz remplacerait M. Rampont dans la direction des postes. On le croyait même installé dans les bureaux, à telles enseignes que plusieurs personnes sont venues le demander à l'hôtel des Postes.

Deux délégués de l'Hôtel de ville sont venus ces jours derniers trouver M. Rampont et lui signifier son retrait d'emploi.

M. Rampont leur répondit catégoriquement que, nommé à son poste par un gouvernement issu du suffrage universel, il ne quitterait la direction des Postes que quand il en recevrait l'ordre du gouvernement.

Plus tard, de nouveaux délégués se présentèrent. M. Rampont était absent. Ils s'adressèrent au chef du service de Paris, et se montrèrent plus souples que par le passé.

Un compromis fut accepté par eux. La poste continuera, ce qu'elle a fait jusqu'ici, à faire le service des correspondances pour le Comité central, mais aucun employé ne sera distrait des bureaux, à moins que ce ne soit par un ordre de M. Rampont.

En tout cas, l'hôtel des Postes est et demeure gardé par le 111ᵉ bataillon, formé de tous les employés de la poste.

MONTMARTRE

Un de nos collaborateurs, dit le journal le Français, nous donne d'intéressants détails sur ce qui se passe derrière les barricades de Montmartre, sur le mont Aventin de l'émeute :

Tous les bataillons de gardes nationaux, sauf le nombre d'hommes strictement nécessaire à la garde des positions, étaient descendus hier, tambours et clairons en tête, pour acclamer sur la place de l'Hôtel-de-Ville, la nouvelle Commune élue; l'heure du rendez-vous, quatre heures du soir, avait été indiquée par une affiche placardée à l'avance. Le 61ᵉ bataillon, celui de tous qui est toujours et en toute occasion le premier et le plus ardent, marchait au grand complet.

Au retour, et la nuit venue, une promenade aux flambeaux, musique en tête, a été organisée; pareille promenade avait déjà eu lieu la veille, mais moins brillamment. Notez que ces parades militaires ont aussi leur côté..... utile : elles sont l'occasion de quêtes qui sont faites parmi les assistants. Je ne sais trop si ces quêtes produisent plus que celles qui précédemment, au passage de plusieurs barricades, étaient faites, disait-on, « pour les soldats privés de leur solde. »

Le froid très-vif de la soirée a promptement fait rentrer chacun chez soi; à dix heures, il n'y avait plus que de rares passants dans les rues.

Un seul groupe de femmes stationnait encore sur la place de la mairie. Ces femmes discutaient très-vivement sur la politique, et l'une d'elles semble avoir réuni l'assentiment de toutes quand elle a conclu en disant que, « pour en finir, ce qu'il y a de mieux serait un petit 93. » Je n'étais pas tenté d'en entendre davantage.

On me dit que le nombre des canons que l'on compte dans Montmartre ne s'élève pas à moins de 200 pièces; il y en a 120 de différents calibres, avec quelques mitrailleuses parquées sur le terre-plein des buttes du côté de Paris, et les autres sont dispersées dans les diverses positions stratégiques. Si on joint à cela l'artillerie de Belleville et des buttes Chaumont, de l'Hôtel de ville, etc., on comprendra que l'insurrection, en définitive, dispose d'un important matériel de guerre.

Ce qui manquait dans les premiers jours, c'était un personnel suffisant d'artilleurs. Mais les délégués du Comité, et notamment parmi eux un jeune homme nommé Thèse ou Theisz, se sont particulièrement appliqués à recruter ce personnel, aujourd'hui à peu près complet et convenablement organisé. Il a été alloué à chaque artilleur 2 francs par jour, et, en plus, la nourriture les jours de service.

Un assez grand nombre d'artilleurs de l'armée auraient déserté leurs corps pour venir à Montmartre, pour gagner cette solde élevée. On les loge dans les hôtels et chez quelques particuliers au moyen de billets de logement.

Les soldats de la ligne incorporés dans quelques bataillons sont logés de la même manière, et ils sont nourris au Château-Rouge, où une vaste cantine a dû être organisée.

La garde nationale continue à toucher régulièrement sa solde journalière de 1 fr. 50 c. par homme. Il est, en outre, délivré beaucoup de secours, surtout en nature, aux familles d'ouvriers, dont la plupart, femmes et enfants, n'ont peut-être jamais mieux ni plus agréablement vécu que depuis que les maris ne font rien que de jouer au soldat. La situation, pour tout ce monde-là, n'a donc rien de pénible, au contraire.

LE COMITÉ CENTRAL DE L'HOTEL DE VILLE

Le Comité central n'a pas cessé de fonctionner et même de délibérer à l'Hôtel de ville, qu'il n'a jamais quitté, nonobstant sa prétendue abdication ; et c'est ce pouvoir occulte et anonyme qui continue de gouverner Paris sous le nom et sous le masque de la Commune, laquelle, bon gré, mal gré, n'est que son instrument et son esclave. *Paris-Journal* publie le procès-verbal de la séance de ce jour.

Séance du 28 mars.

PRÉSIDENCE DU CITOYEN ASSI.

Le citoyen président prend la parole; il communique à l'assemblée le résultat définitif du vote. Les abstentions ont été nombreuses, mais le résultat n'en reste pas moins acquis.

Dans peu de jours les abstentionnistes seront ralliés au conseil municipal, si le gouvernement, d'accord avec le peuple, sait maintenir l'ordre et arrêter la réaction.

Dans quelques jours, dit-il, l'Assemblée nationale elle-même, revenue de ses injustes méfiances, tendra la main au conseil municipal, ou sera obligée de compter avec lui.

Le citoyen Fabre demande l'élargissement de tous les prisonniers.

Le citoyen Assi répond que, partout où les détenus ne relèvent pas spécialement du Comité, ils ont été élargis. Le petit nombre qui reste ne peut être relâché ; le conseil élu de la garde nationale, ou le Comité, s'il y a urgence, statuera sur leur compte.

La proposition du citoyen Fabre est repoussée.

Le citoyen Arnaud propose de nommer deux membres pour rédiger une adresse au peuple de Paris, pour le remercier d'avoir confirmé par son vote la conduite du Comité.

Le citoyen Assi et le citoyen Geresme sont chargés de rédiger la proclamation.

Le Comité, sur la proposition du président, nomme six commissaires, qui seront chargés d'installer le conseil municipal.

Les délégués détachés aux services publics font de droit partie de cette commission.

Le Comité se déclare dissous aux cris de : Vive la République ! vive la Commune ! Il restera chargé de l'expédition des affaires jusqu'à l'installation du conseil municipal, auquel il devra rendre ses comptes.

LE SOUS-COMITÉ CENTRAL

Séance du 28 mars.

PRÉSIDENCE DU CITOYEN BERGERET.

Le général Duval propose de mettre à l'ordre du jour certaines mesures d'ordre et de sûreté. En face de l'attitude de la réaction et du gouvernement de Versailles, il est bon d'assurer l'avenir de la République et de la Commune. Dans ce but tous les gardes nationaux qui voudront conserver leurs armes et leur solde devront faire chez leur sergent-major et sur un livre spécial une déclaration d'adhésion au Comité.

Tous les réfractaires seront immédiatement désarmés. Des souliers et des effets d'habillement seront distribués à ceux qui en manquent. Les secours continueront à être payés aux gardes nationaux nécessiteux.

Les gardes nationaux adhérents au Comité seront seuls employés à la garde de la cité.

Les agents de police sont supprimés.

Les services spéciaux de sûreté générale et de mœurs sont supprimés temporairement, et ne pourront être rétablis que dans le but d'assurer la paix publique, et avec de profondes modifications, la sûreté du pays ne devant pas entraver la liberté particulière.

Le citoyen Assi prend la parole. Il pense que la République est fondée et que la sécurité publique ne court aucun danger. D'ailleurs, dit-il, si tout être, quel qu'il soit, voulait attaquer par un moyen quelconque la République, on ne lui doit qu'un coup de fusil.

La séance est levée aux cris de : Vive la Commune ! Vive la République ! (*Paris-Journal.*)

L'HISTOIRE SUR LES MURS

L'affiche suivante a été placardée dans le dix-septième arrondissement :

Démission de la municipalité du dix-septième arrondissement.

Citoyens,

Nous nous retirons, comme il convient à tout républicain, quand il est atteint dans sa conscience politique.

Avant de quitter nos fonctions, il nous a été donné de voir quelques calomnies à notre adresse s'étaler sur les murs, sous forme d'affiches officielles; nous refuserons d'y répondre, laissant ce soin à tous ceux qui nous ont connus tous les jours, à notre poste, pendant le siège, face à face avec les exigences du moment, disputant pied à pied, au froid et à la faim, leurs victimes.

La conciliation, aujourd'hui surtout, est le véritable sentiment républicain, et pendant huit jours nous avons essayé de concilier l'Hôtel de ville et l'Assemblée nationale, Paris et la France.

Nous nous sommes rappelés que la France est une et indivisible, et que, si une partie a été violemment séparée, ce n'est pas une raison pour briser l'unité de notre pays et détruire, dans un accès de fièvre, l'œuvre de la Révolution française.

La Commune de 93 elle-même, animée du même esprit et du même respect pour les décisions de la Convention, n'a jamais osé se passer de sa sanction pour consacrer une loi. Il nous semblait que notre devoir était d'épuiser nos obsessions auprès de l'Assemblée nationale, trait d'union entre Paris et la France.

Par son obstination à refuser la reconnaissance d'un droit, l'Assemblée nous a forcés de passer outre. Nous avons en même temps sacrifié des scrupules d'amour-propre à des menaces de guerre civile.

Nous avons adhéré aux élections du dimanche 26 mars, parce que, pour nous, toute lutte intestine est un prélude de décadence, surtout chez un peuple

LA COMMUNE DE PARIS.

accablé de défaites, ayant encore l'étranger dans son sein.

Telle a été notre conduite dans ces derniers jours. Nous nous retirons donc en souhaitant que notre patrie, déjà si éprouvée, sorte, s'il est possible, grande et forte de ces nouvelles convulsions politiques, et que la République s'affermisse, en poussant de profondes racines dans notre sol ébranlé.

Vive la République !
Vive la France, une et indivisible !

Paris, le 27 mars 1871.

Le maire, FR. FAVRE.
Les adjoints, VILLENEUVE, CACHEUX, MALON.

Jusqu'à ce que nous soyons régulièrement remplacés, un d'entre nous restera à la mairie pour l'expédition des affaires administratives.

LES MENUS DÉTAILS DE L'HISTOIRE

M. Desmarest, maire du neuvième arrondissement, et MM. Ferry et Nast, ses adjoints, se sont présentés aux suffrages des électeurs, pour être nommés membres du conseil municipal, et après avoir été élus, ces messieurs ont donné et fait afficher leur démission dans tout l'arrondissement.

Aujourd'hui mardi, un couple de fiancés s'est présenté à la mairie pour prononcer le *oui* sacramentel ; malheureusement pour les époux, il n'y avait plus ni maire ni adjoints.

Ces messieurs n'ont pas cru devoir rester en fonctions jusqu'à leur remplacement, selon l'usage. On ne les a même pas trouvés à leurs domiciles respectifs.

Force a été au marié et à la mariée de demander le transport des registres de l'état civil du neuvième arrondissement au deuxième, où ils ont trouvé quelqu'un qui a bien voulu les unir.

Les employés de la mairie

Un bivouac sur la place de l'Hôtel-de-ville.

du neuvième ont sollicité à l'Hôtel de ville la nomination d'un délégué pour remplir les fonctions de maire en attendant les nouvelles élections.

LETTRES AUX JOURNAUX

M. Mottu adresse au *National* la lettre suivante :

Citoyen rédacteur,

Il est exact, ainsi que vous le dites dans votre dernier numéro, que des mandats d'amener ont été lancés par le Comité central contre moi et mon adjoint Poirier; mais, en mon absence, il a suffi de quelques mots de mon ami pour dissiper le malentendu, et constater l'erreur du Comité.

Ce qui est inexact, ce sont les relations que vous me prêtez avec le vice-amiral Saisset, que je n'ai jamais vu, avec qui je n'ai jamais eu de correspondance.

Je n'ai prononcé son nom que pour combattre sa nomination au commandement de la garde nationale; dans la réunion des maires, j'ai insisté contre le choix de la majorité, avec la plus grande énergie, ainsi que mon adjoint Poirier, en l'absence des citoyens Tolain et Blanchon, retenus à la mairie.

Le maire,
Signé : JULES MOTTU.

Le citoyen Jaclard adresse au *Cri du peuple* la lettre suivante :

Les maires et adjoints sont tous, sans distinction, enveloppés dans une égale et universelle réprobation.

J'ai attendu jusqu'à ce jour pour répondre, tant il me répugne d'avoir à repousser des accusations comme celles dont nous sommes l'objet.

Nommé commandant des forces de Montmartre et du quatrième secteur, je dirigeai les opérations pendant la journée du 18, et restai sur la brèche tant qu'il y eut le moindre péril. Puis, j'essayai de la persuasion pour amener les municipalités à un accord avec le Comité. La veille des élections, au matin, désespérant d'obtenir ce résultat, j'engageai vivement les électeurs, en mon nom personnel, à se rendre au scrutin, malgré l'opposition des maires. Je rédigeai, à cet effet, une adresse dont l'affichage fut empêché par ordre supérieur.

Je n'ai signé, ni autorisé à signer, aucune affiche tendant à l'ajournement des élections.

Quant à l'affiche Saisset, j'ai assez énergiquement protesté contre elle pour que mon opinion ne puisse être suspectée à cet égard.

Il a paru une autre affiche concernant l'envahissement de la mairie de Montmartre. Voici les faits :

J'étais à la mairie. On m'informe que celle-ci est envahie et qu'il y a un ordre d'expulsion contre la municipalité. Je n'avais été prévenu ni comme chef du secteur, ni comme adjoint. A ce moment, j'entends prononcer dans une salle voisine le mot d'arrestation. J'entre. Je vois mes collègues Clémenceau et Lafont mis en état d'arrestation. Je n'hésite pas. Je me constitue moi-même prisonnier. J'écris au Comité. Pas de réponse. Je signe une protestation.

J'ai la conviction d'avoir agi en homme de cœur, d'avoir servi la République de tout mon pouvoir, par les armes d'abord, par la persuasion ensuite.

Le résultat que j'espérais a été obtenu : Chasser le gouvernement, rallier les municipalités dissidentes ; par ce moyen, désarmer la réaction, pacifier Paris, généraliser les élections et fonder la Commune.

Si l'on n'est pas satisfait de ces explications, que n'importe qui rassemble un jury composé de n'importe quels citoyens : je me présenterai.

Puis, ce sera mon tour d'interroger mes accusateurs. Où étaient-ils à l'heure de la lutte ? Combien que je pourrais nommer ont retardé leur adhésion jusqu'à l'heure du triomphe !

J'ai joué ma vie en cette affaire ; ces derniers y ont gagné une candidature.

Si l'on veut une nouvelle preuve de mon dévouement, je suis toujours prêt à engager ma tête au service de la Révolution.

On parle déjà dans l'*Officiel* du 26 de s'entendre avec le pouvoir central. Il n'y a qu'un moyen de s'entendre avec Versailles, c'est de l'enlever. Je m'inscris comme volontaire.

Salut et égalité.
27 mars 1871.
JACLARD.

La *Commune*, portant la date du 27 mars, insère la lettre suivante :

Mon cher Delimal,

Veuillez, je vous prie, publier la courte (courte?) lettre que voici. Ma réputation, l'honnêteté de toute ma vie sont en jeu, et il est indispensable, au point de vue de la solidarité politique qu'encourt le Comité central, que je sorte sain et sauf des accusations infâmes dont la presse réactionnaire m'a couvert.

Bien à vous,
J. LUCIEN COMBATZ.

Cher citoyen,

La *Cloche*, le *Soir*, et après ces feuilles, autrefois et peut-être encore aujourd'hui bonapartistes, plusieurs journaux de la bande réactionnaire ont fait feu sur moi, un feu de lâches et de soudards. — Quand on veut tuer son chien, on le dit enragé. C'est le proverbe qui parle. Je n'ai pas la prétention de croire que ces messieurs de la presse vendue à l'ordre monarchique, c'est-à-dire aux prétendants, aient bien voulu me tuer dans le simple but de me tuer. Je suis trop peu dans cet effort gigantesque du Comité central pour que ma disparition de la scène politique, — par la calomnie, puisse porter le plus petit préjudice aux hommes qui sont en voie de sauver le pays. Mais en me clouant au pilori infâme, atteint et convaincu de forfaiture, une honte, — c'est l'avis de ces thermidoriens, — eût rejailli sur le parti politique qui venait de faire appel à mon dévouement.

J'ai été appelé voleur. On a dit : *Monsieur Combatz a volé la caisse du télégraphe de l'Hôtel de ville.* Ceci a été écrit en lettres capitales; le *Gaulois*, ce proxénète bien connu, en a répandu la nouvelle dans toute la France. J'ai d'abord été navré, j'étais fou de douleur, et si les caïmans de la défense nationale n'avaient pas abusé des larmes, j'aurais pleuré volontiers. Mais j'eus peur de leur ressembler, même par le plus petit bout. A cette accusation infâme qui a traversé tous les journaux en dévorant, comme la nuée, toute une vie honnête, je ne voulais opposer que le silence, le mépris. Mais je me suis souvenu à temps que le vigneron de Veretz a dit une fois : Si l'on m'accusait d'avoir volé les tours de Notre-Dame, je commencerais par prendre la fuite.

Je ne veux pas fuir, bien que le *Soir*, venant à la rescousse, en *descabellador* (c'est le nom du torero qui vient achever le taureau, c'est le sergent qui fusille par l'oreille le soldat mort fusillé), ajoute déjà que « je me suis emparé des caisses de la Direction générale ». Dans ce cas, il me faut répondre.

Or, voici le fait :

En 1863, ayant déjà fait la guerre avec Pisacane, avec Garibaldi en Valteline, avec Cialdini à Castelfidardo, j'étais au télégraphe de l'Hôtel de ville. J'avoue que je faisais un fort mauvais employé. J'avais pris l'initiative d'une ligue contre de Vougy, le proxénète *ailectrique* de Bonaparte, et les élections de l'année m'avaient fort occupé. J'étais en outre collaborateur de petits journaux littéraires, frisant la politique. J'étais dans les sonneurs de réveil. Plusieurs fois, je fus menacé de destitution. Je subis des retenues de solde désespérantes; il fallait, bon gré, mal gré, que je quittasse la télégraphie, ou faire amende. Cette amende — sans calembour — n'était pas de mon goût. Un jour — ce jour-là, le service se composait de trois employés : un d'eux était à la caisse; il s'appelait Lacroix — un billet de 100 francs manqua à l'appel du soir. Le coupable était connu; il était atteint et convaincu du crime de vol. Nous mîmes dans les mains de l'hospodar de Vougy les preuves probantes. Rien n'y fit; tout le bureau fut renvoyé.

C'est tout ce que j'ai à raconter. J'en appelle à tous mes amis, politiques ou autres; ils m'ont toujours connu honnête, loyal, brave. Leur témoignage, leur amitié me vengent des attaques de la vénalité et de la tartuferie. Cela suffit à la vie ! Et j'ai, par la conscience, cent pieds de plus en hauteur que tous les garnements qui essayent de me fouetter, c'est-à-dire que leurs attaques ne m'atteignent pas. Je fais sur eux ce que Pantagruel fit du haut des tours Notre-Dame sur le Parvis !

Maintenant je laisse au caissier central des télégraphes, M. Raffaut, un honnête homme, qui a bien voulu rester au poste, pour sauvegarder les intérêts des employés télégraphiques, le soin de répondre pour moi. Il vous dira si j'étais digne, honnête et loyal envers tous pendant les sept jours de mon passage à la direction générale des télégraphes.

Puis enfin mon dossier est ici. Je n'ai pas voulu le voir. Je crains peu ces dossiers policiers inspirés par la haine politique et la vénalité des chefs. J'aurais pu l'anéantir.

Tout à vous,

LUCIEN COMBATZ,
Ex-directeur général délégué
des lignes télégraphiques.

Cette lettre, ajoute la *Commune*, mérite considération. Nous l'avons accueillie avec plaisir et nous nous plaisons à croire que les journaux qui ont attaqué l'honneur de celui qui l'a signée, s'empresseront de la reproduire.

Paris, le 28 mars 1871.

Monsieur le directeur,

Plusieurs journaux ont annoncé l'arrestation du général Mellinet.

Permettez-moi de rassurer ses nombreux amis, car il m'a été affirmé à la préfecture de police que c'était le général Molinet que l'on retenait prisonnier, et non pas le grand-maître de la franc-maçonnerie.

Agréez, monsieur le directeur, avec mes remerciements, l'assurance de mes sentiments distingués,

ALBERT DE CHAMBURÉ,
52, rue Lemercier.

LES FAITS DIVERS

Le personnel de l'imprimerie nationale vient d'être officieusement prié, par le gouvernement de Versailles, de reprendre possession de ses bureaux, et surtout de veiller au matériel.

Vingt-cinq chefs et sous-chefs de bureau du ministère des finances, n'ayant pas obéi aux ordres du Comité, ont reçu avant-hier l'avis qu'ils étaient destitués.

D'après la *Nouvelle République*, les propositions suivantes seront déposées sur le bureau de la Commune, à l'ouverture de ses travaux :

Proposition I. — Les séances de la Commune ne sont pas publiques.

Proposition II. — Il n'y a pas de tribune. La Commune est un comité d'action et non une assemblée d'avocats.

Proposition III. — Il ne sera pas publié de compte rendu des séances de la Commune, mais seulement un procès-verbal quotidien de ses actes.

Proposition IV. — Il y a incompatibilité entre le mandat de membre de la Commune et celui de représentant à l'Assemblée de Versailles.

Nous citons, d'après le *Siècle*, un exemple entre

beaucoup d'autres d'une des incroyables situations que peut amener la guerre civile :

Quand les bataillons envoyés par le Comité pour s'emparer de la mairie du Louvre étaient en train de parlementer, un des arrivants alla demander à l'un des officiers chargés de la défense du quartier si MM. X... frère et fils, gardes au 14e, étaient présents. — Certainement, répond l'officier, car le bataillon est au complet. — En ce cas, je m'en vais, reprend le jeune homme; car, en restant ici, je m'exposerais à tirer sur mon père et sur mon frère.

Heureusement qu'aussitôt le cri de *Vive la République* annonça aux partis en présence que l'affaire venait de s'arranger.

Deux porteurs du *Petit Journal* et un porteur de *Paris-Journal* ont été arrêtés ce matin à la gare des Batignolles.

Ces porteurs, qui avaient pris le train de huit heures trente à la gare Saint-Lazare, ont été faits prisonniers par les gardes nationaux du Comité.

La journée du mercredi 29 mars.

JOURNAL OFFICIEL

PARTIE OFFICIELLE

Paris, 28 mars 1871.

Dans sa séance d'installation, la Commune de Paris a déclaré que la garde nationale et le Comité central ont bien mérité de la patrie et de la République.

Les secrétaires,   *Le président,*
TH. FERRET, RAOUL RIGAULT.   CH. BESLAY.

PARTIE NON OFFICIELLE

Paris, le 28 mars 1871.

Les citoyens membres de la Commune de Paris sont convoqués pour aujourd'hui mercredi, 8 germinal, à une heure très-précise, à l'Hôtel de ville, salle du conseil.

LA COMMUNE DE L'ALGÉRIE

Citoyens,

Les délégués de l'Algérie déclarent, au nom de tous leurs commettants, adhérer de la façon la plus absolue à la Commune de Paris.

L'Algérie tout entière revendique les libertés communales.

Opprimés pendant quarante années par la double centralisation de l'armée et de l'administration, la colonie a compris depuis longtemps que l'affranchissement complet de la Commune est le seul moyen pour elle d'arriver à la liberté et à la prospérité.

Paris, le 28 mars 1871.

ALEXANDRE LAMBERT.
LUCIEN RABUEL.
LOUIS CALVINHAC.

Le délégué du Comité central à l'intendance générale invite MM. les employés de cette administration à se présenter dans les vingt-quatre heures à son bureau, rue Saint-Dominique-Saint-Germain, 94, afin de reprendre les services qu'ils ont laissés en souffrance.

Il sera pourvu au remplacement de ceux qui ne répondraient pas à cet appel.

MINISTÈRE DE LA GUERRE

AVIS

Les employés du ministère de la guerre sont invités à reprendre leurs services sans aucun retard.

Ceux qui, sans motifs d'empêchement justifiés, ne seraient pas présents à leurs bureaux le jeudi 30 courant, seront immédiatement remplacés.

Les chefs de service devront préalablement se présenter au cabinet du ministre de la guerre, afin d'y recevoir des instructions.

Hier, Gustave Flourens a fait poser l'affiche suivante dans le vingtième arrondissement :

RÉPUBLIQUE FRANÇAISE
Liberté, Égalité, Fraternité.

Ordre du jour de la 20e légion.

A dater d'aujourd'hui 27 mars, les officiers et les sous-officiers payeurs civils nommés par l'*Intendance* sont révoqués de leurs fonctions. Les chefs de bataillon feront procéder immédiatement à l'élection par le bataillon tout entier d'un officier payeur qui les remplacera.

Pour que le service des finances ne souffre aucune interruption, chaque chef de bataillon aura le droit de nommer un payeur à titre intérimaire jusqu'à l'élection du titulaire. L'officier payeur titulaire aura le grade de lieutenant.

Le général à titre provisoire de la 20e légion,

GUSTAVE FLOURENS,
membre de la Commune de Paris.

Ve ARRONDISSEMENT DE PARIS

(MAIRIE DU PANTHÉON)

Le maire du cinquième arrondissement,
Considérant que l'administration de l'assistance

patriotique a subitement, et sans en faire connaître les motifs, interrompu la distribution de ses secours ;

Que cette interruption porte préjudice à des situations pénibles et entièrement dignes d'intérêt,

Arrête :

Art. 1er Les distributions sont reprises à partir de demain, au même lieu, au même jour et pour les mêmes quotités que par le passé ;

Art. 2. Elles seront faites par les soins de notre municipalité provisoire du cinquième, et sur les fonds spéciaux mis à sa disposition ;

Art. 3. Le citoyen Henri Régère, capitaine adjudant-major, notre secrétaire particulier, est temporairement chargé de ce service.

Fait à Paris, le 28 mars 1871.

Le maire provisoire, membre du conseil communal de Paris,

Les adjoints provisoires,
AGONIN, MURAT.

D.-TH. RÉGÈRE.

PHYSIONOMIE DE PARIS

Paris continue de jouir d'une tranquillité matérielle complète. La proclamation de la Commune s'est accomplie sans encombre, sur la place de l'Hôtel-de-Ville, en présence de nombreux bataillons de la garde nationale, et au milieu de roulements de tambours, joints à des salves d'artillerie.

Ce matin, un certain mouvement militaire, un peu plus accentué que les jours précédents, a frappé l'attention des Parisiens. A quoi attribuer ces allées et venues matinales de la garde citoyenne? Nous l'ignorons complètement, mais nous constatons que si le baromètre moral est à l'agitation, le temps est au calme plat dans la rue.

En parcourant plusieurs quartiers populeux de Paris, nous avons été frappé par la vue d'affiches blanches, par conséquent officielles, émanant du gouvernement, non point de la Commune, mais de la France, et annonçant en très-gros caractères à la population que les communes de Toulouse et de Saint-Étienne avaient vécu, que le mouvement du Creuzot avait cessé, et que l'émeute, en un mot, avait échoué dans les villes où elle avait dressé la tête. Des groupes nombreux s'étaient formés devant ces affiches et y devisaient sur les perspectives d'avenir que ces nouvelles seraient dans le cas de permettre ou de refuser à la Commune parisienne. Les impressions diverses qui se traduisaient sur la physionomie des lecteurs nous ont semblé fournir matière à de précieuses observations psychologiques.

Il est toujours fort question des réquisitions et des obstacles mis à la circulation des voyageurs plus ou moins soutachés ou galonnés.

Les réquisitions de denrées sont, actuellement, le grand effroi du commerce. Il faut bien cependant que l'armée de la nouvelle Commune vive ; or, les marchands de comestibles ne paraissent point du tout s'être élevés encore à cette hauteur de désintéressement communal qui devrait les inviter à faire crédit aux franchises municipales. De toutes parts, on n'entend que des réclamations : du côté de la charcuterie, surtout, les doléances sont multiples ; le commerce des vins, lui aussi, est très-plaintif.

Il paraît, du reste, que les réquisitions auraient aussi inquiété la banlieue. On raconte, en effet, que dans la journée d'hier, des boulangers et des bouchers de Boulogne se seraient vus forcés de délivrer leur marchandise à des gardes nationaux adhérents au Comité central et auraient été payés avec des bons signés d'un nom parfaitement inconnu.

Est-il vrai que, dans plusieurs quartiers de Paris, des agents du Comité central auraient réquisitionné tous les chevaux pour le service de l'artillerie ?

Le bruit en a couru, mais nous ne sommes en mesure ni de le confirmer ni de l'infirmer.

Si les voyageurs portant képi ou pantalon d'uniforme sont impitoyablement arrêtés au passage, à la gare des Batignolles, par les gardes nationaux qui veillent sur la gare et le chemin de fer de l'Ouest, ils partagent ce sort rigoureux avec les journaux qui ne sont ni le *Rappel*, ni le *Père Duchêne*, ni le *Cri du peuple*, ni la *Nouvelle République*. Hâtons-nous de dire, toutefois, pour être des narrateurs impartiaux, que ces dernières feuilles sont, à leur tour, sévèrement bannies de Versailles : ce qui fait que, pour circuler sans vexations aucunes sur le chemin de fer de Paris-Versailles, il est très-prudent, si l'on tient absolument à lire, de se munir de quelque auteur classique : lecture qui n'a point été interdite encore, que nous sachions, dans nos temps de liberté.

Sur la ligne de Versailles, la visite des trains à Asnières a été supprimée. Un piquet de miliciens garde cependant le pont de bateaux situé près du chemin de fer et interdit le passage du fleuve à tout citoyen armé.

Le point le plus aigu de la situation présente, sous le rapport de cette bonne paix civique dont nous avons tous tant besoin, et que nous appelons tous de nos vœux, paraît être le face-à-face menaçant des avant-postes de la garde nationale de la Commune parisienne et des forces groupées, du côté de Sèvres, sous les ordres du général Ducrot.

Presque chaque nuit des escarmouches ont lieu. Les piquets de Versailles et ceux de Paris se rencontrent. On fait quelques prisonniers de part et d'autre. Ces opérations nocturnes se font silencieusement du côté de l'attaque et de la défense.

Il faut que ces combats d'avant-postes aient pris une certaine importance, puisque le général Ducrot a cru devoir faire couper le pont de bateaux qui reliait les deux rives de la Seine, entre Sèvres et Billancourt.

On sait que ce pont avait été établi là en remplacement du magnifique pont de pierres que l'on avait fait sauter à l'arrivée des Prussiens. Il ne reste pas un seul bateau, et là comme au Point-du-Jour, il a fallu improviser pour le service quotidien une passerelle à roulettes qui laisse à désirer, et un batelet qu'on hèle d'un bout à l'autre de la Seine.

(*La France.*)

LES POMPIERS DE PARIS

L'un des plus beaux régiments de l'armée de Paris, c'était sans contredit celui des pompiers de la ville de Paris.

Pour en faire partie, le soldat devait être un soldat d'élite.

Ce corps se composait de douze compagnies, formant un régiment commandé par un colonel ; il comprenait environ quinze cents hommes.

Lors du départ de Paris de l'armée et de toutes les forces militaires, le régiment des pompiers resta seul dans la capitale et continua son service comme d'habitude, après toutefois avoir été complètement désarmé.

Il y a environ quatre jours, le Comité central décida en conseil que l'on devait procéder à de nouvelles élections pour les officiers et sous-officiers dans ce régiment comme dans les bataillons de la garde nationale de Paris.

Tous les officiers, — sauf le gros-major, — et les sous-officiers refusèrent de se conformer à cette décision et préférèrent quitter le corps, quoique la plupart fussent sollicités par leurs hommes pour être confirmés dans leur grade par l'élection. Le *gros-major*, officier chargé de la comptabilité, fut le seul qui désirât rester dans ces conditions, ne voulant pas, disait-il, abandonner ses hommes.

Le gouvernement de Versailles n'ayant adressé aucune instruction à ce corps, au sujet de la solde, il est à craindre que cette solde ne lui soit faite dorénavant directement par le Comité central.

Alors, dans ce cas, les pompiers de la ville de Paris ne relèveraient plus que du Comité central de la garde nationale.

Hier, presque tous les officiers bouclaient leurs malles et s'apprêtaient à quitter leurs casernes.

Un grand nombre de sous-officiers — non réélus — ont l'intention de demander à passer, avec leurs grades, dans d'autres régiments.

C'est la désorganisation complète de ce beau régiment !

COMITÉ CENTRAL DE LA GARDE NATIONALE

Séance du 29 mars.

PRÉSIDENCE DU CITOYEN DUVAL.

Sur la proposition du citoyen Eudes, le Comité déclare que, si quelques arrondissements de Paris ont cru devoir demander aux citoyens les noms et les adresses des ennemis de la République, ces comités particuliers de ces arrondissements ont bien agi. Toutefois, le Comité doit déclarer que cette mesure est simplement une mesure de précaution et non une mesure de proscription. La République ne veut pas verser le sang : les citoyens désignés pourront être surveillés, mais aucune démonstration hostile ne sera faite contre eux.

Si les citoyens en question ne se trouvent pas en sûreté à Paris, ils sont libres de s'éloigner. Toutefois, ils n'ont qu'à se conduire en bons citoyens, et la République leur accordera, à eux comme à tout le monde, aide et protection.

La proposition est adoptée.

Le citoyen Maljournal demande si le Comité de la garde nationale aura le droit d'initiative auprès du conseil de la Commune. Le citoyen Assi répond que le Comité actuel ayant un grand nombre de ses membres au sein du conseil municipal, il sera de plein droit autorisé à exprimer ses désirs.

Le citoyen Maljournal prétend alors que l'on doit faire parvenir à la première assemblée du conseil une proposition ainsi conçue : « Vu l'urgence de se procurer l'argent nécessaire au renvoi des Prussiens de France, Paris devant donner l'exemple, une taxe est établie sur tous les individus ayant quitté Paris pendant le siège. Cette taxe sera calculée à 5 francs par garde que le délinquant aura dû monter jusqu'à ce jour, 10 francs pour les jours de tranchée, et 100 francs pour les jours de bataille auxquels il aurait dû assister. »

Le citoyen Brunel demande si le Comité sait ce qui se passe à Versailles et à Saint-Germain.

Le président répond que l'esprit de l'armée est excellent et qu'il n'y a rien à craindre.

Sur la proposition du citoyen Assi, le citoyen de Fonvielle (Wilfrid), coupable d'attentat contre la Commune, est décrété d'accusation et condamné à mort par contumace.

Le citoyen Rigault est chargé de la surveillance de la ville et de la République. En attendant que le conseil soit régulièrement installé, le citoyen Rigault restera aux ordres du Comité.

Le citoyen Duval a le droit de requérir la force publique pour tout ce qui concerne la sûreté publique.

Il est autorisé à faire les perquisitions nécessaires pour s'assurer des gens hostiles à la République et à la Commune qu'il saurait être dangereux.

Toutefois, la plus grande circonspection doit être apportée dans toutes les choses qui touchent à la liberté individuelle, et les accusateurs seront personnellement responsables des fausses déclarations.

Le Comité délègue les citoyens Eudes, Duval, Assi, pour régler la limite de ses pouvoirs avec ceux de l'Assemblée.

Les membres du Comité sont invités à se réunir en corps pour recevoir les élus du suffrage universel.

La séance est levée aux cris de : Vive la Commune ! Vive la République !   (*Paris-Journal.*)

LES MENUS DÉTAILS DE L'HISTOIRE

Dans la matinée, un détachement de fédérés arrêtait à Batignolles le train se rendant de Paris à

Versailles, et faisait descendre de wagon les voyageurs couverts de l'uniforme de garde national.

Un citoyen fut sommé de quitter sa place, il avait un pantalon à bandes rouges.

— Il faut descendre, dit l'officier fédéré.

Le citoyen est fortement atteint de surdité et ne répond pas.

— Je vous ai dit de descendre, reprend l'officier.

Enfin, le citoyen se fait expliquer par ses voisins ce dont il s'agit, et bref refuse d'obtempérer à l'injonction qui lui est faite.

On va chercher le commandant du poste et la scène recommence. — Même refus du voyageur.

Arrive un troisième personnage, probablement le délégué du Comité central à Batignolles. — Toujours même résistance.

Enfin, le citoyen, fort irrité, s'écrie :

— C'est mon pantalon que vous désirez ; je ne puis cependant pas voyager sans ce vêtement. — Si cependant ces dames veulent bien que je me dévêtisse, je leur déclare que j'ai un caleçon. — On veut faire de moi un sans-culotte : c'est certainement le seul moyen d'y parvenir.

En présence de la résistance énergique du voyageur, les agents du Comité se retirent et le laissent poursuivre son chemin.

Ajoutons que le citoyen en question n'est autre qu'un académicien, dont le fils siége dans l'Assemblée de Versailles.

Le ministre des affaires étrangères vient de recevoir du général prussien de Fabrice la lettre suivante :

Rouen, le 26 mars 1871.

Monsieur le ministre,

Une communication purement militaire, envoyée dernièrement par le chef d'état-major de la 3ᵉ armée allemande à l'adresse du commandant temporaire de Paris, a donné lieu à des commentaires.

On s'est plu à considérer cette notification comme un encouragement donné au mouvement parisien.

Pour détruire tout soupçon de cette nature, il suffira de rétablir dans son authenticité le texte de la lettre allemande du général Schlotheim. Cette lettre porte qu'en dehors de certaines éventualités, qu'il était nécessaire de préciser en présence d'un pouvoir inconnu dont on ignorait les dispositions, les troupes allemandes conserveraient une attitude pacifique (*friedlich*) et complétement passive. Le Comité central, en publiant la notification, a cru utile de changer « attitude pacifique » en « attitude amicale. »

Veuillez agréer, monsieur le ministre, les assurances de ma haute considération.

Signé : FABRICE.

LETTRES AUX JOURNAUX

La lettre suivante a été adressée au *Journal des Débats* :

Paris, le 29 mars 1871.

Monsieur,

Nous avions pensé que la Commune de Paris n'ayant pas enlevé des murs de l'Hôtel de ville la devise républicaine : Liberté, Égalité, Fraternité, nous pourrions user du droit reconnu à tout citoyen de dire et d'imprimer sa pensée.

Le *Figaro*, victime d'une première violence, avait reparu ce matin. Ce soir, une bande de cent cinquante gardes nationaux en armes parcourait les boulevards en enlevant les numéros du *Figaro* restés dans les kiosques, tandis que l'imprimerie de M. Dubuisson était envahie et qu'on lui signifiait l'ordre de ne point imprimer le journal.

Devant un pareil abus de la force, devant un mépris des droits pour lesquels on a si longtemps combattu, il ne nous reste qu'à nous taire et à attendre.

Veuillez agréer, monsieur le directeur, l'assurance de nos sentiments confraternels.

(*Le Figaro*.)

M. Tirard adresse à l'*Ami de la France* la lettre ci-dessous :

29 mars 1871.

Monsieur le rédacteur,

Le mandat qui m'a été confié dimanche dernier, et qui, dans ma pensée, devait être exclusivement municipal paraissant s'étendre fort au delà dans le domaine de la politique, je vous prie de vouloir bien me prêter le concours de votre honorable journal pour faire connaître aux électeurs du deuxième arrondissement qui m'ont honoré de leurs suffrages que je ne puis accepter les fonctions qu'ils m'ont confiées.

Recevez, etc.

TIRARD.

L'*Opinion nationale* reçoit la communication suivante :

CONSEIL MUNICIPAL

Paris, le 29 mars 1871.

Citoyen rédacteur,

Vous vous faites l'écho d'un article de *Paris-Journal*, dans lequel il est question d'une prétendue formation d'un sous-comité, sur la proposition du citoyen Assi.

Certains journaux ont imaginé une foule d'histoires d'arrestations, de comptes-rendus de nos séances, ou enfin d'actes arbitraires, le tout d'un fantaisiste qui nous a égayés nous-mêmes.

Mais dès l'instant où quelques feuilles, pouvant être considérées comme ayant un caractère sérieux, prennent ces plaisanteries pour autre chose que ce qu'elles valent, nous croyons de notre devoir, surtout à l'heure où nous avons remis le pouvoir aux mains de la Commune, de dire aux citoyens trompés par ces élucubrations, que rien, absolument rien, des faits que vous avez jugé à propos de reproduire, n'est vrai ; que votre bonne foi a été entièrement surprise, et que les actes du Comité central ayant reçu la plus entière publicité, les journaux sérieux devraient bien, s'ils veulent conserver une juste considération, contrôler de pareilles choses avant de s'en faire l'organe.

Nous avons respecté toutes les libertés, nous avons été justes, nous avons fait notre devoir ; à vous de vous montrer à la hauteur du Comité central.

Salut et fraternité.

Par délégation du Comité central,
L. BOURSIER, — PRUDHOMME.

LES COULISSES DU JOURNAL OFFICIEL DE LA COMMUNE

En réponse à un article dont la lettre suivante fera suffisamment connaître la substance, le journal *la Cloche* a reçu la curieuse communication qu'on va lire :

Paris, le 29 mars 1871.

Monsieur le directeur,

Vous traitez de conte l'impudente proposition qui m'a été faite dans les bureaux de l'*Officiel*. Votre doute ne me paraît guère honorable pour le journalisme.

Vous continuez en disant que *le délégué au Journal officiel, sortant de l'anonyme, signe aujourd'hui Longuet*. Cette assertion exige quelques explications.

Lors de la prise de l'Hôtel de ville, mon ami Lullier me fit appeler et me demanda à quel poste je voulais être délégué. Je réfléchis un moment, et ensuite je lui demandai l'*Officiel*, en lui déclarant qu'avec ce journal et mes profondes études sur les diverses révolutions, je pourrais soulever la province contre le gouvernement Thiers.

Il mit aussitôt trois compagnies à ma disposition pour aller prendre possession du *Journal officiel*.

Pendant deux jours, j'eus pour collaborateurs les citoyens Barberet et Vésinier, surtout ce dernier. Le citoyen Longuet m'engagea à les renvoyer, en me disant que Vésinier avait écrit les *Nuits de Saint-Cloud*.

Eux partis, il devait immédiatement venir.

Il n'en fit rien, et pendant trois jours je fus seul à l'*Officiel*.

Vendredi soir, le citoyen Longuet vint avec une délégation le nommant rédacteur en chef. Lui, rédacteur en chef ! Je ne vous souhaite pas, monsieur le directeur, d'en avoir un pareil, car, pour écrire deux phrases, il met un temps incroyable, et encore, après les avoir écrites, ne les donne-t-il pas au journal.

Mardi matin, j'ai eu une altercation très-vive avec lui, à la suite de laquelle je l'ai forcé à quitter l'*Officiel*.

Plus tard, j'exposerai tout, en écrivant un petit opuscule : *De l'art d'avoir une certaine réputation, tout en étant un parfait imbécile.*

Je termine, monsieur le directeur, en vous déclarant que c'est moi, inconnu au journalisme, qui ai imprimé au *Journal officiel* son allure révolutionnaire, et qui ai fait, avec l'assentiment du Comité central, tous les décrets qui ont donné au mouvement du 18 mars sa véritable signification.

Le directeur,
ÉMILE LEBEAU.

Le citoyen Lebeau nous communique également le précieux entrefilet suivant :

Cette nuit, pendant l'absence du citoyen Lebeau, directeur de l'*Officiel*, les fédéralistes Demay et Arnould, délégués à l'intérieur, se sont rendus, à la sollicitation du citoyen Longuet, dans les bureaux du *Journal officiel*, et, de leur propre autorité, ils ont fait disparaître l'en-tête suivant :

C'est par surprise que le nom du citoyen Longuet a paru hier dans le *Journal officiel*.

« Nous approuvons complétement l'article du citoyen Vaillant, et nous n'hésitons pas à déclarer que nous avions préparé sur le régicide un article plus radical que, vu les circonstances, nous n'avons pas voulu insérer.

« M. de la Roche-Thulon, représentant à l'Assemblée de Versailles, a déclaré qu'il provoquait tous les républicains.

« Eh bien, les citoyens Lebeau, Lullier et Dardelles, commandant des Tuileries, relèvent tous les défis des défenseurs du principe monarchique.

« Le directeur de l'*Officiel*,
« ÉMILE LEBEAU. »

Cet acte d'arbitraire et de lâcheté, puisqu'ils ont espionné la sortie du directeur, n'a pas besoin d'être qualifié. Si le citoyen Lebeau eût été au journal, il les eût fait arrêter.

LE DÉLÉGUÉ LONGUET

A la suite des curieuses révélations qui précèdent, on ne lira pas sans intérêt le portrait suivant, tracé par un rédacteur de l'*Électeur*, d'un des auteurs de la comédie ci-dessus :

Le citoyen Charles Longuet, « délégué au *Journal officiel* », a partagé tout son temps, il y a quelques années, entre la sixième chambre, le jardin Bullier et le café Molière, voisin du Luxembourg.

C'était aux dernières années du règne de Bonaparte. Le citoyen Longuet, après avoir fait semblant de faire son droit, se mit à écrire dans les journaux fondés au quartier Latin par les étudiants, et c'est à cette époque qu'il eut plus d'une fois maille à partir avec M. Delesvaux, homme fort honorable, d'ailleurs, comme chacun sait, et qui le

Le peuple s'amuse.

condamnait chaque fois avec une régularité parfaite.

Le citoyen Longuet s'en souciait peu, et, une fois sa peine expirée, s'en allait de nouveau faire retentir les échos de Bullier et du café Molière des éclats de sa voix stridente. Là, il entamait avec ses amis et ses amies des discussions politiques à perte de vue, et qu'il soutenait d'autant plus facilement qu'il jouissait de cette rare faculté de pouvoir parler trois heures durant sans aller à la recherche d'un mot et sans avoir besoin d'une seule goutte d'eau sucrée.

C'est ainsi, de brasserie en café, de café en bastringue, et de bastringue en caboulot, que le citoyen Longuet fit et parfit son éducation politique. On s'en aperçoit facilement à la prose qu'il étale dans le *Journal officiel*.

Le citoyen Longuet, qui n'est guère âgé de plus de trente à trente-deux ans, a bien mérité son nom. Tout au contraire du citoyen Combatz, qui est gros, épais et court, il est grand, maigre, et long à faire croire qu'il voudrait toucher le ciel.

Nous ne pensons pas cependant qu'il ait cette prétention ; mais, pour achever son portrait, nous dirons qu'avec ses cheveux abondants et plats, ses yeux noirs et perçants, son rire bruyant, ses jambes interminables, ses bras toujours en rotation, et ses allures turbulentes et échevelées, le citoyen Longuet représente bien, dans la Commune, l'élément bohème en ce qu'il a de plus fâcheux et de plus accompli. (*Électeur*.)

LA VÉRITÉ SUR L'AFFAIRE DE L'OFFICIEL

Ce n'est que plus tard, après la chute de la Commune, que le *Figaro* a révélé, d'après des documents authentiques, les détails véritables de la lutte homérique engagée entre les deux prétendants au gouvernement de l'*Officiel*. Voici, dans toute sa simplicité, le récit de cette épopée tragi-comique :

On se souvient qu'au lendemain du 18 mars, les fédérés s'emparèrent de l'imprimerie du *Journal officiel*, dont la direction fut confiée au citoyen Lebeau.

Quelque temps après, les élections à la Commune ayant eu lieu, cette dernière voulut remplacer Lebeau, et nomma un de ses membres, Longuet, directeur de l'*Officiel*.

Suivi d'une compagnie de fédérés, Longuet se rendit à son poste, quai Voltaire, et il fit sommer Lebeau d'avoir à déguerpir. Lebeau répondit qu'il avait été nommé directeur de l'*Officiel* par le Comité central, et qu'il ne se retirerait même pas par la force des baïonnettes. Pour le prouver, il fit prendre les armes au peloton de fédérés chargés de garder l'imprimerie.

Les fédérés de Longuet et ceux de Lebeau se trouvèrent ainsi en présence, et ils allaient certainement en venir aux mains, lorsqu'un vieux sergent du détachement commandé par Lebeau alla fraterniser avec les hommes de la compagnie Longuet. Ce fut le signal d'une réconciliation générale, et les fédérés, ayant rompu leurs rangs, se mirent en devoir d'aller trinquer ensemble chez le marchand de vin du coin.

Mais cela ne faisait l'affaire ni de Longuet ni de Lebeau. Restés seuls en présence l'un de l'autre, ils résolurent d'avoir recours au jugement de Dieu, et, semblables à ces chevaliers du moyen âge qui combattaient corps à corps sous les yeux de leurs belles, ils en vinrent aux mains sous les yeux des fédérés, qui, tout en trinquant, ouvrirent des paris sur l'issue du combat.

Longuet, grand et fort, eut bien vite raison de Lebeau, qui, après avoir reçu une raclée d'importance, se retira en mauvais ordre, abandonnant à son vainqueur le poste de directeur du *Journal officiel*.

LA PREMIÈRE DU CITOYEN LULLIER AUX PARISIENS

Le citoyen Lullier dont l'arrestation a été présentée et commentée de diverses façons, adresse au peuple de Paris la proclamation suivante :

Conciergerie, ce 28 mars 1871.

Gardes nationaux, citoyens,

J'ai pris la barre du gouvernail au milieu de la tempête. Tant que le vent a soufflé en foudre, j'ai donné froidement des ordres, sans m'inquiéter des qu'en dira-t-on de l'équipage.

Aujourd'hui le navire a touché au port ; capitaine, je viens rendre compte de mes manœuvres.

Dans la journée du 18 mars, à peine de retour à à Paris, dans cette ville dont m'avait éloigné une insigne fourberie, le Comité central de la garde nationale me fit rechercher partout et me remit, rue de Barroy, 11, tous ses pouvoirs pour lui assurer le plus rapidement possible et par tous les moyens que je jugerais convenables, la possession de Paris. Toutes les forces disponibles de la garde nationale étaient, par deux ordres que j'ai encore en main, placées sous mon commandement immédiat.

Parti avec douze gardes nationaux et trois ordonnances seulement du siège du Comité, je ralliai tous les bataillons épars sur ma route, et, après avoir perdu deux de mes ordonnances tuées, à mes côtés, et avoir vu vingt fois ma vie menacée, je m'emparai successivement, dans la nuit du 18 au 19 mars, de l'Hôtel de ville, de la Préfecture de police, de la place de Paris et des Tuileries, que je fis occuper aussitôt, et où je laissai un commandant militaire.

Nommé le lendemain, par le Comité, général de division et commandant en chef de la garde nationale de Paris, je fis occuper le jour même et les jours suivants les ministères et les portes de l'enceinte. L'Hôtel de ville, siège du nouveau gouvernement, fut, par mes soins personnels, transformé en camp retranché et abondamment pourvu d'artillerie et de munitions ; ses trois souterrains furent occupés et ses abords gardés au loin. Les sept points stratégiques de la rive droite et les quatre points stratégiques de la rive gauche furent également mis à l'abri de toute surprise.

Le service des subsistances, organisé par mes soins, mit, dès le 20 mars, 60,000 rations d'excellents vivres de campagne (pain, vin, conserves anglaises) à la disposition de la garde nationale et des troupes cantonnées dans les casernes ayant fait leur soumission au nouveau gouvernement.

Dans cinq jours, j'ai dormi en tout sept heures et demie, pris trois repas, passé vingt-huit heures à cheval et expédié dans toutes les directions près de 2,500 ordres militaires.

Le 24, à une heure du matin, brisé, harassé de fatigue, ne tenant plus debout, je vins dire aux membres du Comité :

« Citoyens, nous sommes maîtres de : Paris au point de vue militaire je réponds de la situation sur ma tête : mais agissons avec une extrême prudence au point de vue politique. »

Et, pour la quatrième fois, j'ai réclamé l'élargissement du général Chanzy.

Dès lors, on n'avait plus besoin de moi. Le lendemain, on m'appela au Comité ; on fit verrouiller les portes, on me fit entourer d'une trentaine de gardes, et, sans autre formalité, sous prétexte que j'avais délivré un sauf-conduit au citoyen Glais-Bizoin, on me fit jeter en prison comme ayant des communications avec Versailles. Le général de brigade du Bisson, mon chef d'état-major général, et le colonel Valigrane, mon sous-chef d'état-major, ont été en même temps arrêtés.

Je ne descendrai pas à me disculper. Mon caractère est au-dessus du soupçon. En face d'un inénarrable outrage, je me recueille, et de ma poitrine gonflée s'échappe un seul cri, une invocation suprême à ceux dont j'ai toujours défendu la cause au péril de ma vie :

Peuple de Paris, j'en appelle à ta conscience ! Peuple, j'en appelle à ta justice !

CHARLES LULLIER.

FAITS DIVERS

Les rues de Paris continuent à présenter le spectacle édifiant des ivrognes assourdissant et scandalisant les habitants paisibles par leurs clameurs, le cynisme de leur langage et le débraillé de leur tenue. Et ce qui est profondément affligeant, c'est que les femmes elles-mêmes prennent part à ces bacchanales et se montrent en public dans un état plus dégradant encore chez les personnes de leur sexe. Où allons-nous ?

Il n'y a plus de cours ni de tribunaux siégeant au Palais de justice ; il n'y a plus de juges ; et, comme on peut le supposer, les affaires de toute espèce souffrent considérablement d'un tel état de choses. Depuis le 4 septembre, près de 35,000 causes de toute nature sont en suspens : les héritages, les partages, les sociétés rompues, les litiges, les séparations de corps, mille intérêts divers réclament le retour des magistrats.

Le chef de la police secrète de Londres est en ce moment à Paris.

« Je suis assuré, a-t-il dit, qu'il y a actuellement dans cette ville plus de 4,000 voleurs anglais, qui doivent exploiter, dans une large mesure, les poches des curieux groupés sur les boulevards et ailleurs... »

L'avis est bon à recueillir.

Les boulangeries des quartiers riches constatent une diminution d'un quart dans la vente quotidienne. On évalue à 140,000 les personnes qui ont quitté Paris depuis huit jours ; 200,000 personnes seraient venues à Paris pour visiter la ville ; c'est donc, à 500 francs par personne, une somme de 170 millions qui n'est pas entrée dans les caisses de la ville.

Il a été affiché, rue Marcadet, à Montmartre, un placard manuscrit dont nous donnons le texte :

« Le Comité central nous donne le fanatisme, la faim, les haillons, la misère.

« Il n'y a pas de travail pour les ouvriers, pas d'industrie, pas de commerce.

« Est-ce là un bon gouvernement ? »

On a distribué aujourd'hui à l'Hôtel de ville des vêtements et des souliers aux gardes nationaux de quelques bataillons, qui s'étaient rendus, dans la journée, sur la place.

Plusieurs voitures, parmi lesquelles des omnibus de rebut, attendaient sur la place Lobau le chargement d'habillements pour repartir avec les bataillons.

Des gardes nationaux ont tenté d'arrêter un employé des télégraphes, qui refusait tout simplement d'obéir aux ordres du Comité. Ils ont cerné le café Louis XIII au coin du boulevard Saint-Michel et la rue Monsieur-le-Prince, où s'était réfugié cet employé.

Il paraîtrait que les inquisiteurs du Comité ne fouillent plus les trains au départ, c'est maintenant à l'arrivée. Le *Moniteur de Versailles* est confisqué ; malheur à ceux qui en sont porteurs, ils risquent fort d'être appréhendés, et conduits devant les commissaires délégués et de subir un minutieux interrogatoire ; bien souvent ils sont menés à la préfecture de police, d'où on ne les relâche qu'après mille formalités.

A Saint-Denis, les Prussiens procèdent dans les maisons, à des perquisitions minutieuses d'armes.

Des officiers, interrogés sur les motifs de ces mesures, ont répondu qu'en présence de ce qui se passe à Paris, ils ne sauraient prendre trop de précautions.

Le gouvernement de Versailles vient d'accorder la croix et la médaille militaire à un grand nombre d'officiers, sous-officiers et soldats du 69e régiment de marche, du 8e cuirassiers et du 10e régiment d'artillerie. Il a tenu à récompenser l'esprit de discipline et le respect au drapeau. On se souvient que les hommes de ces régiments n'ont pas voulu faire cause commune avec les bataillons dévoués au Comité central et sont parvenus à se rendre avec armes et bagages du Luxembourg, où ils campaient, au quartier général de Versailles.

La journée du Jeudi 30 mars.

JOURNAL OFFICIEL (1).

PARTIE OFFICIELLE.

Paris, le 29 mars 1871.

Le Comité central a remis ses pouvoirs à la Commune.

COMMUNE DE PARIS,

Citoyens,

Votre Commune est constituée.

Le vote du 26 mars a sanctionné la révolution victorieuse.

Un pouvoir lâchement agresseur vous avait pris à la gorge : vous avez, dans votre légitime défense,

---

(1) Le numéro du 30 mars porte, au lieu du titre de *Journal officiel de la République*, celui de *Journal officiel de la Commune de Paris*.

repoussé de vos murs ce gouvernement qui voulait vous déshonorer en vous imposant un roi.

Aujourd'hui, les criminels, que vous n'avez même pas voulu poursuivre, abusent de votre magnanimité pour organiser aux portes mêmes de la cité un foyer de conspiration monarchique. Ils invoquent la guerre civile; ils mettent en œuvre toutes les corruptions; ils acceptent toutes les complicités; ils ont osé mendier jusqu'à l'appui de l'étranger.

Nous en appelons, de ces menées exécrables, au jugement de la France et du monde.

Citoyens,

Vous venez de vous donner des institutions qui défient toutes les tentatives.

Vous êtes maîtres de vos destinées. Forte de votre appui, la représentation que vous venez d'établir va réparer les désastres causés par le pouvoir déchu : l'industrie compromise, le travail suspendu, les transactions commerciales paralysées, vont recevoir une impulsion vigoureuse.

Dès aujourd'hui, la décision attendue sur les loyers;

Demain celle des échéances;

Tous les services publics rétablis et simplifiés;

La garde nationale, désormais seule force armée de la cité, réorganisée sans délai,

Tels seront nos premiers actes.

Les élus du peuple ne lui demandent, pour assurer le triomphe de la République, que de les soutenir de leur confiance.

Quant à eux, ils feront leur devoir.

Hôtel de ville, le 29 mars 1871.

La Commune de Paris.

La Commune de Paris décrète :

1° La conscription est abolie;

2° Aucune force militaire, autre que la garde nationale, ne pourra être créée ou introduite dans Paris;

3° Tous les citoyens valides font partie de la garde nationale.

Hôtel de ville, 29 mars 1871.

La Commune de Paris.

La Commune de Paris,

Considérant que le travail, l'industrie et le commerce ont supporté toutes les charges de la guerre, qu'il est juste que la propriété fasse au pays sa part de sacrifices,

DÉCRÈTE :

Article premier. Remise générale est faite aux locataires des termes d'octobre 1870, janvier et avril 1871.

Art. 2. Toutes les sommes payées par les locataires pendant les neuf mois seront imputables sur les termes à venir.

Art. 3. Il est fait également remise des sommes dues pour les locations en garni.

Art. 4. Tous les baux sont résiliables, à la volonté des locataires, pendant une durée de six mois, à partir du présent décret.

Art. 5. Tous congés donnés seront, sur la demande des locataires, prorogés de trois mois.

La Commune de Paris.

Hôtel de ville, le 29 mars 1871.

NOTA. — Un décret spécial réglera la question des intérêts hypothécaires.

La Commune de Paris décrète :

ARTICLE UNIQUE.

La vente des objets déposés au mont-de-piété est suspendue.

La Commune de Paris.

Hôtel de ville, le 29 mars 1871.

ORGANISATION DES COMMISSIONS.

Commission exécutive.

Les citoyens : Eudes, Tridon, Vaillant, Lefrançais, Duval, Félix Pyat, Bergeret.

Commission des finances.

Les citoyens : Victor Clément, Varlin, Jourde, Beslay, Régère.

Commission militaire.

Les citoyens : Pindy, Eudes, Bergeret, Duval, Chardon, Flourens, Ranvier.

Commission de la justice.

Les citoyens : Ranc, Protot, Léo Meillet, Vermorel, Ledroit, Babick.

Commission de sûreté générale.

Les citoyens : Raoul Rigault, Ferré, Assy, Cournet, Oudet, Chalain, Gérardin.

Commission des subsistances.

Les citoyens : Dereure, Champy, Ostyn, Clément, Parizel, Émile Clément.

Commission du travail.—Industrie et échange.

Les citoyens : Malon, Frankel, Theisz, Dupont, Avrial, Loiseau-Pinson, Eug. Gérardin, Puget.

Commissions des relations extérieures.

Les citoyens : Delescluze, Ranc, Paschal Grousset, Ulysse Parent, Arthur Arnould, Ant. Arnauld, Ch. Gérardin.

Commission des services publics.

Les citoyens : Ostyn, Billioray, Clément (J.-B.), Martelet, Mortier, Rastoul.

Commission de l'enseignement.

Les citoyens : Jules Vallès, docteur Goupil, Lefèvre, Urbain, Albert Leroy, Verdure, Demay, docteur Robinet.

Demain, réunion des commissions à une heure. Séance générale à trois heures.

Citoyens,

La Commune étant actuellement le seul pouvoir,

DÉCRÈTE :

Article premier. Les employés des divers services publics tiendront désormais pour nuls et non avenus les ordres ou communications émanant du gouvernement de Versailles ou de ses adhérents.

Art. 2. Tout fonctionnaire ou employé qui ne se conformerait pas à ce décret sera immédiatement révoqué.

Hôtel de ville, 29 mars 1871.

Pour la Commune, par délégation :

Le président, LEFRANÇAIS.

Assesseurs : RANC, ED. VAILLANT.

La commission militaire décrète :

Le roulement du service militaire de la place de Paris sera fait tous les jours par l'état-major de la place Vendôme, et le mot d'ordre partira également de la même place.

A cet effet, les chefs de légion pour les légions organisées, et les chefs de bataillon pour celles qui ne le sont pas encore, enverront tous les jours, à neuf heures du matin, à l'état-major de la place Vendôme (bureau du service), un capitaine adjudant-major pour prendre le service du lendemain, et à trois heures du soir un adjudant sous-officier pour le mot d'ordre.

Tout ordre de service ou tout mot d'ordre émanant d'une autre source seront considérés comme nuls et non avenus et leurs auteurs rigoureusement poursuivis.

Le général Bergeret, commandant la place de Paris, membre de la commission militaire, est chargé de l'exécution du présent décret.

Les membres de la Commission militaire,
PINDY, EUDES, BERGERET (JULES), E. DUVAL, CHARDON, FLOURENS (G.), RANVIER.

Il n'appartient qu'à l'autorité communale et aux municipalités d'apposer des affiches sur papier blanc.

Les municipalités ne peuvent afficher en dehors de leur arrondissement respectif.

L'affichage des actes émanant du gouvernement de Versailles est formellement interdit.

Tout afficheur ou tout entrepreneur d'affichage contrevenant au présent avis sera rigoureusement poursuivi.

Hôtel de ville, 29 mars 1871.

Pour le Comité et par délégation,

L. BOURSIER.

Le délégué civil et le commandant militaire de l'ex-préfecture de police,

Considérant qu'un exemple pernicieux est donné à la population par des chevaliers d'industrie qui encombrent la voie publique et excitent les patriotes aux jeux de hasard de toute sorte ;

Qu'il est immoral et contre toute justice que des hommes puissent, sur un coup de dé et sans peine, supprimer le peu de bien-être qu'apporte la solde dans l'intérieur des familles ;

Considérant que le jeu conduit à tous les vices, même au crime, arrêtent :

Art. 1er. Les jeux de hasard sont formellement interdits. Tout joueur de dés, roulette, lotos, etc., sera immédiatement arrêté et conduit à l'ex-préfecture.

Les enjeux seront confisqués au profit de la République.

Art. 2. La garde nationale est chargée de l'exécution du présent arrêté.

Paris, le 25 mars 1871.

Le commandant militaire,
Général E. DUVAL.

Le délégué civil,
RAOUL RIGAULT.

PARTIE NON OFFICIELLE.

—

Paris, le 29 mars 1871.

Tout mouvement politique qui ne porte pas en soi une idée nouvelle, créatrice, féconde, ou qui, portant cette idée, ne fait pas surgir aussitôt des hommes capables de la dégager et de la défendre, est condamné, même après un éclatant triomphe de la force, à avorter misérablement.

Ces hommes de réflexion profonde et d'action rapide se trouvèrent prêts aux premières journées de 1789. Aux mouvements instinctifs, tumultueux de la foule ils donnèrent l'âme, l'intelligence, la vie enfin ; ils en firent des mouvements humains, philosophiques pour ainsi dire, et en quelques mois la foule instinctive était devenue un grand peuple, conscient de lui-même, le peuple de la Révolution.

Les Socrates accoucheurs d'idées n'ont pas manqué non plus à la révolution du 18 mars.

Après l'avoir faite, ils l'ont acclamée, défendue, démontrée. Hier elle parlait ; dès aujourd'hui elle agit et ainsi elle se démontre encore.

Les combattants du 10 août ne se bornèrent pas

à proclamer la liberté, l'égalité, la fraternité; ils définirent le sens de ces grandes paroles qui, réunies dans cette triade immortelle, avaient encore, pour leurs contemporains, quelque chose d'étrange, de vague et d'indéterminé; ils en indiquèrent la portée et les conséquences, ils en montrèrent les applications à la vie civile et politique.

Si les révoltés du 18 mars n'avaient su au lendemain de leur victoire que bégayer le mot de Commune, sans déterminer dès l'abord les principes élémentaires, primordiaux de l'organisation communale, il ne resterait peut-être aujourd'hui, de leur vaillance et de leur force, que le souvenir d'une défaite.

Pendant vingt ans peut-être ils auraient subi les outrages et les calomnies de l'histoire mensongère, comme les insurgés de juin 1848, auxquels il ne manqua pour triompher que de concevoir, même imparfaitement, la question impérieuse et redoutable qu'ils avaient sentie et posée.

Avouons-le, la tâche était moins dure aux hommes du 18 mars. Le déplorable malentendu qui, aux journées de juin, arma l'une contre l'autre deux classes, toutes deux intéressées, sinon également, aux grandes réformes économiques, cette funeste méprise qui rendit la répression de juin si sanglante ne pouvait se renouveler.

Cette fois l'antagonisme n'existait pas de classe à classe, il n'y avait pas d'autre sujet de lutte que la vieille guerre, toujours recommencée, bientôt finie sans doute, de la liberté contre l'autorité, du droit municipal et civique contre l'absorption et l'arbitraire gouvernemental.

Paris, en un mot, était prêt à se lever tout entier pour conquérir son indépendance, son autonomie; il voulait, en attendant que la nation le voulût avec lui, le *selfgovernment*, c'est-à-dire la République.

Oh! non, ils ne calomniaient pas l'exécutif, ceux qui l'accusaient de conspirer pour la monarchie. Indigné, l'exécutif protestait de sa sincérité et de ses bonnes intentions.

Eh! que pouvaient faire au peuple de Paris les intentions de l'exécutif! Il y a quelque chose qui domine les intentions des hommes, c'est la force des choses, la logique des principes.

Centralisateur à outrance, au point de priver Paris pendant des mois et sans fixer de terme à sa déchéance, de cette municipalité subordonnée, restreinte, que la tutelle gouvernementale concède aux plus modestes villages; au point de lui maintenir le stigmate avilissant que l'empire lui avait imprimé, ce caractère honteux de ville-caravansérail qui chaque jour effaçait davantage son originalité et son génie; centralisateur par goût et par système, l'exécutif nous précipitait de nouveau, qu'il en eût ou non conscience, vers la forme la plus parfaite, la plus matérielle de la centralisation administrative et politique, vers la royauté.

Que les partisans de la République centraliste, bourgeoise, fondée sur l'antagonisme du citoyen et de l'État, du travail et du capital, de la classe moyenne et de la plèbe, que les formalistes y réfléchissent : leur utopie a toujours servi de pont à la monarchie; c'est elle qui pendant longtemps a tué, en France, l'idée même de république.

Aujourd'hui cette idée abattue se redresse plus fière et plus triomphante, arborant audacieusement son premier drapeau, ajoutant à son nom nouveau son vieux titre patronymique. Fidèle à sa tradition, consciente d'elle-même, la République est aussi la Commune.

C'est la revanche de la science et du travail, de la liberté et de l'ordre, dont la routine gouvernementale avait pendant près d'un siècle retardé l'avénement. S'élevant au-dessus des brouillards qui l'enveloppaient, débarrassée des obstacles qui lui barraient le passage, sûre de sa force, la Révolution va de nouveau, par son exemple et sa propagande, répandre sur le monde la liberté, l'égalité, la justice.

Une dépêche officielle annonce que la Commune vient d'être proclamée au Creuzot.

Le drapeau rouge, arboré à l'hôtel de ville, puis enlevé par surprise, a été finalement rétabli par les amis de la Commune, — cela sans effusion de sang.

Le secrétaire général, administrateur du département du Puy-de-Dôme, a fait afficher la proclamation suivante :

Habitants du Puy-de-Dôme,

L'ordre public est troublé à Paris; l'insurrection s'est emparée d'une partie de la capitale : elle prétend organiser un gouvernement et compromet la République et la sécurité de tous les bons citoyens. Tous les Français doivent être émus, tous doivent se serrer autour du pouvoir qu'ils se sont légalement donné.

Le gouvernement vous fait un appel : *il vous invite à soutenir par les armes la garde nationale de Paris, qui combat pour l'ordre et le droit, et qui doit sauver de l'anarchie la France*, si cruellement éprouvée par l'invasion.

Citoyens, vous répondrez à cet appel avec résolution, et ainsi vous ferez preuve de courage, d'intelligence et de patriotisme.

Des compagnies de volontaires vont être formées; elles seront armées et envoyées immédiatement.

Un registre d'inscription est ouvert à la mairie de chaque chef-lieu de canton, et spécialement à l'hôtel de ville de Clermont-Ferrand, jusqu'au dimanche 26 mars inclusivement.

Vive la France! Vive la République!

Clermont-Ferrand, le 23 mars 1871.

Le secrétaire général, administrateur du département,

A. CHANTE-GREBET.

Le pouvoir exécutif vient de se rendre coupable d'un acte qui, réfléchi, froidement médité, dépasse de bien loin les exécutions sommaires auxquelles se laisse parfois entraîner, un jour d'insurrection, la foule furieuse.

Il a livré au gouvernement espagnol le député José Guisasola, condamné à mort dans son pays, qui passait en France pour se rendre au Brésil. Guisasola a été arrêté sans mandat et par ordre du préfet de la Gironde, sur un paquebot transatlantique, par le maire de Paulliac.

Le préfet qui a donné l'ordre se nomme Backausen. Interrogé, il a déclaré avoir reçu des instructions du ministre Picard.

Les députés républicains espagnols Orense, marquis d'Albaïda, Castelar et autres ont adressé à M. Picard une dépêche pour demander la mise en liberté de leur collègue.

Il est douteux qu'ils l'obtiennent. Qu'a de commun la République autoritaire, avocassière, ignorante, agioteuse, de M. Picard, avec la République intelligente et forte que réclament Castelar et ses amis et qu'ils feront peut-être triompher bientôt?

Il y a une dizaine d'années, lorsque le ministre de Saxe, von Beust, livra à l'Autriche le Hongrois Teleki, l'Europe entière et sa diplomatie s'en émurent.

Teleki était prince, il ne courait aucun danger. Guisasola, lui, sera laissé à la merci de ceux qui l'ont condamné à mort, et M. Jules Favre continuera de lancer ses lâches calomnies, ses invectives aux insurgés qui, par leur courage et leur décision, ont peut-être sauvé non-seulement Paris, mais aussi l'avenir de la Révolution.

Les citoyens Delescluze et Cournet, voulant rester membres de la Commune de Paris, ont donné leur démission de députés.

FÉDÉRATION DE LA GARDE NATIONALE

Citoyens,

Aujourd'hui, il nous a été donné d'assister au spectacle populaire le plus grandiose qui ait jamais frappé nos yeux, qui ait jamais ému nos âmes : Paris saluait, acclamait sa Révolution; Paris ouvrait à une page blanche le livre de l'histoire et y inscrivait son nom puissant.

Deux cent mille hommes libres sont venus affirmer leur liberté et proclamer au bruit du canon l'institution nouvelle. Que les espions de Versailles, qui rôdent autour de nos murs, aillent dire à leurs maîtres quelles sont les vibrations qui sortent de la poitrine d'une population tout entière, comme elles emplissent la cité et franchissent les murailles; que ces espions, glissés dans nos rangs, leur rapportent l'image de ce spectacle grandiose d'un peuple reprenant sa souveraineté, et, sublime ambitieux, le faisant en criant ces mots :

Mourir pour la patrie!

Citoyens,

Nous venons de remettre en vos mains l'œuvre que vous nous avez chargés d'établir, et, à ce dernier moment de notre éphémère pouvoir, avant de rentrer définitivement dans les attributions du Comité de la garde nationale, attributions d'où les événements nous avaient fait sortir, nous voulons vous dire un mot de remerciement.

Aidés dans notre tâche par votre admirable patriotisme et par votre sagesse, nous avons, sans violence, mais sans faiblesse, accompli les clauses de notre mandat. Entravés dans notre marche par la loyauté qui nous interdisait de faire acte de gouvernement, nous avons néanmoins pu, en nous appuyant sur vous, préparer en huit jours une révolution radicale. Nos actes vous sont connus, et c'est avec l'orgueil du devoir accompli que nous nous soumettons à votre jugement. Mais avant de passer nous-mêmes au tribunal de votre opinion, nous voulons dire que rien n'a été fait en bien que par vous; nous voulons proclamer bien haut que, maître absolu et légitime, vous avez affirmé votre force surtout par votre générosité, et que, si vous avez réclamé et imposé les revendications, vous n'avez jamais usé de représailles.

La France, coupable de vingt années de faiblesse, a besoin de se régénérer des tyrannies et des mollesses passées par une liberté calme et par un travail assidu. Votre liberté, les élus d'aujourd'hui la garantiront avec énergie, la consacreront à tout jamais ; le travail dépend de vous seuls ; les rédemptions sont personnelles. Groupez-vous donc avec confiance autour de votre Commune, facilitez ses travaux en vous prêtant aux réformes indispensables ; frères entre vous, laissez-vous guider par des frères ; marchez dans la voie de l'avenir avec fermeté, avec vaillance ; prêchez d'exemple en prouvant la valeur de la liberté, et vous arriverez sûrement au but prochain :

LA RÉPUBLIQUE UNIVERSELLE

Hôtel de Ville, 28 mars 1871.

Les membres du Comité central,

AVOINE fils, ANT. ARNAUD, G. ARNOLD, ASSI, ANDIGNOUX, BOUIT, JULES BERGERET, BABICK, BAROUD, BILLIORAY, BLANCHET, L. BOURSIER, CASTIONI, CHOUTEAU, C. DUPONT, FABRE, FERRAT, HENRY FORTUNÉ, FLEURY, FOUGERET, C. GAUDIER, GOUHIER, H. GÉRESME, GROLARD, GROLIER, JOURDE, JOSSELIN, LAVALETTE, MALJOURNAL, ED. MOREAU, MORTIER, PRUDHOMME, ROUSSEAU, RANVIER, VARLIN, A. DU CAMP.

Les gardes nationaux du neuvième arrondissement sont prévenus que le cercle de la légion est constitué, et sont invités à s'y faire représenter conformément aux statuts de la Fédération.

S'adresser pour les renseignements ou communications à ce sujet, tous les soirs, de huit heures à dix heures, 6, rue Lamartine, au siége provisoire du cercle.

Les délégués au cercle de la 9ᵉ légion.

<small>Suivent les signatures.</small>

Le Comité central a remis la proclamation suivante aux délégués que Toulouse lui avait envoyés :

Citoyens de Toulouse,

Paris savait que vous entreriez les premiers dans le mouvement républicain, et il n'attendait que l'affirmation de votre indépendance pour vous tendre la main et saluer votre liberté.

La révolution est faite, il faut maintenant reconstituer ; et il est nécessaire que la France entière suive une route commune et invariable.

Le pacte national ne peut avoir que peu d'articles, mais encore faut-il qu'il soit l'expression unanime. Le voici tel que Paris vient de le poser :

« Affirmation, au-dessus de toute discussion, de la République démocratique et sociale, suppression de l'armée régulière et son remplacement par la garde nationale, seule force armée dans la cité et dans l'État, répondant de la police intérieure et du salut militaire de la patrie.

« Élection de tous les chefs sans exception, suppression des priviléges, protection au mérite et guerre au favoritisme. »

Paris a jeté ces bases d'avenir en résistant aux provocations d'un gouvernement qui n'avait plus d'espoir que dans la guerre civile. Il a voulu prouver que la véritable force était dans la révolution pacifique, et que le peuple était assez puissant pour anéantir ceux qui l'attaquent à main armée par la seule majesté de son attitude.

Que du Capitole comme de l'Hôtel de ville vibre la grande voix du peuple aux paroles de force et de paix, et que la liberté féconde se dresse, vaillante et radieuse, sur le monde régénéré !

Vive la République !

C'est dans la séance du 29, la première qu'ait tenue officiellement la Commune, qu'ont été délibérés les arrêtés, les décrets, en date du 29, insérés dans le *Journal officiel* du 30. Cette séance, qui fût restée secrète, si *Paris-Journal* ne fût parvenu à s'en procurer l'analyse, qu'il publia dans son numéro du 31 mars, est donc, à divers points de vue, particulièrement curieuse à lire et à étudier.

SÉANCES DE LA COMMUNE

Mercredi 29 mars 1870

La séance est ouverte au cri de : Vive la République.

Le citoyen Beslay, doyen d'âge, occupe le fauteuil de la présidence.

Il invite l'assemblée à élire son président. Le citoyen Lefrançais est nommé.

Les citoyens Rigault et Ferré sont nommés secrétaires à l'unanimité ; Bergeret, Duval, assesseurs.

Le président invite l'Assemblée à régler la composition du bureau. Deux assesseurs seront nommés, ainsi que deux secrétaires.

Les nominations seront hebdomadaires.

Les séances ne seront pas publiques.

Des secrétaires étrangers pourront être admis, sur la proposition des citoyens Assi, Billioray, Rigault, Henry Fortuné. Le citoyen Assi remet, au nom du Comité central, les pouvoirs dont ses membres s'étaient trouvés investis par la force des choses et par la volonté de la garde nationale. Il remercie les chefs de la garde nationale du concours dévoué qu'ils ont prêté au Comité. — Il remercie également tous les gardes nationaux et les maires et députés qui ont, par leur attitude, évité l'effusion du sang.

Le citoyen Eudes demande la parole pour prier ses collègues de bien vouloir donner au nouveau conseil municipal le nom de Commune de Paris.

Le citoyen Ranc appuie la proposition. Il faut rompre avec le passé, le nom de Commune de Paris peut seul indiquer que la grande ville veut ses franchises municipales pleines et entières, en un mot le *self government*.

La Commune est votée par acclamation.

Le président lit une demande tendant à ce que le conseil de la Commune déclare que les membres du Comité ont agi en bons citoyens et bien mérité de la Commune.

Le citoyen Delescluze appuie la proposition. Les membres du Comité, dit-il, ont bien mérité nonseulement de Paris, mais de la France et de la République universelle. Le citoyen Cournet appuie la proposition, en déclarant que sans l'attitude énergique et le calme du Comité, la France serait en proie à la terreur et à la réaction.

Des remerciements sont votés à l'unanimité, moins quelques membres du Comité qui se sont abstenus de voter.

Le président charge les citoyens membres du Comité de transmettre aux membres absents ou non élus les remerciements de la Commune de Paris.

L'assemblée, sur la proposition des citoyens Cournet, Assi, Delescluze, Eudes, Bergeret, décide, pour faciliter l'expédition des affaires et l'examen des projets de décret, de se former en dix commissions.

Chaque commission comprendra les attributions des anciens ministères, moins les cultes, dont le budget est supprimé, et qui ressortiront à la commission de sûreté générale.

Quelques commissions particulières doivent être instituées pour faire face à de pressants besoins.

Les dix commissions sont :

1° *La commission exécutive.* Cette commission est

Le drapeau rouge est arboré, par ordre du citoyen Jourde, sur le dôme du Panthéon. (Voir p. 208.)

chargée de faire exécuter les décrets de la Commune et tous les arrêtés des autres commissions. Elle ne doit rien faire sans avoir référé à la Commune. Cette commission siégera à l'Hôtel de ville, qui est le siége de la Commune.

2° *La commission militaire*, qui remplace le Comité de la garde nationale. Cette commission est chargée de la discipline, de l'armement, de l'habillement, de l'équipement de la garde nationale. Elle est chargée d'élaborer les projets de décrets relatifs à la garde nationale.

L'état-major de la place Vendôme ne relève que d'elle. Elle doit assurer, de concert avec la commission de sûreté générale, la sécurité de la Commune, et surveiller les agissements de Versailles. Cette commission remplace le ministère de la guerre.

Les canonnières de la Seine sont sous ses ordres.

3° *La commission des subsistances*. Elle doit veiller à l'approvisionnement de Paris, dresser un état très-détaillé et très-complet de tous les vivres actuellement en magasin.

Elle est chargée d'assurer, par tous les moyens possibles, l'arrivée à Paris des denrées indispensables pour une durée de trois mois au moins.

Elle aura la direction et l'administration des vivres de réserve. Elle sera aussi chargée, si le besoin s'en fait sentir, de délivrer les farines nécessaires à la subsistance des nécessiteux. En attendant une nouvelle loi sur les octrois, la commission sera chargée de percevoir cet impôt. Elle fera dresser un état des ressources de l'entrepôt des vins.

4° *Commission des finances*. La commission est chargée d'établir sur de nouvelles bases le budget de la ville de Paris. — Les questions de finance, loyers, échéances, etc., sont de son ressort, ainsi que la Banque de France. — Elle est chargée des recouvrements de l'impôt et de l'examen rigoureux de la position financière de la ville de Paris.

Elle est également chargée d'examiner les moyens les plus sûrs et les moins coûteux d'assurer la réussite d'un emprunt, si la nécessité s'en fait sentir.

La commission doit s'occuper également des moyens de dégrèver la ville de Paris par une mesure lésant le moins d'intérêts possibles. C'est à la commission des finances que les autres commissions doivent adresser leurs demandes de fonds, qui devront être approuvées et visées par la Commune.

La commission doit assurer, par tous les moyens possibles, la perception prompte et économique de l'impôt. — Elle ne doit pas s'arrêter devant la suppression d'emplois : — Attributions du ministère des finances ; — les monts de piété dépendant de son service.

5° *Commission de la justice*. Pour l'instant, cette commission est chargée de mettre la justice actuelle à la hauteur des institutions démocratiques et sociales.

Elle doit assurer le cours de la justice jusqu'à ce qu'un décret l'ait réglementée d'une manière définitive.

6° *Commission de sûreté générale*. (Attributions : la préfecture de police.) Cette commission est chargée de l'ordre et de la sécurité public. Elle doit veiller, tout en respectant, autant que possible, la liberté individuelle, à ce que la morale soit respectée dans les rues. En un mot, elle est chargée de la police générale. Elle doit veiller à la sûreté de la République, et surveiller les citoyens suspects de toute nature.

7° *Commission du travail, industrie et échange*. (Attributions : une partie des travaux publics et du commerce.) La commission est chargée de la propagation des doctrines socialistes. Elle doit chercher les moyens d'égaliser le travail et le salaire. Elle doit aussi s'occuper de favoriser les industries nationales et parisiennes. Cette commission doit s'occuper également du moyen de développer le commerce international d'échange, tout en attirant à Paris les industries étrangères, de façon à faire de Paris un grand centre de production.

8° *Commission des services publics*. Cette commission est chargée de la surveillance des grands services, postes, télégraphe, voirie. Elle doit veiller à ce que tous ces services fonctionnent régulièrement et économiquement, surveiller les compagnies de chemin de fer. C'est elle qui devra organiser les relations avec les services de province.

Elle devra aussi étudier les moyens de mettre les chemins de fer aux mains des communes de France, sans léser les intérêts des compagnies.

9° *Commission des relations extérieures*. La commission sera chargée d'entretenir avec les communes de France les relations amicales qui doivent amener la fédération. Elle devra contribuer par sa propagande à l'affranchissement du pays.

Elle devra aussi, dès que l'occasion s'en présentera, accréditer des représentants auprès des divers États de l'Europe, surtout auprès de la Prusse, quand on connaîtra l'attitude de cette puissance vis-à-vis de la Commune.

10° *Commission de l'enseignement*. (Attributions de l'instruction publique.) La commission de l'enseignement s'occupera de réformer l'instruction. Elle devra préparer un projet de décret rendant l'instruction gratuite, obligatoire et exclusivement laïque. Le nombre des bourses dans les lycées sera augmenté.

Suit la nomination des commissions.

Le citoyen Varlin, délégué aux finances, délégué de la commission, réclame l'urgence pour un décret suspendant la vente des objets au Mont-de-Piété, en attendant qu'un décret spécial vienne régir la matière de la façon la plus avantageuse possible pour le prolétaire.

Le décret est voté à l'unanimité. (Suit le décret.)

Sur la proposition des citoyens Assi et Varlin, un projet de décret sur les loyers est voté d'urgence. Sur la proposition du citoyen Billioray, un article est ajouté pour les locataires en garni. (Suit le décret.)

Sur la proposition du citoyen Beslay, la question

du payement des intérêts hypothécaires est mise à l'ordre du jour.

Après avoir entendu le citoyen Beslay, la Commune, sur la proposition du citoyen Varlin, repousse l'urgence et écarte la question de l'ordre du jour.

Sur la proposition de la commission militaire et de celle des finances, la conscription est abolie et la garde nationale est déclarée seule force armée régulière. (Suit le décret.)

Sur la proposition de 23 de ses membres, l'assemblée déclare la Commune de Paris seul pouvoir régulier, et déclare révoqués et coupables les fonctionnaires qui reconnaissent le pouvoir inconstitutionnel de Versailles.

Le citoyen président est chargé de la signature de tous les décrets.

Sur la proposition du président, trois membres sont nommés pour rédiger une adresse au peuple de Paris : ce sont les citoyens Assi, Eudes, Bergeret.

Pendant ce temps, l'assemblée règle l'ordre du jour du lendemain 30. — Projet de décret sur les échéances. — Question hypothécaire. — Approvisionnement de Paris. — Projet de décret sur la garde nationale et les prêtres. — La proclamation des citoyens délégués est acclamée.

L'assemblée se réunira le lendemain dans ses commissions.

Séance à trois heures.

PHYSIONOMIE DE PARIS

LE PANTHÉON DÉMOCRATISÉ

Aujourd'hui par ordre des membres de la Commune administrant le cinquième arrondissement, le Panthéon a été retiré au culte ; il est redevenu l'asile funéraire des grands hommes. Dès le matin, la croix avait disparu du dôme ; le citoyen Jourde, membre du Comité central, après avoir annoncé au peuple la décision de la Commune, a fait hisser au sommet du monument un immense drapeau rouge. A ce moment, les cris de Vive la Commune ! ont éclaté ; les 119e et 163e bataillons de la garde nationale ont présenté les armes ; les canons du Panthéon, de la place d'Enfer et de la mairie de Montrouge ont salué d'une salve de vingt et un coups le drapeau de la révolution communale.

(*Mot d'ordre.*)

LA GARDE NATIONALE DE PROVINCE

On s'est beaucoup étonné de la lenteur que mettait la garde nationale de province à arriver à Versailles.

On avait oublié sans doute les conventions signées avec la Prusse.

Il a fallu de longs et difficiles pourparlers avec M. de Bismark pour obtenir l'autorisation de réunir les corps de volontaires départementaux.

C'est mercredi seulement que l'on a pu s'entendre. Le gouvernement peut maintenant grouper autour de lui, s'il en a besoin, quatre-vingt mille hommes en dehors de l'armée régulière.

L'EX-COMMANDANT VALIGRANE

En dépit de la vive affection qui l'enchaîne au citoyen Assi, M. Valigrane vient d'être déchu de son grade de chef de bataillon au 129e.

C'est à la suite d'un vote unanime de ses hommes que l'ex-gouverneur de l'Hôtel de ville s'est vu privé de ses galons.

Le 129e, du reste, en est à son huitième commandant.

LES CANONS DISPARAISSENT

Lentement, lentement, il est vrai, mais ils disparaissent.

On n'en voit plus trace sur la place Clichy.

On a commencé également à détruire quelques barricades qui gênaient la circulation.

LES AMBULANCES

A Paris, le service des ambulances est presque complètement désorganisé.

Son grand quartier général, le palais de l'Industrie, n'a conservé que de rares vestiges du personnel et du matériel utilisé pendant le siége.

L'intendance s'occupe de rétablir ce service à Versailles. Un certain nombre de voitures d'ambulances ont été, à cet effet, dirigées de Paris sur les camps de Satory et de Viroflay.

GRÊLE DE RÉQUISITIONS

La Commune est emprunteuse, — c'est là son moindre défaut. Au surplus, elle a de si cuisants besoins qu'elle est bien forcée de faire flèches de tout bois.

Hier matin, l'administration de l'*Union*, rue de la Banque, a reçu la visite des baïonnettes du Comité. Les scellés ont été mis sur la caisse de la compagnie, en attendant qu'on y mette embargo.

Voyez combien toutes choses sont renversées. Voilà les compagnies d'assurances forcées de s'assurer elles-mêmes... contre la grêle des réquisitions.

De nombreuses réquisitions de vin et de vivres ont été faites également dans la matinée dans plusieurs quartiers de Paris, notamment à la gare Saint-Lazare et aux Halles centrales.

LES BONS DE LA COMMUNE

Les gardes nationaux continuent à se servir comme d'une monnaie courante des bons de la Commune, que l'on s'empresse d'ailleurs de refuser, quand on n'est pas violemment contraint de les accepter.

Hier matin, dans une petite rue du quartier Montmartre, un garde national achète à une marchande des quatre saisons pour 25 centimes de fromage de gruyère, et veut lui donner un bon en payement.

— Mais, monsieur, lui dit la pauvre femme, je ne puis accepter cela. Je vis au jour le jour, et il me faut de l'argent.

L'acheteur se recule, tire de sa poche un revolver, et le mettant sous le nez de la marchande : « Aimez-vous mieux ceci ? » lui dit-il.

La malheureuse femme n'avait plus qu'à se taire ; c'est ce qu'elle fit. (*Paris-Journal*.)

LES SOIRÉES DE L'HOTEL DE VILLE

Le 30 au soir, cinq à six cents gardes nationaux de Belleville, de la Villette, de Montmartre envahissent les salons de l'Hôtel de ville et s'y font servir à souper.

Quelques-unes de leurs compagnes prennent part au festin ; mais comme la galanterie ne préside pas toujours à ces réunions intimes, on ne doit pas être étonné si quelques querelles s'élèvent entre les hôtes.

Les femmes se font remarquer par leur verve imperturbable.

Au burlesque se mêle parfois le tragique. Il n'est pas un seul des hôtes de céans qui ne soit déclaré cent fois suspect dans la nuit. Généralement, alors, il se perd dans la foule et d'acteur qu'il était, il devient spectateur.

A l'Hôtel de ville tout est dans le plus complet désarroi.

On soupe dans les chambres à coucher, on couche dans les salles à manger, on délibère partout et, à en juger par les apparences, on ne s'ennuie nulle part. (*Le Petit Journal*.)

ARRESTATIONS SUR LES BOULEVARDS

Nous lisons dans le *Bien Public* :

Ce matin, entre onze heures et midi, un détachement de deux cents hommes armés, composé en majorité de gardes nationaux du 103e bataillon de la garde nationale et de quelques soldats de la garde mobile de la Seine et d'éclaireurs de Garibaldi, commandé par un capitaine, lieutenant et sous-lieutenant du 103e, précédé d'un commissaire de police, revêtu de son écharpe, s'est dirigé de l'Hôtel de ville vers le passage de l'Opéra.

Arrivé au passage de l'Opéra, le peloton fit halte devant le bureau d'omnibus. On s'aperçut alors que l'objet de ce service armé était l'arrestation de plusieurs artilleurs assemblés dans le passage pour recevoir leur solde et leur feuille de route pour Versailles.

Sur quinze artilleurs réunis en groupe devant l'entrée du passage, dix purent s'échapper par la porte de derrière qui donne sur le péristyle de l'Opéra et rejoindre la gare de l'Ouest.

Les cinq autres furent arrêtés, trois dans le passage et les deux autres devant le théâtre de l'Opéra-Comique, où ils s'étaient enfuis.

Les gardes du 103e firent une charge sur les boulevards, après ces deux derniers, et s'apprê-

taient à faire feu, au grand effroi des passants, qui se récriaient devant ces déplorables arrestations.

Le commissaire de police fit garder militairement toutes les issues du passage, ce qui occasionna un grand tumulte en cet endroit.

Le gardien du passage de l'Opéra se mit en tenue et se rendit auprès du commissaire de police, lui disant qu'il allait fermer les grilles si on venait ainsi occasionner du désordre. Le commissaire de police lui répondit qu'il avait mandat d'arrêter les artilleurs et qu'il saurait se faire ouvrir de force les grilles s'il s'avisait de les fermer.

Les cinq artilleurs furent conduits à l'Hôtel de ville, où ils comparurent devant les délégués du Comité central, et l'ordre leur fut donné de ne pas essayer de se rendre à Versailles, mais de rester dans la garde nationale du Comité fédératif, dans laquelle ils seraient enrôlés pour le service de l'artillerie des pièces des barricades.

OCCUPATION DES CONTRIBUTIONS INDIRECTES

Deux délégués de la Commune ont pris possession hier de la direction des contributions indirectes, rue Duphot, 10.

M. Caminade, l'ancien titulaire, n'a voulu céder ses pouvoirs que sur un ordre écrit de mise en disponibilité. Il s'est fait rembourser deux mille et quelques cents francs pour mobilier et frais d'installation.

M. Bastelica, le nouveau directeur, a fait prévenir les employés qu'ils devaient continuer leur service, sous peine de révocation.

L'avis suivant a été affiché à la porte de la direction :

ORDRE DE SERVICE

La Commune de Paris nous a nommé au poste de directeur des contributions indirectes de la Seine. Quelques hésitations se sont manifestées parmi les employés : nous le regrettons vivement, et nous avons l'honneur de prévenir les employés qui veu'ent continuer leurs services éclairés à cette administration, qu'ils doivent se présenter aujourd'hui même à notre bureau.

Nous avons la ferme volonté, en même temps, et d'administrer honnêtement la chose publique et d'user de tout notre pouvoir pour améliorer sensiblement le sort des employés qui nous aideront.

Le directeur des contributions indirectes de la Seine,

BASTELICA.

Paris, le 30 mars 1871.

CE QUI SE PASSE A LA CONCIERGERIE

Les journaux publient le document suivant :

Ordre pour le personnel de la Conciergerie.

Depuis que le gouvernement librement élu par la nation a dû, pour éviter la guerre civile, abandonner Paris, et que dans la journée du 18 les événements ont pris un tel caractère que l'administration s'est trouvée dans l'impossibilité de me donner des instructions;

Toutefois, m'inspirant d'un devoir fondamental : qu'un fonctionnaire, à quelque ordre qu'il appartienne, ne doit quitter le poste qui lui est confié que sur un ordre formel de l'autorité de laquelle il relève ;

J'ai jusqu'à ce jour considéré comme un devoir sacré de rester à la direction de la Conciergerie, et de concert avec vous, veiller sur des hommes qui pourraient faire courir les plus grands dangers à la société s'ils avaient été élargis, ce qui aurait pu arriver si nous avions tous abandonné notre poste.

Vous êtes tous restés à votre poste, vous m'avez prêté dans ces jours difficiles un concours énergique, et j'appelle sur vous la sollicitude de nos chefs.

Aujourd'hui, ma ligne de conduite est toute tracée, et, devant l'invitation qui nous est faite par voie d'affiches de n'avoir à obéir qu'à la Commune, nous devons nous retirer à Versailles, auprès du seul gouvernement que tout bon citoyen doit défendre.

Le directeur de la Conciergerie,
V. FONTAINE,
Capitaine en retraite.

LES DÉMISSIONS

M. Albert Leroy a adressé la lettre suivante au président du conseil communal :

Citoyen président,

En acceptant le mandat que m'ont conféré des électeurs du sixième arrondissement, je l'ai regardé comme limité. Paris autonome, la garde nationale organisée électivement jusqu'au sommet, les communes appelées à se fédérer avec la grande Commune de Paris, dans l'intérêt de la liberté, de la République et des futurs États-Unis d'Europe, tel était l'ensemble des questions principales à résoudre.

D'autres me semblaient nécessairement réservées au gouvernement central, et surtout la question du règlement définitif des conditions de la paix et de payement de l'indemnité de guerre. Il était possible de s'entendre sur ce point avec le pouvoir central. En aucun cas, Paris ne doit intervenir, par voie d'autorité, auprès des autres communes.

En l'absence d'une publicité suffisante qui permette aux électeurs de juger si leurs mandataires, essentiellement révocables, n'ont pas dépassé leur mandat, et par suite de la multiplicité des propositions votées d'urgence, sur lesquelles la discussion pouvait être prolongée, je vous prie de transmettre à l'Assemblée ma démission d'adjoint du sixième arrondissement et de membre de la Commune pour le même arrondissement.

Salut et fraternité.

Signé : ALBERT LEROY.

Une lettre de M. Bouteiller aux journaux explique les motifs qui l'ont porté à donner sa démission de membre de la Commune :

Monsieur le rédacteur,

Voulez-vous me permettre de recourir à la publicité de votre journal pour exposer aux électeurs dont j'ai recueilli les suffrages dans le seizième arrondissement les motifs qui m'ont amené à donner ma démission de membre de la Commune de Paris?

Dans ma pensée et dans celle des citoyens qui m'ont honoré de leur confiance, mon élection avait un double caractère.

Elle était une protestation contre le Comité central, aux ordres et menaces duquel le seizième arrondissement avait résisté avec une énergie et une persévérance dont on n'a malheureusement pas su tirer parti. Elle constituait aussi une tentative d'opposition aux futurs agissements de la Commune.

C'est en me plaçant dans cet ordre d'idées que j'ai accepté de siéger à l'assemblée communale et que j'ai assisté à la première séance. Je comptais alors qu'un certain nombre de républicains honnêtes viendraient former à l'Hôtel de ville un groupe d'opposition, au milieu duquel je pourrais prendre place.

Mes prévisions ont été déçues. Ces républicains honnêtes, qui voient avec raison dans les terroristes de l'Hôtel de ville des ennemis de la chose publique tout aussi redoutables que certains réactionnaires de la Chambre, ceux-là, dis-je, ont cru devoir résigner leur mandat.

Or, quand nos maîtres renonçaient à engager la lutte, pouvais-je prétendre à la soutenir ? Je ne l'ai pas pensé, et, de concert avec mon collègue et ami M. le docteur Marmottan, je me suis démis de mes fonctions.

Veuillez agréer, monsieur le rédacteur, l'expression de mes sentiments distingués,

DE BOUTEILLIER,
Chef du 72ᵉ bataillon de la garde nationale.

Voici la lettre adressée au président du conseil communal, par laquelle M. Ch. Murat a donné sa démission :

Citoyen président,

Étant avant tout l'homme de la liberté la plus absolue, repoussant toute dictature, qu'elle vienne d'un seul ou qu'elle soit l'œuvre d'une collectivité, je tiens à maintenir les principes que j'ai défendus toute ma vie.

De plus, l'état de ma santé ne me permettant pas de suivre les délibérations du conseil, et ne voulant pas assumer sur moi la responsabilité d'actes que je n'ai pu discuter, j'ai l'honneur, citoyen président, de vous adresser ma démission de membre du conseil municipal.

Vive la République !

CH. MURAT,
Du 3ᵉ arrondissement.

Garibaldi n'est point tombé dans le piége que lui tendaient les membres du Comité central. Il refuse poliment le commandement qu'on lui offre, et insinue que le mieux, dans les circonstances actuelles, serait une dictature du genre de celle de Washington, sous l'autorité de laquelle, à la fin du siècle dernier, se groupèrent les États-Unis d'Amérique.

Voici la lettre de Garibaldi :

Caprera, 28 mars 1871.

Citoyens,

Merci pour l'honneur de ma nomination au commandement de la garde nationale de Paris, que j'aime et dont je serais bien fier de partager la gloire et les dangers.

Je vous dois cependant les considérations suivantes :

Un commandant de la garde nationale de Paris, un commandant de l'armée de Paris et un comité directeur, quels qu'ils soient, sont trois pouvoirs qui ne pourront se concilier dans la situation présente de la France.

Le despotisme a l'avantage sur nous de la concentration du pouvoir, et c'est cette concentration que vous devez opposer à vos ennemis.

Choisissez un citoyen honnête, et vous n'en manquez pas : Victor Hugo, Louis Blanc, Félix Pyat, ainsi qu'Edgar Quinet et les autres doyens de la démocratie radicale, peuvent vous servir. Les généraux Cremer et Billot, qui, je vois, ont votre confiance, peuvent compter dans le nombre.

Rappelez-vous bien cependant qu'un seul honnête homme doit être chargé du poste suprême, avec des pleins pouvoirs. Cet homme choisira d'autres honnêtes gens pour l'aider dans la rude besogne de sauver le pays. Et si vous avez le bonheur de trouver un Washington, la France se relèvera de son naufrage dans peu de temps, plus grande que jamais.

Ces conditions ne sont pas une excuse pour me soustraire au devoir de servir la France républicaine. Non, je ne désespère point de combattre moi-même à côté de ses braves, et je suis

Votre dévoué,

G. GARIBALDI.

COMITÉ CENTRAL DE LA GARDE NATIONALE

Séance du 30 mars.

PRÉSIDENCE DU CITOYEN BERGERET.

Le président, au nom de la Commune, remercie les membres du Comité de leur attitude énergique et digne pendant les jours de troubles que l'on vient de traverser. Les citoyens membres du Comité ont bien mérité de la République universelle.

Aujourd'hui la Commune est légalement constituée, une commission militaire est formée ; le Comité, dont la tâche est remplie, doit donc se dissoudre.

Le citoyen Gouhier invite les membres du Comité à user de leur légitime influence sur la garde nationale pour y conserver son admirable amour de la Commune.

Le citoyen Duval déclare en outre que tout en ne conservant aucun moyen d'action, le Comité doit continuer à veiller au salut de la République.

La séance est levée aux cris de : Vive la Commune ! Vive la République !

A L'HÔTEL DE VILLE

Les séances sont d'une longueur fastidieuse.

On discute beaucoup et on s'y dispute souvent.

Le principal orateur est le citoyen Delescluze, lequel n'a pas donné sa démission.

Toutefois, à la suite d'une altercation violente, avant la séance, ce patriarche de la démocratie avait manifesté le désir de se démettre de ses nouvelles fonctions.

Il en fut, paraît-il, empêché par Cournet, et depuis il tend à devenir chef du centre de la Commune.

Les partis se dessinent nettement ; les membres du Comité, qui forment ce que l'on pourrait appeler la gauche, entraînent la majorité.

C'est parfois un étrange spectacle que de voir la figure ahurie avec laquelle la droite vote les propositions les plus révolutionnaires.

M. Loyseau-Pinson votant la proposition du citoyen Varlin sur la suppression des loyers, était digne du crayon de Daumier.

En une demi-heure la physionomie de tous ces braves de la droite passe par toutes les expressions inventées par le peintre Lebrun.

Jeudi, le citoyen Cournet a demandé des explications à propos de la fermeture du *Figaro*. Le citoyen Rigault a déclaré que la liberté de la presse devait être illimitée, mais qu'il n'était pas possible de laisser certains journaux indignes flétrir, par leurs calomnies, le gouvernement de la Commune.

Toutefois, la sûreté générale n'est pour rien dans cette affaire du *Figaro*.

On s'étend un peu sur la discussion des cultes, que la Commune déclare libres, mais qu'on ne veut plus payer à l'avenir. — Un décret doit paraître là-dessus.

Enfin, on attaque la discussion du projet de loi sur les échéances.

Suivant un projet, les billets au-dessous de 50 francs seraient considérés comme nuls.

Les billets de 500 à 2,000 francs seront réduits de moitié, et un délai de deux mois sera accordé au débiteur.

Les billets de 2 à 5,000 francs seront réduits d'un tiers avec le délai précité. Ceux de 5,000 et au-dessus jouiront d'un délai de trois ans et pourront être payés par dixièmes.

Oui, tel est le projet du citoyen Varlin. Passera-t-il ? On le saura demain.

Voici, à propos des comptes rendus des séances des comités et des sous-comités publiés dans *Paris-*

Journal et dont l'authenticité est démentie dans une note signée Boursier et Prudhomme, au nom du conseil municipal, et adressée à l'*Opinion nationale* (voir page 191), voici, disons-nous, la réponse péremptoire de *Paris-Journal.*

Ce n'est pas à MM. Boursier et Prudhomme que nous répondrons. Nous ne les connaissons pas. C'est à M. Jezierski, notre confrère de l'*Opinion nationale*. Il nous fera sans doute l'honneur d'accepter nos affirmations avec la même bonne grâce qu'il a mise à accueillir les démentis du Comité central à l'adresse du *Paris-Journal*.

Les comptes rendus que nous avons publiés des séances du comité et du sous-comité ne sont nullement de fantaisie. Dieu nous garde de jamais trouver dans notre imagination de pareilles sottises !

Nous affirmons l'authenticité des documents que nous avons publiés. Que le Comité relise le registre de ses délibérations, et il se convaincra que si la bonne foi de quelqu'un a été surprise, ce n'est ni celle de M. Jezierski, ni la nôtre.

LES MENUS DÉTAILS DE L'HISTOIRE

Paris-Journal publie la dépêche suivante :

COMMUNE DE PARIS

Ordre du Comité central à l'officier qui commande le bataillon de garde Ouest-ceinture :

Faire arrêter tous les trains se dirigeant sur Paris à Ouest-ceinture.

Mettre un homme énergique à ce poste, jour et nuit. Cet homme devra avoir une poutre pour monter la garde. A l'arrivée de chaque train, il devra faire dérailler le train s'il ne s'arrête pas.

Paris, 30 mars.
HENRY, *chef de légion.*

Un détenu de la Conciergerie a réclamé l'aumônier de la prison, qui s'est empressé de se rendre à son appel ; mais on a fait observer à cet ecclésiastique qu'il ne pouvait visiter le prisonnier sans autorisation spéciale du Comité. Un permis lui a été délivré dans ces termes :

« Laissez passer le citoyen X..., qui se dit serviteur d'un nommé Dieu. »

Voici, avec les perles orthographiques dont elle est émaillée, une lettre dont le *Moniteur* dit posséder l'original :

1re division militaire.
1re subdivision.
—
Paris, le 19 mars 1871.
PLACE DE PARIS

Le nommer Leprêtre (Pierre), aux 6e d'artilleris etan malade rentre d'urgense au Val-de-Grasse par ordre de la place.

Le commandant de la place par intérim,
S. L.

Sur la porte d'un commissaire de police du quartier des Champs-Élysées, le *Bien public* a lu :

« Le bureau du commissaire est ouvert de neuf à onze heures et de deux à cinq heures. — En cas d'absence, s'adresser chez le marchand de vin d'à côté. »

Sitôt qu'il a appris son élection à la municipalité, le citoyen Babick, membre du Comité central, s'est rendu au magasin d'habillement de la garde nationale et s'est fait délivrer une paire de souliers à double semelle, en présentant un *bon* signé de sa propre main.

Le citoyen Babick est un ancien ouvrier bijoutier, qui continue à toucher régulièrement sa solde d'un franc cinquante centimes par jour dans son bataillon.   (*Union.*)

Hier, un citoyen délégué s'est présenté à l'administration des tabacs pour en prendre la direction. Mis en présence du directeur actuel, il lui intima l'ordre de lui céder sa place, en lui demandant quelle était la marche à suivre pour conduire cet important établissement.

— La marche à suivre, répondit le directeur, c'est de sortir, comme moi, de l'École polytechnique et d'avoir, pendant quinze ans, étudié le métier.

Là-dessus, le citoyen délégué, furieux, fait entrer trois gardes nationaux, empoigne le directeur et le dirige sur l'ex-préfecture.   (*Le Soir.*)

EXTRAITS DE JOURNAUX ROUGES
LE VENGEUR.

Le Vengeur, organe d'un des membres les plus notables de la Commune, M. Félix Pyat, a reparu aujourd'hui. Dans un article qui porte la signature de M. Félix Pyat, il donne à l'Assemblée nationale le choix « entre l'évacuation de Versailles ou l'expulsion. »

Vinoy avait tué *le Vengeur*. Le peuple l'a ressuscité.

Le Vengeur reparaît avec la révolution. Il a quitté son pavillon de deuil : c'est la victoire.

Plus de crêpe à son mât ! Il arbore aujourd'hui les nouvelles couleurs, les vives couleurs de la Révolution triomphante, de la Commune révolutionnaire, de la garde nationale de Paris. Il arbore le drapeau rouge, symbole du martyre des peuples, le drapeau rouge aux étoiles d'or, signe d'union de toutes les communes de France, signe d'alliance de toutes les communes d'Europe.

Paris libre, c'est le monde libre.

L'équipage du *Vengeur* salue de toutes ses bordées le peuple souverain. Il l'a vu hier dans son droit et sa force... libre et armé. Il a entendu deux cent mille hommes crier d'une voix et d'un cœur unanimes : « Vive la République ! vive la Commune ! » à cet Hôtel de ville où flottait naguère le drapeau de Sedan et d'Aubin, sur cette Grève même où le drapeau du peuple a pris sa pourpre dans le sang des plus purs citoyens.

Il a vu et entendu le peuple vainqueur de ses derniers traîtres, remplaçant par ses serviteurs ces maîtres, ces traîtres, qui ont démembré la France, qui l'ont décapitée ; qui, non contents de livrer Paris, ont voulu le tuer, plus encore, le flétrir ; qui ont voulu l'enterrer dans l'histoire, avec cette épitaphe infâme : Paris vaincu, envahi et failli !

Non. Paris s'est relevé fier et fort, gardant ses armes, ses droits et son honneur ; gardant Paris pour reprendre la France à tous les Prussiens, à ceux de Versailles comme à ceux de Berlin. Qu'ils viennent donc, ducs et rois ! Paris les recevra. Ah ! s'il avait été prêt le 31 octobre comme aujourd'hui !...

La France du peuple date du 18 mars, ère nouvelle comme son drapeau. La France de la noblesse est morte en 89 avec le drapeau blanc ! La France bourgeoise est morte en 70 avec le drapeau tricolore. Plus de castes, plus de classes !

La France du droit, la France du devoir, la France du travail, la France du peuple, la France de tous commence, jeune, neuve, vive, ardente, comme son drapeau écarlate... la *chair à canon* de Bonaparte, la *vile multitude* de Thiers, la *tourbe* de Favre, la *barbarie* enfin, c'est-à-dire la réserve, le renouveau, le peuple rénovateur et réparateur des vieilles Frances.

Le travail a sa récompense, la force. Le devoir a la sienne aussi, le droit. Le droit et la force réunis sont invincibles. Ils sont invaincus.

L'étranger jusqu'ici n'a vaincu que l'empire. Guillaume n'a vaincu que Bonaparte. L'armée royale n'a fait prisonnière que l'armée impériale. Elle n'a pas encore enlevé le drapeau rouge. Le souffle de 92 agite ses plis, anime ses soldats. L'ennemi n'a pas eu affaire au peuple. Il y regardera à deux fois auparavant. C'est un adversaire plus brave qui le rendra plus sage. Le Prussien ne l'affrontera pas ; il est descendu au Louvre ; il n'est pas monté à Montmartre. Il a occupé Versailles ; il n'a pas pris Belleville. L'Aventin sauvera Rome, malgré le Capitole et ses oies.

Le gouvernement de Paris a été digne du peuple de Paris. Le Comité central digne de la garde nationale. La Commune, célèbre avant de naître, sera-t-elle digne de ce pouvoir modeste, mais grand ? Les fameux vaudront-ils les obscurs ? *Le Vengeur* l'espère, et d'autant plus que les obscurs ne sont pas tous partis, Dieu merci ! *Le Vengeur* s'intéresse paternellement à la Commune. Il lui souhaite donc l'honneur de valoir ce pouvoir ouvrier et ce gouvernement travailleur qui a réhabilité l'anonyme et illustré l'inconnu.

Si nos vœux sont exaucés, si les élus valent les électeurs, Paris n'a plus rien à craindre. C'en est fait de nos derniers ennemis. Ceux de Berlin seront payés, selon le traité que ceux de Versailles ont fait avec eux. Et quant aux Prussiens de Seine-et-Oise, qui repoussent toute conciliation, qui votent la guerre à outrance contre Paris, la Commune ne fera pas la faute de négocier avec ceux qui la nient et l'annulent...

La République ne traite pas avec l'ennemi sur le territoire. Bon pour les royalistes ! Que les ruraux retournent aux champs. Chacun son métier, et les vaches seront bien gardées !

L'évacuation de Versailles ou l'expulsion ! Le peuple est si fort qu'il peut être modéré et leur offrir le choix. Mais qu'ils se hâtent, car leurs alliés les abandonnent. Oui, le peuple est si fort que même la réaction se soumet, pardon ! se rallie ! La réaction commence à reconnaître la Commune. Les aveugles voient le soleil.

FÉLIX PYAT.

Suit un projet de décret sur l'Assemblée de Versailles, dont voici la conclusion :

A partir de ce jour, pour Paris et les villes libres de France, pour la Commune de Paris et les communes fédérées avec elle, l'Assemblée, dite Nationale, siégeant à Versailles, est considérée comme dissoute, ses actes comme non avenus ;

Ses membres tenus pour insurgés et traités comme tels dans la Commune de Paris et dans les communes fédérées.

Les gardes nationales des communes fédérées sont chargées de l'exécution du présent décret.

LE CRI DU PEUPLE.

Finissons-en !

Encore les vendeurs de patrie !... Nous sommes contraints d'y revenir.

Après le coup de massue du 26 mars, ces assommés se démènent encore si furieusement que Paris est bien obligé de regarder là-bas, du côté de Versailles.

Ces condamnés ont les convulsions de l'agonie bien longues.

Ils ne veulent décidément pas mourir si vite, ces vieux-là. Il y a tant de lâchetés à commettre, tant d'infamies à recommencer !

Si du moins ils pouvaient, en mourant, se cramponner assez étroitement à la République pour l'entraîner avec eux dans la fosse ! Mais voilà que, des hauteurs de Saint-Cloud, les généraux en vedette voient l'ombre des drapeaux rouges s'allonger à mesure ! Voilà qu'un vent maudit, venant de l'Hôtel de ville, apporte là-bas le roulement des tambours, mêlé aux acclamations du peuple et au grondement de canons, qui saluent l'aurore de la Commune.

La Commune !

Voyez-les, — ces agonisants, — se redresser à cette secousse !

Quelques généraux, échappés aux désastres amenés par leurs trahisons, ont déjà traîné à Versailles des débris de bataillons. Valentin a ses gendarmes, Cathelineau ses Vendéens.

De ces débris de bataillons, de ces gendarmes, de ces chouans, Mac-Mahon fera un noyau d'armée, auquel courront s'adjoindre les *croisés* de province enrôlés sous le drapeau de l'ordre !

La queue aux cantines communales (voir page 211.)

Écraser Paris avec les départements !
Quel projet sublime !...

Ils ont ainsi, en écrémant les provinces et les armées, poussé à Versailles cinquante mille hommes.

Malheureusement, ces cinquante mille hommes, — comme l'armée de Vinoy, à Paris, — commencent à sentir les chassepots vaciller étrangement dans leur main depuis qu'ils ont pressenti la besogne à laquelle veulent les attacher ces agitateurs aux abois.

M. Thiers a besoin de tous ses gendarmes, de tous ses municipaux et de tous ses mouchards pour fermer à tous les soldats dont les généraux ont souillé l'uniforme, l'accès des gares et des chemins qui mènent à Paris. Il y a dans cette armée d'amis inconnus comme le frisson qui précède les grandes émotions, les embrassements d'un peuple frère.

Mauvais soldats qui voudraient bien, pour l'honneur du drapeau, une revanche avec M. de Moltke, mais que Paris, avec la franche poignée de mains de ses enfants, attirera d'un coup dans les bras de la Commune.

La province, d'ailleurs, — quoi qu'en dise M. Thiers, qui arrête les lettres et intercepte les journaux, — a senti passer à la même heure, dans toutes ses veines, le courant magnétique venu de Paris. Il y a dans l'air chaud du printemps l'écho joyeux des acclamations que les villes sœurs ont jetées à travers l'espace à la grande sœur.

Mauvaise alliée, cette province qui frissonne si aisément à une nouvelle de révolution.

Eh quoi !... cette province, qui expie le crime d'avoir trouvé à peine un million d'hommes contre l'invasion, en trouverait mille aujourd'hui pour la guerre civile !

Allons donc !...

Mourez en paix, gens de Versailles. Les bourdons ne sonnent plus le tocsin de juin, ils sonnent l'affranchissement communal de la France, et la France, pour courir dans les bras de Paris, a déjà sauté par-dessus le mannequin usé de l'ordre, habillé en spectre de Banco, que vous avez nutilement jeté dans les jambes de la Révolution.

Voilà pourquoi Paris, qui a toujours charge d'âmes, et qui a donné, comme toujours, le signal de la résurrection, ne peut laisser plus longtemps les cinquante mille baïonnettes de Versailles obstruer le passage entre les départements et lui.

Voilà pourquoi Paris ne peut pas laisser plus longtemps répandre sur le pays les appels à l'émeute et les excitations à la guerre civile.

Nous avons, en effet, une rude besogne à faire, et nous avons besoin, pour l'accomplir, de calme, d'ordre et de paix. Nous avons besoin de renaître, et le peuple ne peut renaître que par le travail affranchi. La liberté de la patrie et la liberté de l'atelier ! Nous avons à relever l'industrie, à réveiller le commerce, à rétablir le crédit, à ressusciter la France, c'est-à-dire à renvoyer d'abord à leurs électeurs les élus de Versailles.

En conséquence, la Commune de Paris somme les « ruraux » d'aller plus loin mourir au fond de leurs étables.

LE MONT-AVENTIN,
Journal des buttes Montmartre.

VIVE LA COMMUNE !

LE LION A RUGI.

Ah ! c'en est bien fait, cette fois, des paysans de Versailles !

Que n'étaient-ils là, les pauvres ruraux ! Ils eussent été bien affaissés, bien ennuyés, bien vexés, bien *insultés* par ce cri immense, imposant, majestueux :

Vive la Commune !

Ah ! oui, vive la Commune ! cela fait du bien et rajeunit les cœurs opprimés par vingt années de servitude. Le voilà donc libre ce grand peuple que les *Bonapartes* ont tenu si longtemps en laisse ! Il a brisé ses fers dans un élan sacré, prompt et unanime. Malheur aux étrangleurs de républiques, aux trafiqueurs de nations, aux monarchistes qui oseraient maintenant lui ravir sa liberté ! Le lion, blessé, mordu, a rugi.

Malheur à eux !

Vive la Commune ! Tudieu ! il n'est donné qu'une fois dans la vie, — et encore ! — de voir un tel spectacle.

Qu'il était beau d'entendre ces cent mille poitrines pousser, de toute la force de leurs poumons, ce cri sublime !

Je croyais qu'elles allaient éclater.

Il n'y a rien de plus imposant, de plus solennel qu'une cité qui se soulève pour la revendication de son droit imprescriptible, inaliénable et souverain. Elle s'est levée gigantesque et menaçante. Elle a parlé. Paix à sa colère et à ses désirs.

28 mars 1871 !

Date éloquente et chère ! Ne l'oubliez pas surtout, ruraux et bonapartistes, car la nation ravivée et libre pourrait bien vous l'inscrire sur l'épaule au fer rouge. Votre règne est fini, sachez-le.

Tremble, Chambre caduque et dynastique, dans ton château de Versailles ! Tes heures sont comptées et tu râles. Il faut que tu expires.

N'as-tu pas entendu le cri : « Vive la Commune ! » passer par-dessus ta tête et rouler ses bruyants échos dans tous les coins de la France ? N'as-tu pas été mouillée par la pluie de cette vague populaire, fuyant par-dessus toi ?

Allons, fuis, pendant qu'il en est temps encore, car autrement, chassée, maudite et conspuée partout, tu ne trouverais plus un coin pour cacher ta honte !

Et vous, impudents, roués et capitulards, qui vous nommez Thiers, Trochu, Favre, Picard, etc., démenez-vous comme de beaux diables dans des bénitiers, dansez sur la corde roide de la politique, pleurez, pleurnichez, brûlez des cierges au besoin, vous aurez beau faire, le temps des roueries est passé.

Vous avez peur, et vous vous cachez derrière un cordon de sûreté de 100,000 hommes de troupes, afin de confectionner, derrière ce rideau imposant, une monarchie plus à l'aise, et vous vous étonnez ensuite que le peuple, fatigué et las, s'empare des canons que vous avez certainement oublié de livrer aux Prussiens, et se fortifie dans cet Hôtel de ville que vous avez souillé, — comme au joli temps de l'empire, — par vos hontes et vos trafics.

La France républicaine exige cette épuration. Paris l'accomplira, si l'Assemblée de Versailles ne l'accomplit elle-même.

Car la garde nationale, en cas de besoin, saura retrouver son Maillart et ramener les vendeurs de patrie dans la charrette du peuple.

Il faut décidément que Paris ait sa roche Tarpéienne à côté de son Capitole.

CASIMIR BOUIS.

LA NOUVELLE RÉPUBLIQUE,
Organe du citoyen Paschal Grousset.

Paris méprise le gouvernement de Versailles.

La Commune de Paris entre en fonctions. La confiance renaît. Une ère toute nouvelle et bienfaisante commence. Les capitaux timides pourraient sortir, les services publics s'organiser, les ateliers s'ouvrir et se repeupler de travailleurs, après huit mois d'un dur chômage.

Mais Paris, sans l'assentiment de M. Thiers, a fait ses élections municipales ; Paris, sans les ordres de M. Picard, a secoué le joug du colonel de gendarmerie Valentin.

Paris a chassé le général jésuite Aurelle de Paladines, et offert le commandement en chef des gardes nationales de la Seine au patriote italien, au vainqueur de l'armée des Vosges, au général Garibaldi.

Le commerce entier a protesté contre la loi stupide des échéances.

Locataires et propriétaires ont demandé à grands cris une solution prompte et sage de la question des loyers.

Paris a usé de ses droits.

Paris a commis un crime que Versailles ne saurait laisser impuni.

Donc, les ateliers ne rouvriront pas, les ouvriers ne laisseront point là le chassepot pour l'outil de travail, le commerce sera ruiné.

Les ruraux de l'Assemblée le veulent, et ce que rural veut, Thiers le veut !

Le général Ducrot pousse des reconnaissances jusqu'à Saint-Cloud avec les seules troupes auxquelles il croie, disons-le à la gloire de l'armée, des municipaux et des sergents de ville.

Cette situation ne saurait durer plus longtemps. La province, évidemment, ignore ce qui se passe, les journaux émanant de Paris, autres que les journaux réactionnaires, sont saisis aux gares sur toutes les lignes.

Le vide se fait autour de Paris, qu'un gouvernement coupable prétend isoler et vaincre.

Il faut que cela finisse !

Il faut que Paris, relevant enfin la tête, élevant enfin la voix, fasse rentrer sous terre tous ces fuyards qui prétendent porter la main sur lui.

OLIVIER PAIN.

LE BONNET ROUGE.

Tout beau ! messieurs les jésuites ! assez de coups d'État ! Nous savons ce qu'ils valent et ce qu'ils procurent quand vous les faites : Lambessa, Cayenne, etc... Le peuple victorieux, la Commune proclamée, ne vous fera pas les honneurs des représailles, car elle a la coquetterie de ses adversaires. Elle vous donne seulement vos huit jours, comme l'on fait aux laquais... indélicats.

Allez maintenant porter la nouvelle à votre digne maître, l'homme de Sedan ! Allez lui dire que, si vous tentiez de revenir à l'Hôtel de ville, vous et votre chambrée nationale, on vous jetterait par les fenêtres ! Mais surtout n'oubliez pas pour déguerpir, — car sans cela on vous prendrait au collet, et l'on vous permet encore ce dernier mensonge, — le mot d'ordre.

« *Vive la Commune !* »

SECONDIGNÉ (1).

LE PÈRE DUCHÊNE,
A la Commune de Paris.

A chacun sa besogne, ô citoyens !

L'œuvre de la Commune n'est pas l'œuvre du Comité central.

Au provisoire a succédé la stabilité.

Affirmez-vous !

Montrez-nous ce que vous avez dans le ventre en décrétant dès la première séance la dissolution de l'Assemblée nationale !

Comme le Père Duchêne vous le disait avant-hier :

Vous êtes les derniers-nés du suffrage universel

---

(1) Ci-devant Arthur de Secondigné, fondateur de plusieurs journaux tués sous lui.

et vous seuls représentez vraiment l'opinion actuelle de la nation !

Dissolvez l'Assemblée nationale !

Rappelez au sentiment de leur devoir les maires et les députés de Paris, qui étaient quelque chose encore avant vous, avant que le suffrage universel eût fait en vos personnes sa dernière incarnation, mais qui depuis la fermeture du scrutin sont des branches mortes de notre vie politique !

Dispersez au souffle de vos colères cette Chambre qui, après avoir souscrit à la honte de la France, conspire maintenant la mort de la République !

Sommez-la de se dissoudre !

Écrasez-la, si elle résiste !

Vous êtes la force, mais seulement parce que vous êtes le droit !

Ayez conscience de vous-mêmes.

Et nous ne vous abandonnerons pas !

Nous serons avec vous quand même !

Nous irons tout droit aux factieux de Versailles.

Et s'ils n'obéissent point à la première de vos sommations, envoyez contre eux la moitié des patriotes amis de la Commune :

Le soir même, cent mille de nos baïonnettes luiront autour du théâtre de Versailles !

LES FAITS DIVERS

Les arrivages d'articles de consommation ont déjà diminué depuis quelques jours dans d'inquiétantes proportions. Le blocus est maintenant à peu près complet autour de Paris. Les vivres n'arrivent plus que très-difficilement et seulement par quelques points des lignes prussiennes. Le lait est devenu presque aussi rare qu'au temps du siège, et la viande, qui renchérit de jour en jour, est, peu s'en faut, un objet de luxe. Aussi la queue recommence-t-elle à la porte des cantines municipales, où la Commune fait délivrer gratis des vivres aux classes laborieuses, et particulièrement aux femmes, légitimes ou non, des gardes nationaux qui servent sous le drapeau rouge. Ce spectacle rappelle, à peu de chose près, les plus mauvais jours du blocus.

La physionomie des Halles centrales est des plus animées. Les ménagères prudentes s'empressent de faire leurs approvisionnements. Le marché s'est ressenti déjà de la fermeture des portes. Les denrées y sont plus rares et plus chères. Nous avons la ferme confiance que cette augmentation des prix ne sera que passagère. La même animation règne au boulevard Sébastopol, devant la maison Potin. Des barrières y ont été installées comme à la porte des théâtres, pour contenir et réglementer la foule qui s'y presse, et c'est un spectacle véritablement curieux que celui de ces mères de famille qui craignent de ne jamais arriver à temps, comme les enfants redoutent, parvenus au contrôle, de ne plus trouver de place.

Tous les matins, les habitants de Paris sont assourdis par une multitude d'enfants qui crient : *Achetez la Grande colère du Père Duchêne, contr* les *j... f... de Versailles*. Le rédacteur du *Père Duchêne* est un jeune homme nommé M. Eugène Vermersch, lequel, lorsque les publications grivoises étaient de mode, a écrit la *Lanterne galante*.

(*L'Avenir national*.)

Les perquisitions à domicile en vertu d'ordres donnés par la Commune s'opèrent sur une vaste échelle. Les bureaux de M. Laloue, banquier, rue de la Chaussée-d'Antin, n° 32, ont été visités hier par des envoyés du Comité, et certains papiers qui s'y trouvaient, saisis et transportés à l'Hôtel de ville. Les scellés ont été apposés sur les caisses de la compagnie d'assurance la Mutuelle, rue Castiglione, n° 14, au grand émoi des voisins tenus toujours en éveil par les barricades de la place Vendôme.

Les cigariers en plein vent se multiplient comme les pains de l'Évangile. Il y a trois jours, ils étaient quelques-uns dans Paris, ils sont au moins cinq cents aujourd'hui. On les retrouve aux gares, aux portes des cafés, des théâtres, partout.

Un débitant patenté affirmait hier que, depuis trois jours, sa recette quotidienne avait baissé de moitié.

On lit dans la *Vérité* :

Les enrôlements de volontaires continuent. Dans les bâtiments du Palais-Royal fonctionne un bureau de recrutement en vue de la formation de bataillons de marche... armés de chassepots. De marche contre qui ?

Deux journaux, le *Français* et l'*Ami de la France*, en présence des obstacles mis à l'expédition et à la réception de leurs lettres et de leurs exemplaires, suspendent leur publication.

La *Liberté* annonce que le directeur de la manufacture de Reuilly aurait été arrêté, et son plus jeune fils gardé à vue dans la maison.

La plupart des femmes employées dans la manufacture sont restées séquestrées jusqu'à huit heures du soir.

Le deuxième adjoint du maire du cinquième arrondissement, M. Collin, a été arrêté hier, dans la matinée, à son domicile.

L'administration des pompes funèbres a été envahie par les gardes nationaux; un délégué du Comité de l'Hôtel de ville est chargé de recevoir toutes les sommes versées pour les convois.

(*La Patrie*.)

Jeudi, vers trois heures, une bande de gardes nationaux armés, appartenant au Comité central, a envahi l'hôpital militaire du Val-de-Grâce, situé rue Saint-Jacques. Ils avaient, disaient-ils, pour mission de chercher un dépôt d'armes qui devait s'y trouver.

Malgré l'assurance du contraire qui leur avait été loyalement donnée par le directeur de l'établissement, les gardes nationaux n'en ont pas moins procédé aux perquisitions les plus minutieuses. Ils ont même pénétré dans les salles de malades; mais leurs recherches n'ont été couronnées d'aucun succès et ils n'ont rapporté de leur malencontreuse expédition que deux sabres appartenant sans aucun doute à deux de nos pauvres soldats blessés.

Le Val-de-Grâce.

M. Michel Moring, directeur de l'Assistance publique, est parti à Versailles. Les employés de cette administration refusant d'obéir aux ordres de la Commune, le service de l'Assistance est désorganisé.

Plusieurs employés sont arrivés à Versailles, apportant avec eux la caisse qui contenait 75 millions. Ils n'ont laissé que 150,000 francs, pour les besoins immédiats des hospices.

Depuis hier matin, au balcon du pavillon de Lesdiguières, au Louvre, se tient un garde national armé d'une longue vue.

Du haut de cette hune improvisée, la vigie en question surveille le cours de la Seine, en amont et en aval, avec une louable assiduité.

La brigade de cavalerie, composée de chasseurs d'Afrique, sous les ordres du général Galiffet, est campée sur les hauteurs de Meudon ; les chasseurs de Vincennes occupent Sèvres, et douze mille hommes de gendarmerie bivouaquent à Chaville et Viroflay.

Les Allemands se sont renforcés à Ivry, Alfort, Charenton, Saint-Maur, Saint-Mandé, mais n'ont jamais quitté ces localités.

Le système de communication avec Paris, par des femmes et des filles déhontées, existe toujours.

Ces malheureuses sont en butte aux insultes des gamins et des Prussiens. Les gamins leur jettent des pierres, leur attachent des affiches dans le dos; rien ne leur rend un peu de respect humain.

Elles sont cause que les Allemands ont presque perdu toute considération pour les femmes. Une honnête femme n'ose pas sortir à la tombée de la nuit.

A Alfort, à Ivry, il y a des sœurs de charité laïques qui soignent des varioleux, des fiévreux de l'armée. Leur service les force d'être souvent sur les routes et les expose à être grossièrement accostées.

La journée du Vendredi 31 mars.

JOURNAL OFFICIEL (1).

PARTIE OFFICIELLE.

Paris, le 30 mars 1871.

RAPPORT

DE LA COMMISSION DES ÉLECTIONS.

La commission qui a été chargée de l'examen des élections a dû examiner les questions suivantes :

Existe-t-il une incompatibilité entre le mandat de député à l'Assemblée de Versailles et celui de membre de la Commune?

Considérant que l'Assemblée de Versailles, en refusant de reconnaître la Commune élue par le peuple de Paris, mérite par cela même de ne pas être reconnue par cette Commune;

Que le cumul doit être interdit;

Qu'il y a du reste impossibilité matérielle à suivre les travaux des deux Assemblées,

La commission pense que ces fonctions sont incompatibles.

Les étrangers peuvent-ils être admis à la Commune?

Considérant que le drapeau de la Commune est celui de la République universelle,

Considérant que toute cité a le droit de donner le titre de citoyen aux étrangers qui la servent;

Que cet usage existe depuis longtemps chez des nations voisines;

Considérant que le titre de membre de la Commune étant une marque de confiance plus grande encore que le titre de citoyen, comporte implicitement cette dernière qualité,

La commission est d'avis que les étrangers peuvent être admis, et vous propose l'admission du citoyen Frankel.

Les élections doivent-elles être validées d'après la loi de 1849, exigeant pour les élus le huitième des électeurs inscrits?

(1) Aujourd'hui le *Journal officiel* a repris son titre précédent et abandonné celui de *Journal officiel de la Commune de Paris*, qu'il n'aura gardé qu'un seul jour.

Considérant qu'il a été établi que les élections seraient faites d'après la loi de 1849, la commission est d'avis que le huitième des voix est nécessaire en principe;

Mais considérant que l'examen des listes électorales de 1871 a fait reconnaître des irrégularités qui sont d'une importance telle, qu'elles ne présentent plus aucune certitude sur le véritable chiffre des électeurs inscrits. Les causes qui ont influé sur l'inexactitude des listes sont de différente nature : c'est le plébiscite impérial, pour lequel une augmentation insolite s'est produite, le plébiscite du 3 novembre, les décès pendant le siége, le chiffre élevé des habitants qui ont abandonné Paris après la capitulation, et d'un autre côté le chiffre considérable pendant le siége des réfugiés étrangers à Paris, etc., etc.;

Considérant qu'il a été matériellement impossible de rectifier à temps toutes les erreurs, et qu'on ne peut s'en rapporter à une base légale aussi évidemment faussée;

En conséquence, la commission propose de déclarer validées, aussi bien que toutes les élections qui ont obtenu le huitième des voix, les six élections qui resteraient en suspens, en s'en rapportant à la majorité relative des citoyens qui ont rempli leur devoir étroit en allant au scrutin.

Pour la commission :

Le rapporteur,

PARISEL.

La Commune a adopté les conclusions du rapport.

COMMUNE DE PARIS

ÉLECTIONS DU 26 MARS 1871.

Premier arrondissement. (Louvre.)

12 sections, 81,665 habitants, 4 conseillers.

Inscrits.................. 22,060
Le huitième............. 2,757
Votants................... 11,056

Adam (élu), 7,272. — Méline (élu), 7,251. — Rochard (élu), 6,629. — Barré (élu), 6,294. — Grandjean, 3,665. — Vésinier, 3,458. — Pillot, 3,309. — Miot, 3,219. — Andrieu, 549. — Napias-Piquet, 319. Pyat (Félix), 195. — Delescluze, 187. — Blanqui, 153. — Bulletins blancs et nuls, 170.

Deuxième arrondissement. (Bourse.)

20 sections, 79,909 habitants, 4 conseillers.

Inscrits.................. 22,858
Le huitième............. 2,857
Votants................... 11,143

Brélay (élu), 7,025. — Loiseau (élu), 6,932. — Tirard (élu), 6,386. — Chéron (élu), 6,018. — Pothier, 4,422. — Sérailler, 3,711. — Durand, 3,636.

— Johannard, 3,639. — Turpin, 794.— Pyat, 182.
— Blanqui, 126. — Thorel, 116. — Ranc, 110. —
Rogeard, 88. — Vaillant, 56. — Delescluze, 43. —
Divers, 310.

Troisième arrondissement. (Temple.)

12 sections, 92,680 habitants, 5 conseillers.

Demay (élu), 9,004. — Arnaud (élu), 8,912. —
Pindy (élu), 8,095. — Murat (élu), 5,904.—Dupont
(élu), 5,732. — Cléray, 5,698. — Amouroux, 5697.
— Bonvalet, 3,906. — Rogeard, 2,796. — Briosne,
2,602. — Sourd, 2,460. — Landeck, 2,043. —
Ferré, 1,586.—Albert, 1,539.— Hudelot, 1,116. —
Viard, 1,076. — Chavagnat, 879. — Frère, 508. —
Blanqui, 154. — Mousseron, 134. - Divers, 1,030.

Quatrième arrondissement. (Hôtel-de-Ville.)

11 sections, 98,648 habitants, 5 conseillers.

Inscrits.................. 32,060
Le huitième............ 4,007
Votants................. 13,910

Arthur Arnould (élu), 8,608. — Lefrançais
(élu), 8,619. — Clémence (élu), 8,163. — Gérardin
(élu), 8,104. — Amouroux (élu), 7,930. — Louis
Blanc, 5,680.—Vautrin, 5,133. — Châtillon, 1,991.
— Loiseau, 4,849.— Calon, 4,743. — Divers, 1,094.

Cinquième arrondissement. (Panthéon.)

10 sections, 104,083 habitants, 5 conseillers.

Inscrits.................. 21,632
Le huitième............ 2,704
Votants................. 12,422

Régère (élu), 7,469. — Jourde (élu), 7,310. —
Tridon (élu), 6,469. — Blanchet (élu), 5,994. — Le-
droy (élu), 5,848. — Collin, 3,049. —Murat, 2,858.
— Treillart, 1,577. — Jourdan, 1,529. — Pier-
ron, 1,231. — Vacherot, 1,208. — Longuet, 1,095.
— Thomas, 1,040.- Griffe, 1,037,— Betesti, 1,029.
— Louis Blanc, 1,011. — Rouillet, 846. — Aça-
nin, 471. — Murat, adjoint, 421. — Murat, 284. —
Ducoudray, 242. — Salicis, 230. — Larmier, 156.
— Bertillon, 92. — Marie, 87. — Rogeard, 73. —
Blanqui, 73. — Cluseret, 46. — Divers, 962. —
Blancs, 274. — Nuls, 231.

Sixième arrondissement. (Luxembourg)

13 sections, 75,438 habitonts, 4 conseillers.

Inscrits.................. 24,807
Le huitième............ 3,100
Votants................. 9,409

Leroy (élu), 5,800. — Goupil (élu), 5,111. — Robinet (élu), 3,904. — Beslay (élu), 3,714. — Varlin
(élu dans les 17e et 12e); 3,602. — Courbet, 3,242.
Lacord, 2,941. — Lauth, 2,362.—Hérisson, 2,279.
— Jozon, 2,202. — Chouteau, 2,128. — Ferrat, 2,062. — Massot, 1,509. — Rogeard, 1,462.—
Gambetta, 637. — Vaillant, 570. — Floquet, 484.

— Armand Lévy, 385. — Masson, 102. — Blanqui, 67. — Divers, 999. — Bulletins blancs, 189.—
Nuls, 205.

Septième arrondissement. (Palais-Bourbon.)

19 sections, 75,438 habitants, 4 conseillers.

Inscrits.................. 22,092
Le huitième............ 2,206
Votants................. 5,065

Parizel (élu), 3,367. — Lefèvre (élu), 2,859. —
Urbain (élu), 2,803. — Brunel (élu), 2,163. — Ri-
baucourt, 1,376. — Toussaint, 1,063.— Arnaud (de
l'Ariége), 986. — Lallemand, 935. — Hortus, 812.
— Bellaigues, 725. — Dargent, 685.— Blanqui, 95.
Pyat (Félix), 23. — Ant. Arnaud, 26.—Divers, 715.
— Nuls, 16. — Blancs, 77.

Huitième arrondissement. (Élysée.)

8 sections, 70,259 habitants, 4 conseillers.

Inscrits.................. 17,825
Le huitième............ 2,228
Votants................. 4,396

Raoul Rigault (élu), 2,173.—Vaillant (élu), 2,145.
— Arthur Arnould (élu), 2,114.—Alix (élu), 2,028.
— Carnot, 1,922. — Denormandie, 1,806. — Au-
bry, 1,740. —Belliard, 1,718. — Divers, 825.

Neuvième arrondissement. (Opéra.)

9 sections, 106,221 habitants, 5 conseillers.

Inscrits.................. 25,608
Le huitième............ 3,326
Votants................. 10,340

Ranc (élu), 8,950. — U. Parent (élu), 4,770. —
Desmarets (élu), 4,232. — E. Ferry (élu), 2,732. —
Nast (élu), 3,691. — Dupont de Bussac, 2,893. —
Avenel, 2,377. — Lemeri, 2,228. - Briosne, 2,197.
— Delescluze, 1,699. — Malon, 1,337. — Bonni,
1,012. — Duchêne, 987. — Blanqui, 744. —
V. Hugo, 695. — Massol, 540. — Chaudey, 496.—
Gaudillot, 412. — Gromier, 381. — Picchio, 327.—
Beslay, 248. — Pyat, 91. — Assi, 21. — Nuls, 210.
— Blancs, 157.

Dixième arrondissement. (Enclos Saint-Laurent.)

14 sections, 116,438 habitants, 6 conseillers.

Inscrits.................. 28,801
Le huitième............ 3,600
Votants................. 16,765

Gambon (élu), 13,744. — Félix Pyat (élu), 11,813.
— Henri Fortuné (élu), 11,364. — Champy (élu),
11,042. — Babick, 10,934. — Rastoul (élu), 10,738.
— Ollive, 3,985. — Gambetta, 3,748. — Alcan,
3,001. — Marchand, 2,685.— Coquentin, 2,623.
— Murat, 1,330. — Dubail, 878. — Brelay, 861. —
Degouves-Demiége, 536. — Nuls, 466.

Onzième arrondissement. (Popincourt.)

32 sections, 149,651 habitants, 7 conseillers.

Inscrits	42,153
Le huitième	5,269
Votants	23,183

Mortier (élu), 21,186. — Delescluze, (élu dans le 19ᵉ), 20,264. — Assi (élu), 19,890. — Protot (élu), 19,780. — Eudes (élu), 19,276. — Avrial (élu), 17,944. — Verdure (élu), 17,351. — Mottu, 4,614. — Raspail, 4,558. — Ranc, 4,449. — Poirrier, 4,015. — Havard, 3,577. — Rebierre, 3,303. — Millière, 2,760. — Malarmet, 1,541. — Couturat, 1,401. — Cluseret, 941. — Tolain, 283. — Blanqui, 253. — Minet, 231. — Blanchon, 185. — Pyat, 110. — Divers, 1,293. — Blancs, 468. — Nuls, 65.

Douzième arrondissement. (Reuilly.)

10 sections, 78,635 habitants, 4 conseillers.

Inscrits	19,990
Le huitième	2,498
Votants	11,329

Varlin (élu dans le 17ᵉ et le 6ᵉ), 9,843. — Geresme (élu), 8,896. — Theisz (élu dans le 18ᵉ), 8,710. — Fruneau (élu), 8,629. — Denizot, 1,581. — Dumas, 1,563. — Turillon, 1,553. — Grivot, 436. — Barroud, 93. — Montels, 81. — Millière, 30. Divers, 870. — Blancs, 233. — Nuls, 96.

Treizième arrondissement. (Gobelins.)

5 sections, 70,192 habitants, 4 conseillers.

Inscrits	16,597
Le huitième	2,074
Votants	8,010

Léo Meillet (élu), 6,531. — Duval (élu), 6,482. — Chardon (élu), 4,663. — Franckel (élu), 1,080. — Lucipia, 1,540. — Sicard, 1,455. — Combes, 402. — Cayol, 270. — Gougenot, 224. — Blanqui, 191. — Félix Pyat, 103. — Bousery, 38. — Pernolet, 41. — Beauchéry, 36. — Paty, 22. — Besançon, 23. — Blancs, 147. — Nuls, 32.

Quatorzième arrondissement. (Observatoire.)

8 sections, 65,506 habitants, 3 conseillers.

Inscrits	17,769
Le huitième	2,221
Votants	6,570

Billioray (élu), 6,100. — Martelet (élu), 5,912. — Decamp (élu), 5,835. — Ducoudray, 570. — Avoine fils, 332. — Héligon, 130. — Asseline, 118. — Blanqui, 104. — Brideau, 38. — Divers, 516. — Blancs, 320. — Nuls 43.

Quinzième arrondissement. (Vaugirard.)

9 sections, 69,340 habitants, 3 conseillers.

Inscrits	19,681
Le huitième	2,460
Votants	6,467

Clément (élu), 5,023. — J. Vallès (élu), 4,403. — Langevin (élu), 2,417. — Jobbé-Duval, 1,863. — Henriot, 1,731. — Andignoux, 1,606. — Sextus Michel, 1,600. — Chauvière, 1,500. — Castioni, 1,422. — Trouille, 210. — Blanqui, 185. — Conduché, 148. — Maublanc, 27. — V. Hugo, 9. — Divers, 442. — Blancs, 173. — Nuls, 71.

Seizième arrondissement. (Passy.)

5 sections, 42,187 habitants, 2 conseillers.

Inscrits	10,731
Le huitième	1,341
Votants	3,732

Marmottan (élu), 2,036. — De Bouteiller (élu), 1,909. — Félix Pyat, 1,332. — V. Hugo, 1,274. — Chaudey, 93. — H. Martin, 93. — Delescluze, 82. — Flotard, 46. — Divers, 254. — Blancs, 67. — Nuls, 20.

Dix-septième arrondissement. (Batignolles-Monceaux.)

9 sections, 98,193 habitants, 5 conseillers.

Inscrits	26,574
Le huitième	3,321
Votants	11,394

Varlin (élu), 9,356. — Clément (élu), 7,121. — Ch. Gerardin (élu), 6,142. — Chalin (élu), 4,543. — Malon (élu), 4,199. — Taillez, 3,548. — Martine, 3,111. — Dupas, 2,311. — Tridon, 2,253. — Vergès, 1,941. — Calmels, 1,660. — Maillard, 969. — Favre, 717. — Cachent, 589. — Villeneuve, 437. — Grousset, 427. — Maljournal, 384. — Blanqui, 211. — Divers, 660.

Dix-huitième arrondissement. (Butte-Montmartre.)

12 sections, 130,436 habitants, 7 conseillers.

Inscrits	32,962
Le huitième	4,120
Votants	17,443

Blanqui (élu), 14,953. — Theisz (élu), 14,950. — Dereure (élu), 14,661. — Clément (élu), 14,188. — Ferré (élu), 13,784. — Vermorel (élu), 13,402. — P. Grousset (élu), 13,339. — Dupas, 2,098. — Félix Pyat, 1,750. — Assi, 1,254. — Lefrançais, 1,248. — Briosne, 1,157. — Gally, 899. — Clémenceau, 752. — Jaclard, 503. — Lafond, 449. — L. Blanc, 130. — Divers, 1,982. — Blancs et nuls, 716.

Dix-neuvième arrondissement. (Buttes-Chaumont.)

16 sections, 113,000 habitants, 6 conseillers.

Inscrits................ 28,270
Le huitième............ 3,533
Votants................ 11,282

Oudet (élu), 10,063. — Puget (élu), 9,547. — Delescluze (élu dans le 11ᵉ), 5,846. — J. Miot (élu), 5,520. — Ostein (élu), 5,063. — Flourens (élu), 4,100. — Henry, 4,084. — Pillioud, 3,860. — Cavol, 3,622. — Mallet, 721. — Lavalette, 600. — Blanqui, 348. — Pyat, 222. — Lagarde, 195. — Lefrançais, 173. — Divers, 1,387. — Nuls, 445.

Vingtième arrondissement. (Ménilmontant.)

13 sections, 87,444 habitants, 4 conseillers.

Inscrits................ 28,270
Le huitième............ 3,533
Votants................ 11,282

Bergeret (élu), 15,290. — Ranvier (élu), 15,049. — Flourens (élu), 14,089. — Blanqui (élu), 13,859. — Tridon, 1,304. — Dumont, 1,034. — Lefrançais, 269. — L. Blanc, 49. — Eudes, 47. — Voix diverses, 534. — Blancs, 449. — Nuls, 151.

La Commune de Paris décrète :

Art. 1ᵉʳ. Les membres de la Commune ont la direction administrative de leur arrondissement.

Art. 2. Ils sont invités à s'adjoindre, à leur choix et sous leur responsabilité, une commission pour l'expédition des affaires.

Art. 3. Les membres de la Commune ont seuls qualité pour procéder aux actes de l'état civil.

La Commune de Paris.

La Commune de Paris décrète :

Les cinq compagnies d'assurances *la Nationale*, *l'Urbaine*, *le Phénix*, *la Générale*, *l'Union*, sont autorisées à lever les scellés apposés sur leurs livres et caisses à la date du 29 courant.

La saisie pratiquée à la requête de la Commune est maintenue.

La Commune de Paris.

DÉLÉGATION DES FINANCES.

A partir du 2 avril, les fonctions d'officiers et d'adjudants-payeurs de la garde nationale sont supprimées. Le service de la solde sera fait par le sergent-major de chaque compagnie, sous la direction d'un officier payeur de bataillon responsable, nommé par les gardes.

Les délégués aux finances,
VARLIN, JOURDE.

N. B. Les officiers et adjudants-payeurs sont invités à effectuer immédiatement le versement des reliquats de solde à la caisse des finances.

ADMINISTRATION DES POSTES.

Les employés attachés à l'administration des postes qui ne se présenteront pas immédiatement pour reprendre leur service seront considérés comme démissionnaires, et il sera pourvu à leur remplacement.

Le directeur provisoire,
A. THEISZ.

PARTIE NON OFFICIELLE

Paris, le 30 mars 1871.

(Ici se trouve une longue ordonnance concernant la foire aux jambons, signée *Raoul Rigault*, et calquée mot pour mot sur celle de l'ancienne préfecture de police.)

En attendant la loi sur la réorganisation de la garde nationale et vu l'urgence,

Le Comité central arrête :

Tous les bataillons de la garde nationale de Paris procéderont vendredi prochain aux élections nécessaires pour compléter leurs cadres.

Il sera également procédé, dans les compagnies qui ne l'ont point encore fait, à l'élection des délégués de la Fédération républicaine de la garde nationale.

Les procès-verbaux de ces élections, ainsi que les états nominatifs des cadres de tous les bataillons, devront être parvenus au Comité central samedi prochain au plus tard.

Le Comité central rappelle aux gardes nationaux qu'ils ont le droit de révoquer leurs chefs dès qu'ils ont perdu la confiance de ceux qui les ont nommés.

Paris, le 30 mars 1871.

Les membres du Comité central,

PRUDHOMME, LAVALETTE, ED. MOREAU, FOUGERET, BAROUD.

On a fait grand bruit, dans la presse et ailleurs, d'un article sur le *Tyrannicide*, publié dans le *Journal officiel* du 27 mars. L'esprit de parti a tenu à exagérer la portée de cette publication.

Il est pourtant bien certain qu'étant signé, — ce qui est contraire aux usages du *Journal officiel*, — cet article ne représentait qu'une opinion individuelle, opinion très-soutenable d'ailleurs et qui a pour elle l'autorité non-seulement de toute l'antiquité, mais encore des modernes tels que Montesquieu, Milton, sir Philip Francis, l'auteur présumé des *Lettres de Junius*, sans parler des théologiens qui l'ont soutenu au point de vue catholique.

AVIS IMPORTANT.

Les citoyens qui ont des communications à faire à la Commune de Paris sont instamment priés

Mise en état de défense de la porte de Versailles par les Fédérés. (Voir page 220.)

d'adresser leurs lettres et communications sous la rubrique suivante :

Aux citoyens membres de la Commune, siégeant à l'Hôtel de ville.

C'est par erreur que le nom du citoyen Miot a été omis sur la liste des membres de la Commune qui font partie de la commission d'enseignement.

Paris, 30 mars 1871.

Citoyen rédacteur,

Vous avez annoncé que j'étais nommé membre de la Commune de Paris dans le troisième arrondissement.

C'est par erreur que mon nom figure au *Journal officiel* à la place de celui du citoyen Charles Murat.

Salut et égalité, E. CLÉRAY.

Plusieurs journaux reproduisent avec un empressement de mauvais goût une lettre signée Lebeau, dont la forme seule aurait dû inspirer à la presse sérieuse la plus légitime défiance. Le ton de cette lettre trahit depuis la première ligne jusqu'à la dernière un état mental tout particulier.

Aux inexactitudes excusables qu'elle renferme, le Comité central et les citoyens Arnaud et Demay, membres de la Commune, mis en cause, pourraient répondre que jamais le signataire de cette lettre n'a été muni d'une délégation régulière, signée de la majorité du Comité, à la rédaction du *Journal officiel*.

Quant au citoyen Ch. Longuet, invité à plusieurs reprises par les membres du Comité à prendre la direction de l'*Officiel*, il a été pendant plusieurs jours mis dans l'impossibilité de remplir régulièrement et entièrement le mandat dont il était chargé. L'intervention du citoyen Arnaud, délégué à l'intérieur, dont ressort le *Journal officiel*, n'avait donc rien que de tout à fait naturel; et c'est par un sentiment de délicatesse facile à comprendre qu'elle n'avait pas eu lieu plus tôt.

Le Comité central des vingt arrondissements de Paris déclare donner son adhésion pleine et entière aux trois décrets rendus le 29 mars courant par la Commune, relatifs :

1° Aux loyers ;
2° A la conscription ;
3° Et aux objets engagés au mont-de-piété.

Paris, le 30 mars 1871.

BEDOUCH, NAPIAS-PIQUET, A. TEXIER, TOUSSAINT, THÉLIDON, MISSOL, MONESTÈS, CONSTANT MARTIN, DROSSE, GAVIGNANT, VIGNERON, MARÉCHAL, LANDA, E. TURPIN, JOSEPH RICHARD, ARMAND LÉVY, SICARD, THOREL, PORTALIER, PAGNIÈRE, J. BAUX, PARTHENAY, CHALVET, RIVAL, PIATZA, TURPIN, RICHARD, BENJ. GASTINEAU, DUPAS, FILLON, GAILLARD père, BRIOSNE, RASTOUL, EUG. POTTIER.

Certifié conforme :

Le secrétaire, *Le président,*
NAPIAS-PIQUET. BEDOUCH.

COMITÉ CENTRAL D'ARTILLERIE DE LA SEINE

Aux citoyens membres de la Commune.

Après une longue attente, aujourd'hui les cœurs sincèrement républicains ont vu luire le plus beau des jours, celui de l'installation de la COMMUNE DE PARIS.

Le Comité central d'artillerie de la Seine a éprouvé pour son compte un bonheur inouï, et il vient vous apporter les saluts fraternels et les félicitations sincères de tous ses membres.

Formé par le suffrage de tous les arrondissements de la Seine, et établi d'après les principes essentiellement démocratiques et sociaux les plus purs, le Comité central d'artillerie de la Seine vous informe qu'il a entrepris une des plus belles tâches : l'organisation sur de nouvelles bases de l'artillerie du département, puissante sauvegarde de la Commune et de l'indépendance de la grande cité.

Affirmé et reconnu par le Comité central de la garde nationale, il se présente à la Commune, pénétré de la pensée que ses idées révolutionnaires y seront admises, et qu'il rencontrera chez vous, citoyens, le même concours empressé que lui a toujours cordialement accordé le Comité central, à côté duquel il n'a cessé de siéger à l'Hôtel de ville depuis le 18 mars.

Les bases sur lesquelles le Comité réorganise l'artillerie de la Seine, sont :

1° Fusion complète, absolue des canonniers auxiliaires et des artilleurs de la garde nationale en un seul corps, nommé *artillerie de la garde nationale de la Seine;*

2° Formation d'une ou plusieurs batteries par arrondissement, composées des artilleurs demeurant dans l'arrondissement ;

3° Fédération avec le génie et l'infanterie de la garde nationale.

Cette organisation est presque achevée ; les contrôles sont établis et soigneusement vérifiés. Les diverses commissions : exécutive, d'armement, d'enquête, etc., n'ont cessé de fonctionner, malgré les obstacles matériels et les intrigues de quelques ambitieux non encore désarmés.

Fort de ses principes et de son organisation, il attend de vous, citoyens, un témoignage sympathique qui le mettra à même de terminer son œuvre.

Les Membres du Comité d'artillerie.

Suivent les signatures.

LE DRAPEAU ROUGE.

Que les progrès politiques et sociaux sont lents à s'accomplir ! Allons-nous voir enfin s'évanouir le spectre rouge de feu Romieu, ce vain et ridicule épouvantail des hommes paisibles, mais inintelligents de la France entière ?

Puisque le drapeau rouge est maintenant arboré

sur nos monuments publics, il n'est pas inutile de dire quelques mots de son histoire. La routine et l'ignorance sont si grandes, que c'est une bien grosse affaire que de changer un drapeau, fût-il souillé du sang et de la boue de Waterloo et de Sedan, et La Bruyère, l'a dit excellemment : « Vous pouvez aujourd'hui ôter à cette ville ses franchises, ses droits, ses priviléges : mais demain, ne songez pas même à réformer ses enseignes. »

Depuis le règne de Henri Ier jusqu'à celui de Charles VII, le drapeau national fut l'étendard rouge, connu sous le nom d'oriflamme. De Charles VII à Louis XVI, sous le régime des armées permanentes et de la royauté absolue, le drapeau national fut le drapeau du roi, la bannière blanche fleurdelisée.

En 1789, le 13 juillet, à l'Hôtel de ville, Lafayette proposa l'adoption d'un drapeau formé par l'alliance du *blanc*, couleur de la royauté; avec le *bleu* et le *rouge*, couleurs du tiers état parisien.

Le bleu était la couleur des maîtres bourgeois des villes, et le rouge la couleur des travailleurs. Le bonnet phrygien du costume officiel des paysans sous Louis XVI était rouge.

En résumé, le blanc était la couleur du roi et de ses instruments politiques, la noblesse et le clergé; le bleu celle des privilégiés du régime des maîtrises et des jurandes ; le rouge celle des travailleurs, c'est-à-dire de l'immense majorité du peuple français.

En 1789, on crut pouvoir concilier toutes les classes de la société, et l'on adopta le drapeau tricolore : ce fut une contradiction avec le principe de l'égalité devant la loi, et une erreur bien pardonnable dans une époque de transition. Mais on n'arrivera jamais à mêler ensemble le mercure, l'eau et l'huile.

En 1848, comme l'a raconté Louis Blanc, le peuple comprenait qu'à de nouvelles institutions il faut de nouveaux emblèmes. Le drapeau rouge fut demandé spontanément et avec une passion où se révélait la profondeur des instincts populaires.

Lamartine, ce poëte à l'esprit faux, cet homme à la vanité féminine et monstrueuse, l'amant de Graziella, qui, né riche, gaspilla sa fortune, et, devenu pauvre, vécut sans dignité, et mourut trop tard, accablé sous les aumônes d'Émile Ollivier et de Napoléon III, osa proférer en 1848 ce mensonge historique :

« Le drapeau rouge n'a jamais fait que le tour du Champ de Mars, traîné dans le sang du peuple ! »

Aujourd'hui, le drapeau rouge flotte dans les airs! L'application du principe de l'égalité de tous les citoyens devant la loi politique avec les conséquences sociales qu'il implique, finira par confondre tous les Français dans une seule classe, celle des travailleurs. Le peuple est devenu majeur, comme aux États-Unis, et il entend se gouverner lui-même. Il veut que la devise : Liberté, Égalité, Fraternité ! ne soit plus un mensonge inscrit sur le fronton de nos édifices. Une nouvelle ère commence, l'ère des travailleurs, *novus ordo sæculorum*, comme disent les Américains.

A nouvelle ère, nouveau drapeau ! Le drapeau du travail, de la paix et de l'égalité, le drapeau rouge !
X—Y.

PHYSIONOMIE DE PARIS

LE BLOCUS

On lit dans *Paris-Journal :*

Paris est bloqué. L'embargo est mis sur les postes et les chemins de fer, par les délégués de la Commune. Nous voilà de nouveau privés de communications avec la province, et obligés de suspendre l'envoi du journal à nos abonnés des départements, jusqu'à ce qu'il plaise à la Commune d'en décider autrement.

Nous voici revenus aux tristes jours du siége.

Nos lettres ne partent plus, nos journaux ne vont plus être expédiés en province, nos chemins de fer même ont en partie interrompu leur service.

Enfin les portes de Paris sont fermées, et les denrées augmentent de prix. Il ne nous manque plus que de voir partir des Tuileries le ballon *la Commune-de-Paris* et d'entendre le canon gronder autour de nos remparts.

L'HOTEL DES POSTES

L'hôtel de la rue Jean-Jacques-Rousseau a perdu sa vive animation.

Dans la cour, où l'on ne pénètre plus que par une seule porte, le va-et-vient des employés et des facteurs, le grouillement incessant du public a fait place à la présence maussade des compagnies du Comité central, dont les faisceaux rangés le long des murs entravent la circulation.

Çà et là, on aperçoit quelques groupes de citoyens qui, fort mécontents de la brusque interruption du service, s'informent et se plaignent, à voix basse du reste, car les factionnaires postés de loin en loin ne se montrent point de miel à l'adresse des réclamants.

Le bureau des départs de province est fermé. Sur la porte on lit :

POUR LES AFFRANCHISSEMENTS
S'adresser au concierge.

L'administration prend des lettres au service des départs pour Paris. Mais il est bon de ne point s'enhardir jusqu'à demander si ces lettres parviendront à leur adresse.

A la poste restante, on compte encore jusqu'à cinq employés. Les timides personnes qui vont réclamer aux guichets un billet mystérieux, éprouvent quelque émoi en face des deux fédérés, — nouveaux dragons des Hespérides, — qui gardent là tant de trésors si vivement désirés.

Le drapeau rouge n'a point été arboré sur l'hôtel, mais à l'entrée, le drapeau tricolore est en berne.

Au-dessus de la porte du receveur principal, le si brusque successeur de M. Rampont, le citoyen Theisz, a fait afficher un avis spécial qui rappelle aux employés de l'administration l'article 88 de l'instruction générale des postes et leur interdit, sous peine de révocation, l'abandon de leur service sans une permission du directeur.

Un détail à noter : l'avis en question s'appuie sur une circulaire datée du 25 avril 1854.

La Commune visant l'arrêté d'un fonctionnaire impérial ; n'est-ce point assez piquant ?

Hier, vers quatre heures, un conflit a failli avoir lieu entre les factionnaires qui gardent l'entrée de l'hôtel et les facteurs montés dans les omnibus de l'administration pour se rendre à leurs quartiers respectifs.

Les gardes nationaux, objectant leur consigne, s'opposaient au passage des voitures, et croisaient la baïonnette devant les chevaux lancés contre eux.

Il a fallu attendre que le chef de poste voulût bien octroyer aux cochers un sauf-conduit verbal pour que nos lettres franchissent la porte cochère.

AUX PORTES DE PARIS

Après les postes, les portes. Ces dernières ont été fermées hier. Cela devait arriver, un jour ou l'autre, sous le régime paternel que Paris subit à l'heure qu'il est.

C'est l'avant-dernière nuit que les ordres ont été expédiés à cet effet par les généraux de l'Hôtel de ville.

Le bruit suivant, qui nous arrive de Versailles, explique, — sans la justifier du reste, — cette mesure insolite :

Les fédérés qui gardent la ligne du chemin de fer à Puteaux seraient allés, jeudi soir, au nombre de deux cents environ, faire auprès des avant-postes de l'armée de Versailles, campés à Courbevoie, une tentative de rapprochement.

Accompagnée de propositions qui devaient la faire prendre en mauvaise part, cette démarche aurait tourné à la confusion des soldats de la Commune. En effet, immédiatement cernés par des forces de beaucoup supérieures, ils se seraient rendus et auraient été emmenés prisonniers à Versailles.

De là serait venue à l'esprit des généraux de la Commune la crainte d'un commencement d'hostilité, et l'adoption de la mesure dont il s'agit.

La fermeture des portes a été pour une foule de gens un sujet d'ennui et de mécontentement extrême ; pour beaucoup, elle a renouvelé en quelque sorte les anxiétés du siége.

A dix heures du matin, l'avenue de Neuilly est encombrée d'une foule inquiète.

Des travailleurs civils, des soldats du génie, des artilleurs, amènent en toute hâte des canons et des munitions, pour mettre cette partie du rempart en état de défense.

En dehors de la porte, une foule de gens, que leurs affaires appellent à Paris, attendent, dans l'espoir que la Commune reviendra sur une mesure que rien ne justifie.

En dedans, nombre de travailleurs, embauchés à Courbevoie et ailleurs, pour réparer les désastres de la guerre se plaignent à haute voix de la Commune, qui les empêche de gagner leur vie.

De pauvres gens qui déménagent sont arrêtés à la porte avec la voiture à bras qui devait transporter à la campagne leur pauvre mobilier.

Tout cela n'est certainement pas gai.

La porte de Sèvres est défendue par une demi-batterie de pièces de campagne. Un poste de quinze hommes est chargé de garder l'entrée.

Près de la porte des Ternes, quelques canons de siége et un obusier, jetés à bas de leurs affûts, dorment entourés de caissons abandonnés.

Là, nul indice d'une défense sérieuse, mais un cordon de sentinelles aussi peu gracieuses que possible.

Partout les ponts-levis ont été levés. Le passage est donc absolument impossible. Force est aux piétons aussi bien qu'aux voitures de rebrousser chemin.

La porte d'Orléans a été entre-bâillée un instant. Ç'a été pour laisser passer les trois bataillons qui montaient depuis six jours la garde au fort de Montrouge.

Les citoyens qui président à nos destinées et jouent avec les lois, se sont écriés ce matin, citant les *Burgraves* :

Haut le pont, bas la herse ! armez les mangonneaux !
Mille hommes au ravin ! mille hommes aux créneaux.

Et immédiatement la porte de Versailles, obéissant à leurs incantations, s'est fermée, comme la porte de Gaza jadis.

— Désormais les Parisiens seront libres, absolument libres de ne plus aller à leurs affaires *extra muros*.

O bienfaisante Commune !

A Montparnasse, non plus qu'à Saint-Lazare, on ne part plus pour Versailles.

A la gare de la rue d'Amsterdam, on a fermé les guichets où se distribuent d'ordinaire les billets à destination de cette ligne. Sur la première marche du perron conduisant aux bureaux, se dressent six factionnaires qui arrêtent les voyageurs au passage et les font rétrograder.

Les trains de Saint-Germain et d'Argenteuil marchent encore. Il en est de même pour les trains de Bretagne et de Normandie.

LES POINTS NOIRS

Hier, des groupes postés, dans l'après-midi, au bas de l'Arc-de-Triomphe, regardaient des points noirs qui se mouvaient à l'horizon, au sud de la statue renversée de Napoléon I⁰ʳ à Courbevoie.

Autour de quel drapeau ces points noirs étaient-ils rangés? c'est ce que personne ne pouvait dire avec certitude.

ÉLECTIONS DE LA GARDE NATIONALE

Les élections des officiers de la garde nationale ont eu lieu hier.

Peu d'empressement, peu d'enthousiasme. Dans plusieurs quartiers presque personne ne s'est rendu aux mairies. Des bataillons entiers, même de ceux qui avaient fait leur soumission au Comité, se sont abstenus. D'autres comptaient à peine cinquante électeurs présents.

Néanmoins, les élections ont eu lieu et les officiers ont été nommés. Il sera difficile à ceux-ci de dire qu'ils ont été « appelés à leur grade par la majorité de leurs concitoyens. »

LA JEUNE POLICE

On a pu croire un instant que la police de sûreté était supprimée.

Qu'on se rassure. Le citoyen Raoul Rigault vient de réorganiser ce service sur un pied formidable. Il a enrôlé sous sa bannière les pupilles de la République, ces gamins à blouse grise qui servaient de courriers aux états-majors pendant le siége.

C'est une nouvelle méthode pour élever l'enfance.

LES DÉMÉNAGEMENTS

Le décret de la Commune de Paris concernant les loyers a déjà produit son effet.

Hier on voyait dans toutes les rues de nombreuses voitures de déménagement qui erraient à l'aventure, fuyant le courroux d'un propriétaire irrité, mais impuissant, — car le décret du 30 mars lui a enlevé ses armes.

ARRESTATIONS

Hier, vers trois heures de l'après-midi, arrivait place Vendôme une voiture escortée par six gardes nationaux. Dans le véhicule étaient assis trois individus de trente-cinq à quarante-cinq ans, à la figure ironique et gouailleuse, qui semblaient se moquer de la foule qui les poursuivait de ses huées.

C'étaient, nous a-t-on dit, trois anciens sergents de ville que les gardes de la Commune immolaient à leur ressentiment.

Dans la journée, on a arrêté également le lieutenant-colonel des pompiers, soupçonné d'être entaché d'une légère teinte réactionnaire.

PLACE VENDOME

Les canons ont repris leur attitude défensive.

On a enlevé, dans la journée, les blindages en tôle qui en cachaient les embrasures.

Les pains ne manquent pas sur la place. On en aperçoit au bout de toutes les baïonnettes.

Derrière une barricade donnant rue de Castiglione, nous voyons un officier tout galonné qui mord à belles dents dans un énorme croûton. Il jette sur la foule des regards féroces.

Le Crédit foncier a été occupé hier par un bataillon des fédérés du Comité. Ses sentinelles avancées se confondaient avec celles qui défendaient la place Vendôme.

Il paraît qu'on n'y a pas fait de réquisitions.

(*Paris-Journal.*)

A L'HOTEL DE VILLE

A l'Hôtel de ville tout est mouvement, nuit et jour on travaille, on reçoit des communications, on envoie des ordres; aussi, à chaque instant, arrivent ou partent des estafettes et des courriers : c'est une cavalcade continuelle. Des garibaldiens en chemise rouge et pelisse flottante vont et viennent, la foule les salue par le cri de : « Vive Garibaldi ! »

Autour du palais municipal, toujours même luxe de canons, de mitrailleuses et d'obusiers; mais, à l'aspect de cette artillerie massée, on comprend qu'elle n'est là que pour la forme.

Des bataillons de garde ont leurs fusils en faisceaux à quelques mètres en avant et ne laissent sortir qu'à bon escient; nous voyons une ordonnance qui, ayant sans doute oublié le mot de passe, est arrêtée par le factionnaire, et se voit obligée de rentrer pour aller chercher son *exeat*.

Sur la façade postérieure, celle qui donne sur la rue Lobau, même animation que sur la place, mais d'une tout autre nature. Ici on distribue des vêtements, on distribue des vivres; les cours sont pleines de voitures d'effets et de charrettes de pain.

Les deux casernes construites de chaque côté de Saint-Gervais servent de logements aux gardes nationaux de service, qui n'ont que la rue à traverser pour venir aux provisions. Le quadrilatère compris entre le square Saint-Jacques et la mairie du quatrième arrondissement est en ce moment une véritable place de guerre au centre de Paris; la flottille militaire, amarrée au bas du quai, complète le tableau.

(*Le Siècle.*)

LA CAISSE MUNICIPALE

La caisse municipale n'existe plus à l'Hôtel de ville. Hier, une personne s'étant présentée pour toucher un coupon de l'emprunt municipal de 1860, échéant le 1ᵉʳ mars 1871, n'a trouvé à parler qu'à un concierge, qui lui a déclaré que le payement d'un coupon quelconque était désormais chose inconnue à l'Hôtel de ville. (*La Liberté.*)

A MONTMARTRE

Si les canons ont disparu de la place Clichy, il n'en est pas ainsi en haut de la rue des Martyrs, aux abords de la mairie du dix-huitième et sur les buttes Montmartre, au bas de la rue de Clignancourt.

Là les retranchements n'ont fait que croître et embellir, sous le soleil ardent de la Commune.

On a exhaussé les barricades qui ferment ces rues. On a amené de nouvelles pièces; on a trouvé pour les garder de nouvelles recrues.

Le nombre des soldats et des artilleurs surtout a sensiblement augmenté. Les gardes nationaux leur ont obligeamment cédé la place. C'est à peine si l'on en aperçoit quelques-uns rôder en flâneurs autour d'eux.

Au sommet de chaque barricade flotte un drapeau rouge, et les gardiens de canons ont orné leurs fusils d'une cocarde couleur de sang.

Dans le haut de Montmartre règne le calme le plus absolu. Les physionomies semblent tristes, presque sinistres. Que se passe-t-il de lugubre sur le sommet du mont Aventin? On parle de dénonciations, de lois des suspects, d'arrestations et de condamnations de gardes nationaux réfractaires.

Toujours est-il que là il n'y a aucune surveillance, aucune police. On n'obéit qu'à la loi du bon plaisir. Les officiers de la garde nationale sont les maîtres et les rois. Nul n'oserait enfreindre les ordres multiples dont ils harcèlent leurs subordonnés.

LA MAISON GODILLOT

La maison Godillot travaille avec plus d'activité que jamais.

Ses machines ronflent, ses ouvriers vont et viennent, affairés, empressés, couverts de sueur.

On prépare l'équipement des bataillons de marche du Comité.

A chaque instant on voit s'arrêter devant les ateliers des colonnes de gardes nationaux qui, après avoir fait quelques heures de queue, s'en retournent chargés de souliers jaunes tout flambants neufs.

La Commune est prévoyante. Elle tient à faire oublier l'intendance de l'empire et du gouvernement du 4 septembre. Tant qu'à avoir des défenseurs, elle veut des défenseurs bien approvisionnés, persuadée que la meilleure vertu du soldat réside dans son équipement, comme l'a dit un général célèbre.

VANITÉ D'AUTEUR

Les barricadiers de Montmartre, — race irritable, — ne tolèrent point la concurrence.

Un ex-membre de l'ex-commission des barricades, — des barricades patriotiques, — était allé, ces jours-ci, flâner aux abords de la Butte-aux-Émeutes. Là, tranquillement, le lorgnon dans l'œil, en dilettante, il examinait les ouvrages élevés par les fédérés. Un moment, sans penser à mal, il alla jusqu'à prendre des notes et faire au factionnaire de service d'obligeantes observations sur les défectuosités de quelques-unes de ces objets d'art.

Il en eût fallu moins pour se faire arrêter.

Aussi fut-il empoigné de la belle façon, conduit au poste voisin et soumis à l'interrogatoire de rigueur.

Si un lieutenant de ses amis ne s'était trouvé là d'aventure pour le réclamer, ses bons petits confrères ès barricades se fussent certainement fait un plaisir de supprimer en lui un rival dangereux.

LE CORTÉGE DU CITOYEN GOUVERNEUR

Aujourd'hui, à deux heures, on n'était pas peu surpris, rue de Rivoli, de voir passer tout un groupe de cavaliers lancés au grand galop et attirant les regards par les couleurs éclatantes de leurs costumes.

C'était la première sortie officielle du gouverneur de l'Hôtel de ville.

Il n'y a pas longtemps que le citoyen Assi est possesseur d'un cheval; le jour de la proclamation de la Commune, le gouverneur était descendu de l'estrade et suivi de son ordonnance garibaldienne, il se promenait sur la place et recevait les félicitations des bataillons qui défilaient.

Un capitaine d'état-major qui caracolait à ses côtés, trouvant qu'il n'était pas solennel pour un gouverneur d'être à pied, lui proposa d'aller le lendemain à la Villette, et là, d'acheter (ou de réquisitionner) un cheval. C'est ce qui fut fait sans doute.

Dans la cour de l'aile gauche de l'Hôtel de ville s'est formée la cavalcade; le citoyen Assi a passé son écharpe rouge avant de monter à cheval; l'escorte se composait de l'ordonnance, qui a abandonné la casquette rouge pour la remplacer par un bonnet d'astrakhan avec flamme bleue, la bouche ornée d'une magnifique pipe; venaient ensuite un capitaine d'état-major, six garibaldiens, le manteau au vent. Un garde national et un autre garibaldien ouvraient la marche à cinquante pas de distance.

Le citoyen Assi s'entretenait en italien avec sa suite; voici l'italien devenu la langue de l'Hôtel de ville.

Ce superbe cortége s'est rendu place Vendôme.

Quelques délégués eux-mêmes trouvaient cet appareil quelque peu original.

Tous les membres de la Commune et du Comité portent maintenant une écharpe rouge; quelques-uns l'ont ornée d'une frange d'argent. (*National.*)

L'ÉMIGRATION PARISIENNE

Depuis dix jours cent soixante mille habitants de Paris ont, dit-on, quitté nos murs. Presque tous appartiennent aux classes aisées et indépendantes.

Les serviteurs ont été en partie remerciés avec une indemnité de huit ou quinze jours. Ainsi, le nombre des valets de chambre, cochers, chefs de cuisine, cordons bleus, femmes de chambre, mis sur le pavé, n'est pas moindre de six mille.

Les enfants retirés des pensionnats et autres établissements d'éducation se comptent par milliers.

Depuis dix jours, le nombre des appartements à louer s'est accru dans une proportion énorme.

Les rues des beaux quartiers sont couvertes d'écriteaux : *appartements ornés de glaces; grands appartements, écuries et remises.*

Rien que dans la rue Moncey et dans la rue Labruyère nous en avons compté soixante-trois.

Dans le premier tronçon de la rue Notre-Dame-de-Lorette, trente-deux. La même proportion existe dans toutes les rues avoisinantes où sont élevés de petits hôtels, des maisons bourgeoises.

La plupart de ces appartements à louer ont leurs persiennes fermées, il n'y a donc pas à se méprendre sur les causes de cette mise en location.

D'autre part, les commandes faites chez les grandes couturières, les lingères, les maisons de confection sont retirées ou ajournées.

Enfin déjà un certain nombre d'établissements industriels d'un déplacement possible songent à se transporter loin de Paris.

Devant cette émigration, qui se poursuit encore et n'est pas près de s'arrêter, les immeubles ont déjà subi une dépréciation de 10 0/0, dépréciation qui se chiffre par la diminution des loyers vacants.

Si l'émigration parisienne a pris de telles proportions, et le fait est indiscutable, on comprend que l'immigration temporaire des étrangers vers Paris a dû s'arrêter immédiatement.

En effet, la plupart des chefs des grands hôtels qui avaient reçu ordre de préparer des appartements ont été avisés d'avoir à s'abstenir, et cette visite, qui devait nous être si productive, est plus qu'ajournée. *(Peuple français.)*

LES TRIPOTS EN PLEIN AIR

Hier, vers l'approche du soir, une agitation extraordinaire s'est manifestée tout à coup au milieu de groupes tumultueux stationnant sur plusieurs points de l'esplanade des Invalides.

Au-dessus de ces groupes, on voyait s'élever et briller les baïonnettes des gardes nationaux accourus pour les disperser. Quelques individus portant des mises débraillées et ayant des mines plus que suspectes, opposaient de la résistance à la force armée chargée de faire observer l'ordre et le respect de la loi ; mais un grand nombre d'entre eux fuyaient dans toutes les directions, vigoureusement poursuivis par les gardes nationaux, qui voulaient s'en emparer pour les conduire au poste.

Voici quelle était la cause de cette agitation et de ces poursuites. Des gardes nationaux en armes avaient été commandés pour balayer de la voie publique les jeux de hasard, qui continuaient de s'y maintenir avec plus d'opiniâtreté que jamais, malgré les ordres récents et formels de l'autorité, affichés sur les murs et publiés dans les journaux.

A l'arrivée de la force armée, les dés cessèrent de rouler et les enjeux disparurent au moment où ils allaient être saisis.

Cependant, les individus qui, chaque jour, exploitent les dupes conviées par eux et leurs acolytes à ces jeux de hasard, n'eurent pas plus tôt vu les gardes nationaux tourner les talons, qu'ils se réfugièrent dans les baraques de l'esplanade, en y entraînant les joueurs, et les dés continuèrent à rouler de plus belle.

Aujourd'hui encore les jeux ont recommencé avec plus d'acharnement que jamais, malgré le temps peu favorable, tantôt dans les baraques et tantôt en plein air. Seulement, des vedettes étaient apostées pour avertir, s'il y avait lieu, les joueurs de l'arrivée de la garde nationale, dont ils bravaient ainsi la surveillance en toute sécurité.

LES DÉMISSIONS

ASSEMBLÉE NATIONALE.

Le citoyen Razoua vient de donner sa démission de représentant par la lettre suivante adressée à M. Grévy :

Au citoyen président l'Assemblée réunie à Versailles.

Paris, le 31 mars 1871.

Citoyen,

Représentant du peuple de Paris, j'avais reçu de lui le mandat impératif d'affirmer à l'Assemblée nationale :

1° La République au-dessus du suffrage universel ;

2° La guerre à outrance pour défendre son unité et son indivisibilité ;

3° La mise en accusation des hommes du 4 septembre.

Mon mandat est rempli.

Au 31 octobre comme au 22 janvier, j'ai affirmé, en face du gouvernement de l'Hôtel de ville, la *Commune de Paris*. C'est vous dire, citoyen président, qu'adhérant à la révolution du 18 mars, je donne ma démission de représentant du peuple à l'Assemblée de Versailles.

EUGÈNE RAZOUA,
Représentant de la Seine.

SÉANCES DE LA COMMUNE.

La discorde règne dans l'assemblée. La pression opérée par la Montagne (ancien style) écarte de la Commune ceux qui n'avaient cherché que des fonctions exclusivement municipales.

MM. Desmarest, Ferry, Nast, André, Tirard, Albert Leroy, Robinet, Charles Beslay, Adam et Méline, se retirent en déclarant pour la plupart qu'ils ne peuvent siéger plus longtemps dans une assemblée à responsabilité illimitée.

Beaucoup ajoutent : dont l'indépendance matérielle et l'indépendance du vote ne sont point assurées.

On dit dans les bureaux que la démission de MM. Loiseau-Pinson et Gerardin ne doit pas se faire attendre.

Plusieurs membres de la Commune trouvent que le Comité s'étant déclaré dissous, devrait l'être de fait. Loin de là, le Comité siège en permanence, décrète d'urgence des arrêts qui ont force de loi.

Beaucoup de gens qui croyaient que le Comité, après avoir remis ses pouvoirs à la Commune, se retirerait sous sa tente, heureux des félicitations qu'il s'est fait voter par la Commune, commencent à murmurer.

En vain, quelques protestations timides se font entendre, le Comité fait la sourde oreille et reste au pouvoir. Il est chargé de l'organisation de la garde nationale, c'est lui qui doit faire respecter les élections; donc, il ne doit pas faillir à son mandat.

Et il n'y faillira pas. — Déjà les purs, épouvantés de la timidité de l'assemblée, jettent sur leur Comité un regard de satisfaction et d'espérance. C'est sur lui qu'ils comptent pour imprimer le mouvement à la Commune si elle veut demeurer inerte. C'est à lui qu'appartient de former l'armée qui doit marcher sur Versailles, si l'Assemblée ne ratifie pas la Commune.

Marcher sur Versailles. Voilà ce que l'on commence à demander dans les bataillons, et le Comité y pousse. Il affirme que les soldats sont prêts, qu'ils n'attendent qu'un signal pour escamoter l'Assemblée, et s'en retourner proclamer la Commune dans leurs villages. (*Paris-Journal*.)

AUTOUR DE LA COMMUNE

La question qui préoccupe le plus tous les délégués est la question financière.

Les Prussiens qui sont à nos portes commencent à alarmer tout le monde.

Chacun dit : Il faut payer, et chacun propose son moyen. Les plus radicaux parlent de confisquer les biens de ceux qui ont émigré pendant le siége et jusqu'à ce jour.

D'autres, plus timides, proposent d'établir un impôt forcé sur toutes les valeurs. Cet impôt pourrait monter à un quart de la valeur mobilière et un cinquième de la valeur immobilière.

Le projet qui rencontre le plus d'adhérents est la vente et la confiscation des biens du clergé.

Des orateurs en plein vent soutiennent le projet avec acharnement, et ne sont guère contredits.

Place de Grève, un individu, plus radical que les autres, propose, non-seulement la confiscation des biens, mais encore la confiscation des églises.

Ce citoyen ne veut point interdire le culte, il est pour la liberté absolue de conscience. Il veut confisquer les églises pour en tirer un revenu.

Elles seront louées pour l'exercice de n'importe quel culte : au plus offrant et dernier enchérisseur.

Tous les cultes se disputeront les édifices, et au lieu d'être une charge pour la Commune, les églises seront une source de revenus.

Dans les bataillons, on attend avec impatience l'organisation complète de la garde nationale pour mettre l'Assemblée en demeure d'avoir à ratifier tout ce qu'ont fait la Commune et le Comité.

Les volontaires pour les bataillons de marche promettent d'être assez nombreux.

Il y a 350,000 gardes nationaux dans Paris.

50,000 resteront pour contenir la *réaction*, 10,000 seront aux remparts et 200,000 iraient à Versailles, s'il en était besoin.

Il y a gros à parier que les purs resteront pour veiller au salut de la République. (*Paris-Journal*.)

COMITÉ CENTRAL DE LA GARDE NATIONALE

Président : Bavoud ; Bouis, Arnold, assesseurs; Roussel, Prudhomme, secrétaires.

Le Comité a décidé que les élections de la garde nationale seront vérifiées par lui.

Il a déclaré que l'élection devait être faite par la majorité des bataillons et que les comités particuliers de chaque bataillon n'avaient aucun pouvoir pour nommer les officiers, caporaux ou sergents.

C'est au Comité qu'il appartient d'organiser la garde nationale.

Lui seul doit donner des ordres en ce sens et prendre les mesures nécessaires pour éviter les fraudes.

Les cartes de boucherie serviront de base pour l'établissement des contrôles.

Les gardes incorporés après l'élection devront accepter les chefs nommés par les autres gardes.

(*Paris-Journal*.)

Paris-Journal insiste en ces termes sur l'authenticité de ses renseignements :

Nous sommes vraiment aux regrets d'avoir à revenir sur ce que nous avons dit hier. Mais notre confrère nous semble encore trop embarrassé dans le choix qu'il doit faire entre nos affirmations et les démentis du Comité, pour que nous ne croyions pas de notre devoir d'éclairer à nouveau sa religion. D'ailleurs, nous nous devons à nous-mêmes et à nos lecteurs de prouver que le *Paris-Journal* n'invente rien de ce qu'il avance.

Que M. Jezierski sache donc qu'avant-hier, au moment même où il publiait la lettre des délégués affirmant que le Comité était dissous, ce même Comité tenait séance.

Nous l'avons dit et nous pouvons le répéter encore : le Comité reste chargé de tout ce qui concerne la garde nationale, et forme une autorité distincte de celle de la Commune.

La publication régulière dans *Paris-Journal* des comptes rendus analytiques des délibérations du Comité a pu étonner beaucoup de monde, et surtout le Comité lui-même. Mais nous mettons au défi ceux qui doutent de l'authenticité de ces documents, ou qui les nient, de signaler une seule ligne dans ces comptes rendus qui ne se soit trouvée vérifiée dans les vingt-quatre heures ou les quarante-huit heures qui ont suivi.

Évidemment, la démonstration n'est pas strictement rigoureuse. Mais, à moins de révéler la source où nous avons puisé nos renseignements, on avouera qu'il nous est impossible d'en donner une plus sérieusement probante.

L'HISTOIRE SUR LES MURS

On vient d'apposer sur les murs de Paris l'affiche suivante :

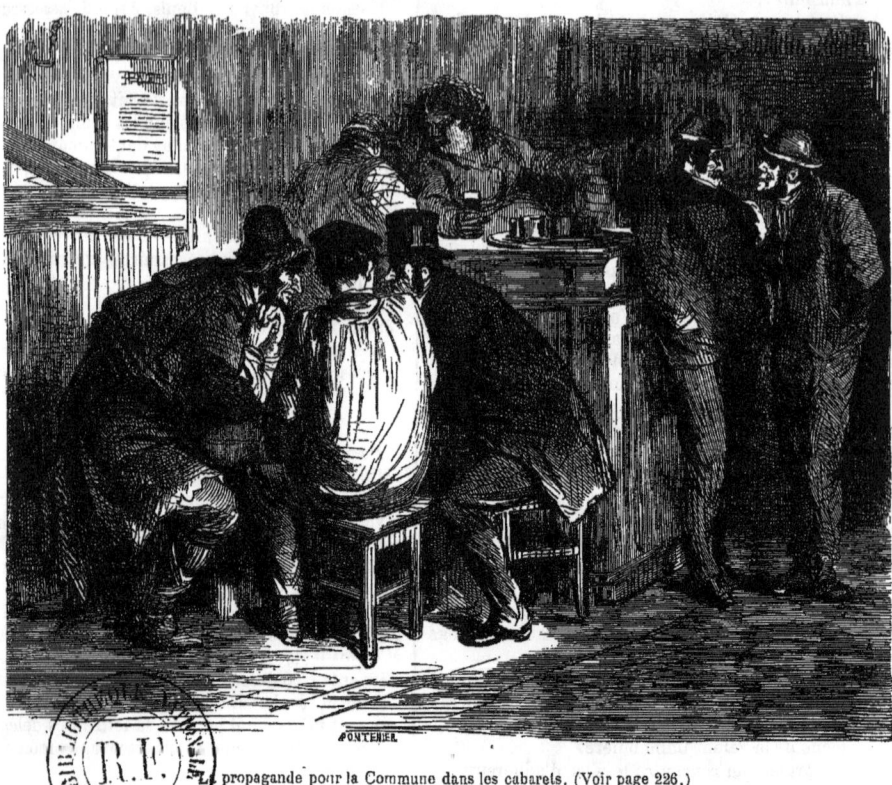

La propagande pour la Commune dans les cabarets. (Voir page 226.)

EX-PRÉFECTURE DE POLICE.

Avis.

La plupart des services publics étant désorganisés à la suite des manœuvres du gouvernement de Versailles, les gardes nationaux sont priés d'adresser par lettres, à la police municipale, tous les renseignements pouvant intéresser la commission de sûreté générale.

Paris, le 31 mars 1871.

Le chef de la police municipale,
A. DUPONT.

COMMUNE DE PARIS.

ARRÊTÉ SUR LA VENTE DES CIGARES ET DU TABAC.

Le délégué civil et le délégué militaire de l'ex-préfecture de police,

Attendu que les rues sont encombrées tous les jours par des marchands qui débitent au public des tabacs et des cigares de provenance étrangère;

Considérant que ces cigares, n'ayant pas été soumis au contrôle de l'administration des tabacs, peuvent être un danger pour la santé publique;

Qu'au surplus, la vente des tabacs constitue l'une des principales sources des revenus de l'État, à laquelle il importe de ne pas porter atteinte,

Arrêtent :

Art. 1er. — La vente des tabacs sur la voie publique est formellement interdite.

Les contrevenants au présent arrêté seront poursuivis et leurs marchandises saisies.

Art. 2. — L'exécution du présent arrêté est confié à la garde nationale.

Paris, le 31 mars 1871.

Le délégué civil,
RAOUL RIGAULT.
Le délégué militaire,
Général E. DUVAL.

PROCLAMATION DES DÉPUTÉS DES CÔTES-DU-NORD

Citoyens,

Il y a un mois à peine, vous vous groupiez autour de nous, au nom de la paix, de l'ordre et du travail.

La paix, nous l'avons douloureusement achetée, mais elle est conclue ; l'ordre, nous l'avons rétabli ; le travail commençait à renaître, et nous avions l'espoir de cicatriser les plaies de la patrie ; mais une insurrection criminelle menace de tout détruire.

Des misérables, rebuts de tous les partis et reniés par eux, s'efforcent de renverser le gouvernement de la souveraineté nationale.

Maîtres, pour un moment, d'une partie de Paris, ils l'oppriment.

Le vol, le meurtre, le pillage, voilà l'affreux régime qu'ils voudraient imposer à la France.

Fidèles à leurs devoirs, vos représentants organisent la défense et viennent faire appel à votre patriotisme, à votre courage.

Aux armes, braves Bretons ! venez vous ranger avec vos frères de l'armée sous les drapeaux de l'Assemblée nationale que vous avez élue ; venez défendre avec nous tout ce qu'il y a de plus respectable, de plus sacré dans le monde :

La religion, vos propriétés, vos familles !

Les députés des Côtes-du-Nord,

DEPASSE, DE FOUGAUD, DE BOISBOISSEL, DE SAISY, FLAUD, RIOUST DE LARGENTAYE, N. DE CHAMPIGNY, ALLENOU, HUON DE PÉNANSTER, vicomte DE LORGERIL, comte DE TRÉVENEUC, CARRÉ-KÉRISOUET.

LES MENUS DÉTAILS DE L'HISTOIRE

Quelques détails publiés par le *Français* sur le général Ganier, ex-commandant des buttes de Montmartre.

C'est un homme d'environ quarante ans ; il est né dans le dix-huitième arrondissement, quartier de la Chapelle.

D'abord ouvrier charpentier, il jeta là un beau jour ses outils pour aller prendre part à la dernière insurrection de la Pologne. Il a aussi servi comme volontaire dans une légion garibaldienne en Italie.

Plus récemment, il s'était engagé dans l'armée du roi de Siam ; et c'est là qu'il aurait conquis rapidement tous ses grades, y compris celui de général.

Un si haut personnage n'a pas eu de peine à se faire agréer d'abord par le Comité qui siège à l'Hôtel de ville de Paris.

Mais, après coup, paraît-il, on eut de très-graves motifs pour le suspecter de bonapartisme.

Il n'en fallait pas plus : le général Ganier fut décrété d'accusation. Pour éviter d'être arrêté, il a donné sa démission et s'est bravement enfui.

On lit dans le *Soir* :

On vient de me raconter que le citoyen Grellier, qui fait en ce moment les fonctions de ministre des affaires étrangères, est un très-brave homme, et qu'il est, dans la vie privée, chef de lavoir, boulevard de la Villette.

Des gens du quartier m'ont fait aussi un véritable éloge du citoyen Babick, chef de bataillon et membre de la Commune.

On s'est accordé à me dire que c'est un homme excellent. D'abord menuisier médiocre, m'a-t-on dit, il est devenu tout à coup médecin avec somnambule, puis inventeur d'une eau de Cologne qui fait échec à celle de J.-Marie Farina ! De là à chef de bataillon, il n'avait qu'un pas.

Le conseiller Babick est donc un cœur parfait, et si un de ces jours vous voyez sortir quelque décret ainsi conçu :

Article 1er. La phthisie est supprimée.
Art. 2. Le choléra et le typhus sont rabotés.
Art. 3. La petite vérole est proscrite.
Art. 4. La garde nationale est chargée de l'exécution du présent décret.

C'est à coup sûr à lui que vous le devrez.

LES FAITS DIVERS

Une propagande des plus actives se fait dans tous les lieux publics, où particulièrement dans les estaminets et les cabarets, où les agents français et étrangers de l'*Internationale* recrutent, à grand renfort de *canons* et de petits verres, des défenseurs pour la Commune, en vue de la lutte suprême qui ne saurait tarder à s'engager entre Paris et Versailles.

Le citoyen Vautrain, maire, et les citoyens Châtillon, Callon et Loiseau, adjoints du quatrième arrondissement, ont donné leur démission.

Le *Siècle* annonce que le Comité central a quitté hier soir l'Hôtel de ville et s'est provisoirement installé dans une aile des *Magasins Réunis*, place du Château-d'Eau.

On lit dans l'*Univers* :

Par ordre du délégué à la police, Raoul Rigault, défense a été faite à tous les aumôniers des prisons de dire la messe qu'on célèbre d'ordinaire pour les prisonniers.

Le Grand-Hôtel a été occupé militairement et réquisitionné par ordre de la Commune de Paris, pour y établir, croyons-nous, le quartier général d'un de ses nombreux généraux.

Nous avons remarqué à l'une des portes, une escouade de chasseurs à pied, mêlée d'ailleurs à de nombreux gardes nationaux.

Hier matin, la Commune (ou le Comité ?) a fait saisir la recette des *facteurs* de la Vallée. — Tous les employés et préposés se sont retirés devant la force.

En conséquence, il va entrer fort peu de volaille à Paris, et nous allons en revenir aux prix obsidionaux. (*Le Bien public.*)

Bercy est dans la consternation. Un ordre du Comité vient d'interdire formellement l'exportation des vins. Toute voiture chargée de fûts est arrêtée à la barrière, les factures sont examinées minutieusement. Si l'acheteur est à Paris, un garde national monte à côté du cocher et va livrer la marchandise; si, au contraire, l'acheteur est en province, le chargement est saisi, et le propriétaire déféré au tribunal du Comité central.

Des délégués du Comité central se sont présentés hier à l'abattoir de la Villette. Ils ont visité les caves, les greniers, les échaudoirs, les séchoirs, et emporté la recette de l'octroi et du droit d'abatage.

Ils ont laissé à l'abattoir un poste de deux cents hommes et se sont retirés après avoir exigé un certificat constatant que tout s'était passé en excellent ordre.

Blocus des caisses du Crédit foncier. Les bureaux de cette administration n'ont pas été occupés, mais ils sont gardés à vue, pour empêcher la sortie du numéraire. Depuis hier, un bataillon entier de garde nationale campe dans la rue Neuve-des-Capucines. Les faisceaux sont formés sur les trottoirs, et un cordon de sentinelles relie le boulevard à la place Vendôme. (*Le Soir*.)

Un délégué du comité central s'est rendu hier au Palais-Royal, qui a été visité depuis les caves jusqu'aux greniers. Les scellés ont été apposés partout, et même sur les caves renfermant le vin propriété particulière des employés.

Nous avons eu entre les mains une lettre émanée du citoyen Gaillard, qui s'intitule commandant; elle est adressée à un négociant de la rue Lafayette, et lui donne la liste des articles qu'il aura à livrer le 31 mars, aujourd'hui, sur la présentation de bons de réquisition communaux ordinaires.

Le prix des marchandises réclamées est de 1,100 francs environ. Faute de livrer, le négociant sera tenu de fournir une somme équivalente en argent, plus 10 pour 100 à titre d'amende.

(*Le Moniteur*.)

Une perquisition minutieuse a été faite hier chez M. Dubail, maire démissionnaire du dixième arrondissement. Son fils, jeune artilleur, blessé au fort de Rosny par un éclat d'obus, a dû fuir pour échapper à un ordre d'arrestation.

M. Murat, adjoint du dixième arrondissement, qui, sans marcher absolument avec le Comité, n'a pas cessé d'être en relations avec lui, a été conduit à la préfecture, où il a passé la nuit. S'il n'avait pas personnellement connu M. Duval, qui y commande en maître au nom du Comité, il y serait probablement encore.

A Montparnasse, non plus qu'à Saint-Lazare, on ne part pas pour Versailles.

A la gare de la rue d'Amsterdam, on a fermé les guichets où se distribuent d'ordinaire les billets à destination de cette ligne. Sur la première marche du perron conduisant aux bureaux, se dressent six factionnaires qui arrêtent les voyageurs au passage et les font rétrograder.

Les trains de Saint-Germain et d'Argenteuil marchent encore. Il en est de même pour les trains de Bretagne et de Normandie. (*Paris-Journal*.)

Un citoyen, M. Dubuisson, demeurant à Passy, écrit à la *Vérité* pour signaler l'envahissement, dans la nuit du 29 au 30 mars, de la gare d'Auteuil. Trois ou quatre cents gardes nationaux du 143ᵉ bataillon ont fait irruption dans la gare. Ces hommes ont brisé la bibliothèque, emporté plusieurs ouvrages, et ont tenté de briser la devanture du marchand de vins qui fait face à la gare.

Hier matin, à sept heures, l'état-major de la 19ᵉ légion (Villette) a établi son quartier général au chalet qui se trouve dans le parc des Buttes-Chaumont.

Quatre bataillons seront constamment sous les armes auprès de cet état-major, et c'est de là que partiront tous les ordres à exécuter dans le dix-neuvième arrondissement.

A midi, des membres de la Commune, accompagnés d'un grand nombre d'officiers aux képis largement galonnés, sont venus inspecter l'ancien hôtel Trochu.

Un journal, *l'Ami de la France*, demande à être renseigné sur le genre de travaux que la Commune fait exécuter depuis hier matin dans les égouts de Paris, dont les entrées sont entourées d'ouvriers occupés à y descendre des fils de fer.

On commence à mettre à exécution le décret de la Commune relatif aux loyers. On nous rapporte qu'hier, rue Ducouëdic, un propriétaire récalcitrant était arrêté et conduit par des gardes nationaux, sans doute au poste ou à la mairie, pour n'avoir pas voulu laisser partir un locataire qui n'avait pas payé ses termes.

Hier, à deux heures, ont eu lieu les élections du cadre d'officiers du régiment des pompiers de Paris. La séance était présidée par un délégué de la guerre. Un sergent a passé colonel, et plusieurs caporaux ont été promus capitaines et lieutenants.

Hier et aujourd'hui, dit la *Vérité*, des manifestations ont eu lieu à la Bastille en faveur du drapeau tricolore. Il y a un mois à peine, sur cette même place, on acclamait le drapeau rouge; aujourd'hui, ce sont les trois couleurs de la France qui soulèvent l'enthousiasme. A quelle couleur faudra-t-il s'arrêter? Notre demande est d'autant mieux fondée que, dans la garde nationale, on ne paraît pas encore fixé, et tel bataillon a le drapeau rouge tandis que son voisin suit le drapeau tricolore.

L'influence exercée sur les affaires générales de France par les événements de la capitale devient de plus en plus néfaste.

Ces derniers jours, différents banquiers et capitalistes de Paris ont déposé à la banque de Belgique, à Bruxelles seulement, une somme de 642 millions de francs.

La journée du Samedi 1er avril

JOURNAL OFFICIEL.

PARTIE OFFICIELLE.

Paris, le 31 mars 1871.

La Commune de Paris,

Considérant l'urgence de résoudre la question des échéances, et désirant prendre à cet égard une décision qui concilie tous les intérêts ;
La Commune invite :
Les sociétés ouvrières, les chambres syndicales du commerce et de l'industrie à faire parvenir par écrit, à la commission du travail et de l'échange, leurs observations et tous les renseignements qu'ils jugeront utiles, avant le 10 avril.

La Commune de Paris.

La commission de justice arrête :

Le citoyen Protot est chargé d'expédier les affaires civiles et criminelles les plus urgentes, et de prendre les mesures nécessaires pour garantir la liberté individuelle de tous les citoyens.

Les membres de la Commune de Paris, membres de la commission de justice,
RANC, VERMOREL, LÉO MEILLET, BABICK, BILLIORAY.

DÉLÉGATION AUX FINANCES

La solde de 1 fr. 50 allouée aux gardes nationaux est essentiellement personnelle.

Il est expressément interdit aux officiers payeurs ou sergents-majors de distribuer entre les gardes présents la solde destinée aux citoyens gardes qui ne répondent pas à l'appel, ou qui ont cessé d'avoir droit à cette solde.

Les payeurs qui enfreindraient cet ordre seraient rendus responsables envers le trésor.

Paris, le 31 mars 1871.

Les délégués aux finances, membres de la Commune,
FR. JOURDE, E. VARLIN.

DIRECTION DES CONTRIBUTIONS INDIRECTES DE LA SEINE

AVIS

Par suite de l'absence ou de la révocation d'un grand nombre d'employés, l'administration fait appel aux citoyens aptes à servir dans les différentes branches du service.

Se présenter, avec les titres à l'appui, au siége de la direction, rue Duphot, 12.

Le directeur,
A. BASTELICA.

ORDRE

Nous, délégué civil à l'ex-préfecture de police,
Attendu que la délivrance des laissez-passer exige une surveillance spéciale,

DÉCRÉTONS :

Il ne sera délivré de laissez-passer qu'à la préfecture de police, bureau des passeports.

Paris, le 31 mars 1871.

Le délégué civil,
RAOUL RIGAULT.

Vu :
Le général délégué,
E. DUVAL.

Le public est informé que le service de l'assistance extérieure continue de fonctionner. Les citoyens boulangers pourront s'adresser à l'Hôtel de ville, bureau de la comptabilité, n° 11, 2e étage.

Un certain nombre d'employés s'est déjà rallié à la Commune, et bientôt tous les services seront réorganisés.

Le chef du personnel,
JULES ANDRIEU.

AVIS IMPORTANT

Un grand nombre de lettres arrivent à l'Hôtel de ville, portant cette suscription :

Au président de la Commune.

Nous ne saurions trop le répéter : il n'y a qu'un président temporaire du bureau, mais la Commune de Paris n'a et ne saurait avoir de président.

Prière aux intéressés d'adresser leurs correspondances avec cette suscription :

Aux membres de la Commune,
à l'Hôtel de ville.

Les citoyens qui auront des communications ou des mémoires relatifs à la question des échéances à faire parvenir à la Commune, sont priés de les adresser aux membres de la commission des finances, siégeant à l'Hôtel de ville.

Un groupe nombreux de commerçants et d'industriels s'étant présenté à l'Hôtel de ville pour demander des explications sur la mesure prise par le gouvernement de Versailles, relative à la suppression postale des correspondances, les délégués de la Commune leur ont expliqué qu'ils étaient absolument étrangers à une mesure aussi préjudiciable aux intérêts du commerce et de l'industrie parisienne. Après des explications réciproques, il a été décidé par la Commune de Paris, en séance générale, que :

« La Commune de Paris, sans reconnaître le pouvoir de Versailles, est disposée, dans l'intérêt général, à accepter toutes les propositions qui, sans préjuger la question de principe, permettront le libre fonctionnement du service des postes. »

Réunion générale des membres de la Commune, aujourd'hui et les jours suivants, à huit heures précises du soir.

PARTIE NON OFFICIELLE

Paris, 31 mars 1871.

Certains journaux croient voir dans les premiers actes de la Commune de Paris l'intention de sortir des attributions municipales. Il n'est pas douteux qu'en rendant pour Paris des décrets portant la remise des loyers, l'abolition de la conscription, etc., la Commune est sortie du cercle étroit où la législation antérieure enfermait la liberté municipale. Mais ce serait une illusion étrange et même puérile de penser que la révolution du 18 mars avait pour but unique d'assurer à Paris une représentation communale élue, mais soumise à la tutelle despotique d'un pouvoir national fortement centralisé. Jamais en France la loi n'a satisfait, ni pour Paris, ni pour les villes, ni pour les villages, les besoins d'indépendance, de libre administration qui sont une condition absolue de vie régulière, de stabilité et de progrès dans un État républicain.

C'est, comme on l'a dit dès le premier jour, pour conquérir et assurer dans l'avenir cette indépendance à toutes les communes de France, et aussi à tous les groupes supérieurs, cantons, départements ou provinces, reliés entre eux, pour leurs intérêts généraux, par un pacte vraiment national; c'est pour garantir en même temps et perpétuer la République assise enfin sur sa base fondamentale, que les hommes du 18 mars ont lutté et vaincu.

Quel esprit éclairé et de bonne foi oserait soutenir que Paris a affronté, après les souffrances et les dangers du siège, les conséquences douloureuses, quoique momentanées, d'une violente rupture, pour se soumettre de bonne grâce à une loi qu'il n'aurait même pas discutée, à une loi qui ne lui laisserait ni l'administration de sa police, ni la disposition souveraine de ses finances, ni la direction de sa garde nationale; à une loi qui serait non pas le gage de sa liberté, mais le sceau même de sa servitude?

En se constituant en Commune, si Paris a renoncé à son omnipotence apparente, identique en fait à sa déchéance, il n'a pas renoncé à son rôle initiateur, il n'a pas abdiqué ce pouvoir moral, cette influence intellectuelle qui a tant de fois en France et en Europe donné la victoire à sa propagande. Paris affranchi, Paris autonome n'en doit pas moins rester le centre du mouvement économique et industriel, le siége de la Banque, des chemins de fer, des grandes institutions nationales, d'où la vie se répandra plus largement à travers les veines du corps social, qui, de leur côté, la lui reporteront plus active et plus intense.

En attendant que le triomphe définitif de sa cause ait rendu à Paris affranchi le rôle influent, mais non dominateur, que la nature, l'évolution économique et le mouvement des idées lui assurent, la Commune se bornera à défendre dans leur intégrité, ses intérêts et ses droits. Qu'il s'agisse d'organisation municipale, de loyers ou d'échéances, elle légiférera pour lui souverainement, parce que ce sont là ses affaires, ses intérêts propres, lesquels ne peuvent être légitimement satisfaits que par ceux qui les représentent, et non pas par ceux qui les écrasent ou qui les nient.

La Commune aurait le droit d'agir ainsi en face d'un pouvoir central qui, réduit à sa fonction, ne serait plus que le gardien et le défenseur de ses intérêts généraux. A plus forte raison en a-t-elle le devoir en face d'un pouvoir usurpateur, qui ne sait qu'obéir à la raison d'État, ne fait appel qu'à la haine sociale, aux lâches terreurs, et à ceux qui réclamaient un contrat, des garanties, ne parla jamais que de répression et de vengeance.

Mercredi, un bataillon de la garde nationale est venu déposer sa couronne (une superbe couronne,

La colonne de Juillet, à la place de la Bastille.

du reste) à la colonne de Juillet. Ce bataillon, le 45°, en partie d'ancienne formation et appartenant au quartier de Grenelle, bien que sorti deux fois pendant le siége, à Vitry et Arcueil, n'en était pas moins critiqué et mal noté. Il tenait à honneur de se réhabiliter. Les nouvelles élections des officiers qui, pour la plupart, ont été changés, sont venus aider à briser les anciens errements, car plusieurs capitaines et le chef de bataillon n'ont pas été réélus. Les officiers et sous-officiers ayant été reconnus le matin par le citoyen Castioni, commandant du 7° secteur, à l'Ecole militaire, et l'élan étant donné, le bataillon décida immédiatement qu'une couronne pour laquelle on avait déjà souscrit dans les 5° et 6° compagnies de nouvelle formation serait portée à la colonne de Juillet. L'après-midi fut choisi pour cela, chacun sentant et son droit et son devoir de se relever de tout ce qui avait été dit sur le 45e bataillon. La marche de Grenelle à la Bastille ne fut qu'une ovation partout où se trouvaient des postes et des casernes, au quai d'Orsay, à l'Hôtel de ville, etc.

Après avoir déposé leur couronne, tous les gardes revinrent en ordre parfait, tambour battant et clairons sonnant; et quoiqu'il fût nuit, lors de la rentrée à Grenelle, la journée n'était pas terminée pour le 45e bataillon. S'il a été le dernier pour rendre hommage aux mânes des héros de 1830 et 1848, il ne le fut pas pour la surprise ménagée aux citoyens lors de leur arrivée au lieu de réunion du bataillon, place du square du Commerce, car plusieurs, qui avaient devancé, prirent l'initiative de planter à Paris le premier arbre de la Liberté en 1871.

Le square du Commerce, si beau avant le siége et si dévasté depuis, contenait, lors de la rentrée des miliciens, une population qui entourait un arbre pavoisé de drapeaux tricolores et rouges qui n'y étaient pas lors de leur départ.

Ce fut une nouvelle fête tout improvisée, et malgré la nuit et la pluie qui commençait, les Grenellois descendirent en masse au bruit des tambours et des clairons, qui annonçaient pour ainsi dire l'entrée triomphale du 45e bataillon régénéré.

Tout fut alors mêlé, citoyens et miliciens, et malgré la fatigue de la journée, tous restèrent assez longtemps, entonnant les hymnes patriotiques et souhaitant à cet enfant une plus longue vie qu'à ses aînés de 1848.

Avant de rentrer à Grenelle, le commandant Castioni était descendu du secteur pour féliciter le bataillon de ses travaux de la journée, qui, en donnant à son patriotisme une couleur plus républicaine, en faisaient un nouveau corps, malgré son ancien n° 45.

PHYSIONOMIE DE PARIS.

LES PROPRIÉTAIRES A LA LANTERNE

Une dame, demeurant au 41, avenue de Clichy, déménageait. Le propriétaire, impuissant à trouver main forte, a voulu faire lui-même la police de sa maison. Il a arrêté les déménageurs dans l'escalier. Le meuble qu'on descendait en ce moment était une armoire à glace. — Tire à toi, tire à moi... — Je l'aurai... — Tu ne l'auras pas...

Dans la bagarre, l'armoire se cogne contre le mur, et la glace vole en éclats.

La femme, furieuse de voir sa glace perdue, sort dans la rue en criant : Au secours !

Le peuple s'ameute. On pénètre et l'on empoigne le propriétaire.

— A bas le propriétaire !... à mort le propriétaire !... hurle la foule... Il faut le pendre !... à la lanterne !...

Aussitôt fait que dit.

On demande une corde; la corde est trouvée; on court chercher une échelle...

Heureusement pour le malheureux condamné que des gardes nationaux accourent. Ils l'arrachent des mains des forcenés et l'emmènent à l'Hôtel de ville... dit-on.

On peut voir encore sur la porte plusieurs pancartes sur lesquelles on lit : *Le propriétaire, il faut le pendre!* La même sentence est écrite sur le cadre de la porte plusieurs fois au crayon rouge et au crayon noir.

LA VIGIE DU LOUVRE

Depuis hier matin, au balcon du pavillon de Lesdiguières, se tient un garde national armé d'une longue-vue.

Du haut de cette hune improvisée, la vigie en question surveille le cours de la Seine, en amont et en aval, avec une louable assiduité.

S'attendrait-on à de nouvelles invasions de Northmans ?

LE LAIT DES MAUVAISES DOCTRINES

La liberté étant le droit d'exprimer sa pensée et d'agir sans entraves, il est bien naturel que le Comité central, en bon logicien, fasse fermer les portes de Paris, et supprime les journaux qui ne l'appellent pas Arthur.

Cependant, les gardes nationaux qui exécutent les ordres du Comité pourraient parfois, en songeant à leurs femmes et surtout à leurs enfants, se montrer réactionnaires, c'est-à-dire intelligents, en laissant pénétrer dans Paris les voitures chargées de lait.

Or hier, à différentes portes de la rive gauche, les laitiers n'étaient admis qu'après de longs pourparlers.

Quelques communeux goûtaient même le lait; ils voulaient sans doute s'assurer si le lait des mauvaises maximes qu'on distille à Versailles ne s'introduisait point frauduleusement dans la capitale.

BANQUETS DE LIBRES-PENSEURS

Les feuilles cramoisies de l'Hôtel de ville annoncent avec joie que de nombreux banquets uniquement composés de cochonaille auront lieu pendant la semaine sainte.

Le prix de ces agapes au petit salé est paternellement indiqué dans les organes officieux de la place de Grève.

Les grandes personnes peuvent affirmer la parfaite liberté de leur conscience moyennant 2 fr. 50.

Quant aux libres-penseurs *au-dessous de cinq ans* (textuel), ils n'auront à débourser que la somme modique de un franc.

Nous regrettons d'avoir à constater que les bons bougres de la Commune n'ont pas du tout pensé aux farouches ennemis de l'infâme superstition qui ne sont encore âgés que de trois jours et dix minutes.

Des mamelles libres-penseuses devaient leur être réservées cependant, dans ces repas de famille où le porc est un drapeau.

Nous signalons la lacune. Que d'autres la comblent. A l'œuvre, les patriotes !

ENROLEMENTS DE LA COMMUNE

La Commune marche, comme on dit, dans les souliers du gouvernement.

A la loi, votée par l'Assemblée nationale, qui ordonne des levées en province, elle oppose ses propres enrôlements.

N'aurait-elle aboli la conscription que pour s'assurer d'une façon plus large le bénéfice des engagements libres ?

A Paris, les comités d'arrondissement font à leurs partisans de toute espèce d'amples distributions de chassepots, accompagnées de propositions de solde à tout renverser, — c'est, ou jamais, le cas de le dire.

Le comité de la rue de Flandre, entre autres, s'occupe activement de constituer un corps de volontaires spéciaux. Il se vante de réunir en huit jours 1,200 hommes au bas mot.

Cette nouvelle milice communale portera la chemise garibaldienne.

Les généraux de l'Hôtel de ville, qui manquaient d'escorte, ont également songé à la formation d'une garde d'honneur qui prendrait le titre d'*Éclaireurs fédérés* à cheval.

ROUTE DE VERSAILLES

On pouvait aller hier à Versailles en sortant de Paris par la gare Montparnasse.

On s'arrêtait à Rueil et là on prenait un omnibus, lequel, moyennant cinq francs, vous déposait dans la capitale de Seine-et-Oise.

Pourquoi la surveillance des gardes du Comité est-elle moins attentive sur la rive gauche que sur la rive droite ?

La raison en est bien simple. La rive droite est dominée par le Mont-Valérien, qui est au pouvoir de l'Assemblée de Versailles, tandis que du côté de Montparnasse tous les forts sont occupés par les défenseurs de la Commune. Ceux-ci sont donc par là moins menacés et n'ont pas besoin de se montrer aussi sévères.

SÉANCES DE LA COMMUNE.

La Commune, qui promettait à son aurore d'expédier toutes les affaires pendantes avec la rapidité et la rectitude de jugement de feu Salomon, est revenue à des sentiments de sage lenteur.

Autant ses premiers décrets ont frappé la masse par leur apparente énergie, autant les suivants sont difficiles à mettre au monde.

Nos législateurs, qui croyaient qu'un décret élucidait une question du premier coup, se débattent tout ahuris dans les inextricables détours de la loi sur les échéances.

Après avoir tranché si gaillardement la question des loyers, ils se sont aperçus que si un décret était chose facile à promulguer, faire un bon décret était chose difficile.

Aujourd'hui ils appellent à la rescousse tous les moyens et toutes les corporations. Les lettres n'ont pas besoin d'être affranchies ; mais comme la poste ne fonctionne plus, la Commune payera le commissionnaire.

Cette question des échéances est la pierre d'achoppement de la Commune. Le citoyen Varlin demande l'urgence, mais déclare ne pas connaître la question.

La commission des finances a déjà reçu deux cent dix projets, et comme le projet est renvoyé à la commission, il nous paraît bel et bien enterré.

La commission de la guerre se démène comme si elle servait à quelque chose ; son inaction lui pèse. Elle veut faire fondre des canons de siége et construire des engins formidables. Elle veut faire du feu grégois.

Le citoyen Varlin vient jeter sur ce feu de paille la douche accoutumée : Et des fonds ? — On réquisitionnera les ateliers et les ouvriers ! crie le citoyen Duval. — Et des fonds ? répète le citoyen Varlin.

Le citoyen Assi propose d'émettre un papier-monnaie qui ne nécessitera aucuns frais, en donnant cours forcé aux coupons échus de la ville de Paris et de la Rente.

La proposition est renvoyée à la commission.

Le citoyen Protot est nommé grand prévôt de Paris. Ses arrêts sont sans appel. Quelques membres demandent qu'on lui adjoigne quelques républicains dévoués et savants.

— Pas de places inutiles, clame le citoyen Varlin, nous n'avons plus de fonds !

Le citoyen Protot devient ainsi un pacha de qui dépend la liberté de deux millions d'êtres.

La Commune, sur la demande du citoyen Billioray, déclare qu'elle est toute prête à donner toutes les facilités nécessaires pour que les commerçants puissent se rendre à Versailles traiter la question des approvisionnements de Paris.

Sur la proposition du citoyen Duval, le président donne lecture des rapports de la sûreté générale. Ils sont tous excellents.

Paris est animé du meilleur esprit. Les troupes de Versailles sont prêtes à se rallier, il en arrive chaque jour à Paris.

Pendant qu'on discute et qu'on se dispute, les nuances se dessinent de plus en plus.

Assi reste le chef du groupe prépondérant de l'*Internationale*, Delescluze commande le bataillon sacré des formalistes à tous crins.

En somme, beaucoup de bruit, peu de besogne, et moins de fonds encore. *(Paris-Journal.)*

L'HISTOIRE SUR LES MURS

LE COMITÉ CENTRAL DES VINGT ARRONDISSEMENTS

Le Comité central des vingt arrondissements adresse au pouvoir qui siége à l'Hôtel de ville la note suivante, dont le ton comminatoire mérite d'être signalé :

Le Comité central des vingt arrondissements rappelle à la Commune de Paris qu'il lui a déjà demandé de statuer immédiatement sur la *publicité* des débats du pouvoir communal.

Il porte à sa connaissance que, de tous les côtés, on demande la solution de cette question; que, de plus, beaucoup de citoyens refuseraient la candidature aux élections complémentaires de la Commune, si la publicité n'assurait pas leur responsabilité.

Paris, 1er avril 1871.

Pour le Comité :

Le président de la séance de ce jour,

R. GENTILINI.

Les membres présents :

BRIOSNE, NADAUD, NAPIAS-PIQUET, LACORD, SALLÉE, TOUSSAINT, TROIIEL, BAUX, SICARD, GAILLARD père, LEROUX, LEMAITRE, BAILLE, MISSOL, BEDOUCH, ROCHETAIN, ROUSSEAU, ANDRE, TURPIN, PIAZZA, AVIZARD, RICHARD.

GARDE NATIONALE DE PARIS

MM. les officiers et adjudants payeurs sont invités à se réunir samedi soir, 1er avril, à 8 heures précises, à la salle Valentino, 251, rue Saint-Honoré.

Tenue et sans armes.

Prix d'entrée, 50 *centimes.*

Chacun doit être porteur de sa commission, ou, à défaut, être accompagné d'un officier payeur répondant.

Les membres de la commission provisoire :

LAMELHON, officier, président; THIBOLOT, adjudant; SAINT-PAUL, adjudant; BOUSSAGOL, adjudant, commissaires.

EXTRAITS DE JOURNAUX ROUGES

L'article suivant, où l'ignoble le dispute à l'odieux, inaugure l'infâme campagne ouverte contre le clergé, et qui aboutit au massacre de l'archevêque de Paris, de l'abbé Deguerry, de Mgr Sura et des ecclésiastiques qui partageaient leur captivité. C'est au *Père Duchêne* que revient l'honneur d'avoir commencé le feu.

12 germinal an 79.

LA GRANDE MOTION DU PÈRE DUCHÊNE

Pour que les citoyens membres de la Commune suppriment le traitement des calotins;

Pour qu'on leur fasse payer le loyer de leurs boutiques à messes,

Et pour qu'ils soient traités comme de simples citoyens.

Le Père Duchêne sait que la Commune est composée de bons bougres qui ont rudement l'œil sur les intérêts du Peuple,

Et foutre! il n'est pas trop tôt qu'il y en ait comme ça!

Nom de nom! il y a vraiment trop longtemps qu'on nous fout dedans,

Et qu'on mange la laine sur le dos des pauvres bougres!

Aussi le Père Duchêne est convaincu que les citoyens membres de la Commune ne vont pas tarder, dès qu'ils auront une heure de loisir, à s'occuper des jean-foutres de calotins!

Ah! foutre! ça n'est pas de la petite bière que la question des calotins, qui sont riches comme des Crésus, et qui ont toujours cherché à foutre le peuple dedans en entretenant l'ignorance et la superstition, et en fanatisant les bonnes femmes avec des momeries!

Ils sont puissants, les mauvais bougres, oui!

Et ils travaillent en dessous, — et dur!

Le Père Duchêne est très convaincu que les patriotes ne lui diront pas qu'il en a menti en affirmant que tous les jésuites sont des jean-foutres!

A bas Trochu!

Qu'on le pende et qu'on le décore, ce général de la police romaine!

C'est le Père Duchêne qui en rigolera!

Donc, citoyens membres de la Commune, vous avez le devoir absolu de vous occuper des jean-foutres de calotins,

Et de ne plus permettre qu'ils se foutent des enfants du peuple en leur collant dans la tête un tas de sales idées qui font des esclaves au lieu de faire des hommes et développent l'humilité au lieu d'exalter la dignité.

Le passé de tous ces bougres-là est trop connu!

Le Père Duchêne n'a pas l'habitude de vouloir prouver ce que tout le monde sait,

Et tout le monde sait bien qu'un calotin et un patriote, ça fait deux!

Aussi le Père Duchêne n'a jamais pu comprendre comment les bons citoyens permettaient à leurs divers gouvernements de foutre le pauvre argent du peuple dans les pattes de ces cafards.

Ah! sacré tonnerre!

Le peuple est rudement bon et généreux, tout de même, d'aller donner ses quatre sous pour nourrir un tas de fainéants qui rigolent entre eux et font des pique-nique tous les vendredis ensemble comme s'ils étaient à la barrière!

Foutre! foutre!

Il faut que tout ça change!

Et bougrement encore!

Il ne faut plus que les paresseux aient des ventres comme des commodes, tandis que les pauvres bougres de travailleurs restent plats comme des galettes!

Ah! mauvais bougres de calotins,

Si un jour le Père Duchêne était quelque chose dans le gouvernement, il mettrait bougrement vite à la broche toutes ces canailles bénites qui se saoûlent tous les jours dans les vignes du Seigneur!

JOURNÉE DU 2 AVRIL. — Rentrée dans Paris des Fédérés après le combat de Courbevoie. (Voir page 242.)

Allons, allons ! citoyens membres de la Commune ! Supprimez vite les traitements de tous ces fainéants-là !.., et qu'ils travaillent s'ils veulent manger,

Ou que les vieilles bêtes de dévotes qui vont faire des simagrées dans les confessionnaux les payent, puisqu'elles s'en servent ;

Mais les patriotes, qui ne vont tendre leur langue au bon Dieu que tous les trente-deux du mois et qui se foutent pas mal des calotins,

Franchement, ceux-là, citoyens membres de la Commune, ça ne serait pas raisonnable de leur faire donner leur argent pour nourrir tous ces bougres-là !

Et puis ça n'est pas tout !

Ça n'est pas du tout assez de ne plus foutre de traitement à ces bougres-là ?

Non, foutre ! ça n'est pas assez !

La nation a besoin d'argent, sacré tonnerre ! Et puisque les églises sont des monuments de l'État, qu'on leur loue leurs sacrées boutiques à messes,

Et qu'on ne leur foute pas pour rien des magasins pour débiter leurs pains à cacheter !

Ah ! nom de tonnerre ! comme le Père Duchêne aurait l'œil sur tout ça,

Et comme il pense bien que les citoyens membres de la Commune ne vont pas laisser moisir cette question-là qui est si importante pour les intérêts de la nation,

Qu'on leur loue les églises, à ces bougres-là,

Parce qu'après tout, il ne faut gêner la liberté de personne, et que, s'il y a des gens que ça amuse d'aller entendre un calotin, il ne faut pas les en empêcher.

Vive la joie, et la liberté pour tout le monde !

Le Père Duchêne s'en va bien de temps en temps, en été, voir les saltimbanques sur la place de l'Observatoire ;

Et quand il a été à Lyon pour essayer de refaire son journal, supprimé à Paris par l'infâme Vinoy, il a couru, comme un vieux lapin, voir son ami Guignol, — vous savez : le bon Guignol lyonnais, qui est comme lui un brave ami du Peuple et de la Commune !

Et qu'il a rudement rigolé même !

Allons, allons, allons, qu'on respecte la liberté de tout le monde, même celle des calotins ;

Mais puisque ce sont des boutiquiers, qu'on leur fasse payer patente aussi, foutre ! et qu'ils ne soient pas plus avantagés que les pauvres bougres de petits marchands !

Et tous les gens de bon sens vous approuveront, citoyens membres de la Commune !

Comment ! est-ce que vous croyez que ce n'est pas justice ?

Est-ce que vous croyez que quand le Père Duchêne va payer ses contributions et sa patente pour sa boutique de fourneaux, ça le fait rigoler de savoir qu'une partie de son pauvre argent ira dans les poches des calotins !

Ah ! foutre non ! par exemple ! et que ça le fout rudement en colère ;

Et il y a beaucoup de patriotes qui pensent comme lui !

Et puis aussi, citoyens membres de la Commune, empêchez-les de porter leurs foutues robes noires qui sont une grande partie de leur prestige et de leur autorité sur la pauvre cervelle des bonnes femmes !

Est-ce qu'on s'habille comme ça !

Est-ce que les ministres protestants ou les prêtres des Juifs se collent sur le dos des déguisements comme ça et traînent sur leurs mollets des jupes comme les femmes !

Voyons, citoyens membres de la Commune, est-ce que vous trouvez convenable qu'on se déguise comme ça en dehors des jours gras,

Et qu'est-ce que vous croyez qu'on dirait du Père Duchêne si, au lieu de sortir en simple carmagnole, il arrivait un de ces jours chez son imprimeur Sornet, déguisé en Clodoche ?

Ne permettez pas, citoyens membres de la Commune, que ces jean-foutres-là se rendent ridicules au physique comme au moral,

Et que ce ridicule leur serve de réclame pour foutre le peuple dedans !

Faites cela, citoyens, vous aurez bien mérité de la nation !

Vous montrerez que vous êtes de rudes gars !

Et les bons bougres seront avec vous !

Vous ne serez pas des despotes,

Vous réduirez simplement les calotins au droit commun ;

Et vraiment le Père Duchêne ne sait pas ce qu'ils pourraient réclamer de plus !

Ne gênez ni leur commerce, ni leur pensée,

Replacez-les dans la loi,

Traitez-les comme les autres boutiquiers,

Laissez-leur dire, écrire, publier ce qu'ils veulent.

Et, s'ils désirent se mettre en robe noire, comme les bonnes femmes, laissez-leur en le droit — au carnaval !

LE MOT D'ORDRE
Dirigé par Henri Rochefort

LES CONFISCATIONS

Aux suppressions de journaux républicains ordonnées par le gouvernement de Versailles, la Commune, qui est le gouvernement de Paris, répond par des suppressions de journaux réactionnaires. Cet abattage peut durer longtemps, mais à coup sûr il ne profitera à personne. Quand l'agent de police Vinoy a suspendu six feuilles politiques, le *Figaro* a poussé des cris de joie, précisément parce que le *Figaro* est un journal sans principes. Le supprimer violemment aujourd'hui, c'est presque lui donner raison pour son attitude d'hier.

L'écueil de tous les gouvernements est de se déclarer pour la liberté absolue de la presse, tout en se réservant le droit de sévir contre les journalistes qui les attaquent. Accepter l'appui des journaux qui vous défendent et briser les presses de ceux qui vous malmènent, c'est se faire réellement la partie trop belle.

Quand un gouvernement ne souffre pas qu'on le discute, il devient très-difficile de le soutenir, car le public ne sait plus si l'éloge qu'on en fait est le résultat de la sympathie ou de la peur, et le pouvoir qu'on acclame perd ainsi tout le bénéfice des bonnes volontés qu'il rencontre.

Nous conseillons à la Commune d'y prendre garde : elle peut choisir de la liberté ou de la terreur, mais elle ne peut arborer à la fois l'une et l'autre.

HENRI ROCHEFORT.

L'ARMÉE DE VERSAILLES

Un de nos amis qui revient de Versailles nous assure que des mouvements considérables de troupes ont eu lieu dans la soirée de jeudi.

Une division entière, campée à Satory, a reçu l'ordre de se porter au Bas-Meudon. Elle avait pour avant-garde un escadron de chasseurs et quelques gendarmes à cheval, et elle était protégée par six batteries d'artillerie. Cette division est composée, en grande partie, des troupiers échappés de Metz et de Sedan, et qui avaient repris du service dans l'armée de la Loire. Ce sont, par conséquent, de vieux soldats qui, malgré toute la barbarie à laquelle le régime déchu les avait habitués, se souviendront des récents revers dus à l'incapacité et à la trahison de leurs chefs et ne songeront pas à porter les armes contre la République, quand ils viennent d'être si douloureusement battus par les Prussiens.

D'ailleurs, les généraux d'antichambre, qui sont logés dans les somptueux palais du grand et du petit Trianon, et qui, en présence des Allemands, ne se sont fait remarquer que par leur mouvement de retraite, ne sont pas trop rassurés eux-mêmes sur leurs soldats.

Ils savent qu'ils ne peuvent compter que sur les ex-agents de M. Piétri, sur les gardes municipaux et les gendarmes. Et encore ces derniers sont-ils presque découragés.

Depuis longtemps éloignés de leurs familles, car ils sont presque tous mariés, ils n'aspirent qu'à retourner dans leurs départements.

LE CRI DU PEUPLE

Le 13° de ligne

Les « ruraux » de Versailles avaient envoyé avant-hier le 13° régiment de ligne en reconnaissance jusqu'au pont de Sèvres.

Le brave régiment est venu, jusque dans nos murs, demander à Paris l'hospitalité républicaine, aux cris enthousiastes de : *Vive la République! Vive la Commune!*

Nous savons qu'il y a à Versailles beaucoup de ces régiments-là.

Nous savons qu'une discipline de fer, l'impossibilité matérielle, les ont seules empêchés jusqu'ici d'accourir à l'appel de Paris affranchi.

Nous savons aussi que l'heure est proche où nous pourrons leur tendre librement la franche poignée de main des hommes libres.

En attendant, honneur au 13° de ligne.

Qu'il soit le bienvenu dans la cité républicaine !

LA COMMUNE

par des rédacteurs du Combat *et du* Vengeur.

DERNIÈRE HEURE.

Au moment de mettre sous presse, nous apprenons que l'Assemblée de Versailles s'est dissoute. Sans garantir cette nouvelle, que notre correspondant de Versailles fait d'ailleurs pressentir, nous trouvons la décision vraisemblable, car elle autorise les ruraux à se mettre à l'abri des éclaboussures de la bagarre qu'ils ont provoquée, mais dont ils ne veulent pas partager les risques.

Les dispositions de l'armée et les opérations qui ont prélude à l'attaque ne sont probablement pas étrangères à cette sage résolution.

Nous attendons avec impatience la confirmation de cette nouvelle, qui faciliterait singulièrement la solution d'un conflit aggravé par l'aveugle obstination des représentants villageois.

LES FAITS DIVERS

C'est dans les journaux communeux qu'il est intéressant de puiser aujourd'hui les faits Paris de la journée. Ils donnent la véritable note de la situation, en même temps qu'ils démentent, comme les extraits que nous venons de citer, à quel système de mensonges et d'impostures la Commune en était réduite pour soutenir le courage et la confiance de ses partisans.

On lit dans le *Mot d'ordre* :

La Commune s'occupe activement de la prochaine émission d'un emprunt public.

La commission des finances va également mettre en circulation des billets *petites coupures*.

L'imprimerie parisienne du boulevard Bonne-Nouvelle a été louée à cet effet.

L'*Electeur libre*, journal de MM. Ernest et Arthur Picard, a été saisi hier pour avoir publié un article contre la Commune.

La Commune a été proclamée mercredi à Boulogne-sur-Seine.

L'*Officiel* n'a porté qu'un seul jour le titre de *Journal officiel de la Commune de Paris*. Hier matin il a reparu sous l'ancien titre de *Journal officiel de la République française, troisième année, numéro 70.*

Le numéro d'hier portait au-dessus du titre l'indication suivante : *Première année*, N° 1ᵉʳ ; celui d'aujourd'hui porte : *Troisième année*, N. 90.

Nous ne pouvons que regretter cette modification malheureuse. L'*Officiel* de Paris faisait de la bonne politique en s'appelant *Journal officiel de la Commune de Paris*.

Nous croyons savoir que la Commune de Paris (*Commission de la justice*), va prochainement promulguer un décret abolissant le monopole de la plaidoirie, — monopole bien inoffensif en fait, il faut l'avouer, mais qui n'en est pas moins pour cela un monopole.

Messieurs les avocats se montrent si fiers de ce qu'ils appellent « leur privilége, » que personne ne sera fâché de le voir tant soit peu malmené par la Commune.

Le bruit s'est répandu à Paris, et les journaux du soir ont répété que les chemins de fer étaient suspendus. C'est une erreur.

Ce qui a pu accréditer et généraliser ce bruit, c'est la mesure prise par la Commune d'intercepter les communications, par la voie ferrée, avec Versailles.

L'avis suivant a été affiché à la gare Saint-Lazare :

Par décision de la Commune, tous les trains de Versailles R. D. sont supprimés.

Les portes de Neuilly, de l'avenue Uhrich et de Passy ont été fermées ; celles d'Auteuil et de Versailles sont restées ouvertes toute la journée.

La direction des postes, qui avait interrompu le service des départs, doit reprendre aujourd'hui le cours ordinaire de ses affaires. La Commune de Paris a pris les mesures nécessaires pour l'expédition des lettres en province et à l'étranger, et cela en dépit de M. Picard et consorts.

Pendant toute la journée d'hier, il a régné sur les boulevards et dans tous les faubourgs une grande animation. La nouvelle du mouvement offensif de Versailles sur Paris, a excité parmi les gardes nationaux une indignation que les chefs ont eu beaucoup de peine à contenir.

Plusieurs bataillons ont occupé les remparts qui, depuis environ un mois, n'étaient pas gardés.

A la porte d'Auteuil, quelques soldats attardés du 13ᵉ de ligne (lequel comme on le sait, a fraternisé avec le peuple) sont venus se joindre à leurs camarades.

La garde nationale compte beaucoup sur la troupe. Cette dernière se joindra à elle au cas échéant, pour désarmer l'immonde race de sergents de ville qui, paraît-il, sont décidés à tout.

Aussi le gouvernement de Versailles est dans la désolation.

On lit dans le *Cri du peuple* :

Deux batteries ont été établies par le gouvernement de Versailles, et menacent Paris, l'une sur la butte de Brimborion, l'autre dans le parc de Saint-Cloud, au-dessus du pavillon de Breteuil.

Ces batteries sont servies par des artilleurs ; mais, comme ces derniers ont formellement refusé de s'en servir contre les Parisiens, une garde d'anciens sergents de ville a été placée derrière, avec la mission spéciale de faire feu sur eux, dans le cas où ils n'exécuteraient pas les ordres de leurs chefs.

Il n'est pas exact que chaque nuit il se livre des combats sur le plateau de Châtillon, comme l'annonce un journal. Si les patriotes qui gardent Châtillon se battent avec les gendarmes de l'ordre, ou sont battus par eux, ce n'est qu'au piquet. *Communeux* et *défenseurs de l'Assemblée* passent les jours et les nuits à tailler ensemble des parties infernales et infiniment prolongées.

Voilà des gendarmes intelligents !

La *Liberté* a annoncé, très-mensongèrement, qu'à l'attaque de la Villette, le citoyen Eudes avait tué un pompier.

Le fait est complètement faux.

Un pompier a été blessé, mais heureusement il est en voie de guérison. Actuellement il se trouve à l'ambulance de Saint-Étienne.

Du reste, il n'a pas gardé rancune à celui qui l'a blessé, mais bien à l'officier Cottret, qui avait commandé le feu contre les « émeutiers. »

Ce renseignement nous est fourni par un délégué des pompiers de Paris.

Le citoyen Prost, condamné du procès de Blois, a procédé hier, lui-même, à l'arrestation de son dénonciateur, le nommé Laisné, mouchard de Bonaparte.

Cet individu sortait d'un bouge du faubourg du Temple, où il s'était livré à une propagande active au profit du gouvernement de Versailles.

Tous les jours, de nombreuses demandes sont adressées à l'Hôtel de ville par les employés de cette administration pour obtenir leur réinstallation dans leurs anciennes fonctions ; ces demandes sont l'objet d'une grande attention de la part d'une commission spéciale instituée à cet effet ; il y sera fait droit après enquête sur les demandeurs.

Les anciens employés des services *non politiques* de la préfecture de police qui reprendront leur service immédiatement, toucheront le 31 courant leurs appointements du mois écoulé.

On lit enfin dans la *Commune* :

Avant de se décider à marcher sur Paris, le gouvernement de Versailles a voulu s'assurer d'une manière exacte du degré de confiance qu'il pouvait avoir dans l'armée campée aux environs. Une sorte de PLÉBISCITE verbal a donc eu lieu dans tous les régiments. Les soldats, consultés pour savoir si, *oui* ou *non*, ils marcheraient contre Paris, ont répondu NON, sans aucuns commentaires. Les officiers subalternes ont répondu qu'ils obéiraient aux ordres supérieurs, à la condition que les *gendarmes* seraient au dernier rang, afin, disent-ils, de rester juges de ce qu'ils auraient à faire, et de ne pas voir une affaire engagée contre leur volonté par les sbires du pouvoir.

La journée du Dimanche 2 avril

JOURNAL OFFICIEL
PARTIE OFFICIELLE.

Paris, le 1er avril 1871.

La Commune de Paris,

Considérant que les citoyens Adam, Méline, Rochart, Barré, Brelay, Loiseau, Tirard, Chéron, Leroy, Robinet, Desmarest, Ferry, Nast, Fruneau, Marmottan, de Bouteiller, élus le 26 mars, se sont démis des fonctions de membres de la Commune ;

Que, d'un autre côté, des options ont dû être exercées par les citoyens A. Arnould, Varlin, Delescluze, Theisz et Blanqui, élus dans plusieurs arrondissements ;

Qu'un certain nombre de vacances se sont ainsi produites, et qu'il importe, pour compléter le nombre légal, de procéder à de nouvelles élections dans les arrondissements et pour le nombre de membres de la Commune indiqués au tableau ci-après,

DÉCRÈTE :

Art. 1er. Les électeurs des 1er, 2e, 6e, 8e, 9e, 12e, 16e, 17e, 18e et 19e arrondissements, sont convoqués pour le mercredi prochain 5 avril, à l'effet d'élire le nombre de membres dont suit le détail :

1er arrondissement,	4	élections.
2e	4	—
6e	2	—
8e	1	—
9e	3	—
12e	2	—
16e	2	—
17e	1	—
18e	2	—
19e	1	—

Art. 2. Le scrutin sera ouvert à huit heures du matin et fermé à huit heures du soir ;

Art. 3. Les administrations municipales desdits arrondissements sont chargées de l'exécution du présent décret.

La Commune de Paris.

La Commune de Paris décrète :

1° Le titre et les fonctions de général en chef sont supprimés ;

2° Le citoyen Brunel est mis en disponibilité ;

3° Le citoyen Eudes est délégué à la guerre, Berger l'état-major de la garde nationale, et Duval au commandement militaire de l'ex-préfecture de police.

Paris, le 1er avril 1871.

La commission exécutive,
Général EUDES, FÉLIX PYAT, G. TRIDON, général JULES BERGERET, LEFRANÇAIS, E. DUVAL, ED. VAILLANT.

La Commune de Paris,

Considérant :

Que jusqu'à ce jour, les emplois supérieurs des services publics, par les appointements élevés qui leur ont été attribués, ont été recherchés et accordés comme places de faveur ;

Considérant :

Que dans une République réellement démocratique, il ne peut y avoir ni sinécure ni exagération de traitement ;

DÉCRÈTE :

Article unique. Le maximum de traitement des employés aux divers services communaux est fixé à six mille francs par an.

Hôtel de ville, 2 avril 1871.

La Commune de Paris.

Les citoyens Simon, Langlois, Delamarche, Champeval et Lefranc sont nommés membres d'une commission de réorganisation et de direction du service de l'octroi. Ils agiront de concert avec le citoyen Volpénile, directeur général, nommé par nous, et prendront ensemble telles mesures qu'ils jugeront nécessaires dans l'intérêt financier de la Commune de Paris.

Les membres de la Commune de Paris, délégués aux finances,
VARLIN, D. TH. RÉGÈRE.

Pour ampliation :

Le secrétaire général,
E. MERLIEUX.

La commission du travail et de l'échange

ARRÊTE :

Article unique. Une sous-commission composée des citoyens Bertin, Lévy Lazare, Minet et Rouveyrolles est nommée à l'effet de présenter, dans le plus bref délai, un état détaillé des travaux de construction et de réparation inachevés et de présenter, s'il y a lieu, un projet relatif à l'achèvement de ces travaux par la Commune de Paris.

Hôtel de ville, 1er avril 1871.

(Suivent les signatures.)

La circulation, tant au dedans qu'en dehors de Paris, est libre.

Néanmoins, tout citoyen sortant de Paris ne

pourra emporter avec lui aucun effet d'équipement, d'armement ou d'habillement militaire.

De même, tout journal imprimé à Paris peut librement être expédié hors Paris, après avoir, comme par le passé, acquitté au préalable les droits de port.

Le membre du comité de sûreté générale, délégué près l'ex-préfecture de police,

RAOUL RIGAULT.

COMMISSION DES SERVICES PUBLICS

Avis

Les membres de la Commune formant la commission des services publics invitent les employés attachés à cette administration, à se rendre immédiatement dans leurs bureaux respectifs, pour y reprendre leurs fonctions et se mettre à la disposition de la nouvelle direction.

Tout employé qui ne sera pas à son poste dans les vingt-quatre heures sera considéré comme démissionnaire, et il sera pourvu à son remplacement.

Les membres de la Commune formant la commission des services publics,

OSTYN, D. RASTOUL.

ADMINISTRATION DES POSTES

Un fait inouï vient de se produire.

Un service public, relevant directement des citoyens, et qui ne pouvait excuser son privilège que par la garantie qu'il devait assurer dans toutes les relations commerciales, a été indignement sacrifié à des questions d'intérêt purement politique.

Le service des postes est, depuis quelques jours, systématiquement désorganisé par ceux qui avaient accepté le mandat de le diriger.

On a privé Paris de toute communication avec la province, sans se soucier des intérêts qu'une semblable résolution a compromis à la veille de l'échéance d'avril.

A qui incombe la responsabilité d'un pareil acte? Nous en appelons à la conscience publique!

Dans une première entrevue, M. Rampont, ex-directeur des postes, actuellement en fuite, nous avait demandé l'envoi de deux délégués choisis par le Comité central de la garde nationale pour contrôler sa gestion jusqu'à ce que la Commune, dont il reconnaissait l'autorité, fût régulièrement constituée.

Cette proposition, qui nous parut de nature à écarter tout malentendu entre républicains, devait être prochainement soumise à la Commune. Sans tenir compte des engagements pris, il ne voulut pas attendre; et le 30, dans la journée, la Commune fut instruite que toutes les dispositions étaient prises pour interrompre le service des postes à Paris.

M. Rampont, engagé par sa parole, par sa proposition, a abandonné furtivement son poste, et un ordre anonyme, affiché dans les cours de l'hôtel, a imposé aux employés de quitter immédiatement leurs fonctions.

Les faillites, la ruine que cet acte pouvait provoquer, peu importe! Le peuple de Paris n'a échappé aux malheurs d'un long siége que pour se trouver investi brutalement par ceux-là mêmes qui se proclament les mandataires de la France.

Les faits que nous avançons défient tout démenti. Que la responsabilité retombe sur ceux qui ont recours à ces manœuvres criminelles!

Quant à nous, nous ferons tous nos efforts pour réorganiser le service postal, et nous sommes convaincu qu'avec le concours de la population parisienne, il sera promptement rétabli dans l'intérieur de Paris.

Le directeur, A. THEISZ.

Le citoyen Goupil est délégué par la commission d'enseignement à l'administration des services de l'instruction publique.

Les membres de la Commune, membres de la commission d'enseignement :

A. VERDURE, DEMAY, ERNEST LEFÈVRE, J.-B. CLÉMENT, J. MIOT, URBAIN.

Le citoyen Goupil recevra les communications destinées à la commission d'enseignement tous les jours, de deux à quatre heures, au ministère de l'instruction publique.

La commission militaire fait appel au patriotisme de tous les citoyens qui sont détenteurs de plusieurs fusils.

En conséquence, ordre est donné de les reporter au siége de la légion de chaque arrondissement dans le plus bref délai.

Par délégation de la commission militaire:

Général E. DUVAL, général BERGERET, général EUDES, colonel CHARDON, commandant RANVIER, colonel PINDY, colonel FLOURENS.

DIRECTION DES CONTRIBUTIONS INDIRECTES DE LA SEINE

L'entrepôt des tabacs de la Chaussée-d'Antin (rue de Luxembourg), dont la Commune a pris possession, sera ouvert aux débitants, lundi 3 avril, à l'heure habituelle.

M. Cardozo, l'entreposeur, a été remplacé dans ses fonctions.

Le service des laissez-passer pour subsistances est transféré au local de l'ex-ministère du commerce et de l'agriculture, rue Saint-Dominique. Le public est admis de huit à cinq heures.

Avis est donné à tous les négociants en grains, qui voudront contribuer à l'importation de blés dans nos murs, qu'ils seront reçus, lundi 3 avril, à une heure, au siége de la commission des subsistances, ex-ministère du commerce.

Le membre de la Commune, commissaire aux subsistances,
PARISEL.

MM. les entrepreneurs de travaux publics, ainsi que MM. les ingénieurs, sont priés de venir prendre connaissance d'un projet dont l'exécution les intéresse.

Le secrétaire, G. BERTING.

Le citoyen Dereure a déposé hier sur le bureau de la Commune un paquet de vingt-neuf actions des chemins de fer romains.

Ces actions avaient été trouvées à Montmartre, rue Ravignan, par le fils du citoyen Weber, tailleur, rue Durantin, 24, qui se trouve dans la plus grande misère.

Ces actions sont aujourd'hui déposées à l'ex-préfecture de police, où elles pourront être réclamées, de dix heures à quatre heures, à la 1re division.

C'est par erreur que le nom du citoyen Ledroit n'a pas figuré au bas de l'arrêté de la commission de justice.

PARTIE NON OFFICIELLE

DISCOURS DU CITOYEN CH. BESLAY
DOYEN DE LA COMMUNE

La séance d'installation de la Commune à l'Hôtel de ville a été, ainsi que nous l'avons rapporté, présidée par le citoyen Charles Beslay. Voici le discours qu'a prononcé le doyen de la Commune en prenant possession du fauteuil présidentiel :

Citoyens,

« Votre présence ici atteste à Paris et à la France que la Commune est faite, et l'affranchissement de la Commune de Paris, c'est, nous n'en doutons pas, l'affranchissement de toutes les communes de la République.

« Depuis cinquante ans, les routiniers de la vieille politique nous bernaient avec les grands mots de décentralisation et de gouvernement du pays par le pays. Grandes phrases qui ne nous ont rien donné !

« Plus vaillants que vos devanciers, vous avez fait comme le sage qui marchait pour prouver le mouvement, vous avez marché, et l'on peut compter que la République marchera avec vous !

« C'est là, en effet, le couronnement de votre victoire pacifique. Vos adversaires ont dit que vous frappiez la République ; nous répondons, nous, que si nous l'avons frappée, c'est comme le pieu que l'on enfonce plus profondément en terre.

« Oui, c'est par la liberté complète de la Commune que la République va s'enraciner chez nous. La République n'est plus aujourd'hui ce qu'elle était aux grands jours de notre Révolution. La République de 93 était un soldat qui, pour combattre au dehors et au dedans, avait besoin de centraliser sous sa main toutes les forces de la patrie ; la République de 1871 est un travailleur qui a surtout besoin de liberté pour fonder la paix.

« *Paix et travail!* voilà notre avenir ! Voilà la certitude de notre revanche et de notre régénération sociale, et ainsi comprise, la République peut encore faire de la France le soutien des faibles, la protection des travailleurs, l'espérance des opprimés dans le monde, et le fondement de la République universelle.

« L'affranchissement de la Commune est donc, je le répète, l'affranchissement de la République elle-même, chacun des groupes sociaux va retrouver sa pleine indépendance et sa complète liberté d'action.

« La Commune s'occupera de ce qui est local.
« Le département s'occupera de ce qui est régional.
« Le gouvernement s'occupera de ce qui est national.

« Et disons-le hautement : la Commune que nous fondons sera la Commune modèle. Qui dit travail dit ordre, économie, honnêteté, contrôle sévère, et ce n'est pas dans la Commune républicaine que Paris trouvera des fraudes de 400 millions.

« De son côté, ainsi réduit de moitié, le gouvernement ne pourra plus être que le mandataire docile du suffrage universel et le gardien de la République.

« Voilà, à mon avis, citoyens, la route à suivre ; entrez-y hardiment et résolument. Ne dépassons pas cette limite fixée par notre programme, et le pays et le gouvernement seront heureux et fiers d'applaudir à cette révolution, si grande et si simple, et qui sera la plus féconde révolution de notre histoire.

« Pour moi, citoyens, je regarde comme le plus beau jour de ma vie d'avoir pu assister à cette grande journée, qui est pour nous la journée du salut. Mon âge ne me permettra pas de prendre part à vos travaux, comme membre de la Commune de Paris ; mes forces trahiraient trop souvent mon courage, et vous avez besoin de vigoureux athlètes. Dans l'intérêt de la propagande, je serai donc obligé de donner ma démission ; mais soyez sûrs qu'à côté de vous, comme auprès de vous, je saurai, dans la mesure de mes forces, vous continuer mon concours le plus dévoué, et servir comme vous la sainte cause du travail et de la République.

« *Vive la République! Vive la Commune!*

Le citoyen Beslay n'a pas maintenu sa démission ; c'est à tort que quelques journaux ont annoncé sa retraite.

Les délégués de la société l'*Éducation nouvelle* ont été reçus hier par les membres de la Commune, auxquels ils ont remis une requête conçue en ces termes :

A la Commune de Paris.

Considérant la nécessité qu'il y a, sous une république, à préparer la jeunesse au gouvernement d'elle-même par une éducation républicaine qui est toute à créer ;
Considérant que la question de l'éducation, laquelle n'est exclusive d'aucune autre, est la question mère, qui embrasse et domine toutes les questions politiques et sociales, et sans la solution de laquelle il ne sera jamais fait de réformes sérieuses et durables ;
Considérant que les maisons d'instruction et d'éducation entretenues par la commune, ou par le département, ou par l'État, doivent être ouvertes aux enfants de tous les membres de la collectivité, quelles que soient les croyances intimes de chacun d'eux ;
Les soussignés, délégués de la société l'*Éducation nouvelle*, demandent d'urgence, au nom de la liberté de conscience, au nom de la justice :
Que l'instruction religieuse ou dogmatique soit laissée tout entière à l'initiative et à la direction libre des familles, et qu'elle soit immédiatement et radicalement supprimée, pour les deux sexes, dans toutes les écoles, dans tous les établissements dont les frais sont payés par l'impôt ;
Que ces maisons d'instruction et d'éducation ne contiennent aux places exposées aux regards des élèves ou du public aucun objet de culte, aucune image religieuse ;
Qu'il n'y soit enseigné ou pratiqué, en commun, ni prières, ni dogmes, ni rien de ce qui est réservé à la conscience individuelle ;
Qu'on n'y emploie exclusivement que la méthode expérimentale ou scientifique, celle qui part toujours de l'observation des faits, qu'elle qu'en soit la nature, physiques, moraux, intellectuels ;
Que toutes les questions du domaine religieux soient complètement supprimées dans tous les examens publics, et principalement dans les examens pour brevets de capacité ;
Qu'enfin les corporations enseignantes ne puissent plus exister que comme établissements privés ou libres.
La qualité de l'enseignement étant déterminée tout d'abord par l'instruction rationnelle, intégrale, qui deviendra le meilleur apprentissage possible de la vie privée, de la vie professionnelle et de la vie politique ou sociale, la société l'*Éducation nouvelle* émet en outre le vœu que l'instruction soit considérée comme un service public de premier ordre,

qu'en conséquence elle soit gratuite et complète pour tous les enfants des deux sexes, à la seule condition du concours pour les spécialités professionnelles.
Enfin, elle demande que l'instruction soit obligatoire, en ce sens qu'elle devienne un droit à la portée de tout enfant, quelle que soit sa position sociale, et un devoir pour les parents ou pour les tuteurs, ou pour la société.

Au nom de la société l'Éducation nouvelle, les délégués nommés dans la séance du 26 mars 1871, à l'École Turgot :

HENRIETTE GAROSTE, rue Saint-Paul, 43 ;
LOUISE LAFFITTE, rue Saint-Paul, 43 ;
J. MANIER, rue du Faubourg-Saint-Martin, 148 *bis* ; J. RAMA, rue Caroline, 11 ;
RHEIMS, rue d'Hauteville, 33 ; MARIA VERDURE, rue Sainte-Marie-du-Temple, 8.

Il a été répondu aux délégués que la Commune était complètement favorable à une réforme radicale de l'éducation dans le sens qu'ils indiquaient ; qu'elle comprenait l'importance capitale de cette réforme, et qu'elle considérait la présente démarche comme un encouragement à entrer dans la voie où elle était résolue à marcher.

Nous recevons communication du document suivant :

Nous, premier président de la cour des comptes,
Vu la lettre à nous adressée de Versailles par M. le ministre des finances, en réponse à la nôtre, du 20, et notamment le passage suivant : « Il a été entendu en conseil que, conformément à ce qui a été décidé pour la cour de cassation, la cour des comptes devra suspendre ses séances. Néanmoins, les membres de la cour pourront, si vous le jugez convenable, continuer leurs travaux de cabinet. »
Après avoir pris l'avis de MM. les présidents des trois chambres de la cour, et en avoir conféré avec M. le procureur général,
Avons arrêté et arrêtons ce qui suit :
Art. 1er. Les audiences des chambres de la cour sont suspendues jusqu'à nouvel ordre.
Art. 2. Le présent arrêté sera par la voie du greffe communiqué, etc.

E. DE ROYER.

Ainsi, voilà un tribunal, une cour suprême qui cesse de fonctionner, en quelque sorte *proprio motu*. Son séjour dans la même ville où réside le gouvernement central de la France n'a rien d'obligatoire ou de nécessaire. La cour des comptes, comme la cour de cassation, peut rendre des arrêts à Carpentras comme à Lyon, à Lille comme à Falaise. Unique dans sa juridiction, elle est indépendante de toute centralisation, ou plutôt son centre est en elle-même et se déplace avec elle. D'une autre part, aucune circonstance extérieure ne pèse sur ses dé-

JOURNÉE DU 2 AVRIL. — Les blessés de l'avenue de Neuilly amenés à la mairie, transformée en ambulance.

libérations; l'accès de son prétoire est libre; d'ailleurs elle juge sur pièces, et vous voyez que le ministre des finances de Versailles l'autorise à continuer ses travaux de cabinet. Pourquoi donc cette suspension d'audiences, qui ne sont même pas publiques?

Tout simplement pour faire pièce à Paris, pour bouder contre la Commune et se donner une teinte de persécution. On comprend le courage que déploie dans cette protestation inoffensive M. de Royer, l'ex-sénateur; il est inamovible au même titre que les magistrats des commissions mixtes de 1852. Mais le comte de Casabianca, le procureur général ci-devant impérial, avec lequel M. de Royer déclare en avoir *conféré*, n'est pas inamovible, et il a d'autant plus de mérite en accomplissant cet acte de virilité et d'audace, qu'il a dans son passé un lourd souvenir : c'est lui qui, seul dans tout l'entourage de Bonaparte, se dévoua pour contre-signer le fameux décret portant confiscation des biens de la famille d'Orléans.

Puisse ce concours par lui donné au *premier vol de l'aigle* lui servir de recommandation auprès des hommes de Versailles!

PHYSIONOMIE DE PARIS

Aujourd'hui, dimanche des Rameaux, la physionomie de Paris est exclusivement militaire, ou peu s'en faut. Nous supprimons donc tous les autres détails pour nous borner à ceux qui se rattachent au premier acte de la lutte attendue depuis plusieurs jours.

AVANT MIDI

Nous lisons dans le *Petit Journal* :

A la gare Saint-Lazare, le mouvement joyeux des temps ordinaires a disparu. Tout est triste. Quelques rares voyageurs se hasardent à prendre des billets pour les stations intermédiaires, car on n'en délivre pas pour les têtes de ligne.

Le 208e bataillon campe dans la salle d'attente et veille à toutes les issues.

A dix heures et demie, on entend le canon gronder à l'ouest de Paris. Les coups se succèdent assez précipitamment. On parle d'un combat en avant de Courbevoie. Grand mouvement de troupes à la porte Maillot.

Les forces se concentrent de plus en plus sur la

place Vendôme. On fortifie les barricades sous la garde du 150ᵉ bataillon.

A l'état-major, les estafettes se succèdent.

A onze heures, le 175ᵉ et le 217ᵉ défilent par la barricade nord, en chantant la *Marseillaise*.

Les grilles du jardin des Tuileries sont toujours fermées.

Le 197ᵉ garde toutes les issues du ministère des finances.

Les statues de la place de la Concorde sont toujours voilées de noir.

Au ministère de la marine, beaucoup de soldats de toutes armes, mêlés aux gardes nationaux. Dans le 78ᵉ, qui descend les boulevards, on remarque un zouave pontifical.

A onze heures un quart, le 150ᵉ bataillon quitte la place Vendôme et se dirige vers la place de la Bastille musique en tête.

Vers onze heures et demie, de singuliers cavaliers, vêtus d'un costume pittoresque qui aurait fait le bonheur de Gavarni, accomplissent un curieux manège. Ils sortent à bride abattue de la porte centrale de l'Hôtel de ville, enfilent la rue de Rivoli jusqu'à la hauteur de la tour Saint-Jacques et reviennent sur leurs pas avec la même rapidité. On dirait qu'ils n'ont oublié que les ordres qu'ils étaient chargés de porter.

APRÈS MIDI

On lit dans le *Temps* :

Jusqu'au dernier moment, nous avions espéré que des hommes prudents, sages et résolus, feraient au moins quelques tentatives pour préparer la conciliation et prévenir la guerre civile.

Maintenant le sang a coulé. Toute la nuit et dans les divers quartiers, on avait entendu le pas de troupes nombreuses. Dans les Champs-Élysées, vers minuit, il était passé près de dix mille hommes.

Ce matin, les bataillons se succédaient sur certaines voies. Des estafettes traversaient hâtivement la ville. Le canon même retentissait, et l'on se disait : « On se réjouit à Montmartre, à Belleville, à Montrouge. »

Les fanfares pouvaient croire à des projets de fête, et des branches de buis garnissaient le képi et le fusil des gardes nationaux. On avait d'ailleurs annoncé une grande revue au Champ de Mars et réuni près de cinquante mille hommes.

Vers dix heures, le bruit des détonations était plus profond, plus mat, plus forcé.

On savait que soixante mille hommes étaient massés près de Puteaux, et qu'un cordon immense de troupes sauvegardait Versailles, s'échelonnant tout le long des grand'gardes des miliciens de la Commune.

Des collisions étaient imminentes et paraissaient inévitables.

De Paris on projetait de marcher sur Versailles. De Versailles on se préparait à attaquer Paris. Ce matin, le conflit a eu lieu, et tout fait croire qu'il s'est terminé par une bataille où les gardes nationaux ont beaucoup souffert.

La première alarme a été donnée par les marchands, les cultivateurs, qui ont pris la fuite et n'ont échappé au péril qu'avec grand'peine ; puis sont arrivés les miliciens, qui se retiraient ayant épuisé leurs munitions ; puis sont venus tout courant les estafettes, les blessés, et avec eux tous les habitants effrayés cherchant un abri.

Comment a débuté l'affaire, et qui a commencé l'attaque ? C'est difficile à préciser ; mais depuis plusieurs jours les deux partis étaient en présence et se menaçaient. On se contenait en mordant le frein, et tout à coup il y a eu éclat dans une rencontre, ménagée sans doute des deux côtés, et qui était inévitable si l'on songe à la déplorable exaspération qui régnait ces jours-ci à Paris et à Versailles.

Du côté de Paris, un coup de fusil a été tiré, paraît-il, sur un des gendarmes qui étaient en avant sur la première ligne avec les sergents de ville. L'homme et le cheval ont été tués. On était en présence et le signal avait été donné, dit-on, du côté de Versailles par deux coups de canon. Il y a eu mêlée.

La garde nationale a beaucoup souffert.

A midi et demi, de la place de la Concorde, on entendait les détonations, et un homme, qui a arrêté des canonniers amenant rapidement leurs pièces sur le lieu du combat, en leur disant que c'était sans doute pour une fête qu'on faisait tant de bruit, a été saisi et presque mis en lambeaux par la population amassée dans cet endroit.

Deux jeunes gens qui, en calèche, descendaient l'avenue des Champs-Élysées, ayant voulu raconter près de la barricade de la place Vendôme, la déroute supposée de la garde nationale, ont été jetés à bas de la voiture, et une cantinière leur a craché à la figure. On les a ensuite arrêtés.

L'information à l'état-major a aussitôt excité la plus grande irritation.

Prévenus de tous côtés, les canonniers ont amené leurs pièces et leurs munitions, et sont partis à toute vitesse.

Les bataillons ont couru à leurs armes, et en bon ordre, avec une discipline qu'on ne connaissait pas encore à la garde nationale, et se sont dirigés vers l'Arc de Triomphe.

De là, en effet, on pouvait voir les masses noires se mouvoir dans la fumée, sur le plateau, au rond-point de Courbevoie et un peu plus sur la gauche.

A une heure, on dit que la garde nationale, non encore munie de canons et de mitrailleuses, avait été obligée de se replier, qu'elle était rentrée dans Paris et qu'on avait fermé les portes. Cependant des troupes se dirigeaient encore vers l'avenue de Neuilly.

Quatre heures et demie.

Un peloton de gardes nationaux, suivi d'une foule compacte, entraîne sur le pont de la Concorde deux hommes très-pâles, que nous avons à peine le temps d'entrevoir.

Des cris : A l'eau ! à l'eau ! se font entendre dans la foule.

On nous dit que ces deux hommes sont des sergents de ville qui avaient revêtu l'uniforme de la garde nationale. L'un d'eux porterait à son képi le numéro 28.

Des estafettes débouchent au grand galop par la rue de Rivoli sur la place de la Concorde.

Sept heures.

Un grand nombre de bataillons de la garde nationale montent l'avenue des Champs-Élysées. Nous en rencontrons trois autres sur la place de la Concorde.

De la rue de Rivoli débouchent plusieurs compagnies qui amènent des pièces de sept nouveau modèle. Les pièces sont traînées par de grands chevaux gris pommelé, qui sans doute ont été obtenus, par réquisition, de la compagnie des omnibus.

Des voitures de vivres suivent ces colonnes.

Beaucoup de femmes dans les rangs. Quelques-unes portent le fusil ou le sac.

Çà et là nous apercevons quelques zouaves et cinq ou six marins.

Près des Tuileries, nous rencontrons un autre bataillon dont la musique joue la *Marseillaise*.

A plusieurs reprises, nous entendons les passants crier : « Où allez-vous ? » et les gardes nationaux répondre : « A Versailles ! »

Des femmes exaspérées profèrent des menaces et des injures que nous ne pouvons reproduire.

A la porte de Passy, nous dit-on, des frères ignorantins, attachés aux ambulances de la presse, veulent franchir l'enceinte avec leurs brancards et leurs voitures. Les gardes nationaux les repoussent assez peu poliment : « Nous ramasserons nos morts nous-mêmes ; » dit le chef du poste.

« Il paraît, dit un des frères, que les robes noires leur font peur. » Plusieurs voitures chargées de blessés rentrent et se dirigent sur le rond-point de Passy, où l'on a établi pendant le siège des baraques d'ambulance.

On lit dans *Paris-Journal* :

Dans la soirée.

D'après les renseignements recueillis dans la soirée, le nombre des morts et des blessés serait de 1,200 environ du côté des gardes nationaux. Les bulletins officiels, si l'on en publie, ne manqueront pas de rectifier ce chiffre, qui nous paraît exagéré.

Le 207ᵉ bataillon aurait perdu près de deux compagnies.

Les troupes de Versailles ont perdu un capitaine et un chirurgien-major, M. Pasquier. Les blessés sont assez nombreux.

A dix heures, les boulevards Montmartre, des Italiens et de la Madeleine sont encombrés de gardes nationaux.

La rue de la Paix est convertie en un vaste campement.

De temps en temps des patrouilles dispersent les groupes et on fortifie sans relâche la place Vendôme, comme si l'on redoutait une attaque prochaine.

Vers dix heures et demie, de nombreux bataillons partent du Champ-de-Mars et se dirigent sur Versailles par Vaugirard, Issy, Billancourt et l'avenue de Boulogne.

Il y a environ 30,000 hommes, équipés et chargés de vivres, dans l'avenue de Neuilly.

A chaque instant des bataillons complets passent, tambour battant, sur les grands boulevards. Au milieu d'eux sont traînées, par de maigres chevaux, plusieurs pièces de canon.

Dix heures.

Nous empruntons au *Rappel* les renseignements qui suivent :

Des bataillons défilent rue Lafayette, avec armes et bagages, descendant de Belleville, Ménilmontant, Charonne, etc. Tous s'en vont aux cris de : Vive la République ! Vive la Commune ! Le défilé dure vingt minutes.

Les gardes nationaux sont mêlés de lignards, de marins, de mobiles.

Dix heures et demie. — Autre défilé, tambour battant, clairon sonnant. Presque tous les bataillons traînent des canons.

Onze heures.

Les Champs-Élysées sont déserts ; à peine, de loin en loin, quelque passant qui regagne son logis d'un pas précipité.

Trois bataillons de la Villette descendent l'avenue des Champs-Élysées et se croisent, à la place de la Concorde, avec des bataillons qui s'en vont dans la direction du Corps législatif.

Échange de : Vive la Commune !

Les bataillons de la Villette continuent leur marche à travers les boulevards et s'en retournent chez eux par la rue Lafayette.

Les boulevards sont calmes ; des patrouilles se promènent du faubourg Montmartre à la rue Laffitte.

Sur la place Vendôme, la plus grande animation n'a cessé de régner le jour et toute la soirée. C'est un chassé-croisé d'ordonnances, d'officiers et de bataillons qui vont et viennent.

La place est transformée en un vaste camp ; les feux s'allument, les cantines s'établissent, les hommes, au nombre de trois mille environ, bivouaquent en plein air.

Place de la Bourse, à minuit et demi, un bataillon attend des ordres, l'arme au pied.

La *Cloche* contient également un tableau très-pittoresque et très-animé de certains quartiers de Paris.

BELLEVILLE

Pendant qu'on se battait à ses portes, Paris jouissait d'un calme parfait. La nouvelle se répandit avec une certaine rapidité ; mais elle rencontra des incrédules, surtout dans les quartiers excentriques.

Ce fut seulement vers deux heures, en entendant battre le rappel de tous les côtés, qu'on fut généralement convaincu. A trois heures, les boulevards extérieurs de Ménilmontant à Belleville étaient couverts de gardes nationaux en tenue de campagne, cartouchière remplie, sac au dos, avec gamelles et bidons de campement.

A la même heure, le même mouvement s'opérait dans les faubourgs. Partout une animation extrême, une certaine hâte *d'en finir*, des chants, des cris.

Les boulevards extérieurs passés, toute cette surexcitation tombe et fait place au calme le plus parfait. Beaucoup de promeneurs, de marchands. Personne n'a l'air de savoir que la guerre civile est aux portes, et cependant tout le monde le sait.

Place du Prince-Eugène et sur tout le parcours des boulevards, des groupes où l'on discute avec une vive animation.

LES CHAMPS-ELYSÉES

A cinq heures, nous pénétrons dans les Champs-Élysées. Les chaussées, les trottoirs sont couverts de promeneurs ; çà et là, des groupes compacts interrompent la circulation ; l'attention de ces rassemblements est généralement captivée par un garde national qui revient du combat et qui raconte ce qu'il a vu avec force gestes et force menaces.

Les promeneurs remontent les Champs-Élysées, afin d'apercevoir au moins le champ de bataille. On dirait un jour de fête ; les dames sont en toilette, les enfants s'amusent, courent, poussent des cris. On va voir l'endroit où les Français ont tué des Français : songez quelle partie ! on reconnaît bien là le plus badaud des peuples de la terre.

A l'Arc de Triomphe, la foule arrêtée contemple une masse sombre groupée vers le pont de Neuilly. C'est l'armée de Versailles ; quand nous disons l'armée, nous entendons le détachement qui a conquis la position pendant la matinée.

Avec une longue-vue, on peut très-bien distinguer la couleur des habits.

Les portes de Paris sont fermées ; deux bataillons occupent l'avenue de la Grande-Armée ; une batterie d'artillerie est placée près des barrières. On a monté des canons sur les talus.

L'Avenue des Champs-Élysées.

La foule circule autour des faisceaux sans songer qu'un coup de canon parti de Courbevoie peut faire des victimes. L'omnibus de Courbevoie, qui s'arrête à présent à la barrière, continue son service.

On assure dans un groupe que des bandes de trente à quarante soldats de Versailles sont entrées dans Paris ; quelqu'un prétend que la ligne s'est battue contre les gendarmes ; ceux-ci auraient tiré sur ceux-là, etc... Plus tard un garde national du 218ᵉ, de ceux qui ont plié devant la première attaque, me disait, tout au contraire, que la ligne les avait attaqués vigoureusement. Il ajoutait, il est vrai, que ces lignards étaient sans doute des sergents de ville déguisés.

Tout à coup rumeur autour de l'Arc de Triomphe. Une escorte arrive au grand trot, entourant une grande calèche fermée. C'est le Comité central, dit-on. Il y en a qui saluent, d'autres qui crient : *Vive la Commune !* d'autres qui font la grimace.

Nous redescendons les Champs-Elysées. Aux cris poussés dans la foule de : *Vive la République ! Vive la Commune !* monte un bataillon du faubourg Saint-Antoine. Les fédérés ont l'air grave, ils crient peu.

LES BOULEVARDS

Le défilé commence ; il a duré jusqu'à 4 heures du matin.

Les bataillons se succédaient presque sans interruption sur les boulevards dans la soirée du 2. Beaucoup de gens, même parmi ceux qui ne partageaient pas les opinions des fédérés, ne pouvaient cacher leur sympathie pour ces hommes qui marchaient si résolûment au danger. Certains bataillons passaient silencieux ; d'autres chantaient la *Marseillaise ;* quelques hommes répondaient par des saluts aux cris partis de la foule. Nous n'avons entendu qu'un bataillon proférer des menaces contre les bourgeois réactionnaires. Ce dernier, par exemple, ne brillait pas par sa bonne tenue. Il contenait un certain nombre de ces énergumènes qui braillent, parlent devant les femmes et courent vite devant les fusils.

En somme, l'exaltation de ces gens n'a produit aucun désordre, les soi-disant *amis de l'ordre* ont su faire violence à leurs sentiments et n'exprimaient pas dans la rue leurs secrètes espérances. Dans les rassemblements très-nombreux, et formés de gens bien mis, on déplorait plutôt des malheurs probables qu'on ne récriminait contre leurs auteurs.

Tous les cafés regorgent de monde ; de petites

bouquetières arrêtent les femmes pour leur vendre des fleurs : quelques théâtres jouent. Un groupe de jeunes gens qui viennent de bien dîner coupe la foule en chantant. Les voitures circulent difficilement au milieu des groupes ; tout à coup les clairons sonnent, les tambours battent ; un passage s'ouvre, et entre une double haie de curieux une troupe armée passe. On distingue vaguement des visages énergiques, des faces hâves et fatiguées, des mines narquoises. Au milieu des baïonnettes flotte un drapeau rouge. Puis tout disparaît, et la double rangée de curieux se reforme en groupes.

Le boulevard Montmartre a gardé ce même aspect jusque bien avant dans la nuit.

LE COMBAT DE COURBEVOIE.

Voici, d'après plusieurs journaux de nuances différentes, les divers récits de l'action engagée dans la journée, recueillis dès la première heure. On remarquera que chaque journal voit et apprécie les événements au point de vue de son opinion.

LE SIÈCLE.

Les hostilités entre les troupes de Versailles et les fédérés sont commencées. Ce matin, à huit heures, des troupes partant du Mont-Valérien se sont dirigées vers les avant-postes des gardes nationaux. A cent mètres environ du rond-point de Courbevoie, l'avant-garde, composée de troupes de ligne, s'est arrêtée ; l'officier s'est avancé vers le commandant du 118ᵉ bataillon, dont les hommes tenaient la crosse en l'air, et l'a engagé à rendre ses armes.

Sur le refus de celui-ci, la ligne s'est repliée, et plusieurs compagnies de gendarmes ont marché sur les gardes nationaux jusqu'au point occupé précédemment par la ligne.

Là quelques pourparlers ont encore eu lieu entre le commandant des gendarmes et le commandant des gardes nationaux. Que s'est-il passé ? Dix minutes s'étaient à peine écoulées que de part et d'autre on se tirait des coups de fusil.

Le commandant des gendarmes est tombé un des premiers, mortellement blessé, et son cheval a été pris et ramené à Paris. A ce moment, les troupes de Versailles démasquèrent des mitrailleuses qui jetèrent la confusion dans les rangs des fédérés. Ces derniers, auxquels s'étaient joints les 500 hommes qui occupaient la caserne de Courbevoie, ayant épuisé leurs munitions, lâchèrent pied et battirent en retraite vers le pont de Courbevoie, poursuivis par des gendarmes.

Pendant ce temps, des pièces d'artillerie étaient établies sur le rond-point de Courbevoie, et lorsque les gardes nationaux eurent gagné l'avenue de Neuilly, on leur envoya des obus qui achevèrent de porter le désordre dans leurs rangs.

De son côté, le Mont-Valérien lança quelques projectiles ; trente à quarante coups de canon furent tirés. De onze heures à midi, deux obus sont tombés dans l'avenue de la Grande-Armée. La maison portant le n° 79, et la cinquième en deçà des fortifications, ont été atteintes.

Vers une heure, le drapeau blanc a été arboré à la lanterne construite sur le piédestal d'où la statue de Napoléon Iᵉʳ a été renversée.

Les morts et les blessés ont été ramassés ; ceux des gardes nationaux blessés ont été rapportés à Paris, sur des brancards, par les habitants de Courbevoie.

A deux heures, le pont de la porte Maillot a été baissé pour livrer passage aux voitures d'ambulance et aux chirurgiens.

Des bataillons arrivent successivement à la porte de Neuilly, et sont envoyés vers divers bastions.

Les portes de la rive droite et de la rive gauche sont fermées, depuis Montrouge jusqu'aux Ternes, où une file de voitures de déménagement attendent bien inutilement qu'on baisse les ponts.

Le rappel est battu dans plusieurs quartiers. Le 208ᵉ, qui occupe la gare Saint-Lazare, reçoit l'ordre de partir.

On arme les remparts de canons, des embrasures sont pratiquées ; on travaille activement sur toute la ligne de l'Ouest.

Le commandant Flourens arrive à la tête de son bataillon et sort par la porte des Ternes. Les bataillons se succèdent. L'avenue de la Grande-Armée est remplie de gardes nationaux et de curieux.

Quelques soldats de la ligne, appartenant aux troupes de Versailles, entrent dans Paris.

A quatre heures, plusieurs batteries descendent l'avenue. Les gardes nationaux aident les chevaux à les monter sur les remparts ; on les place dans les embrasures. Les munitions sont déchargées et remisées dans les poudrières.

Quatre heures et demie.

Une voiture fermée arrive, escortée par plusieurs officiers. Cette voiture est occupée par le général Bergeret et des officiers de son état-major.

A ce moment, on entend des coups de canon tirés dans le lointain : sans nul doute, cette canonnade provient de l'armée de Versailles. Quoi qu'il en soit, les gardes nationaux, sortis en nombre avec de l'artillerie et des mitrailleuses, font pressentir un engagement sérieux pour cette nuit ou demain matin.

Six heures.

Des bataillons défilent sur les boulevards et la rue de Rivoli, se dirigeant du côté de Neuilly. Huit pièces de 7 passent rue Richelieu, se rendant dans la même direction.

Huit heures.

On bat le rappel dans le quartier du Palais-National.

LA LIBERTÉ.

Un engagement d'avant-poste, qui tend à devenir plus sérieux, est ouvert depuis ce matin dix heures entre les troupes et la garde nationale, établies de Neuilly à Courbevoie.

A neuf heures, ce matin, les bataillons de la Commune opéraient un mouvement vers Courbevoie, au nombre de deux mille hommes environ. Le Mont-Valérien a alors ouvert le feu sur les têtes de colonnes.

Les gendarmes et les gardes forestiers, cantonnés dans le voisinage, ont pris les armes, et se sont portés à la rencontre des troupes de la Commune.

A dix heures, la fusillade était peu nourrie et se bornait à des feux de tirailleurs. L'artillerie du Mont-Valérien n'envoyait pas plus de deux obus à la minute.

Peu à peu l'action est devenue plus vive en se rapprochant du rond-point de Courbevoie. L'engagement, commencé par la droite de la garde nationale, s'étendait sensiblement vers le centre, et à dix heures et demie ont commencé les feux de peloton, tandis que le Mont-Valérien, qui avait suspendu le feu, a repris son tir avec énergie.

A onze heures, la fusillade continue très-vive. Nous croyons avoir entendu deux décharges de mitrailleuses.

Les gardes nationaux doivent être sans artillerie, car aucune détonation de canon ne se fait entendre de leur côté.

Les troupes de Versailles sont également dépourvues de pièces de campagne.

Quelques gardes nationaux commencent à battre en retraite et rentrent par la porte Maillot.

La possession du pont de Courbevoie paraît être l'objectif des deux partis.

Les ambulances se dirigent en toute hâte sur le champ de bataille.

LA FRANCE.

Voici les renseignements qui nous parviennent, au moment de mettre sous presse, sur les coups de canon entendus ce matin :

Ces explosions venaient de Neuilly. Un de nos rédacteurs, envoyé aux informations, a trouvé la porte Maillot fermée ; mais on se battait à une portée de fusil au dehors.

Les troupes de Versailles ont commencé, à neuf heures et demie, à balayer le rond-point de Courbevoie et ses environs. La besogne n'a pas été fort longue, et la fusillade des tirailleurs a suffi pour cela.

Mais on sait qu'entre le rond-point et la porte Maillot, au pont de Neuilly, était construite une forte barricade, gardée par un nombre considérable de gardes nationaux. Là l'action a été plus vive : la barricade a été attaquée à la fois par le canon de l'armée assaillante et par celui du Mont-Valérien.

Les gardes nationaux de Neuilly ont d'abord faibli, mais les bataillons de Paris ont tenu ferme. Une quarantaine de morts seraient tombés derrière la barricade, qui a fini par rester au pouvoir des assaillants.

Un zouave, faisant partie des défenseurs de la barricade, a été frappé, au moment où il passait la tête pour tirer un coup de fusil, d'une balle au milieu du front ; il est tombé roide.

Entre onze heures et midi, les gardes nationaux du Comité se repliaient en deçà du rempart avec quelque désordre. Le feu de l'artillerie atteignait à une centaine de mètres environ en avant du rempart. Un obus a été lancé jusqu'en deçà des fortifications, et est venu atteindre une maison à trois cents mètres de l'Arc de Triomphe de l'Étoile, éclatant sans endommager la maison ni blesser personne.

A midi et demi, la barricade du pont de Neuilly était évacuée, le feu cessa.

A ce moment, arrive à la porte Maillot, venant de l'intérieur de Paris, une batterie de deux pièces d'artillerie (pièces de 7), commandée par un capitaine, agitant son sabre et criant : Vive la République ! Les pièces sont braquées dans la direction de Courbevoie, sur le côté gauche de la porte.

Des gardes nationaux se massent en grand nombre et successivement sur les Champs-Élysées, accourant de tous les quartiers de la capitale.

LE NATIONAL.

L'armée de Versailles, en arrivant au rond-point de Courbevoie, avait placé la ligne en avant et la gendarmerie derrière.

A la vue des troupes de ligne, le 93ᵉ bataillon de la garde nationale, qui occupait la caserne, a levé la crosse en l'air aux cris de Vive la République ! Vive la Commune !

Ordre a été donné par le général commandant les troupes de Versailles de faire feu, et le 93ᵉ bataillon s'est dispersé et s'est enfui dans toutes les directions, laissant un grand nombre de morts et de blessés sur la place.

Les 119ᵉ et 118ᵉ bataillons, qui se trouvaient en arrière du 93ᵉ, se sont repliés dans Neuilly et derrière les fortifications. L'armée de Versailles est donc maîtresse de Courbevoie et du pont de Neuilly, d'où elle menace l'avenue de la Grande-Armée, et par conséquent la plus grande partie de Paris. Neuilly est pour le moment un terrain neutre qui n'est occupé par personne. Les habitants, abandonnant leurs maisons, sont presque tous rentrés à Paris, ou se sont réfugiés dans les villages environnants.

Du côté des troupes de Versailles, les pertes sont insignifiantes. Cependant nous sommes à peu près certains qu'un officier supérieur a été tué.

Quelques personnes disent que c'est le général Valentin ; mais nous croyons pouvoir affirmer qu'elles sont dans l'erreur.

Les gardes nationaux blessés sont entre les mains des troupes de Versailles.

A trois heures, on s'occupe de préparer la défense de la porte de Neuilly, devant laquelle sont braquées deux batteries d'artillerie.

Trois heures.

Plusieurs pièces de canon de 4 et de 12 sont amenées aux portes Maillot et des Ternes, et sont immédiatement placées sur les remparts. De nombreux bataillons arrivent aux bastions.

Le mouvement est dirigé par le capitaine d'état-major Duchêne. Il est accompagné du docteur en chef de l'Hôtel de ville.

Les ambulances de la presse sont allées chercher les blessés, qui ont été portés à la mairie de Neuilly. Huit voitures de la Société internationale viennent ensuite.

Tous les gardes nationaux sont rentrés, les portes sont fermées; on ne baisse les ponts-levis que pour le passage des blessés.

Le colonel de gendarmerie qui commandait les troupes de Versailles a été tué et son cheval ramené.

Les gardes nationaux se massent.

LE RAPPEL.

Nous avançons dans l'avenue et nous recueillons çà et là tous les renseignements que nous pouvons. L'engagement aurait débuté par un guet-apens. Un colonel de gendarmerie se serait avancé à la tête de ses gendarmes, et aurait levé, en signe de paix, la crosse de son revolver en l'air. Ses hommes auraient également levé les crosses de leurs fusils. Et c'est au moment où les gardes nationaux de la Commune allaient fraterniser avec eux, que les gendarmes les auraient fusillés à bout portant.

Le colonel a été tué.

Dans les troupes de Versailles, il y avait, avec les zouaves pontificaux et les gendarmes, des marins, — pas de ceux qui ont appris à connaître et à aimer les Parisiens pendant le siège, ceux-là ont été renvoyés en province, — mais des marins qu'on a fait venir récemment.

Il y avait aussi la ligne. Les gardes nationaux, voyant venir la ligne, ont mis la crosse en l'air et ont crié : Vive la ligne ! vive la République ! Les lignards ont paru être bien près d'en faire autant, mais les pontificaux se sont empressés d'ouvrir le feu.

Un des gardes que nous interrogeons nous dit que les pontificaux avaient un drapeau blanc et ont chargé au cri de : Vive le roi ! Mais nous doutons que M. de Charette en soit déjà là.

Malgré cela, les lignards firent un mouvement pour passer du côté des Parisiens. Ils essuyèrent alors un feu de peloton parti des rangs des gendarmes. Plusieurs centaines n'en persistèrent pas moins, et entrèrent dans Paris par la porte Maillot et par la porte d'Auteuil. Ils furent conduits à l'Hôtel de ville, salués en chemin de vivats pour n'avoir pas voulu répandre le sang des citoyens. A l'Hôtel de ville, ils furent harangués et complimentés par le citoyen Delescluze.

Les Parisiens, commandés par le citoyen Christiani, n'étaient représentés que par trois bataillons : le 93e du faubourg Saint-Antoine, le 123e de Belleville, et le 119e de Charonne. Obligés de se replier, ils ne se sont pas débandés, et ont continué un feu de tirailleurs pendant plus de trois heures.

Contre les canons et les mitrailleuses, ils n'avaient, pour les soutenir dans leur retraite qu'une pièce de 7, placée sur les remparts à la porte Maillot.

L'ordre avait été donné avant-hier soir d'établir une batterie au rond-point de Courbevoie. L'ordre n'avait pas été exécuté.

Les compagnies de marche étaient établies en ligne; les compagnies sédentaires étaient dans les maisons de Courbevoie et dans la caserne.

L'attaque a commencé vers huit heures et demie; les gardes nationaux de Neuilly ont faibli d'abord; ceux de Paris ont tenu ferme, et ce n'est qu'entre onze heures et midi, et quand la barricade du pont de Neuilly a été battue à la fois par le canon de la troupe versaillaise et par le canon du Mont-Valérien, qu'ils ont abandonné la position. Le feu de l'artillerie atteignait à cent mètres du rempart.

Et voici les meurtres de femmes et d'enfants qui recommencent. Une femme a été tuée par une balle derrière un volet dans l'avenue de Neuilly. Un obus a tué un enfant dans l'avenue du Roule. Un pensionnat de jeunes filles qui sortaient d'une église a passé à travers les coups de fusil.

Les murs, dans le voisinage des remparts, ont reçu des balles qui avaient probablement atteint leur plus grande portée, à en juger par le peu de profondeur des entailles et le peu d'aplatissement des balles.

Le mur du n° 77 de l'avenue de la Grande-Armée porte la trace d'un obus. Des obus sont tombés dans une maison située près de la gare du chemin de fer de Ceinture.

LE MOT D'ORDRE.

A huit heures, une forte colonne composée d'anciens sergents de ville portant l'uniforme de soldats de la ligne, de gendarmes et de zouaves s'est avancée jusqu'à deux cents mètres de l'avant-garde des communeux, auquel le commandant a intimé l'ordre de mettre bas les armes.

Les gardes nationaux, croyant avoir affaire à la troupe de ligne, avaient mis la crosse en l'air. A cette injonction le chef de bataillon répondit qu'il était là de par la volonté de la Commune, issue du suffrage universel, et qu'il n'avait point à obtempérer à l'ordre émanant d'un gouvernement qu'il ne reconnaissait pas.

Environ dix minutes se passèrent en pourparlers. Le commandant s'étant retiré, commanda : Feu ! Les gardes nationaux essuyèrent cette première décharge avec un admirable sang-froid et ripostèrent. Le commandant de gendarmerie, qui avait donné l'ordre d'attaquer, tomba un des premiers. Les gardes nationaux se saisirent de son cheval et l'emmenèrent. Le feu continua de part et d'autre avec une égale énergie. L'avantage penchait du côté des gardes nationaux, renforcés par cinq cents hommes du 218ᵉ bataillon venus de la caserne de Courbevoie.

A ce moment, les Versaillais, démasquant des mitrailleuses, firent des trouées dans les rangs de la garde nationale. Dès lors l'engagement devint sanglant. Les fédérés soutinrent encore quelque temps le feu de l'ennemi, mais en présence des mitrailleuses qui les décimaient, et n'ayant pour se défendre que des fusils à tabatière, ils battirent en retraite dans la direction du pont de Courbevoie.

Les gendarmes et les anciens sergents de ville les y poursuivirent, et lorsqu'ils furent arrivés dans l'avenue de Neuilly, les artilleurs bonapartistes, qui avaient établi des pièces sur le rond-point de Courbevoie, leur lancèrent des obus. L'un de ces projectiles, passant par-dessus les remparts a atteint la cinquième maison, n° 79, dans l'avenue de la Grande-Armée.

Ceci se passait de onze heures à midi.

Les gendarmes et les mouchards s'arrêtèrent sur le pont de Courbevoie, guettant comme des bêtes fauves les passants. Ils tiraient indistinctement sur tous ceux qui traversaient l'avenue de Neuilly. Ils ont tué plusieurs femmes et enfants.

Dans l'après-midi, le drapeau parlementaire fut arboré sur le point le plus culminant de Courbevoie. Pendant cette suspension d'armes on releva les blessés et les morts. Plusieurs gardes nationaux ont été rapportés à Paris sur des brancards. Quelques-uns ont été faits prisonniers et conduits à Versailles.

Un détail curieux, c'est celui-ci : les troupes de Charette ont combattu hier *sous le drapeau blanc.* Chaque soldat a sur sa poitrine un cœur de Jésus en drap blanc sur lequel on lit ces mots :

« Arrête ! le cœur de Jésus est là !... »

LE CRI DU PEUPLE.

A neuf heures du matin, les mouchards et les chouans sont commandés par Versailles.

Ils s'avancent au-devant du Mont-Valérien et sur les hauteurs de Neuilly, mettent en batterie des mitrailleuses et foudroient la place de l'église de Neuilly, des obus arrivent jusque dans l'enceinte de Paris.

Les gardes nationaux postés là en grand'garde font bonne contenance. Quelques-uns tombent : des femmes et des enfants sont tués.

Les gardes nationaux se replient en bon ordre : ils concentrent en route des renforts qui arrivent, envoyés par l'état-major.

A midi, ordre est donné par la Commission exécutive de battre la générale.

Les membres de la Commune accourent en foule à l'Hôtel de ville, ils ceignent leur écharpe et demandent à la tête de quelle colonne ils doivent marcher. Nous remarquons le citoyen Ch. Beslay, âgé de soixante-seize ans, réclamant le poste le plus périlleux.

Les hommes de guerre viennent de toute part mettre leur épée au service de la Commune.

Les membres de la Commune haranguent les gardes nationaux, les acclament dans l'Hôtel de ville.

Un officier d'état-major, dans la salle du Comité central, pleure de rage de ne pouvoir prendre part au combat, forcé qu'il est de rester pour sa consigne.

Les mairies des premier, deuxième et seizième arrondissements sont occupées militairement par les bataillons fédérés.

200,000 hommes sont debout sous la main des délégués de la guerre.

On signale un détail horrible.

Au moment de la lutte, dans la matinée, les gardes nationaux ont vu leurs adversaires lever la crosse en l'air.

Ils se sont avancés, — on a fait feu. C'étaient des sergents de ville déguisés en soldats de la ligne.

Fusillés à bout portant, ceux des nôtres qui n'étaient pas tombés ont riposté. Ils ont tué un officier supérieur, qu'on dit être le général Valentin lui-même.

Un ancien représentant du peuple, bien connu, vient annoncer à la Commune qu'on a trouvé, étendus à terre, dans une mare de sang, cinq hommes, quatre gardes nationaux et un soldat de la ligne. Ils avaient les mains liées.

Il arrive à chaque instant des détachements de soldats qui passent à la République.

Trois bataillons, les 119ᵉ, 218 et le 93ᵉ de la garde nationale, ont été attaqués à dix heures du matin au rond-point (Courbevoie) par une bande d'insurgés venant de Versailles. Cette bande était composée d'anciens sergents de ville revêtus de divers costumes.

Le 218ᵉ bataillon ayant été surpris et succombant sous le nombre, le 119ᵉ et le 93ᵉ sont venus à son secours. Écrasés sous le feu de l'artillerie, — ces bataillons se sont repliés jusqu'à la hauteur de la première barricade de Courbevoie. Là, battus par une poignée de patriotes, les mouchards de Piétri se sont retirés lâchement dans leurs retranchements.

Nous félicitons la 12ᵉ compagnie du 119ᵉ bataillon, commandée par le lieutenant Dewalster.

Elle s'est vaillamment conduite. Elle a eu un mort et trois blessés.

LA VÉRITÉ.

Rapprochons de ces récits, si peu d'accord entre eux, celui de la *Vérité*, qui paraît être, d'après les informations recueillies plus tard, celui qui se rapproche le plus de la réalité.

Le gouverneur de Versailles avait été informé dès hier soir qu'un nombre de gardes nationaux assez considérable occupait Neuilly, Courbevoie, Puteaux, Suresnes et menaçait Versailles. Après un conseil de guerre, il fut décidé qu'on se porterait avec une division à la rencontre des bataillons de

Journée du 2 avril 1871. — Barricade du pont de Neuilly-sur-Seine.

Paris et qu'on les sommerait de mettre bas les armes; en conséquence, la division sous les ordres du capitaine de vaisseau Bruat, composée de deux régiments de ligne, de marins, de gendarmes à cheval, de chasseurs d'Afrique et de deux mitrailleuses, fut dirigée dans le milieu de la nuit sur le Mont-Valérien.

Vers six heures, il y eut quelques coups de feu échangés entre les avant-postes des gardes nationaux et les patrouilles de gendarmes et de chasseurs d'Afrique.

A sept heures, le général Vinoy arrivait au Mont-Valérien et donnait des ordres; bientôt après, le chirurgien-major du régiment de gendarmerie à cheval, M. Pasquier, précédé d'un trompette et accompagné de deux gendarmes, se présente en parlementaire au pont de Courbevoie. Deux gardes nationaux arrivent en sens inverse pour le recevoir. Après quelques mots échangés, l'un des gardes nationaux tire un coup de revolver sur M. Pasquier, qui tombe foudroyé.

Le feu s'engage aussitôt de toutes parts, et la nouvelle de la mort du parlementaire se répand dans les rangs avec la rapidité de la foudre; elle provoque une extrême indignation et la plus grande colère.

Les gendarmes, surtout, jurent de venger leur major qu'ils adoraient, et, lorsque l'ordre leur est donné de charger, ils le font avec une telle rage que leurs habits sont tout déchirés ou décousus au bras droit.

Ce fut d'abord un combat de tirailleurs; les marins et la ligne formaient une longue file de feux à volonté, qui se rapprochèrent bientôt, corrigèrent leur tir sur les têtes de colonnes des bataillons de la Commune, opérant un mouvement vers Courbevoie; en même temps le Mont-Valérien leur envoyait quelques bordées de canon.

Vers neuf heures, l'action devenait générale et s'étendait à toute la ligne de la garde nationale; les feux de peloton commencèrent, et on fit avancer les deux mitrailleuses, dont deux décharges successives firent quelques victimes et jetèrent le découragement dans les rangs des bataillons fédérés.

La retraite, commencée dans le plus grand désordre vers dix heures, s'est changée en déroute, que les gendarmes à cheval ont été chargés de poursuivre; le Mont-Valérien envoya encore quelques coups de canon et tout cessa vers onze heures.

A quatre heures, les troupes rentraient à Versailles, au milieu d'une foule nombreuse qui les acclamait; les marins particulièrement furent l'objet d'une ovation enthousiaste.

L'armée régulière occupe Courbevoie avec un bataillon de chasseurs de Vincennes et deux batteries d'artillerie.

Nous avons vu amener trente-huit prisonniers, qui ont d'abord été conduits à la caserne d'infanterie de la place d'armes. Les malheureux étaient plus morts que vifs, et il a fallu l'intervention de la gendarmerie pour les arracher à la mort dont les menaçait la foule furieuse. Parmi ces prisonniers se trouvait un officier supérieur de la garde nationale que les soldats disaient être un général.

On nous a assuré que deux cents prisonniers environ ont été conduits au Mont-Valérien. Pendant le combat, vingt-cinq soldats d'un régiment de ligne, dont nous préférons taire le numéro, avaient levé la crosse en l'air et se disposaient à passer aux gardes nationaux; arrêtés par leurs camarades, ils ont été fusillés sur-le-champ.

Tous les militaires trouvés parmi les prisonniers ont été également fusillés. On nous a dit, mais nous ne le garantissons point, que tous les officiers pris auraient été passés par les armes. Nous n'avons aperçu que celui qu'on appelait le général.

Nous ignorons les pertes des bataillons fédérés; les militaires les croient assez nombreuses.

Dans l'armée, douze tués, dont un capitaine, le chirurgien-major Pasquier et dix hommes; trente blessés.

LES PETITS CÔTÉS DE L'HISTOIRE

LA MAISON ROUGE

Une anecdote rétrospective, publiée par le *Figaro*, quelque temps après la chute de la Commune, tendrait à prouver que l'initiative de l'attaque, de quelque côté qu'elle soit venue, était décidée pour le 2 avril par les généraux fédérés.

La Maison-Rouge, qui a joué un grand rôle pendant la Commune, est en train de devenir légendaire, absolument comme celle du tisserand de Sedan. Elle est visitée chaque jour par des touristes, des Russes et des Anglais. Cette maison est située sur la route de Châtillon, entre le fort de Vanves et celui de Montrouge. Les bombes, les obus et la mitraille qui sont tombés dessus sont incalculables, ce qui n'empêche pas qu'elle est restée debout, après avoir subi quelques réparations.

C'est à la Maison-Rouge que l'état-major de la Commune se réunit, la nuit du 2 avril, veille de la bataille de Châtillon, et cela dans les circonstances suivantes:

Plusieurs bataillons sédentaires avaient été conduits par surprise dans les forts, et, apprenant qu'on devait les envoyer le lendemain contre les troupes qui occupaient le plateau de Châtillon, ils refusèrent de marcher. Grand émoi à l'Hôtel de ville! La Commune expédia aussitôt le général Cluseret et trois de ses membres, Babick, Ranc et Martellet, ceints de leurs écharpes rouges, qui se rendirent à cheval et avec escorte du côté des forts. Ils s'arrêtèrent à la Maison-Rouge, où les généraux en chef, Duval et Henry, qui commandaient l'armée fédérée, allèrent les rejoindre, accompagnés de leurs états-majors. On tint conseil. Que se passa-t-il? Nous l'ignorons. Toujours est-il que le lendemain eut lieu cette étrange bataille, où les fédérés furent écrasés. C'était le premier combat que livrait la Commune. Il était de mauvais augure. On sait le reste.

On montre encore aujourd'hui à la Maison-Rouge la salle où se réunirent ces divers personnages et les tonneaux vides sur lesquels, à défaut de siéges, s'assirent les trois membres de la Commune : Babick, Ranc et Martellet. Une grande partie de la renommée de cette maison est due à cette circonstance.

LES PÉRÉGRINATIONS DU COMITÉ CENTRAL

Nous avons raconté, dit le *Soir*, la visite faite le matin, à l'hôpital des Magasins-Réunis, par deux membres du Comité central de la garde nationale, dont nous ignorions alors les noms. Aujourd'hui, nous savons que c'était le général Cluseret et M. Assi.

A six heures du soir, plusieurs membres du Comité, ceints de l'écharpe rouge, et cent cinquante hommes environ du 24ᵉ bataillon, sont venus, conduits par un capitaine d'état-major à cheval, prendre possession de la partie du bâtiment qui leur avait été destinée.

Samedi, plusieurs membres du Comité ont eu un assez long entretien avec le directeur de l'hôpital, qu'ils avaient invité à assister à leur séance.

M. Jahyer leur ayant d'abord déclaré que la politique était complétement étrangère à ses fonctions de directeur d'hôpital, il leur demanda la permission de s'exprimer avec la plus entière franchise, et ajouta :

« Je ne saurais, messieurs, ni approuver votre séjour dans cette maison, ni vous conseiller de le prolonger, comme c'est votre intention. Deux raisons me font vous parler ainsi : la première, c'est que le séjour est malsain pour vous ; la seconde, c'est qu'il est dangereux pour mes malades. »

Ces messieurs approuvèrent tous le raisonnement du directeur. Et séance tenante, l'ordre fut donné d'évacuer immédiatement. Quelques heures après, tout le monde avait disparu.

Le Comité central est allé prendre possession de la caserne du Prince-Eugène.

EXTRAITS DE JOURNAUX ROUGES

LE PÈRE DUCHÊNE.

Cette ignoble feuille, dont le cynisme dépasse encore celui de son aïeule de 93, continue l'infâme campagne qu'elle a ouverte contre le clergé.

Pour commencer la rigolade, et, en attendant qu'on ait réglé l'arriéré du petit compte, le bon bougre de conseiller communal, délégué à l'ex-préfecture de police, vient toujours de rendre un petit décret qui n'a l'air de rien, mais qui va, tout de même, bougrement embêter les mangeurs de bon Dieu !

A partir d'aujourd'hui, il est interdit aux jean-foutres d'aumôniers, dans toutes les prisons de Paris, d'abrutir les pauvres bougres de détenus par leurs sacrés *oremus*, et de boire des gouttes tous les dimanches matin, sous prétexte de dire la messe à des gens qui s'en foutent pas mal.

Ce n'est pas pour dire, mais, vrai ! voilà une mesure bougrement bonne !

Je vous demande un peu à quoi ça servait, et si ces jean-foutres de tonsurés, avec toutes leurs momeries et leurs gueules en cul-de-poule faisaient là une honnête besogne !

Je sais bien qu'on disait que c'était pour moraliser les coupables ;

Mais il faut se faire une foutue idée du genre humain pour s'imaginer qu'on va guérir les mauvais bougres de la paresse, en leur exhibant, avec un tas de cérémonies, un jean-foutre de fainéant, bien nourri à rien faire, et les dégoûter de l'ivrognerie en leur montrant à licher des petits verres !

On dira ce qu'on voudra, mais ce n'est pas naturel.

Et puis je crois bien qu'il ne faut pas se fier beaucoup à la morale des curés.

Puisqu'ils ont tellement de vertu qu'ils veulent toujours en repasser aux autres, pourquoi donc est-ce qu'ils se foutent toujours sur le dos un tas de mauvaises histoires dont le Père Duchêne ne veut pas parler en détail, mais qui, faut croire, ne sont pas très-propres, puisque la justice est toujours obligée d'y foutre son nez !

Notre brave Commune sait bien que c'est une bonne chose de moraliser, mais elle n'a pas besoin des calotins pour ça.

Un jour ou l'autre, elle s'occupera du sort des prisonniers, et elle fera là-dedans, comme dans le reste, de rudes réformes, afin de remplacer, — ce qui sera bougrement bon pour l'humanité, — le châtiment par la réparation.

Quand cette réforme-là sera faite, la prison ne sera plus pour les malheureux bougres de condamnés un lieu de souffrance et d'abrutissement, mais une école de travail d'où ils sortiront relevés, régénérés, prêts à reprendre leur place dans la société et à se foutre à la besogne, afin de gagner, comme tous les bons bougres, leur vie en travaillant.

Mais pour ça, il ne faudra pas les voler, comme on a toujours fait, en leur flibustant le fruit de leur travail au profit des sales bougres d'entrepreneurs, et surtout il ne leur faudra pas leur foutre dans la tête un tas de sornettes et de mensonges comme font les jean-foutres de curés, ce qui ne sert qu'à gâter le cœur au lieu de le raffermir.

Quand on voudra réellement moraliser les prisonniers, on enverra toute la clique des marchands d'argent et des marchands de patenôtres aux cinq cent mille diables.....

On foutra sous les yeux de tous ces pauvres bougres, de bons exemples, — dans leurs mains du travail.

Et avec ça, foutre ! ça marchera comme sur des roulettes, et les calotins seront enfoncés !

LA MONTAGNE

fondée par Gustave Maroteau.

Ce journal inaugure son apparition par une philippique ardente contre le gouvernement, dans laquelle il n'épargne pas les provocations au rétablissement du régime de la terreur.

Aujourd'hui nous triomphons, après vingt ans de honte, de combats et de misère, quand tous les corbeaux sont gorgés de notre chair.

Nous sommes la force en même temps que le droit.

Pas de faiblesse et pas de pitié !

Les hommes de 48 voulurent être des apôtres; la République sombra.

Sombrons, s'il le faut, mais en combattant comme le *Vengeur*.

Royalistes et bonapartistes conspirent ; la réaction s'organise.

On parlait même aujourd'hui, dans les groupes, d'une attaque de Versailles. Soyez énergiques jusqu'à la violence.

Mousnier, le girondin, monta, un soir, à la tribune de la Convention tenant une feuille de papier froissée dans la main : c'était *la lanterne*, et il dénonça Desmoulins.

Il était pâle, ému, indigné, menaçant.

« Qu'il ose se défendre ! » cria-t-il en chiffonnant le pamphlet.

« Je l'ose ! » riposta de la foule une voix fière.

Desmoulins relevait le défi, ramassait le gant.

Je l'ose ! — Ce doit être aujourd'hui notre mot d'ordre.

Il faut tout oser.

La Révolution, en marche depuis un siècle, vient de faire, au son des tambours de la garde nationale, sa troisième étape.

La Commune bivouaque à l'Hôtel de ville.

Veillons sur elle sac au dos, trompettes aux dents, fusil chargé.

Thermidor, aiguise ta hache.

Les décrets d'hier étaient beaux; il en faut tout de suite d'autres. Séparation de l'Eglise et de l'Etat.

Instruction gratuite et obligatoire.

Envoyez-moi vite à l'école tous les pauvres petits diables dont le vent fouette les guenilles : ce moutard coiffé en marin d'eau douce, cette fille encapuchonnée comme un hanneton dans son tablier.

Mettez à prix les têtes infâmes.

De l'audace ! hurlait Danton.

Vive la sociale !

GUSTAVE MAROTEAU.

L'AFFRANCHI

Le deuxième numéro de ce journal, daté du 3 avril, et publié le 2 avril au matin, pose très-nettement l'attitude que la Commune entend prendre vis-à-vis du gouvernement régulier.

L'ODEUR DE LA POUDRE

La bataille est imminente.

Paris et Versailles sont transformés en deux vastes camps retranchés.

Honteusement chassés par le peuple au 18 mars, MM. Thiers, Picard et Vinoy essayent de prendre leur revanche.

Dans quelques jours, demain peut-être, de ce sombre drame, la *guerre civile*, nous allons voir le dénoûment !

Ainsi ce sera l'éternelle et lamentable histoire ! Toutes les fois que le peuple voudra revendiquer ses droits méconnus, c'est les armes à la main qu'il devra le faire !

Et l'on pouvait encore parler à Versailles de transaction !

Sans la révolution du 18 mars, sans cette journée, provoquée par l'agent Vinoy et si glorieusement achevée par la proclamation de la Commune, aurions-nous, je le demande, et l'abolition de la conscription, et les élections municipales et la nomination de tous les degrés des officiers de la garde nationale de la Seine ?

Aurions-nous toutes ces libertés, dont M. Thiers était le détenteur de par une assemblée rurale, et qu'il avait l'insolente prétention de nous refuser ?

Hélas ! tout le démontre, c'est toujours le canon qui est la raison suprême.

Alors même que Versailles viendrait à nous, le chapeau bas, l'air piteux, toute entente serait impossible.

Nous avons vu ces hommes à l'œuvre.

Leur parole, quand ils l'engageraient, serait une piètre garantie.

On ne transige pas avec les Thiers, les Trochu et les Jules Favre, avec les traîtres, les menteurs et les faussaires.

Pas plus qu'on ne transige avec le coupe-jarret qui vous attaque sur la grande route.

La Commune de Paris est menacée.

La Commune de Paris est en droit de légitime défense.

L'existence de la République est mise en jeu.

Les gendarmes de Galiffet sont en embuscade à Saint-Cloud, les sergents de ville rôdent à cent mètres des remparts de la grande Cité républicaine.

La bataille va se livrer.

Paris, dit Thiers, vaut bien un massacre.

Henri IV disait : une messe !

Le Bourbon hésitait encore ; Thiers le *républicain*, lui, n'hésite pas.

Eh bien ! soit.

Que le sang versé retombe sur la tête des provocateurs ! Nous relevons le gant ; nous acceptons la lutte.

Tant pis pour qui restera neutre.

La situation est désormais tranchée.

Si la nation, qui est républicaine, prête main-forte au gouvernement déchu pour cette œuvre infernale et maudite, si Paris succombe, la République est assassinée, la France perdue.

Les d'Orléans sont là, Bonaparte prête l'oreille.

Ceux qui marchent sur Paris savent dès à présent quelle cause ils servent.

Ils peuvent porter au bras le brassard bleu !

PASCHAL GROUSSET,

LES FAITS DIVERS

Nous continuons à emprunter les faits divers aux journaux écarlates en indiquant la source à laquelle ils sont puisés.

On lit dans l'*Affranchi* :

La discorde est au camp d'Agramant.

Hier matin, les gendarmes de Versailles se sont expliqués à coups de chassepot avec le corps impérial des sergents de ville, incorporé dans leur brigade.

Ces braves soldats n'admettent pas qu'on déshonore leur uniforme en le faisant porter aux mouchards de « la centrale. »

Ce n'est pas nous qui leur donnerons tort.

La réaction a prétendu hier que le Mont-Valérien avait été occupé par les troupes rurales.

Le fait est matériellement faux. Les ruraux ne se sont pas présentés, et, s'ils s'étaient présentés, ils auraient été bien reçus.

La Commune a décidé que l'allocation de 5 francs par semaine aux femmes et ascendants des mobiles prisonniers sera continuée jusqu'à nouvel ordre.

On lit dans le *Cri du Peuple* :

Le fameux 106ᵉ bataillon, qui s'est si tristement signalé au 31 octobre, est composé de deux sections bien distinctes.

L'élément républicain a cassé de son grade le commandant Ibos, et l'a remplacé par le citoyen Carpentier. Le cadre d'officiers a été aussi complétement modifié.

Les officiers nouvellement élus nous envoient une protestation fort digne contre les agissements de leur ancien chef, et repoussent toute solidarité avec l'élément réactionnaire qui avait compromis l'honneur du bataillon.

Le 148ᵉ bataillon va se livrer à une besogne pareille.

Il est convoqué aujourd'hui rue du Quatre-Septembre pour révoquer ses anciens chefs et procéder à de nouvelles élections communalistes.

La Préfecture de police a fait saisir dans deux mairies de Paris près de 400 pièces de vin, qui ont été déposées dans les magasins de l'État.

On se demande avec inquiétude ce que les municipalités élues prétendaient faire de ces provisions pantagruéliques.

La *Sociale*, nouveau journal du soir, demande à la Commune de proclamer l'abolition de l'hérédité.

Nous ne pouvons qu'applaudir à ce projet de décret.

On a arrêté ce matin, à la gare de l'Ouest, un train composé presque en entier d'employés de la poste, ces citoyens ont été invités très-poliment à rester à Paris et à reprendre leurs travaux à l'Hôtel des Postes.

La Commune a adopté les familles des ouvriers victimes du 22 janvier et du 18 mars.

On lit dans le *Rappel* :

L'armement de la place de l'Hôtel-de-Ville, qui se composait d'une cinquantaine de canons de 7, a été renforcé hier de deux batteries de mitrailleuses. Ces mitrailleuses proviennent de la caserne de la garde républicaine située rue de la Banque, et sont toutes privées de leurs culasses. Quelques-unes sont munies d'un écran en tôle destiné à protéger les servants.

C'est le 148ᵉ bataillon (deuxième arrondissement), rallié au Comité central, qui a conduit à l'Hôtel de ville les douze mitrailleuses qui étaient dans la caserne de la rue de la Banque.

Presque toutes les barricades sont à moitié démolies et dégarnies de factionnaires. Celles qui sont encore gardées et en état de défense sont celles de la place Clichy, de la place Rochechouart, de la rue de Belleville, de la rue de Rivoli, de l'avenue d'Orléans et de la place Vendôme.

Puteaux, Courbevoie et le pont de Neuilly sont occupés par des bataillons parisiens. Le drapeau rouge flotte sur la mairie de Puteaux.

Ces bataillons sont là pour surveiller la route de Versailles. A leur approche, les troupes versaillaises se sont prudemment retirées.

A force de zèle et d'activité, on a pu reconstituer le service postal dans l'intérieur de Paris. Hier les distributions ont été faites par les facteurs comme à l'ordinaire. On a dû, pour rétablir ce service, faire ouvrir les bureaux divisionnaires par des commissaires de police assistés de la force armée, afin que la formalité eût lieu dans les conditions légales.

Quant au service extérieur, il dépend évidemment du bon vouloir du seul M. Thiers qu'il puisse être repris. C'est à cet ami de l'ordre et de la propriété que les commerçants et les industriels doivent faire remonter la responsabilité du petit coup d'État de la confiscation des postes, si préjudiciable à leurs relations et à leurs intérêts.

Les faits suivants sont coupés dans la *Cloche*, journal peu sympathique pour la Commune :

Il paraît que le citoyen Assi et cinq autres membres de la Commune devaient être arrêtés hier matin, par ordre du Comité central.

On le voit, les froissements entre ces deux pouvoirs ne sont pas près de disparaître.

M. Denières, régent de la Banque de France, a été arrêté.

Pourquoi ?

Hier, des gardes nationaux se sont emparés des caisses du chemin de fer de Lyon ; ce sont eux qui distribuent les billets et empochent l'argent.

La ligne de Lyon a dû cesser son service. Ce matin, il n'y avait plus un seul wagon dans la gare.

Depuis le 20 mars, la Banque de France ne fait plus présenter d'effets ; les recettes sont suspendues.

Un train, qui venait de Versailles, a été salué, à la hauteur de Bellevue, par une vive fusillade, partie des rangs des fédérés.

Dans l'Hôtel des Postes, sous un hangar, sont entassés les journaux qui n'ont pas été expédiés depuis plusieurs jours.

SOUS LES MURS DE PARIS
Du 2 au 7 avril

Avant de reprendre le récit, journée par journée, des événements en cours d'accomplissement, reproduisons ici le rapport inséré dans la *Gazette de France* (édition de Versailles) des opérations militaires effectuées sur le théâtre de la lutte, du 2 avril au 7 du même mois.

Ce rapport, visiblement rédigé d'après des renseignements authentiques, donne une idée très-exacte des faits tels qu'ils se sont passés, quoiqu'il diffère essentiellement des narrations fantaisistes et des épopées héroïques publiées par les journaux de Paris de toutes couleurs, sans en excepter l'*Officiel* de la Commune, et manifestement composées, les unes pour amuser le lecteur, les autres pour tromper le public sur la véritable situation des choses.

Nous reproduirons, en leur lieu et place, les plus curieux de ces documents apocryphes, à titre de simples curiosités historiques.

L'invasion de Versailles fut décidée par le Comité central et ceux des hommes de la Commune qui en suivaient l'inspiration.

Il est à regretter que l'état-major de l'armée de Versailles n'ait pas de son côté montré plus de prévoyance pour prévenir les tentatives belliqueuses de la Commune ; mais on paraissait persuadé que le gouvernement de Paris resterait strictement sur la défensive et ne risquerait jamais ses troupes en dehors du mur d'enceinte.

On commença à être détrompé quand on apprit, dans la soirée du samedi 1er avril, que les gardes nationaux se concentraient au pont de Neuilly, à Puteaux et à Courbevoie.

Dans la matinée du dimanche, les troupes se mirent en marche sous la direction du général Vinoy et partagées en deux colonnes : l'une marchant par Rueil et Nanterre, l'autre par Vaucresson et Montretout ; la jonction eut lieu au rond-point des Bergères.

Les soldats se trouvaient, sur les neuf heures, en présence des insurgés qui occupaient la caserne de Courbevoie et le rond-point où s'élevait naguère la statue de Napoléon Ier. Les gardes nationaux étaient persuadés que l'armée refuserait de marcher et ferait cause commune avec l'insurrection. On pouvait craindre l'hésitation des troupes : avant d'engager l'action, le chirurgien en chef de l'armée, le docteur Pasquier, fut envoyé en parlementaire ; mais les gardes nationaux ne le laissèrent pas approcher ; un feu de peloton l'étendit mort au moment où il s'avançait et tua plusieurs hommes dans ses rangs.

Ce lâche assassinat exaspéra les soldats, et le combat s'engagea aussitôt. Il était environ dix heures.

La caserne qui était occupée par le 93e bataillon de la garde nationale, a été attaquée et reprise par les fusiliers de la marine. Le 119e et le 135e bataillons, qui se trouvaient en arrière, ont essayé vainement de défendre le pont de Neuilly contre le 113e de ligne, qui a enlevé la barricade avec un admirable entrain et mis les gardes nationaux en déroute. Le Mont-Valérien contribuait pour sa part à l'attaque en lançant des obus dont quelques-uns sont allés tomber jusque dans l'avenue de la Grande-Armée.

L'alarme était au comble dans Paris ; le bruit s'accréditait que 60,000 hommes marchaient sous les ordres de Vinoy ; le rappel était battu dans les quartiers populeux, les bataillons les plus ardents se portaient au secours de la garde nationale, et prenaient position aux Ternes, dans l'avenue de la Grande-Armée et sur les remparts, où l'on installait à la hâte quelques pièces de canon.

Mais la lutte était terminée pour ce jour-là.

Le général Vinoy crut devoir borner ses opérations au fait d'armes qu'il venait d'exécuter et qui prouvait d'une manière incontestable aux insurgés la solidité des troupes. On ne songea pas même à conserver les positions qui venaient d'être enlevées ; à quatre heures, les bataillons qui avaient pris part à l'action évacuaient Neuilly, Courbevoie et reprenaient la route de leurs cantonnements. On ne pouvait mieux servir les projets des hommes d'action de la Commune.

Une grande attaque sur Versailles était résolue pour le lundi 3 avril. Dans la soirée et pendant la nuit, le rappel fut battu dans tous les quartiers et les gardes nationaux se massèrent en trois corps :

l'un à Montrouge, l'autre à Issy et à Vaugirard, le troisième s'étendant d'Auteuil jusqu'aux Ternes. Il est difficile d'évaluer l'effectif de cette armée; suivant le *Mot d'ordre*, elle s'élevait à environ 120,000 hommes, appuyés par près de 200 canons ou mitrailleuses.

Il y a là une ridicule exagération; tout porte à croire au contraire que les forces mises en ligne par la Commune dans la journée de lundi ne dépassaient pas, si même elles l'atteignaient, le chiffre de 40 à 50,000 hommes. Quant à la valeur de ces troupes, elle était fort inégale.

En revanche, le plan de campagne adopté par les généraux de la Commune était bien conçu et aurait été sans doute couronné de succès s'il eût été exécuté par une armée plus sérieuse. Ce plan, qu'on attribue soit au citoyen Cluseret, soit au général américain Shéridan, consistait à marcher sur Versailles en trois grandes colonnes : l'une par Nanterre, Rueil, Bougival et la Celle-Saint-Cloud; la deuxième par Issy, Bellevue, Meudon, Chaville et Viroflay; la troisième par Bagneux, Sceaux et Vélisy.

Tout semblait conspirer pour la réussite de ce plan. Le général Vinoy, convaincu sans doute que la Commune était atterrée de son échec de la veille et ne supposant nullement que les insurgés oseraient jamais attaquer, n'avait pris aucune précaution en vue de cette éventualité; nous avons été surpris sur tous les points; un désastre était inévitable si nous avions eu affaire à une autre armée que celle de la Commune et si nous avions eu des soldats moins solides et moins calmes que ceux qui ont soutenu le premier choc de l'ennemi.

A cinq heures du matin, le Mont-Valérien signalait de fortes colonnes sortant de Paris; c'était l'aile droite de l'armée de la Commune, sous le commandement du « général » Bergeret. Une partie, sous les ordres de Flourens, s'avança par la route qui longe le Mont-Valérien; on avait fait croire aux gardes nationaux que le commandant du fort était gagné au mouvement et n'attendait qu'une démonstration de la Commune pour arborer le drapeau rouge et suivre le parti de l'insurrection.

Le reste se dirigeait de Courbevoie sur Nanterre pour gagner par Rueil, la Malmaison, la Jonchère et Bougival, la route qui conduit à Versailles.

Le Mont-Valérien, silencieux d'abord, laissa défiler une partie de la colonne Flourens, puis ouvrit un feu d'obus et de mitraille qui la coupa en deux. La tête de la colonne n'en continua pas moins sa route, et fit à Nanterre sa jonction avec l'extrême droite, que Bergeret, ainsi que nous venons de le dire, conduisait en personne.

Les signaux du Mont-Valérien avaient éveillé l'attention des troupes cantonnées aux environs, et un détachement de cavalerie prit en toute hâte la route de Courbevoie; mais à Nanterre il fut arrêté par le feu de la colonne insurrectionnelle, et dut se replier promptement. Les insurgés continuèrent leur marche, inquiétés par le canon du Mont-Valérien, dont le tir n'était d'ailleurs que très-peu efficace. Les bandes de la garde nationale occupèrent presque en même temps Chatou et Bougival, sur le clocher duquel le drapeau rouge flotta pendant deux heures.

Du secours avait été demandé à Saint-Germain, où ne se trouvaient que fort peu de troupes; vers neuf heures et demie, l'artillerie et la cavalerie, descendant à toute bride la route de Saint-Germain à Bougival, attaquèrent avec vigueur les insurgés; d'autres renforts arrivaient aussi de Versailles par Garches. L'action s'engagea avec vivacité, et les forces de la Commune durent évacuer successivement Bougival, la Jonchère, la Malmaison, Chatou, Rueil et Nanterre. En même temps, des soldats, accourus de Versailles, garnissaient, sur les hauteurs de la Celle-Saint-Cloud, les ouvrages construits par les Prussiens, et rendaient à ces positions l'aspect qu'elles devaient avoir au mois d'octobre et au mois de janvier, lors des sorties de l'armée parisienne. Flourens, surpris dans Chatou, y fut tué dans une auberge, où il s'était réfugié, par un officier de gendarmerie. Pendant que ces événements se passaient, la Commune publiait la dépêche suivante :

3 avril 11 h. 20.

Colonel Bourgoin à directeur général.

Bergeret et Flourens ont fait leur jonction; ils marchent sur Versailles. Succès certain.

Ces mensonges ne changeaient pas le cours des événements; les bataillons repoussés se repliaient sur Paris, accusant hautement de trahison le commandant du Mont-Valérien, qui avait tiré sur la garde nationale au lieu de l'appuyer.

Les insurgés n'étaient pas plus heureux au centre. Là, comme du côté de Courbevoie, le général Vinoy n'avait pris aucune précaution contre une attaque éventuelle. Sèvres était occupé par environ 800 gendarmes; au point du jour, une section de 25 hommes se dirigea sous la conduite d'un colonel pour faire une reconnaissance au Bas-Meudon; assaillis près des Moulineaux par le feu d'un bataillon embusqué dans les maisons, les gendarmes se déploient en tirailleurs, et grâce à une intrépidité qui décuple leur nombre, ils tiennent longtemps en respect les insurgés, dont l'effectif est cent fois plus considérable.

Cette lutte inégale ne pouvant se prolonger indéfiniment, ils se replièrent sur Sèvres. Le corps principal les recueille, prend position et fait face avec la plus calme intrépidité aux masses insurgées qui, appuyées par le canon du fort d'Issy, débouchent par le Bas-Meudon, le Val-Fleury, et occupent les maisons de Bellevue et de Meudon.

Les gendarmes, soutenus par les batteries postées près du château de Meudon, disputent pied à pied le terrain à l'ennemi, et le délogent maison par maison des villages de Meudon et de Bellevue.

Malheureusement notre artillerie, en dépit des instances des chefs, n'avait pas été suffisamment approvisionnée; chaque pièce n'avait que quatre-vingt-dix coups à tirer; les artilleurs devaient ménager leurs ressources avec un soin jaloux.

L'ennemi, de son côté, cherchait à établir des canons en batterie sur les hauteurs de Val-Fleury; mais ne pouvait y réussir.

Vers trois heures et demie, les renforts demandés à Versailles arrivaient sur le champ de bataille et forçaient l'ennemi à battre définitivement en retraite.

Sans l'héroïsme des gendarmes, les insurgés, dont la supériorité numérique était écrasante, auraient forcé le passage et se seraient avancés librement jusqu'aux portes de Versailles.

Pendant que la lutte se poursuivait à la droite et au centre, l'aile gauche de l'armée insurrectionnelle, sous les ordres du général Duval, ne trouvant aucun obstacle dans sa marche par Bagneux et Sceaux, tournait Meudon et marchait sur Versailles par le Petit-Bicêtre, Villacoublay, et arrivait dans la plaine de Villacoublay, à quatre kilomètres de Versailles. Là, elle rencontre la brigade du général Derogeat, à qui, soit par dérision, soit pour tout autre motif, fut envoyé un parlementaire chargé de demander le libre accès vers Versailles, les gardes nationaux n'ayant d'autre but que « de parler aux députés. »

Le général renvoya le parlementaire et repoussa les insurgés jusqu'à Villacoublay, où ils commencèrent à résister sérieusement. Alors arriva sur le champ de bataille l'amiral Pothuau, qui entraîna le bataillon de marine placé à l'avant-garde, et enleva Villacoublay. Les insurgés, refoulés à coups de canon sur le Petit-Bicêtre et sur Châtillon, auraient été mis en déroute complète si la cavalerie était arrivée à temps sur le champ de bataille. La nuit mit fin au combat et l'on remit au lendemain l'attaque de la redoute de Châtillon, dans laquelle l'ennemi s'était renfermé. Le général Estancelin et le colonel Roger du Nord, qui restèrent aux côtés de l'amiral Pothuau pendant toute la durée de l'action, représentaient aux yeux de l'armée la garde nationale qui s'est mise à la disposition de l'Assemblée.

Le succès de l'amiral Pothuau et du général Derogeat à Villacoublay complétait la journée; la sortie avait été repoussée sur tous les points; l'armée de la Commune était définitivement battue.

Le mardi matin vers neuf heures et demie, une fusée lancée de Meudon donna le signal qu'attendaient les troupes du général Derogeat et les renforts amenés par le général Pellé pour l'attaque de la redoute de Châtillon; cette attaque, vigoureusement conduite, aboutit à la prise de la redoute; vers onze heures un quart, l'ennemi s'enfuyait sur Paris; mais un mouvement tournant, habilement exécuté, fit prendre 1,200 prisonniers, parmi lesquels se trouvait le général Duval, qui fut aussitôt fusillé avec deux de ses officiers d'ordonnance.

A peine la redoute de Châtillon fut-elle en notre pouvoir, que les forts de Vanves, Issy et Montrouge ouvrirent un feu des plus vifs sur la redoute; le général Pellé fut blessé et l'aide de camp du général Derogeat coupé en deux par des éclats d'obus. Nos batteries répondirent énergiquement au feu de l'ennemi.

Pendant cette canonnade, une colonne de nos troupes descendait à travers les bois, entrait dans le village de Clamart, puis à Châtillon, d'où elle expulsait les insurgés après une violente mousqueterie.

Les batteries de canons et de mitrailleuses établies dans la redoute de Châtillon tiraient sur les fuyards, qui s'efforçaient de regagner les forts de Vanves et de Montrouge. A la fin de la journée, nous étions maîtres incontestés du plateau de Châtillon et des villages environnants.

La journée de mercredi n'a été signalée que par un échange assez régulier de coups de canon entre la redoute de Châtillon et les forts qui lui font face.

Le jeudi 6 avril, les troupes de la Commune ont tenté une nouvelle sortie par le pont de Neuilly, dont le général Vinoy, ainsi que nous l'avons dit plus haut, avait négligé de s'assurer la possession. La journée a été consacrée à les repousser du carrefour des Bergères et du rond-point de la statue et à nous remettre en possession de la rive droite.

Vendredi 7, une nouvelle et sérieuse attaque a été dirigée contre les barricades du pont de Neuilly, par le général Montaudon, ayant sous ses ordres les généraux Besson et Péchaud. Après une canonnade sans résultat dans la matinée, nos batteries ouvrirent à trois heures un feu régulier contre la barricade qui s'élevait à la tête du pont du côté de Neuilly. Au bout d'un quart d'heure, l'assaut fut donné et la barricade emportée avec un entrain irrésistible; il en a été de même, après une nouvelle canonnade, d'une seconde barricade construite à trois cents mètres en arrière de la première, en travers de l'avenue de Neuilly. Malheureusement, ce succès nous a coûté les deux généraux Besson et Péchaud et un certain nombre d'officiers.

La situation militaire devant Paris, telle qu'elle résulte de six jours de combats, peut se résumer en peu de mots : nous sommes maîtres de la redoute de Châtillon, sur laquelle les forts de Montrouge, de Vanves et d'Issy font vainement pleuvoir les obus; nous possédons le pont de Neuilly et nous sommes établis à quinze cents mètres environ de la porte Maillot et du mur d'enceinte. Il nous faut, pour arriver au pied du mur, éteindre le feu des pièces installées sur les remparts, enlever de nouvelles barricades et prendre les maisons de l'avenue qui sont occupées et défendues par les insurgés.

Après cet exposé succinct des opérations militaires et de leurs résultats, nous reprenons, dans l'ordre quotidien, le cours de l'histoire de Paris sous le gouvernement de la Commune.

JOURNÉE DU 3 AVRIL. — Les fédérés repoussés par le feu du Mont-Valérien dans les plaines de Nanterre.

La journée du Lundi 3 avril

JOURNAL OFFICIEL.

PARTIE OFFICIELLE.

Paris, 2 avril 1871.

A LA GARDE NATIONALE DE PARIS.

Les conspirateurs royalistes ont *attaqué*.

Malgré la modération de notre attitude, ils ont *attaqué*.

Ne pouvant plus compter sur l'armée française, ils ont *attaqué* avec les zouaves pontificaux et la police impériale.

Non contents de couper les correspondances avec la province et de faire de vains efforts pour nous réduire par la famine, ces furieux ont voulu imiter jusqu'au bout les Prussiens et bombarder la capitale.

Ce matin, les chouans de Charette, les vendéens de Cathelineau, les bretons de Trochu, flanqués des gendarmes de Valentin, ont couvert de mitraille et d'obus le village inoffensif de Neuilly et engagé la guerre civile avec nos gardes nationaux.

Il y a eu des morts et des blessés.

Élus par la population de Paris, notre devoir est de défendre la grande cité contre ces coupables agresseurs. Avec votre aide, nous la défendrons.

Paris, le 2 avril 1871.

La Commission exécutive :

BERGERET, EUDES, DUVAL, LEFRANÇAIS, FÉLIX PYAT, G. TRIDON, E. VAILLANT.

DÉPÊCHES TÉLÉGRAPHIQUES.

Paris, le 2 avril 1871, 5 h. 30 m. soir.

Place à commission exécutive.

Bergeret est à Neuilly. D'après rapport, le feu de l'ennemi a cessé. Esprit des troupes excellent. Soldats de ligne arrivent tous et déclarent que, sauf les officiers supérieurs, personne ne veut se battre. Colonel de gendarmerie qui attaquait, tué.

Le colonel chef d'état-major,

HENRI.

Une pension de jeunes filles, qui sortait de l'église de Neuilly, a été littéralement hachée par la mitraille des soldats de MM. Favre et Thiers.

La Commune de Paris,

Considérant que les hommes du gouvernement de Versailles ont ordonné et commencé la guerre civile, attaqué Paris, tué et blessé des gardes nationaux, des soldats de la ligne, des femmes et des enfants ;

Considérant que ce crime a été commis avec préméditation et guet-apens contre tout droit et sans provocation,

DÉCRÈTE :

Art. 1er. MM. Thiers, Favre, Picard, Dufaure, Simon et Pothuau sont mis en accusation.

Art. 2. Leurs biens seront saisis et mis sous séquestre, jusqu'à ce qu'ils aient comparu devant la justice du peuple.

Les délégués de la justice et de la sûreté générale sont chargés de l'exécution du présent décret.

La Commune de Paris.

La Commune de Paris adopte les familles des citoyens qui ont succombé ou succomberont en repoussant l'agression criminelle des royalistes conjurés contre Paris et la République française.

La Commune de Paris,

Considérant que le premier des principes de la République française est la liberté ;

Considérant que la liberté de conscience est la première des libertés ;

Considérant que le budget des cultes est contraire au principe, puisqu'il impose les citoyens contre leur propre foi ;

Considérant, en fait, que le clergé a été le complice des crimes de la monarchie contre la liberté.

DÉCRÈTE :

Art. 1er. L'Église est séparée de l'État.

Art. 2. Le budget des cultes est supprimé.

Art. 3. Les biens dits de mainmorte, appartenant aux congrégations religieuses, meubles ou immeubles, sont déclarés propriétés nationales.

Art. 4. Une enquête sera faite immédiatement sur ces biens, pour en constater la nature et les mettre à la disposition de la nation.

La Commune de Paris.

La Commune de Paris,

Considérant que diverses administrations publiques et particulières de Paris ont formé leurs employés de tout ordre en compagnies spéciales de garde nationale; que ces compagnies ont échappé jusqu'ici à tout service régulier ;

Qu'il y a là un abus redoutable pour la sécurité générale et une atteinte au principe d'égalité.

ARRÊTE :

Art. 1er. Ces compagnies spéciales seront immédiatement versées dans les bataillons de la garde nationale.

Art. 2. Elles procéderont immédiatement à la réélection de leurs officiers.

La Commune de Paris.

La Commission des subsistances

ARRÊTE :

Le citoyen Parisel, membre de la Commune, est délégué au ministère du commerce.

DEREURE, HENRI FORTUNÉ, CHAMPY, OSTYN, E. CLÉMENT.

Dans sa séance du 1er avril, la Commune de Paris a décidé que le maximum de traitement affecté aux divers services *communaux* serait de 6,000 fr. par an.

Par services communaux, il faut entendre tous les services publics, civils et militaires.

Le citoyen Cluseret est nommé délégué à la guerre, conjointement avec le citoyen Eudes.
Il entrera de suite en fonctions.

Hôtel de ville, 2 avril 1871.

Le délégué à la commission,

G. LEFRANÇAIS

(Ici l'arrêté en date du 31 mars, concernant l'interdiction de la vente du tabac et des cigares sur la voie publique, mentionnée sur l'affiche reproduite à la page 225.)

TRANSPORT DES JOURNAUX.

La commission des finances,

Vu les entraves apportées au service de la poste par le gouvernement de Versailles, dans le but de faciliter la circulation des journaux,

ARRÊTE :

Article unique. Jusqu'à nouvel ordre, le transport des journaux est autorisé par toutes les voies possibles.

Les membres de la Commune, délégués aux finances,

VICTOR CLÉMENT, CH. BESLAY, E. VARLIN, RÉGÈRE, FR. JOURDE.

DIRECTION DE L'ENREGISTREMENT ET DU TIMBRE.

AVIS.

Un certain nombre d'inspecteurs, vérificateurs, receveurs et autres employés de l'administration, refusent leurs services au public, par ordre du ministre des finances de Versailles.

Il est fait appel, pour remplacer les absents, démissionnaires de droit, ou révoqués dans les différents bureaux, aux citoyens aptes à remplir les fonctions laissées vacantes.

Les aspirants aux emplois proposés devront se présenter rue de la Banque, 13, à la direction, *bureau du personnel*, à partir de midi, 4 courant, 9 heures du matin, munis des pièces et références pouvant justifier de leurs aptitudes et de leur honorabilité.

Paris, le 2 avril 1871.

Le directeur,

J. OLIVIER.

DIRECTION DES DOMAINES ET ATELIER GÉNÉRAL DU TIMBRE.

Le personnel attaché à l'administration des domaines et les ouvriers employés dans les ateliers du timbre sont invités à se rendre à leur poste et à reprendre leurs services respectifs.

Les mesures les plus sévères, s'il est nécessaire, seront prises contre ceux dont l'absence non justifiée aurait entravé ce service public.

Le directeur,

D. MASSARD.

Le directeur général des lignes télégraphiques invite les jeunes gens sans emploi à la fréquentation d'une école de télégraphie qui vient d'être ouverte à l'administration centrale.

Il fait appel à tous les bons citoyens pour l'aider à reconstituer le personnel des différents bureaux de Paris, si traîtreusement désorganisés par le gouvernement de Versailles.

Le stage nécessaire pour les hommes intelligents n'excédera pas vingt jours, et des appointements convenables leur seront immédiatement offerts.

Un examen préalable permettra à l'administration de se fixer sur la capacité des postulants.

L'héroïque population de Paris ne sera pas longtemps victime de la désorganisation de tous les services, motivée par d'odieuses passions politiques.

Paris, le 3 avril 1871.

Le directeur général des lignes télégraphiques.

A. PAUVERT.

Le service de la presse est rétabli à la délégation de l'intérieur (place Beauveau).

Les directeurs et gérants des journaux sont invités à vouloir bien y envoyer régulièrement les numéros de dépôt.

La commission exécutive délègue pour administrer la mairie du premier arrondissement, jusqu'à ce qu'une municipalité d'arrondissement soit constituée, une commission municipale provisoire composée des citoyens :

Docteur Pillot, Napias-Piquet, Toussaint, Winant, Tanguy, Jolly et Sallée.

Les délégués à la commission exécutive :

G. LEFRANÇAIS, ED. VAILLANT.

Les délégués, à leur arrivée à la mairie, ont pu constater un désordre apparent et l'absence des livres, journaux, caisse, tapis, etc., etc. Tout est enlevé, absolument comme si les Prussiens y étaient passés.

On nous apprend que plusieurs voitures chargées de toutes sortes d'objets ont enlevé, une des nuits précédentes, les objets disparus, et nous nous retirons ce soir pour procéder demain à l'inventaire.

Voilà les procédés de MM. *les amis de l'ordre et de la propriété*. Qu'auraient fait de plus les Vandales ? Se faire nommer à la municipalité, abandonner son poste, et dévaster ainsi la propriété publique !

Nous faisons appel aux employés de la mairie du premier arrondissement pour venir reprendre leur service immédiatement.

Paris, ce 2 avril 1871, 10 h. 45 m. du soir.

Les délégués :

NAPIAS-PIQUET, SALLÉE, A. TANGUY, TOUSSAINT, F. WINANT.

AUX CONTRIBUABLES.

Le gouvernement de Versailles, après avoir trahi la République, a désorganisé tous les services administratifs.

Il comptait sans notre volonté de suppléer à tout pour sauver tout.

Aujourd'hui, les administrations remarchent ; quinze cents républicains actifs, expérimentés, font le travail de dix mille personnes, véritable population de parasites.

Citoyens, vous êtes juges. Pour mener à bien notre mission, nous faisons appel à votre équité et à votre patriotisme. Le droit et la République, aujourd'hui, c'est vous, citoyens de Paris. Jusqu'à ce qu'une loi prochaine fixe de la manière la plus équitable la participation de tous aux charges de la République, nous comptons sur vous pour opérer le versement de vos contributions dans la caisse des percepteurs de la Commune.

Les délégués à la direction générale des contributions directes,

A. COMBAULT, E. FAILLET.

Plusieurs journaux réclament encore aujourd'hui une rectification de chiffres au scrutin du 26 mars, rectification qui a été faite le jour même de la publication du scrutin, dans le *Journal officiel* du soir.

L'erreur venait simplement de ce que le copiste avait répété pour le vingtième arrondissement les chiffres des électeurs inscrits et des votants du dix-neuvième.

Voici le résultat rectifié pour ces deux arrondissements :

Dix-neuvième arrondissement (Buttes-Chaumont.)

Inscrits. 28,270
Votants 11,282

Vingtième arrondissement (Ménilmontant.)

Inscrits. 21,960
Votants. 16,792

PARTIE NON OFFICIELLE

L'heure n'est plus aux déclarations de principes. Depuis hier, la lutte est engagée. Cette fois encore la guerre civile a été déchaînée par ceux qui, pendant deux semaines, ont donné un accent sinistre, une portée sanglante à ces grands mots : l'ordre, la loi.

Eh bien, même à cette heure terrible, la Révolution du 18 mars, sûre de son idée et de sa force, n'abandonnera pas son programme. Si loin que puissent l'entraîner les nécessités de la guerre, si nouvelle que soit la situation où elle se trouve placée, la Commune n'oubliera pas qu'elle n'a pas été élue pour gouverner la France, mais bien pour l'affranchir, en faisant appel à son initiative, en lui donnant l'exemple.

Mais si la Commune de Paris entend respecter le droit de la France, elle n'entend pas ménager plus longtemps ceux qui, ne représentant même plus le despotisme des majorités, ayant épuisé leur mandat, viennent aujourd'hui attenter à son existence.

Des esprits impartiaux et neutres l'ont reconnu, Paris était hier, il est aujourd'hui surtout à l'état de belligérant. Tant que la guerre n'aura pas cessé par la défaite ou la soumission d'une des deux parties en présence, il n'y aura pas à délimiter les droits respectifs. Tout ce que Paris fera contre l'agresseur sera légitimé par ce fait qui constitue un droit, à savoir : défendre son existence.

Et qui donc a provoqué ? Qui donc, depuis deux semaines, a le plus souvent prononcé les paroles de violence et de haine ? N'est-ce pas ce pouvoir tout gonflé d'orgueil et de raison d'État qui, voulant d'abord nous désarmer pour nous asservir, et s'insurgeant contre nos droits primordiaux, même après sa défaite, nous traitait encore d'insurgés ? D'où sont venues, au contraire, les pensées de pacification, d'attributions définies, de contrat débattu, sinon de Paris vainqueur ?

Aujourd'hui l'ennemi de la cité, de ses volontés manifestées par deux cent mille suffrages, de ses droits reconnus même des dissidents, lui envoie non des propositions de paix, pas même un ultimatum, mais l'argument de ses canons ; même dans le combat, il nous traite encore en insurgés pour lesquels il n'y a pas de droit des gens ; ses gendarmes lèvent la crosse en l'air en signe d'alliance, et lorsque nous avançons pour fraterniser, ils nous fusillent à bout portant ; ses obus éclatent au milieu de nous et tuent nos jeunes filles !

Voilà donc enfin cette répression annoncée, promise à la réaction royaliste, préparée dans l'ombre comme un forfait par ceux-là mêmes qui, pendant de si longs mois, bernèrent notre patriotisme sans user notre courage.

À cette provocation, à cette sauvagerie, la Commune a répondu par un acte de froide justice. Ne pouvant encore atteindre les principaux coupables dans leurs personnes, elle les frappe dans leurs biens. Cette mesure de stricte justice sera ratifiée par la conscience de la cité, cette fois unanime.

Mais si les plus coupables, les plus responsables sont ceux qui dirigent, il y a des coupables aussi, des responsables parmi ceux qui exécutent. Il y a surtout ce parti du passé qui, pendant la guerre, mettait sa valeur au service de ses priviléges et de ses traditions, bien plus qu'au service de la France, qui en combattant ne pouvait défendre notre patrie, puisque depuis 89 notre patrie, ce n'est pas seulement la vieille terre natale, mais aussi les conquêtes politiques, civiles et morales de la Révolution.

Ces hommes, loyaux, peut-être, mais fanatiques à coup sûr, se sont réunis sans honte aux bandes policières. Ils sont atteints dans leur parti d'après cette loi fatale de solidarité à laquelle nul n'échappe. La mesure qui les frappe n'est d'ailleurs que le retour aux principes mêmes de la Révolution française, en dehors de laquelle ils se sont toujours placés. C'est une rupture que devait amener tôt ou tard la logique de l'idée.

Leur alliance avec le pouvoir bâtard qui nous combat n'est, en effet, au point de vue de leur croyance et de leurs intérêts, que le devoir et la nécessité même. Rebelles à une conception de la justice qui dépasse leur foi, c'est à la Révolution, à ses principes, à ses conséquences qu'ils font la guerre. Ils veulent écraser Paris, parce qu'ils pensent du même coup écraser la pensée, la science libre ; parce qu'ils espèrent substituer au travail joyeux et consenti la dure corvée subie par l'ouvrier résigné, par l'industriel docile, pour entretenir dans sa fainéantise et dans sa gloire leur petit monde de supérieurs.

Ces ennemis de la Commune veulent nous arracher non-seulement la République, mais aussi nos droits d'hommes et de citoyens. Si leur cause antihumaine venait à triompher, ce ne serait pas seulement la défaite du 18 mars, mais aussi du 24 février, du 22 juillet, du 10 août.

Donc il faut que Paris triomphe ; jamais il n'a mieux représenté qu'aujourd'hui les idées, les intérêts, les droits pour lesquels ses pères ont lutté et qu'ils avaient conquis.

C'est ce sentiment de l'importance de son droit, de la grandeur de son devoir qui rendra Paris plus que jamais unanime. Qui donc oserait, devant ses concitoyens tués ou blessés, à deux pas de ces jeunes filles mitraillées, qui donc oserait, dans la cité libre, parler le langage d'un esclave ? Dans la cité guerrière, qui donc oserait agir en espion ?

Non ! toute dissidence aujourd'hui s'effacera, parce que tous se sentent solidaires, parce que jamais il n'y a eu moins de haine, moins d'antagonisme social ; parce qu'enfin de notre union dépend notre victoire.

LES ROUGES ET LES PALES (1)

On a toujours trompé le peuple ; le tromper pour en vivre, c'est l'affaire des gens qui se font du lard à ses dépens et qui se pâment de bien-être pendant qu'il gèle dans les rues où leurs victimes battent la semelle sur les pavés, pendant qu'il fait faim dans les taudis où grouillent des enfants qui se blottissent comme de petits lapins pour avoir moins froid.

Pour épouvanter ces pauvres diables et leur arracher leur sous, — et comme ils sont beaucoup sur terre ça finit par faire des pièces blanches pour nos exploiteurs, — on leur dit que les hommes de 89, de 93 et de 48, étaient des rouges, c'est-à-dire des coupeurs de têtes, des buveurs de sang, des mangeurs de chair fraîche.

Le pauvre peuple, rivé au collier de misère, a vu de grands drames et, comme il est sur terre pour travailler, souffrir, ruminer et entretenir un tas de gueux, il n'a même pu apprendre à épeler chez M. Butor, de sorte qu'il est obligé de croire ce qu'on lui dit, puisqu'il ne peut pas lire la vérité écrite par des hommes qui le défendent.

PAUVRES, SOYONS HOMMES !

Malgré que nous soyons poursuivis et traqués par des ambitieux qui ne sont pas plus forts que nous, — oh ! non ! ce serait humiliant de penser cela, ils sont plus lâches, voilà tout, — nous ne cesserons pas de vous dire la vérité et de l'écrire : donc que ceux qui savent lire réunissent leurs voisins chez eux et leur fassent la lecture. En même temps qu'ils se réchaufferont par l'union, ils s'instruiront par la pensée.

Sans grandes phrases, sans tourner vingt-quatre heures autour du sujet, je vais vous dire la différence qu'il y a entre les pâles et les rouges ; et quand vous aurez lu, nous verrons ceux que vous préférez.

Cependant, ça n'est pas sans chagrin que je me vois obligé de vous prouver une fois de plus qu'on vous trompera longtemps encore, si vous persistez dans votre ignorance, si vous subissez tout, soit par crainte ou par tolérance, si vous êtes humiliés de votre misère, et que vous croyez que vous n'êtes pas des hommes parce que vous êtes des pauvres !

ALLONS DONC, MISÉRABLES !

Allons donc, misérables ! vous êtes la grande famille de la terre ; vous êtes nombreux comme les épis de blé ! vous êtes larges, solides, bien plantés comme les chênes ; vous n'avez qu'à vous prendre par la main et à danser en rond autour de ce qui vous gêne pour l'étouffer. Faut-il donc vous aiguillonner, vous pousser par vos flancs creux, vous

(1) C'est à titre de curiosité plus ou moins littéraire que nous reproduisons cet article, inséré à l'*Officiel* du 3 avril, sous la rubrique Variétés, et signé d'un des principaux membres de la Commune.

exciter comme les bœufs à la charrue pour vous faire aller de l'avant et vous forcer à marcher vers l'avenir qui doit vous sauver?

Allons donc, misérables ! si vous avez trop de crasse sur vos camisoles de force, trop de clous à vos colliers ; si vous avez la poussière des siècles sur vos besaces, les toiles d'araignée de la misère sur vos sacs, secouez-vous ! Frémissez ! Faites trembler votre peau comme les chevaux quand on les cingle, et la crasse et la poussière et les toiles d'araignées iront, çà et là, s'étaler sur vos beaux habits, sur les chapeaux à plumes, sur les chamarrures, sur les manteaux d'hermine des gueux de la haute (sic) qui brillent comme des soleils en exploitant votre misère et votre inertie.

Vous le voyez bien, l'égalité ne tient qu'à un coup d'épaule !...

Maintenant voyons un peu les rouges et les pâles, deux espèces d'hommes qui ne boivent pas, ne mangent pas et ne pensent pas de même. Tout cela peut paraître monstrueux, mais vous allez voir que je dis vrai : d'abord vous n'avez pas le droit d'en douter.

LES ROUGES.

Des hommes de mœurs douces et paisibles, qui se mettent au service de l'humanité quand les affaires de ce monde sont embrouillées et qui s'en reviennent sans orgueil et sans ambition reprendre le marteau, la plume ou la charrue. Ils s'habillent comme vous : ils portent une limousine ou un manteau de gros drap quand il fait froid, une simple cotte et une vareuse quand il fait chaud ; ils habitent comme tout le monde, n'importe où ; ils vivent comme ils peuvent, et mangent parce qu'il faut vivre.

LES PALES.

Des hommes de mœurs frivoles et tapageuses, qui intriguent, cumulent les emplois et embrouillent les affaires de ce monde. Pétris d'orgueil et d'ambition, ils se drapent dans leur infamie et font la roue sur les coussins moelleux des voitures armoriées qui les transportent de la cour d'assises au bagne du tripot. Ils ne s'habillent point parce que les mœurs et la température l'exigent, ils se costument pour vous éblouir et vous faire croire qu'ils ne sont pas de chair et d'os comme vous ; leur vie est un éternel carnaval, ils ont des culottes courtes pour aller à tel bal, des pantalons à bandes dorées pour aller à tel autre ; il ont des habits vert pomme brodés sur toutes les coutures, des chapeaux à cornes ornés de plumes ; je vous demande un peu si tout cela n'est pas une vraie comédie, si ce n'est point une éternelle descente de la Courtille ?

Ils n'habitent point, ceux-là, ils demeurent dans des hôtels : tout y est d'or, de marbre, de velours, tout y est doré sur tranches, depuis les meubles jusqu'aux larbins (sic). Ils ont depuis des valets de pieds jusqu'à des donneurs de lavements.

Leurs chevaux sont mieux vêtus que nous, leurs chiens sont mieux nourris et mieux soignés que vos enfants. Il est cent mille pauvres en France qui seraient heureux de demeurer dans les écuries de leurs chevaux ou dans les niches de leurs chiens.

Les pâles ne mangent pas parce qu'il faut vivre, non ; ce sont des goinfres pour lesquels il existe des Chabot qu'on décore parce qu'ils ont trouvé l'art d'assaisonner une truffe ; des goinfres pour lesquels un Vatel se brûle la cervelle, quand sa sauce n'est pas dorée à point.

LES ROUGES.

Ceux-là ne veulent plus que vous payiez des impôts pour entretenir les autres ; ceux-là ne veulent plus qu'il y ait des casernes et des soldats, parce que n'étant pas les ennemis du peuple, ils ne le craignent pas ; ils savent, ceux-là, que le peuple se fait armée quand ses frontières sont menacées.

Ils veulent que vous ayez votre part d'air et de soleil ; que nous ayons tous également chaud et que nous ne mourions pas d'inanition à côté de ceux qui crèvent d'indigestion.

Ils veulent qu'il n'y ait plus de terres en friche, de pieds sans sabots, de huches sans pain, de pauvres sans lit, d'enfants sans nourrices, de foyers sans feu, de vieux sans vêtements.

Ils veulent que les lois soient les mêmes pour tous ; qu'on ne dise plus aux victimes qu'il faut être riche pour poursuivre les coupables.

Ils veulent la liberté, c'est-à-dire le droit de travailler, de penser, d'écrire, d'être homme, d'élever ses enfants, de les nourrir, de les instruire, d'en faire des citoyens.

Ils veulent le droit de vivre enfin !

Ils veulent l'égalité, c'est-à-dire qu'il n'est pas d'hommes au-dessus des autres ; que nous naissons tous et mourons de même ; que les titres sont des injures faites à la dignité de l'homme ; que deux enfants couchés dans le même berceau n'ont sur le front de marques distinctives. Ils veulent l'égalité dans l'instruction, l'égalité dont la nature a prouvé l'existence par la naissance et la mort des hommes.

Ils veulent la fraternité, les rouges ! la fraternité entre les peuples, sans esprit de nationalité, sans préjugés de religion, sans différence de ciel. Ils veulent que le fort secoure le faible ; que le vieillard conseille l'enfant, que le jeune homme protège le vieillard.

Ils ne veulent plus qu'il y ait des bureaux de bienfaisance et des huches de charité : le bureau de bienfaisance doit être l'humanité tout entière, la huche de charité doit être chez tous les citoyens.

Ils veulent la fraternité, parce que c'est le point de départ de la liberté et de l'égalité.

LES PALES.

Les pâles, au contraire, veulent que vous soyez surchargés d'impôts et que vous les payiez sans dire ouf ! Ils arrachent des bras à la terre, ils appauvrissent votre agriculture et vous prennent vos enfants parce qu'il faut des soldats pour faire exécuter leurs volontés et vous obliger à vous courber sous le joug. Et ce sont vos fils qu'ils chargent de cette infâme besogne! et ce sont vos fils qui deviennent vos bourreaux!

Ils veulent que la terre leur appartienne et que vous n'ayez sous le soleil qu'un petit recoin sombre et isolé, de quoi juste vous coucher, vous et les vôtres, en tas comme les chiens dans un chenil. Ils veulent que leur dorure brille seule et que vos haillons ne prennent pas plus l'air que votre poitrine, que votre front, que votre esprit!

Ils veulent être inviolables et pirouetter odieusement en face de la justice sans qu'elle ose leur poser le grappin dessus. Ils veulent vous mener comme des bêtes de somme, et vous bâtonner si vous ruez, et vous assommer si vous cherchez à mordre. La justice n'a une balance que pour vous, les pâles n'entendent pas qu'on les pèse!

Ils ne veulent pas la liberté, parce qu'il leur faut des serfs : parce que nos libertés ont un prix et qu'ils sont assez riches pour en acheter; parce qu'ils n'entendent pas que vos enfants s'instruisent avec les leurs sur les bancs d'un même collége; parce qu'ils veulent conserver le monopole des titres et des emplois, du droit de vivre et de vous étouffer.

Ils ne veulent pas de l'égalité, parce qu'ils rougiraient de vivre de votre vie, de porter vos hardes et de s'appeler simplement : Pierre Nature au lieu de Richard de la Pétaudière.

Ils veulent que leurs enfants, en venant au monde, aient l'air d'être une goutte de lait tombée des lèvres de la Vierge, tandis que les vôtres ne seraient qu'une boule de chair extirpée des entrailles d'une mauvaise femelle.

Ils ne veulent pas l'égalité, parce qu'il est question chez les pâles de petits pieds roses et de petites mains blanches; que les petits pieds ne sont point faits pour marcher, que les petites mains ne sont point faites pour travailler. Je m'étonne même que ces gens-là n'aient pas exigé que nous les encadrions dans des niches à Jésus et que nous allions les adorer trois ou quatre heures par jour, histoire de leur lécher les pieds, car ils ne souffriraient même pas que nous les embrassions; pour les femmes des pâles, nous ne sommes pas des hommes, aussi n'hésitent-elles pas à se mettre au bain devant celui qui les coiffe.

Ils ne veulent point de la fraternité, parce qu'ils se sont faits les apôtres de la guerre, du despotisme, de la discorde; parce que c'est dans nos troubles, dans nos calamités qu'ils ont ramassé leurs parchemins et qu'ils ont trouvé à se faire coudre de l'or sur leurs habits, à se fabriquer des couronnes, à se tailler des manteaux de pourpre et d'hermine, couleur du sang et de l'innocence de leurs victimes.

LES ROUGES.

Ceux-là ont fait 89 pour rendre aux hommes leurs droits et leur dignité; leur révolution fut sociale et humaine. Ils ont rasé la Bastille, où gueux et grands seigneurs avaient souffert; ils ont proclamé la République et tendu la main à tous les peuples; ils ont repoussé les barbares avec des enfants sans expérience, sans pain et sans souliers; avec de pauvres diables qu'on voulait parquer comme des bêtes et qui avaient justement des cœurs de héros.

Ils ont fait 1830 et 48... Il paraît qu'ils font ce qu'ils veulent quand ils s'y mettent! Les pâles, qui ne sont forts et arrogants qu'aux soirs d'émeutes, prennent vite la poudre d'escampette quand la colère des rouges s'affirme par une révolution.

LES PALES.

Ceux-là sont les héritiers des Attila, des Charlemagne, des Louis XIV ; ils cherchent à perpétuer les races des uns et les crimes des autres. Ils ont quatorze siècles de tyrannie dans les veines; des crimes, par-dessus la tête; des oubliettes, des cadavres, des remords sur la conscience. Nous avons un 89 sur le front; eux, ils n'ont que les croix de sang de leur Saint-Barthélemy.

Ils marchent sournoisement la dague au poing, la fourberie dans les yeux, le coup d'État sur les lèvres!

LES ROUGES.

On vous dira que j'écris du mal des gens qui ne sont pas nos semblables, Dieu merci! que j'excite à la haine et au mépris des citoyens les uns contre les autres, comme si les pâles étaient des citoyens!

On vous dira que j'offense ceux qui règnent, leurs amis, leurs complices et ceux qui se vautrent comme eux; que je fais l'apologie de la Révolution, et que je provoque à commettre un ou plusieurs crimes.

Je sais tout cela, on me l'a dit plusieurs fois déjà sur papier timbré, et ça m'a moins alarmé qu'un commandement de propriétaire.

Laissez-les faire et dire; laissez-les nous condamner..... Mes vrais juges, c'est vous.

Est-ce que je dis du mal des pâles? Non, je dis des vérités, voilà tout... Est-ce que j'excite les citoyens à se mépriser, puisque je prêche la fraternité entre les peuples?

Quant à la Révolution, oui, j'en fais l'apologie, parce que j'ai horreur des émeutes, des humiliations qui s'ensuivent, des persécutions dont les innocents sont victimes; parce qu'il est des situations d'où la Révolution peut seule nous sortir; mais le lendemain, je veux la paix avec la République, la paix universelle et le bonheur de tous!

Et comme les autres veulent le mal, voilà pourquoi nous sommes poursuivis et condamnés.

Voyons, n'est-ce pas que je ne mens pas! N'est-ce pas que les pâles sont une espèce odieuse et que les rouges seuls sont les vrais hommes?... Mais dites-le, vous, écrivez-le; que vos amis de la province, que vos parents de la campagne ne les confondent point, comme le voudraient le maire et le curé, les rois et le pape, avec ceux qui ont ensanglanté la terre, qui ont pillé les maisons, violé les filles, brûlé les blés !

Dites-leur que les pâles sont les dévorants de chair humaine et que les rouges sont les mangeurs de pain.

Dites-leur enfin que les pauvres, les travailleurs, les honnêtes gens sont des rouges, que vous en êtes, que la nature en est, que Lamennais et Proudhon en étaient, et que Dieu, s'il existait, serait avec nous !...

J.-B. CLÉMENT.

PHYSIONOMIE DE PARIS.

Voici, d'après la *France*, le résumé des impressions de la journée :

De quoi parlerait-on aujourd'hui dans Paris, si ce n'est de la navrante journée d'hier ?

La population est littéralement consternée. Une visible inquiétude, une émotion douloureuse se lisent sur tous les visages.

Dès hier, deux heures de l'après-midi, formation partout d'attroupements nombreux. Pas de cris ; des conversations à voix basse. Nous nous approchons et nous constatons avec étonnement qu'il n'est généralement question dans les groupes que d'événements rétrospectifs ou de thèses politiques sans liaison avec les épisodes du jour. Après y avoir réfléchi, nous nous expliquons cette singularité par l'incertitude où chacun se trouve des faits qui se sont passés. La curiosité a aggloméré tous ces passants ; mais le manque à peu près général de courage civil qui caractérise notre époque retient les interrogations et les appréciations sur les lèvres. Un sentiment honorable et patriotique domine du reste tous les cœurs : celui d'une douleur profonde à la vue de Français s'entretuant sous les regards des Prussiens.

Une grande animation n'a pas cessé de régner dans tous les quartiers pendant la soirée d'hier.

A dix heures, les boulevards Montmartre, des Italiens et de la Madeleine étaient encombrés de gardes nationaux.

La rue de la Paix était convertie en un vaste campement.

De temps en temps des patrouilles dispersaient les groupes, et l'on fortifiait sans relâche la place Vendôme, comme si l'on redoutait une attaque prochaine.

Montmartre continue aussi d'être bien gardé.

Les bataillons du Comité campent sur le boulevard Clichy. Ils couchent pour la plupart dans les baraquements élevés pendant le siége.

Ces gourbis, en partie détruits par les frileux d'alentour, protégent mal leurs habitants de passage.

Matin et soir, les gardes de corvée apportent au camp le fromage et le pain réquisitionnés dans les environs. Le pain est coupé en maigres tranches, le gruyère en petits cubes, scrupuleusement répartis à chaque homme.

Non-seulement Paris est en train de redevenir un camp, mais encore il prend les airs d'un port militaire. On peut voir, en effet, devant l'hôtel des Monnaies du quai Conti, sur le bassin qui a été ménagé entre l'écluse, la presqu'île du Vert-Galant et le pont Neuf, toute une flottille de chaloupes canonnières portant le nouveau drapeau rouge de la Commune de Paris.

Ce matin, le canon gronde encore. Les groupes se reforment, dès la première heure, mais ils paraissent moins indifférents à l'actualité.

On discute beaucoup. Plusieurs orateurs se prononcent avec véhémence contre l'Assemblée, contre le gouvernement et contre l'effusion du sang.

Sur d'autres points on entoure plusieurs gardes nationaux isolés, qui rentrent dans leurs familles et jettent, en passant, des nouvelles de la lutte.

On dit, dans plusieurs attroupements, que les femmes vont se mêler au mouvement ; qu'elles vont marcher sur Versailles ; et, en effet, nous lisons dans un des journaux dévoués à la Commune l'appel suivant adressé aux personnes de son sexe par « une véritable citoyenne : »

Citoyennes,

Femmes de toutes les classes,

Allons à Versailles !

Allons dire à Versailles ce que c'est que la Révolution de Paris ;

Allons dire à Versailles que Paris a fait la Commune, parce que nous voulons rester libres ;

Allons dire à Versailles que Paris s'est mis en état de défense, parce qu'on l'a calomnié, parce qu'on l'a trompé, et qu'on a voulu le désarmer par surprise ;

Allons dire à Versailles que l'Assemblée est sortie du droit, et que Paris y est rentré ;

Allons dire à Versailles que le gouvernement est responsable du sang de nos frères, et que nous le chargerons de notre deuil devant la France entière.

Citoyennes, allons à Versailles, afin que Paris ait tenté la dernière chance de réconciliation.

Pas le moindre retard.

Réunissons-nous aujourd'hui même à midi, place de la Concorde, et prenons cette importante détermination devant la statue de Strasbourg.

Aux prises de possession des administrations centrales effectuées chaque jour par la Commune, ajoutons aujourd'hui celle du cabinet du commissaire de la Bourse.

Tous les employés du commissariat sont partis avec lui, ainsi que les gardes du palais.

Il ne reste que les employés qui sont à la charge de la Compagnie des agents de change.

JOURNÉE DU 3 AVRIL. — La manifestation des femmes. (Voir page 266.)

Au milieu des luttes intestines qui nous navrent, que deviennent, que font nos ennemis, les Prussiens?

Les canons qu'ils avaient enlevés sur les deux ponts du canal Saint-Denis, et qui étaient braqués sur la route de la Chapelle et de la Révolte, ont été remis en place après les événements du 18 mars, et les forts ont été réarmés d'artillerie.

Les Prussiens ont, en outre, élevé sur la voie du chemin de fer un terrassement derrière lequel ils ont établi une pièce, avec un poste pour la protéger.

La garnison de Saint-Denis est de 7 à 8,000 hommes.

Ajoutons, à notre grande honte, que c'est aux Prussiens, — paraît-il, — que Paris devrait la reprise du service, interrompu depuis vendredi matin sur la ligne de l'Est.

Voici comment :

Le lecteur sait que, désespérant d'obtenir des gardes nationaux de service la moindre concession, la Compagnie s'était décidée à déléguer deux de ses agents auprès des membres de la Commune. Leur démarche aurait peu réussi. Ils n'auraient pu obtenir aucune explication précise sur les motifs de la mesure injustifiable contre laquelle ils venaient protester.

C'est alors qu'un des délégués aurait exhibé une dépêche que la Compagnie avait reçue dans la matinée. Cette dépêche était de source prussienne : elle annonçait que les autorités allemandes n'hésiteraient pas à s'emparer de la direction du service, si l'interruption dans la marche des trains devait se prolonger.

Devant une nouvelle aussi grave, les membres de la Commune n'auraient pas jugé à propos de maintenir leur interdit, et ils se seraient empressés d'accorder toutes es autorisations voulues.

Le premier train serait donc parti, avant-hier à quatre heures, dans les conditions ordinaires. Le service normal continue depuis hier.

On lit dans le *Journal des Débats* :

La foule s'est portée de bonne heure aux Champs-Elysées, au Trocadéro et sur le Cours-la-Reine, dans l'espoir de connaître plus promptement le résultat de l'engagement que l'on savait avoir eu lieu depuis le matin entre les troupes obéissant au gouvernement de Versailles et les bataillons de la garde nationale, commandés par les généraux Bergeret et Gustave Flourens, de la Commune de Paris.

Mais il faut bien le dire, il n'a pas été possible d'obtenir jusqu'ici de renseignements précis. Les récits que l'on faisait dans les groupes et les détails que fournissaient les gardes nationaux, en grand nombre, qui prétendaient « revenir du combat, » étaient plus contradictoires les uns que les autres.

Suivant des gardes nationaux, ce matin des bataillons fédérés auraient été décimés par le tir du Mont-Valérien, et il s'en serait suivi une certaine panique, qui aurait ralenti la marche de la garde nationale parisienne. Suivant d'autres, M. Gustave Flourens aurait réussi, avec 30,000 hommes, à tourner Châtillon et à gagner Versailles.

Tels étaient, du moins, les bruits qui se colportaient vers une heure. Nous nous dirigeons vers le Trocadéro, et de là, nous constatons que des batteries d'artillerie établies près du château de Meudon lancent, à intervalles assez rapprochés, des obus dans la direction opposée, c'est-à-dire de l'autre côté du pont de Sèvres, et que les forts d'Issy, de Vanves et de Montrouge leur répondent. En même temps, nous distinguons des feux d'infanterie près du pont de Sèvres. Nous en concluons avec tout le monde que, sur ce point du moins, les gardes nationaux fédérés n'ont pu avancer et n'ont point gravi le coteau de Meudon. A cinq heures, les batteries d'artillerie établies près du château n'avaient ni avancé ni reculé.

Maintenant, est-il vrai, comme on le prétend dans les groupes, que le général Gustave Flourens ait tourné le plateau de Châtillon, pendant que des bataillons se sacrifiaient en luttant avec les troupes massées à Meudon et à Sèvres ? C'est ce qu'il nous a été impossible de savoir.

Plusieurs gardes nationaux blessés ont été transférés cette après-midi à l'ambulance installée sur le Cours-la-Reine.

Vers quatre heures, une colonne, composée d'une centaine de gamins, précédée de drapeaux rouges, et de quatre à cinq cents femmes escortées de gardes nationaux, passe sur le quai de Passy en chantant la *Marseillaise* et en criant : Vive la République ! vive la Commune !

Cette colonne, nous dit-on, se dirige du côté de Versailles, afin d'exciter par sa présence le courage des gardes nationaux fédérés. Ces quatre à cinq cents femmes, ajoute-t-on, s'étaient auparavant rendues à l'Hôtel de ville afin de réclamer des fusils pour combattre les troupes du gouvernement de Versailles.

Nous voyons emmener à la Préfecture un *lignard* escorté par une trentaine de gardes nationaux ; cet individu serait un ancien sergent de ville. Les gardes nationaux nous disent que l'on a ainsi habillé des anciens sergents de ville avec le costume des soldats de la ligne pour les mêler avec les jeunes *lignards* et veiller à ce que ceux-ci ne désertent point. (Nous croyons inutile d'ajouter que ces histoires de sergents de ville déguisés en fantassins sont sans fondement aucun. A Paris l'on a fait habiller des gardes nationaux en soldats afin de faire croire à des défections imaginaires. Mais à Versailles, on ne connaît pas ces ruses-là.)

Durant le trajet, le prisonnier a été poursuivi par des huées et des clameurs peu rassurantes. Il est même fort heureux pour lui qu'il se trouvât au milieu d'une aussi nombreuse escorte, car il ne fût certainement pas arrivé sain et sauf au lieu de sa destination.

Ce soir, un certain nombre de gardes nationaux se dirigent du côté des fortifications pour prêter main-forte à ceux qui gardent les portes ou pour remplacer ceux qui ont été engagés pendant la journée.

Des groupes stationnent partout dans les rues et sur les boulevards ; chacun s'entretient de ce qui s'est passé, ou du moins de ce que l'on prétend, — car personne ne peut fournir de renseignements authentiques, — s'être passé durant cette journée.

LA BATAILLE DU 3 AVRIL.

Voici, d'après plusieurs journaux de couleurs différentes, la relation de l'attaque sur Versailles.

PARIS-JOURNAL.
Plan des fédérés.

Dimanche, dans la soirée, les généraux de la Commune, réunis en conseil, arrêtèrent que l'attaque décisive sur Versailles aurait lieu le lendemain au point du jour.

Les gardes nationaux devaient être divisés en trois colonnes.

La première, commandée par le général Bergeret, ferait sur la route de Rueil une importante démonstration.

La seconde, sous les ordres de Duval, prendrait par le Bas-Meudon, Chaville et Viroflay. Le fort d'Issy et la redoute des Moulineaux devaient la protéger de ses feux.

La troisième, enfin, conduite par le général Eudes, opérerait par la route de Clamart, en traversant Villacoublay et Velizy. Ce dernier corps s'appuierait sur le fort de Vanves.

Donc, l'objectif étant Versailles, le plan se résumait ainsi :

Diversion sur le Mont-Valérien ;
Attaque de front par Clamart ;
Mouvement tournant par le Bas-Meudon.

Les mouvements de troupes.

Ils ont été effectués pendant toute l'après-midi, la soirée et la nuit de dimanche, avec une fièvre excessive, sous laquelle on sentait la hâte d'en finir, et malgré tout, l'anxiété sur les résultats de l'action.

De tous les quartiers descendaient d'innombrables bataillons, avec armes et bagages. Beaucoup emportaient des vivres pour un ou deux jours.

Tous les gardes nationaux de Montmartre débouchaient, vers cinq heures du soir, sur les boulevards Ornano, Rochechouart et de Clichy. Leur premier lieu de ralliement fut la place Clichy. Six bataillons restèrent là jusqu'à onze heures, campés autour de la statue du maréchal Moncey. Après quoi ils furent dirigés sur les portes du Sud.

Ces hommes marchaient en colonnes serrées et mêlaient des airs nationaux aux roulements des tambours battant la charge.

Leur artillerie était assez nombreuse, mais mal attelée et encore plus mal accompagnée. Les pièces, de toutes provenances, traînées par des chevaux d'omnibus, étaient conduites par des jeunes gens, des enfants en blouse et en sabots. Très-peu d'artilleurs en uniforme.

Venait ensuite une file interminable d'immenses véhicules : tapissières et voitures de déménagement, qui portaient les vivres et les munitions. Nous avons vu passer un omnibus où s'entassaient des caisses de cartouches et des barils de poudre !

Tandis que les fédérés de Montmartre, auxquels devaient se joindre plus tard les bataillons de Vaugirard et de Montrouge, allaient occuper les points qui leur étaient assignés au sud de Paris, les autres troupes de la Commune se massaient sur le Champ de Mars, au nombre d'environ trente mille hommes, et sortaient par les trois portes qui s'ouvrent sur Neuilly.

. . . .

L'avenue de Neuilly.

Là se concentre le plus fort de cette colonne. Les bataillons, débouchant sur la rue de Sablonville, l'avenue du Roule et les petites voies transversales, forment une nappe mouvante qui s'étend des murs de Paris aux bords de la Seine.

La concentration est terminée à minuit.

A une heure, un détachement envoyé en éclaireur vient annoncer que le rond-point de Courbevoie a été évacué la veille par les troupes de Versailles. Sept à huit bataillons, formant une colonne de 4,000 hommes à peine, passent alors la Seine et vont se poster sur la position où dimanche soir les artilleurs marins avaient amené leur batterie.

A quatre heures, le général Bergeret, monté, comme la veille, dans une voiture découverte, attelée de deux chevaux, traverse l'avenue de Neuilly, entouré de son état-major et précédé d'un turco lui servant d'ordonnance.

En arrivant, le général donne le signal de l'action.

L'action.

Les tambours battent, les clairons sonnent, les faisceaux sont rompus sur toute la ligne. Les 4,000 hommes désignés pour marcher les premiers forment leurs rangs. La voiture de Bergeret vient se placer au centre. Douze canons sont rangés autour d'elle. Enfin l'ordre est donné d'aller en avant et la colonne s'ébranle.

Elle s'engage sur la route de Rueil en criant : « A Versailles ! à Versailles ! »

A la sortie de Courbevoie, la vue du Mont-Valérien, qui surplombe la route, fait d'abord courir au sein de la colonne un frisson involontaire. On hésite : le pas se ralentit.

Mais Bergeret exhorte ses hommes, et dans les rangs les chefs de bataillon, les officiers répètent ses exhortations.

— Rien à craindre ! mes amis, crie le général. Le fort est occupé par les marins : les marins sont pour le peuple. Le fort est donc à nous ! En avant, et vive la Commune !

On continue de marcher avec plus de confiance, et la tête de la colonne arrive au-dessous de la forteresse, dont la route de Rueil n'est qu'à 800 mètres environ.

Aussitôt après, — à six heures et demie, — quelques coups de fusil sont échangés entre l'avant-garde et les tirailleurs échelonnés sur la crête. Puis on entend cinq ou six détonations sourdes et vibrantes. C'est la redoute des Gibets, et presque simultanément les bastions supérieurs du fort, qui viennent de lâcher une première bordée de leurs grosses pièces.

Il s'ensuit une immense panique parmi les fédérés. Quelques-uns, atteints par les obus, sont tués ou blessés grièvement. D'autres se jettent immédiatement à plat ventre. Le plus grand nombre, stupéfait, affolé, est mis dans un complet désarroi.

C'est en vain que les officiers, d'ailleurs aussi émus et aussi étonnés que leurs hommes, cherchent à les rallier et leur crient : *A l'assaut!* Ceux des gardes qui ont conservé assez de sang-froid pour leur répondre, objectent le défaut de munitions. Quant à la grande masse, elle n'a plus d'oreilles, elle fuit en désordre, jetant ses armes, hurlant : *A la trahison!*

Les chevaux de l'artillerie s'échappent dans toutes les directions, emportant les pièces. Quelques gardes nationaux, pour accélérer leur fuite, s'emparent de ces montures et partent ventre à terre. Deux canons cependant restent abandonnés sur la route.

Au premier coup de canon, les 20,000 hommes de réserve campés dans Neuilly s'étaient repliés à la hâte et étaient allés chercher un abri dans la ville.

Les victimes.

Les bruits les plus exagérés, les nouvelles les plus sinistres ont couru pendant toute la journée

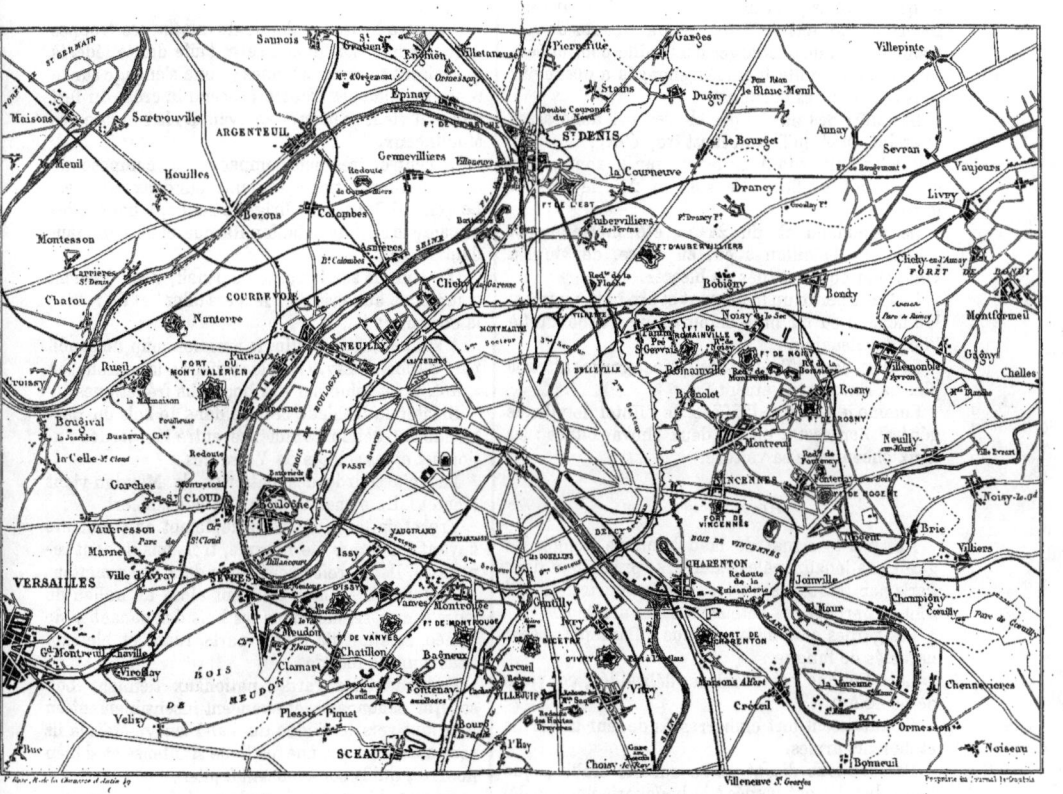

CARTE DES ENVIRONS DE PARIS POUR SUIVRE LA MARCHE DES OPÉRATIONS MILITAIRES.

sur le nombre des victimes faites par la canonnade du Mont-Valérien.

Il est vrai de dire que la grande forteresse a surtout cherché à effrayer les fédérés. De l'aveu même de tous les hommes que nous avons interrogés, elle a dû tirer un nombre considérable de coups à blanc. En effet, étant donnée la position formidable occupée par son artillerie, le peu d'espace qui la séparait de la colonne en marche, et la façon dont cette dernière était pelotonnée, il est manifeste pour tous, — même pour les plus passionnés, — que ses obus pouvaient faire un mal effroyable. Disons plus, il eût suffi de quelques coups de mitrailleuses ou de décharges à mitraille pour anéantir les quatre mille hommes engagés à découvert sous le feu de ses bastions.

Le chiffre des tués et des blessés est donc assez restreint. Quel qu'il soit, il est trop élevé.

Sur les huit bataillons lancés sur la route, trois ont surtout souffert. Ce sont les 24°, le 128° et le 188°.

Le commandant du 24° a été mortellement frappé. Le bataillon a eu, en outre, de vingt à vingt-cinq hommes tués ou blessés.

Le 128° a perdu un lieutenant et dix-huit hommes. L'officier a eu un bras emporté, on l'a conduit à l'hôpital Beaujon.

Le 188°, deux officiers tués, quinze gardes atteints plus ou moins grièvement.

Comme le constate l'*Officiel* de l'Hôtel de ville, le général Bergeret a eu ses deux chevaux tués : les deux chevaux de sa voiture.

Après l'action.

Aussitôt le signal de la débandade donné, les gardes nationaux, pâles, effarés, se précipitent dans Paris par toutes les portes. Leurs camarades qui sont de garde là les entourent et les arrêtent.

Les gardes nationaux revenus à Paris paraissent harassés de fatigue.

Leur tunique est déchirée, débraillée, couverte de poussière.

Ils paraissent fort embarrassés de leur uniforme et de leurs armes.

Presque tous disent qu'ils ont été trahis ; que leurs chefs les ont menés à la boucherie pour se défaire d'eux ; qu'on leur avait fait croire que le Mont-Valérien leur appartenait tandis qu'il n'en était rien, et autres folies du même genre.

De nombreuses estafettes courent de côté et d'autre, affolées, ne sachant où elles vont. On les entoure pour avoir des nouvelles.

Les forts du sud.

Ainsi que nous l'avons dit en commençant, deux actions simultanées ont été engagées dès le matin.

Pendant que le mouvement des fédérés échoue sur la route de Rueil, ils essayent un mouvement parallèle par Clamart et Meudon, sous la protection des forts du sud.

De ce côté, le combat a duré jusqu'au soir. Il a surtout provoqué un vif engagement d'artillerie entre les batteries d'Issy, de Vanves, de Montrouge, des Moulineaux, appartenant aux fédérés ; et les ouvrages de Châtillon, Meudon, et le Bas-Meudon, occupés par les troupes de Versailles.

Il comporte donc une action beaucoup plus complexe que celle du Mont-Valérien, et les versions auxquelles il a donné lieu sont tellement incomplètes et contradictoires, qu'il nous est plus difficile de coordonner les renseignements que nous avons recueillis.

A quatre heures et demie du matin, les troupes devant composer le centre et l'aile droite fédérés se divisent en deux colonnes ; l'une s'engage sur la route de Clamart, l'autre descend la crête du fort d'Issy et vient se masser en avant de la redoute des Moulineaux.

Le centre, très-peu compact, est composé de cinq bataillons à peine, soutenus par deux batteries. Le général Duval, qui dirige l'attaque, a pour aides de camp le chef de bataillon Razoua et le commandant du 79°.

Là, comme sur la route de Rueil, l'engagement commence aux cris de : A Versailles ! et de : Vive la Commune !

A six heures du matin, le premier coup de canon part du fort d'Issy. C'est le signal de la marche en avant. Il est salué par des hourrahs frénétiques.

Bientôt la fusillade crépite dans le bois du Bas-Meudon. L'action commence entre les gardes nationaux et les soldats de Versailles.

La voix sourde des batteries de Meudon vient bientôt faire sa partie dans ce triste concert.

Trois fois les fédérés se déploient en tirailleurs devant les lignes de l'armée, trois fois ils sont repoussés. Ils se reforment cependant et se mettent en colonne. Les obus pleuvent alors au milieu de leurs rangs, semant dans les bois des panaches de fumée, éclatant de toutes parts, tuant et blessant beaucoup de monde.

Cependant les gardes nationaux tiennent bon sous la canonnade, et avancent insensiblement en tournant vers le viaduc du Val-Fleury. Mais là ils sont accueillis par une fusillade si intense et si bien nourrie, qu'ils commencent à plier.

Le fort d'Issy, armé seulement depuis la veille, d'une batterie de grosses pièces de siége et remis au commandement du général Cluseret, fait rage en ce moment contre Meudon. Mais il ne parvient pas à contre-battre cette position, et son aide est insuffisante à soutenir les fédérés, qui se voient exposés à découvert aux coups incessants des canons de la Terrasse, tandis que, maladroitement pointés, les obus de la redoute de Moulineaux les prennent à revers et secondent, au lieu de la combattre, l'action meurtrière de cette batterie.

A quatre heures, reconnaissant l'impossibilité d'avancer davantage, les chefs font sonner la retraite. Elle s'effectue en assez bon ordre, sous le feu persistant de la Terrasse, et les gardes nationaux vont, au pas de course, se ranger à l'abri des ouvrages d'Issy.

Le duel d'artillerie continue néanmoins et, jusqu'à six heures, le canon tonne à intervalles éloignés.

L'attaque de Châtillon.

Cette attaque n'a pas eu plus de succès que celle de Meudon. Au tournant de la route, les fédérés ont été reçus par un feu des plus meurtriers, auquel ils ont longtemps riposté, au prix de grandes pertes et sans résultat appréciable. De l'aveu même des gardes nationaux, ils ont été conduits à l'attaque trop tôt, en trop petit nombre et sans artillerie, tandis qu'aux environs d'Issy et au Bas-Meudon, leurs réserves n'avaient pas la liberté de leurs mouvements et se gênaient mutuellement.

Dans ces deux attaques, les fédérés ont eu un grand nombre de tués et de blessés.

Le commandant du 79e, qui s'est montré d'une audace excessive, a été frappé mortellement à la tête de son bataillon. Il en a été de même du porte-drapeau de ce bataillon.

Le 61e et le 79e ont beaucoup souffert.

Un autre commandant a été tué et le capitaine Combes, du 61e, a été blessé grièvement.

LA VÉRITÉ.

Rive droite.

Sept heures du matin.

Plus de vingt mille hommes ont été massés entre la Porte-Maillot et la barrière des Ternes. Ils campent sur la pelouse et dans les Champs-Élysées. A six heures du matin, les ordres sont donnés sur toute la ligne; les clairons sonnent, tout le monde est sous les armes.

On se raconte dans les rangs que le commandant du Mont-Valérien a promis d'observer la neutralité envers les soldats de la Commune et même qu'il est prêt à seconder leur action. La garnison ne demande, dit-on, pas mieux que de lever la crosse en l'air et de faire cause commune avec le peuple.

C'est dans cette illusion que beaucoup parmi les gardes nationaux se sont mis en avant, croyant qu'il s'agissait d'occuper pacifiquement le Mont-Valérien. L'avenue de Neuilly était complètement dégagée, il n'y avait plus ni un homme ni un canon. La grande barricade qui fermait l'avenue de Rueil était complètement ouverte; les colonnes avançaient toujours.

Tandis que l'une longe la forteresse au nord, se dirigeant sur Nanterre et sur Rueil, une seconde colonne aborde le fort par Puteaux. Cette dernière s'avance jusqu'à cent cinquante mètres environ des créneaux; au moment où les gardes nationaux s'imaginent voir abaisser devant eux les ponts-levis et ouvrir les portes, une batterie de pièces de 7 et de mitrailleuses établie pendant la nuit (jusqu'ici ce fort n'avait pas tiré) a été subitement démasquée.

Les projectiles ont fauché pour ainsi dire à bout portant les premiers rangs des malheureux gardes nationaux, et en un instant tout le talus du fort a été couvert de morts et de blessés; une seconde décharge a suivi presque immédiatement; son résultat n'a pas été moins meurtrier.

Les soldats de la Commune, armés de fusils médiocres, se trouvant devant les murs d'une des plus terribles citadelles de l'Europe, mitraillés là où ils comptaient être reçus en frères, ont eu un instant de sombre panique. Les bataillons ont gagné en toute hâte la porte des Ternes; heureusement que, mû par un instinct d'humanité, le commandant du fort fait suspendre le feu et permet ainsi aux gardes nationaux de s'abriter. Plusieurs gardes nous ont affirmé ce fait, et ils ont ajouté que, dans la position où ils se trouvaient, rien n'était plus facile que de les massacrer jusqu'au dernier.

Huit heures.

La deuxième colonne du corps d'opération sous le commandement du général Bergeret (celui-ci se trouve dans une voiture), continue à longer le Mont-Valérien et parvient à gagner Nanterre, poursuivie par la canonnade dirigée à présent sur ce village et sur la route de Rueil, où des voitures de maraîchers circulent en assez grand nombre.

Le cheval d'un de ces véhicules est tué; aussitôt tous les maraîchers tournent bride. Le drapeau rouge est arboré sur l'église de Nanterre, et les gardes nationaux se réfugient dans les maisons. D'autres organisent immédiatement un système de barricades pour se défendre contre toute attaque.

Une ambulance provisoire est établie dans la mairie; plusieurs officiers de la garde nationale y sont transportés, tous dangereusement blessés; deux lieutenants ne tardent pas à rendre le dernier soupir.

Au pont de Neuilly, les chefs des gardes nationaux essayent de rallier un peu leurs hommes et d'organiser une retraite décente; un commandant veut à tout prix que ses hommes prennent la forteresse d'assaut. Au moment où il encourage son monde, un obus éclate et le met en morceaux.

Le bruit court que le général Henry, chef d'état major, a été tué auprès du Mont-Valérien.

Neuf heures.

Au rond-point des Ternes, les gardes nationaux arrivent en foule, par bandes de vingt, trente, quarante, cinquante, entourant des guidons et des drapeaux rouges.

Ils confirment ce que nous savons déjà : la mitraille à bout portant, et l'impossibilité de tenir plus longtemps. Les hommes paraissent découragés; ils déclarent qu'ils en ont assez, qu'ils ne se battront plus; quelques-uns prononcent même le mot de trahison. La canonnade s'éteint de plus en plus et bientôt cesse tout à fait.

Onze heures.

Les blessés de la matinée commencent à arriver en assez grand nombre dans des voitures d'ambulance de la Presse et dans des charrettes remplies de paille. L'état de plusieurs des malheureux est navrant; ils poussent des plaintes et des gémissements à briser le cœur. Les indications au sujet du nombre varient beaucoup; nous en avons entendu évaluer les pertes de ce côté jusqu'à *mille hommes*. Espérons que ce chiffre est exagéré; mais la proportion des morts est excessivement forte, et la plupart des blessures ne pardonnent pas; ce sont des déchirures causées par la mitraille.

Rive gauche.

L'attaque principale sur Versailles devait s'effectuer sur la rive gauche par Meudon et Bellevue. C'est en vue de cette opération que plus de 60,000 hommes avaient été massés près de la porte de Vaugirard et de celle de Vanves. Les généraux Eudes et Flourens dirigeaient ce mouvement. Le plan était de s'emparer d'abord de la butte de Châtillon, puis de marcher sans désemparer sur Clamart, et de gagner par les bois Ville-d'Avray, où les colonnes du général Duval devaient opérer leur jonction avec leurs frères d'armes. A huit heures du matin, le feu a été ouvert; des masses de gardes nationaux se sont ruées vers le plateau de Châtillon qui, n'étant pas armé, a été abandonné par les postes du gouvernement de Versailles qui y étaient installés.

Mais en même temps, une très-forte batterie située sur la terrasse du château de Meudon, position principale de l'ennemi, a ouvert le feu sur les colonnes de gardes nationaux. Celles-ci ont cherché à s'abriter derrière les murs du fort d'Issy. Dans ce fort, la Commune avait fait installer plusieurs de ses batteries, et elle battait, non sans avantage, les canons du château; sous la protection de cette artillerie, les gardes nationaux ont repris l'offensive; ils se sont éparpillés d'abord en tirailleurs dans les rues de Clamart, où se trouvaient une centaine de gendarmes et une cinquantaine de chasseurs à cheval.

Après un feu de mousqueterie qui a duré environ une demi-heure, gendarmes et chasseurs s'en vont. On est maître de Clamart, la première étape. A ce premier succès vient bientôt s'en ajouter un second : les Moulineaux sont pris après un sanglant combat, ainsi que la petite redoute que M. Trochu a eu la précaution d'y placer. Elle est immédiatement armée de pièces de 7, et dirige un feu excessivement violent sur les hauteurs de Meudon. Ce duel d'artillerie, auquel le Mont-Valérien vient quelquefois ajouter son concours, dure plus de deux heures.

Des remparts, où stationnent une foule de curieux on peut suivre le combat par les sinuosités de la fumée qui tantôt s'élève brusquement au-dessus des petits monticules, tantôt surgit du petit pavillon de Bellevue et du Bas-Meudon.

L'élan des gardes nationaux est admirable en ce moment; les premiers rangs des troupes de ligne plient et cèdent. Elles se réfugient dans les bois et de là ouvrent de nouveau le feu. Les rangs des gardes nationaux s'éclaircissent, les hommes sont harassés et affamés ; le général donne l'ordre de se replier, et il demande du renfort pour relever les hommes fatigués.

Quatre heures et demie.

Après un long intervalle, pendant lequel on entendait à peine de temps en temps quelques coups de canon très-éloignés, le combat a pris une autre direction. Le fort de Vanves s'est mis à tonner avec violence. L'armée de Versailles y répondait à triple bordée du fond du bois de Clamart. Tout faisait prévoir qu'une action très-vive allait s'engager de ce côté.

Enfin, au bout de quelques minutes, on entend le crépitement de la fusillade, et bientôt les mitrailleuses y mêlent aussi leur craquement sinistre. Le plus fort de l'action paraissait être à droite de la redoute de Châtillon et dans les bois de Clamart. C'est là que la garde nationale aurait éprouvé les pertes les plus sérieuses ; elle en aurait d'ailleurs infligé de très-grandes aux troupes de l'Assemblée.

Pendant deux heures environ, c'est-à-dire jusqu'à la tombée de la nuit, la fusillade n'a pas cessé; mais, vers six heures, elle a paru s'éloigner au delà de Clamart ; et le fort d'Issy, qui avait, pour ainsi dire, cessé de tirer, s'est remis de la partie. La nuit seule a pu mettre fin à cette lutte acharnée, digne des plus terribles jours du siège.

On ne connaît point encore l'issue de cette triste journée; mais il paraîtrait que l'armée de Versailles aurait pris dans l'après-midi la redoute de Châtillon, où les gardes nationaux n'ont pu se maintenir longtemps, n'ayant pas une artillerie suffisante et se voyant harcelés par une grêle d'obus et de mitraille.

Depuis cinq heures jusqu'à sept, les portes de Châtillon et de Versailles étaient encombrées de gardes nationaux débandés, de voitures d'ambulances et de brancards apportant des morts et des blessés.

Pendant toute cette journée, les gardes nationaux se plaignent d'avoir été mal commandés, et même plusieurs nous ont dit n'avoir point vu un seul chef supérieur. Les vivres ne leur sont pas non plus arrivés à temps, et beaucoup n'avaient pas mangé, disent-ils, depuis hier. En effet; vers trois heures de l'après-midi seulement, nous avons vu passer un convoi considérable de vivres et de munitions se dirigeant de la porte de Versailles vers les forts d'Issy et de Vanves.

LA COMMUNE.

LA COMMUNE, qui paraît, d'ailleurs, fort satisfaite du résultat de la journée, croit devoir intituler son article : *La bataille contre les chouans*. Or, il est de

Monseigneur Darboy, archevêque de Paris, arrêté le 4 avril par ordre de Raoul Rigault.

notoriété publique que les *chouans*, c'est-à-dire les Bretons et les Vendéens, non plus que les fameux zouaves pontificaux, n'ont jamais, quoi qu'en aient dit et affirmé les journaux de la Commune, à commencer par l'*Officiel* lui-même, figuré dans les rangs de l'armée de Versailles.

Il n'y avait pas à hésiter : attaqué par la conspiration jésuitique et monarchique, il fallait se défendre. Il fallait prouver à ces misérables sans cœur, sans âme, sans entrailles, sans conscience, sans patrie, que le parti qui a voulu la lutte à outrance contre l'étranger sait la vouloir aussi contre

> Tous ces tigres qui sans pitié
> Déchirent le sein de leur mère.

Il fallait prouver à la province que Trochu mentait quand il disait : « Il est impossible de se servir de la garde nationale ; elle est plus nuisible qu'utile ; elle démoralise les bons soldats par sa peur de l'ennemi. »

Il fallait enfin rétablir l'ordre, que le gouvernement de Versailles trouble si audacieusement depuis six semaines.

L'agression lâche des gendarmes, des sergents de ville, des Corses et des Chouans a profondément indigné Paris. Il n'y avait qu'une pensée, qu'une voix, qu'un cri : « Vengeance ! Il faut en finir ! Allons à Versailles ! »

Les femmes se mêlaient aux groupes et excitaient les hommes. Elles traduisaient leurs ressentiments, leur colère en des paroles de flamme. Elles proposaient de s'armer et de marcher en avant.

C'est dans cet état d'agitation et d'exaltation fébriles que partirent les défenseurs des libertés publiques et des franchises communales.

Dans la soirée de dimanche, le nombre des gardes nationaux massés dans les avenues de l'Étoile, de Neuilly, des Ternes et jusqu'à Batignolles était de cent mille hommes. De minuit à deux heures du matin, un nombre considérable de bataillons de la Chapelle, de Belleville, de Ménilmontant et des quartiers situés à l'est de Paris se rendaient en bon ordre avec vivres et munitions sur les divers points qui leur étaient désignés.

A deux heures du matin, les bataillons de la rive gauche, depuis le faubourg Saint-Marcel jusqu'à Grenelle, se dirigent par Montrouge, Vanves et Issy sur Versailles par les hauteurs de Châtillon et de Clamart.

A quatre heures, les bataillons de la rive droite se dirigent également sur Versailles par Levallois, Asnières et Bougival.

Enfin, à cinq heures, au petit jour, les bataillons massés depuis la veille dans l'avenue de Neuilly, se dirigent vers le même but par Suresnes et le Mont-Valérien. Étant arrivés à une petite distance du fort, quelques bataillons se détachent pour aller l'occuper, espérant y trouver des troupes amies. Ces bataillons s'avancent sans méfiance et gravissent rapidement la pente ; mais arrivés à bonne portée, ils sont accueillis par le feu de deux mitrailleuses.

Au même instant, les quelques pièces du fort envoient des obus sur le reste de la colonne partie du pont de Neuilly, et font rétrograder ceux qui n'avaient pas encore pu passer à la faveur du crépuscule ; mais déjà une vingtaine de mille hommes avaient passé hors de portée et pu se mettre à l'abri. Il y a eu dans cette nouvelle surprise de nombreuses victimes à mettre sur le compte des infâmes fauteurs de cette horrible guerre.

Du côté de la rive gauche, les gardes nationaux ont éprouvé une certaine résistance. Quoique secondés par les artilleurs des forts de Vanves et d'Issy, ils ont trouvé les hauteurs de Châtillon, de Clamart et de Meudon occupées par l'armée de Versailles. La lutte ne tarde pas à devenir sérieuse. Dès cinq heures du matin les feux ennemis se croisent ; le bruit strident des mitrailleuses se mêle aux crépitations de la fusillade.

Les redoutes prussiennes du château de Meudon ont été réoccupées par les Versaillais, et répondent assez vivement aux feux de l'artillerie parisienne. On remarque que la plupart des obus de nos forts, comme ceux de Meudon, éclatent en l'air au lieu d'éclater en frappant le but.

Nous ne pouvons encore préciser ce qui se passe, mais nous remarquons que nos troupes s'avancent sur le plateau situé entre Châtillon et Clamart. Le bruit de l'artillerie très-intense, de neuf à onze heures du matin, s'éloigne peu à peu, et finit par devenir très-intermittent de une heure à trois heures.

Nous apprenons alors qu'une partie des nôtres a tourné les hauteurs, est venue couper la retraite aux gens de Versailles, qui ne sont plus abrités que dans les bois de Clamart. En effet, de trois à quatre heures nous entendons une vive fusillade sur toutes les hauteurs ; les canons d'Issy et de Vanves font rage contre les insurgés de la réaction, les mitrailleuses ne cessent de se faire entendre.

Les batteries de Meudon, au contraire, ont été réduites au silence, et les quelques pièces de 7 qui les composaient ont été forcées de se retirer en arrière, abandonnant leurs morts et leurs blessés. Nous avons vu, du Point-du-Jour où nous étions, avec une lunette ordinaire, deux sergents de ville étendus devant les écuries du château, et quelques habitants venant examiner les cadavres. Les ruraux étaient donc en retraite sur ce point.

Cependant la fusillade et les mitrailleuses ne cessent de fouiller les hauteurs boisées. Mais ce n'est qu'un épisode de cette bataille de l'indépendance parisienne. Le bruit court déjà depuis longtemps que le gros de nos troupes a passé la route de Châtillon à Versailles, où elles ont dû arriver vers le milieu de la journée. Mais ce n'est qu'une vague rumeur.

En rentrant à six heures, nous entendons encore la canonnade au loin. De nombreux bataillons se dirigent vers la route de Versailles. Sur cette route se pressent aussi un grand nombre des femmes de Belleville et de Montmartre, courant porter des vivres à leurs maris.

Dans la soirée, on commence enfin à avoir des renseignements précis sur l'ensemble des opérations. Quoiqu'on n'ait pas obtenu de résultat décisif, il est certain que la journée a été bonne pour la République.

Partout les troupes fédérées se sont battues avec un courage et un élan admirables, qui prouvent irrécusablement le crime commis par les traîtres du 4 septembre. Après avoir paralysé pendant six mois de pareilles troupes, ces scélérats lancent contre elles ce qu'ils ont l'audace d'appeler « l'une des plus belles armées qu'ait eues la France. » L'histoire prononcera.

Trois colonnes différentes ont concouru à l'opération; les deux premières, sous la direction de Bergeret et de Flourens, ont pu, malgré le feu du Mont-Valérien, opérer leur jonction. La troisième, commandée par le général Duval, opère dans la direction de Bougival.

Sur toute la ligne, les positions sont enlevées avec une vigueur véritablement prodigieuse. Vers une heure, les colonnes parisiennes atteignent Meudon.

Les bandes versaillaises veulent en vain reprendre l'offensive. Elles sont repoussées, et les positions nous restent; malheureusement, les soldats, fatigués et privés de nourriture depuis le matin, ne peuvent poursuivre leur marche en avant.

Au nombre des difficultés de l'opération, nous devons mentionner l'obligation de respecter certaines clauses de la convention franco-prussienne relatives, par exemple, à l'établissement et à la direction des batteries. Pour comble d'infamie, l'armée de Versailles ne se gêne pas pour les violer impunément quand cela peut faciliter sa tactique.

Quant aux malheureux soldats que les sbires de Pietri mènent à la boucherie, revolver au poing, ils ont accompli avec une mollesse remarquable ce qu'on appelle là-bas leur devoir.

La distance seule qui séparait leurs lignes des nôtres pendant des combats où l'artillerie jouait un grand rôle, les a empêchés d'obéir à celui que leur dictait leur conscience.

Il est inexact que le canon du Mont-Valérien ait donné pendant ces deux journées. La convention militaire conclue avec la Prusse s'y oppose formellement. C'est une simple batterie construite à l'abri de ce fort, qui a mitraillé nos gardes nationaux.

Dans la soirée, des forces nombreuses ont été envoyées pour soutenir les troupes établies dans les positions acquises. On dit partout qu'effrayée de la marche en avant des Parisiens, l'Assemblée et le gouvernement ont pris la fuite, mais l'absence de toutes communications avec Versailles rend impossible la vérification de cette nouvelle, très-probable, du reste.

LES DÉMISSIONS

Plusieurs journaux ont reçu la communication suivante :

MM. Floquet et Lockroy, qui se trouvaient à Paris depuis samedi, ont tenté de se rendre à Versailles, où ils devaient déposer leur démission entre les mains de M. le président de l'Assemblée.

La gare du chemin de fer était fermée, et après avoir essayé inutilement de se rendre à Versailles en voiture, les deux députés ont été forcés de revenir.

Voici la lettre qu'ils étaient dans l'intention de remettre à M. le président, s'ils avaient pu arriver dans cette ville :

2 avril 1871.

« Monsieur le président,

« Nous avons la conscience d'avoir fait tout ce que nous pouvions pour conjurer la guerre civile, en face des Prussiens encore armés sur notre sol. Nous jurons devant la nation que nous n'avons aucune responsabilité dans le sang qui coule en ce moment. Mais puisque, malgré nos efforts passés, malgré ceux que nous tentions encore pour arriver à une conciliation, la bataille est engagée, et une attaque dirigée sur Paris, nous, représentants de Paris, croyons que notre place n'est plus à Versailles. Elle est au milieu de nos concitoyens, avec lesquels nous voulons partager, comme pendant le siège prussien, les souffrances et les périls qui leur sont réservés. Nous n'avons plus d'autre devoir que de défendre, comme citoyens, et selon les inspirations de notre conscience, la République menacée. Nous remettons entre les mains de nos électeurs le mandat qu'ils nous avaient confié, et dont nous sommes prêts à leur rendre compte.

« *Les représentants du peuple présents à Paris :*
« CH. FLOQUET, ÉDOUARD LOCKROY. »

M. Schœlcher, qui était avec MM. Floquet et Lockroy, et qui, ayant toujours manifesté la volonté de rester à Paris, en cas de conflit, partage les sentiments exprimés dans la lettre de ces deux députés, a cru pouvoir être plus utile à la cause de la République et servir mieux à une conciliation possible en gardant son titre de représentant.

LETTRES AUX JOURNAUX

Divers journaux publient la lettre suivante :

Malgré le profond dégoût que m'inspirent les passions haineuses et violentes de la majorité, j'ai cru de mon devoir de rester dans l'Assemblée nationale tant qu'il m'a semblé possible d'y remplir le mandat que le peuple de Paris m'a conféré, c'est-à-dire tant que je pourrais lutter pour la cause de la justice et combattre les partis du désordre, coalisés contre la république.

Sans me permettre de juger et moins encore de blâmer les citoyens qui, par un sentiment consciencieux et désintéressé, comprennent leur devoir d'une autre façon, je pense qu'une démission pure et simple n'est pas le meilleur moyen d'accomplir la tâche imposée à un représentant du peuple.

J'ai été confirmé dans cette opinion par les conseils d'un grand nombre de membres des comités électoraux qui ont proposé ma candidature, et j'ai pu en apprécier la justesse lorsque j'ai vu avec quelle satisfaction nos ennemis ont accueilli la démission de plusieurs des élus du parti républicain.

Mais l'abominable attentat commis par le pouvoir exécutif, le crime que le gouvernement de Versailles consomme en ce moment contre le droit, contre l'humanité, offre aux représentants de Paris la plus grave occasion de faire un dernier et suprême usage de leur mandat, en réprouvant solennellement une politique dont le but évident est de noyer la république dans le sang du peuple, qui ne connaît d'autres moyens de pacification que la guerre civile, et dont le résultat, s'il était réalisé, serait la perte définitive de la patrie.

C'est dans ces dispositions d'esprit que je voulais me présenter à la séance d'aujourd'hui.

Je me proposais d'interpeller le gouvernement sur l'attaque à main armée qu'il dirige contre Paris, et de démontrer au pays, trompé par les mensonges de M. Thiers, quelle est la véritable situation de la capitale.

Il est bon que la France entière sache que Paris est, non pas en état d'insurrection, mais bien en état de légitime défense; qu'il n'a jamais fait qu'user pacifiquement de son droit, du droit qui lui appartient au même titre qu'à toutes les autres communes de France; qu'après l'avoir livré à l'ennemi par la plus infâme des trahisons dont l'histoire ait conservé le souvenir, les misérables qui ont ainsi sacrifié la patrie à leur ambition veulent encore étouffer dans Paris l'esprit de liberté politique et d'indépendance municipale, qui ne leur permettrait pas de jouir impunément du fruit de leurs forfaits; et que, malgré les outrages, les défis et les provocations, la population parisienne, calme, paisible, unanime, n'avait tenté aucune agression, commis aucune violence, causé aucun désordre, lorsque le gouvernement l'a fait attaquer par les anciens policiers de l'empire, organisés en troupes prétoriennes sous le commandement d'ex-sénateurs.

Voilà comment je comprends le devoir d'un représentant du peuple. C'est ainsi que j'aurais accompli mon mandat, si j'avais pu me transporter à Versailles. Du haut de la tribune, j'aurais, à la face du monde, déclaré la majorité réactionnaire et son pouvoir exécutif responsables des nouvelles calamités qu'ils déchaînent sur notre malheureuse patrie, et j'aurais quitté l'Assemblée en secouant la poussière de mes souliers.

MILLIÈRE.

La lettre suivante a été adressée à divers journaux :

Paris, 1er avril 1871.

Monsieur le rédacteur,

Permettez-moi de me servir de la publicité de votre journal pour porter à la connaissance du public les faits dont j'ai été victime hier.

A deux heures de l'après-midi, un délégué du Comité, ou plutôt du conseil de légion du dixième arrondissement, s'est présenté chez moi, boulevard de Strasbourg, 64, muni d'un mandat d'arrêt signé par le président de la dixième légion Leroudier, pour arrêter mon mari, qui était présent, et a eu la chance de s'échapper par un escalier de service, après avoir déchiré le mandat d'arrêt, en déclarant qu'il ne reconnaissait pas la légalité du mandat.

Restée en présence du délégué et des gardes nationaux montés sur son appel, j'ai été sommée de leur ouvrir toutes les portes, toutes les armoires : ce que j'ai fait avec le plus grand calme, trouvant parfaitement inutile de parlementer avec des gens furieux et exaspérés par leur insuccès.

Ils ont fouillé partout, ont lardé le dessous des lits avec leurs baïonnettes, ont enfoncé à coups de crosse de fusil la porte de la chambre de ma mère, qui était fermée à clef, et nonobstant ma parole d'honneur que cette chambre était vide. Enfin, après avoir exploré l'appartement, le délégué, furieux d'avoir échoué dans ses recherches, m'a déclaré que, puisque je refusais de faire connaître où le citoyen Degouve-Denuncques s'était réfugié, j'allais le suivre, ainsi que mes filles, qu'on nous considérait comme otages, et qu'on ne nous relâcherait que lorsque mon mari se serait constitué prisonnier. Je n'ai point fait d'observations, et je n'ai demandé que le temps de mettre un manteau et un chapeau, sachant fort bien que mon arrestation était tout à fait illégale ; mais, devant la force, des femmes ne peuvent que céder.

On nous a donc emmenées, mes filles et moi, ainsi que la bonne et le concierge de la maison, et on nous a tous conduits à la mairie du dixième arrondissement, escortés par les gardes nationaux, qui étaient, je crois, au nombre de huit.

Arrivées à la mairie, mes filles et moi avons été enfermées dans une pièce, après avoir été promenées dans plusieurs salles pleines de gardes nationaux, au milieu d'un brouhaha qui fait ressembler la mairie à une tour de Babel. Sur ma demande, on nous a fait du feu, et je dois avouer qu'à partir du moment où nous sommes arrivées à la mairie, les manières et le ton violent des délégués se sont adoucis, et qu'on a été convenable avec nous.

Où nous a enfermées, on a placé un garde national armé à la porte de la pièce où l'on nous avait introduites, et c'est là que nous sommes restées jusqu'à six heures et demie du soir, dérangées seulement, tantôt par le délégué, qui a essayé, à diverses reprises, de me faire dire où était mon mari, tantôt par un membre de l'Union républicaine, M. Force, qui a cherché à excuser auprès de nous les violences dont nous avons été les victimes.

Si aujourd'hui je cherche à faire connaître la

manière de procéder du Comité, c'est afin que l'on sache que les femmes sont rendues responsables de la conduite politique de leurs maris, et qu'on sache bien aussi que rien de ce qui est respectable n'est respecté sous le régime arbitraire qui menace aujourd'hui chaque famille.

A six heures et demie, après trois heures et demie passées à la mairie, on nous a enfin rendues à la liberté en nous disant : « Citoyennes, vous êtes libres ! »

J'ai alors quitté la mairie, après avoir dit toutefois à M. Force, qui, je dois l'avouer, paraissait un peu honteux de tout ce qui s'était passé, ce que je pensais des manières de procéder du comité et des façons brutales de ses agents.

Je vous serai obligée, monsieur le rédacteur, si, grâce à la publicité dont vous disposez, les faits que je vous signale peuvent arriver à la connaissance du public, afin de l'édifier et de l'éclairer sur les moyens qu'on emploie envers les femmes qui ne veulent pas se faire les dénonciatrices de leurs maris.

Veuillez agréer, monsieur le rédacteur, l'assurance de ma considération distinguée.

A. DEGOUVE-DENUNCQUES,
boulevard de Strasbourg, 64.

UN COMMUNIQUÉ A *PARIS-JOURNAL*.

Le *Communiqué* suivant a été adressé à *Paris-Journal* :

MINISTÈRE
de l'Intérieur.
Paris, 3 avril 1871.
Cabinet du ministre.

« Citoyen,

« J'ai l'honneur de vous inviter à insérer dans votre plus prochain numéro le *Communiqué* ci-joint.

« Salut et fraternité,

« ALEXANDRE LAMBERT. »

CABINET
du ministre
de l'Intérieur.
Paris, 3 avril 1871.

« La rédaction de *Paris-Journal*, en présence du sang qui coule, à la vue de nos frères égorgés par les gendarmes et les sbires de Versailles, continue avec acharnement ses calomnies haineuses contre la Commune et l'héroïque garde nationale de Paris.

« Il est criminel et faux de dire que : « Paris « déclare la guerre à la France ; » il est faux que la garde nationale ait fusillé un parlementaire, quand elle a été, au contraire, traîtreusement attaquée par des hommes qui levaient la crosse en l'air pour tromper sa vigilance.

« La liberté de la presse n'est pas le droit de s'embusquer prudemment derrière un journal pour redoubler les horreurs d'une lutte que Paris n'a pas commencée, mais dans laquelle il fera triompher la République et la Commune.

« *(Communiqué.)* »

Paris-Journal accompagne ce *Communiqué* des réflexions suivantes :

« Nous aurions pu nous dispenser de donner à ce *Communiqué* une publicité que nous ne lui devons pas, à moins que la Commune ne considère comme nulle et non avenue la Révolution du 4 septembre. Mais nous tenons à ne pas perdre une occasion de prendre le public pour juge entre nous et la Commune.

« Nos lecteurs ne nous pardonneraient certainement pas de répondre aux invectives anonymes qui partent d'un ministère dont personne ne soupçonnait l'existence. Bornons-nous donc à souhaiter que l'avertissement donné à *Paris-Journal* serve de leçon à nos confrères de la presse. Il est bien avéré aujourd'hui que le régime communal s'accommode fort bien des procédés de l'empire : nous n'en sommes encore qu'aux *communiqués* ; à bientôt sans doute les *avertissements* : à quand les suppressions ? »

LES MENUS DÉTAILS DE L'HISTOIRE.

ARRESTATION DU CITOYEN ASSI

Il n'y a pas huit jours encore, Assi, le fameux Assi du Creuzot et de l'Internationale, était président du fameux Comité central, dictateur suprême en quelque sorte ; c'est lui qui, assis dans un fauteuil plus élevé que ceux des autres membres du Comité et ressemblant à un trône, a proclamé jeudi la Commune du haut d'une estrade élevée sur la place de l'Hôtel-de-Ville.

Et depuis trois jours il est prisonnier dans un cachot de la Conciergerie. C'est par ordre de la Commune qu'il a été arrêté. Pourquoi est-il devenu suspect ? Comment est-il tombé si bas après s'être élevé si haut ? Nous ne savons, la Commune agissant surtout mystérieusement, comme le sombre tribunal des Dix à Venise, et n'ayant pas même jugé à propos d'annoncer cette arrestation.

(*La Liberté.*)

DÉLIVRANCE DU CITOYEN LULLIER

A l'heure en quelque sorte où le citoyen Assi entrait en prison, le citoyen Lullier en sortait.

Et il en sortait sans attendre un ordre de mise en liberté : il s'évadait.

Voici comment il raconte son évasion dans une lettre adressée au rédacteur en chef du *Mot d'ordre* :

« Mon cher Rochefort,

« Vous savez de quelle infâme machination j'ai été victime. Arrêté, sans motif, par ordre du Comité central, je me suis vu jeté au dépôt de la préfecture de police, et mis au secret, au moment où Paris a besoin d'hommes d'action et de praticiens militaires.

« Le dépôt est transformé en prison d'État, et

les précautions les plus rigoureuses sont prises contre les détenus.

« Néanmoins, suivi de mon secrétaire, j'ai trouvé l'occasion de franchir tranquillement le seuil de ma cellule, où j'étais gardé à vue, de passer deux préaux gardés par une douzaine de gardiens, de me faire ouvrir trois portes fermées et de me faire présenter les armes par tous les factionnaires de la préfecture. A cette heure, j'ai deux cents hommes déterminés qui me servent d'escorte, et trois bons revolvers chargés dans mes poches.

« J'ai eu trop longtemps la simplicité de voyager sans armes et sans amis; aujourd'hui je suis bien décidé à casser la tête au premier venu qui viendra pour m'arrêter. Je ne me cache pas, je circule librement et ouvertement sur les boulevards.

« Je vous serre fraternellement les deux mains.

« Votre ami dévoué,

« CHARLES LULLIER. »

LE CURÉ DE COURBEVOIE

Au plus fort de la bataille, lundi matin, à l'heure où les projectiles sifflaient de toutes parts, pendant que la mitraille faisait des ravages dans les rangs des fédérés, un homme, un modeste héros, un prêtre, le curé de Courbevoie, arriva sur le champ de bataille pour porter secours aux malheureux blessés.

Il allait de l'un à l'autre, relevant celui-ci, exhortant celui-là, prodiguant aux agonisants les consolations les plus touchantes.

De tous côtés, ceux qui souffraient s'écriaient à la fois :

— A moi, monsieur le curé, à moi !

Et le digne homme se multipliait pour courir vers ceux dont les souffrances paraissaient vouloir un plus prompt soulagement.

Après avoir parcouru une partie du champ de bataille, donnant à boire à l'un, aidant l'autre à s'asseoir, il commença la plus pénible besogne. Il prit sur son dos un blessé, l'installa le mieux qu'il put, et le transporta non loin de là, derrière une maison effondrée au-dessus de laquelle flotte le drapeau de l'Internationale, et où un chirurgien fait les premiers pansements.

Après avoir déposé son précieux fardeau, le bon curé retourne sous le feu au champ de bataille et ramène un deuxième blessé, puis un troisième... A l'heure où nous sommes forcé de revenir, le brave homme, accablé de fatigue, en était à son onzième voyage.

A Courbevoie et à Nanterre, il n'y a qu'un cri d'admiration pour ce prêtre digne et courageux.

SANGLANT QUIPROQUO

Un déplorable incident s'est produit, avant la fin de la retraite, à l'arrière-garde des fédérés qui venaient de prendre part à l'action.

A neuf heures, il restait à peine, aux abords du pont de Neuilly, 1,500 gardes nationaux appartenant à tous les bataillons. Ceux-là étaient les plus exaltés, les plus tenaces et parlaient de reprendre l'offensive.

Tout à coup, à cinq mètres au-dessous du pont, ils avisent une chaloupe qui, montée par quelques uniformes, se détache d'un bouquet de saules et marche lentement au fil de l'eau.

Un cri s'élève du sein du détachement :

— Ce sont eux : les voilà ! A mort ! à mort, les traîtres !

Tous les gardes descendent sur la berge, épaulent leurs fusils et attendent de leurs chefs l'ordre de faire feu.

— Ne tirez pas ! s'exclame l'un d'eux, en se mettant au-devant des coups, pour Dieu ! sachez au moins qui sont ces hommes avant de tirer sur eux.

Mais il n'est point écouté. On le repousse avec colère, et une vingtaine de fédérés, parmi lesquels dix ou douze garibaldiens, s'approchent à petite portée, et déchargent leurs armes sur les passagers de la barque.

Ces derniers, se voyant attaqués, font force de rames et s'en vont atterrir sur la rive opposée.

Nous les retrouvons quelques instants après sur la berge : ce sont des gardes nationaux, des fédérés ; une heure auparavant, ils ont fait route avec les hommes qui viennent de tirer sur eux, — sans les atteindre, du reste.

— Voyez ce que c'est, dit naïvement l'un d'eux, ce sont les gendarmes de Valentin qui, de l'autre rive, viennent de nous canarder.

Aucun d'eux ne suppose qu'il a eu affaire à ses camarades de combat !

LES TRAVESTISSEMENTS DE LA POLICE

Le *Père Duchêne* a tellement répété sur tous les tons que les *roussins* (la police) seuls prenaient part à l'action du côté de Versailles, que la plupart des bataillons fédérés sont fermement convaincus que dans les combats qu'ils ont eu à soutenir, ils n'ont eu affaire qu'à des agents de police déguisés.

Lundi, un garde national, de retour du champ de bataille, disait :

— Je n'aurais jamais cru qu'il pût y avoir tant de gendarmes et tant d'agents de police ; ils sont au moins soixante mille.

— Vous ne vous êtes donc battus que contre des agents de police et des gendarmes ?

— La belle demande ! oh ! je les ai bien reconnus, allez !

— Et comment étaient-ils habillés ?

— De toutes sortes de façons : les uns en chasseurs à pied, les autres en lignards, les autres en marins ; mais, c'est égal, je les ai bien reconnus. Ah ! les gredins !

Et voilà comment l'histoire faite par le peuple est toujours une légende.

LES THÉATRES INTRÉPIDES

Huit théâtres sur vingt-sept que Paris possède, restent ouverts en ce moment, ce sont : le Gymnase, le Vaudeville, les Variétés, le Palais-Royal, l'Ambigu, les Folies-Dramatiques, les Délassements-Comiques et Beaumarchais.

Eh bien ! on ne le croirait pas, quelques-unes de ces salles sont pleines tous les soirs.

Le théâtre des Folies-Dramatiques, particulièrement avec le fameux *Canard à trois becs*, continue sa vogue d'autrefois.

Le public est le même aussi ; on y retrouve les petits crevés et les blondes ardentes ; on y revoit le titi gouailleur et les immortels marchands de sucres d'orge et de pommes, de lorgnettes et de programmes, ainsi que les ouvreuses en uniformes venant offrir aux dames l'incommode petit banc.

Véritablement, nul ne se douterait que les événements d'un siècle se sont passés depuis six mois.

Rien n'a vieilli, rien n'a changé ; le goût du public est le même.

Le rire dans la joie ou dans le malheur est une nécessité pour nous. Du pain et des spectacles, demandaient les Romains ; c'est à peu près la même chose aujourd'hui.

Tous les théâtres autrefois subventionnés sont fermés, et, à part le Théâtre-Français, dont la réouverture a été plusieurs fois contrariée par les derniers événements, aucun d'eux ne songe à rouvrir ses portes.

— Les théâtres de Montparnasse, de Grenelle, des Batignolles et des Gobelins continuent leurs représentations avec succès. Celui de Montmartre seulement a interrompu les siennes depuis qu'un parc d'artillerie s'est établi dans son voisinage.

(*Petit Journal.*)

LES AMAZONES DE LA COMMUNE

On lit dans le *Rappel* :

Lundi, entre deux ou trois heures, passait, dans la rue de Rivoli, un cortége de plus de cinq cents femmes se tenant bras dessus bras dessous, agitant leurs mouchoirs aux cris de : Vive la République ! et se dirigeant vers la place de la Concorde.

Tambours et clairons marchaient en tête. On assurait qu'elles allaient à Versailles.

Plus tard, vers quatre heures et demie, à l'extrémité du pont de Grenelle (rive droite), on a vu arriver, du côté de Paris, une longue file de jeunes femmes du peuple, très-proprement vêtues, quelques-unes même avec chapeau et robe de soie noire, précédées d'un drapeau que tenait d'une main ferme une grande et forte fille, taillée sur le patron de la Liberté d'Auguste Barbier.

Elles étaient au moins une centaine, par quatre de front, avec un petit carré de drap rouge sur la poitrine. Une trentaine d'intrépides gamins d'une quinzaine d'années ouvraient la marche, chantant le *Chant du Départ*. Tout cela se faisait avec un sérieux et une gravité qui répondaient aux circonstances, et qui ne manquaient pas d'un effet original et touchant.

— Où allez-vous ainsi ? a demandé quelqu'un à une de ces vaillantes.

— Nous allons à Versailles ! a-t-elle répondu du ton le plus simple et le plus naturel, rejoindre nos maris.

LA MORT DE FLOURENS

Voici, d'après le *Gaulois*, dans quelles circonstances Flourens a été tué :

Vers quatre heures, les gendarmes du 2ᵉ régiment commencèrent des perquisitions dans le village de Chatou, lorsqu'un coup de feu partit d'une fenêtre de la maison d'un aubergiste nommé Ducoq, située à cent cinquante mètres environ du pont de Chatou.

Les gendarmes firent irruption dans la maison, et l'un d'eux, monté au premier, reçut une balle qui le blessa à l'épaule, au moment où il entrait dans une des chambres. C'était Flourens qui lui déchargeait à bout portant son revolver.

Alors le capitaine Desmarest s'élança sur Flourens et lui fendit la tête d'un coup de sabre.

Un jeune garibaldien, Pisani, l'officier d'ordonnance de Flourens, eut en même temps la cuisse traversée d'un coup de sabre, et on put le faire prisonnier.

Cet Italien, qui ne dit pas un mot de français, avait eu le temps de changer de vêtements. Il était en civil, ne portant qu'un képi de chef de bataillon. Quant à Flourens, il avait conservé son costume militaire. On s'est emparé d'un sac de nuit en cuir noir, qui se trouvait auprès d'eux, et dans lequel ils avaient apporté les vêtements destinés à se déguiser.

Le corps de Flourens a été transporté à l'hôpital de Versailles. Pisani est écroué à la prison.

LA MORT DU GÉNÉRAL DUVAL

Le général Duval, fait prisonnier à Châtillon, fut amené devant le général Vinoy. Celui-ci lui posa cette question :

— Si j'étais votre prisonnier, me feriez-vous fusiller ?

— Sans hésiter, répondit Duval.

Alors l'ordre d'exécution fut donné, et Duval tomba aux cris de : Vive la République ! Vive la Commune !

(*L'Opinion nationale.*)

EXTRAITS DE JOURNAUX ROUGES

La consigne est donnée sur toute la ligne : tous les journaux qui obéissent aux ordres ou aux inspirations de la Commune s'écrient en chœur et à l'envi, sans tenir le moindre compte des proclamations et des excitations de ces jours passés, que c'est Versailles qui a pris l'initiative de l'attaque.

LE MOT D'ORDRE.

Qui le supposerait? la bêtise des bombardeurs de Versailles est encore plus grande que leur scélératesse. Le principe de la Commune une fois admis, les hommes qui en faisaient partie pouvaient, dans une certaine mesure, donner lieu à discussion. Nous n'avons pas à le faire surtout à cette heure, nous avons entendu des citoyens de convictions solides répéter çà et là depuis les élections :

« Je suis certainement pour la Commune, mais je regrette qu'un tel en fasse partie. »

Après les preuves de folie furieuse que vient de donner le gouvernement d'outre-Seine en couvrant de ses boulets les abords de notre enceinte, il n'y a plus à notre avis de distinction à faire ou de revue rétrospective à essayer. Les gendarmes de M. Thiers ont rendu sacrés les hommes qui délibèrent à l'Hôtel de ville. Du moment où c'est sur eux que Versailles tire, c'est à eux que nous devons nous rallier. M. de Charette, qui se bat aux cris de : Vive le roi ! avec un cœur de Jésus brodé sur la poitrine, fait une situation exceptionnelle à ceux qui marchent contre lui avec un drapeau rouge aux cris de : Vive la République !

Les obstinations et les menaces des croquemitaines versaillais avaient déjà versé un vif intérêt sur les membres du Comité central, les coups de canon qui ont suivi sanctionnent l'autorité de la Commune. Singulière tactique que celle de gens qui, au lieu de diminuer leurs adversaires dans l'opinion publique, s'appliquent à en faire des héros et vont eux-mêmes leur agencer des auréoles autour de la tête.

La niaiserie des réactionnaires n'est, certes, pas ce qu'il y a chez eux de moins révoltant. Comment voulez-vous qu'un Français ait l'idée de remonter dans le passé d'un membre du gouvernement de Paris à l'heure où celui de Versailles lance contre lui le groupe obscène des anciens sergents de ville de Bonaparte? C'est toi-même, ô stupide Assemblée ! qui as ceint de la couronne civique les hommes de l'Hôtel de ville. En l'attaquant et en l'obligeant à combattre pour le suffrage universel contre les généraux en chrysocale qui ont livré à la Prusse nos provinces et nos milliards, tu en as fait non-seulement le boulevard de la liberté française et le porte-drapeau de la République ; mais tu as forcé à la reconnaître ceux mêmes qui lui étaient le plus hostiles.

Tant de naïveté mêlée à tant de gredinerie, c'est à ne pas croire !

HENRI ROCHEFORT.

LE CRI DU PEUPLE.

Ces bandits (les membres du gouvernement et les représentants du pays) se sont mis hors la loi.

Ils y resteront jusqu'à l'heure du châtiment.

Ils ont couvert d'obus un faubourg de cette ville, qu'ils ont vendue.

Ils ont mitraillé les citoyens qu'ils ont trahis.

N'ayant pu les déshonorer, ils les assassinent.

Ces bandits ont envoyé contre nous cette nuée d'assassins, toujours prêts au coup de couteau, pourvu que le coup soit payé : municipaux, gendarmes et mouchards, — et cette nuée d'assassins, sous la bannière des Charette et des Cathelineau, mitraille dans les rues les femmes et les enfants.

Ils ont hier, à Neuilly, haché à coup de boulets une pension de jeunes filles qui sortait d'une église.

Ils ont, — comme les Prussiens, — levé la crosse devant la garde nationale, et, lorsque la garde nationale, accourue à ce signal de paix, a tendu la main, ils l'ont fusillée à bout portant.

Ils ont attaché à la queue de leurs chevaux des gardes nationaux prisonniers, avant de les tuer à coups de crosse.

Ces misérables se sont mis hors la loi.

Ils veulent une couronne sur la tête d'un coquin, parce que les coquins couronnés savent payer toutes les infamies et tous les crimes, — surtout des plus immondes, — et cette couronne, ils viennent la ramasser dans le sang de tout un peuple.

Eh bien, non !... Ces coupe-jarrets royalistes ne parviendront jamais à enterrer tout ce peuple... Et tout ce peuple leur passera sur le ventre... à travers la mitraille de leurs canons....

Ce peuple ira les prendre à la gorge, à Versailles, en entraînant avec lui ces pauvres soldats, dont ils n'ont pu faire des bourreaux, et que leurs gendarmes ne peuvent faire marcher contre Paris, même à coups de sabre.

Nous serons cent mille, deux cent mille, un million .. Nous emmènerons nos femmes et nos enfants... Et, quoi que fassent ces bandits, ils n'auront jamais assez de mitraille pour trouer toutes ces poitrines-là... Derrière les tas de cadavres, il restera toujours assez d'hommes pour aller les clouer sur ces fauteuils de représentants qu'ils ont volés au suffrage universel.

Ces bandits se sont mis hors la loi... — En avant ! sus aux bandits !

JULES VALLÈS.

L'AFFRANCHI.

A VERSAILLES !

Le sort en est jeté.

Les misérables émigrés de Versailles ont engagé la lutte ; le sang français a coulé, versé par des mains françaises ; les chouans de Charette et de Cathelineau, unis aux mouchards de Bonaparte, sont venus jusqu'à nos portes attaquer à coups de fusil

L'abbée Deguerry, curé de la Madeleine, arrêté dans la nuit du 4 au 5 avril.

ceux qui ne demandaient qu'à leur ouvrir les bras.

De ces hauteurs mêmes, à peine évacuées par les Prussiens, des canons français menacent des femmes françaises: hier ils ont osé mitrailler Neuilly, hacher un pensionnat de jeunes filles.

Nous pouvons bien le dire à cette heure : jamais nous n'aurions osé croire à cet excès d'infamie.

Même après Ferrières, même après le plan Bazaine, même après le plan Trochu, même après le 31 octobre, le 22 janvier et le 18 mars, nous pensions qu'il resterait du moins à ces traîtres le peu qu'il faut de pudeur pour hésiter à bombarder à nouveau la grande cité encore saignante, et reculer frappés de respect devant les crevasses béantes de nos toits, devant les tombes à peine fermées de nos femmes et de nos enfants assassinés.

Mais les traîtres n'ont pas de pudeur.

Ceux qui ont vendu leur patrie n'hésitent pas à faire couler, pour satisfaire leurs misérables passions, jusqu'à la dernière goutte de sang qui lui reste.

Ils l'ont montré hier, les assassins, et si cette leçon est pour nous un réveil sinistre, elle doit être aussi un enseignement.

Paris, ce grand Paris d'où sort toute lumière et toute vérité, Paris a eu depuis dix jours une pensée d'égoïsme.

Blessé dans son orgueil par l'ingratitude rurale, humilié dans sa dignité de capitale et de cité initiatrice par la mesure qui le découronnait en transférant la représentation nationale à Versailles, il s'est enveloppé dans sa robe sanglante et un instant il a songé à s'isoler.

Que m'importent ces misérables! a-t-il osé dire à voix basse; faisons-nous libres et laissons à leur esclavage ces aveugles que la lumière ne peut toucher. Le temps est un grand maître, peut-être les guérira-t-il...

Et Paris a fait sa Révolution, et il a eu la faiblesse de l'appeler « municipale. »

Le canon d'hier vient à point pour l'arracher à ce rêve malsain.

Le canon d'hier vient lui rappeler que Paris ne peut pas s'isoler de la province, parce que, entre deux principes contraires, la Révolution et le privilége, il n'y a pas de conciliation possible.

La République ne peut pas siéger à Paris et la monarchie à Versailles : la République le voudrait que la monarchie ne le souffrirait pas.

Guerre à mort, donc. Constatons-le, c'est la monarchie qui a tiré la première.

Mais le sabre tiré, que Paris ne s'arrête plus.

Qu'il accepte jusqu'au bout la mission qui est son honneur et sa raison d'être, et devant laquelle un instant il a songé à se dérober.

Qu'il en finisse, d'un coup, avec ce passé impitoyable qui se dresse à chaque pas, menaçant et railleur en face de l'Avenir.

Qu'il écrase à jamais cette Réaction avide, à laquelle il abandonnait lâchement une proie, et qui ne s'en contente pas.

Qu'il ne recule devant rien pour assurer sa victoire, et s'il faut un stimulant de plus à son admirable ardeur, qu'il se dise ceci :

Ma victoire ne me délivre pas seul, elle délivre la France et le monde.

PASCHAL GROUSSET.

LE VENGEUR.

La Révolution voulait Paris libre dans la France libre.

La réaction a voulu Paris esclave dans la France esclave.

Versailles, d'un coup de canon, a délivré Paris et la France.

La trouée est faite. Paris sort du cercle où il s'était enfermé.

Le forceps réactionnaire a rompu le placenta communal. Paris en sort national, vivant dans son droit et sa force, capitale de la France, chef-lieu de la République française une et indivisible.

C'était fatal. Si la Révolution n'est pas sortie plus tôt de Paris; si elle n'a pas gagné Versailles et rayonné par toute la France, ce n'est pas manque de droit et de force... Elle a eu peur... peur de la guerre civile.

La réaction a eu plus de courage.

Elle le devait. Elle a attaqué. Et comment? Pourquoi ? Par qui ?

Elle a attaqué la première. Et comment? Par un guet-apens de police, par un gendarme corse offrant de se rendre pour mieux frapper.

Elle a attaqué par qui ? Par une armée de chouans... fusillant leurs prisonniers.

La Vendée sous les murs de Paris!

Les fils de ceux que nos pères chassaient dans les bois aux portes de Paris !

Et pour qui ? Toujours vive le roi !

Fils de 93, vive la République !

De quel droit ces loups de Basse-Bretagne attaquent-ils les civilisés? C'est moins une attaque qu'une injure. Cette guerre des fauves est une honte. Hoche rougissait de les vaincre même chez eux. Ce n'est pas une guerre, c'est une chasse. On ne sait quel sentiment on y éprouve, honte, colère ou douleur.

De quel droit les hommes de Versailles, qui crient à bas Paris, veulent-ils gouverner Paris ? Du droit national ! Eh bien ! Paris national leur crie à son tour : Vive la France !

Paris n'avait que deux voies devant lui : Paix ou guerre.

Il avait choisi la paix; Versailles a pris la guerre. Tant mieux pour la France et Paris.

L'ennemi a voulu défaire la Commune, il a fait la Nation.

Le coup de canon qui a tué des Parisiens a ressuscité les Français. Il a rompu l'enceinte. Il a donné à Paris le droit de conquête sur Versailles, le droit du belligérant.

Paris reprend ainsi son titre de capitale, sa place dans le firmament de la République, son cours de progrès et de lumière, de révolution glorieuse qu'il poursuit depuis un siècle, dans le ciel même de la nation.

Mais pour ce triomphe de Paris, il n'est pas même besoin d'aller à Versailles. L'union de Paris suffit. Que Paris fortifie sa Commune, qu'il complète ses élections ! A l'urne mercredi ! à l'urne et non à Versailles ! Paris vaincra Versailles dans Paris.

FÉLIX PYAT.

LA COMMUNE

La *Commune* se fait écrire par un témoin oculaire un compte-rendu de l'affaire de la veille où sont accumulées à plaisir les fables les plus fantaisistes.

Un de nos collaborateurs qui a assisté à toutes les péripéties du combat, nous adresse les notes suivantes sur l'abominable conflit dont il a été témoin :

Courbevoie-Neuilly, 2 avril 1871.

Oui, la guerre civile est commencée ; et cette fois, comme au 18 mars, comme toujours, ce sont les séides du pouvoir qui ont ouvert le feu. Le sang de la garde nationale a coulé avec abondance, la surprise et la trahison ont présidé à cette première journée néfaste ; que ce sang retombe sur ceux qui l'ont fait couler.

Voici les détails dont nous avons été témoin :

A neuf heures du matin, environ cent trente gardes des bataillons de Puteaux et de Neuilly étaient en vedette au pont de Neuilly. Tout à coup, les gendarmes, parmi lesquels figuraient un assez grand nombre d'anciens sergents de ville déguisés et les zouaves pontificaux de M. de Charette, ont ouvert un feu de mitrailleuses sur nos pauvres gardes nationaux, sans sommation, comme sans provocation aucune. Sur ces cent trente hommes, sept seulement sont restés debout ; cent vingt-trois donc sont couchés sur le carreau, les uns tués, les autres blessés.

Après ce premier exploit, les obusiers ont ouvert le feu sur les quelques gardes restés dans l'avenue de Neuilly et que cette attaque imprévue avait attirés. Un obus est venu frapper le haut de la maison de l'avenue de la grande armée portant le n° 79.

Cependant, la troupe de ligne, qui se trouvait au second rang, voyant ce qui se passait, a levé la crosse en l'air et a traversé le pont pour venir se ranger du côté des Parisiens ; ce que voyant, les gendarmes et les zouaves pontificaux ont tiré sur les derniers rangs et ont blessé plusieurs de ces malheureux soldats, qui ont été dirigés sur les ambulances.

Les gendarmes, se voyant abandonnés par la troupe et entendant accourir les bataillons de la garde nationale des postes les plus voisins, se sont repliés vers Suresnes. C'est alors qu'un brave zouave français qui faisait partie des bataillons de Neuilly et de Courbevoie, apercevant le colonel Valentin, le préfet de police de Thiers, le vise et le tue d'un coup de fusil, en lui criant : *Voilà pour le lâche assassin de nos frères inoffensifs !*

Au même instant, les artilleurs du Mont-Valérien, voyant ce qui se passait, ont pointé quelques pièces contre les gendarmes et les pontificaux, et les ont forcés à se mettre à couvert.

Tout ce que nous venons de dire a duré à peine l'espace d'une heure. Vers dix heures et demie, les bataillons de la garde nationale arrivent en foule. Une vingtaine de bataillons sont déjà massés de la barrière de l'Étoile au pont de Neuilly. Des canons ont été amenés avec des mitrailleuses en état, car celles qui se trouvaient là étaient hors de service et sans gargousses.

A midi des canons de gros calibre sont amenés de Vincennes et braqués sur le pont de Neuilly. A partir de cette heure, toute action a été suspendue.

De midi à quatre heures arrivent de nouveaux renforts en hommes et en artillerie. La foule est compacte et ne ménage pas ses expressions à l'endroit des cinq cents scélérats de Versailles qui veulent un roi, fût-ce au prix d'un déluge de sang.

A quatre heures et demie, une voiture couverte, suivie d'une nombreuse escorte de cavaliers, arrive au grand galop à la porte de Neuilly. Le nom de Garibaldi est acclamé par la foule. On salue un vieillard à barbe blanche, qui se met à la portière, et rend à la foule ses politesses. On apprend avec un visible désappointement que Garibaldi n'est point à Paris, et que son fils Menotti seul y est arrivé à cette heure. La voiture traverse rapidement le pont-levis et se dirige au galop vers le pont de Neuilly.

A cinq heures arrivent de nouveaux bataillons, parmi lesquels on nous signale celui de la Bourse.

On bat le rappel dans tout le côté ouest de Paris, à six heures les bataillons de Batignolles et de Montmartre arrivent en grand nombre avec vivres et munitions.

Voilà donc cette horrible guerre commencée. Voilà donc exaucés les vœux des infâmes ruraux. M. de Charette a enfin conclu son marché, le prix du sang a été convenu, sinon payé ; car il a promis à ses chouans pontificaux une forte prime par chaque garde national touché, à répartir au *prorata*. Voilà deux jours qu'ils guettent le moment propice de commencer l'attaque, ces braves défenseurs du trône et de l'autel. Leur Dieu se doit bien de leur accorder la victoire !

Nous ne savons ce que nous prépare la nuit. Mais l'indignation est à son comble, et un seul cri s'élève de la foule : A Versailles ! Vengeance !

Qu'on nous permette de terminer ce triste récit par une considération. Un seul assassinat ayant le vol pour motif a été commis à Paris depuis deux mois, et c'est un Breton d'Ille-et-Vilaine, ou *mobile breton-Trochu* qui l'a commis. Voilà, avec les sergents de ville déguisés en gendarmes, les défenseurs de l'ordre de Versailles.

LE PÈRE DUCHÊNE.

C'est la première fois que le Père Duchêne fait un post-scriptum à ses articles bougrement patriotiques.

Mais foutre de foutre !

C'est aussi que jamais le Père-Duchêne n'aura été si joyeux !

Oui, nom de nom !

Comme les affaires de la Sociale vont bien !

Et comme les jean-foutres de Versailles sont foutus plus que jamais !

Enfin tous les vœux du Père Duchêne sont comblés.

Et il peut dès à présent mourir !

Les battements de son cœur auront, pour la seconde fois en moins de quinze jours, salué la Révolution sociale triomphante !

Et savez-vous pourquoi le Père Duchêne est si content, bien qu'il y ait eu aujourd'hui une centaine de bons bougres de ses amis de tués ?

C'est que, malgré toutes les excitations des mauvais jean-foutres, nous avons été attaqués les premiers, par les hommes de Versailles.

Ce sont eux, — j'en appelle à ta justice, Histoire de l'an 79 de la République française ! — ce sont eux qui ont ouvert la guerre civile !

Il y a, il est vrai, des patriotes qui sont morts aujourd'hui pour le salut de la nation,

Gloire à eux,

La Nation est sauvée,

Et l'honneur de la race future est sauf comme le nôtre.

Nous baiserons vos plaies, ô patriotes qui êtes morts pour la Nation et pour la Révolution sociale,

Et nous nous souviendrons que la couleur du drapeau rouge a été rajeunie dans votre sang !

LES FAITS DIVERS

La Commune a décidé que la table *publique*, ouverte à l'Hôtel de ville depuis le 18 mars, à tous les amis et connaissances des membres de la Commune et du Comité, serait dorénavant supprimée.

Il paraît que ces invités de la dernière heure, dont le nombre croissait de jour en jour, faisaient par trop honneur au banquet permanent qui leur était offert. (*le Soir*.)

Les perquisitions à domicile, en vertu d'ordres donnés par la Commune, s'opèrent sur une vaste échelle. Les bureaux de M. Laloue, banquier, rue de la Chaussée d'Antin, 23, ont été visités hier, rapporte le *National*, par des envoyés du Comité, et certains papiers qui s'y trouvaient, saisis et transportés à l'Hôtel de ville. Les scellés ont été apposés sur les caisses de la Compagnie d'assurances la *Mutuelle*, rue Castiglione, 14, au grand émoi des voisins, tenus toujours en éveil par les barricades de la place Vendôme.

A l'hôpital de la Charité, les gardes nationaux du Comité ont fait main basse hier sur une somme de mille cinq cents francs qui se trouvait dans la caisse de cet établissement hospitalier.

On s'est présenté chez le caissier de la *Vie parisienne*, qui a cependant suspendu sa publication depuis le 10 septembre, et un serrurier a été requis pour forcer la caisse. Heureusement, il a déclaré ne le pouvoir, ce qui a épargné un délit inutile, la caisse étant probablement vide.

Un autre fait s'est passé chez un boucher du Faubourg-du-Temple. Quatre-vingts gardes nationaux sont venus lui demander deux cent quarante kilogrammes de viande.

Le boucher leur en a accordé vingt, a reçu en échange un bon sur la Commune, a été le présenter et a obtenu purement et simplement de le faire timbrer, un peu au hasard sans doute, d'un timbre *de l'assistance publique*.

Dans la journée d'hier, un bataillon de la garde nationale remontait le faubourg Saint-Honoré; un certain nombre de gardes nationaux envahirent la boulangerie située au n° 40, et demandèrent à la femme qui était seule dans le comptoir de leur livrer son pain.

Celle-ci s'y étant nettement refusée, un lieutenant et un capitaine lui mirent le revolver sur la gorge, et elle dut céder à la force : alors le capitaine lui griffonna une sorte de bon d'une écriture illisible.

Un mandat d'amener est lancé par le Comité de sûreté générale contre le citoyen Ulrich de Fonvielle, de sorte que les trois frères sont activement recherchés par le Comité.

Le citoyen Lebeau, l'adversaire du citoyen Longuet, arrêté depuis quelques jours, est tenu au secret le plus strict.

Des gardes nationaux, dociles aux excitations du Comité, ont couché en joue un vénérable prêtre qui passait rue Mazeran, et voulaient l'entraîner. Heureusement, des femmes courageuses se sont interposées. Elles firent descendre l'ecclésiastique d'une charrette où on l'avait hissé, et l'escortèrent jusqu'à la maison des sœurs qui sont en face de l'hospice des Enfants malades.

Devant l'attitude énergique de ces braves femmes du peuple, les gardes nationaux finirent par s'éloigner, et bientôt le vénérable vieillard put reprendre son chemin sans être autrement inquiété.

Une disette nous menace. Le tabac va manquer. Hier soir, dans la rue des Martyrs, un débit a dû fermer. Son approvisionnement était épuisé, et on n'avait pu se procurer de nouvelles marchandises.

Tous les timbres-poste ont été emportés à Versailles.

Leur valeur se montait à deux millions. Or, les bureaux de Paris n'en possédant pas un, les employés renvoient chez les marchands de tabac, qui en tiennent en réserve, ou, comme au vieux temps, affranchissent nos correspondances avec un signe tracé à la plume.

Le nouveau directeur des postes a quelque peine à réorganiser son administration.

Ainsi, le bureau du chemin de fer de l'Ouest, situé rue d'Amsterdam, qui cependant est un bureau principal, ne compte qu'un employé remplissant à lui seul les fonctions du chef, du sous-chef et des quatre commis absents.

Malgré cette lourde besogne, cet intrépide citoyen nous a assuré que les lettres pour les départements partiraient aujourd'hui. Seulement il lui a été impossible de nous procurer un timbre de 20 centimes. — M. Rampont, a-t-il dit, a tout emporté en s'enfuyant à Versailles.

(Paris-Journal.)

A cinq heures du soir, hier, il y avait à la porte du télégraphe, rue de Grenelle, foule et queue d'aspirants aux emplois annoncés ; à la même heure, M Pauvert, le directeur général *pour la Commune*, arrivait en calèche découverte à deux chevaux ; il portait un splendide uniforme bleu de ciel, agrémenté de cinq galons d'argent disposés en torsades.

La foire aux jambons a ouvert ce matin à huit heures. Triste ouverture !

Au lieu des six cents boutiques qui s'allongeaient les années précédentes sur le boulevard Richard-Lenoir jusqu'à la rue Saint-Sébastien, nous en avons compté une cinquantaine, et assez pauvrement approvisionnées.

Quant aux petits marchands étalagistes qui s'établissaient ordinairement depuis la rue Saint-Sébastien jusqu'au fond du faubourg du Temple, ils sont beaucoup plus rares que dans les rues et sur les places publiques.

Hier matin, le premier train venant de Versailles à Paris a été criblé de balles lors de son passage à la gare de Sèvres.

Les voyageurs ont dû placer les coussins devant les vitres pour éviter d'être blessés par les balles.

On se battait dans la gare même. Les gendarmes de la garde républicaine qui occupent ce poste depuis plus de huit jours, s'y sont défendus avec vigueur. Nous ne savons pas encore à qui est resté l'avantage.

Il ne reste plus aujourd'hui aucune communication entre Paris et Versailles, même par Rueil et Saint-Germain. Hier encore, le chemin de fer de la rive gauche (gare Montparnasse) fonctionnait ; mais, depuis ce matin, tous les trains sont supprimés, par ordre du colonel Henry, chef d'état-major.

Les omnibus allant de la Madeleine à la Bastille ont cessé de circuler hier à quatre heures de l'après-midi.

Plusieurs voitures avaient été prises un moment auparavant à la place du Château-d'Eau, pour faire des barricades.

Par ordre de la Commune, les bâteaux-mouches qui font le service de la Seine, jusqu'au Point-du-Jour, ont dû cesser de circuler, à partir de quatre heures de l'après-midi.

Les faits divers suivants sont, ainsi qu'il est aisé de s'en apercevoir, extraits des différents journaux enrôlés sous le drapeau de la Commune.

Les troupes mises en ligne hier par Versailles sont évidemment celles sur lesquelles le triumvirat Thiers-Favre-Ducrot comptait le plus.

Or, toutes celles qui ont pu passer l'eau sont venues fraterniser avec leurs frères parisiens.

Nous avons, nous-mêmes, compté plusieurs centaines de soldats qui se sont ainsi ralliés à la République et qui ont passé la Seine à la nage ou en bateaux, à travers la grêle des balles policières, pour ne pas servir la cause infâme des traîtres de Sedan, de Metz et de Paris.

L'un d'eux nous racontait que les gendarmes de Valentin, pour les pousser à égorger leurs frères de Paris, avaient été jusqu'à les menacer du sabre et du revolver.

Les communes suburbaines font à l'exemple de Paris, leurs révolutions municipales au nez et à la barbe des ruraux et malgré les gendarmes.

L'autre jour c'était Boulogne qui nommait une Commune ; aujourd'hui, Chatou et Puteaux viennent d'en faire autant.

Il paraît que les Bretons ne sont pas aussi nombreux à Versailles qu'on veut bien le dire. Seules, les troupes commandées par Cathelineau et Charette sont bretonnes ; on compte également quelques officiers réactionnaires qui servaient à Paris pendant le siège. Ces messieurs n'ont pu rallier que de faibles forces dans leur pays ; on nous assure même que les mobiles des Côtes-du-Nord ont refusé de marcher et d'écouter leurs chefs. Par contre, Valentin a fait habiller nombre de policiers en mobiles.

Le gouvernement de Versailles, du reste, produit chaque jour nombre de métamorphoses de ce genre. Nous apprenons à la gare du chemin de fer du Havre que deux gendarmes ont été tués, l'avant-dernière nuit dans une reconnaissance offensive de la troupe de Versailles.

Des escadrons ont attaqué les avant-postes parisiens.

Une fusillade a tué deux gendarmes et fait fuir les autres.

Et d'après des gardes nationaux de faction près des corps, les papiers trouvés sur les gendarmes auraient prouvé bien clairement que c'étaient d'anciens agents de police.

Après les deux détachements du 18ᵉ régiment de ligne, en garnison à Versailles et qui sont arrivés hier et avant-hier à Paris avec armes et bagages, et qui se sont mis à la disposition de la Commune, nous avons à enregistrer la noble conduite du 2ᵉ régiment de zouaves.

Ce régiment s'avança pendant la nuit jusqu'aux portes de Paris. Arrivés aux remparts, ils s'arrêtent un instant, et s'adressant à leurs officiers : « Entrez-vous avec nous, leur dirent-ils ; pour nous, il nous est impossible de tirer sur les braves Parisiens qui, pendant six mois, ont tenu les Prussiens en respect. — Nous pensons comme vous, dirent les officiers ; en avant, marche ! et vive la République et la Commune de Paris. »

Un parlementaire se présente au poste, et la troupe tout entière rentre dans Paris aux acclamations des gardes nationaux de garde aux portes de la ville.

Voilà pourquoi depuis deux jours on voit circuler tant de zouaves dans Paris.

Et les journaux de l'ordre rural nous vantent sans cesse la discipline et les bonnes dispositions de l'armée de Versailles, de son respect et de son dévouement à l'Assemblée.

C'est Charette qui ne serait pas content s'il voyait cela comme nous venons de le voir ! Le 78ᵉ bataillon de la garde nationale compte dans ses rangs *deux zouaves pontificaux ;* vous avez bien lu : deux zouaves pontificaux.

Le gouvernement de Versailles aurait bien voulu désorganiser l'octroi comme le reste.

Les employés de l'octroi ont reçu l'ordre de se rendre sans retard à Versailles, et, pour leur donner envie d'obéir, on les avisait que, dès leur arrivée, il leur serait payé un mois d'appointements d'avance.

Cette tentative de corruption n'a pas réussi sur ces braves gens ; ils ont répondu qu'ils appartenaient à la ville de Paris, et qu'ils resteraient à leur poste.

Le *Cri du peuple* donne les curieux détails suivants :

Les membres de la Commune, revêtus de l'écharpe rouge frangée d'or, ont pris part aux combats.

Dans les rangs du 61ᵉ bataillon combattait une femme énergique. Elle a tué plusieurs gendarmes.

Du reste, beaucoup de femmes marchent à côté de leurs maris. Parmi elles, nous remarquons la citoyenne Eudes.

L'*Affranchi* publie « en dernière heure » la dépêche suivante :

« Les gardes nationaux commandés par le général Duval sont maîtres de toutes les positions de Châtillon.

« Les tranchées occupées le matin par les gendarmes versaillais, le sont à cette heure par les gardes nationaux parisiens, qui couchent sur les positions conquises. »

Dans sa troisième édition, mise en vente assez avant dans la soirée, la *Montagne*, rédigée par le citoyen Gustave Maroteau, publie en tête de ses colonnes, la dépêche suivante :

VICTOIRE !

Le général Duval et le général Eudes sont à Meudon et à Châtillon.

La garde nationale se bat avec enthousiasme.

La ligne, placée entre la gendarmerie et l'artillerie par les généraux de la honte, lève les crosses et fraternise avec le peuple.

Vive la République !
Vive la Commune !

LE MONT-VALÉRIEN EST A NOUS !

Flourens marche sur Versailles.

Une affiche apposée à la porte du onzième arrondissement annonce que la garde nationale de Paris est entrée à Versailles.

Selon le *Mot d'ordre*, l'Assemblée s'est enfuie de Versailles à l'approche de l'armée victorieuse de la Commune, pour se réfugier, selon les uns, à Rennes, selon les autres, dans la forteresse du Mont-Valérien.

La journée du Mardi 4 avril

JOURNAL OFFICIEL

PARTIE OFFICIELLE.

Paris, le 3 avril 1871.

La Commune de Paris,
En raison des opérations militaires engagées,

ARRÊTE :

Article premier. Les élections communales précédemment fixées au mercredi 5 avril sont ajournées.

Art. 2. Le jour du scrutin sera indiqué aussitôt que le permettra la situation faite à Paris par l'attaque du gouvernement de Versailles.

La Commune décide :

Les citoyens Duval, Bergeret et Eudes, retenus loin de Paris par les opérations militaires, sont remplacés à la Commission exécutive par les citoyens Delescluze, Cournet et Vermorel.

Le citoyen Cluseret est délégué au ministère de la guerre.

Les citoyens Blanchet et Géresme sont délégués à la Commission de justice.

Aux citoyens Bergeret, Duval et Eudes.

Citoyens,

Nous avons l'honneur de vous prévenir qu'afin de vous laisser toute liberté pour la conduite des opérations militaires qui vous sont confiées, la Commune vient d'attribuer au général Cluseret la direction de l'administration de la guerre.

L'Assemblée a estimé que, dans les graves circonstances où nous sommes, il importait d'établir l'unité dans les services administratifs de la guerre.

La Commune a également jugé indispensable de vous remplacer provisoirement à la Commission exécutive, dont votre situation militaire ne vous permet plus de partager les travaux.

Nous n'avons pas besoin d'ajouter qu'en prenant cette double décision, la Commune est aussi éloignée de vous désobliger que d'affaiblir l'intérêt de votre situation comme chefs de corps. Vous n'y verrez que les conséquences des nécessités du moment.

Salut et fraternité.

Paris, le 3 avril 1871.

Les membres de la Commission exécutive,
CH. DELESCLUZE, FÉLIX PYAT.

Colonel Bourgoin à Directeur général.

3 avril, 11 h. 20.

Bergeret et Flourens ont fait leur jonction : ils marchent sur Versailles. Succès certain.

---

3 avril, 2 h.

Vers quatre heures du matin, les colonnes commandées par le général Duval et le colonel Flourens ont opéré leur jonction au rond-point de Courbevoie. A peine arrivées, elles ont essuyé un feu nourri ouvert par le Mont-Valérien.

Les troupes se sont abritées derrière les murs et les maisons. Ainsi garanties, les commandants ont pu organiser un mouvement qui a complétement réussi, et les deux colonnes ont pu franchir les lignes et se mettre en marche sur Versailles.

Le général Bergeret, en tête de ses troupes, les a entraînées au cri de *Vive la République !* et a eu deux chevaux tués.

Le feu de l'armée de Versailles ne nous a occasionné aucune perte appréciable.

La réaction monarchique est sans pitié. Hier elle attaquait Neuilly ; aujourd'hui Vanves et Châtillon.

Heureusement qu'averties à temps, nos forces ont pris une vigoureuse offensive et repoussé l'ennemi sur toute la ligne.

L'ennemi a été rejeté sur les hauteurs de Meudon, et une reconnaissance hardie a été poussée jusqu'à Bougival.

3 avril 1871.

La Commission exécutive,
BERGERET, EUDES, DUVAL, LEFRANÇAIS, FÉLIX PYAT, G. TRIDON, E. VAILLANT.

Ordre est donné à tous les inspecteurs et vérificateurs des halles et marchés de Paris, de délivrer les bordereaux aux caissiers-facteurs pour qu'ils puissent opérer leurs versements à la délégation des finances (ministère des finances.)

Tout fonctionnaire qui ne se conformera pas au présent arrêté, dans quarante-huit heures, sera révoqué.

Seront poursuivis comme concussionnaires ceux qui auraient détourné une partie quelconque des ressources de la Commune.

Les membres de la Commune délégués aux finances,
FR. JOURDE, E. VARLIN.

Sur sa demande, le citoyen Lefrançais cesse de faire partie de la commission exécutive de la Commune.

Il appartient, dès ce jour, à la commission du travail et de l'échange.

DIRECTION GÉNÉRALE DES POSTES.

La situation que nous ont faite les fonctionnaires qui ont abandonné la direction des postes en emportant argent, timbre et matériel, nous oblige à prévenir le public que nous ne pouvons payer que les mandats de Paris pour Paris et postérieurs à la date du 29 mars.

Les citoyens porteurs de mandats autres que ceux indiqués ci-dessus comprendront qu'il nous est impossible de leur en solder le montant, l'administration de Versailles détenant entre ses mains les sommes qui devaient servir à cet effet.

Le service pour la levée et la distribution des lettres dans Paris sera complétement rétabli à partir d'aujourd'hui.

Paris, le 3 avril 1871.

L'administration prévient le public que jusqu'à nouvel ordre il ne sera délivré aucun mandat pour envoi d'argent et valeurs dans les départements ou à l'étranger.

En ce qui concerne Paris, le service est complétement rétabli dès aujourd'hui.

Le public est prévenu qu'à partir de ce jour mardi, 4 avril 1871, les dépêches de Paris à destination des départements et de l'étranger seront régulièrement expédiées.

La dernière heure des levées des boîtes de quartiers est fixée à sept heures du soir.

Toutes les correspondances laissées en souffrance dans les boîtes de Paris depuis le départ de l'administration pour Versailles, ont été expédiées dès ce matin.

Paris, le 4 avril 1871.

Le Directeur général des postes,
A. THEISZ.

(Ici le communiqué adressé à *Paris-Journal* et relaté plus haut. Voir à la page 277.)

Tous les jours, assemblée des membres de la Commune, à dix heures du matin. Les membres de la Commune sont en permanence à l'Hôtel de ville, dans leurs commissions respectives.

La Commune a décidé que, vu la situation où le gouvernement de Versailles l'a placée, il n'est pas possible de procéder en ce moment aux élections partielles qui devaient avoir lieu mercredi, par suite de démissions ou d'options.

Le jour des élections sera ultérieurement indiqué.

PARTIE NON OFFICIELLE.

Paris, le 3 avril 1871.

La Commission provisoire déléguée à l'administration communale du 1ᵉʳ arrondissement aux habitants du 1ᵉʳ arrondissement.

Citoyens,

Dans les circonstances critiques que nous traversons, au moment où le devoir civique de tous doit être à la disposition de la Commune, des traîtres, des lâches et des peureux, obéissant ouvertement ou secrètement aux ordres liberticides du gouvernement de Versailles, cherchent et emploient tous les moyens d'augmenter le désordre dans lequel une administration félone et concussionnaire a laissé tous les services publics.

La mairie du premier arrondissement a été abandonnée.

La Commune a toute l'énergie révolutionnaire nécessaire pour la réorganisation et l'installation de toutes choses. Elle pourvoit d'abord au remplacement des hommes criminels qui, complices de la réaction, ont abandonné systématiquement leur poste, ne sachant que fuir après avoir sollicité vos suffrages, brigué les honneurs et les emplois.

En conséquence,

La commission exécutive de l'Hôtel de ville a demandé aux comités de cet arrondissement de lui indiquer les citoyens auxquels elle pourrait momentanément confier le soin des intérêts collectifs de nos quartiers.

Choisis sur la liste présentée à la Commune, nos noms ont été indiqués pour former une commission municipale.

En attendant qu'une élection nous en relève, nous acceptons les devoirs de ces fonctions. Nous travaillons à remédier aux désordres incroyables de la mairie abandonnée, et dès demain, après que nous aurons séparé, au moyen de constatations auxquelles nous faisons procéder par huissiers et commissaires de police, en présence des officiers de la garde nationale, notre responsabilité de celle des gens que nous venons de remplacer, tous les services municipaux seront organisés et élargis selon les circonstances et les besoins publics.

Paris, le 3 avril 1871.

Les membres de la commission municipale du 1ᵉʳ arrondissement,

Docteur PILLOT, NAPIAS-PIQUET, TOUSSAINT, WINANT, TANGUY, JOLY, SALLÉE.

La Délégation communale du 1ᵉʳ arrondissement à ses administrés.

Citoyens,

Dans les circonstances solennelles où nous nous trouvons, il est du devoir de tout bon citoyen de faire acte de patriotisme et de courage civique en s'offrant spontanément à faire partie des bataillons de gardes nationaux fédérés.

La loi nous autorise à vous y forcer.

Nous ne voulons pas recourir à la force.

Nous voulons simplement faire appel à votre honneur, à votre patriotisme, persuadés que nous serons entendus et compris par tous ceux qui ont un cœur généreux.

Nous ne voulons pas faire appel aux lâches, ni à ceux que vingt années d'Empire ont gangrené jusqu'aux sentiments les plus nobles qui caractérisent l'homme : les sentiments de liberté.

Vous ne voulez pas plus que nous vous donner un maître. Vous voulez vivre libres et participer à la régénération de notre malheureuse patrie.

Ne poussez donc pas à la décadence notre malheureux pays. En tout temps, l'abstention et l'indifférence sont coupables. Aujourd'hui sachez que ce sont des crimes.

Citoyens, formez vos bataillons ! Fédérez-vous sans retard ! Unissez vos efforts contre le danger commun. Rappelez-vous que nous avons combattu ensemble côte à côte contre le Prussien, et sachez que tous les généraux lâches et perfides qui nous ont trahis, vendus à la Prusse, ne méritent ni pitié ni pardon, pas plus que les vils sicaires de l'Empire,

Monseigneur Darboy et des vicaires interrogés par Raoul Rigault, à l'ex-préfecture de police. (Voir page 294.)

Paris, le 3 avril 1871.

La délégation communale provisoire du 1ᵉʳ arrondissement :

Docteur PILLOT, NAPIAS-PIQUET, TOUSSAINT, WINANT, TANGUY, JOLY, SALLÉE.

Hier, à deux heures de l'après-midi, un détachement du 234ᵉ bataillon des 4 compagnies de guerre, des gardes nationales de la Seine, composé d'environ 150 hommes, avait été placé en avant-poste, la veille au soir, au village du Moulinot, près Bas-Meudon. Après une nuit calme et une matinée tranquille, il fut tout à coup surpris de voir des reconnaissances successives, faites par la gendarmerie de la Seine et les chasseurs à cheval en garnison à Versailles ; ces derniers commencèrent bientôt par attaquer une patrouille envoyée en reconnaissance, commandée par le sous-lieutenant Berge, de la 1ʳᵉ compagnie du 234ᵉ bataillon ; cet officier, voyant la nécessité de se mettre en état de défense, se replia sur sa faible grand'garde, et quelques minutes après, ce détachement, commandé par le capitaine Deneuviller, fut attaqué vivement par un nombre bien supérieur composé d'environ 800 hommes, gendarmes et chasseurs à cheval de Versailles.

Les officiers ainsi que les gardes de ce faible détachement ont déployé la plus grande énergie dans ce combat inégal ; ils ont repoussé l'attaque en infligeant des pertes sensibles à l'ennemi.

Malheureusement ils ont eu deux morts, quatre blessés, plus un homme disparu. La résolution prise par ce faible détachement est de venger la mort des malheureux frères tombés glorieusement dans un combat inégal en nombre, après avoir soutenu une fusillade bien nourrie pendant 40 minutes ; aussi attendent-ils avec impatience le moment de retourner au feu, au cri de : Vive la République ! Mort aux traîtres de la guerre de 1870 et 1871 !

Paris, le 3 avril 1871.

Le capitaine commandant par intérim le 234ᵉ bataillon,

DENEUVILLER.

Approuvé :
Le chef de bataillon,
VILLAUME.

Rien à reproduire dans le reste de l'*Officiel*, si ce n'est la note prétendue authentique, que voici, insérée parmi les faits divers :

« Dans une des livraisons des papiers secrets trouvés dernièrement au château des Tuileries se trouve le récit suivant, extrait du registre officiel de la police secrète de Paris, et qui ne manquera pas de piquer la curiosité de nos lecteurs :

« La maison du n° 10, rue Saint-Antoine, au troisième étage, est occupée par madame de Montijo, dite comtesse de Téba, avec sa fille Eugénie. — Madame de Montijo est la veuve d'un réfugié espagnol, M. de Montijo, comte de Téba. — Ce titre de comte n'est pas reconnu. Madame de Montijo vit en France avec sa fille. — Elle est allée en Angleterre, d'où elle est revenue en France. Elle a fait un second voyage en Espagne, puis elle est encore revenue à Paris.

« En 1825, elle habitait Chaussée-d'Antin, 8. Elle y tenait de petits cercles de femmes galantes et de vieux roués. — La police en fut informée.

« En 1828, ses dettes la forcèrent à retourner en Angleterre ; elle laissa sa fille dans une pension.

« Jusqu'en 1836, point de rapports.

« En novembre 1838, elle revint à Paris, où elle fut observée par la police pendant six semaines.

« Trois ans se passèrent sans rapports de police. Mais en 1842, tentative de suicide du caissier Henri, dans la demeure de ladite comtesse de Montijo, soupçonnée de tenir une maison de jeu.

« Sa fille Eugénie est la cause d'une rencontre entre le colonel Sourvilliers et le capitaine Flansout.

« Le capitaine de police Nocé rapporte que madame de Montijo n'a pas de moyens d'existence avoués, et qu'elle entretient des relations avec des officiers retraités, déjà sur l'âge, jouissant de grandes fortunes et de mœurs légères. — Il y a du confort dans sa maison. — Elle paye 1,800 francs de loyer.

« Sa fille Eugénie, beauté blonde et d'une tournure fine, a beaucoup d'adorateurs. »

PHYSIONOMIE DE PARIS.

AUX REMPARTS DU SUD

A neuf heures (mercredi 4), les fortifications du sud depuis le bastion 85 jusqu'au Point-du-Jour, sont encombrées de spectateurs anxieux, que les sentinelles insuffisantes ne peuvent plus écarter et laissent là, même par respect pour leur inquiétude trop légitime. Ce sont des vieillards, des femmes et leurs enfants. Ces combats les frappent dans ce qu'ils ont de plus cher, et ils en suivent les péripéties sans pouvoir s'arracher à ce triste spectacle jusqu'au moment où la rentrée des bataillons les ramène au foyer.

On voit ces malheureuses femmes, ces mères, ces épouses, ces enfants, ces vieillards, l'œil en larmes ou bien le regard fiévreux, se dresser sur les banquettes du bastion, et hissés sur la pointe des pieds contre la crête, sur la plongée, tomber, par moment, de fatigue et d'inquiétude, avec des attaques de nerfs, des évanouissements, triste résultat de l'interminable attente le jour et la nuit.

Sur les points élevés de l'enceinte où se dressent

des amas de terre pour la mise en état de défense, on les voit encore, plongeant sur le fossé, à deux doigts de la ligne droite de l'escarpe, insoucieuses de l'abîme qui se précipite sous leurs pieds et inspirant bien plutôt de l'envie aux curieux qui n'ont pas su prendre place sur ces crêtes croulantes.

AU POINT-DU-JOUR

Au pont du Point-du-Jour, toute cette masse de curieux est assise et même debout sur les parapets. Sur les remblais très-hauts dressés du chemin de fer de Ceinture, à partir de Vaugirard, s'étagent des familles entières des environs. Les maisons sont presque toutes désertées, et tous les hommes sont ou au repos chez eux, après trente heures passées aux avant postes, ou revenus sur le terrain de la lutte, qui ne varie plus guère du côté du Sud, puisqu'à partir d'Issy jusqu'au Mont-Valérien, toute rencontre est désormais inefficace ou impossible.

AU TROCADÉRO

Sur le Trocadéro, toute une population s'est établie, qui s'acharné aussi à suivre sans péril, la lorgnette à l'œil, ce spectacle sanglant. Ce sont de simples curieux. Les parents, les familles qui ont, aux forts et aux avant-postes, des amis dévoués, des pères, des frères, des fils, se tiennent par instinct sur les crêtes de Montmartre, de Belleville et de Ménilmontant, d'où, par-dessus tout Paris, on domine tout l'immense champ de combat jusqu'à la crête la plus élevée des hauteurs de Bicêtre, Hautes-Bruyères, Châtillon, Meudon, Saint-Cloud. Sur la rive gauche, les familles sont toutes sur les bastions. (*Le Temps.*)

ENTERREMENT DU COMMANDANT HENRY

Vers deux heures de l'après-midi, le boulevard des Italiens est mis en émoi par le passage d'un splendide cortège funéraire.

Cinq ou six bataillons de garde nationale, avec chacun sa musique en tête, enseignes et drapeaux déployés, le canon de fusil tourné vers la terre, escortent lentement un char funèbre.

Les tambours, couverts d'un crêpe noir, font entendre de lugubres roulements; les clairons jouent une marche militaire appropriée à la cérémonie.

En un clin d'œil les boulevards se remplissent de monde; des milliers de têtes apparaissent aux fenêtres.

Les fédérés enterrent un de leurs commandants, le commandant Henry, frère du général chef d'état-major.

Son frère, que l'on disait prisonnier, marche en tête du convoi, ainsi que son ami le général Bergeret.

Le commandant Henry a été tué à Rueil, par un obus lancé du Mont-Valérien.

Le cortège, parti de la place Vendôme, traverse la place de l'Opéra, suit la rue Halévy, la rue de la Chaussée-d'Antin, la place de la Trinité, la rue de Clichy, le boulevard de Clichy et l'avenue du cimetière du Nord.

Auprès du cimetière Montmartre, on fait une ovation funèbre au défunt. Les képis s'agitent aux cris de : « *Vive la Commune! Vive la République!* »

Les gardes nationaux qui n'ont pas de bouquets d'immortelle en achètent.

Sur la fosse, trois discours sont prononcés, le premier long, très-énergique, très-accentué et très-applaudi, par Jules Vallès.

Après le rédacteur du *Cri du peuple*, Tibaldi, avec son costume arménien, sa longue barbe blanche, s'avance près du mort et prononce une courte oraison funèbre, qui se termine par ce cri : « Vive la République universelle ! »

Le général en chef des forces fédérées, Bergeret, a voulu prononcer aussi quelques paroles, mais, soit manque d'éloquence, soit émotion, il n'a pu terminer son allocution.

La fin de son discours a été couverte par le bruit des coups de fusil tirés sur la tombe du commandant.
(*La Liberté.*)

AUX CHAMPS-ÉLYSÉES

L'aspect de Paris a été, pendant toute la matinée, d'un calme qui contrastait avec l'animation de la veille.

Il n'y a presque personne dans l'avenue des Champs-Élysées.

Quelques groupes seulement autour de l'Arc-de-Triomphe et aux abords des portes Maillot et de Neuilly.

Celles-ci sont gardées par un fort piquet de fédérés.

Cinq ou six canons sont rangés de chaque côté. Un pont-levis est levé, mais la consigne est des plus sévères. Nul ne passe. Vainement invoque-t-on des motifs sérieux. Plusieurs personnes qui habitent au delà de l'enceinte murmurent de ne pouvoir rentrer chez elles, et ne se font pas faute d'insulter les gardes nationaux.

Ceux-ci reçoivent injures et quolibets avec la plus superbe indifférence. Ils ont tous l'air bien fatigué. La plupart ne peuvent ouvrir les yeux. Il y a trois nuits qu'ils n'ont dormi et qu'ils ne se sont reposés.

LES RUES

C'est durant le cours de l'après-midi seulement que quelques groupes ont commencé à se former dans les rues, jusqu'là calmes et silencieuses. La nouvelle de la mort de Flourens défrayait beaucoup de conversations.

Vers six heures, on aperçoit sur le boulevard Montmartre un zouave pontifical.

Il est l'objet d'une attention curieuse et ne tarde pas à être entouré. C'est un tout jeune gars, qui porte le fez sur l'oreille avec une crânerie d'allures devant laquelle s'extasie plus d'une bonne d'enfants.

LES CONVOIS DE VIVRES

Au même moment, des omnibus descendent vers la Madeleine, conduits par des cochers gardes nationaux; l'intérieur est rempli de pains de quatre livres; c'est le ravitaillement des troupes d'avant-postes ou de combat, qui toutes, paraît-il, sont harassées.

DANS LES GROUPES

On se raconte des traits de bravoure qui font frémir quand on songe que ce sont des Français qui les ont accomplis contre des Français; car il paraît que si des bataillons ont lâché pied et se sont débandés devant les troupes régulières, d'autres se sont battus avec un véritable héroïsme.

Triste héroïsme! Le cœur saigne, en pensant que ces hommes, par la faute des chefs, n'ont jamais marché contre les Prussiens.

Ah! les vaillants soldats que Paris eût eus là, et comme ce sang qui coule dans une lutte fratricide eût noblement cimenté la régénération de la France délivrée de l'étranger!

Les gens qui interrogent ceux qui viennent des avant-postes ou du théâtre du combat, paraissent surpris de les entendre invariablement répondre:

— Tout va bien.

AUX BOULEVARDS

Vers sept heures et demie du soir, deux fragments de bataillons descendus de Belleville défilaient sur le boulevard, avec trois vivandières en tête, en costume de guerre.

Les hommes avaient du pain au bout des baïonnettes, et ils paraissaient aller au secours des bataillons engagés du côté de Versailles.

Arrivés à la rue Drouot, ils s'exhortèrent à chanter des chants patriotiques. Le premier bataillon fredonna, puis entonna le *Chant du Départ*, le second entonna la *Marseillaise*. Les rares spectateurs du trottoir ne répondirent pas, malgré les invitations des chanteurs.

Le temps n'est plus aux chants.

TROP DE ZÈLE

Hier encore, la Compagnie de l'Est a eu à souffrir d'une persécution nouvelle et tout à fait inexplicable. Un piquet de gardes nationaux, appartenant au 143e bataillon, est venu dans la matinée prendre possession de la gare, en déclarant qu'il avait l'ordre d'empêcher le départ des trains.

Sachant, par expérience, que toute protestation serait vaine, la Compagnie a dû déléguer, comme elle l'avait fait déjà il y a peu de jours, un de ses agents auprès des membres de la Commune. Ceux-ci manifestèrent une très-vive surprise au récit de cet incident qui leur était tout à fait inconnu. Ils ne firent aucune difficulté pour livrer un ordre signé Lefrançais, Pindy et Leroudier, autorisant la reprise immédiate du service.

En attendant, les trains du matin n'avaient pu partir, et le train de midi n'a pu quitter la gare qu'à trois heures. (*Le Petit Journal.*)

PROPRIÉTAIRE ET LOCATAIRE

On commence à mettre à exécution le décret de la Commune relatif aux loyers.

Depuis trois jours, les déménagements se multiplient dans le quatorzième arrondissement, où l'on ne voit que voitures Bailly, charrettes avec chevaux, chars-à-bancs et charrettes à bras, transportant des mobiliers d'un quartier dans un autre. Ce qui distingue la plupart de ces opérations, c'est l'aspect militaire qui les accompagne.

Dans plusieurs rues, notamment dans celles de la Glacière et de la Gaieté, des gardes nationaux président à l'enlèvement des meubles, que les propriétaires ont la prétention de vouloir retenir comme gages de leurs loyers.

De là, de nombreuses contestations que la force armée et le texte de la Commune terminent toujours à la satisfaction du locataire.

On nous rapporte qu'hier, rue Ducouëdic, un propriétaire récalcitrant était arrêté et conduit par des gardes nationaux, sans doute au poste ou à la mairie, pour n'avoir pas voulu laisser partir un locataire qui n'avait pas payé ses termes.

(*Le Soir.*)

ARRESTATIONS ET PERQUISITIONS

Le 3 avril paraît dans le *Père Duchêne* une nouvelle diatribe contre le clergé, provoquant cette fois très-clairement les mesures les plus violentes. Voici dans quels termes cyniques l'organe du citoyen Vermersch appelle sur les prêtres les persécutions de la Commune.

Ah! foutre! le Père Duchêne le savait bien que la Commune était de son avis, et que si elle n'avait pas encore touché à ces jean-foutres de calotins, c'est qu'elle n'en avait pas eu le temps!

Parce qu'avant tout, foutre! il s'agit de s'occuper des intérêts de la nation,

Et qu'on ne peut avoir les yeux sur tout.

Ah! mes bons bougres, vous vous êtes foutus de nous depuis que le monde existe;

Vous avez fait vos sacrées simagrées tranquillement, le derrière caché dans vos jupes;

Vous avez prêché à nos enfants une sacrée morale de votre façon, qui, foutre! n'est pas la bonne;

Et vous vous figuriez comme ça que, quand le moment serait venu, le Père Duchêne allait tout bonnement s'amuser à la moutarde,

Et ne pas essayer de foutre dans la mélasse tous les sacrés jean-foutres de calotins qu'il a vu foutre dedans si souvent!

Foutre de dieu, ce n'était pas possible!

Et le Père Duchêne n'aurait pas bu sa chopine tranquillement si la Commune n'avait pas songé aux calotins!

Ah! c'est que les jean-foutres ont de l'argent, et de l'argent qu'ils n'ont pas gagné, foutre! comme un bon patriote sait le faire;

De l'argent qui sort des poches des cagots; qui se paye en *oremus*, sacrées balivernes;

De l'argent qui se gagne à la moutarde, foutre!

Et qui se dépense en gueuletons;

Ou en un tas de sacrées breloques de boutiques à messes!

Tandis qu'un bon patriote, pour nourrir sa femme et ses enfants, travaille comme un nègre toute la journée;

Et ne trouve pas seulement, au bout de la semaine, huit sous d'économie pour boire une chopine avec le Père Duchêne!

Ah! foutre! foutre! les calotins!

Est-ce qu'on a le droit de gagner de l'argent comme ça!

Et puis, par-dessus le marché, foutre! non-seulement ils ont de quoi faire des gueuletons et se foutre des bosses à tout casser, mais ils s'achètent encore des sacrées propriétés, avec lesquelles ils exploitent les pauvres bougres de patriotes!

Ce qui fait qu'ils sont puissants;

Et qu'ils font tout ce qu'ils veulent, ces jean-foutres!

Ah! sacré tonnerre! comme la Commune a bien fait de foutre la main là-dessus!

Comme ça fera l'affaire des bons bougres qui, foutre! n'emploieront pas tout cet argent-là à construire des boutiques à messes!

On a besoin d'argent, foutre!

Les bons bougres de boutiquiers sont à moitié ruinés;

L'argent ne montre plus le bout du nez;

Les affaires sont arrêtées, les ateliers fermés, les patriotes sont sur la paille!...

Et, foutre! avec tout ça, il n'y aurait que les calotins d'heureux?

Ah! sacré tonnerre! comme la Commune a foutu là un rude décret!

Et puis, voyons, patriotes, dites-le au Père Duchêne :

A quoi ça sert un calotin?

A quoi ça sert? foutre!

Le résultat de ces excitations ne se fait pas attendre. Dès la nuit même, une descente de fédérés a lieu dans des établissements d'éducation tenus par des religieux. Voici ce que raconte le journal *le Soir* :

Grand émoi cette nuit, entre deux et trois heures du matin, dans la rue Lhomond, et par contre, dans la rue du Pot-de-Fer-Saint-Marcel.

Une troupe de gardes nationaux, sous la conduite de quelques officiers, venait de faire un feu de peloton contre la grande porte du collège Rollin.

Par ces procédés un peu brusques, surtout au milieu de la nuit, dans un quartier relativement paisible, ces adhérents du Comité ne voulaient qu'une chose : se faire ouvrir le collège.

La réponse, en effet, ne se fit pas attendre ; et, quelques instants après, l'un des battants de la porte criblée de balles s'ouvrait et donnait passage à ces forcenés, qui, en moins de temps qu'il n'en faut pour l'écrire, se répandirent dans toutes les dépendances de l'établissement.

Les provisions de toutes sortes, destinées à l'alimentation des pensionnaires du collège, furent amenées en dehors et chargées sur des voitures.

On mangea et on but même sur place.

Deux pièces de vin qui n'avaient pu être comprises dans le chargement de la voiture furent défoncées et répandues au milieu de la rue.

A dix heures, ce matin, une foule compacte stationnait encore rue Lhomond, et discutait, en le commentant de diverses manières, l'événement de la nuit.

—

A peu près à la même heure, l'établissement des Jésuites, situé passage des Postes, recevait une visite identiquement semblable.

Là, par exemple, le motif allégué à cette perquisition nocturne était que des armes et des munitions étaient cachées dans la maison.

Une active recherche en fit, en effet, découvrir quelques-unes, dont la présence en cet endroit était cependant fort explicable.

Pendant le siège, une ambulance avait été installée par les soins des révérends Pères.

Et comme chaque blessé arrivant était généralement porteur de ses armes, ces différents objets, tels que sacs, cartouches, fournimens, fusils, étaient immédiatement déposés, avec un numéro de reconnaissance, dans une salle disposée à cet effet.

A la suite de quelques décès, et surtout en raison des événements actuels, quelques armes et quelques paquets de cartouches se trouvèrent demeurer la propriété provisoire des jésuites, qui ne crurent pas devoir s'en occuper davantage. De là le grief.

Là, comme au collège Rollin, tout fut soigneusement exploré, et aussi emporté.

Mais cette découverte amena l'arrestation de quatre de ces pauvres diables, qui se virent contraints de marcher au milieu des lazzis et des menaces, quelquefois même des coups de crosse des gardes chargés de la perquisition.

—

Les dominicains de la rue Jean-de-Beauvais ont été aussi l'objet d'une visite qui n'a pas dû donner beaucoup de profit à ceux qui la faisaient. Le révérend père directeur a été arrêté.

—

Dans la journée qui suivit, l'archevêque, Mgr Darboy était incarcéré. Voici, d'après la *Vérité*, le récit de cette arrestation :

Mgr l'archevêque de Paris a été arrêté mardi, à quatre heures de l'après-midi, avec sa sœur mademoiselle Darboy, et tout le personnel de son palais archiépiscopal. On n'a laissé que la femme du concierge, qui est en quelque sorte consignée dans sa loge. Elle nous a raconté que monseigneur était prévenu depuis plusieurs heures qu'il devait être arrêté, et qu'au lieu de fuir, il a attendu patiemment ceux qui n'avaient pas redouté de se charger de ce mandat.

Un personnage ceint d'une écharpe rouge vint donc arrêter l'archevêque.

Ce personnage était accompagné par des individus qui menaçaient, le pistolet au poing, quiconque ferait la moindre résistance. Pendant toute la nuit, on vit sortir de la cour des voitures chargées des objets pillés dans les appartements de l'archevêché, sans distinction de ce qui était la propriété personnelle du prélat ou la propriété de la Ville de Paris : objets du culte, ornements, argenterie, furent mis pêle-mêle dans les paniers.

Ce déménagement insolite dura jusqu'à six heures du matin.

Le lendemain, Mgr Surat, protonotaire apostolique, a été également arrêté.

Il est certain, ainsi qu'on l'a su plus tard, que le prélat n'ignorait pas les dangers qu'il courait en persistant à rester à son poste.

Le jour même où les sicaires de la Commune osèrent mettre la main sur le premier pasteur de Paris, l'imprimeur de la *Semaine religieuse* du diocèse, M. Desoye, lui écrivit une lettre dans laquelle il l'avertissait de ce qui se machinait contre les membres du haut clergé.

« Déguisez-vous et fuyez sans retard, lui disait-il. Je sais à quoi vous êtes exposé. Ces gens ne reculeront devant rien. N'espérez point leur faire entendre la voix du sentiment ou de la raison. »

Et il rapportait à l'archevêque une conversation entendue sur le seuil de sa librairie, au milieu des gardes nationaux ivres, qui se réjouissaient d'avoir à saisir une si noble proie.

Mgr Darboy reçut à temps cet avertissement, conçu dans les termes les plus émus, les plus pressants. Il ne prit pas même le soin de réfléchir. Il eut une courte entrevue avec son grand-vicaire, Mgr Surat, évêque *in partibus* de Parium, l'engagea chaleureusement à éviter les dangers qu'il courait lui-même, et fit, — d'ailleurs en vain, — de grands efforts pour le dissuader de rester à Paris. Puis, après cette tentative, bien résolu à braver la rage des bandits fédérés, il répondit à M. Desoye, de sa petite ronde courte, propre et serrée, quelques mots qui résumaient les motifs de cette décision.

Quand on vint arrêter le prélat et son grand-vicaire, la lettre de l'imprimeur de la *Semaine religieuse* était encore dans le cabinet de travail de l'archevêque, toute grande ouverte sur son secrétaire. Bien entendu, la Commune fit rechercher M. Desoye, mais ce dernier avait deviné ses intentions et venait de quitter Paris.

Conduit, aussitôt après son arrestation, dans le cabinet de Raoul Rigault, avec les prêtres qui partageaient son sort, le prélat y trouva le proconsul, flanqué des citoyens Dacosta et de plusieurs autres de ses séides, qui les reçurent insolemment, sans quitter leurs képis; et comme le prélat, répondant d'un accent paternel à l'interrogatoire qu'on lui faisait subir, appelait ces citoyens « mes enfants, » Rigault lui répondit d'une voix impérieuse : « Il n'y a pas d'enfants ici, sachez que vous parlez devant des magistrats. »

Après ce semblant d'interrogatoire, le prélat fut, ainsi que ses prêtres, écroué au dépôt, sous prévention de complot contre la République, mais en réalité comme otages.

Dès ce moment, l'heure du martyre avait sonné pour les ministres de Dieu. A peine la porte de l'ex-préfecture de police se refermait-elle sur le prélat, qu'elle s'ouvrait pour l'un des membres non moins illustres et non moins vénérables du clergé de Paris. L'abbé Deguerry, curé de la Madeleine, était, sans respect pour la loi, pas plus que pour son caractère, arrêté à son domicile dans la nuit qui suivit. Voici, d'après le *Soir*, le récit de ce nouvel attentat à la liberté individuelle :

Il s'est passé cette nuit, dans un des quartiers du centre de Paris, à cent pas de la place Vendôme, un fait qui n'a pas besoin d'être qualifié.

A deux heures du matin, une douzaine de gardes nationaux, conduits par un jeune officier, se présentèrent à la porte de la maison attenant à l'Assomption, et qui sert de presbytère au curé de la Madeleine.

Après avoir agité en vain la sonnette, ils sommèrent le concierge d'ouvrir, et n'ayant pas obtenu de réponse, ils se mirent en devoir d'enfoncer la porte à coups de crosse.

Comme l'opération ne réussissait pas, « Allons chercher un canon ! » fit l'un d'eux, en entraînant deux de ses compagnons vers la place Vendôme.

Ils ne rapportèrent pas un canon, mais une pince, et aussitôt les coups redoublèrent sur la porte, entremêlés de jurons et de cris de colère.

Les carreaux de la maison volaient en éclats.

Les battants s'ouvrirent enfin... Mais, dans le vestibule — obscurité complète : on dut aller quérir une lanterne, et l'on se mit en devoir d'enfoncer la seconde porte. Elle céda bientôt, et l'on trouva derrière une vieille femme, plus morte que vive, qui cependant refusa de fournir aucun renseignement sur son maître.

Les gardes nationaux se répandirent alors dans la maison, dont les fenêtres s'éclairèrent subitement, et procédèrent au déménagement des objets précieux.

Les ornements du culte, l'argenterie, le linge furent successivement emballés et placés dans une voiture réquisitionnée à cet effet.

Les perquisitions se continuèrent jusqu'à six heures et demie du matin, du grenier à la cave.

À cette heure, le vénérable curé de la Madeleine fut amené dans la rue.

Ce grand vieillard aux longs cheveux blancs, qui porte si gaillardement ses soixante-quatorze ans, jeta un regard de tristesse vers sa maison dévalisée, puis monta silencieusement avec deux gardes nationaux dans une voiture, qui s'éloigna aussitôt.

Cependant les passants commençaient à s'attrouper dans la rue Saint-Honoré, et à protester contre ces actes. Les gardes nationaux sortirent peu à peu de la maison et fermèrent la porte tant bien que mal.

Cependant les preuves de l'effraction ne pouvaient être effacées complètement, et toute la matinée, les groupes, où l'on remarquait de pauvres femmes qui vivent de la charité de M. Deguerry, manifestaient hautement leur indignation.

LES COMBATS DU 4

Pendant la nuit de lundi à mardi, le comité directeur s'est empressé de combler les vides faits dans les rangs par la bataille de la veille. Il a fait venir dans ce but plusieurs bataillons de Vaugirard, de Grenelle et de l'intérieur de Paris. Depuis huit heures du soir jusqu'à cinq heures du matin, des bataillons de fédérés sont entrés dans la plaine par les portes d'Issy, de Vaugirard, de Vanves et de Châtillon, allant prendre leurs positions en avant des forts d'Issy et de Vanves. Des pièces de canon et quelques mitrailleuses ont été également expédiées sur le lieu du combat, les unes pour armer les forts, qui manquaient de canons, les autres pour servir à l'attaque et appuyer l'action des tirailleurs. A cinq heures du matin, le plan du général Cluseret, qui commande en chef les gardes nationaux fédérés, était prêt à être mis à exécution. Il s'agissait toujours de franchir les lignes de Meudon et de Bellevue pour se diriger sur Versailles. De toutes les positions prises les jours précédents par les troupes du comité directeur, le plateau de Châtillon était la seule que les fédérés avaient pu conserver; elle avait pour eux une grande importance.

A six heures du matin, une division composée de gendarmes, gardes municipaux, sergents de ville et mobiles bretons, débouche par la route de Versailles et attaque le plateau.

Les gardes nationaux fédérés qui s'y étaient installés avec quelques pièces de campagne et des vivres, sont rejetés du plateau et repoussés vers la plaine dans la direction de Vanves et d'Issy. Châtillon et Clamart tombent successivement au pouvoir des troupes de Versailles, qui se rendent maîtresses de la position, après s'être emparées des vivres et de deux pièces d'artillerie qu'avaient abandonnées les bataillons fédérés. Elles gardent ces positions en poussant des reconnaissances dans toutes les directions, depuis le Petit-Bicêtre, Bagneux, Fontenay et Clamart jusqu'au-dessous de Meudon.

A huit heures du matin, les deux armées se trouvaient dans la position suivante :

Les troupes de Versailles occupent toutes les hauteurs jusqu'au bas du plateau ; les bataillons des fédérés sont massés en avant d'Issy et de Vanves, abrités par les forts, prêts à se diriger du côté de Bellevue et à reprendre, s'il est possible, les positions perdues, notamment le plateau de Châtillon.

Alors commence un véritable duel d'artillerie. Les forts de Vanves et d'Issy, dont l'armement a été complété pendant la nuit, lancent des boulets et des obus sur les troupes de Versailles, qui restent immobiles, les fusils armés, attendant que l'attaque se dessine. La batterie de Meudon, de son côté, demeure silencieuse. Pendant trois heures, on n'entend que les canons des forts, qui ne paraissent pas faire beaucoup de mal aux troupes de Versailles, demeurées impassibles devant toutes ces bordées.

Mais vers les quatre heures, le combat semble vouloir se dessiner du côté des fédérés. En présence de l'inaction de leurs adversaires, les bataillons fédérés, formant un effectif d'environ quinze à vingt mille hommes, s'ébranlent tout à coup, et, protégés par les forts, s'élancent en deux colonnes, se dirigeant, l'une à gauche, du côté du plateau de Châtillon, l'autre à droite, dans le Bas-Meudon. En ce moment, la fusillade crépite des deux côtés avec une très-grande intensité. La colonne qui remonte le plateau est arrêtée tout à coup au-dessus de Clamart, et résiste pendant trois quarts d'heure environ. Mais accueillie par les feux de deux mitrailleuses installées sur un mamelon qui la domine, elle bat en retraite avec assez d'ordre, lorsque deux bataillons de mobiles bretons se jettent à sa poursuite, et le mouvement en arrière devient, pour les hommes qui composent la colonne, une véritable retraite. Entre Vanves et Clamart, ceux-ci perdent beaucoup de monde, tant en tués que blessés ; un grand nombre de prisonniers restent entre les mains des troupes de Versailles, qui les accueillent avec la plus grande modération.

La colonne de droite, qui se dirigeait vers Meudon, se trouve à son tour coupée par les feux de la batterie de la terrasse, qui, silencieuse jusqu'à ce moment, tonne et vomit ses projectiles au milieu des rangs des fédérés. Il était impossible de résister à cette attaque. Aussi s'arrête-t-elle dans sa marche, cherchant à se rallier. Mais des troupes de la ligne, des chasseurs d'Afrique et des détachements de la garde municipale, attaquant les fédérés de trois côtés à la fois, à droite, à gauche et en face, ces derniers battent en retraite du côté d'Issy. Pendant cet engagement, où la fusillade et les mitrailleuses mêlaient leur crépitement au bruit des canons des deux forts de Vanves et d'Issy et de la batterie de la terrasse de Meudon, on ne voyait, entre Meudon et Issy, qu'un immense nuage de fumée qui, pendant une heure, s'étendait dans le Bas-Meudon. De nombreuses victimes ont dû être faites sur cet espace qui s'étend de Clamart jusqu'aux Moulineaux.

A cinq heures, les fédérés étaient repoussés jusqu'aux lignes des forts qui avaient été le point de départ de leur attaque du matin.

Pendant l'action, qui a duré avec une extrême vivacité depuis une heure jusqu'à cinq heures, les remparts situés entre la porte de Vanves et celle de Vaugirard étaient couverts de curieux qui suivaient les tristes péripéties de ce drame affreux.

A partir de la porte de Montrouge, qui est restée entr'ouverte une partie de la journée, jusqu'à celle d'Issy, toutes les portes intermédiaires sont restées fermées pour les piétons. Une barricade, ou plutôt une barrière en terre, avait été élevée sur la ligne du chemin de fer de Versailles, de manière à intercepter la circulation.

A sept heures du soir, ces portes se sont entr'ouvertes pour laisser passer des groupes de gardes nationaux qui rentraient en ville, ainsi que des voitures d'ambulance. Nous en avons vu défiler huit par la porte de Vanves, une dizaine par celle de Vaugirard et un très-grand nombre par la porte d'Issy. L'église de ce dernier village, le collège des Frères et deux, ou trois autres maisons particulières, étaient remplies de blessés. Dans cette malheureuse journée, le service des ambulances a été bien mieux organisé que la veille. C'est une justice que nous croyons devoir rendre au zèle du président de la Société internationale des blessés.

A sept heures du soir, un silence de deuil s'étendait en deçà et au delà des remparts.

(*La Patrie*.)

Le *Gaulois*, de Versailles, nous apporte la version suivante du combat du 4 :

Les troupes qui devaient prendre Châtillon ont campé la nuit dernière sur les positions ; elles ont attaqué ce matin, à cinq heures et demie, et étaient maîtresses de la redoute à huit heures.

On a attaqué à la baïonnette et fait deux cents prisonniers. Les troupes ont montré un très-grand entrain.

La redoute était défendue par des mitrailleuses ; quand les insurgés ont compris que la situation était perdue pour eux, ils se sont retranchés derrière les murs du village, et ont ouvert un feu très-vif sur la redoute.

A neuf heures, on entendait une assez vive fusillade dans la direction de l'ouest, le combat recommençait dans le village.

Le général Pellé, qui occupe les positions, demande à les garder ; on lui a envoyé des vivres.

La vallée de la Bièvre est gardée pour éviter un mouvement tournant. Il y a un régiment à Jouy, un autre à Montclain.

Le général Vinoy, qui s'est porté sur les lieux vers sept heures, se propose, dit-on, de déloger les insurgés de tous les villages et de les contenir dans la ligne des forts.

Nous avons causé avec un officier de chasseurs qui a assisté à la prise de Châtillon par l'infanterie. Les hommes ont commencé à charger à la baïon-

nette à une distance d'environ 300 mètres ; ils ont enlevé la situation avec un entrain remarquable.

Au moment où les gardes nationaux se rendirent, on découvrit au milieu d'eux un homme tout chamarré qui déclara se nommer le général Duval.

Quelques instants après, il était fusillé, ainsi qu'un officier de son état-major et un commandant.

Le reste des hommes qui ont été passés par les armes, séance tenante, et qui sont environ sept ou huit, avaient été reconnus pour appartenir à l'armée.

Ils ont été livrés, suivant les ordres, à la rigueur des lois militaires.

A dix heures, quelques troupes reviennent du lieu de l'action.

Les marins pénètrent sur la place d'armes, clairons sonnant en tête.

« Nous rentrons, disent-ils, nous croyons tout terminé pour aujourd'hui ; mais, vous savez, nous avons toujours le sac au dos. »

A onze heures, une batterie d'artillerie descend de Satory et se dirige vers Sèvres.

Hier et aujourd'hui, le gouvernement a craint un mouvement tournant par les bois de Meudon et de Saint-Cyr.

La générale a été battue dans le parc, et les promeneurs ont été priés, poliment, de sortir.

Les grilles ont été fermées ; les sentinelles gardant les allées doublées, et nos grand'-gardes avancées fort au delà de Satory, dont les bois étaient littéralement semés d'éclaireurs.

Rien ne s'est produit de ce côté.

De deux à trois heures, des artilleurs, des soldats détachés, portent au quartier de cavalerie des armes abandonnées par les dissidents ou prises sur eux.

Une mitrailleuse, deux canons de 7, un canon de 4 et des caisses de munitions sont amenés.

Le 73ᵉ de ligne regagne ses cantonnements.

Henry a été interrogé par le général d'Aurelle de Paladines à son arrivée à Versailles.

L'*Affranchi*, toujours optimiste, résume les dernières nouvelles :

A l'heure où nous mettons sous presse, les lignes de Paris sont en parfait état de défense.

Neuilly et le pont de Courbevoie sont très-fortement occupés par la garde nationale, barricadés et défendus par des canons et des mitrailleuses très-bien servis.

Au Point-du-Jour, il en est de même.

Au fort d'Issy et au fort de Vanves, dont le commandant a été changé, la garnison est nombreuse, les approvisionnements en vivres et munitions complets.

Le fort de Bicêtre, qui domine le plateau de Châtillon et le bat en écharpe, est prêt à bien recevoir les Versaillais s'ils osaient tenter une attaque de ce côté.

Aspect de la porte Maillot pendant la journée du 3 avril.

Le *Cri du Peuple*, qui ne voit pas les choses d'un œil moins satisfait, qualifie ce combat de *duel à coups de canon*. Il en décrit ainsi les péripéties :

Pendant quelque temps, le résultat paraît incertain. Mais heureusement l'avantage nous reste. Le tir ennemi est souvent beaucoup trop long. Les obus passent par-dessus le fort et vont éclater à quelques cents mètres, dans les champs ravagés avoisinant l'enceinte fortifiée.

Le fort de Vanves démonte successivement trois batteries et oblige les autres à changer leur emplacement. Elles ne tirent plus qu'à l'aventure.

A l'heure où nous quittons le champ de bataille, la canonnade continue, une fusillade très-nourrie, surtout du côté de Clamart et Fleury, lui répond. Chaque parti conserve à peu près ses positions, et la plus grande incertitude règne sur le résultat définitif de la lutte.

Toute la soirée, les bruits les plus contradictoires ne cessent de circuler ; chacun les commente à sa manière.

Mais le *Mot d'ordre*, plus clairvoyant ou plus sincère, fait pressentir une défaite pour les bataillons fédérés.

Les dernières nouvelles, dit-il, sont mauvaises. On s'est battu dans la soirée du côté de Châtillon.

Le combat a été très-vif.

L'artillerie a donné surtout. L'infanterie n'a joué qu'un rôle secondaire.

Des hauteurs du Trocadéro, on entendait distinctement, à neuf heures du soir, de bruyantes détonations.

Le plateau de Châtillon a été repris par le 46e de ligne.

Les champs de Châtillon et de Clamart sont couverts de morts.

A dix heures du soir, une estafette arrivée à l'Hôtel de ville confirmait la nouvelle.

A la porte de Vaugirard, une véritable nuée de femmes et d'enfants qui, chaque fois que la porte s'ouvre pour laisser passer une charretée de cadavres, se précipitent, affolés, pour voir si, parmi les morts, il n'y aurait pas un père, un frère ou un mari.

Les gardes nationaux ont été admirables d'héroïsme. Mieux commandés, ils eussent été invincibles ; mais il faut bien le dire, si les généraux désignés par la Commune ou le Comité central ont témoigné d'un rare courage, et s'ils n'ont cessé de s'exposer à la mitraille et aux obus, ils n'ont, comme chefs militaires, aucune des capacités requises ; et c'est bien certainement à la mollesse et à l'impéritie du commandement qu'il faut attribuer la funeste issue de ces deux journées.

La *Vérité*, dont les sympathies pour la Commune ne sont point douteuses, attribue l'insuccès de ses armes, au défaut absolu d'organisation de la garde fédérée.

Dans toute cette affaire, dit-elle, nous avons vu très-peu de chefs, nous n'en avons pas vu un seul donner une idée quelconque, pas le moindre conseil, rien de ce qui ressemble à un commandement. En fait d'officiers supérieurs, nous avons vu seulement une sorte de général qu'on nous a dit être le général Eudes. Il se trouvait à ce moment, vers six heures, au fort d'Issy, qu'il parlait d'évacuer.

Il paraît même qu'à propos de ce projet d'évacuation, des estafettes étaient envoyées à l'état-major du Comité central pour demander aux délégués, au ministère de la guerre, ce que l'on devait faire à ce sujet.

LES PETITS COTÉS DE L'HISTOIRE

Parmi les prisonniers arrivés dans l'après-midi à Versailles, on remarquait le fameux général Henry.

Le général Henry a été conduit immédiatement à la caserne d'artillerie de la Place-d'Armes, où il a été écroué dans un cachot.

Peu après son emprisonnement, l'amiral Fourrichon et le vice-amiral Saisset se sont rendus auprès de lui.

Le général Henry est un garçon de vingt-quatre à vingt-cinq ans environ.

Il avait la tête nue et portait une capote ornée aux manches de cinq galons blancs.

Après avoir indiqué son âge, le lieu de sa naissance et son domicile, le prisonnier déclara ne pas être le général Henry.

— Nous sommes trois Henry dans la Commune ; moi je suis chef de légion, mais non pas général.

— C'est inutile de nier, fit le vice-amiral Saisset ; nous savons qui vous êtes, et, au besoin, nous pourrions vous confronter avec une personne qui vous a vu en différentes circonstances.

On fit venir un officier de gendarmerie, qui reconnut parfaitement le général Henry en la personne du détenu.

Avant de quitter la cellule, l'amiral Saisset demanda au chef des fédérés ce qu'il désirait.

— Du tabac et du vin, répondit ce dernier.

— C'est bien, votre désir sera satisfait.

Pendant tout cet entretien, le prisonnier garda une main dans son gilet et répondit avec assurance.

Les journaux publient une nouvelle lettre du général Lullier, adressée aux membres de la Commune.

Commune de Paris, 12 germinal.

Citoyens membres de la Commune,

Bien que j'aie été jeté en prison sans motifs, je ne viens point vous parler de ma personne. Il est des moments dans la vie des peuples où les bons citoyens ne doivent s'occuper que des affaires d'intérêt public.

Je viens vous adjurer, au nom de la patrie en danger, de m'appeler à votre barre pour vous faire entendre de graves révélations sur le passé et vous soumettre d'importants avis militaires.

Salut et égalité,

CHARLES LULLIER.

EXTRAITS DE JOURNAUX ROUGES

LE PÈRE DUCHÊNE.

Ah ! foutre de foutre !
Ça n'a pas mal marché tout de même hier !
Pas au début par exemple !
Ah ! nom de Dieu !
Quand ça a commencé à peter, il y a un certain nombre de pauvres bougres qui se sont mis à foutre le camp comme des lapins.

Il est vrai que les prunes vous arrivaient dru comme grêle, — et que le marchand de mort subite, — Favre, — avait fait soigner la distribution !

Mais, nom de tonnerre ! ça n'a pas duré longtemps !

Il y avait là les deux bons bougres — Bergeret et Flourens — qui sont des gars qui n'ont pas peur pour leur peau et qui ne se mettent pas dans un confessionnal, — comme les trembleurs de calotins, — quand il faut se foutre une peignée.

Ah ! comme on a bien marché une fois qu'on a eu le temps de se remettre !

Tous les bons bougres, après avoir soufflé un peu, se sont ravisés.

Et se sont dit :

Ah çà ! mais il faudrait voir un peu !

Eh ! là-bas ! mes vieilles, où fout-on le camp comme ça !

Tu te fous de la nation de prendre comme ça tes jambes à ton cou.

Les bons patriotes doivent vivre et mourir pour elle quand il le faut.

Et, nom d'un tonnerre ! si jamais il y a eu un moment où il a fallu savoir donner ses jours pour elle, c'est bien celui-ci.

Et après cette réflexion, faite en aparté, tous les bons bougres se sont tirés des grègues vers les camarades qui n'avaient pas lâché pied.

L'AFFRANCHI.

Les gens de Versailles assassinent les prisonniers républicains et mutilent d'une manière horrible les cadavres.

Œil pour œil, dent pour dent.

Les portes de Paris sont fermées.

Nul ne peut sortir de la ville.

Nous avons en main des otages.

Que la Commune rende un décret, que les hommes de la Commune agissent.

A chaque tête de patriote que Versailles fera tomber, qu'une tête de bonapartiste, d'orléaniste, de légitimiste de Paris, roule comme réponse.

Allons ! soit ! Versailles le veut !

La terreur !

LES FAITS DIVERS

Les communications sont toujours interrompues avec Versailles et la province.

Les numéros de notre édition de Versailles ne sont pas parvenus à Paris.

Ce matin, jusqu'à dix heures, nous avons stationné devant la gare du chemin de fer de Versailles (rive gauche).

Beaucoup d'autres personnes faisaient comme nous. Il y avait un groupe de professeurs en retraite, gens inoffensifs, à coup sûr, qui étaient impatients de toucher leur maigre pension.

Un d'eux dit à son confrère :

— Te souviens-tu de la définition que Marrast essaya de donner de la liberté :

« La liberté est le droit d'aller, de venir... »

On riait de cela alors, et on le trouvait d'une vérité trop vraie.

Le confrère répondit :

— Nous nous contenterions bien de cette définition aujourd'hui, si elle était en action. (*Le Soir*.)

Un trait caractéristique de l'aspect de Paris, pendant les jours que nous traversions :

A midi, aujourd'hui, la galerie d'Orléans, ordinairement si animée et si vivante, était absolument vide... il ne s'y trouvait qu'un domestique et un chien...

Paris est de nouveau menacé de manquer d'éclairage au gaz, les arrivages de houille ayant cessé.

De même que les locataires insolvables ou désireux de ne pas payer déménagent en toute hâte, de même ceux qui sont pressés de se marier, profitent de l'occasion pour mettre de côté les formalités qui les gênent.

Les officiers municipaux de la Commune se montrent très-faciles sur ce chapitre.

M. Denières, régent de la Banque de France, qui avait été arrêté, a été mis en liberté sur la recommandation du citoyen Beslay, membre de la Commune.

A midi passait sur le boulevard, se dirigeant vers les Ternes, le 209e bataillon.

On remarquait dans les rangs trois cantinières, sabre au côté, chassepot en bandoulière. La plupart des hommes de ce bataillon ne sont armés que de fusils à piston.

Le nombre des morts et des blessés est lamentable, dit le *Siècle*. Nous avons vu arriver un premier convoi d'une centaine de blessés. Soldats et gardes nationaux gisaient confondus dans les mêmes véhicules. Les soldats appartenaient tous à la ligne et à l'artillerie.

Nous nous sommes approché de deux petits Parisiens de quinze à seize ans. L'un avait le bras cassé, l'autre la jambe. Ils pleuraient tous les deux. Pauvres enfants !

— A votre âge, leur ai-je dit, on ne se bat pas.

— C'est pour avoir la solde, me répondit le plus jeune.

Plus de cent marins ont répondu aujourd'hui à l'appel affiché sur les murs de Paris.

Ils se sont réunis dans l'après-midi au terre plein du pont Neuf, où est amarrée la flottille de canonnières, et se sont fait inscrire après avoir montré leurs papiers d'identité.

Quelques-uns ont pris place sur la petite canonnière, démunie de son canon, qu'un bateau-mouche a remorquée jusqu'au Point-du-Jour, où elle doit être réarmée et mise en état de fonctionner bientôt.

Hier le magasin de nouveautés *A Pygmalion* a été cerné par les fédérés.

Aujourd'hui le magasin du *Louvre* a eu la même visite.

Ces mesures ont été prises pour s'emparer des jeunes gens de 17 à 35 ans appartenant à ces importants établissements.

On assure qu'un certain nombre de femmes d'anciens sergents de ville, demeurant à Belleville, ont été arrêtées par les gardes nationaux du quartier.

Ces malheureuses, dit-on, seraient placées en tête des bataillons lorsque ceux-ci marcheront au combat, pour savoir si les sergents de ville tueront aussi leurs femmes.

D'après le journal *la Commune*, « on parle de 500 prêtres ou citoyens suspects prisonniers à la Conciergerie ou ailleurs, qui pourront servir d'otages lors d'un traité avec les honnêtes gens de Versailles. Une précaution n'est pas de trop. »

On a braqué durant la nuit, dans la cour d'honneur du Palais-Royal, une pièce de 7 se chargeant par la culasse.

La pièce est destinée à balayer la rue Saint-Honoré et la rue de Rivoli.

Le *Journal officiel* annonce que le général Bergeret a eu deux chevaux tués. D'après *Paris-Journal*, le général Bergeret aurait eu, en effet, ses deux chevaux tués, mais non pas tués sous lui. Le général Bergeret n'est pas excellent cavalier, il commandait l'aile droite monté, dans une calèche découverte attelée de deux chevaux. Ce sont ces deux chevaux qu'un obus parti du Mont-Valérien aurait abattus.

Immédiatement la garde nationale a dépecé les bêtes qui composaient l'attelage du général Bergeret.

On écrit de Versailles :

« La gendarmerie, qui avait fait les prisonniers à Meudon, fut chargée de les ramener en ville.

« La tête de la colonne franchit vers cinq heures la grille de l'avenue de Paris, se dirigeant vers le palais. Une foule immense accueille de bravos chaleureux les défenseurs du pays et de l'unité française.

« On regarde les soldats de la Commune. Le plus grand nombre des prisonniers appartient aux 123ᵉ et 66ᵉ bataillons de la garde nationale. Ils ont encore vareuse, képi et couverture de campagne en sautoir. »

« Le corps de Gustave Flourens est encore couché sur les dalles de l'amphithéâtre de Versailles. Madame Flourens, sa mère, est venue aujourd'hui reconnaître et réclamer la dépouille de son malheureux fils. »

Le commandant du Mont-Valérien se nomme Solichon.

Voici, relativement à ce fort, les renseignements fournis par le citoyen Lullier au *Mot d'Ordre* :

« Le citoyen Lullier avait été chargé par l'ex-Comité central d'aller occuper cette puissante position. On savait de source certaine que la garnison du fort ne demandait qu'à se laisser désarmer par la garde nationale.

« Le citoyen Lullier se rendit au fort, et, sur la parole donnée par le commandant du Mont-Valérien, de *rester neutre*, il crut, dans sa loyauté, pouvoir considérer la position comme acquise.

« Il va sans dire que le commandant royaliste n'eut rien de plus pressé que de manquer à sa parole.

« Et voilà comment les jeunes filles de Neuilly ont été mitraillées. »

La journée du Mercredi 5 avril

JOURNAL OFFICIEL

PARTIE OFFICIELLE.

Paris, le 4 avril 1871.

COMMUNE DE PARIS

PROCLAMATION AU PEUPLE DE PARIS

Citoyens,

Les monarchistes qui siègent à Versailles ne vous font pas une guerre d'hommes civilisés ; ils vous font une guerre sauvage.

Les Vendéens de Charette, les agents de Piétri *fusillent les prisonniers, égorgent les blessés, tirent sur les ambulances.*

Vingt fois les misérables qui déshonorent l'uniforme de la ligne ont levé la crosse en l'air, puis, traîtreusement, ont fait feu sur nos braves et confiants concitoyens.

Ces trahisons et ces atrocités ne donneront pas la victoire aux éternels ennemis de nos droits.

Nous en avons pour garants l'énergie, le courage et le dévouement à la République de la garde nationale.

Son héroïsme et sa constance sont admirables.

Ses artilleurs ont pointé leurs pièces avec une justesse et une précision merveilleuses.

Leur tir a plusieurs fois éteint le feu de l'ennemi, qui a dû laisser une mitrailleuse entre nos mains.

Citoyens,

La Commune de Paris ne doute pas de la victoire.

Des résolutions énergiques sont prises.

Les services, momentanément désorganisés par la défection et la trahison, sont, dès maintenant, réorganisés.

Les heures sont utilement employées pour votre triomphe prochain.

La Commune compte sur vous, comme vous pouvez compter sur elle.

Bientôt il ne restera plus aux royalistes de Versailles que la honte de leurs crimes.

A vous, citoyens, il restera toujours l'éternel honneur d'avoir sauvé la France et la République.

Gardes nationaux,

La Commune de Paris vous félicite et déclare que vous avez bien mérité de la République.

La commission exécutive :

BERGERET, DELESCLUZE, DUVAL, EUDES, FÉLIX PYAT, G. TRIDON, E. VAILLANT.

COMMUNE DE PARIS

COMMISSION DU TRAVAIL ET DE L'ÉCHANGE

Il est nommé une commission d'initiative pour tout ce qui a rapport au travail et à l'échange.

Cette commission, qui siégera au ministère des travaux publics, est composée des citoyens Minet, Teulière, E. Roullier, Paget-Lupicin, Seraillier, Loret, Henri Goullé, Ernest Moullé et Lévy-Lazare.

Pour la commission :

B. MALON, L. FRANKEL.

MINISTÈRE DE LA GUERRE

Les compagnies de marche seront immédiatement réorganisées.

Les officiers, sous-officiers et gardes entreront en solde à partir du 7 avril.

Les gardes toucheront 1 fr. 50 et les vivres.

Les sous-officiers, 2 fr.

Les officiers, 2 fr. 50.

Quand les compagnies agiront en dehors du service, les officiers toucheront la solde de leur grade dans l'armée.

Les quatre compagnies de chaque bataillon éliront un chef de bataillon spécial.

Les élections auront lieu le 6 avril.

La revue sera passée au Champ de Mars par les membres de la Commune, le 7 avril, à deux heures de l'après-midi.

Bureau d'organisation et de renseignements au ministère de la guerre et à la place.

Font partie des bataillons de guerre tous les citoyens de 17 à 35 ans non mariés, les gardes mobiles licenciés, les volontaires de l'armée ou civils. Les effets de campement seront complétés dans le plus bref délai.

Paris, le 4 avril 1871.

Par ordre de la Commune :

Le délégué au ministère de la guerre,

CLUSERET.

A l'avenir, tout ordre relatif au mouvement des troupes sera signé du général Bergeret, commandant la place de Paris.

Il recevra à cet égard les instructions du délégué de la guerre.

Tout autre ordre ou réquisition de troupes devra être considéré comme nul et non avenu.

Toute demande relative au service de la garde nationale devra être adressée au ministère de la guerre.

Le délégué à la guerre,

Général G. CLUSERET.

Les marins actuellement à Paris, qui désirent prendre du service sur les canonnières appartenant au gouvernement de la Commune, devront s'adresser au commandant de la flottille chargé de leur équipement (lesdites canonnières sont mouillées au Pont-Neuf.)

Le commandant de la flottille,

N. DURASSIER.

PARTIE NON OFFICIELLE.

Paris, le 4 avril 1871.

MAIRIE DU IXe ARRONDISSEMENT.

L'administrateur délégué à la mairie du neuvième arrondissement croit utile, à l'approche du terme d'avril, et en présence d'interprétations diverses données au décret rendu par la Commune de Paris sur les loyers, de spécifier en quelques mots ce qui lui paraît découler de ce décret.

DÉMÉNAGEMENTS.

1° Tout locataire ayant reçu ou donné congé en temps utile pour le terme d'avril, pourra déménager, en bénéficiant de l'exonération des trois termes stipulés dans le décret de la Commune.

2° Les locataires qui ont donné ou reçu congé en temps utile pour le terme de juillet pourront également déménager, en bénéficiant de l'exonération des trois termes, mais à la condition de payer préalablement le terme qui sera échu au mois de juillet prochain.

BAUX.

Les locataires qui ont des baux et qui veulent les résilier devront le faire soit à l'amiable, soit par ministère d'huissier. L'acte de résiliation devra contenir congé pour une époque déterminée qui ne pourra pas être antérieure au 1er octobre prochain.

Les locataires à baux qui voudraient déménager immédiatement seront tenus, par conséquent, de payer préalablement autant de termes qu'il y en aura à courir du 1er avril jusqu'au jour pour lequel ils auront donné congé.

LOGEMENTS GARNIS.

Les locataires en garni peuvent rester dans leurs logements garnis jusqu'au 8 avril courant. A cette époque, ils pourront en sortir avec tous leurs effets, à la condition que les locations dues par eux ne remontent pas au delà du 1er juillet dernier.

AVIS TRÈS-IMPORTANT.

Les locataires qui ont retenu un nouveau logement pour le terme d'avril sont instamment priés de s'informer *à l'avance* si ce logement sera libre pour le terme, ou si le locataire qui l'occupe actuellement n'entend pas profiter du décret de la Commune, qui l'autorise à prolonger sa location de trois mois.

La municipalité ne saurait parer aux inconvénients résultant de cette situation, si les locataires ne se préoccupent pas de se mettre immédiatement en quête d'un autre logement.

A dater du 5 avril, une commission municipale siégera tous les jours de deux à cinq heures à la mairie. Elle sera chargée de concilier tous les différends qui pourraient surgir entre les propriétaires et les locataires.

L'administrateur délégué fait appel à la bonne foi et au patriotisme de tous, pour que le décret de la Commune rencontre dans son application le moins de difficultés possible.

L'administrateur délégué à la mairie du IXe,

BAYEUX-DUMESNIL.

MAIRIE DU VIIIe ARRONDISSEMENT.

CORPS DES GYMNASTES.

Il est établi, sous la direction et le commandement du citoyen Hippolyte Triat, gymnasiarque, un corps spécial de gymnastes, destiné à former des professeurs de gymnastique civile et militaire pour les écoles et pour les armées citoyennes.

Les élèves devront être âgés de seize à vingt ans.

Ils sont admis et inscrits dès à présent au gymnase Triat, avenue Montaigne, 53, et seront immédiatement exercés à différents cours de gymnastique proportionnels à leur âge.

Aux effets de l'organisation régulière et de l'administration du corps des gymnastes dont s'agit, il sera fondé un gymnase-école, pour lequel la caserne de la Pépinière est dès à présent et provisoirement attribuée.

Les élèves du gymnase-école seront choisis parmi tous les élèves de seize à vingt ans, dont les dispositions et les aptitudes au professorat auront été reconnues.

Se faire inscrire dès à présent au gymnase Triat, avenue Montaigne, 53, Champs-Élysées, où les élèves trouveront l'indication des cours, qui vont être immédiatement commencés.

Ces cours, étant faits sous le patronage de la municipalité du huitième arrondissement, seront entièrement gratuits.

Le maire du VIIIe arrondissement,

JULES ALLIX.

MAIRIE DU XXe ARRONDISSEMENT.

Citoyens,

Des gardes nationaux de l'arrondissement, au mépris de leurs devoirs civils, ont lâchement abandonné leur poste, et répandent des bruits complétement faux, attendu que la situation est rassurante puisque nous marchons en avant.

En conséquence, nous, membres de la commission communale du vingtième arrondissement, invitons nos concitoyens à se joindre à nous pour réprimer ces calomnies de la manière la plus énergique.

Paris, le 3 avril 1871.

Les membres de la commission communale du XXe arrondissement,

TAILLADE, GUILLEMIN, LALOGE, COUTURIER, DANGERS, MARTY.

Et pour le comité de la XXe légion, par délégation,

JANCE, RODE, ROULLIER, ROLLIN, SCHNEIDER.

RAPPORT

DU CITOYEN X..., ENVOYÉ EN MISSION PAR LE DIRECTEUR DES LIGNES TÉLÉGRAPHIQUES.

2 avril 1871.

Les trains partent librement de Paris, mais arrivés dans les parties envahies, ils sont visités par des gendarmes français qui arrêtent les militaires et interceptent les paquets contenant des lettres et des journaux.

La province ne veut pas marcher contre Paris, soit par patriotisme, soit par indifférence.

Melun, 3 avril.

A cette date, le nombre des volontaires s'élève à *deux*.

Même résultat à Fontainebleau.

M. le comte de Choiseul a été nommé par M. Thiers ambassadeur pour l'Italie.

Les plus grandes calomnies sont répandues sur la Commune de Paris : pillage des caisses publiques, des assurances et des chemins de fer, etc.

On a affiché une dépêche de Thiers annonçant que toutes les grandes villes étaient tranquilles, engageant tous les *amis de l'ordre* à se rallier autour du gouvernement de Versailles, et, finalement, faisant un appel aux armes.

Grand mouvement militaire d'Allemands dans Melun. Des officiers supérieurs expriment hautement leur rage de ce que, sur l'*invitation et le désir de Versailles*, on les faisait revenir sur Paris. Les soldats sont très-fatigués.

Les soldats qui rentrent dans leurs foyers sont arrêtés, casernés et forcés de servir Versailles (par tous les moyens).

En tête du *Gaulois* et de *Paris-Journal* et d'autres journaux réactionnaires, est insérée, à la date du dimanche 2 avril, une protestation qui accuse la Commune d'avoir interrompu les communications postales entre Paris et la province.

Tous les journaux démocratiques sont interdits en province.

Les partisans de Versailles comptent surtout sur le manque d'argent à Paris et sur nos divisions intestines.

Quand se discutait le traité de paix qui devait livrer à l'Allemagne deux provinces et nous coûter cinq milliards ; quand les députés demandaient, non pas qu'on continuât une guerre qui nous avait été si désastreuse, mais qu'on examinât, dans le cas où le traité serait inacceptable, les ressources de la France pour forcer, par son attitude, la Prusse à faire des conditions meilleures, M. Thiers interrompait par ce cri de désespoir incroyable : « Le moyen ? le moyen ? »

M. Thiers ignorait le moyen de créer à la France une puissance militaire et de lui trouver des ressources capables, non pas de la rendre victorieuse de l'armée prussienne, mais de contraindre l'Allemagne à nous imposer une charge moins lourde, une humiliation moins grande.

Il prenait des airs dédaigneux à l'égard des hommes dont la foi patriotique inquiétait son scepticisme réactionnaire et sa diplomatie monarchique.

« Le moyen ? le moyen ? » répétait-il, ce qui signifiait que la France n'avait plus d'armes ni d'armées, qu'il était impossible de trouver les unes et de reconstituer les autres. Il se faisait *baissier*, calomniateur de la France, de sa bravoure et de son patriotisme.

C'est qu'il s'agissait alors de combattre et de repousser l'étranger.

Mais aujourd'hui, il s'agit de combattre des Français, de réduire Paris, la cité républicaine, objet de la haine aveugle, brutale, féroce, implacable des ruraux.

Le « moyen » que M. Thiers ignorait le 9 mars, il le connaît le 2 avril. Il a eu dans le mois une révélation. Ce qu'il déclarait être impossible quand il fallait épargner à la France un peu de honte, de douleurs et de dettes, il le déclare possible aujourd'hui qu'il songe à faire couler le sang français, à remplir Paris de ruines et de deuil, à y rentrer comme les Prussiens sont entrés à Francfort, les Turcs à Vienne.

Quand il y avait à défendre l'honneur et le territoire français, M. Thiers ne croyait pas qu'on pût organiser une armée. Mais il y a à souiller notre histoire d'un malheur criminel, il y a à rougir de sang une de ses pages, à provoquer la guerre civile, c'est alors une autre affaire : M. Thiers nous apprend, par une dépêche adressée aux fonctionnaires chargés de gouverner la France en son nom, qu'à Versailles « s'achève de s'organiser une des plus belles armées que la France ait possédées. »

Si M. Thiers était capable d'organiser une des plus belles armées que la France ait possédées, pourquoi ne l'a-t-il pas organisée quand il y avait à tenir tête à la Prusse ? La France ne possédera-t-elle donc une des plus belles armées qu'elle ait jamais eues que pour payer cinq milliards à l'Allemagne et ruiner Paris ?

L'homme qui ose écrire, en de semblables circonstances, de pareilles choses, sans se souvenir de ce qu'il osait dire à peine un mois avant, rend contre lui-même un verdict de haute trahison et de crime de lèse-nation.

Il n'a plus qu'à s'appliquer sa propre sentence.

Les délégués du commerce qui s'étaient rendus à Versailles pour s'entendre avec l'administration des postes, qui a fait retraite dans cette ville, sont de retour à Paris depuis ce matin. Ils n'ont pas rapporté de réponse satisfaisante. Ils n'ont pu se faire délivrer aucun courrier, et on les a ajournés à deux jours. Ces délégués se sont présentés aujourd'hui à l'administration des postes, où ils ont rendu compte de leur mission à M. Theisz, membre de la Commune, préposé à la direction.

Il a été décidé que nulle opposition n'était faite à l'établissement d'un service postal particulier, dans un des lieux désignés, Passy, la Muette ou le Point-du-Jour, et que les négociants pouvaient s'entendre entre eux pour l'organiser le plus promptement possible.

Malheureusement, les événements survenus depuis hier mettent obstacle à la réalisation immédiate de ce projet.

PHYSIONOMIE DE PARIS

RUE DE VAUGIRARD

Depuis dix heures du soir jusqu'à cinq heures du matin, les habitants de la rue de Vaugirard entendent passer de l'artillerie et des soldats.

Dans la journée, l'animation est très-grande aussi dans ce quartier.

Voitures d'ambulance, omnibus requis, fourgons de munitions, estafettes et gardes nationaux font un va-et-vient continuel.

Nous voyons à la porte d'Issy de pauvres femmes en larmes, cherchant à se renseigner sur le sort de leurs maris.

Ce matin, trois de ces malheureuses, ayant pu franchir le pont-levis, malgré la surveillance des sentinelles, ont eu l'imprudence de s'approcher trop près des forts; elles ont été atteintes par des projectiles : l'une d'elles, dit-on, aurait été mortellement blessée.

LE MATIN

A cinq heures trente-cinq minutes, un formidable coup de canon nous réveille. Deux détonations qui se suivent si rapidement, qu'on les croirait simultanées, nous rappellent l'époque triste, mais encore glorieuse, à laquelle, — en dépit des défaillances de nos généraux, — il nous semblait possible de triompher des hordes allemandes.

De la rue des Martyrs et des étages supérieurs, la canonnade s'entend avec une telle netteté et une si grande intensité que l'on pourrait croire la place Clichy bombardée par les forts du nord. Mais ce n'est qu'un « effet du vent, » car, à peine descendu dans la rue, nous n'entendons plus rien, et il nous faut aller jusqu'au Trocadéro pour nous souvenir que la France est en état de guerre... civile.

Rue de Longchamps, nous rencontrons une civière que portent quatre gardes nationaux du 72e bataillon.

Un instant après, passe à nos côtés une voiture dans laquelle se trouve un jeune homme de la classe 1870, soldat au 2e d'artillerie, qui, en combattant aux côtés des fédérés, a eu le pied gauche emporté et la cuisse droite fracassée. Trois gardes très-grièvement blessés sont amenés avec lui.

Les ambulanciers continuent à se plaindre des procédés... prussiens de pas mal de citoyens factionnaires, qui opposent à la mission toute de dévouement qu'ils se sont imposée des difficultés inconcevables.

Des renseignements qui nous sont fournis il résulterait en effet que la « la grande colère » de ces citoyens provient de la présence, dans les voitures, des frères de la doctrine chrétienne.

AU TROCADÉRO

A sept heures et demie, le Trocadéro s'anime. Un grand nombre de piétons, des cavaliers, des personnes en voiture examinent, de ces hauteurs, les forts d'Issy et de Vanves, le Moulin-de-Pierre, Châtillon et Meudon, qui ont ouvert un feu d'enfer. Meudon tire avec violence sur Vanves, qui répond énergiquement.

Dans la foule on commente l'édit de M. Cluseret (appel des hommes de 17 à 35 ans).

Un jeune lieutenant d'infanterie de marine se livre à un accès d'hilarité qu'il ne cherche nullement à dissimuler, en lisant dans l'édit sus-indiqué : « Quand les compagnies *agiront en dehors du service*, les officiers toucheront la solde de leur grade dans l'armée. »

— Sarpejeu, dit-il, c'est le cas d'agir vingt-quatre heures par jour *en dehors du service*. Je n'en ferais jamais, moi, si j'étais de la garde nationale.

A dix heures et demie, deux industriels arrivent avec trois appareils télescopiques qu'ils mettent généreusement à la disposition du public ; moyennant la faible redevance de 25 centimes, on est admis à braquer à volonté leurs instruments sur les divers points du théâtre de la lutte. Par malheur, un léger brouillard s'étend du plateau de Châtillon aux forts, et les lunettes ne servent qu'à faire gagner de l'argent à leurs propriétaires.

Sans instruments auxiliaires, les oreilles perçoivent à merveille ces détonations non interrompues des pièces d'artillerie, et l'on voit de tous côtés la fumée des coups tirés et celle des obus qui éclatent. Le tir de Vanves est précipité. On sent qu'il se voit fortement menacé. Mais il n'est pas besoin d'être expert en matière de balistique pour s'apercevoir que ses projectiles frappent un peu à tort et à travers et que ses artilleurs auraient besoin d'aller à l'école. A midi et demi, une fumée persistante qui s'étend sur tout le fort donne à croire à un incendie des casernes par les batteries de Meudon. Cette fumée intense provient uniquement de la continuité du tir.

Vers deux heures, la canonnade est d'une violence épouvantable. En descendant vers la Seine, on entend très-distinctement des feux à volonté d'infanterie.

Le chemin de ceinture marche toujours.

La foule grossit sans cesse sur le Trocadéro.

SUR LES BOULEVARDS EXTÉRIEURS

Un artilleur, que nous rencontrons sur les boulevards extérieurs, près de Montmartre, raconte

LE MARÉCHAL DE MAC-MAHON
Commandant en chef de l'armée de Versailles.

que dans la matinée les troupes de Versailles ont fait prisonnier un bataillon de gardes nationaux presque tout entier qui s'était aventuré au bas du plateau de Châtillon.

Le même soldat annonce qu'à l'heure qu'il est, quarante pièces de canon, mises en batterie sur le plateau, mettent les troupes de Versailles à même de défier toute attaque de vive force.

Ce matin, vers onze heures, une dizaine de fourgons chargés de tonneaux de poudre, passaient sur le boulevard de la Chapelle, accompagnés de gardes nationaux.

Ces munitions ont été dirigées sur les forts d'Issy et de Vanves.

Nous avons rencontré aujourd'hui, à Montmartre, plusieurs gardes nationaux coiffés du bonnet phrygien.   (*Le Petit Journal.*)

LA LIBERTÉ DE LA PRESSE

On lisait hier dans l'*Action*, journal rédigé par le citoyen Lissagaray :

« Nous demandons la suspension sans phrase de tous les journaux hostiles à la Commune. Paris est en état de siège réel. Les Prussiens de Paris ne doivent pas avoir de centre de ralliement, et ceux de Versailles des informations sur nos mouvements militaires.

« LISSAGARAY. »

Cette demande de proscription de la presse, formée en même temps par la plupart des journaux communeux, a été exaucée.

Les *Débats*, le *Constitutionnel* et *Paris-Journal* n'ont pas reparu ce matin.

Voici dans quels termes était conçu l'ordre de suspension qui a frappé ces trois journaux :

Secrétariat particulier du préfet de police.

Paris, 4 avril 1871.

« Ordre au citoyen Decrin, commissaire de police de la Commune de Paris, d'avoir à se rendre immédiatement à l'imprimerie du *Constitutionnel*, à l'effet d'y détruire la composition, mettre les scellés sur les presses et généralement prendre toutes les mesures nécessaires pour empêcher le journal de paraître.

« Interdiction est faite à l'imprimeur de continuer à faciliter la publication de ladite feuille en la faisant composer et imprimer.

« Tout commandant de la force publique est requis d'avoir à prêter main-forte à l'exécution du présent ordre.

« *Les membres du Comité de sûreté générale,*

« TH. FERRÉ, RAOUL RIGAULT, L. CHALAIN. »

Voici comment s'est opérée la descente de nuit au *Journal des Débats,* sur un ordre de l'ex-préfecture de police. Un envoyé du délégué, le citoyen Rigaud, s'est présenté à trois heures du matin, accompagné de gardes nationaux, au local du journal, rue des Prêtres, et a intimé au prote, qui représentait à lui seul la rédaction et l'administration, d'avoir à suspendre le tirage. Sur quelques observations timides du prote, quelques gardes nationaux ayant manifesté l'intention de briser les presses et de renverser les casses, le prote a déclaré qu'il se soumettait à l'injonction qui lui était faite, que le tirage n'aurait pas lieu, et qu'il était au moins inutile de briser le matériel d'imprimerie, ce bris ne devant rien rapporter à personne.

A ce moment même les plieuses du journal arrivaient pour se livrer à leur occupation quotidienne; les gardes nationaux leur refusèrent l'entrée de l'atelier où elles se rassemblent d'ordinaire et les renvoyèrent.

A partir de ce moment, un piquet de gardes nationaux fut installé dans la cour et dans les salles et il y est resté toute la matinée.

Pareille visite au *Constitutionnel.* Le tirage du journal était terminé, et deux des porteurs étaient déjà partis, lorsqu'un commissaire de police s'est présenté avec des gardes nationaux. Tous les exemplaires parus ont été enlevés, et injonction a été faite, sous peine du bris des presses, de ne pas reprendre le tirage. Le prote du journal, seul présent, a dû signer un procès-verbal.

Il paraît que le *Siècle* devait être aussi supprimé. A une heure du matin, des agents de la Commune ont fait suspendre son tirage, mais la mesure doit avoir été révoquée, car le *Siècle* a paru comme d'ordinaire.

L'*Union,* le *Français,* le *Monde,* l'*Ami de la France,* le *Peuple français,* la *Liberté,* le *Pays* ont suspendu leur publication.

La *Gazette de France* paraît à Versailles, ainsi que le *Gaulois.*

Tous les journaux survivants blâment énergiquement ces mesures draconiennes, et l'*Avenir national,* dont le libéralisme de vieille date ne saurait être mis en doute, s'exprime de cette énergique façon :

Ce matin, trois journaux, le *Journal des Débats,* le *Constitutionnel* et le *Paris-Journal* ont été saisis. Nous protestons hautement contre une pareille mesure. En adoptant ces mesures dictatoriales, la Commune entre dans la voie qui mène fatalement à la suppression de tous les journaux. Nous l'avons déjà dit et répété, et nous le répéterons tant que nous pourrons imprimer un journal : supprimer tous les journaux, c'est porter une atteinte considérable à la liberté, mais c'est une mesure dont le but et la portée se conçoivent ; en supprimer deux ou trois, c'est une ineptie.

La *Cloche,* journal démocratique, dirigé par M. Louis Ulbach, s'associe en termes des plus vifs à cette réprobation :

Trois journaux, les *Débats,* le *Constitutionnel,* le *Paris-Journal* sont supprimés et mis sous les scellés, par ordre de la Commune, où siègent plusieurs journalistes qui ont toujours protesté contre les suppressions de journaux.

Nous ignorons par quelle faveur on nous laisse libres, nous qui voulons la République et qui répudions la Terreur.

LES PERQUISITIONS

Le 5 avril, à deux heures de l'après-midi, quatre agents de l'ex-préfecture de police, accompagnés de cinq gardes nationaux armés et accompagnés d'un serrurier, M. Rinière, rue Saint-Roch, 3, se sont présentés chez M. Denonville, avocat, 5, rue Neuve-du-Luxembourg.

Le serrurier ayant reconnu l'impossibilité d'ouvrir la porte, on alla chercher une échelle, à l'aide de laquelle on pénétra dans l'appartement, situé à l'entresol, en brisant les carreaux d'une croisée.

La perquisition dura une heure, et l'expédition se retira sans toucher à rien. Mais ce fut pour revenir vers quatre heures et demie. Les agents de la Commune firent alors briser par le serrurier une des *caisses* placée dans le cabinet du caissier. Cette opération n'a pas demandé moins de *quatre heures* de temps.

Ils enlevèrent 10,300 francs en espèces et des reçus de la Banque, du Crédit foncier, et ne quittèrent la place qu'à une heure du matin.

Les agents voulurent faire briser la grande caisse, mais ils y ont renoncé à cause de la fatigue du serrurier, qui leur fit observer que cette besogne exigerait encore au moins six heures, et se sont contentés d'apposer les scellés.

Le lundi, retour des agents accompagnés de M. Paublanc, fabricant de coffres-forts, rue Saint-Honoré, 366, qui a procédé au bris de la caisse après un travail qui a duré quatre heures. Mais ils n'y ont trouvé que des papiers d'affaires.

Une troisième caisse, contenant 60,000 francs, grâce à la présence d'esprit du garçon de bureau, a échappé heureusement aux recherches des agents de la Commune, et cette somme a pu être mise depuis en lieu sûr par son dépositaire.

Peu d'instants après ce pillage, un client de M. Denonville *envoyait demander de l'argent, afin de payer ses contributions,* pour lesquelles il AVAIT REÇU UNE CONTRAINTE DE LA COMMUNE.

LE COMBAT

Depuis cinq heures du matin les forts de Vanves et d'Issy tonnent sans relâche, les coups de canon succèdent aux coups de canon, et les gardes nationaux, campés dans la cour des forts ou sur les glacis, suivent curieusement la courbe des obus qui vont s'abattre sur le plateau.

A neuf heures du matin, le feu des artilleurs de la Commune devient plus vif encore; quelques groupes de soldats qui campent sur la crête se retirent avec leurs canons. Il nous semble que les troupes cherchent un abri dans les casemates construites par les Prussiens et que les canons sont rangés en batterie sur l'autre versant de la montagne. Le feu du fort aurait donc été quelque peu efficace.

L'artillerie de Versailles ne tirait de ce côté qu'à de rares intervalles, de cinq minutes en cinq minutes, et ses obus, forcés de décrire une courbe considérable, portaient trop court et s'abattaient sur un groupe de maisons à toits rouges qui paraissent avoir été passablement endommagées.

Subitement, vers onze heures, un grand mouvement se fait sur le plateau. A l'aide d'une lorgnette nous apercevons les files noires et pressées des bataillons de Versailles qui se dirigent du côté de Bagneux en essayant toujours de se dissimuler derrière les terre-pleins. Dans le but sans doute de protéger ce mouvement, les canons de l'artillerie versaillaise commencent à tonner avec plus d'intensité. A un moment donné, les projectiles luttent de rapidité avec les obus qu'envoient les artilleurs de la Commune. Mais on s'aperçoit aisément que les Prussiens nous ont enlevé (fort heureusement, il faut bien le dire) toutes les pièces de siége et de marine à longue portée, car c'est à peine si quatre ou cinq obus tombent dans l'intérieur du fort de Vanves; tout le reste s'abat dans le village et surtout sur quelques villas isolées situées près du chemin de fer.

Dans le fort on prodigue les détonations avec une telle rage que bientôt les munitions commencent à faire défaut. On envoie à la hâte des fourgons aux différents secteurs, et comme ils ne suffisent pas, les gardes nationaux réquisitionnent en chemin les omnibus et les voitures qu'ils rencontrent.

Tandis que le fort de Vanves s'occupait ainsi du plateau de Châtillon, le fort d'Issy avait pris pour objectif la terrasse de Meudon et les bois de Clamart. Ce fort offrait du reste un aspect excessivement pittoresque. Plus de dix mille gardes nationaux étaient groupés sur le glacis et s'occupaient tranquillement de faire la soupe sans se soucier des projectiles qui pouvaient d'un moment à l'autre ajouter au potage un condiment inattendu et assu- rément fort peu désiré. D'autres gardes nationaux remplissaient la cour et semblaient attendre avec beaucoup d'intérêt chaque détonation. Pour rétablir l'équilibre et compenser la répartition quelque peu parcimonieuse des jours précédents, on avait distribué aujourd'hui de très-abondantes rations de porc salé, de mouton, de bœuf, de conserves provenant du siége; le vin coulait à flots, et l'état de plus d'un de ces braves s'en ressentait plus que de raison.

A midi, le clairon sonne, les bataillons se rassemblent et le commandant du fort, un jeune homme à la figure très-énergique, au képi fortement galonné, demande des hommes armés de chassepots pour une expédition dans la forêt de Clamart. Quatre à cinq cents tirailleurs se présentent et sortent au cri de : « Vive la Commune ! » Bientôt nous les voyons grimper assez allégrement le coteau et se déployer derrière un rideau d'arbres et quelques replis de terrain. Le bruit sec de la fusillade retentit et alterne avec le grondement du canon. On répond de l'intérieur du bois, mais tandis que les gardes nationaux sont presque à découvert, on n'aperçoit aucun soldat. On nous assure que ce sont des gendarmes qui sont embusqués dans la forêt.

La fusillade se prolonge ainsi pendant environ vingt minutes, puis elle cesse, les gardes nationaux s'avancent à pas de loup en rampant sur le ventre; ils sont sur le point de pénétrer dans le bois quand les flancs de la batterie de Meudon s'entr'ouvrent et lancent sur les fédérés une volée de mitraille. Ils reviennent au fort passablement épouvantés; ils sont suivis de plusieurs blessés, les premiers que nous voyons dans cette journée; ils se traînent de leur mieux; un d'entre eux nous apprend qu'une douzaine de morts, frappés par la mitraille, sont restés sur le terrain, et qu'une vingtaine d'hommes sont prisonniers des « *Prussiens* », c'est ainsi que dans les rangs des fédérés on désigne les gens de Versailles. Quelques décharges de mitrailleuses précipitent la retraite, et pour un moment la fusillade cesse.

En même temps, on se battait aussi au delà de Montrouge. Une très-forte colonne de gardes nationaux, avec trois mitrailleuses, était entrée dans Bagneux, afin de défendre ce village contre le mouvement qu'essayaient les troupes de Châtillon. Les fédérés se sont barricadés aussi bien qu'ils ont pu, mais ils se trouvaient n'avoir parmi eux aucun artilleur, de sorte qu'ils n'ont pu se servir des mitrailleuses. Néanmoins, la fusillade a été d'une vivacité excessive et s'est prolongée pendant deux heures. Des tirailleurs embusqués dans le clocher causaient beaucoup de mal aux gendarmes. Repoussés des deux premières barricades, les fédérés ont disputé pied à pied le terrain dans les rues aboutissant sur la place de l'Église. Le combat a été particulièrement vif. Une quinzaine de gendarmes ont été faits prisonniers et conduits à Vanves. Plusieurs gardes nationaux étaient d'avis de fusiller sur-le-champ ces malheureux, mais les chefs sont intervenus et ont déclaré qu'à la Commune seule appartenait le droit de statuer sur leur sort. Le bruit courait qu'un chef de bataillon avait été tué à Bagneux.

A trois heures, suspension de la fusillade, mais le canon gronde toujours ; les munitions et les vivres arrivent en abondance ; la batterie de Meudon ralentit son feu, mais en revanche, les mitrailleuses du bois de Clamart font feu sur les gardes nationaux qui s'approchent trop près. A cinq heures, les fédérés recommencent en force leur expédition sur Clamart et s'emparent, non sans peine, du village. Aussitôt la batterie de Meudon recommence son tir, cette fois avec des bombes ; plusieurs maisons de Clamart sont en feu, et une épaisse fumée s'élève au-dessus de cette localité.

Personne ne peut sortir de l'enceinte, force nous est de suivre les péripéties du combat du haut des remparts : il semble se prolonger dans la direction de Meudon. A la tombée de la nuit, l'issue est incertaine.

(*La Vérité*.)

LES DÉMISSIONS

Le citoyen Ulysse Parent, membre de la Commune de Paris, vient d'adresser à ses collègues la lettre suivante :

Paris, 5 avril 1871.

Citoyens,

C'est le cœur navré que je viens déposer entre vos mains le mandat que les électeurs du neuvième arrondissement m'avaient confié.

Jusqu'à l'accomplissement de l'œuvre exceptionnelle sur la misérable attitude que le gouvernement de Versailles impose à la Commune, j'espérais pouvoir partager vos travaux, vos luttes, vos périls.

Mais si le dévouement a ses entraînements, la conscience a ses exigences ; et je ne crois pouvoir désormais m'associer à une action politique et militaire pour laquelle un contrôle suffisant me fait défaut.

Mon cri de ralliement restera toujours : Vive la République démocratique et sociale !

ULYSSE PARENT.

L'HISTOIRE SUR LES MURS

On vient de placarder sur les murs de Paris l'affiche suivante :

CITOYENS,

A la Commune de Paris, nous disons :

Renfermez-vous strictement dans l'édification de nos franchises municipales.

Engagez-vous à déposer votre mandat, sitôt qu'une loi équitable et juste, ayant statué sur la reconnaissance de nos droits, nous appellera à des élections libres et discutées.

A Versailles, nous disons :

Reconnaissez franchement ce que veut l'opinion publique, le temps presse, votez sans délai des institutions vraiment démocratiques et républicaines, au moins en ce qui concerne la ville de Paris, qui, par ses votes, depuis vingt ans, n'a jamais varié dans ses aspirations.

Pas de projets de lois qui sont autant de brandons de discorde ; tel celui sur l'élection des conseils municipaux où l'on propose :

Le maire choisi par les conseillers dans les villes jusqu'à 6,000 âmes.

Le maire imposé par le pouvoir exécutif dans les villes de plus de 6,000 âmes.

Pas de méfiance, mais de la confiance, et alors oubliant les noms de réactionnaires et de révolutionnaires, nous nous tendrons la main ; nous nous souviendrons seulement que nous sommes tous frères d'une même patrie qui est faible aujourd'hui, mais que nous voulons forte bientôt pour ses destinées prochaines.

Vive la France ! Vive la République !

UN GROUPE DE CITOYENS.

5 avril 1871.

NOTA. — Vous tous qui adhérez à ces idées, venez, mais venez tous, jeudi 6 avril, à huit heures du soir, salle de la Bourse, place de la Bourse. Alors pas de discussion, pas de cris, pas de conflit, mais du calme ; montrons que nous sommes dignes d'être un peuple libre.

Si la place de la Bourse se trouve trop étroite pour notre nombre, nous nous réunirons, toutes affaires cessantes, dès le lendemain vendredi, à une heure, dans un immense meeting place de la Concorde et Champs-Élysées.

A TROIS heures précises, les uns se dirigeraient vers le chemin de fer rive gauche porter à Versailles l'expression de la volonté de CENT, DEUX CENT MILLE citoyens, si possible. Les autres feraient la même démarche près de la Commune de Paris, et alors tous nous aurons bien mérité de la patrie. — Amis, est-ce convenu ?

Nous copions textuellement l'affiche suivante, que l'on peut lire sur une des colonnes faisant face au théâtre du Gymnase :

Le vote universel doit aplanir les différends et éclairer les indifférents.

S'il y a deux gouvernements, que chacun d'eux fasse afficher sa constitution, ses principes, qui en sont le piédestal.

Le peuple par un vote libre donnera la solution.

L'honneur de la nation, la raison, la civilisation et l'humanité s'opposent à la guerre civile.

Le travail ramène la prospérité ; les minorités

respecteront les majorités tout en démontrant leurs principes municipaux.

Pas de surprise !

Avons-nous voté un conseil municipal pour contrôler les actes de la République ? Le mot Commune est-il substitué ou synonyme ? Revenons d'une erreur, et : Vive la nation ! Vive la conciliation !

Union, sécurité, avenir, république, empire, royauté, ce sont des mots. C'est à la majorité des peuples qu'il appartient de désigner ses représentants, qui proposeront avec sagesse ce que l'on doit accepter par raison, par devoir dans des circonstances si douloureuses.

Vive la nation ! Vive le pays !

GABIOT, *capitaine*.

LES MENUS DÉTAILS DE L'HISTOIRE.

LE COMMANDANT DURASSIER

La *Vie parisienne* avait son amiral suisse ; il fallait à la Commune le sien.

Un curieux nous prie de demander si le commandant Durassier, chargé de commander les déserteurs de la marine, au nom du gouvernement de l'Hôtel de ville, ne serait pas le même qu'un certain inspecteur d'assurances qui quitta autrefois la compagnie la *Confiance* pour ne pas avoir su en inspirer.

Le Durassier, l'ancien, devient ensuite homme d'affaires. Mais, dégoûté des grandeurs, il ensevelit ses capacités dans une loge de concierge, vers le n° 210 de la rue Saint-Maur-Popincourt. Son propriétaire ayant constaté quelques différences entre les recettes et les dépenses, eut l'audace de renvoyer notre nouveau Charles-Quint ! Ce dernier, retrouvant ses forces en touchant le sol libre de la rue, redonne ses soins aux spéculations hasardeuses, et on le retrouve expert dans un sinistre léger, encore pendant aujourd'hui devant les tribunaux.

Nous transmettons la question à qui de droit, prêt à accueillir avec plaisir les éclaircissements qui pourraient nous être fournis sur un des nouveaux chefs créés par la Commune. (*Le Soir*.)

FUNÉRAILLES DE FLOURENS

Récit de l'*Affranchi :*

A quatre heures, le corps de notre noble ami a été exhumé du cimetière Saint-Louis, à Versailles, et déposé dans une voiture des pompes funèbres, qui l'a ramené à Paris.

A sept heures, il arrivait au cimetière du Père-Lachaise, et il était déposé dans le caveau de la famille.

Le plus profond mystère avait été gardé sur cette lugubre cérémonie.

Le cortége se composait : de la mère de Flourens, de son frère, d'un inconnu et, de plus, de ce que ce cher et grand citoyen n'eût jamais admis, de ce qu'on peut appeler une impiété devant son cercueil... d'un PRÊTRE.

Pas un ami, pas un frère en révolution.

Systématiquement, sa famille lui a fait des funérailles de supplicié, à ce martyr ! Le peuple ira en pèlerinage à son tombeau, montrer comme il sait aimer, lui, ceux qui donnent leur vie pour la liberté.

EXTRAITS DE JOURNAUX ROUGES

L'AFFRANCHI.

La Commune de Paris, en votant aujourd'hui le décret qui institue le jury d'accusation, et qui paraîtra demain dans l'*Officiel*, donne à l'indignation publique une satisfaction impérieusement réclamée.

Depuis trois jours déjà, tout ce qui a au cœur un sentiment de justice et d'humanité s'étonnait de voir les infâmes assassinats de Versailles rester sans réponse et sans châtiment.

Mais l'heure de la justice a enfin sonné.

Les misérables auteurs des crimes les plus épouvantables dont jamais un parti se soit souillé ont été frappés déjà dans ce qu'ils ont de plus cher, — dans leurs biens, — en attendant qu'ils le soient dans leurs personnes.

Qu'ils sachent désormais que la révolution, un instant clémente, est résolue à ne plus être que juste, et à ne pas souffrir qu'on fasse impunément couler le sang le plus pur !

Duval, Flourens, nos chers amis, nos camarades, et vous, frères inconnus, martyrs obscurs de notre foi, victimes innocentes et pures, vous serez vengés !

La Commune le jure, et, pour tenir son serment, elle fait un pacte avec la mort.

Vos assassins sont, pour l'heure, hors de son atteinte ; elle les frappera dans leurs complices, dans ceux qui osent applaudir à leurs infâmes attentats, dans ceux qui, non contents de voir la tempête de la guerre civile frapper avec furie à nos portes, essayent de la déchaîner dans nos murs.

Les coups seront si terribles et si forts, que toute résistance en sera brisée comme verre. Les crimes passés seront expiés, les crimes à venir prévenus.

Il est temps que les méchants tremblent et que les bons se rassurent.

PASCHAL GROUSSET.

LE MOT D'ORDRE.

C'est dans le *Mot d'Ordre* paru le 5, sous la date du 6, que se trouve le fameux article relatif à la démolition de l'hôtel de M. Thiers. Nous le reproduisons *in extenso*.

LES DÉFENSEURS DE LA PROPRIÉTÉ

Bien nourris, bien logés, bien chauffés dans ce beau palais de Versailles jadis habité par le grand roi qui présida aux Dragonnades, les hommes du Gouvernement de Seine-et-Oise continuent à envoyer des boulets sur les passants de tout sexe et à démanteler les maisons qui ne leur appartiennent pas.

Tuer des femmes et des enfants, c'est peut-être dans l'ordre; mais éventrer des immeubles, c'est grave pour des réactionnaires dont l'unique préoccupation est de protéger la propriété.

M. Thiers possède place Saint-Georges un merveilleux hôtel plein d'œuvres d'art de toutes sortes. M. Picard a sur ce pavé de Paris qu'il a déserté trois maisons d'un formidable rapport, et M. Jules Favre occupe rue d'Amsterdam une habitation somptueuse qui lui appartient. Que diraient donc ces propriétaires hommes d'État si à leurs effondrements le peuple de Paris répondait par des coups de pioche, et si à chaque maison de Courbevoie touchée par un obus, on abattait un pan de mur du palais de la place Saint-Georges ou de l'hôtel de la rue d'Amsterdam?

Je connais ces grands politiqueurs qui viennent étaler leur désintéressement sur le tapis vert de la tribune. Les biens de ce monde les touchent infiniment plus que ne le feraient supposer leurs têtes dans les nuages. J'ignore comment ces rêveurs-là s'arrangent, mais après deux mois de ministère, ils ont tous cent mille livres de rente. Je suis donc convaincu qu'à la première nouvelle que le marteau de sa porte a été seulement endommagé, M. Thiers ordonnerait de cesser le feu.

Dût-on nous appeler Tamerlan, nous avouons que ces représailles ne nous répugneraient pas outre mesure si elles ne présentaient un inconvénient capital. En apprenant que la justice populaire démolit l'hôtel de M. Thiers, qui a coûté deux millions, l'Assemblée siégeant à Versailles lui en voterait immédiatement un autre qui en coûterait trois. Et comme ce sont les contribuables qui payeraient la facture, nous nous voyons forcé de déconseiller ce mode d'expiation.

HENRI ROCHEFORT.

LES FAITS DIVERS

Le citoyen Ferdinand Révillon vient d'être nommé directeur de la douane de Paris. (*Officiel.*)

On s'occupe activement de la réorganisation de l'artillerie de la garde nationale. A la légion actuellement existante, on va adjoindre l'artillerie de la mobile de la Seine et l'artillerie auxiliaire qui, pendant le siège, a si bien rempli son service au rempart.

Ces trois corps, après leur fusion, seraient divisés en vingt batteries, entre lesquelles se répartiraient les pièces et tout le matériel.

Montsouris serait disposé pour être le parc d'artillerie et le champ de manœuvres de la garde nationale. (*Officiel.*)

On annonce que le commandement en chef de l'armée chargée de l'attaque de Paris, vient d'être confié à M. le maréchal Mac-Mahon. C'est lui qui dirige maintenant les opérations du siège.

Pendant toute la journée du 5, on s'occupe de fortifier et d'armer formidablement la porte Maillot, qui paraît être un des objectifs de l'assaillant. Des pièces de tout calibre ne cessent d'y être mises en batterie, et une force imposante de fédérés occupe et défend le rempart.

Les omnibus d'Auteuil et de Courbevoie sont encombrés de voyageurs. Les voitures d'Auteuil vont jusqu'à leur destination. Quant à celles de Courbevoie, elles s'arrêtent à la porte Maillot.

Là, tout le monde descend, se mêle aux groupes réunis sur la chaussée, se renseigne à droite et à gauche; puis, on rentre à Paris pour répandre, chacun dans son quartier, les nouvelles les plus contradictoires.

Les communes situées à l'ouest de Paris, bloquées, d'un côté par les gardes nationaux fédérés, de l'autre par les troupes de Versailles, se trouvent littéralement affamées.

La plupart de ces communes tiraient leurs vivres de Paris; mais aujourd'hui que les portes sont fermées et les voies de communication militairement occupées, les voilà privées de toutes ressources.

Ainsi, pendant toute la journée d'hier, les habitants de Boulogne n'ont eu à manger absolument que du pain. Dans l'après-midi, l'intendance a dû leur envoyer de Versailles plusieurs voitures chargées d'approvisionnements.

A Saint-Cloud, les deux ou trois cents habitants qui s'étaient décidés à réintégrer leur reste de domicile, sont dans la plus profonde désolation.

Par suite de la suppression des trains de chemin de fer, et de la défense de faire sortir de Paris des denrées alimentaires, ils se trouvent isolés et manquent des choses les plus essentielles à la vie.

Un grand nombre de citoyens, compris dans la catégorie des célibataires de dix-sept à trente-cinq ans ont reçu, dès hier soir, leur équipement complet et l'ordre de rejoindre les compagnies de marche, dans lesquelles on les incorpore de force.

(*L'Ami de la France.*)

On nous rapporte que des perquisitions viennent d'être opérées chez M. Groult, fabricant de pâtes alimentaires et maire de Vitry. M. Groult, ne se trouvant pas à son domicile, madame Groult a dû suivre les perquisitionnaires.

Une personne digne de foi nous raconte qu'un

wagon de tissus destinés à la Suisse, et d'une valeur d'environ 50,000 francs a été pillé par une compagnie de la garde nationale à la gare de l'Est.

Nous hésitons encore à le croire et nous demandons aux autorités compétentes de provoquer une enquête.

Il n'est pas sans intérêt de noter les modifications apportées chaque jour dans la commission exécutive de la Commune.

A la date du 3 avril, cette commission était ainsi composée :

Bergeret, Eudes, Duval, Lefrançais, Félix Pyat, G. Tridon, E. Vaillant.

Le 4 avril, elle se modifie comme suit :

Bergeret, Delescluze, Duval, Eudes, Félix Pyat, G. Tridon, E. Vaillant.

Le 5 avril, elle est ainsi constituée :

F. Cournet, Delescluze, Félix Pyat, G. Tridon, E. Vaillant, Vermorel.

La journée du Jeudi 6 avril

JOURNAL OFFICIEL
PARTIE OFFICIELLE.

Paris, le 5 avril 1871.

COMMUNE DE PARIS.

Citoyens,

Chaque jour les bandits de Versailles égorgent ou fusillent nos prisonniers, et pas d'heure ne s'écoule sans nous apporter la nouvelle d'un de ces assassinats.

Les coupables, vous les connaissez : ce sont les gendarmes et les sergents de ville de l'empire, ce sont les royalistes de Charette et de Cathelineau qui marchent contre Paris au cri de : *Vive le roi*, et drapeau blanc en tête.

Le gouvernement de Versailles se met en dehors des lois de la guerre et de l'humanité, force nous sera d'user de représailles.

Si, continuant à méconnaître les conditions habituelles de la guerre entre peuples civilisés, nos ennemis massacrent encore un seul de nos soldats, nous répondrons par l'exécution d'un nombre égal ou double de prisonniers.

Toujours généreux et juste même dans sa colère, le peuple abhorre le sang comme il abhorre la guerre civile ; mais il a le devoir de se protéger contre les attentats sauvages de ses ennemis, et, quoi qu'il lui en coûte, il rendra œil pour œil et dent pour dent.

Paris, le 5 avril 1871.

La Commune de Paris.

La Commune de Paris,

Considérant que le gouvernement de Versailles foule ouvertement aux pieds les droits de l'humanité comme ceux de la guerre ; qu'il s'est rendu coupable d'horreurs dont ne se sont même pas souillés les envahisseurs du sol français ;

Considérant que les représentants de la Commune de Paris ont le devoir impérieux de défendre l'honneur et la vie des deux millions d'habitants qui ont remis entre leurs mains le soin de leurs destinées ; qu'il importe de prendre sur l'heure toutes les mesures nécessitées par la situation ;

Considérant que des hommes politiques et des magistrats de la cité doivent concilier le salut commun avec le respect des libertés publiques,

DÉCRÈTE :

Art. 1er. Toute personne prévenue de complicité avec le gouvernement de Versailles sera immédiatement décrétée d'accusation et incarcérée.

Art. 2. Un jury d'accusation sera institué dans les vingt-quatre heures pour connaître des crimes qui lui seront déférés.

Art. 3. Le jury statuera dans les quarante-huit heures.

Art. 4. Tous accusés retenus par le verdict du jury d'accusation seront les otages du peuple de Paris.

Art. 5. Toute exécution d'un prisonnier de guerre ou d'un partisan du gouvernement régulier de la Commune de Paris sera, sur-le-champ, suivie de l'exécution d'un nombre triple des otages retenus en vertu de l'article 4, et qui seront désignés par le sort.

Art. 6. Tout prisonnier de guerre sera traduit devant le jury d'accusation, qui décidera s'il sera immédiatement remis en liberté ou retenu comme otage.

RAPPORT
DU DÉLÉGUÉ A LA GUERRE AUX MEMBRES DE LA COMMISSION EXÉCUTIVE.

Citoyens,

Depuis mon entrée en fonctions, j'ai cherché à me rendre un compte exact de la situation militaire, tant au point de vue de ce qui motive une agression que rien ne justifie, qu'à celui de ses résultats.

Le motif paraît être, en première ligne, d'effrayer la population, en second lieu de nous faire dépenser en pure perte nos munitions, enfin de masquer un mouvement sur notre droite pour occuper les forts de la rive droite.

Jusqu'à ce jour, l'espoir coupable de l'ennemi a été frustré, ses tentatives repoussées.

La population est restée calme et digne, et si nos munitions ont été gaspillées par des soldats trop jeunes, ils acquièrent chaque jour, par la pratique du feu, le sang-froid indispensable à la guerre.

Quant au troisième point, il dépend plus des Prussiens que de nous. Néanmoins, nous veillons.

Au point de vue de l'action, elle se résume ainsi : soldats excellents, officiers mêlés, les uns très-bons et les autres très-mauvais. Beaucoup d'élan, assez peu de fermeté. Quand les compagnies de guerre seront formées et dégagées de l'élément sédentaire, on aura une troupe d'élite dont l'effectif dépassera 100,000 hommes. Je ne saurais trop recommander aux gardes de porter toute leur attention sur le choix de leurs chefs.

Actuellement, les positions respectives des deux troupes peuvent se résumer ainsi : les Prussiens de Versailles occupent les positions de leurs congénères d'outre-Rhin. Nous occupons les tranchées, les Moulineaux, la gare de Clamart.

En somme, notre position est celle de gens qui, forts de leurs droits, attendent patiemment qu'on vienne les attaquer, se contentant de se défendre.

Des actes d'héroïsme se sont accomplis. A ce sujet, je proposerai à la Commune de vouloir bien faire don au 101e bataillon d'une mitrailleuse qu'il a enlevée aux Prussiens de Versailles, avec son caisson et deux autres pièces d'artillerie.

Que chaque bataillon tienne à honneur d'imiter le 101e, et bientôt l'artillerie de la Commune de Paris sera une des plus belles et des mieux servies.

Je saisis cette occasion de rendre un public hommage à la justesse du tir de nos artilleurs.

En terminant, citoyens, je pense que si nos troupes conservent leur sang-froid et ménagent leurs munitions, l'ennemi se fatiguera avant nous. Il ne restera alors de sa folle et criminelle tentative que les veuves et les orphelins, le souvenir et le mépris pour une action atroce.

Le délégué à la guerre,
Général E. CLUSERET.

MINISTÈRE DE LA GUERRE.

Considérant qu'il importe que les bataillons de marche aient à leur tête des chefs qui les dirigent effectivement;

Considérant que dans les événements récents, un certain nombre ont fait défaut;

Vu le décret du 4 avril du délégué à la guerre,

Le Comité central arrête :

Dans chaque bataillon, un commandant sera nommé par les quatre compagnies de guerre, et les conduira. Les compagnies sédentaires resteront sous son contrôle, et seront administrées, en son absence, par un capitaine commandant hors cadres.

Tous les titulaires devront se présenter en dernier délai, samedi 8, aux bureaux du Comité central, au ministère de la guerre, avec leurs titres de nomination.

A la date du dimanche 9 avril, le service des secteurs est supprimé.

Par délégation :

G. ARNOLD, C. GAUDIER, PRUDHOMME, L. BOURSIER, J. GROLARD.

Approuvé :

Le délégué à la guerre,
CLUSERET.

Considérant que, dans les circonstances actuelles, il importe, surtout au point de vue militaire, de voir à la tête des légions des officiers supérieurs ayant des connaissances reconnues :

Dans les arrondissements qui n'en sont pas pourvus, le chef de légion sera *nommé provisoirement* par le délégué à la guerre et sanctionné par le Comité central.

Tous les chefs de bataillon devront faire parvenir aujourd'hui, au secrétariat général du Comité central, 2, rue de l'Entrepôt, l'état nominatif et l'effectif de leur bataillon, avec noms, prénoms, adresse et âge.

Chaque mairie devra envoyer dans le même délai l'état des nouveaux incorporés.

Le Comité central.

La note suivante a été adressée hier aux représentants, à Paris, des puissances étrangères par le citoyen Paschal Grousset, membre de la Commune, délégué aux relations extérieures :

« Le soussigné, membre de la Commune de Paris, délégué aux relations extérieures, a l'honneur de vous notifier officiellement la constitution du gouvernement communal de Paris.

« Il vous prie d'en porter la connaissance à votre gouvernement, et saisit cette occasion de vous exprimer le désir de la Commune de resserrer les liens fraternels qui unissent le peuple de Paris au peuple N***.

« Agréez, etc.

PASCHAL GROUSSET,

Paris, le 5 avril 1871.

COMMISSION DU TRAVAIL ET DE L'ÉCHANGE.

Les délégués des comités des vingt arrondissements, des corporations ouvrières et des chambres fédérales sont prévenus que la commission d'initiative du travail et de l'échange est installée au ministère des travaux publics.

Ils sont priés de se mettre en rapport avec elle.

JOURNÉE DU 6 AVRIL : La guillotine, enlevée par le peuple du lieu où elle était remisée, est brûlée au pied de la statue de Voltaire. (Voir page 320.)

La commission recevra toutes les communications, de midi à quatre heures.

Paris, le 5 avril 1871.

Pour la commission,
E. TEULIÈRES, ERNEST MOUILLÉ, ÉDOUARD ROULLIER.

Messieurs les ingénieurs et entrepreneurs de travaux publics sont priés de vouloir bien se réunir, samedi prochain, 8 courant, deux heures du soir, au ministère des travaux publics, afin de prendre des résolutions au sujet du projet de l'aménagement des égouts pour le transport des immondices hors de la ville.

Les renseignements reçus jusqu'à ce jour engagent la commission du travail et de l'échange à faire exécuter sans retard le projet en question.

Paris, le 5 avril 1871.

Pour la commission,
MALON, LANGEVIN, FRANCKEL, EUGÈNE GÉRARDIN, DUPONT.

Les employés du ministère des travaux publics sont invités à se présenter dans le délai de quarante-huit heures, sous peine de révocation.

Paris, le 5 avril 1871.

Pour la commission,
E. TEULIÈRES, ÉDOUARD ROULLIER.

COMMISSION DES SUBSISTANCES.

Avis.

Les négociants qui ont des marchandises en souffrance ou en emmagasinage dans les gares de chemins de fer, sont tenus d'en prendre livraison dans les cinq jours. S'ils ne peuvent les faire enlever à temps, on les transportera à leurs frais dans les entrepôts suivants :

Marché de la Chapelle.
Grenier d'abondance.

5 avril 1871.

A partir de ce jour, défense est faite de réquisitionner dans les stocks de la Commune sans un bon de la commission des subsistances, siégeant au ministère du commerce.

Les boulangers qui désirent fabriquer du pain pour la troupe sont priés de s'adresser au ministère de l'agriculture et du commerce, bureau de la boulangerie, de une à quatre heures.

Paris, le 5 avril 1871.

Pour le membre de la Commune délégué aux subsistances :

Le secrétaire,
GAUDILLIAT.

Le citoyen Ulysse Parent donne sa démission de membre de la Commune.

Sur sa demande, le citoyen Chardon passe de la commission militaire à la commission de sûreté générale.

Le citoyen Régère donne sa démission de membre de la commission des finances.

Les citoyens Theisz et Franckel sont adjoints à la commission des finances.

Toute personne qui possédera ou connaîtra des dépôts d'armes, munitions, poudres ou engins de guerre, est tenue d'en faire la déclaration dans le plus bref délai au ministère de la guerre.

La commission exécutive :
F. COURNET, DELESCLUZE, FÉLIX PYAT, G. TRIDON, E. VAILLANT, VERMOREL.

PARTIE NON OFFICIELLE.

Paris, 5 avril 1871.

Depuis quelque temps, certains journaux mal renseignés ou de mauvaise foi ont parlé d'un prétendu antagonisme qui existerait entre la Commune et le Comité central de la garde nationale. Si le *Journal officiel* n'a pas cru devoir démentir ces bruits malveillants, c'est qu'il y avait lieu de penser qu'ils cesseraient bientôt d'eux-mêmes.

Leur persistance voulue nous oblige, avant de publier les avis émanant du Comité, de déclarer que le Comité central, considéré par la Commune et se reconnaissant lui-même comme le grand conseil de famille de la garde nationale, a été admis par la délégation de la Commune à la guerre, avec l'approbation de la commission exécutive, à lui apporter son concours pour la réorganisation de la garde nationale.

LETTRE DU GÉNÉRAL BERGERET,
A LA COMMISSION EXÉCUTIVE.

Chers citoyens,

Les craintes de certaines personnes sont exagérées. Je sais qu'il faut à notre brave garde nationale une nouvelle organisation ; mais la situation de notre cher Paris est bonne, nos forts sont pourvus de munitions et résistent fièrement aux attaques insensées et criminelles de ceux que j'ai la honte d'appeler les Français de Versailles.

Quant à Neuilly, cet objectif de nos adversaires, je l'ai formidablement fortifié, et je défie à toute une armée de l'assaillir. J'y ai placé un homme intelligent et ferme, le citoyen Bourgoin ; il y tient d'une main sûre le drapeau de la Commune, et nul ne viendra l'en arracher.

Donc, chers citoyens, organisons dans le calme et la sécurité vigilante de notre force nos bataillons, et laissons au temps, quelques jours à peine, le soin de démontrer à nos ennemis leur faiblesse et notre puissance.

JULES BERGERET,
Général commandant la place.

Nous recevons la communication suivante :

Paris, le 5 avril 1871.

Aux membres de la Commune de Paris.

J'arrive de Versailles encore tout ému, indigné des faits horribles que j'ai vus de mes propres yeux.

Les prisonniers sont reçus à Versailles d'une manière atroce. Ils sont frappés sans pitié. J'en ai vu sanglants, les oreilles arrachées, le visage et le cou déchirés comme par des griffes de bêtes féroces. J'ai vu le colonel Henry en cet état, et je dois ajouter à son honneur, à sa gloire, que, méprisant cette bande de barbares, il est passé fier, calme, marchant stoïquement à la mort.

Une cour prévôtale fonctionne sous les regards du gouvernement. C'est dire que la mort fauche nos concitoyens faits prisonniers. Les caves où on les jette sont d'affreux bouges, confiés aux bons soins des gendarmes.

J'ai cru de mon devoir de bon citoyen de vous faire part de ces cruautés, dont le souvenir seul provoquera encore longtemps mon indignation.

BARRÈRE.

Je certifie que la présente déclaration a été faite devant moi.

LEROUX,
Commandant au 84e bataillon
de la garde nationale.

MAIRIE DU PREMIER ARRONDISSEMENT

Le drapeau rouge de la révolution populaire de Paris a été hissé au balcon de la mairie du premier arrondissement. Le poste de la garde nationale fédérée a présenté les armes, le clairon a sonné aux champs. Les cris de : *Vive la République!* et *Vive la Commune!* sont sortis de toutes les bouches. La foule a salué ce drapeau qui symbolise les espérances de la France révolutionnaire. Aux vivats répétés se sont ajoutées des protestations énergiques contre tous les ennemis de notre régénération sociale.

Dans une allocution patriotique, un des membres de la commission communale a retracé en termes chaleureux et saisissants la situation de Paris, combattant héroïquement pour sauvegarder les revendications dont le drapeau rouge est le glorieux et vivant symbole.

Paris, le 5 avril 1871.

Pour la commission communale,

F. WINANT.

MAIRIE DU SEIZIÈME ARRONDISSEMENT

La commission provisoire déléguée à l'administration du seizième arrondissement, aux habitants du seizième arrondissement.

Citoyens,

Par suite de la démission des deux membres de la Commune que vous aviez élus et de la fuite des deux commandants de la garde nationale, tous les services communaux de votre arrondissement ont été paralysés ou désorganisés.

L'attaque odieuse du gouvernement de Versailles contre Paris a empêché momentanément les élections pour le remplacement des deux membres qui n'ont pas répondu à votre confiance.

C'est dans ces circonstances critiques que la Commune a pris d'urgence des mesures pour sauvegarder vos intérêts.

Elle a confié au citoyen Émile Oudet, un de ses membres, envoyé exprès au seizième arrondissement, la direction administrative et la surveillance des opérations militaires du 6e secteur.

Elle a aussi d'urgence pourvu à la nomination d'un commandant des deux bataillons, 38e et 72e, et l'a confié au citoyen Laporte, et elle a nommé chef du secteur le citoyen Barraux.

Sur la proposition du citoyen Émile Oudet, le citoyen Napias-Piquet, détaché de la commission municipale du premier arrondissement, a été appelé par le comité exécutif de la Commune à organiser les affaires administratives du seizième, et à y choisir une commission municipale.

Citoyens,

En présence des graves événements de ces derniers jours et en prévision de toutes les nécessités qui peuvent survenir, alors que tant de gens prudents s'abstiennent, nous avons regardé comme un devoir civique de répondre à l'appel qui nous a été fait.

En attendant que le peuple, seul souverain par le suffrage universel, nous en relève dans de prochaines élections, ces rudes devoirs, qui vont résulter de nos fonctions, nous les avons acceptés avec la résolution la plus énergique de les remplir, sans nous arrêter devant aucun obstacle réactionnaire.

Déjà nous avons pris toutes les mesures pour assurer tous les services. Avec le concours patriotique de la garde nationale et celui de tous les bons républicains, nous nous efforcerons de rester au niveau de toutes les difficultés qui pourront

JOURNÉE DU 6 AVRIL : Le cortège des obsèques des fédérés tués aux combats du 3 et du 4 passant sur la place de la Bastille. (Voir page 320.)

survenir et de satisfaire à tous les droits, à tous les intérêts, en concourant au salut public.

Salut et fraternité.

Paris-Passy, 4 avril 1871.

Les membres de la commission communale du 16ᵉ arrondissement,

NAPIAT-PIQUET, PIGAULT, CLERJAUD, LEDRIER, DARNAL, RICHARD, TURPIN, MISSOL.

DIRECTION DES DOMAINES ET ATELIER GÉNÉRAL DU TIMBRE

Avis

Les receveurs, inspecteurs et vérificateurs de la direction des domaines qui refuseront de reprendre leur service et n'auront pas envoyé leur acte d'adhésion au gouvernement de la République, représenté par la Commune de Paris, seront considérés comme entravant malicieusement le service public.

Tout employé voulant quitter l'administration pourra envoyer sa démission au chef de service, mais ne devra quitter son poste que lorsque la commission des finances aura statué et prononcé sur les mérites de sa demande.

Paris, le 5 avril 1871.

Le directeur,

D. MASSARD.

Les bureaux des archives de l'état civil, avenue Victoria, 4, 3ᵉ étage, viennent d'être réorganisés; ils fonctionneront à partir d'aujourd'hui, 6 avril. (Le public est admis de dix heures à trois heures.)

Paris, le 6 avril 1871.

Le chef du personnel de l'administration communale de Paris,

JULES ANDRIEUX.

Tous les jours, assemblée des membres de la Commune, à dix heures du matin. Les membres de la Commune sont en permanence à l'Hôtel de ville, dans leurs commissions respectives.

Des journaux qui, il y a quelques jours, semblaient assez franchement ralliés à la cause de la Commune, s'empressent aujourd'hui d'en annoncer la défaite avec ce ton de joie contenue qui rappelle les hypocrisies du siège et les préparatifs de la capitulation.

Il serait peut-être naïf de demander à ces journaux pourquoi la cause de la Commune leur paraît aujourd'hui moins bonne qu'hier. Au moins est-il permis de leur demander en quoi ils trouvent que la situation a changé.

L'offensive prise brusquement par le gouvernement de Versailles, alors que rien ne la faisait prévoir si prochaine, a déterminé un mouvement en avant de la garde nationale, mouvement audacieux, peu préparé, presque spontané, qui n'a pas

eu, on peut le reconnaître sans honte après tant d'actes héroïques, le succès immédiat sur lequel les chefs avaient, en somme, quelques raisons de compter.

Admettons même qu'il y ait eu excès d'audace et de confiance chez ces vaillants citoyens, dont l'agression de la veille avait enflammé l'ardeur. Il n'en restera pas moins évident que si une faute a été commise, ou pour mieux dire n'a pu être évitée, cette faute même, reconnue et réparée, est pour la cause de la Commune le gage du futur triomphe.

Et d'abord, nul n'oserait soutenir qu'au point de vue défensif, la situation de Paris ait empiré. Ce qui est certain, au contraire, c'est que les mesures prises, tant à l'intérieur qu'à l'extérieur, ont rendu Paris invincible. Les bataillons de marche reformés ont aussi acquis la faculté de procéder rapidement, mais avec méthode, à leur réorganisation.

Enfin, le commandement supérieur a été placé entre les mains d'un militaire éprouvé qui, considéré, il y a quinze ans, dans l'armée française, comme un officier du plus grand mérite, a, depuis, acquis, dans la guerre de sécession américaine, l'expérience qui eût pu, après le 4 septembre, nous assurer les revanches espérées. Ici, comme en Amérique, mais avec des éléments incomparablement supérieurs, et dans des conditions bien plus favorables, le général Cluseret aura à montrer comment des troupes nouvelles, n'ayant pas fait campagne, peuvent triompher d'une armée régulière. Le courage héroïque, indomptable, de la garde nationale parisienne, sa supériorité morale sur des troupes que ne soutient pas l'énergie d'une conviction ni même le sentiment du devoir, rendront la tâche du délégué à la guerre plus facile, et assureront le triomphe définitif à Paris, c'est-à-dire à la cause de l'humanité, de la justice, à la cause de la République.

LA BIBLIOTHÈQUE NATIONALE

Nous donnons ci-après les termes de l'engagement que le citoyen Vincent, délégué par la Commune à la Bibliothèque nationale, a fait prendre aux employés de cet établissement. C'est par des actes de cette nature que les hommes de la Commune prouvent qu'ils entendent conserver soigneusement aux générations futures tout ce qui se rapporte à la gloire et à la science du passé.

Entre les soussignés, conservateurs, sous-directeurs, adjoints et bibliothécaires de la Bibliothèque nationale,

D'une part;

Et M. Jules Vincent, agissant en vertu d'une délégation dont les termes sont transcrits ci-dessous:

D'autre part;

Le comité de l'intérieur et de la sûreté générale délègue provisoirement le citoyen Vincent (Jules) à la Bibliothèque nationale. Le citoyen Vincent est chargé de veiller à cette propriété nationale. Il est armé à cet égard de pleins pouvoirs.

Paris, le 1er avril 1871.

Pour le Comité de l'intérieur et de la sûreté générale :

Les délégués,

F. COURNET, ÉMILE OUDET, TH. FERRÉ.

Il a été convenu et arrêté ce qui suit :

1° Avec le concours de M. Jules Vincent, délégué à cet effet, les fonctionnaires et employés de la Bibliothèque nationale prendront toutes les mesures propres à sauvegarder l'intégrité et la conservation des collections qui leur sont confiées, sans qu'il soit porté d'ailleurs aucune atteinte aux règlements actuels de l'établissement.

2° Fidèles à leur devoir professionnel, les fonctionnaires et employés de la Bibliothèque continueront de se renfermer dans les strictes limites de leur rôle de gardiens des collections qui constituent les quatre départements et qui appartiennent à la Nation.

JULES VINCENT; J. RAVENEL, conservateur du département des imprimés; O.-S. BARBRIS, conservateur adjoint au département des imprimés; E.-J.-B. RATHERY, conservateur adjoint au département des imprimés; H. BAUDEMENT, bibliothécaire; EUGÈNE NUITRE, bibliothécaire; SCHMIT, bibliothécaire; LÉOPOLD DELISLE, bibliothécaire au département des manuscrits; CHABOUILLET, conservateur, sous-directeur du département des médailles et antiques; H. LAVOIX, conservateur, sous-directeur adjoint du département des médailles et antiques; H. DELABORDE, conservateur du département des estampes; DAUBAN, conservateur, sous-directeur adjoint du département des estampes; GEORGES DUPLESSIS, bibliothécaire; J. GUÉRIN, bibliothécaire.

La lutte a été vive cette nuit sur le plateau de Châtillon et dans le voisinage du fort de Vanves. La 5e légion de la garde nationale a bravement fait son devoir, et dans les dix bataillons qui la composent on n'a vu ni défection ni hésitation. Nous connaîtrons ce soir le nombre des morts et des blessés.

Le 248e bataillon, dont l'armement complet ne datait que de la veille, arrivé à une heure du matin sur le terrain de la lutte, a été aussitôt engagé. On nous désigne parmi les morts le capitaine Straul. Le capitaine Noé aurait été blessé, et le capitaine adjudant-major Henri Régère, commandant par intérim, aurait été contusionné à la cuisse par une balle qui a traversé ses vêtements.

A neuf heures du matin, bien que nos positions fussent partout défendues de manière à ne laisser aucune inquiétude, le général Cluseret, d'accord avec la commission exécutive, a décidé de faire rentrer dans Paris les troupes, dont l'organisation va être modifiée. Le colonel La Cécilia a été chargé de faire exécuter ce mouvement, qui aura dû être bien douloureux pour nos braves bataillons.

M. Gustave Courbet, président des artistes, autorisé par la Commune, a invité ses confrères à se réunir vendredi prochain, dans le monument de l'École de médecine, à deux heures de l'après-midi.

Il vient de leur adresser l'appel suivant, que nous nous faisons un devoir de publier :

La revanche est prise. Paris a sauvé la France du déshonneur et de l'abaissement. Ah! Paris! Paris a compris dans son génie qu'on ne pouvait combattre un ennemi attardé avec ses propres armes. Paris s'est mis sur son terrain, et l'ennemi sera vaincu comme il n'a pu nous vaincre. Aujourd'hui, Paris est libre et s'appartient, et la province est en servage. Quand la France fédérée pourra comprendre Paris, l'Europe sera sauvée.

Aujourd'hui, j'en appelle aux artistes, j'en appelle à leur intelligence, à leur sentiment, à leur reconnaissance. Paris les a nourris comme une mère et leur a donné le génie. Les artistes, à cette heure, doivent, par tous leurs efforts (c'est une dette d'honneur), concourir à la reconstitution de son état moral et au rétablissement des arts, qui sont sa fortune. Par conséquent, il est de toute urgence de rouvrir les musées et de songer sérieusement à une exposition prochaine; que chacun, dès à présent, se mette à l'œuvre, et les artistes des nations amies répondront à notre appel.

La revanche est prise, le génie aura son essor : car les vrais Prussiens n'étaient pas ceux qui nous attaquaient d'abord. Ceux-là nous ont servis, en nous faisant mourir de faim physiquement, à reconquérir notre vie morale et à élever tout individu à la dignité humaine.

Ah! Paris! Paris la grande ville, vient de secouer la poussière de toute féodalité. Les Prussiens les plus cruels, les exploiteurs du pauvre, étaient à Versailles. Sa révolution est d'autant plus équitable qu'elle part du peuple. Ses apôtres sont ouvriers, son Christ a été Proudhon. Depuis dix-huit cents ans, les hommes de cœur mouraient en soupirant; mais le peuple héroïque de Paris vaincra les mistagogues et les tourmenteurs de Versailles, l'homme se gouvernera lui-même, la fédération sera comprise, et Paris aura la plus grande part de gloire que jamais l'histoire ait enregistrée.

Aujourd'hui, je le répète, que chacun se mette à l'œuvre avec désintéressement : c'est le devoir que nous avons tous vis-à-vis de nos frères soldats, ces héros qui meurent pour nous. Le bon droit est avec eux. Les criminels ont réservé leur courage pour la sainte cause.

Oui, chacun se livrant à son génie sans entrave, Paris doublera son importance, et la ville internationale européenne pourra offrir aux arts, à l'industrie, au commerce, aux transactions de toutes sortes, aux visiteurs de tous pays, un ordre impérissable, l'ordre par ses citoyens, qui ne pourra pas être interrompu par les ambitions monstrueuses de prétendants monstrueux.

Notre ère va commencer; coïncidence curieuse ! c'est dimanche prochain le jour de Pâques ; est-ce ce jour là que notre résurrection aura lieu ?

Adieu le vieux monde et sa diplomatie !

GUSTAVE COURBET.

PHYSIONOMIE DE PARIS.

INCINÉRATION DE LA GUILLOTINE

On nous raconte, dit le *Petit Journal*, que jeudi matin, vers huit heures, une foule assez nombreuse se dirigeait, par la rue de la Roquette, vers celle de la Folie-Regnault. En tête marchaient quelques citoyens armés. Arrivée vers le milieu de la rue, la colonne s'est arrêtée en face d'une bicoque de chétive apparence, et à coups de crosses de fusils a jeté par terre la porte qui y donnait accès, puis une qui se trouvait intérieure.

Peu d'instants après, deux tombereaux sont arrivés, et des charpentes de construction bizarre, qui étaient remisées dans la maison mystérieuse, y ont été chargées.

C'étaient les machines d'Heindreich, les instruments sinistres de M. de Paris.

Conduites sur la place du Prince-Eugène, à dix heures précises elles étaient réduites en cendres dans un auto-da-fé populaire.

Les couperets, au nombre de cinq, ont été détruits.

On lit dans le *Siècle :*

Ce matin, jeudi, un spectacle des plus insolites avait attiré une foule considérable vers le boulevard Voltaire (ci-devant du Prince-Eugène.)

On brûlait publiquement, sur la place et devant la statue de Voltaire, le bois de justice, autrement dit l'échafaud, ou, puisqu'il faut l'appeler par son nom, la guillotine.

Le public qui assistait à cet auto-da-fé de l'instrument du supplice paraissait satisfait.

Cela se comprend à merveille, si l'on veut voir dans cet incendie la fin des homicides judiciaires et des condamnations capitales.

Si ce spectacle est un symbole, nous en ferons honneur à ceux qui l'ont ordonné.

Oui, à la condition qu'il signifie abolition de la peine de mort et inviolabilité de la vie humaine, nous y applaudissons de toute notre âme.

Mais si ce n'était par hasard que la suppression d'un appareil démodé, la mise au rebut d'un engin trop encombrant, trop diffamé, trop malpropre ; si l'on proscrivait simplement la guillotine, comme jadis le bûcher, la roue, la corde et l'estrapade, tout en laissant subsister l'œuvre ou plutôt les hautes œuvres de ces instruments de mort ; si, en un mot, cela n'indiquait qu'un changement de procédé ou de méthode, où seraient alors la conquête de la civilisation et le progrès de l'humanité ?

Et véritablement, s'il ne s'agissait que de destituer Guillotin pour employer Chassepot, qui va vite en besogne ; si enfin on jouait du fusil sans renoncer à la lanterne, à quoi bon alors se priver de la guillotine ? On n'aurait obtenu qu'un progrès en arrière et dans le sens de la destruction humaine, comme le jour où l'arbalète disparut devant l'arquebuse.

Si, en brûlant l'échafaud, on n'avait fait que supprimer le signe en nous laissant la chose, ce serait là un lugubre enfantillage et rien de plus.

Et nous ne verrions pas la différence qu'il y aurait entre mettre le feu à la guillotine ou à un kiosque du boulevard, si ce n'est que l'échafaud appartient à l'État et coûte beaucoup plus cher.

Voilà pourquoi, ne pouvant considérer la manifestation de ce matin comme une sinistre puérilité, nous l'enregistrons comme un indice de l'apaisement des haines et de la fin de nos guerres fratricides.

Voici, à propos de cette exécution, les réflexions de Rochefort dans le *Mot d'Ordre* :

Hier, à dix heures du matin, le peuple a brûlé l'échafaud sur le boulevard Voltaire. L'idée était bonne et le boulevard bien choisi. Mais à quoi bon, je le demande, cet auto-da-fé accompli sur le bois de justice, si, en détruisant l'échafaud, nous conservons la peine capitale, avec cette seule nuance que la guillotine est remplacée par le chassepot ?

Les Français sont décidément des êtres surprenants. Ils sont tous d'accord pour proclamer l'inviolabilité de la vie humaine, mais cette inviolabilité consiste à déclarer qu'aucun individu, à quelque sexe qu'il appartienne, et quelque crime qu'il ait commis, ne sera désormais appelé à grimper les degrés de la fatale machine qui a emprunté son nom au docteur Guillotin.

En revanche, il paraît convenu entre nous qu'adosser un homme contre un mur et lui envoyer douze balles dans le corps ne s'appelle pas violer la vie humaine.

Le mode d'exécution ne nous inquiète pas, c'est l'exécution elle-même qui nous préoccupe. Si même il fallait choisir entre le fusil ou la guillotine, j'ai idée que je préférerais encore cette dernière, eu égard aux derniers préparatifs qui exigent un certain temps, tandis qu'il n'y a rien comme une arme à feu pour rayer avec promptitude un citoyen du nombre des vivants.

La terrible guerre que nous traversons n'établit que trop irréfutablement la vérité de ce que j'avance.

Ce que nous voulons, ce n'est pas l'incendie de l'échafaud, c'est l'abolition de la peine de mort.

FUNÉRAILLES DES FÉDÉRÉS

On lit dans la *Gazette des Tribunaux :*

Jeudi 6 ont eu lieu les obsèques annoncées par une affiche de la Commune.

Dès une heure, une foule nombreuse, composée principalement de femmes et d'enfants, se presse

PARIS INSURGÉ

HISTOIRE ILLUSTRÉE
DES ÉVÉNEMENTS DE PARIS

du 18 mars au 31 mai 1871

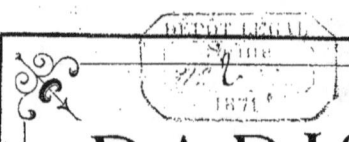

2me série composée de 5 livraisons. Prix : 50 centimes

PARIS

AU BUREAU DU JOURNAL *LE VOLEUR*, RUE DU BAC, 66

PARIS INSURGÉ

HISTOIRE ILLUSTRÉE
DES ÉVÉNEMENTS DE PARIS

du 18 mars au 31 mai 1871

AVEC CARTES, PORTRAITS, VUES, SCÈNES, ILLUSTRATIONS DE TOUT GENRE, PAR NOS MEILLEURS ARTISTES

Contenant le tableau complet de chaque journée : faits, incidents, combats, épisodes, documents historiques, extraits de publications de toute nuance, détails curieux ou intéressants, etc.

Chaque semaine deux ou trois livraisons de 8 pages, grand format, imprimées sur magnifique papier et enrichies de plusieurs gravures.

Prix de la livraison : 10 centimes. — Prix de la série : 50 centimes.

La série comprend 5 livraisons sous couverture illustrée.

L'ouvrage entier formera un superbe volume de 90 à 100 livraisons, de 750 à 800 pages, illustrées de plus de 200 gravures. En souscrivant d'avance pour 90 livraisons (9 francs à Paris, 10 francs en province), on recevra PARIS INSURGÉ à domicile, quel que soit le nombre de livraisons dont se composera l'ouvrage complet.

Envoyer un mandat à l'ordre *de l'éditeur de PARIS INSURGÉ*, rue du Bac, 66.

Cette publication n'est point une histoire didactique, un commentaire de la crise révolutionnaire que Paris a subie pendant plus de deux mois, c'est un *memento* quotidien, choisi et recueilli avec une exactitude et nous pouvons dire une sollicitude minutieuse, de tous les faits, les incidents, les scènes et les curiosités de chaque jour.

Ce tableau de Paris communeux peint d'après nature contient :

Les portraits des hommes et des choses, les événements publics, les détails privés, les épisodes, les combats, les mémoires secrets, les séances des clubs, la physionomie de la rue, les actes officiels, les biographies curieuses, les conciliabules du Comité central et de la Commune, les pièces historiques, les affiches, les correspondances intéressantes, les papiers livrés ou soustraits à la publicité, les révélations, les comptes rendus judiciaires, bref tout ce qui constitue le tableau vivant, animé, pittoresque de *Paris au pouvoir de la Commune*.

PARIS INSURGÉ

HISTOIRE ILLUSTRÉE
DES ÉVÉNEMENTS DE PARIS

du 18 mars au 31 mai 1871.

3me série composée de 5 livraisons. Prix : **50** centimes

PARIS
AU BUREAU DU JOURNAL *LE VOLEUR*, RUE DU BAC, 66

PARIS INSURGÉ

HISTOIRE ILLUSTRÉE
DES ÉVÉNEMENTS DE PARIS

du 18 mars au 31 mai 1871

AVEC CARTES, PORTRAITS, VUES, SCÈNES, ILLUSTRATIONS DE TOUT GENRE, PAR NOS MEILLEURS ARTISTES

Contenant le tableau complet de chaque journée : faits, incidents, combats, épisodes, documents historiques, extraits de publications de toute nuance, détails curieux ou intéressants, etc.

Chaque semaine deux ou trois livraisons de 8 pages, grand format, imprimées sur magnifique papier et enrichies de plusieurs gravures.

Prix de la livraison : 10 centimes. — Prix de la série : 50 centimes.

La série comprend 5 livraisons sous couverture illustrée.

L'ouvrage entier formera un superbe volume de 90 à 100 livraisons, de 750 à 800 pages, illustrées de plus de 200 gravures. En souscrivant d'avance pour 90 livraisons (9 francs à Paris, 10 francs en province), on recevra PARIS INSURGÉ à domicile, quel que soit le nombre de livraisons dont se composera l'ouvrage complet.

Envoyer un mandat à l'ordre *de l'éditeur de PARIS INSURGÉ*, rue du Bac, 66.

Cette publication n'est point une histoire didactique, un commentaire de la crise révolutionnaire que Paris a subie pendant plus de deux mois, c'est un *memento* quotidien, choisi et recueilli avec une exactitude et nous pouvons dire une sollicitude minutieuse, de tous les faits, les incidents, les scènes et les curiosités de chaque jour.

Ce tableau de Paris communeux peint d'après nature contient :

Les portraits des hommes et des choses, les événements publics, les détails privés, les épisodes, les combats, les mémoires secrets, les séances des clubs, la physionomie de la rue, les actes officiels, les biographies curieuses, les conciliabules du Comité central et de la Commune, les pièces historiques, les affiches, les correspondances intéressantes, les papiers livrés ou soustraits à la publicité, les révélations, les comptes rendus judiciaires, bref tout ce qui constitue le tableau vivant, animé, pittoresque de *Paris au pouvoir de la Commune*.

PARIS INSURGÉ

HISTOIRE ILLUSTRÉE

DES ÉVÉNEMENTS DE PARIS

du 18 mars au 31 mai 1871

2me série composée de 5 livraisons. Prix : 50 centimes

PARIS

AU BUREAU DU JOURNAL *LE VOLEUR*, RUE DU BAC, 66

PARIS INSURGÉ

HISTOIRE ILLUSTRÉE
DES ÉVÉNEMENTS DE PARIS

du 18 mars au 31 mai 1871

AVEC CARTES, PORTRAITS, VUES, SCÈNES, ILLUSTRATIONS DE TOUT GENRE, PAR NOS MEILLEURS ARTISTES

Contenant le tableau complet de chaque journée : faits, incidents, combats, épisodes, documents historiques, extraits de publications de toute nuance, détails curieux ou intéressants, etc.

Chaque semaine deux ou trois livraisons de 8 pages, grand format, imprimées sur magnifique papier et enrichies de plusieurs gravures.

Prix de la livraison : 10 centimes. — Prix de la série : 50 centimes.

La série comprend 5 livraisons sous couverture illustrée.

L'ouvrage entier formera un superbe volume de 90 à 100 livraisons, de 750 à 800 pages, illustrées de plus de 200 gravures. En souscrivant d'avance pour 90 livraisons (9 francs à Paris, 10 francs en province), on recevra PARIS INSURGÉ à domicile, quel que soit le nombre de livraisons dont se composera l'ouvrage complet.

Envoyer un mandat à l'ordre *de l'éditeur de PARIS INSURGÉ*, rue du Bac, 66.

Cette publication n'est point une histoire didactique, un commentaire de la crise révolutionnaire que Paris a subie pendant plus de deux mois, c'est un *memento* quotidien, choisi et recueilli avec une exactitude et nous pouvons dire une sollicitude minutieuse, de tous les faits, les incidents, les scènes et les curiosités de chaque jour.

Ce tableau de Paris communeux peint d'après nature contient :

Les portraits des hommes et des choses, les événements publics, les détails privés, les épisodes, les combats, les mémoires secrets, les séances des clubs, la physionomie de la rue, les actes officiels, les biographies curieuses, les conciliabules du Comité central et de la Commune, les pièces historiques, les affiches, les correspondances intéressantes, les papiers livrés ou soustraits à la publicité, les révélations, les comptes rendus judiciaires, bref tout ce qui constitue le tableau vivant, animé, pittoresque de *Paris au pouvoir de la Commune*.

PARIS INSURGÉ

HISTOIRE ILLUSTRÉE
DES ÉVÉNEMENTS DE PARIS

du 18 mars au 31 mai 1871

5ᵐᵉ série composée de 5 livraisons. Prix : 50 centimes

PARIS

AU BUREAU DU JOURNAL *LE VOLEUR*, RUE DES SAINTS-PÈRES, 30

PARIS INSURGÉ

HISTOIRE ILLUSTRÉE
DES ÉVÉNEMENTS DE PARIS

du 18 mars au 31 mai 1871

AVEC CARTES, PORTRAITS, VUES, SCÈNES, ILLUSTRATIONS DE TOUT GENRE, PAR NOS MEILLEURS ARTISTES

Contenant le tableau complet de chaque journée : faits, incidents, combats, épisodes, documents historiques, extraits de publications de toute nuance, détails curieux ou intéressants, etc.

Chaque semaine deux ou trois livraisons de 8 pages, grand format, imprimées sur magnifique papier et enrichies de plusieurs gravures.

Prix de la livraison : 10 centimes. — Prix de la série : 50 centimes.

La série comprend 5 livraisons sous couverture illustrée.

L'ouvrage entier formera un superbe volume de 90 à 100 livraisons, de 750 à 800 pages, illustrées de plus de 200 gravures. En souscrivant d'avance pour 90 livraisons (9 francs à Paris, 10 francs en province), on recevra PARIS INSURGÉ à domicile, quel que soit le nombre de livraisons dont se composera l'ouvrage complet.

Envoyer un mandat à l'ordre *de l'éditeur de PARIS INSURGÉ*, rue du Bac, 66.

Cette publication n'est point une histoire didactique, un commentaire de la crise révolutionnaire que Paris a subie pendant plus de deux mois, c'est un *memento* quotidien, choisi et recueilli avec une exactitude et nous pouvons dire une sollicitude minutieuse, de tous les faits, les incidents, les scènes et les curiosités de chaque jour.

Ce tableau de Paris communeux peint d'après nature contient :

Les portraits des hommes et des choses, les événements publics, les détails privés, les épisodes, les combats, les mémoires secrets, les séances des clubs, la physionomie de la rue, les actes officiels, les biographies curieuses, les conciliabules du Comité central et de la Commune, les pièces historiques, les affiches, les correspondances intéressantes, les papiers livrés ou soustraits à la publicité, les révélations, les comptes rendus judiciaires, bref tout ce qui constitue le tableau vivant, animé, pittoresque de *Paris au pouvoir de la Commune*.

Paris. — Typ. Rouge frères et Comp., rue du Four-St-Germ., 43.

PARIS INSURGÉ

HISTOIRE ILLUSTRÉE
DES ÉVÉNEMENTS DE PARIS

du 18 mars au 31 mai 1871

AVEC PORTRAITS, VUES, SCÈNES, ILLUSTRATIONS DE TOUT GENRE, PAR NOS MEILLEURS ARTISTES

Contenant le tableau complet de chaque journée : faits, incidents, combats, épisodes, documents historiques, extraits de publications de toute nuance, détails curieux ou intéressants, etc.

Chaque semaine deux livraisons de 8 pages, grand format, imprimées sur magnifique papier et enrichies de plusieurs gravures.

Prix de la livraison : 10 centimes. — Prix de la série : 50 centimes.

La série comprend 5 livraisons sous couverture illustrée.

L'ouvrage entier formera un superbe volume de 90 à 100 livraisons, de 750 à 800 pages, illustrées de plus de 200 gravures. En souscrivant d'avance pour 90 livraisons (9 francs à Paris; 12 francs en province), on recevra PARIS INSURGÉ à domicile, quel que soit le nombre de livraisons dont se composera l'ouvrage complet.

Envoyer un mandat à l'ordre *de l'éditeur de PARIS INSURGÉ*, rue des Saints-Pères, 30.

Cette publication n'est point une histoire didactique, un commentaire de la crise révolutionnaire que Paris a subie pendant plus de deux mois ; c'est un *memento* quotidien, choisi et recueilli avec une exactitude et nous pouvons dire une sollicitude minutieuse, de tous les faits, les incidents, les scènes et les curiosités de chaque jour.

Ce tableau de Paris communeux peint d'après nature contient :

Les portraits des hommes et des choses, les événements publics, les détails privés, les épisodes, les combats, les mémoires secrets, les séances des clubs, la physionomie de la rue, les actes officiels, les biographies curieuses, les conciliabules du Comité central et de la Commune, les pièces historiques, les affiches, les correspondances intéressantes, les papiers livrés ou soustraits à la publicité, les révélations, les comptes rendus judiciaires, bref tout ce qui constitue le tableau vivant, animé, pittoresque de Paris pendant les deux mois et demi de la crise révolutionnaire.

Paris. — Typ. Rouge frères et Comp., rue du Four-St-Germ., 43.

www.ingramcontent.com/pod-product-compliance
Lightning Source LLC
Chambersburg PA
CBHW060404170426
43199CB00013B/2002